KOSSI K. JOSEPH TOSSOU

STREBEN NACH VOLLENDUNG

FREIBURGER THEOLOGISCHE STUDIEN

Unter Mitwirkung
der Professoren der Theologischen Fakultät
herausgegeben von

Remigius Bäumer, Alfons Deissler, Helmut Riedlinger

Hundertfünfundzwanzigster Band
Streben nach Vollendung

KOSSI K. JOSEPH TOSSOU

Streben nach Vollendung

Zur Pneumatologie im Werk Hans Urs von Balthasars

HERDER
FREIBURG · BASEL · WIEN

A l'Ancêtre-Afrique bien-aimée. Ton Esprit est Vie!
Et à tous les amis fidèles qui m'ont affermi dans la foi
et m'ont appris à demeurer pèlerin.

Dem Ahnen Afrika. Dein Geist ist des Lebens Quelle!
Und all den treuen Freunden und Weggefährten im Glauben,
die mir dazu verholfen haben, unterwegs zu bleiben.

Mit kirchlicher Druckerlaubnis
Nr. 100-3.6-3/83
Münster, den 29. 4. 1983
Der Generalvikar: Heinz Janssen
Herstellung: Freiburger Graphische Betriebe 1983
ISBN 3-451-19830-4

V O R W O R T

Sinnhaftigkeit und Ordnung in der Schöpfung gehören genau zu Gott wie Gottes eigene Ehre und Vollkommenheit. Dafür steht auch der Name seines Heiligen Geistes.

Hat der Heilige Geist - so möchte ich es vorsichtig formulieren - als jene Stoßkraft, die die Gesamtschöpfung zu ihrer eigentlichen Bestimmung treibt, in den letzten Jahren im Leben der Christenheit eine besondere Bedeutung erlangt, so stellt diese Woge der Erneuerung - und das ist kein schlechtes Zeichen für die jetzige Situation der Kirche und Theologie - zugleich eine Aufforderung zur vertieften theologischen Reflexion dar.

Die vorliegende Arbeit, die vom Fachbereich Katholische Theologie der Westfälischen Wilhelms-Universität Münster im Sommersemester 1982 als Dissertation angenommen wurde, verfolgt die Absicht, das in letzter Zeit mit erneuerter Aktualität und Vorliebe diskutierte Thema der Pneumatologie in seiner umsichtigen und besonderen Prägung im Werk Hans Urs von Balthasars, einer der großen prägenden Gestalten der Theologie unserer Zeit, zu untersuchen. Im Mittelpunkt dieser Untersuchung steht aber nicht der Gewinn eines bloß intellektuellen Wissens, es geht vielmehr um die Neubesinnung auf die Basis eines gläubigen und glaubwürdigen Zeugnisses in unserer Zeit, um den lebendigen Glaubensvollzug auf der Grundlage des unzertrennlichen Verhältnisses von Theologie und Praxis, von Glauben und Leben in der Kraft des Heiligen Geistes, Quelle der Erneuerung und der Vollendung.

Wie wichtig und unerläßlich die eigene Leistung bei der Anfertigung einer wissenschaftlichen Arbeit auch sein mag, so kommt diese doch nicht ohne fremde Hilfe zustande. Aus diesem Grunde habe ich einen vielfachen Dank auszusprechen. Zu Dank verpflichtet bin ich vor allem Herrn Prof. Dr. Peter

Hünermann, auf dessen Anregung diese Arbeit in Angriff genommen und von dem sie auch in großem Entgegenkommen begleitet wurde; Herrn Prof. Dr. Herbert Vorgrimler für Rat, förderliche Kritik und die Bereitwilligkeit, die Last eines Zweitgutachtens auf sich zu nehmen. Herrn Dr. Hans Urs von Balthasar gebührt mein herzlicher Dank für Gespräche, wichtige Hinweise sowie für manch konkrete Hilfe und für die Gabe seines Geleitwortes zu diesem Buch. Herrn Dr. Tonyui Messan Dosseh-Anyron, Erzbischof von Lome/Tago, danke ich dafür, daß er mir das Studium ermöglicht hat. Fräulein Helene Althoff hat das Manuskript mit Hingabe und Akkuratesse für den Druck fertiggestellt. Ihr sei dafür herzlich gedankt. Herrn Rektor Domkapitular Msgr. Paul Ketteler danke ich für freundliche und mitbrüderliche Unterstützung. Dankbar gedenke ich der Gastfreundschaft des Deutschen Studentenheims (DHS) in Münster und des St.-Ursula-Stifts in Werl/Westf. Ein besonderer Dank gilt Frau Anneliese Jung für stetige Hilfe mit Rat und Tat.

Großzügig gewährten Zuschüssen habe ich die Drucklegung der Arbeit zu verdanken. Hierfür spreche ich der Universität Münster, dem Missionswissenschaftlichen Institut Missio, dem Bischof von Münster sowie Papa Albert und Onkel Klaus meinen herzlichen Dank aus. Tiefen Dank schulde ich Frau cand. phil. Bernadette Bork, Herrn und Frau Dip.-Theol. Bernhard und Eva-Maria Kopp, Frau Studienrätin Marianne Helena Otten für ihre unermüdliche Unterstützung bei der undankbaren Aufgabe des Korrekturlesens des Manuskripts. Ferne schließe ich in den vielfachen Dank die Assistenten vom Seminar für Dogmatik Frau Dr. Margot Wiegels und Herrn Dr. Matthias Eichinger sowie die vielen Freunde vom Doktorandenkolloquium ein, die mir auf vielfältige Weise zur Seite gestanden haben, deren Namen aus Raummangel hier leider unerwähnt bleiben müssen. Aber nichtsdestoweniger sind sie in meinem Herzen präsent. Auch ihnen ist dieses Buch gewidmet.

Münster/Westf., Ostern 1983 Kossi K. J. Tossou

G E L E I T W O R T

Wenn ich, verehrter Herr Tossou, Ihrer freundlichen Einladung Folge leiste, ein paar Worte an den Anfang Ihres Werkes zu setzen, dann können diese nur mit dem Ausdruck eines bewegten Dankes beginnen, daß Sie soviel Zeit und Kraft dem Nachsinnen über mein allzu umfangreiches Werk haben widmen wollen. Die Beharrlichkeit, mit der Sie es getan, und die dabei ausgereifte Gesamtsicht, die Sie gewonnen und - in einem makellosen Deutsch! - vor uns ausgebreitet haben, läßt diesen Dank noch wesentlich konkreter werden: in einer Thematik, von der ich mir bewußt bin, sie höchst fragmentarisch (wenn auch an vielen Stellen) behandelt zu haben, und in der von einem inselhaften Fragment zum andern bestenfalls punktierte Linien Zusammenhänge andeuten (wie auf Landkarten die Routen der Schiffe), haben Sie, die Strecken selber durchfahrend und so vieles Neue er-fahrend, in meinem Fragmenten-Archipel durch das von Ihnen Erschaute und Beigefügte weithin den (submarinen) geologischen Zusammenhang gesichert und damit dem von Ihnen behandelten Autor, von den übrigen Lesern ganz abgesehen, Perspektiven aufgezeigt, die ihm auf der kurzen Wegstrecke, die ihm noch verbleibt, zum Abschluß seines schriftlichen Werkes hilfreich sein werden. Denn noch steht ihm eine Umriß-Zeichnung der die begonnene Trilogie abschließenden Theologik bevor, in der der Heilige Geist noch einmal einen zentralen Platz beanspruchen wird.

Auf die tausend Einzelaspekte Ihrer weitgespannten Ausführungen kann und will ich nicht eingehen, nur ein Wort zu meinem Zögern vor einer weiter ausgebauten Pneumatologie, das Sie ja deutlich bemerkt haben, hinzufügen. Der Dritte in der immanenten Trinität (die für mich schlechthin die Voraussetzung für jedes Verständnis der Schöpfung, nicht nur der Offenbarung ist, wie der Schlußband meiner "Dramatik" nochmals beweist) ist in der ökonomischen Trinität vor allem der ungesehene und nicht gesehen sein wollende

Beleuchter und Beleber dessen, was in Jesus Christus vom dreieinigen Gott sichtbar wurde, und er ist in der Bestätigung dieser Sichtbarkeit und Konkretheit derjenige, der uns unablässig das patristische "si comprehendis non est Deus" einschärft. So bleibt er erst recht innergöttlich der - zum Glück der Glaubenden und zur Beschämung der Rationalisten - Unfaßbare jenseits der Scheinklarheit des Verhältnisses zwischen Vater und Sohn. Richard von St. Victor, mein stärkster Anreger (weshalb ich sein Werk über die Trinität erstmals ins Deutsche übertrug), weil er das Ungenügen der augustinischen imagines trinitatis im einen Geistsubjekt sah und deshalb die zwischenmenschliche Liebe als Hauptbild beizog, gerät ja selbst in Verlegenheit, wo in einer engen Freundschaft Zweier "in unserem Bunde der Dritte" sich in Gott als unabweisbar notwendig erzeigt. Von Fruchtbarkeit der Liebe können wir sprechen, aber abstrakt: das Kind aus Mann und Frau ist nicht beiziehbar. Und ist das "Wir" (von Vater und Sohn) wirklich als ein "Ich" (im geheimnisvollen Sinn einer göttlichen Hypostase) auch nur halbwegs einsichtig zu machen? Es bleibt, so scheint mir, tiefes Mysterium.

Dennoch glaube ich - und das ist eine steigende Sorge - an diesem "Wir", das heißt am "Filioque", entschieden festhalten zu sollen, dort wo katholische Theologen des Heiligen Geistes immer weiter der ostkirchlichen Trinitätslehre meinen entgegenkommen zu müssen. Es in der immanenten Trinität zu leugnen scheint mir die ganze uns zugängliche Intelligibilität des Mysteriums zu verschleiern und alles seit Augustin an Licht Gewonnene leichtfertig preiszugeben. Es könnte, wenn vom Osten einiger gute Wille entgegengebracht würde, Wege der Verständigung geben.

Besonders dankbar bin ich Ihnen, daß Sie für den Zugang zum Geist den ganzen breiten Unterbau von Anthropologie (und Weltgeschichte), von Christologie (und Kirche mit ihrer universalen Sendung) aufgeführt haben. Einzig in der Beleuchtung dieser Fülle wird die unfaßliche Weite des Geistes ahnbar. Charismatiker aller Färbungen sollten sich das von Ihnen sagen lassen. Wir sind in Gefahr, den Geist in kleine geistliche Flaschen abzuziehen, wie man in "Tausend und einer Nacht" andere Geister in Flaschen steckte. Sie haben, meinen Ansätzen folgend und sie selbständig ausdehnend, dem göttlichen Geist den ganzen dynamischen Raum geöffnet, dessen er in seinem Streben nach der Vollendung der Welt bedarf.

Hans Urs von Balthasar

INHALTSVERZEICHNIS

EINLEITUNG

ERSTER TEIL

DIE FRAGE NACH DEM MENSCHEN BEI HANS URS VON BALTHASAR. VORAUS-DEUTUNG DER ANTHROPOLOGIE AUF DEN GEIST, DEN VOLLENDER

ZWEITER TEIL

AUSSTRAHLUNG DER MITTE: DIE PERSONHAFTIGKEIT DER LIEBE IN JESUS CHRISTUS

DRITTER TEIL

DER UNBEKANNTE JENSEITS DES WORTES: DER HEILIGE GEIST

ABKÜRZUNGSVERZEICHNIS

Im folgenden sind die angewandten Sigel für die Werke Hans Urs von Balthasars nicht enthalten. Sie befinden sich im Literaturverzeichnis. Die nachstehenden Abkürzungen beziehen sich auf Zeitschriften und Nachschlagewerke.

AAS	Acta Apostolicae Sedis
Bibl	Biblica
CC	Corpus Christianorum
DBS	Dictionaire de la Bible, Supplément
DS	Denzinger-Schönmetzer, Enchiridion Symbolorum
DSAM	Dictionnaire de Spiritualité Ascétique et Mystique
DV	Dei Verbum. Die dogmatische Konstitution über die göttliche Offenbarung (II. Vaticanum)
EE	Estudios Edesiásticos (Madrid)
EThL	Ephemerides Theologicae Lovanienses
EvKom	Evangelische Kommentare
EvTh	Evangelische Theologie
GS	Gaudium et Spe Pastoralkonstitution über die Kirche in der Welt von heute (II. Vaticanum)
HK	Herder Korrespondenz
HthG	Handbuch theologischer Grundbegriffe I-IV, hrsg. von H. Fries, dtv, München 1962
HThL	Herders Theologisches Taschenlexikon I-VIII, hrsg. von K. Rahner
IkaZ	Internationale Katholische Zeitschrift Communio
KthW	Kleines theologisches Wörterbuch, hrsg. von K. Rahner und H. Vorgrimler, Freiburg ^{10}1976
KuD	Kerygma und Dogma
LG	Lumen Gentium. Die dogmatische Konstitution über die Kirche (II. Vaticanum)
LuMon	Lutherische Monatshefte
LV	Lumière et Vie
MthZ	Münchener theologische Zeitschrift
MySal	Mysterium Salutis
NRT	Nouvelle Revue Théologique
PG	Patrologia Graeca
PL	Patrologia Latina
QD	Quaestiones Disputatae

RScPhTh	Revue de Sciences Philosophiques et Théologiques
RSR	Recherches de Sciences Religieuses
RThom	Revue Thomiste
SJTh	Scottish Journal of theology (Edinburgh)
SM	Sacramentum Mundi
ThAT	G. von Rad, Theologie des Alten Testaments I-II, München [6]1969
ThQ	Theologische Quartalsschrift
ThRv	Theologische Revue
ThWNT	Theologisches Wörterbuch zum Neuen Testament (G. Kittel)
ThLZ	Theologische Literaturzeitung
UR	Unitatis Redintegratio. Dekret über den Ökumenismus (II. Vaticanum)
ZKTh	Zeitschrift für Katholische Theologie
ZThK	Zeitschrift für Theologie und Kirche

E I N L E I T U N G

"Der Geist zieht uns dorthin,
wohin wir streben"

H.U. von Balthasar
Spiritus Creator, S. 153

I. Gegenstand der vorliegenden Untersuchung

1. Allgemeine Vorbemerkungen

Ein paar Vorbemerkungen sind unerläßlich. Die aufbrechenden charismatischen Bewegungen mit ihren verschiedenen Ausdrucksformen, zuweilen irreführend und zweideutig, die seit einiger Zeit das abendländische Christentum, besonders das römisch-katholische Christentum aufrütteln, scheinen dieses aus einem komaartigen Zustand, aus einer lähmenden Erstarrung herauszuführen.

Sowohl im protestantischen als auch im katholischen Lager hat sich mehr als eine Stimme gemeldet, um die pneumatische "Dürre" anzuzeigen, unter der die Theologie leidet.

Es sei höchste Zeit, dem Heiligen Geist den Platz einzuräumen, der ihm im theologischen Diskurs zukommt, um im Licht einer erneuerten Pneumatologie die großen Themen Kirche, Welt und menschliches Dasein in der Welt von heute neu zu erfassen.

Gewiß hat sich die "moderne Theologie" sehr mit vertieften Reflexionen über die menschliche Existenz und über die tiefen Sehnsüchte des Menschen unserer Zeit beschäftigt. Aber können diese Überlegungen langfristig adäquat durchgeführt werden, und zwar im christlichen Sinne, wenn sie weiterhin so angestellt werden, daß sie Wasser auf die Mühlen der "Geist-Vergessenheit" gießen?

Sind unsere Anstrengungen, das Geheimnis der Welt und des

Menschen, das Schicksal der Schöpfung ernsthaft zu umfassen, nicht zum Scheitern verurteilt, wenn die Aufmerksamkeit, die die Erarbeitung einer Theologie des Geistes - gewiß eine schwierige Aufgabe - vorantreiben soll, weiterhin fehlt?

Sich dieser schwierigen Aufgabe zu widmen, nicht nur um der Forderung nach einer Vertiefung unseres Wissens von Gott, sondern auch um der Forderung einer Vertiefung unseres Wissens von unserer eigenen Wirklichkeit willen, erfordert gewiß mehr als die Anstrengung, mehr oder weniger vollständig und perfekt Bibelzitate und traditionelle Belegstellen aneinanderzureihen.

Wir können uns heute über eine größere Übereinstimmung in den wichtigsten Anliegen freuen, die das Leben der Kirche und der Christen in der Geschichte beleben: sakramentales Leben und politische Option, Kontemplation und Aktion, persönlicher Lebensentwurf und gesellschaftliche Verantwortung für die Befreiung des Menschen, um nur einige Themen zu nennen.

Aber sind wir uns auch jedes Mal genauso einig, wenn wir die großen Erwartungen an unsere Existenz zur Sprache bringen?, wenn ihnen in einem vertrauten und täglichen Kommerz mit dem Geist des Auferstandenen Ausdruck verliehen werden soll?, wenn sie gelebt und gedacht werden sollen in dem Geist, der lebendig macht und erleuchtet?
Sind wir uns immer der Tatsache bewußt, daß die wirkliche Freiheit und der Weltfriede, die wir erstreben, sowie die Dynamik, die wir für die Verwirklichung unserer Lebensentwürfe benötigen, in erster Linie Gaben des Geistes sind und nicht nur das Werk unserer Hände?

Der Versuch einer vertieften Reflexion über den Geist - den Allerfreiesten - ist ein kühnes Unternehmen und in gewisser Hinsicht eine wirkliche "Gedankenakrobatik". Denn der Geist weht, wo er will! Aber die Erwartung ist der Mühe wert.
Die Kraft des Geistes erhält den gläubigen Menschen auf den

festen Grundlagen des Glaubens, wobei er dem Glaubenden das Herz und den Geist öffnet für die Perspektiven der Gegenwart, die erneuert wird durch die Liebe, welche erschafft und immer wieder neu erschafft.

Die aufleuchtende Erfahrung mit dem Geist Gottes führt dazu, auf eine neue Weise die Leiden der Menschheit, die befreiende Kraft der christlichen Existenz zu erfassen, auf eine neue Weise die Kraft der Zusage, der Selbstzusage Gottes, und des Wortes der Hoffnung, das uns anvertraut ist, zu erfahren und schließlich auf eine neue Weise die christliche Reflexion selbst darzulegen, die christliche Theologie und Spiritualität auf die Bahn des pneumatischen Antriebs zu bringen, der ihnen erlaubt, die Energien zu entfalten, von denen sie erfüllt sind.

Was bringt überhaupt, darf und soll man sich nun fragen, eine Theologie des Geistes? Sicherlich geht es u.a. darum, eine neue Mystik der Einheit der großen Themen der Theologie zu ersinnen, mobilisierende Perspektiven in Theologie und christlicher Praxis zu eröffnen... Die Theologie muß sich neuen Atem geben, indem sie ihre "raison d'être" neu erklärt und ihrer selbst neu bewußt wird.

2. Über den Akt des "Überstieges" - Ein begrifflicher Vorblick auf Linienführung und Standortbestimmung

Bevor wir in dieser Einführung näher auf die allgemeine Darstellung der Geist-Problematik[1] und ihre besondere Ausprägung im Werk H.U. von Balthasars eingehen, ist es not-

1 Es muß vorweg gesagt werden, daß H.U. von Balthasar keine Monographie über den Heiligen Geist geschrieben hat, obwohl er diese immer für eine dringliche Aufgabe gehalten hat. Selbst sein Werk "Spiritus Creator" (Skizzen zur Theologie III - Im Text wird dieses Werk mit der Abkürzung SC zitiert) ist ein Sammelband von verschiedenen Aufsätzen, die zum größten Teil schon anderswo veröffentlicht sind. Die vorliegende Arbeit will nicht mehr sein als der Versuch einer systematischen Darstellung der im ganzen Balthasarschen Werk zerstreuten pneumatologischen Aussagen.

wendig, einige Bemerkungen zum besseren Verständnis voranzustellen, die die Blickrichtung deutlich machen und Auskunft darüber geben, weshalb wir diesen Reflexionen über den Geist den Titel "Streben nach Vollendung" gegeben haben. Zwei "Richtungen" treten dabei hervor, die hier präzisiert werden müssen.

"Gepriesen sei der Gott und der Vater unseres Herrn Jesus Christus, der uns in Christus gesegnet hat mit allen geistlichen Segen im Himmel. Er hat uns auserwählt in ihm vor Grundlegung der Welt, daß wir heilig seien und untadelig vor ihm in Liebe. Er hat uns vorbestimmt zur Kindschaft vor ihm durch Jesus Christus"[1]. So lauten die Worte des Paulus, der uns ein Menschenbild nach der Absicht Gottes vor Augen hält. Mit dem Blick auf unsere konkrete Realität und auf das, was auf uns wartet, könnte man diese Worte des Paulus mit folgender kurzer Formel wiedergeben: <u>die Vollendung, die wir erwarten</u>[2].

Von diesem Zitat aus dem Epheserbrief geht von Balthasar in seinem bedeutsamen Beitrag zum "Mysterium Salutis III/2" aus[3]. Dabei stellt er in Zusammenhang mit den drei wichtigen Punkten des Zitats, nämlich dem ewigen Heilsplan Gottes (die Auserwählung in Christus vor Grundlegung der Welt), dem geistlichen Segen und der Untadeligkeit in Liebe, fest, wie <u>fragmentarisch</u> das menschliche Wesen ist, solange der

---

1 Eph 1, 3-5.

2 In seinem Werk "Das Ganze im Fragment" (GF) zeigt H.U. von Balthasar deutlich die Wichtigkeit dieses Gedankens und befaßt sich ausführlich mit den beiden Hauptfragen: "Vollendbarkeit des Menschen" und "Vollendbarkeit der Geschichte" als Fragen nach dem Ganzen, das durch das Wirken des Heiligen Geistes zur letzten Verherrlichung der göttlichen "Glorie" werden soll.

3 Vgl. J.Feiner/M.Löhrer (Hrsg.), Mysterium Salutis. Grundriss heilsgeschichtlicher Dogmatik, Bd. III/2 (Einsiedeln 1969) 133-319. Dieser Beitrag wird von uns im Text mit der Abkürzung MP (Mysterium Paschale) zitiert.

Mensch unterwegs ist in seinem irdischen, auf den Tod zulaufenden Leben[1].

Eines der vielen kennzeichnenden Merkmale des rationalen Menschen von heute ist die Tatsache der Planung und der Berechnung von Erfolgsaussichten. Pläne werden geschmiedet, Chancen berechnet, die Zukunft entworfen. Nicht zuletzt wird auch versucht, durch möglichst genaue Vorauskalkulation das praktisch vorwegzunehmen, und womöglich auch im Hier und Jetzt greifbar zu machen, was die auf Zukünftiges gerichtete Hoffnung beinhaltet, also in irgendeiner Weise die "Voll-Endung" näher rücken zu lassen, so daß die Grenze der Angst und der Unsicherheit, die mit der Hoffnung koexistent sind, auf ein Minimum reduziert werden kann. Was birgt in sich bzw. offenbart eine solche Haltung des modernen Menschen? Sie verrät die unaufhaltbare Sehnsucht des Menschen nach Wesensfülle.

Auch angesichts dieser zielgerichteten Spannung, dieses Über-sich-Hinausdrängens des endlichen Seins scheint es sinnvoll, die Reflexion über den Geist auch unter dem Gesichtspunkt der Vollendung durchzuführen. Vollendung des Menschen - und durch ihn von Welt und Geschichte - Vollendung Gottes. Wir möchten in dieser Studie uns nicht mit den gängigen exegetischen oder systematisch-dogmatischen Fragestellungen begnügen, sondern im Sinne von Balthasars vor allem das berücksichtigen, was der Geist für uns und für die Weiteroffenbarung Gottes bzw. die endgültige Inbesitznahme von Welt und Geschichte durch Gott den Schöpfer und Erlöser leistet.

Der Titel der Arbeit: "Streben nach Vollendung" möchte daher in zwei Richtungen weisen: zunächst einmal in die Richtung Gottes bzw. der immanent-ökonomischen Trinität und

---

1 Vgl. MP 135 f.

zum anderen in die Richtung des pilgernden Menschen. Dabei geht es zugleich darum, den dynamischen Prozeß zu erfassen, den die Geistwesenheit bedeutet, welche sich eng mit der inneren Bewegung berührt, die allen Formen der göttlichen Offenbarung in ihren jeweiligen Etappen innewohnt[1].

Vom Standpunkt des menschlichen Werdegangs streben wir alle dahin[2], das zu sein, wozu wir im Sohn "vorbestimmt" sind. Unsere Geschichte ist daher eine Geschichte des Gerichtetseins auf ein Ziel,das im Glauben bestimmend auch für unser

1 Wenn hier von der Vollendung des Menschen und Vollendung Gottes die Rede ist, und eine Einheit zwischen beiden betont wird, so ist damit weder die Differenz zwischen Gott und Mensch geleugnet noch die Unterschiedenheit der Vollendungen außer acht gelassen. Ganz im Gegenteil. Gerade die Unterschiedenheit in der Einheit wird hier bejaht und reflektiert, in der beide, Gott und Mensch, ein und dasselbe vollziehen, je auf eigene Weise. Dieser Unterschied aber beeinträchtigt nicht die von Gott selbst gewollte und nochmals im Sohn angebotene Einheit zwischen ihm und seiner Schöpfung, eine Lebensgemeinschaft, die die Zielrichtung allen Strebens ist. So bedeutet Vollendung für Gott nicht das Einholen von Ausständigem, sondern daß er wahrhaft alles in allem wird, indem die erlöste Welt ganz und gar zu seiner Bestimmung wird. Von seiten des Menschen bedeutet dies das Vollbringen der Christus-Gleichförmigkeit in vollendeter Eigenständigkeit und Einheit mit dem Sohn, in dem wir zu Söhnen des Vaters werden. Vgl. dazu "Existenz im Mysterium Paschale": MP 317 ff.; H III, 2/2, 361-511, insb. 455-511.

2 Bezüglich der Spannung des endlichen Seins, das "als Geschaffenes sein Dasein nicht ist, sondern bekommt" und sein "volles Wesen nie verwirklicht hat, sondern immer nur wird", interpretiert von Balthasar das Streben mit dem aristotelischen Stichwort "entelecheia". Als zielgerichtetes Streben bedeutet diese Entelecheia für die Grundverfassung des Geisteslebens des endlichen Seins zweifache Bewegung. Einmal t h e o r e t i s c h "in der Spannung Möglichkeit-Wirklichkeit, Idealität-Realität"; zum anderen p r a k t i s c h "in der Spannung Wert-Sein, Sollen-Leisten". Es steht aber außer Zweifel, daß alle Idealität, alles Sollen nicht "freischwebend" über dem Sein steht, sondern in der Realität und im Sein fundiert ist. Insofern bezeichnet von Balthasar die Bewegung und die lebendige Gespanntheit des endlichen Seins als "aus einem Zustand, einem Mangel und darum einem Über-sich-Hinausdrängen der Realität" entstehend: "Um zu sein und zu bleiben, muß sie werden; werden, was sie ist und werdend doch noch nicht ist; um sich zu erhalten, muß sie streben, und strebend muß sie ihr eigenes Gesetz erfüllen". Sofern dieses Streben sich im Glauben vollzieht, lebt das endliche Sein nicht mehr für sich selbst, nicht mehr aus sich selbst, sondern aus der Kraft Christi und Gottes, aus der Liebe Gottes im Heiligen Geist. (Alle Zitate aus GF 174 ff.)

Tun ist. Der Mensch ist in Christus berufen, ja bestimmt zum Höchsten. Dafür ist der Geist Christi "Angeld", insofern sein Besitz, sein Ausgegossensein in unsere Herzen schon eine Vorausgabe besagt und damit ein Unterpfand der kommenden Herrlichkeit.

Schon daraus ergibt sich, daß die Hoffnung eines Christen so ist, daß sie ihm selbst im Fall eines unabwendbaren Leidens und Schicksals hoffen und sagen läßt: mein Leben hat trotz aller Unabwendbarkeit des Geschicks doch noch einen Sinn, weil es in Gott gegründet ist und in ihm sein Ziel hat. Eine Hoffnung wider alle Hoffnung! Das, was diese Hoffnung beinhaltet, läßt sich nicht berechnen. Es geht nicht um eine Zukunft, die sich einfach mit Hilfe der Vorauskalkulation auf die Dimension einer "greifbaren" Gegenwart im mathematisch-positivistischen Sinne reduzieren läßt.

Heißt das, daß der Glaubende einer dunklen Zukunft entgegenschreitet, daß er mit seiner Hoffnung nichts anderes tut als eine Art Selbsttäuschung zu betreiben? Ist seine Zukunft kein Trugbild, dann stellt sich die Frage, was sie wohl ansagt. Wenn auch nur im Glauben und nicht im Schauen bejaht, so ist diese Zukunft nicht nur eschatologisch, als Verheißung, sondern wirklich und real. Der Glaubende ist nicht nur "in Zukunft ein Kind Gottes, sondern hier und jetzt"[1]. Dennoch bleibt die eigentliche Spannung der christmenschlichen Existenz bestehen. Die Zukunft des Christen ist eine Gabe, ein Geschenk Gottes. Als solche entzieht sie sich in ihrer letzten und endgültigen Gestaltung dem Zugriff des Menschen. Sie übersteigt seine Macht, weil sie eine freie Selbstverschenkung Gottes ist.

Hier setzt nun der zweite Punkt an: <u>die Vollendung Gottes</u>. Ist die Weltgeschichte dadurch gekennzeichnet, daß Gott die Menschheit liebt und sie zur Vollendung bei sich führen

---

1 GF 176.

will, und ist die Menschheitsgeschichte in diesem Sinne unterwegs auf ihre Vollendung hin, dann ist alles Fragmentarische so zu gestalten, daß es diese seine Fragmentarität nicht für seine endgültige Gestalt hält, sondern für das vollendende Geschenk Gottes offen bleibt: Die Dynamik der Menschheitsgeschichte auf Endgültigkeit hin besagt einen Prozeß, in dem Gott selbst in seinem heiligen Geist am Werk ist, und es handelt sich dabei nicht nur um die Geschichte Gottes mit dem Menschen, sondern um die Geschichte Gottes mit sich selbst, um seine vollendete Offenbarung in Welt und Geschichte. Sofern der Mensch aus der Hingabe Gottes in Jesus Christus und im Geist auf den Weg der gläubigen Selbstwerdung gesetzt ist, die erst in jener Stunde und an jenem Ort letztlich vollendet sein wird, wo Gott alles in allem sein wird, zieht der Mensch Gott immer tiefer in die Welt hinein. Ja, Gott selbst läßt sich sein Weilen unter uns von uns gönnen.

Diese Sachlogik ist in der "Welterfahrung" Gottes begründet. Gott "kennt experimentell", so von Balthasar, aufgrund seiner Welterfahrung von innen, als Menschgewordener, alle Dimensionen des Weltseins bis zum Abgrund der Hölle"[1]. Daraus ergibt sich, daß im Christusgeschehen "nicht nur die Welt vermittels Gottes zu ihrem Ziel kommt ("Soteriologie"), sondern Gott selbst anläßlich der Weltverlorenheit zu seiner eigentlichsten Offenbarung und Verherrlichung gelangt" ("Theologie", "Doxologie")[2]. In einer einfachen und kürzeren Formulierung könnte man sagen, daß bei diesem Sachverhalt Gott selbst - durch die Welterfahrung - viel gelernt hat, auch gerade in Bezug auf sein Gottsein. Weltsein und Gottsein schließen sich nicht bloß aus, sondern hier sind sie in Jesus Christus ein und dasselbe bzw. Aspekte des allumfassenden Gottseins, das offenbart, wie Gott seiner

---

1 MP 136. Diese Erfahrung macht ihn zuerst "zum Richtmaß" für den Menschen.

2 Ebd.

Schöpfung sowohl immanent als auch transzendent ist. Eine grundsätzliche Trennung zwischen ihm und seiner "guten" Welt (Gen 1,31) scheint daher weder notwendig noch sinnvoll, da er selbst die Überwindung der Spannung zwischen rein Weltlichem und rein Göttlichem vorgenommen hat. Unter Berücksichtigung dieser Tatsache eröffnen sich, wie es im letzten Teil dieser Studie besonders deutlich sein wird, neue Perspektiven für eine Theologie des Heiligen Geistes, die diesen mitsamt seiner allumfassenden, gestaltenden und belebenden Energie zu umgreifen versucht.

Gott will also sich vom Menschen gewinnen, nicht aufgrund eines seinshaften Ausstandes (wie beim endlichen Sein), sondern weil er seine Liebe <u>an</u> und <u>in</u> uns vollenden will. Er legt sich in die Hände des Menschen und will durch ihn zu <u>seiner</u> Welt kommen. Daß Gott sich so sehr an uns anlehnt, gehört auch zu dem Mysterium unseres Daseins, zu unserer "Übermenschlichen Chance", um mit Martin Buber zu reden[1], eine Chance, die uns in der <u>erdhaften Erscheinung</u> Gottes in Jesus Christus[2] zuteil wurde. Der Schöpfer will dort wohnen, wo wir ihn einlassen. Gott einlassen! Wie geschieht das? Wie kommt der Mensch dazu? Ist Gott in die Welt gekommen und will er in ihr bleiben, dann ist der rechte Umgang des Menschen mit der ihm anvertrauten Welt ein Bahnbrechen für die Vollendung Gottes, Stiftung von Stätte für seine Einwohnung in uns.

Gewiß ist dies nicht einfach ein Wirken des Menschen, es ist vor allem das Wirken Gottes selbst, der sich durch seine freie Zuwendung an die Menschen gebunden hat und auf diese Weise sie zum Ort seiner eigenen Bestimmung in Welt und Geschichte gemacht hat. Erst wenn der Mensch getragen und erfüllt ist von der Selbstbestimmung, die Gott an ihm vollbringt, ist er imstande, eine Stätte Gottes zu werden,

---

1 M. Buber, Der Weg des Menschen, Heidelberg 1977, S. 49.

2 Vgl. Mt 12, 4o. Ausführlich dazu s.u. 2. Teil.

nur dann vermag er, Gott so einzulassen, daß diesem selbst aus dem Einlassen durch den Menschen eine Bestimmung erwächst: Gott-für-uns, Gott-Liebe, der seine Bestimmung in den Menschen gesetzt hat. Und das ist zugleich der tragende Grund, worin die Bestimmungen des Menschen, dem sich Gott in Jesus Christus mitgeteilt hat, bestehen. Die neue Selbstbestimmung, die der Mensch von Gott und Jesus Christus gewinnt, offenbart Gott als den sich Schenkenden[1]. Indem Gott auf diese Weise immer mehr zur Bestimmung des Menschen, zu seinem Selbstsein wird, gewinnt er zugleich sich von Menschen, "ohne deswegen aufzuhören, Gott über allem zu sein"[2]. Dies entspricht der Struktur der Liebe, die darin besteht, sich vom anderen zu gewinnen im Verschenken.
H.U. von Balthasar unterstreicht diesen Punkt folgendermaßen: "In der durch Christus eröffneten Trinität wird beides zugleich kund: daß sich Gott als Vater, Sohn und Geist mit der Welt befaßt, und dies zu ihrem Heil - das Trinitätsdogma ist zutiefst soteriologisch bedeutsam - aber daß er als Gott damit befaßt ist, der nicht erst dadurch "die Liebe" wird, daß er die Welt als sein "Du" und "Gegenüber" hat, sondern in sich selber und erhaben über alle Welt schon die 'Liebe' ist"[3].

Der entscheidende Name ist auch schon mehrmals gefallen: Jesus Christus, dessen Kreuz und Auferstehung die vollendete Hingabe des Sohnes an den Vater und zugleich die vollendete Hingabe des Vaters an die Menschen und an die Welt und Geschichte bedeutet. Und der Geist, der am Kreuz ausgehaucht wird, bezeugt das sich Verschenken der göttlichen Innerlichkeit. Obgleich die volle Annahme dieser göttlichen Hingabe durch die gesamte Menschheit noch aussteht, ist soviel aber schon klar, daß im Christusereignis die Selbstbestimmung Gottes als "Entäußertheit" [4] an die Menschen

---

1 Vgl. Gal 2, 20; Joh 3, 16.

2 TD II/2, 464.

3 Ebd. 466. 4 MP 147.

gekommen ist. Die Implikation der Trinität im Weltdrama offenbart die Einheit von immanenter und ökonomischer Trinität. Daran anknüpfend kann man sagen, daß der Geist (und sein Wirken) als das Moment der vollkommenen Einheit des Ineinander von Vater und Sohn, eine Einheit, in der die beiden anderen Momente (Vater und Sohn) ihre eigentliche Identität erlangen, im gewissen Sinne eine "innertrinitarische Voll-Endung" ist, welche, heilsökonomisch gesehen, die Vollendung der göttlichen Offenbarung bedeutet.

In diesem Geist der innertrinitarischen Vollendung, für uns Geist der Adoption, der uns in Richtung Gottes treibt, strebt dieser selbst auch dahin, das für uns zu sein, was er ist: Vater und Erlöser aller. Er ist daher der Gott unterwegs <u>mit</u> und <u>in</u> uns. In diesem Streben "in unaussprechlichen Seufzen" kommt die Verantwortung des Schöpfers für seine Schöpfung zum Ausdruck. Zu dieser Verantwortung hat er sich mit seiner Liebe verpflichtet, die gerade besagt, daß Gott nicht "am Rande", sondern im "Mittelpunkt des Spiels" steht[1]. Zur Erläuterung dieses Punktes schreibt H.U. von Balthasar u.a.: "... die im Sohn vollkommen gewordene Entborgenheit des Vaters, die sich überdies nicht von außen, neutral, betrachten läßt, sondern, um erfaßt zu werden, das Eingelassensein in die heilige Geistsphäre, die heilige Intimität zwischen Vater und Sohn verlangt, die Teilnahme am göttlichen Geist"[2].

Hier geschieht nun das Entscheidende für uns, nämlich daß Gott seine eigene Wesensgeschichte mit der Geschichte der Schöpfung verbunden hat. Diese Bestimmung kommt Gott nicht von ungefähr zu, sondern offenbart sein Wesen selbst als Liebe, als Zuwendung; sie kommt ihm von dem zu, was von Balthasar mit Recht als die "ewige Entäußertheit" Gottes bezeich-

1 TD II/2, 463.

2 Ebd. 464.

net hat[1]. Insofern ist ihm die Geschichte der Menschheit nicht gleichgültig. Auch in diesem Sinne kann die Geschichte als wahr bezeichnet werden, da sie ja zugleich Gottes Offenbarungsgeschichte ist[2]. Unsere Geschichte hat überhaupt in dem Moment angefangen, wo Gott die Schöpfung nicht nur als Setzung, sondern auch als eigene Verantwortung für diese seine Schöpfung und ihre Geschichte bejaht. Wenn diese Geschichte der Ort der Offenbarung Gottes ist[3], dann muß sie, auch in ihrem Verfallen, so von Gott selbst durchdrungen bzw. so von ihm selbst auf- und angenommen sein, daß das Verfallen überwunden und die Befreiung zur wahren Geschichte möglich wird. Hier erhält auch die Sünde eine positive Funktion, denn hier ist wahre Befreiung konkret, tatsächlich (damit wird keineswegs die Sünde zum not-

---

1 Dies erschließt die Kenosis des Sohnes, die angesichts eines neuen Gottesbildes "die alles entscheidende Wende in der Sicht Gottes" herbeigeführt hat, "der nicht primär a b s o l u t e M a c h t, sondern a b s o l u t e L i e b e ist, dessen Souveränität nicht im Festhalten des Eigenen, sondern in seiner Preisgabe sich kundtut, so daß diese Souveränität sich jenseits dessen ausbreitet, was sich innerweltlich als Macht und Ohnmacht gegenübersteht. Gottes Entäußerung in der Menschwerdung des Sohnes hat ihre ontische Möglichkeit in Gottes ewiger Entäußertheit, seiner dreipersönlichen Hingabe; von ihr her wird auch die geschöpfliche Person nicht mehr primär als In-sich-Stehen zu beschreiben sein, sondern tiefer (falls sie nach Gottes Bild und Gleichnis geschaffen ist) als Auf-sich-Zurückkommen (reflexio completa) aus dem je schon E n t ä u ß e r t - s e i n und Aus-sich-Herausstehen als sich hingebendes, auswortendes Innen". MP 147-148.

2 H.U. von Balthasar unterstreicht dies mit dem Hinweis darauf, daß die Geschichte der Menschheit seit dem Christusereignis eine grundsätzlich heilige Geschichte ist, d.h. eine solche, in der sich die eine Selbsterschließung Gottes zur Geltung bringt, und zwar in und durch die Menschen. Vgl. dazu TG 98-101; auch "Die Vollendbarkeit der Geschichte", in: GF 125-241, besonders 184-200.

3 Wie schon für die Weise der Vollendungen angemerkt, sei hier auch darauf hingewiesen, um Mißverständnissen vorzubeugen, daß die hier angesprochene Verhältnisbestimmung keineswegs eine bloße Identität zwischen Geschichte Gottes und Geschichte der Menschheit darstellt. Es geht vielmehr darum, die in der personalen Einheit von Gott und Mensch in Jesus Christus grundgelegte Sachlogik zur Geltung zu bringen, ohne dadurch die wesentliche Differenz zwischen Gott und Mensch zu verwischen.

wendigen Prinzip erhoben) in der "Schau der Sünde" durch Jesus erfolgt[1].

Vom Menschen her gesehen ist also Geschichte, wie die vorausgehenden Bemerkungen nahelegen, der dynamische Prozeß der sich konstituierenden menschlichen Freiheit in ihrem Verhältnis zu sich selbst und zum Absoluten. Hier drängt sich aber die Frage auf: welche Relevanz dieses Absolute für die Selbstkonstitution der Freiheit hat? Eine weitere Frage, die sich daran anschließt, ist, ob der dynamische Prozeß der Geschichte überhaupt denkbar ist außerhalb des Verhältnisses zum Absoluten. Was passierte dann, wenn man die ganze Beziehung in dem Verhältnis der Freiheit zu sich selbst, also nur in einem Pol des Verhältnisses, bestehen ließe? Kommt da noch echte Freiheit zustande? Oder tritt eine Perversion derselben auf? Bei der Beantwortung dieser Fragen soll es also auch darum gehen, festzustellen, ob die Geschichte des Menschen überhaupt möglich ist ohne die Geschichte des Absoluten, ohne daß sie zugleich auch Geschichte des Absoluten selbst ist. Dabei ist auch ein Drittes zu erklären, nämlich wo und wie kann eigentlich von einer Geschichte des Absoluten auf der einen Seite und von der Geschichte des Endlichen auf der anderen gesprochen werden, als von zwei trennbaren Größen? Ist eine solche Trennung möglich? Relative oder radikale Trennung? Wenn die Grundbestimmung des endlichen Seins so ist,

---

1 Diese gottgewirkte Befreiung zur wahren Geschichte als Offenbarungsgeschichte ist selbst echt menschliche Geschichte, welche sich in und durch die Kirche Gottes weiterhin vollzieht und über die Bestimmung der Kirche Wesentliches aussagt. Die angestrebte Vollendung ist erst dort erreicht, wo Kirche und Welt als Parikulargestalten gleichzeitig überflüssig werden. Das Überflüssigwerden ist das Gehen auf die Vollendung und vollzieht sich in der Geschichte in Etappen. Es bedeutet den Punkt, wo die Kirchlichkeit der Kirche sich als "Nicht-gegen-die-Welt" erweist, vielmehr die echte Weltlichkeit der Welt nicht mehr außer sich hat, sondern integriert und ihr "Gutsein" (Gen 1,31) voll bejaht, hervorbringt. Das ist der Punkt, wo die Kirche der Welt keine Vorschrift mehr darüber zu machen braucht, wie sie sich sittlich zu verhalten hat, wo wirklich alles seine Ordnung gefunden hat und dem Vater zu Füßen gelegt ist.

d.h. von Gott bestimmt zu sein, dann bleibt noch die Frage, wie der Mensch als ein solches Sein und als Subjekt dieses Bestimmtsein vollzieht oder mitvollzieht. Hat er eine Möglichkeit dazu? Kann er diese von Gott gesetzte objektive Bestimmung zu seiner eigenen Unmittelbarkeit machen, indem er sie mitvollzieht durch Ausübung seiner Freiheit?, durch konkrete Wahl? Und zwar im Verhältnis zu sich selbst, zu den anderen, zur Welt? Welche Konstellation erhält dann die ewige Dimension des von Gott Bestimmtseins (als Grund-Freiheit) in der Konkretheit der Zeitlichkeit, der Entfaltung des Menschen als freies Subjekt? Wie wird die "transzendentale Vergangenheit" des Bestimmtseins für ihn aktuell und präsentisch? Wie geschieht die Synthese von Objektivem und Subjektivem bzw. Bestimmtsein und Sich-Bestimmen?

Vor dem Hintergrund dieser vielen Fragen und der Tatsache, daß der Mensch ein Wesen unterwegs ist, daß er in einer fortschreitenden Entwicklung steht, deren Zielrichtung die ewige Gemeinschaft mit Gott ist (sofern bleibt noch offen, was aus ihm noch wird), drängt sich der Hinweis auf den Geist Gottes auf als jene Gestalt, die, wie schon angedeutet, selbst als Vollendung und Vollender schon im Prozeß der Selbstoffenbarung Gottes in Jesus Christus steht und infolgedessen nunmehr auch in unserer Geschichte als jene schöpferische und lebenspendende Kraft, die dem Menschen, und zwar nicht erst im Jenseits, sondern schon jetzt zur Erfüllung und Vollendung des Lebens verhilft.

II. Zur Problematik der Pneumatologie

Die Fragestellung

"Keiner kann sagen: ' H e r r J e s u s ' außer im Heiligen Geist" (1.Kor 12,3)

1. Die Geistvergessenheit

In der heutigen Theologie wird vielerorts eine "Geistvergessenheit" der christlichen Existenz und Theologie beklagt[1]. Die Worte des Paulus an die Korinther machen deutlich, daß das Bekenntnis zu Jesus Christus und das darauf beruhende christliche Leben nicht möglich sind ohne das Bekenntnis zum Geist, denn er allein läßt den Abba-Ruf in uns erklingen (Rom 8,15; Gal 4,6).

Die Wiederbesinnung auf die Lehre des Heiligen Geistes, wie sie von namhaften Theologen gefordert wird, ist daher durchaus legitim. Die Frage nach dem Pneuma berührt die Christologie ebenso wie die Ekklesiologie und die theologische Anthropologie. Aber außer systematisch-theologischen Fragen hat u.a. auch das Aufleben der Pfingst- und Geistbewegungen in der Ökumene eine Neubesinnung auf den Geist

---

1 Hierzu zählen, um nur einige Namen zu nennen, H.U. von Balthasar, Der Unbekannte jenseits des Wortes, in: SC 104; 133; Y.M.J. Congar, La pneumatologie dans la théologie catholique, in: RScPhTh 51 (1967); Otto A. Dilschneider, Ich glaube an den Heiligen Geist (1969); ders., Geist als Vollender des Glaubens, Gütersloh 1978; ders., Die Notwendigkeit neuer Antworten auf neue Fragen. Auf dem Weg zum dritten Glaubensartikel: Ich glaube an den Heiligen Geist, in: C. Heitmann/H. Mühlen, Erfahrung und Theologie des Heiligen Geistes, München-Hamburg 1974, S. 151-161; W. Kasper, Geistvergessenheit in Kirche und Theologie, in: W. Kasper/G. Sauter, Kirche - Ort des Geistes, Herder, Freiburg/B. 1976, S. 14-25; ders., Jesus der Christus, Mainz 1975, S. 294 ff.: ders., Aspekte gegenwärtiger Pneumatologie, in: W. Kasper (Hrsg.), Gegenwart des Geistes, QD 85 (1979) 7 ff.; G. Sauter, Ekstatische Gewißheit oder vergewissernde Sicherung, in: C. Heitmann/H. Mühlen, a.a.O., S. 192-213.

dringlich gemacht. Sowohl im evangelischen wie im katholischen Bereich sind in jüngster Zeit einige Publikationen vorgelegt worden, die diesen Problemen nachgehen und zu Neuansätzen in der systematischen Theologie geführt haben[1].

Es gehört schon zu den merkwürdigen Feststellungen, daß nicht wenige Christen auch heute noch die Worte jener Jünger in Ephesus - mutatis mutandis - zu eigen machen könnten, die Paulus in Erstaunen versetzten: "Wir haben ja nicht einmal gehört, daß es einen Heiligen Geist gibt" (Apg 19,2)! Sicherlich wird keiner heute mehr, wie damals in Ephesus, "auf die Taufe des Johannes hin" getauft, dennoch besitzt das Volk der Gläubigen keine ausreichende Geist-Kenntnis, auch wenn in allen Doxologien, in vielen Gebeten, Symbolen, Liedern usw. der Name des Geistes zusammen mit dem des Vaters und des Sohnes vorkommt. So scheint wohl E. Luini Recht zu behalten, wenn er sagt: "Will man einen Christen in Verwirrung bringen, so genügt es, ihn zu fragen, ob er den Heiligen Geist empfangen hat"[2]. Diese Befangenheit führt er auf folgende Feststellung zurück: auch wenn es in der Kirche immer verschiedene Frömmigkeitsformen gegeben hat, so haben diese aber nie die Form einer Glaubenserziehung, die die Gegenwart und das Wirken des Heiligen Geistes be-

1 Außer den schon in der Anmerkung 1 auf S. 15 zitierten Autoren sind noch zu erwähnen: J. Moltmann, Die Kirche in der Kraft des Geistes (vgl. dazu HK 30 (1976) 220 ff.); H. Mühlen, Der Heilige Geist als Person in der Trinität, bei der Inkarnation und im Gnadenbund: Ich-Du-Wir, Münster[3]1968; ders., Una Mystica Person. Die Kirche als das Mysterium der heilsgeschichtlichen Identität in Christus und in den Christen: eine Person in vielen Personen, Paderborn[3]1968; ders., Das Christusereignis als Tat des Heiligen Geistes, in: Mysterium Salutis II/2, 513-545; W. Pannenberg, Das Glaubensbekenntnis, München-Hamburg 1972; C. Heitmann/H. Mühlen (Hrsg.), Erfahrung und Theologie des Heiligen Geistes, a.a.O.,; K. Rahner, Den Geist erfahren, in: EvKom 10 (1977), 299-301; W. Kasper, Aufgaben der Christologie heute, in: A. Schilson/W. Kasper, Christologie im Präsens, Freiburg 1974, S. 133-151, insb. S. 146-151; A. Schilson, Perspektiven gegenwäriger Christologie, in: Katechetische Blätter 6(1976) 353-362, bes. 361-362; L.J. Suenens, Une nouvelle Pentecôte, Paris 1974.

2 E. Luini, Lo Spirito di Christo e dei Cristiani, Napoli-Roma 1977, S. 5.

wußt werden läßt. Also ist der Geist trotz Verankerung im dritten Artikel des Credo der große "Unbekannte"[1].

2. Von Geist-Vergessenheit zu Geist-Überflutung

An dieser Stelle muß jedoch zur Kenntnis genommen werden, daß das christliche Vokabular sich besonders in den letzten Jahren eines außerordentlichen Reichtums erfreut. Worte wie Geist, Spiritualität, charismatische Bewegungen, Charisma, Handauflegung, Zungenreden und dergleichen sind heute keine nur einer eingeweihten und professionellen Minderheit vorbehaltenen Ausdrücke mehr. Da fragt sich der Theologe, wie ein solch plötzlicher Aufruhr, ja ein solches Aufbrausen in der Kirche besonders seit dem Vaticanum II. zu deuten sei. Handelt es sich hier in "einer Stunde des Geistes" um eine sanfte Rache der dritten göttlichen Person der Trinität, die den engen Rahmen unserer Entwürfe sprengen will? Oder haben wir es im Gegenteil einfach mit dem emotionalen Überschwang derer zu tun, die in einer esoterischen Manifestation von Beziehung zum Göttlichen eine Sicherheit sehen? Wie immer man die Lage der pneumatischen Aufbrüche in der Kirche des letzten Jahrzehnts beurteilt, unumstritten ist eines: Der Heilige Geist scheint heute keine "quantité négligeable" mehr zu sein. Die "erneuerte Aktualität des Geistes"[2] hat Papst Paul VI. einmal so charakterisiert: "Wir erleben in der Kirche einen Zeitabschnitt, der in besonderer Weise vom Geist gekennzeichnet ist. Überall sucht man ihn besser zu erkennen, - so, wie ihn die Schrift offenbart. Freudig schließt man sich seiner Bewegung an. Man versammelt sich um ihn; man will sich von ihm führen lassen"[3]. Daß eine solche Erneuerung auch Herausforderung für

1 SC 95-105; vgl. D. Bertetto, Lo Spirito Santo e santificatore, Roma 1977, S. 376-379; E. Luini, a.a.O., S. 5 ff.

2 Y. Congar, Actualité renouvelée de l'Esprit, in: Lumen Vitae 27 (1972) 543-560.

3 Adhortatio Apostolica Evangelii nuntiandi, Nr. 75, in: AAS 68 (1976) 66.

die Theologie darstellt, steht außer Zweifel. Die Anhäufung von theologischen Publikationen in den letzten Jahren ist, wie schon bemerkt, eine erste Antwort auf diese Herausforderung, deren Wert als "Stimulans für die Entwicklung einer vertieften Theologie des Heiligen Geistes" anerkannt wird[1].

Konnte noch vor einigen Jahren das Reden über den Heiligen Geist "verdächtig wirken"[2], so ist das "Nachdenken und Schreiben über den Heiligen Geist" heute "geradezu Mode" geworden[3]. Gerade hier aber zeigt sich auch die Kehrseite der Medaille. Denn, wie S.M. Daecke in seinem Beitrag bemerkt, der mit einem von der Wirtschaftswissenschaft übernommenen Ausdruck betitelt ist, "gerade diese Tatsache macht es so schwierig, das Phänomen einer neuen Erfahrung und Entdeckung des Heiligen Geistes zu verstehen und zu deuten: denn gemeinsam ist allen denen, die heute (wieder) vom Heiligen Geist sprechen und schreiben, im Grunde nur das eine, daß sie diesen Begriff gebrauchen und sich - mehr oder weniger - auf die biblische und kirchliche pneumatologische Überlieferung berufen. Was sie damit meinen und auf welche Traditionselemente sie sich dabei stützen, ist aber zumindest kontrovers, wenn nicht unvereinbar"[4]. Die Mode ist auch gleichzeitig das, was aus der Mode kommt. Dazu be-

---

1 H.G. Koch, Neue Perspektiven der Theologie des Heiligen Geistes?, in: HK 30 (1976) 457.

2 In sehr prägnanter Weise charakterisiert R. Bohren diese mißtrauische Betrachtung wie folgt: "Manchmal habe ich den Eindruck, man vermute bei dem, der über den Heiligen Geist reflektiert, eine Art von Cholerabazillus. Schon das Benennen des Namens erweckt - außerhalb des Rituals in schützenden Kirchenmauern - bei gewissen Leuten offensichtliches Unbehagen und eine Angst, möglicherweise die Existenzangst, es könnte das Bisherige nicht mehr so weitergehen wie bisher, es könnte der Geist ein Richter sein, der das gute Alte verneint und vernichtet, und ein Schöpfer, der ein Neues bringt: denn der Heilige Geist ist die Gefährdung des Hergebrachten" ("Daß Gott schön werde", München 1975, zitiert nach S.M. Daecke, Neue Konjunktur für den Geist. Ungelöste Widersprüche in der Pneumatologie, in: EvKom 8 (1975) 520-523, hier 520).

3 Sigurd Martin Daecke, Neue Konjunktur für den Geist, a.a.O., S. 520.

4 Ebd.

merkt von Balthasar: "Zur Definition der Mode gehört, daß sie nächstes Jahr wechselt. Das wahrhaft Christliche war zum Glück nie Mode, auch in den sogenannten christlichen Zeiten nicht". In der Tat ist nichts so schwammig wie ein Wort oder ein Begriff, der in aller Munde ist, dessen genaue Bedeutung aber keiner herauszustellen weiß. Wie aber verhält es sich mit dem "wiederentdeckten" Geist? Wie ist es um seine richtige Erfassung bestellt? Was hat er gewonnen oder verloren im Zuge der vielfältigen Geist-Deutungen und -bewegungen[1]? Mit diesen Fragestellungen setzten die Bedenken angesichts der Geist-Überflutung ein, die trotz guter Schritte in die richtige Richtung bislang nur mit "geteilter Freude"[2] zur Kenntnis genommen wird. Die "Wiederentdeckung des Geistes" hat noch nicht die alten Widersprüche gelöst[3], die Frage der Unterscheidung zwischen Enthusiasten und Pneumatikern nicht geklärt. Diese Tatsache deutet auf fortdauernde Geistvergessenheit bestimmter Art hin.

---

1 Wie strapaziert das Wort "Geist" in diesem Zusammenhang ist, zeigt Daecke in dem schon zitierten Artikel am Beispiel all dessen, was unter der Berufung auf den Heiligen Geist verstanden wird: "Einerseits sieht man den Heiligen Geist als kirchenbegründende, andererseits als kirchenbedrohende, kirchenkritische Macht; einerseits als stabilisierende, integrierende, andererseits als emanzipatorische Kraft; einerseits als gedanklichen Gegenstand der Theologie, andererseits als lebendige Erfahrung derer, die der Überzeugung sind, von ihm erweckt und getauft zu sein. Der Heilige Geist also als wissenschaftstheoretisches Prinzip, als theologische Positionsbestimmung, als Bedingung der Möglichkeit des Offenbarungsverständisses, als die Gegenwart und das Handeln des erhöhten Christus, als Erbauer der Kirche, als Erwecker und Erneuerer der von ihm erfüllten Seele, als Vollender des menschlichen Geistes, als Moment der Kultur und Transzendenz der Natur. Wie ist das in einer Pneumatologie zu vereinen, mit dem einen Namen 'Heiliger Geist' zu bezeichnen?" (Neue Konjunktur für den Geist, a.a.O., S. 520-521).

2 Otto A. Dilschneider, Geist als Vollender des Glaubens, a.a.O., S. 7.

3 Immer noch bestehen nebeneinander - wenn auch in etwas gemilderter Form als noch vor einigen Jahren - Auffassungen, nach denen der Heilige Geist einerseits "Garantie rechter Lehre, Ausweis kirchlicher Dogmatik, ja sogar Grundsatz und Prinzip traditionalistischer Theologie gegen den anthropologischen, hermeneutischen wie philosophischen Ansatz heutiger Theologie ist, andererseits aber 'Cholerabazillus' (S.M. Daecke, a.a.O., S. 521). Daran hat auch die sich wieder häufende Geist-Literatur noch nichts Wesentliches geändert.

3. Von der fortdauernden "pneumatologischen Unterentwicklung"

Spricht man davon, daß es eine Geistvergessenheit gegeben hat, so ist diese Beurteilung des Geist-Bewußtseins in Kirche und Theologie nur teilweise berechtigt. Denn kirchliches Leben beruht auf dem Geist Christi als Fundament. Ebenso ist die Theologie als bekennend-reflektierender Glaube nur unter dem Vorzeichen des Bekenntnisses zum Heiligen Geist möglich. Die Frage des Geistes greift, wie schon unterstrichen, an die Grundlagen und Wurzeln der christlichen Existenz insgesamt. Wäre der Geist ganz und gar beseite geschoben worden, dann wäre nichts von all dem möglich, was sich "christlich", "kirchlich" oder "theologisch" nennen würde. In diesem Sinne betont Y. Congar zu Recht, daß wir keine "Rückkehr" des Geistes brauchen, denn er ist immer dagewesen und am Werk. Er ist immer "Ereignis" gewesen. Daß dies heute besonders auffällig ist, hängt mit der besonderen Beachtung zusammen, die er im Bezug auf das aktuelle Leben der Kirche findet[1]. Doch gibt Congar auch zu, daß die Theologie lateinischer Prägung zu wenig über die spezifische Rolle des Geistes reflektiert hat. Auch wenn das Pneumatische in der Trinität und in der Kirche nicht außer acht gelassen wird, so ist es aber immer zu kurz gekommen, indem die Reflexion darüber nicht zu einer eigenständigen Behandlung des Geistes führte, sondern immer in dem globalen Rahmen der "trinitarischen Appropiationen" und der "Traktate"[2] angestellt wurde.

---

1 "L'Esprit n'a pas à 'revenir': il a toujours été là, et actif. Il a toujours été 'événement'. Il l'est peut-être plus clairement aujourd'hui, voire de façon spectaculaire. Il trouve ou retrouve un rôle plus marqué dans la theologie, surtout celle de Ecclesia, en relation à la vie présente de l'Eglise" (Actualité renouvelée de l'Esprit a.a.O., S. 543-544).

2 "... notre théologie ne voit pas assez que la Mission du Saint-Esprit est propre et originale. Elle s'en tient assez strictement à une théologie des "appropriations" trinitaires. On a souvent signalé que le Filioque rend le Saint-Esprit plus strictement dépendant du Verbe, et donc aussi lie davantage son action aux déterminations, aux formes instituées. Tout ceci explique un peu que, en dehors du chapitre sur le Saint-Esprit en théologie trinitaire,

Dazu noch eine zweite Stimme. Der ebenfalls französische Theologe René Laurentin stellt fest, daß die treibende Kraft des Heiligen Geistes in der Kirche immer gegenwärtig gewesen ist und nicht erst nach dem Vaticanum II[1]. Dennoch habe es immer auch eine "p n e u m a t o l o g i s c h e U n t e r e n t w i c k l u n g" gegeben[2], und dies sowohl was die Lehre wie die Praxis angeht. Was die letztere anbelangt, so schreibt Laurentin: "Die institutionellen Modelle wiegen schwerer als die Inspiration, die Kreativität, die Strukturierung von innen... In dem Maße, wie institutionelle 'Reflexe' sich verschlossen, die Inspiration unterdrückten oder neutralisierten, wurde der Heilige Geist im Bewußtseins des christlichen Volkes tatsächlich an den Rand gedrängt"[3]. Die Ursache dafür sieht Laurentin in der von der "klassischen Theologie" begünstigten Zäsur zwischen Charisma und Amt, wobei das erstere in Verdacht gehalten wurde, wenn nicht sogar fast verkannt in seiner Bedeutung für das Leben der Kirche, weil man die institutionellen und dogmatischen Strukturen - zweifellos auch notwendig - für wichtiger gehalten hat. Zugleich aber kam die Bedeutung des Geistes zu kurz, für den man nach 'Surrogaten' gesucht hat [4].

---

avec le développement particulier de la question du Filioque, la théologie catholique n'ait guère réuni en un traité formel tout ce qui concerne le Saint-Esprit comme personne envoyée et opérante. Tout cela est réellement très présent dans la théologie catholique, mais demeure dispersée à travers tous les traités. Certaines affirmations,en soi très riches, n'ont guère fait l'objet d'un développement propre" (Vgl. La pneumatologie dans la théologie catholique, in: RScPhTH 51(1967) 250-258, zit. 251-252).

1 Unter dem Titel "La redécouverte de l'Esprit Saint et des charismes dans l'Eglise actuelle" bietet R. Laurentin einen kurzen, aber interessanten Überblick über die theologische Behandlung des Geistes der jüngsten Zeit. Vgl. R. Laurentin (Hrsg.), L'Esprit Saint, Bruxelles 1978, S. 11-37.

2 Ebd., S. 14: "sous-développement pneumatologique".

3 Ebd., S. 19.

4 Ebd.: "C'est dans la mesure où, par sécurité humaine, on a durci les structures institutionelles et dogmatiques (nécessaires)que l'Esprit a été marginalisé et qu'il a fallu en trouver des substituts".

Damit ist angedeutet, welche theologischen Grundsätze der defizitären Praxis zugrunde liegen. Die Theologie des Geistes, betont Laurentin, wurde durch eine Lehre beeinträchtigt, die wesentlich spekulativ, ontologisch-deskriptiv und objektivierend war. In diesem Rahmen konnte eine theologische Betrachtung des Geistes nur einen geringen Raum einnehmen, weil die dritte Person der Trinität "der unsichtbare Gott par excellence ist", "der Anonyme, der in der Trinität keinen eigenen Namen hat"[1]. Er ist vielmehr der "Rêvélant non rêvélé"[2], was aber nicht heißt, daß er als solcher keine besondere Behandlung in der Theologie verdient, als wäre er nicht mehr und nicht weniger als ein "Duplicatum" ohne spezifische Funktion. Hier hat man offenbar nicht genügend zur Kenntnis genommen, daß die Kirche Werk und Wirken des Geistes Christi ist[3], auch wenn in lehramtlichen Verlautbarungen es immer wieder hieß, der Heilige Geist sei die Seele der Kirche[4].

---

1 R. Laurentin (Hrsg.), L'Esprit Saint, a.a.O., S. 15.

2 Ch. Moeller, in: Mélanges Philipps, Bruxelles 1970, S. 589, zitiert nach R. Laurentin, a.a.O., S. 15.

3 In seinem Aufsatz "Hans Urs von Balthasar" schreibt H. Vorgrimler treffend: "Die Kirche ist pneumatologisch charakterisiert, da es der Geist Gottes ist, der die Kirche heiligt und in den Senkungen fruchtbar macht. Das wiederum bedeutet - christologisch - Teilnahme an der Lebensform Christi, nicht in angemaßter Nachfolge Christi, nicht als ob wir es nötig hätten, Oelberg zu spielen, sondern weil Jesus selbst schon immer Teilnehmer an seiner Lebensform wollte" (Vgl. Bilanz der Thologie im 20. Jhdt., Bd. IV, S. 134). Damit ist die Einheit von Christologischem und Pneumatologischem in der Kirche unterstrichen, zugleich aber auch die spezifische Rolle des Geistes angedeutet.

4 Es sah so aus, als wollte man mit einer solchen Formulierung den theologischen und praktischen Fehlbetrag decken. Laurentin weist in dem schon vielfach zitierten Beitrag auf drei Hauptfehlentwicklungen hin, die einer ausgewogenen Theologie des Heiligen Geistes im Wege standen. Das ist zunächst einmal "le transfert au Pape des fonctions ecclésiologiques de l'Esprit: la spiritualité d'obéissance à l'Esprit était transposée en spiritualité d'obéissance au Pape, 'règle prochaine et universelle de la foi et de la conduite chrétienne', selon la formule en honneur au temps de Pie XII". Zum anderen: "D'autresfaisaient de la Vierge Marie un substitut mystique du Paraclet. On lui attribuait les fonctions intérieures et spirituelles de l'Esprit: coopération ontologique à la Rédemption du

Es dürfte aufgrund der hier skizzenhaft dargestellten Lage der Pneumatologie deutlich geworden sein, welche Aufgabe der ganzen Kirche hinsichtlich der Präsenz des Heiligen Geistes in Lehre und Praxis obliegt.

Einen der ersten Versuche in jüngster Zeit, die Realität des Heiligen Geistes in ihren verschiedenen, ineinandergreifenden Dimensionen zu erfassen, bietet Hans Urs von Balthasar in seinem umfangreichen und gehaltvollen Werk. Bevor die Problematik des Geistes bei von Balthasar vorgreifend aufgerissen wird, soll ein kurzer Überblick über die Forschungslage zu dem Werk selbst als Einführung in die Konstellation der gesamten Sachproblematik vorangestellt werden.

Christ, fonction de source ou principe de la vie spirituelle, etc". Hinzu kommt schließlich eine unzureichende Betrachtung des Verhältnisses zwischen Christus und dem Geist: "La fonction originale de L'Esprit était absorbée dans le Christ, non sans risque... de 'christomonisme' (vgl. Y. Congar, Pneumatologie ou christomonisme dans la tradition latine?, in: Ecclesia a Spiritu Sancto edocta. Mélanges théologiques, Hommages à Mgr Gérard Philips, Gembloux, Duclot, 1970, S. 41-63), de 'monophysisme ecclésiologique', selon la formule de H. Mühlen... Mühlen dénonce par là une référence au Christ en oubliant la référence à l'Esprit: ce qui advient lorsqu'on présente l'Eglise-Corps-du Christ comme un simple prolongement biologique de l'Incarnation, en oubliant d'expliciter le rôle de L'Esprit" (R. Laurentin, a.a.O., S. 15-18).

III. Forschungslage zum Werk Hans Urs von Balthasars

1. Allgemeiner Überblick

Die Beschäftigung oder Auseinandersetzung mit dem Werk H.U. von Balthasars stellt den Interessenten u.a. vor die Frage, ob und inwiefern dieses über fünfzig Jahre gewachsene Werk in einer seinem Anspruch entsprechenden Weise angeeignet worden ist. In den Schlußworten seines Beitrages für die "Bilanz der Theologie" bemerkt H. Vorgrimler: "Er (= Balthasar) ist nicht nur der große Vermittler und Erschließer - das gewiß auch in singulärer Weise -; in diesem Durchgang zeigten sich vielmehr verschiedentlich Ansätze, von denen aus er zum einflußreichen Veränderer der Theologie hätte werden können. Statt dessen hat er seine Subjektivität unter das Schauende und Anbetende gezwungen. Dieses Zurückstellen seiner selbst, um der Evidenz eines anderen nicht im Weg zu stehen, hat er als einen Teil seines Auftrages begriffen"[1].

Wenngleich von Balthasar in dem erwähnten Werk unter die "bahnbrechenden Theologen" eingereiht wird, so birgt der Gedanke Vorgrimlers, sein Bedauern darüber, daß von Balthasar der erhoffte "Veränderer" nicht geworden ist, eigentlich etwas Wahres in sich, denn, wie anderwärts richtig bemerkt wird, ist von Balthasars Werk lange Zeit kaum über den Raum kurzer Aufsätze und Anmerkungen hinaus gekommen[2].

Schon fünf Jahre vor dem Erscheinen der "Bilanz" beklagte K. Rahner "schmerzlich"[3] in seinem Artikel zum 60. Geburtstag von Balthasars die geringe "Rezeptionsfreudigkeit", die dem

---

1 H. Vorgrimler, Hans Urs von Balthasar, in: Bilanz der Theologie im 20. Jahrhundert, Herder, Freiburg - Basel - Wien 1970, Bd. IV, S. 122-142, zit. 142.

2 Vgl. M. Albus, Die Wahrheit ist Liebe. Zur Unterscheidung des Christlichen nach Hans Urs von Balthasar, Herder, Freiburg 1976, S. 16 f.

3 K. Rahner, Hans Urs von Balthasar, in: Civitas 20 (1964/65), 601-604, hier 604.

Werk Balthasars entgegengebracht wird, und stellte die nicht einfach zu beantwortende Frage, "ob die Noch-nicht-Rezipiertheit seines großen Werkes, die man schmerzlich feststellen muß, ein Zeichen dafür ist, daß Ohren und Herz der katholischen Christenheit noch nicht für von Balthasars Werk so offen sind, wie dieses es verdient und wie w i r es nötig haben"[1].

Fast im gleichen Ton ließ J.M. Faux seine Enttäuschung darüber anklingen, daß bislang keine umfassende Studie über dieses immense Oeuvre erschienen ist[2] und verwies auf den schon zitierten Beitrag Vorgrimmlers als den bislang einzigen "ausgezeichneten Artikel"[3] und auf die von H.U. von Balthasar selbst veröffentlichten kurzen Darstellungen seines Werkes[4].

---

1 K. Rahner, Hans Urs von Balthasar, a.a.O., S. 604. Die gestellte Frage mit Ja zu beantworten, heißt zugleich auch weitere Fragen stellen, die den Grund dafür offen legen. So führte Rahner fort: "Wenn man versucht ist, diese Frage zu bejahen, dann wäre die weitere Frage, woher dies kommt. Spießbürgerliche Herzenshärte bei denen, die hören sollten? Überbeschäftigkeit mit sekundären Fragen (auch auf dem Konzil)? Schicksal des einsamen Rufers in der Wüste der Zeit, das zu einem solchen Werk notwendig gehört? Mangel an Präzision schultheologischer Art und eine - manchmal bittere - Härte, mit der er mit seinen Brüdern unter den Theologen ins Gericht geht, bei Balthasar selbst? Oder dauert einfach das Wirksamwerden eines solchen Werkes unvermeidlich länger als unsere Ungeduld es trägt? Wer kann es sagen?", ebd.

2 "Aucune étude d'ensemble non plus, en dehors de brefs articles, n'a été publiée jusqu'ici sur cette pensée et beaucoup de lecteurs risquent, pour l'avoir abordée sous un biais trop particulier ou dans un domaine trop réduit, d'en retenir une image partielle et, par là, fausse", J.M. Faux, Un theologien: Hans Urs von Balthasar, in: NRT 10(1972) 1009-1030, zit. 1009.

3 Ebd.: "Nous pouvons renvoyer aujourd'hui à l'excellent article de H. Vorgrimler, Portraits de Théologiens, Hans Urs von Balthasar, dans Bilan de la Théologie au XXe siècle".

4 H.U. von Balthasar, Kleiner Lageplan für meine Bücher (1955) und "Rechenschaft" (1965).

Nach dieser langen, durch ein tiefes Schweigen gekennzeichneten Periode, das nur sporadisch unterbrochen wurde[1], fand das Werk von Balthasars ein größeres Interesse als Mitte der 60er Jahre. Ausschlaggebend hier waren die beiden wichtigsten Aufsätze von Balthasars ehemaligem Lehrer und langjährigen Freund Henri de Lubac[2] und von K. Rahner[3] zum 60. Geburtstag von Balthasars. Fast zur gleichen Zeit verfaßte dieser selbst die zweite Darstellung seines Werkes[4]. Und in der Tat wird das Echo des Werkes seit 1965 unüberhörbar. Die beiden Aufsätze von H. de Lubac und K. Rahner scheinen als Auslöser gewirkt zu haben, in denen die Bedeutung des Werkes H.U. von Balthasars unterstrichen wurde, und zwar gerade von zwei Meistern, die in Sachen Theologie weltweite Anerkennung genießen. Zahlreiche Aufsätze befaßten sich dann mit von Balthasars Werk. Stadler, E. Biser, A. Bogetti, L. Malevez, T. Citrini, B. Mondini, E. Ruffini, J.M. Faux, um nur einige Namen zu erwähnen, setzten sich mit dem Werk von Balthasars auseinander[5].

---

1 U.a. erinnern wir an die bedeutsamen Aufsätze von W. Pannenberg, Zur Bedeutung des Analogie-Gedankens bei K. Barth. Eine Auseinandersetzung mit Hans Urs von Balthasar, in: ThLZ 97 (1953) 17-24; E. Gutwenger, Natur und Übernatur. Gedanken zu von Balthasars Werk über die Barthsche Theologie, in: ZKT 75 (1953) 82-97, 461-464; J. Laubach, Über Hans Urs von Balthasar, in: L. Reinisch (Hrsg.), Theologen unserer Zeit, München 1960, 179-201; J. Ratzinger, Christlicher Universalismus. Zum Aufsatzwerk Hans Urs von Balthasar, in: Hochland 54 (1961) 68-76; W. Gruber, Theologie des Einsammelns, in: Wort und Wahrheit 17 (1962 396-398.

2 Un têmoin du Christ: Hans Urs von Balthasar, in: Civitas 20 (1964/65) 587-600; ders., Ein Zeuge Christi, in: IkaZ 4 (1975) 390-409.

3 Vgl. den schon zitierten Artikel in Civitis 20 (1964/65) 601 ff.

4 Rechenschaft (mit Bibl.), Einsiedeln 1965.

5 Die hilfreichen Beiträge dieser Autoren (und anderer) sind in der Sekundärliteratur aufgeführt.

Nimmt man aber alle Äußerungen zusammen, die die sehr zögernde Rezeption von Balthasars beklagen, so scheint es sicher, daß die von vielen Seiten erwähnte "Lautlosigkeit" des Balthasarschen Werkes nicht an seiner inneren Qualität liegt[1], sondern an äußeren Umständen, die von Balthasar in den Augen vieler verdächtig gemacht und in eine leidvolle Isolierung gedrängt haben. Von Balthasar selbst setzte sich gegen diesen Zustand nicht zur Wehr[2].

Doch wird man auch nicht übersehen können, daß das Haupthindernis für die Rezeption des Balthasarschen Werkes zum Teil in dem eigenartigen "Theologisieren" des Autors

---

1 Hierzu sei stellvertretend für viele ähnliche Äußerungen noch einmal auf eine Würdigung - die von H. Küng - des Werkes hingewiesen: "Das immense Werk Hans Urs von Balthasars, dessen Kenntnis der katholischen (patristischen, mittelalterlichen und neuzeitlichen, der schulmäßigen wie der mehr existentiellen, mystischen und dichterischen) Tradition in einer Zeit allzu zahlreicher theologischer 'derniers cris' man nicht genug bewundern und schätzen kann, auf seine christologische Mitte und hier auf das implizierte Gottesverständnis hin genau zu untersuchen, müßte ein besonders reizvolles und fruchtbringendes Unternehmen sein" (H. Küng, Menschwerdung Gottes, Herder, Freiburg 1970, S. 652).

2 "Die katholische Kirche präsentierte sich damals, im Jahr von 'Humani generis' und der harten römischen Maßnahmen gegen die 'Nouvelle Théologie, noch als geschlossenes System. Das kirchliche Establishment rächte sich, wenn auch mit Maßen, an dem vermeintlich Abtrünningen. Selbst von Bischöfen konnte man als Charakteristikum von Balthasars hören: "Ex-Jesuit!" Für gewisse Jesuitenkreise und -medien war ein unerklärter Boykott die selbstverständlichste Sache; von Balthasar wurde, weithin gemieden und nicht mehr eingeladen, in eine Isolierung gedrängt. Freilich wurde diese Isolierung von seiner Seite nicht bekämpft, sondern durch die Radikalität seiner Frage nach dem Christsein in der Nachfolge Christi noch gefördert (was manche als elitär-aristokratische Arroganz mißverstanden). Von daher wird manches, wenn auch nicht alles, an Polemik und galliger Härte in seinen späteren Schriften verständlich; wichtiger ist, daß ihm eine breite Zustimmung verdächtig wäre" (H. Vorgrimler, a.a.O., S. 129).

liegt[1] und zum Teil in der immer noch mangelnden Einsicht, daß - und wie - im Ausgang der theologischen schriftstellerischen Arbeit H.U. von Balthasars das persönliche Auftragsbewußtsein, wie H. Vorgrimler mit Recht feststellt[2], stand[3], geprägt und verwurzelt in der starken Bindung an die in Tiefe verwandelnde Bedeutung des so oft von H.U. von Balthasar selbst hervorgehobenen "pro nobis" im Christusgeschehen und des für den Einzelnen daraus resultierenden Verantwortungsauftrags für die Gesamtheit der erlösten Menschheit und Welt. Die Ausarbeitung dieses Gesamtzusammenhangs ist von vornherein bestimmt und befruchtet durch

---

1 Der Leser des Werkes von Balthasars bekommt es ganz schnell zu spüren, daß er es mit einem "einsamen" Autor, ja fast einem Einzelgänger zu tun hat, nicht deshalb, weil von Balthasar mutiger als andere auch heikle Themen angepackt hat (wie etwa die Frage der Veränderlichkeit und Unveränderlichkeit Gottes, die Radikalisierung des Karsamstagsgeschehens, die Ausrichtung der Inkarnation auf die Passion), sondern auch sein theologischer Ansatz und insbesondere weil er (wie schon angemerkt) eine nicht leicht nachvollziehbare Methode hat, die ihn auch so schwer einzuordnen macht. Der "große Nonkonformist moderner katholischer Theologie" ist "ebenso eigenwillig wie kirchlich verfaßt, ebenso raffiniert wie einfältig, ebenso breit in der Interpretation wie spekulativ hoch in der Schau" und entzieht sich "jeder eindimensionalen Interpretation" (P. Eicher, Offenbarung. Prinzip neuzeitlicher Theologie, München 1977, S. 297, 300). Diese "Einsamkeit" (vgl. G. Marchesi, La Cristologia, a.a.O., S. 11) gibt von Balthasar selbst auch ganz offen zu und bezeichnet sie als nicht nur sein Werk betreffend, sondern auch als einen eigenen Charakterzug: "Sono un uomo di un'altra generazione, anche molto solitario, pur se di tanto in tanto mi incontro con dei preti, magari giovani, e con degli studenti. Devo trascorrere quanto mi resta da vivere entro l'ambito che mi sono dato. La mia è un'esperienza di grande solitudine, non vado a genio a molti, in Svizzera sono del tutto isolato" (Hans Urs von Balthasar in einem Interview in dem Blatt "Il Sabato. Settimanale cattolico" (Milano) vom 17. März 1979, S. 12).

2 A.a.O., S. 122.

3 Wie unerläßlich diese Einsicht für das rechte Verständnis des Eigentümlichen am Werk von Bathasars ist, hat W. Löser folgendermaßen zum Ausdruck gebracht: "Der Lebenszusammenhang eines Interpreten wird die Eigenart seiner Interpretationen stets mitbedingen. Wer ihn außer acht ließe, würde das Eigentümliche einer Perspektive und bestimmter methodischer Entscheidungen nicht erfassen. Dies gilt ganz allgemein, und es gilt in hohem Maße auch bei von Balthasar" (vgl. Im Geist des Origenes. H.V. von Balthasar als Interpret der Kirchenväter, Frankfurt/M. 1976, S. 6).

den von Balthasar neu ins Spiel gebrachten Gedanken der Liebe[1]. All das, was Gott für seine Schöpfung getan hat, ist aus Liebe geschehen, entsprang der unendlichen göttlichen Sorge des Schaffenden für die geschaffene und zu schaffende Welt als dem ursprünglichsten Ort alles Möglichen und Wirklichen: "Nur Liebe erklärt diese Sorge, nur sie auch die Bürgschaft des für die Integrität der Schöpfung Eintretenden. So kann denn auch die Übernahme der Sendung, ihre Durchführung im Gehorsam bis ans blutige Ende nichts anderes sein als die Offenbarung der ursprünglichen und absoluten Liebe des Vaters für seine Geschöpfe. Und Offenbarung heißt nicht nur Vorführung durch die eigene Existenz vor Zuschauern, sondern Verständlichmachen dieser Liebe in den Herzen der Mitmenschen, deren Einladung und Ermächtigungen zum Mitvollzug"[2]. H.U. von Balthasars theologischer Ansatz bei der Liebe stellt keineswegs die Neubestimmung einer bloßen Ethik der Liebe dar, sondern er ist der umfassende Gedankenentwurf der ursprünglich angesetzten Bewegung göttlicher liebender "Interessenlosigkeit"[3], die keinesfalls mit der gnostischen "epochê/apatheia" der reinen Schau verwechselt werden darf. Das Werk muß hingegen auf die Reflexionsebene einerseits der Auseinandersetzung mit den philosophisch-theologischen "Reduktions"-Entwürfen[4] und andererseits des Rückgriffs auf das Denken der großen Heiligen in der theologischen Tradition: Augustin, Bernhard, Anselm, Ignatius, Johannes von Kreuz, Franz von Sales, Therese von Lisieux ... gesehen werden. Denn "die Liebenden wissen am meisten von Gott,

1 "Der dritte Weg der Liebe", vgl. dazu GF 83-93; GL 33 ff.

2 TD I/2, 474-475.

3 GL 7.

4 Vgl. "Die kosmologische Reduktion" und "Die anthropologische Reduktion", in: GL 8 ff., 19 ff.

ihnen muß der Theologe zuhören"[1], insofern an ihnen sichtbar wird, wie die zuvorkommende Selbstgabe Gottes an seine Schöpfung, insbesondere an die Menschen, diese trägt, in die Teilnahme an der selbstverschenkenden und -verschwenderischen göttlichen Fülle hineinnimmt. Der Greifbarkeit dieser Liebe soll nach von Balthasar in der theologischen Reflexion radikal Rechnung getragen werden.

Hier nun ist ein Schritt zurückzutun zu unserer anfänglichen Frage nach der breiteren Rezeption des geistvollen Werkes von Balthasars. In steigendem Maße wird besonders seit Anfang der 70er Jahre in verschiedenen Ländern von Balthasars Werk gerechte Beachtung entgegengebracht[2]. Neben zahlreichen Aufsätzen liegen, nach unserer Kenntnis, etwa 23 Dissertationen über von Balthasars Werk vor. Eine Reihe von Arbeiten sind noch im Gang. Ohne Übertreibung kann hier wohl von einem "Durchbruch" gesprochen werden. Und diese positive Bilanz scheint durchaus den Sinn des nahezu prophetischen Wortes K. Rahners zum Schluß seiner kurzen Laudatio zu erfüllen: "Jedenfalls aber: sein Werk ist noch im Kommen. Es wird von der Saat, die er auf dem Acker der Kirche ausgesät hat, noch viel mehr aufgehen, als wir jetzt schon sehen"[3]. Dieses Positivum bedeutet zugleich eine berechtigte Freude, die der heute siebenundsiebzigjährige von Balthasar, dessen Denken unvergleichbaren Umfang und Tiefe aufweist, mit gutem Recht erleben dürfte.

---

1 GL 7.

2 Da die wichtigsten Arbeiten in der Sekundärliteratur aufgeführt sind, verzichten wir an dieser Stelle darauf, die einzelnen Abhandlungen zu erwähnen. Außerdem erfüllt der nachfolgende kurze Überblick zum Teil diese Funktion.

3 A.a.O., S. 603.

2. Einzelne Themen

Um der Sache dieser Untersuchung willen sollen nun in einem kurzen Überblick[1] Arbeiten über von Balthasars Werk vorgestellt werden, womit zugleich eine Einsicht in die Forschungslage der letzten Jahre angeboten und die Dringlichkeit, die theologische Frage nach dem Geist aufzuarbeiten, erwiesen wird. Es versteht sich von daher, daß wir uns in dem kurzen Überblick auf jene Werke beschränken, die unserem Thema am nächsten liegen[2]. Dabei bemühen wir uns, das Wesentliche hervorzuheben, den verwickelten Stoff durchsichtig, ohne Verzerrung, in Punkte zu fassen.

Die Studie von A. Moda[3] ist eine Gesamtdarstellung des Werkes H.U. von Balthasars. In der Absicht des Verfassers soll hier eine Einführung in das theologische Denken von Balthasars angeboten werden, die dem Leser den Zugang zum "Balthasarschen Projekt" eröffnen und ihn bei der Lektüre des immensen Oeuvre begleiten soll. Insofern liegt hier eine tiefgehende Analyse nach den verschiedenen Perioden der Entstehung des Werkes vor. Dabei werden auch die geistesgeschichtlichen Quellen dargestellt. Mit der chronologischen Darstellung, die als eine Art "theologische Chro-

---

1 Es kann nicht an dieser Stelle unsere Aufgabe sein, eine ausführliche Darstellung jeder einzelnen Arbeit vorzunehmen. Die Bewältigung einer solchen Aufgabe, die das Thema einer eigenständigen Untersuchung sein könnte, wäre eine Überforderung der vorliegenden Studie und würde ihren Rahmen sprengen. Es handelt sich hier nur um sinngemäße Auswahl von Arbeiten, die für uns von Bedeutung sind.

2 Es sind meistens Gesamtdarstellungen des Balthasarschen Werkes und Untersuchungen über den christologischen Ansatz und die Ekklesiologie von Balthasars.

3 Hans Urs von Balthasar. Un'esposizione critica del suo pensiero, Bari 1976.

nik"[1] angesehen werden kann, will der Verfasser die Genese des Balthasarschen Gedankens deutlich machen, das auf dem Weg zu sich selbst verschiedene Etappen aufweist, immer präziser wird, bis zu einer "glanzvollen Synthese"[2]. Diesbezüglich wird betont, daß von Balthasar keine "Summa theologica" gewollt hat, vielmehr hat er sich der Logik der göttlichen Offenbarung gefügt und seine theologische Arbeit als Dienst an der göttlichen "Doxa" verstanden[3], deren Botschaft an die Menschen von heute weitergegeben werden soll in einer für ihn verständlichen Sprache, allerdings ohne daß dabei der Kern der Botschaft, das Unableitbare verloren geht. Hier konzentriert sich der Gedanke auf das Liebesangebot Gottes an sein Geschöpf und auf die möglichen Haltungen des letzteren gegenüber dem Angebot. Damit verbunden ist das Problem des Freiheitsverhältnisses zwischen Schöpfer und Geschöpf.

Mit steigender Einsicht in die originäre Seinsart des Menschen stellt man heute die Freiheit des Menschen als jenes Vermögen dar, das nicht in irgendetwas endet, sondern in und bei dem Menschen selbst. Sie ist das unabdingbare Element seines Seinsvollzugs und richtet sich nicht primär nach einem zu wählenden Objekt. Selbst die gegenständliche Wahl ist, wo sie geschieht, nicht davon loszulösen, daß der wählende Mensch nicht außerhalb, sondern gerade innerhalb der auf Selbstverwirklichung hingeordneten Freiheit steht. Darum ist es auch nicht von ungefähr, daß H.U. von Balthasar eine verpflichtende Abhängigkeit des Menschen gegenüber Gott bejaht. Dieser wird als der Ort der konkreten Möglichkeit der menschlichen Freiheit bestimmt. Die souveräne Freiheit Gottes ist kein Hindernis, sondern erst die Ermöglichung, das Sein-lassen der Selbstverfügung des Menschen. Gott und Menschen sind nicht Rivalen, sondern Partner.

---

1 "Una specie die cronaca teologica", Hans Urs von Balthasar, Un' esposizione critica del suo pensiero, a.a.O., S. 10.

2 Ebd. 3 Ebd., S. 458.

Nun aber hat sich Gott nach dem Zeugnis der Offenbarung diesem Menschen in seinem Sohn in einer unüberbietbaren Weise genaht, sich an ihm entäußert und ihm zugesagt hinsichtlich einer letzten Erfüllung. Daß Gott in diesem Zuspruch den Menschen ganz und gar für sich beansprucht, bedeutet kein freiheitvernichtendes Handeln, sondern eine Steigerung der freien Verantwortung des Menschen. Von nun an bedeutet die neue Wesensbestimmung des Menschen nicht nur Verantwortung für sich, sondern auch für Gott in Welt und Geschichte. Seine Gottbezogenheit ist sein Zu-sich-gekommensein, seine Antwort auf das Angesprochensein durch die unendliche und selbstlose Liebe Gottes.

Vermag der Mensch aber diese Antwort zu geben? Und wie? Woher nimmt er die hierfür notwendige Kraft und Orientierung? Darauf gibt es nur eine einzige mögliche Antwort. Und dabei ist vor allem auf die Schrift zu verweisen, in der uns ein ungeheurer Schatz von Erfahrungen des Menschen mit Gott überliefert worden ist. Die Antwort des Römerbriefes: "Die Liebe Gottes ist ausgegossen in unseren Herzen durch den Heiligen Geist, der uns gegeben wurde"(Röm 5,5) macht deutlich, daß der Mensch auf die Kraft und das Vertrauen Gottes angewiesen ist. Allein im Geist Gottes vermag er, die von ihm angeforderte freie Antwort auf das Angebot Gottes zu geben.

Hinsichtlich des Heilswillens Gottes, und zwar besonders dort, wo das Wirken Gottes selbst die Vollzüge des Menschen so bestimmt, daß er in Glauben, Hoffnung und Liebe am Leben des dreieinigen Gottes selbst teilnehmen kann, ergibt sich, daß es Aufgabe des gläubigen Menschen ist, sich dem Geist Gottes und Jesu Christi zu fügen, auf ihn zu hören, so daß aus seiner Freiheit die Freiheit des Menschen wachsen kann. Es ist das Verdienst von Balthasars, stellt A. Moda fest, in seiner Theologie bzw. Christologie auch die Realität und die Bedeutung des Geistes in heilsgeschichtlicher Perspektive zu betonen. Und zwar ist der Geist für von Balthasar nicht nur negativ als das "Daß" bzw. reiner Inbegriff, Person- und Subjektivitätsmöglichkeit, sondern positiv als jene göttliche Gestalt zu verstehen, die nunmehr auf eine ganz neue Weise die Wesensbestimmung des Menschen darstellt. Und es ist zu bedauern, daß A. Moda in seiner Arbeit nur ganz kurz auf die christologisch-heilsökonomische Deutung des Geistes eingegangen ist.

Ähnlich wie A. Moda setzt G. Marchesi an[1]. Er stellt zunächst die tragenden Säulen des Denkens von Balthasars dar. Unter vier Rubriken werden die Hintergründe der Reflexion des Autors transparent gemacht. So wird der Umgang von Balthasars mit der Patristik, der mittelalterlichen Theologie und Mystik, der zeitgenössischen Literatur, Kunst und Philosophie dargelegt.

Den Schwerpunkt der Arbeit bildet, wie der Titel schon andeutet, der christologische Ansatz von Balthasars. Hierbei bestimmen zwei Schlüsselworte "Figura ed Espressione" ("Gestalt und Ausdruck") die "logischen Momente"[2] der Untersuchung. In einem ersten Schritt wird von Jesus Christus gesprochen als der Gestalt der göttlichen Offenbarung. In ihm ist die Offenbarung "personal" geworden. Es handelt sich nicht mehr darum, die Präsenz Gottes in Natur und Geschichte lediglich an Geschehenem und Erlebnissen abzulesen, sondern die Selbstbekundung Gottes geschieht im Sohn, dem fleischgewordenen Wort. Damit steht also zugleich fest, daß Christus nicht nur ein Stellvertreter Gottes ist, er ist Gott-Mensch und insofern gleichsam die tragende Achse des menschlichen Lebens, einmalige Stimmigkeit zwischen Gott und Mensch. In dieser Hinsicht ist er zugleich das letzte Wort von Mensch und Welt, die Offenbarung der letzten Wahrheit des menschlichen Daseins.

---

1 La Cristologia di Hans Urs von Balthasar. La figura di Gesù Cristo espressione visibile die Dio, Roma 1977.

2 Ebd., S. 12.

Und nun ein zweites: Indem Jesus Christus sich so als die ur- und vorbildliche Antwort des Menschen auf die Weltoffenheit Gottes offenbart, gibt er sich als die personale Liebe des Vaters. Hierzu unterstreicht Marchesi unter dem Begriff "Ausdruck" die entscheidende Bedeutung der konkreten Menschheit Jesu als Offenbarungsgestalt. Die "Gestalt" ist, schreibt Marchesi, "Ausdruck" und nicht "Instrument", denn es geht nicht um eine Äußerlichkeit, sondern um die "Innerlichkeit des Ausdrucksverhältnisses"[1] zwischen der Menschheit Jesu und der Göttlichkeit Gottes. Die Struktur jeglicher christologischen Reflexion, führt Marchesi fort, muß sich von dieser Innerlichkeit des Ausdrucks bestimmen lassen, wollte man den Glanz der Dynamik des Christusereignisses nicht antasten, nach der der Sohn sich als der eigentliche und volle Ausdruck des dreieinigen Gottes[2] und zugleich als die Offenbarung des "eigentlichen Bildes des Menschen"[3] erweist. Kraft dieser einmaligen Eigenschaft des Sohnes ist das Menschliche an Christus zugleich "principium quo" und "principium quod" des Vaters und ebenso das Urbild alles dessen, was außer Gott in der Welt existiert.

Mit Freude nimmt der Leser zur Kenntnis, daß G. Marchesi ganz im Sinne von Balthasars Christologie und Soteriologie in engem Zusammenhang betrachtet. Die Christologie, wie sie hier verstanden wird, erweist sich als konkrete Norm und inneres Maß des Seins, des geschichtlichen Werdens und des eschatologischen Geschicks des Menschen. Damit wird nicht nur die Person Jesu Christi als Gestalt der göttlichen Offenbarung erfaßt, sondern zugleich die Implikationen, die sich daraus für die Geschichte und das Schicksal eines jeden Menschen ergeben. Darin wird das nach von Balthasar "unterscheidend christliche Faktum" zum Ausdruck gebracht. "Dieses Faktum ist, daß sich Gott in der Gestalt

---

1 La Cristologia di Hans Urs von Balthasar. La figura di Gesù Christo espressione visibile die Dio, a.a.O., S. 205.

2 Ebd., S. 148-212.

3 Ebd., S. 165.

seines Sohnes der Welt geopfert hat, und daß er denen, die er dazu erwählt und die seinem Ruf entsprechen, den Heiligen Geist schenkt, damit sie, was des Sohnes und des ganzen dreieinigen Gottes ist, erspürend zu verstehen vermögen"[1].

Gerade angesichts dieser Verschränkung ist es so unerfreulich, wie wir schon anderwärts angemerkt haben[2], daß Marchesi die wichtigen Aussagen von Balthasars über den Geist in Zusammenhang mit dem Sohn ausgeklammert hat. Das Versäumnis, die Rolle des Geistes zu würdigen, und zwar gerade dort, wo so ausführlich auf die Beziehung Vater-Sohn eingegangen wird, wie Marchesi es tut, zeigt eine bedauerliche Schwäche der Arbeit. Denn so wurde Marchesi von Balthasars Sicht nicht gerecht, für den der Geist das "reale Medium relationis zwischen Vater und Sohn ist"[3]. Ohne Einbeziehung des Geistes ist die Universalität und die fortdauernde Universalisierung der Christusgestalt schwer herauszustellen. Ebensowenig wird die Bedeutung der bleibenden Gegenwart des Erhöhten Herrn greifbar. Daß der Geist nunmehr die bleibende Gegenwart ist, bedeutet nicht einfach eine "nachträgliche" Sendung, vielmehr ist das etwas, was sich schon auf dem Lebensweg Jesu herausgebildet hat. Er war schon daran beteiligt und deswegen ist er nicht irgend-

---

1 H I, 237.

2 Vgl. Kossi J. Tossou, Rezension zu G. Marchesi, La Cristologia di H.U. von Balthasar, in: ThRv 74 (1978) 402-404, bes. 404.

3 Ebd., S. 404. In diesem Zusammenhang fühlt sich von Balthasar übereinstimmend mit W. Kasper, den er in seinem 2. Band der Theodramatik ausdrücklich zitiert: "Der Geist als das persongewordene Band der Freiheit in der Liebe zwischen Vater und Sohn ist das Medium, in dem der Vater den Sohn in Freiheit und aus reiner Gnade sendet und in dem er in Jesus den menschlichen Partner findet, in dem und durch den der Sohn in geschichtlicher Weise die Sendung des Vaters gehorsam beantwortet". Von Balthasar fügt hinzu: "Übersieht man dies, so verfällt man einer mehr oder weniger hegelianischen Sicht der Selbstmitteilung Gottes an die Welt, der das Moment der leuchtenden Freiheit fehlt" (TD II/2, 170; vgl. W. Kasper, Jesus der Christus, Mainz 1974, S. 299-300 zum Verhältnis Jesus-Geist).

ein Geist, sondern der Geist Jesu Christi mit der Vollmacht, die "ontische Zuordnung von Mensch und Offenbarungsgestalt"[1].

In seiner Untersuchung "Der Gott des Je-mehr. Der christologische Ansatz Hans Urs von Balthasars" macht H. Heinz[2] in dem Kapitel über die Kontexte der Theologie von Balthasars, insbesondere in dem Kontext Trinität, deutlich, wie in der Gestalt Jesu Christi als Offenbarungsgestalt, der Vater und der Geist miteingeschlossen sind: "In seiner Selbsterschließung offenbart Jesus nicht nur sein göttliches Wesen, sondern das innertrinitarische Leben, Vater und Geist werden mit erschlossen; und umgekehrt: Jesus kann sich gar nicht allein von sich her offenbaren; ohne das Zeugnis des Vaters und des Geistes wäre seine Selbstoffenbarung unmöglich"[3]. Das heißt: Jesus als Bezeugung des innertrinitarischen Lebens steht in der Offenbarung der Trinität einmal subjektiv als derjenige, der etwas zeigt, offenbart, nämlich mitsamt seiner eigenen Identität den Vater und den Geist als den Inhalt seines Zeugnisses. Zugleich aber ist er objektiv die Darstellung, die Selbstaussage der Trinität bzw. des Vaters in ihm durch den Geist als den Vermittler in der Trinität - bis in die äußerste Diastase der Gottverlassenheit - der Einheit zwischen Vater und Sohn.

Dem Geist kommt die Aufgabe zu, den Sohn nach dem Willen des Vaters zu leiten, ihm bei der Führung seiner sohnlichen "Existenz im Empfang"[4] beizustehen. Mehr noch: der Geist wird in der Leitung und in dem Beistand zum Innersten des Sohnes, er ist die Stimme des Vaters, dessen innerste Tiefe er ausdrückt. Daher ist Jesus Christus der

---

1 H I, 237.

2 Vgl. Literaturverzeichnis.

3 H. Heinz, a.a.O., S. 101.

4 Vgl. TG 23-31.

Inspirierte schlechthin. Zugleich aber ist er der Freieste, weil die Inspiration des Geistes keine hemmende Bestimmung darstellt. Vielmehr ist der ganze Person-Inhalt des Sohnes Ausdruck jener Gottverbundenheit, aus der allein ihm echte Freiheit erwächst. Auf die Stimme des Geistes hören heißt für ihn nicht blinde oder gezwungene Gefolgschaft, sondern ein Ja auch zu sich selbst als dem Gesandten des Vaters. Eine Sendung, die sein ganzes Sein und seinen ganzen menschlichen Lebensweg bestimmt. Dabei ist die Führung des Geistes mitkonstitutiv.

Wenn es wahr ist, daß "nur er, der Geist, der das Innen als das Zwischen von Vater und Sohn ist", und infolgedessen auch dieses "Zwischen und damit Vater und Sohn, das Geschehen zwischen ihnen und der Welt mitteilen" kann[1], dann deswegen, weil der Geist "die personale Identität der personalen Differenz in der Gottheit ist"[2]. Er ist der Wirker der Liebeseinheit zwischen Vater und Sohn, ihrer "Wesensidentität in der personalen Opposition"[3]. Dieses Wirken läßt sich als eine wechselseitige Durchdringung charakterisieren, wobei die Personen einander innerlich werden, in ihren jeweiligen Innen- und Strahlungsraum eintreten[4], in welchem sie ihr An-sich-sein allererst gewahr werden.

Dieser Innenraum wie das An-sich-sein ist das Liebe-sein des dreieinigen Gottes. Der Geist ist die ewige und ökonomische Verherrlichung der Liebe: "Indem der Geist selber die Verherrlichung der Liebe zwischen Vater und Sohn ist, worin sich uns die wahre Herrlichkeit Gottes erschloß, kann auch nur er der Erwirker der Verherrlichung in der Welt sein"[5]. In diesem Sinne ist der Geist die Öffnung des Inneren der Trinität für und in der Geschichte[6].

---

1 H. Heinz, a.a.O., S. 105.

2 H III, 2/2, 243.

3 Ebd. 590. 4 H I, 590, 594.

5 H III, 2/2, 363. 6 H. Heinz, a.a.O., S. 228.

Michael Albus' Buch "Die Wahrheit ist Liebe"[1] möchte eine Besinnung auf die Frage nach der Unterscheidung des Christlichen sein, dessen "Unvergleichliches" gegenüber dem "Humanum" nicht von außen, sondern von innen her, "ab intra", aus sich selbst heraus lesbar ist[2], denn "nur im Mitgang von innen her wird die ganze unterscheidende Struktur des Christlichen sichtbar"[3]. Das heißt, daß die Unterscheidung von "Außen" und "Innen" keinen Ausschluß von jenem bedeutet, vielmehr geht es um die Suche nach dem Punkt, dem Ort, von dem aus die Integration in das Ganze "erreicht und gesichert" werden kann.

Die innere Stringenz dieser Integration, zumal es sich um das Christliche handelt, kann nicht an der Rolle und Bedeutung des Heiligen Geistes vorbeigehen. Unter dem Stichwort "Offenheit der Liebe"[4] stellt Albus drei wichtige Gedanken über den Heiligen Geist heraus.

Erstens wird der Geist als "ein Element der wirklich freien Liebe, ein Element der trinitarischen Liebe" charakterisiert: "Nur im Heiligen Geist hat die Liebe des Vaters zum Sohn und durch den Sohn zur Welt und zum Menschen statt". Nun aber zeigt diese Charakterisierung, die sowohl das Innertrinitarische wie das Ökonomische anspricht, zugleich wie schwierig es ist, den Geist zum "Gegenstand" einer spekulativ-theologischen Reflexion zu machen. Wirkung und Person des Geistes greifen so ineinander, daß diese gar nicht anders faßbar ist als in jener. Daher heißt es: "Was der Heilige Geist ist, kann nur ersehen werden an dem, was er und wie er wirkt zwischen Vater und Sohn, im Sohn und seinem Verhältnis zum Vater wie zur Welt und letztlich in der geisterfüllten Nachfolge des Menschen"[5].

---

1 Siehe Literaturverzeichnis.

2 Die Wahrheit ist Liebe, a.a.O., S. 14.

3 Ebd.

4 Zu folgendem vgl. "Die Wahrheit ist Liebe", a.a.O., S. 101 ff.

5 Ebd., S. 101.

Ganz in Konsequenz dieses ersten Aspektes deutet Albus zweitens das Wirken des Geistes am Sohn. Als Geist des Vaters ist er der Schöpfer der Sendungsexistenz des Sohnes. Er ist es, der den Sohn Mensch werden läßt[1]. Der Geist konkretisiert damit die göttliche Liebe. Er stellt sie nun konkret in der Person des Sohnes dar, den er weiterhin auf dem Lebensweg begleiten und "treiben" wird im Blick auf die Verwirklichung des Willens des Vaters. Als Sohn des Vaters ist Jesus Christus aber auch durch und durch ein "Wirken" des Geistes "in einem unfaßlichen Schöpferakt (dynamis, Lk 1,35; vgl. Mt 1,18), der seinen Titel "Spiritus Creator" rechtfertigt und das ewige Wort zum fleischgewordenen Wort macht"[2]. Was der Geist so grundgelegt hat, "ist eine Wirklichkeit, die notwendig in ihm verbleibt: Jesu ganzes Menschsein auf Erden ist Existenz und Sendung im Heiligen Geist"[3], d.h. der Inbegriff des Willens des Vaters, dem er gehorcht, und zugleich die Stütze, die treibende Kraft, der innere Antrieb, der ihn vorwärtstreibt in Liebe und Gehorsam, die Richtung aufweist. Kurzum, der Geist ist die ganze Intimität des Sohnes.

Drittens wird ein Punkt erwähnt, der auch schon im ersten Aspekt angesprochen wurde. Der Geist als "Offenheit der göttlichen Liebe" erweist sich als solcher nicht nur im Hinblick auf das Mysterium des Sohnes, sondern er ist auch offene Tür Gottes für den Menschen. Im Geist wird der Mensch in den Innenraum Gottes einbezogen. Hier kommt die Hingabe der göttlichen Liebe zur Vollendung, indem der Geist dem nachfolgenden Menschen die "immanente Dreieinigkeit"[4] nun ganz zur Verfügung stellt. Das Freiwerden des Geistes für die Menschheit in Tod und Auferstehung besagt nicht etwas völlig "Undefinierbares", das den Namen "Erlösung"

---

1 "Der Heilige Geist wird über dich kommen und die Kraft des Allerhöchsten wird dich überschatten" (Lk 1, 35 f.)

2 SC 108.

3 Ebd.

4 H III, 2/2, 375.

trägt, sondern ein Concretissimum, d.h. die Schaffung eines neuen Lebens durch den Einsatz des dreieinigen Gottes. Es handelt sich nunmehr nicht um ein "rein transzendentes Ideal", das den Menschen "überschwebt, an dessen Erreichung er ebenso verzweifeln müßte wie er sich vorher an der Differenz der Liebesforderung und Liebesunfähigkeit zerrieb"[1]. Vielmehr geht es um "das Innerlichwerden der historisch-einmaligen Tat im engen, endlichen Bewußtsein des Menschen"[2]. So ist die Sendung des Geistes als lebenschaffende und gemeinschaftsbildende Tat "des Menschen inwendige, von unten her drängende Ermutigung und Ermächtigung zum Wagnis der christlichen Liebe"[3]. Die Praxis dieser Liebe mit dem Blick auf Christus als dem Urbild wird dem Menschen nicht einfach von außen auferlegt, sondern er erfährt diese Forderung als die Präsenz selbst des Geistes, der in sein Herz ausgegossen ist (Rom 5,5), auf daß er als ein neuer Mensch wiedergeboren wird. Er wird dabei aber weder überspielt, noch seine Differenz zu Gott los, vielmehr wird von ihm eine freie Antwort auf das Liebesangebot Gottes gefordert und es werden ihm die Mittel dazu bereitgestellt, denn Gott kann seine Geschöpfe nicht über ihre Kräfte hinaus "strapazieren". Der Mensch erlebt, wenn er sich öffnet, jenes Eingehen des Geistes in sein endliches Bewußtsein, welches ihn zur angemessenen Antwort befähigt. Da vollzieht sich eine "Liebeserniedrigung"[4], die das "eigentliche Wesen des Geistes Gottes der Liebe" offenbart und deutlich macht, wie Gott selbst unsere "tragischen Widersprüche" auf sich nimmt, um uns als neugeborene Menschen für sich zu gewinnen, d.h. aus uns Zeugen seiner Wahrheit und Liebe zu machen.

1 GF 90.

2 Ebd., S. 91.

3 Ebd.

4 Ebd., S. 92.

Aufschlußreich für die Problematik des Geistes bei H.U. von Balthasar sind die Ausführungen M. Kehls über die "institutionelle Dimension des Heiligen Geistes"[1]. Der Thematik seiner Untersuchung folgend konzentriert sich Kehl hier auf den "Institutions-Charakter" des Heiligen Geistes in Blick auf die Deutung der Kirche als Institution. Nichtsdestoweniger aber wird der enge Zusammenhang von innertrinitarischer und ökonomischer Wirklichkeit des Geistes zur Sprache gebracht. Gibt der Geist in der Tat "den letzten theologischen Grund ab für so etwas wie Institution in der Kirche"[2], dann aufgrund der Tatsache, daß der Geist als Geist der Liebe des Vaters und des Sohnes derjenige ist, in dem diese "sich gegenseitig total überantworten" als in dem "innersten Wesen ihrer Subjektivität"[3]. Insofern aber erweist sich der Geist zugleich als eine "Liebes-Institution", als das gegenseitige Übereignen von Vater und Sohn, "wodurch der Vater zum schenkenden Urquell der göttlichen Liebe, der Sohn zum empfangenden Ebenbild dieser Liebe wird"[4]. Gerade aus dieser hingebenden Liebesgemeinsamkeit steigt ein Neues heraus, und zwar die Person des Geistes als ein "über-die-Geist-Wesenheit" von Vater und Sohn, ihre "objektivierte Liebe"[5] als die Gabe in Person. Ganz und gar von Vater und Sohn bestimmt und konstituiert, ist der Geist doch zugleich ein sie Transzendierendes in einem "objektiven Mehr" als sie umgreifende personale Liebes-Einheit. Gerade als eine solche Liebeseinheit ist der Geist das

---

1 Zu folgenden Ausführungen vgl. M. Kehl, Kirche als Institution. Zur theologischen Begründung des institutionellen Charakters der Kirche in der neueren deutschsprachigen katholischen Ekklesiologie, Frankfurt/M. 1976, S. 275 ff.

2 Ebd., S. 275.

3 Ebd.

4 Ebd.

5 SC 97.

immer wieder überschwenglich Strömende, das der Liebe von Vater und Sohn "Zukommende, Zufallende, das Je-Mehr dessen, was im reinen Ineinandersein erhoffbar schien, das Je-Neuer, Je-Jünger, Je-Fruchtbarer Gottes"[1].

Dieser Geist wird in Kreuz und Auferstehung für die Menschen freigegeben, ihnen nahegebracht, ja, in ihre Herzen ausgegossen, so daß ihre ganze Wirklichkeit und durch sie die der ganzen Welt in das innertrinitarische Leben hineingenommen werden kann. Diese "Geist-Intimität" bezeichnet von Balthasar als "die uns nahegebrachte unfaßliche, unumgreifbare Freiheit der Liebe Gottes, die gerade durch ihr Nah- und In-unssein erst ihre ganze Souveränität enthüllt"[2]. Darin zeigt sich noch einmal das Paradox der göttlichen Liebe, die ihre Stärke gerade dadurch offenbart, daß sie sich erniedrigt, in das endliche menschliche Bewußtsein eingeht, um so von innen her "befreiend-erlösend"[3] zu wirken. Das besagt zugleich die personale schöpferische Auslegung und Aktualisierung des Christusgeschehens durch den Geist im erlösten Menschen und somit in der erlösten Welt und Geschichte. Der Geist erscheint deswegen immer zugleich als das innerste "Subjektive" des so durchformten Menschen und als die höchste ganz auf den Willen Gottes bezogene normierende Instanz. Und in der Identität dieser beiden Bestimmungen erscheint er auch, wie wir später noch sehen werden, in der Kirche. In der Tat: "Seine vollendende Fülle, die zugleich die objektivierte Liebe Gottes und ihr glühender subjektiver Kern ist, erscheint uns unter den gegensätzlichen Offenbarungsgestalten einer bis zur starren Institution objektivierten Kirche und Schrift - und einer bis zur Unfaßlichkeit entgleitenden subjektiven Freiheit,

1 SC 132.

2 Ebd., S. 114.

3 M. Kehl, a.a.O., S. 278.

Einigkeit, Liebe, die weht, wo sie will"[1]. Angesichts dieser Tatsache ist es notwendig, wie von Balthasar betont, daß alles "Pneumatische" in der Kirche "christologisch gedeckt" sein muß. Erst dann wird "echte" Erfahrung mit der Freiheit des Geistes gemacht[2] und die Gefahr der Verwechselung des Heiligen Geistes mit dem eigenen endlichen Geist abgewendet: "Ist dieses Kriterium gewährleistet, dann mag sich in der Kirche alles Unverhoffte ereignen, was Kennzeichen des Geistes von den Tiefen der Gottheit her ist, dann mögen sich die größeren Werke kundtun, die Jesus seiner Kirche aufgespart hat (Joh. 14,12)"[3]. Damit ist zugleich impliziert, daß der Mensch, der sich unter

---

1 SC 102. Daß selbst Christen nicht selten in die Gefahr geraten, einseitige Haltungen einzunehmen und somit ein nur äußerliches Verhältnis zum Eigensten des Geistes zu haben, oder sogar dieses zu verlieren, weil es dort gesucht wird, wo es nicht zu finden ist, liegt nach von Balthasar auf der Hand. Denn "in der Institution erblicken wir nicht hinreichend das Eigene des Geistes (obschon es darin ist), sondern, ihn vergessend, die bloße Stiftung des Sohnes als verlängerte Auswirkung seiner Sichtbarkeit, und im Charismatischen, wo uns der Geist sichtbar ist (obschon er es nicht ist), sehen wir vor allem die Sendungsgnaden Christi, die den Jünger beglaubigen. Und deshalb bleiben nicht nur die Außenstehenden, die auf die Kirche blicken, sondern wir Christen selber in einer äußerlichen und ganz vorläufigen Dialektik und Polarität zwischen dem institutionellen und dem charismatischen Pol. Der eigentliche Konvergenzpunkt ist der Heilige Geist, der als das Innerste Gottes (...) auch sein Äußerstes ist (...). Er allein erklärt es, wie Christus ganz zum Vater gewandt und ganz für alle Menschen existierend sein kann, wie er ganz partikulär den Weg Israels vollendet und die Türen zu allen Heidenvölkern öffnet, wie er dieses bestimmte Wort sein kann, das nicht vergeht, und zugleich alle Worte in sein eigenes Wortsein integriert. Und der Geist allein erklärt, wie die Kirche zugleich ganz die zu ihrem Bräutigam hin gewendete Braut sein kann und die zu allen Menschen hin geöffnete Mutter, so sehr, daß sie nicht nur in ihren abgesunkenen Gliedern von der Jungfrau zur Dirne werden kann (wie die Kirchenväter vielfach sagen), sondern daß sie geradezu als Jungfrau den Anschein und die Schande des Dirnenhaften an sich tragen kann (wie Ambrosius ausdrücklich sagt), um darin ihrem Bräutigam ähnlicher zu sein".

2 Vgl. PnI 230: "Die christologische Grundlage aller Geistbewegung in der Kirche ... bleibt Kriterium der Echtheit und der Unterscheidung der Geister".

3 Ebd., S. 231.

die "Regel einer solchen Kirche stellt, sich nicht einfach auf eine Gemeinschaft wie jede andere einläßt, sondern auf die Gemeinschaft, welche sich der bestimmenden und befreienden Kraft des Heiligen Geistes fügend jede Person "zu einer gelungenen Selbstfindung"[1] zu führen vermag.

In dieser Einfügung wird die subjektive Freiheit des Einzelnen nicht preisgegeben, sondern sie vollendet sich gerade darin, daß sie sich in die Liebes-Freiheit des Gottesgeistes einfügen läßt, um so zu einer dem Christologischen zugestalteten Antwortgestalt zu werden[2].

3. Ergebnis

Wie es aus dem kurzen Überblick hervorgeht, gibt es Äußerungen zu einzelnen pneumatologischen Aussagen im Werk Hans Urs von Balthasars, aber es gibt noch keine umfassende Darstellung des Thema des Geistes. Die vorliegende Studie stellt einen Versuch dar, an der Ausfüllung dieser Lücke mitzuarbeiten.

Die hier skizzenhaft dargelegte Sekundärliteratur hat eines deutlich gemacht, das wir schon anfangs angedeutet haben: die Dringlichkeit der Ausarbeitung der theologischen Frage des Geistes. Es geht außerdem aus den Kurzinterpretationen hervor, daß die Lebendigkeit des Denkens von Balthasars viele Türen zur Betrachtung des Geistes öffnet. Doch hat der Autor nicht mehr als Grundintuitionen zum Ausdruck gebracht. Gewiß läßt sich die lebendige und unvordenkliche Wirklichkeit des Geistes nicht auf einen Begriff bringen. Vielleicht auch deswegen ist kein richtiger "Durchbruch" zu einer "Theologie des Heiligen Geistes"

---

1 M. Kehl, a.a.O., S. 282.

2 Ebd., S. 283; vgl. GF 97.

bei von Balthasar festzustellen, nicht einmal dort, wo er sich ausdrücklich mit dem Geist beschäftigen wollte[1].

Dennoch hat es von Balthasar in seinen "Fragmenten" einer Geistlehre[2] unternommen, die schwierige Erfassung des Lebendig-Unvordenklichen anzugehen, welches das "Unabsehbare, das Neue, das nicht Planbare und nicht Machbare"[3] bewirkt. Unsere Arbeit will zugleich eine Interpretation der Balthasarschen Vorgaben vorlegen und einen Beitrag zur Durchführung der von H.U. von Balthasar angeregten theologischen Reflexionsarbeit leisten.

---

1 Gemeint ist der dritte Teil des dritten Bandes der Herrlichkeit (neuer Bund). In diesem Teil spricht von Balthasar von dem "Einbezogenwerden in die Sphäre der Herrlichkeit zwischen Vater und Sohn, wie sie in Jesus Christus erschienen ist" (H III, 2/2,363). Eine "Einbergung", die "Gnade" ist und als solche "das Werk des Heiligen Geistes, der nicht vor uns, nicht über uns, sondern in uns das Leben der Liebe aufquellen läßt, und uns damit befähigt, durch unser Leben die uns zu eigen geschenkte Herrlichkeit zu verherrlichen. So wird dieser dritte Teil ein Buch des Heiligen Geistes sein und von der Verherrlichung handeln" (ebd.). Von Balthasar befaßt sich daher in diesem Zusammenhang mit der Verherrlichung im Geiste einmal als "Aneignung und Rückgabe" des "Für-uns-getanen" (ebd., S. 363-404). Daran schließen sich zwei weitere Punkte betreffend die brüderliche Liebe und die Solidarität Gottes mit den Menschen und der Menschen unter sich (ebd. 405-454), und schließlich den "Aufbruch" des erlösten Menschen zu Gott "aus jeder Geschlossenheit ins Universale" und somit in die letzte Zukunft hinein" (ebd. S. 455-511). All das wird von ihm nur bruchstückhaft dargelegt.

2 Vgl. SC 9: "Der Geist legt die Liebe des Sohnes zum Vater, des Vaters zum Sohn und durch den Sohn zur Welt in unendlichen Variationen aus. Er beleuchtet; aber wer kann in sein eigenes Licht schauen? Eine Theologie, die den Heiligen Geist selbst thematisch werden läßt, gehört zum schwersten und auch seltensten, was es gibt. Nur Fragmente einer Geistlehre werden angeboten, Entscheidendes fehlt".

3 W. Kasper/G. Sauter, Kirche - Ort des Geistes, Freiburg 1976, S. 50.

IV. Der Heilige Geist im Werk H.U. von Balthasars

Die Betrachtung der Rolle des Heiligen Geistes steht bei von Balthasar in engem Zusammenhang mit der Betrachtung des Christusereignisses. Ist Christus die Mitte der Theologie H.U. von Balthasars - oder besser gesagt der Theologie schlechthin -, so kann nicht von dieser Mitte, welche ihre Existenz als rettendes Wort Gottes dem Heiligen Geist zu verdanken hat, gehandelt werden ohne Berücksichtigung des nicht nur schöpferischen, sondern personalen richtungsweisenden Liebes- und Sendungsgeistes des Vaters.

Welche Erwartungen aber können auf die Reflexion über den Heiligen Geist gerichtet werden? Mit dieser Frage verbindet sich für von Balthasar der Gesamtbereich des christlichen Glaubens in seinen verschiedenen Teilgebieten, die im Rahmen dieser Studie nicht behandelt werden können. Thesenhaft und vorgreifend möchten wir hier folgende Punkte vor Augen führen, die in der Untersuchung entfaltet werden sollen.

1. Der Heilige Geist im innertrinitarischen Urquell

Am Ursprung der Hingabehaltung des Sohnes steht der ursprungshaft vom Vater ausgehende Heilsplan des dreieinigen Gottes, so daß "nicht der Sohn beginnt, sich von sich her zu verströmen, er ist als der Sohn immer schon am Verströmtwerden, er läßt die Gebärde des Vaters an sich und in sich geschehen und versichtbart sie innerhalb seiner Menschwerdung und Passion"[1]. Darum meint von Balthasar, man müsse hier "bloß den alten Satz, die Sendungen seien die Verlängerung der innergöttlichen Hervorgänge nach außen, bis in das konkrete Ende der Passion und Eucharistie hinein ernstnehmen"[2]. Aus diesen Zitaten geht hervor, daß von

1 PnI 223.

2 Ebd.

Balthasar einen besonderen Akzent auf die Tatsache legt, daß der Sohn als solcher kein eigenwilliges Unternehmen durchzuführen hat, vielmehr fügt er sich dem väterlichen Willen[1], und dies "unter dem Antrieb des Geistes"[2], der ihn lenkt. Von hier aus läßt sich verstehen, daß von Balthasar von einer "heilsökonomischen Umkehrung des Verhältnisses zwischen Sohn und Geist"[3] spricht. In der Tat: "Während der Geist innergöttlich aus dem Vater und dem (oder durch den) Sohn hervorgeht, wird der Sohn durch den Geist Mensch und durch denselben Geist in seiner Sendung geleitet"[4]. Dadurch wird deutlich, wie der Geist eng und innerlich am ökonomischen Geschehen beteiligt ist. Und das ist er nicht einfach als Hinzugezogener, sondern in seiner Wesenseigenschaft als "das überschwengliche Produkt der Liebe zwischen Vater und Sohn"[5]. Hier zeigt sich der Unterschied zum menschlichen Eins- und Für-einander-Sein. Der Heilige Geist ist als solcher das uneinholbar göttliche Einssein von Vater und Sohn, er entspringt ihrem für uns "unentschleierbaren" und "analogielosen" Für- und Ineinandersein bzw. der "ewig fließenden Quelle der Gottheit" selbst. Darum stellt er, sofern er dieses innergöttliche Produkt ist, das Urbild dessen dar, was als das Transzendieren eines vollkommenen menschlichen Für-einanderseins betrachtet werden kann[6].

---

1 "Der Sohn ist in seiner spontanen Hingabe dem Vater gehorsam. Und er versteht diesen Gehorsam als ein Dürfen, weil er sich selbst und alles ihm vom Vater Zukommende, auch die Möglichkeit seiner Selbsthingabe, dem Vater gegenüber verdankt" (PnI 222).

2 Ebd.

3 Ebd., S. 224.

4 Ebd.

5 Ebd.

6 Auch die zwischenmenschliche Liebesbeziehung, stellt von Balthasar fest, erscheint immer als ein "Mehr-als-Verständliches, Mehr-als Übersehbares", denn "beiden Liebenden widerfährt etwas, das über

So ist der Geist als Frucht der gegenseitigen Restlosigkeit des Füreinander von Vater und Sohn ebensowohl "das Zutagetreten der innersten Subjektivität der Begegnung von Vater und Sohn wie deren Objektivität, an der die einander restlos Hingegebenen ein Maß ihrer Liebe erhalten, das, weil es ein ewiges "Übermaß ist, je neu zum Ansporn ihrer Hingabe wird"[1].

2. Der Heilige Geist als "Regel" des Lebens Jesu

Damit tritt zugleich die trinitarische und geistbestimmte Dimension der Existenz Jesu zutage. Der sohnliche Gehorsam an den Vater vollzieht sich im Geist des Vaters. Wie das zusammenhängt, stellt von Balthasar so dar: "Jesus ist kein Mensch, der sich im irdischen Dasein vorfindet, um von daher, sich besinnend und nach seinem Daseinszweck fragend, einen Willen Gottes zu sichten und zu tun; seine Existenz ist nicht G e w o r f e n h e i t , vielmehr ist er in seiner menschlichen Existenz Ergebnis von Sendung und somit von Gehorsam"[2]. Es geht also um eine gottbestimmte Existenz, die sich in der Form eines menschlichen Daseins in Raum und Zeit unter der "Regel" der Gott-Bestimmung und -bestimmtheit vollzieht.

---

den Erwartungshorizont ihrer Hingabe hinausgeht, das dennoch kein unpersönliches Schicksal ist, sondern nur als ein ihrer personalen Liebe entstammendes Wunder erlebt wird; im Blick auf die biblische Offenbarung des Pneumas kann dafür auch gesagt werden: ein Wunder, das, wie die 'Personifikation' ihrer gegenseitigen Hingabe, als die Gabe in Person erscheint; ... die immerwährende Überraschung, daß die gegenseitige Liebe mehr in sich birgt, als der Liebende hätte vermuten können"(PnI 225).

1 Ebd.

2 Ebd., S. 135.

Welche Rolle dem Geist Gottes dabei zukommt, soll von Balthasar uns mit eigenen Worten sagen: "Die Präsenz und Aktivität des Geistes bei der Empfängnis, der Heimsuchung, der Darstellung im Tempel kann als Versichtbarung des theologischen Apriori sowohl der Erwählung Jesu wie seines Gehorsamswillens verstanden werden. Der Sendungsgeist treibt Jesus, wie er auch die Christen als Kinder Gottes treiben wird... Solange er (= Jesus) auf Erden weilt, konkretisiert der ihn überschwebende Geist ihm den väterlichen Willen, den zu tun seine Speise ist. Und wenn der Geist ihn treibt, der Stunde entgegen, die ihm die schlechtinnige Überforderung bringen wird, so sagt der Sohn innerlichst Ja zu diesem Getriebenwerden (...), das auch ihn notwendig dorthin führt, in den Tod nicht nur, sondern in den Bereich des Widergöttlichen, ins innere Wesen der Sünde, die er, ohne davon Abstand zu nehmen, tragen soll"[1]. Damit spannt von Balthasar einen großen Bogen und spricht in sehr komprimierten Formulierungen die Grundelemente sowohl der Geistbezogenheit der Christologie und umgekehrt die Christusbezogenheit der Pneumatologie wie die Konvergenz der beiden in der Ekklesiologie an. Dazu eine kurze Erläuterung.

Von Balthasar unterstreicht in aller Deutlichkeit, daß alle wichtigen Ereignisse des Lebens Jesu vom Geist durchdrungen sind. Im Geist wird der Sohn empfangen und alles, was zum Wachsen und Gedeihen des Kindes beiträgt, vollzieht sich unter seiner Führung, die sich unmißverständlich bei der Taufe am Jordan versichtbart. Von da ab wird diese Versichtbarung immer intensiver und bestimmender, und zwar in der Form des "Treibens". Der Geist ist für den Sohn der Richtungsweisende, indem er ihm den väterlichen Willen vermittelt und die Erfüllung des Auftrags ermöglicht. Das bedeutet, mit anderen Worten, die Inspiriertheit des Sohnes, was aber nicht heißt Entfremdung,

---

1 PnI 137, 138.

sondern "Metamorphose" der liebenden Bereitschaft "in eine soteriologische Gestalt"[1]. Daß der Geist in und für den Sohn nicht als Fremdbestimmung wirkt[2], unterstreicht von Balthasar mit dem Verweis darauf, daß die Form des Wirkens des göttlichen Geistes auf dessen eigenes göttliches Wesen zurückweist, "kraft dessen er sowohl Gottes letzte Freiheit wie seine letzte Bestimmtheit ist. Der Geist ist in Gott das Letzte, das hervorgeht, und ist deshalb bestimmt durch die Beziehung zwischen Vater und Sohn, durch die Zeugung des Sohnes, sein Gezeugt- und zum Vater Gewandtsein, ihre gegenseitige Einheit, die den Geist aushaucht"[3].

Insofern ist der Geist die im Vater und Sohn liegende, innerste Zeugungs- und Triebkraft, die dem Sohn von innen her zur Selbstverwirklichung und Vollendung seiner Sendung bringt, welche der ewige trinitarische Ratschluß der Weltversöhnung ist[4].

Denkt man alle diese hier skizzenhaft und in gedrängter Form dargestellten Grundelemente zusammen, so ergibt sich für das Verständnis eines weiteren Punktes, nämlich der Kirche, folgendes: "Die Inspiriertheit der Gestalt Christi wird nicht aufgrund seiner Auferstehung in die Kirche hinein universalisiert, so daß sie ihre konkrete Gestalt-

---

1 PnI 225.

2 Dazu ausführlich später, s. unten das Kapitel über das Verhältnis Jesus-Geist.

3 PnI 57.

4 In diesem Sinne ist das Ökonomische für den Sohn nicht ein von außen und oben her Überfallendes, sondern das Ewig-Heimatliche. "In der Ewigkeit sind an diesem Ratschluß der Sohn und Geist ebenso beteiligt wie der Vater, auch wenn jetzt, während der ökonomischen Menschwerdung des Sohnes, dieser trinitarische Wille dem Sohn durch den Geist als der väterliche Wille zukommt ... So wird deutlich, daß die Inspiration Christi durch den Heiligen Geist ihm beides zuträgt: ökonomisch eindeutig den Willen des Vaters, aber in diesem verborgen seinen eigenen trinitarischen Willen" (ebd., S. 57)

haftigkeit in etwas bloß 'Pneumatisches' hinein verlöre, vielmehr erweist sich die Inspiriertheit der Kirche Christi darin als christlich echt, daß sie das Paradox Christi durch alle Geschichtszeiten hindurch fortführt: gleichzeitig endgültig gestalthaft (organisch) bestimmt und universal zu sein"[1]. Nur in diesem Zusammenhang hat es einen Sinn, von einer Kirche Christi zu sprechen. So wie Christus sich selbst "eucharistisch dem Geist anvertraut hat", so hat er auch den Auf- und Ausbau der Kirche dem Geist überlassen[2]. Hier begegnen wir jenem Prinzip der "Einheit des dreieinigen Gottes, erschienen in der Hingabe Christi und ausgespendet im Heiligen Geist"[3]. Darin gründet auch das Für-einander, das als Lebensprinzip - in der Kirche als "Gemeinschaft der Heiligen" geschenkt wird[4]. Dies zeugt von der Fülle des Geistes Christi und von der von ihm ausgehenden Dynamik, welche das Werden des neuen Himmels und der neuen Erde trägt, nicht nur als bloße Zukunftsperspektive, sondern als im Diesseits schon wirksam gelebte Wirklichkeit.

---

1 PnI 56.

2 Vgl. KPG 59.

3 Ebd., S. 60.

4 Fast provokativ schreibt von Balthasar hierzu: "Vielleicht gibt es keine trostvollere Wahrheit über die Kirche, als daß in ihr eine Kommunität, ein K o m m u n i s m u s (von mir gesperrt) der Heiligen besteht". Was hier gemeint ist, soll in zweifacher Hinsicht als Reichtum und Armut - ausgelegt werden: "Denn auf der einen Seite besagt dies einen stets überfließenden Reichtum, aus dem alle Armen schöpfen dürfen; man nennt ihn auch den Kirchenschatz. Er ist genau dasselbe wie die nicht aufzurechnende Fruchtbarkeit derer, die sich und alles Ihre Gott für die Brüder zur Verfügung stellen. Kräfte gehen von ihnen aus, sie werden von der Liebe nicht geschont (Rom 8,32), sondern unerbittlich verteilt; wer weiß, welche Gnade in meinem Leben ich wem verdanke. Dieser Überfluß, der uns zufließt, macht uns arm und demütig, denn wir spüren genau, daß wir nur in dem Geiste schöpfen dürfen ... Auf der anderen Seite ermahnt er uns auch, unsere gottgeschenkte Fruchtbarkeit nicht gering zu achten ... Die Armen im Geist gewinnen nicht nur selbst das Himmelreich, sie öffnen es den übrigen" (ebd., S. 63-64).

3. Der große "Unbekannte"

Dennoch selbst in einer so intimen Lebens- und Schicksalsgemeinschaft fehlt nicht selten zwischen Gott und Mensch, wie schon umrissen[1], das richtige Geist-Bewußtsein in heutiger christlicher Theologie und Praxis.Diese Einsicht wird von H.U. von Balthasar folgendermaßen formuliert: "Die Väter und großen Scholastiker - Thomas im Trinitäts-, im Dona- und Charismentraktat, ... die Mystiker und Spirituellen, theologisch gebildete und ungebildete, haben den Geist nicht vergessen, während er für uns Heutige - kein gutes Zeichen! - dem Fokus des Interesses entglitten ist"[2].

Auch wenn diese Geistvergessenheit der christlichen Existenz nicht einfach als "schuldhaft" hingestellt werden kann, so ist sie jedoch nicht einfach zu entschuldigen[3], denn sie zeugt von einem unzureichenden christlichen Selbstbewußtsein. Welche Nachteile dies in sich birgt, erkennt man daran, wenn man vor Augen führt, welche Vorzüge, welche große Bedeutung dem Geist bei allem Menschlich-Christlichen und Kirchlichen zukommt: "Entscheidend wäre, daß wir nicht verlernten, mit pneumatischen statt mit ausschließlich logischen (und philo-logischen) Augen auf den Logos zu blicken. Nur im Sinne des Heiligen Geistes gewinnen wir wahrhaft jene christliche und kirchliche Freiheit, nach der wir heute so drängen ... Den Geist der Kindschaft besitzen, welche sich kindlich vom Geist treiben lassen; da ist die Freiheit, zu der uns Christus befreit hat"[4]. Darin wird unsere gottgeschenkte Würde greifbar, Gott kraft seiner Selbstenthüllung und -mitteilung in Jesus Christus bis ins innerste Herz zu kennen, denn "der

---

1 Siehe oben S. 20 ff.

2 SC 104, 135.

3 Ebd., S. 104.

4 Ebd., S. 105.

Heilige Geist, der die Tiefen der Gottheit durchforscht, ist auch uns verliehen, so daß wir erkennen, was uns von Gott geschenkt worden ist (1 Kor 2,10-22). Seitdem Gott diese "Liebestorheit" begangen hat, uns sein Innerstes zu entbergen, rücken wir mit den Waffen des uns verliehenen Geistes in die göttlichen Urgründe vor"[1].

Diese Skizzen dürften deutlich gemacht haben, welche Aufgabe der Theologie noch auf diesem weiten Feld bevorsteht; eine Aufgabe, die im Bewußtsein der Christen eines sachgerechten Verständnisses und in der wissenschaftlichen Reflexion noch ihrer dringenden Lösung harrt.

---

1 KPG 29. In dieser Gesamtkonstellation aus dem Innenbereich Gottes (PnI 226) erscheint am deutlichsten, wie der Geist - ohne deswegen eine fesselnde Bevormundung zu sein oder seine göttliche Überlegenheit einzubüßen - in uns wirkt und sich mit unserem menschlichen Geist so vereinigt, daß eine Unterscheidung nicht immer möglich zu sein scheint. Vgl. dazu KGP 27.

V. Aufbau und Methode der vorliegenden Arbeit

1. Vorbemerkungen

Die Fülle des Materials verlangt, daß ein geeignetes Ordnungsschema gefunden wird, nach dem die vielgestaltigen Texte, welche hier zur Sache erhoben werden sollen, sich systematisieren lassen. Allerdings, da es sich zugleich um ein Interpretationsschema handelt, so soll diese "Ordnung" nicht willkürlich von außen gesetzt werden, sondern von innen, um Verstellungen zu vermeiden[1].

Ebenso erfordert das überwältigende Material eine Abgrenzung. Aber auch hier kein unachtsames Ausschließen, sondern bei allem Respekt vor der Eigenart der Texte achtungsvolle Wahl einer Betrachtungsweise, welche sich um eine Mitte bemüht, von der aus auch das weitere Problemfeld in den Blick zu bekommen sein wird, wenn auch eine allseitige Aufarbeitung im Rahmen der vorliegenden Studie nicht möglich ist. So werden z.B. die Problemkreise "Heiligung", Geist und Gnade", "Geist und Charismen" nach dem klassischen Schema eines "De gratia-Traktates" nicht ausdrücklich behandelt, wenn auch nicht einfach beiseite geschoben[2].

---

1 Auf eine umfassende Darstellung des Denkweges von Balthasars, der Begegnungen, die auf sein ganzes Werk enormen Einfluß geübt haben, sowie der entscheidenden Quellen (Patristik, mittelalterliche Theologie und Mystik, neuzeitlich und zeitgenössische Philosophie, Literatur und Kunst) wird in diesem Einführungskapitel verzichtet, insofern die Herausarbeitung dieser Punkte schon von der Sekundärliteratur geleistet worden ist. Vgl. besonders H. Heinz, Der Gott des Je-mehr, a.a.O., S. 15-88; G. Marchesi, La Christologia, a.a.O., S. 1-16; A. Moda, Hans Urs von Balthasar, a.a.O., S. 30 ff.; sowie 118 ff.

2 Dies wird insbesondere deutlich in der mehrfachen Rede vom Heiligen Geist als dem "göttlichen Ort der Einheit von Naturordnung und Gnadenordnung" (SC 343). In dieser Eigenschaft bewirkt der Geist die immer neuen Transpositionen der einen Ordnung in die andere, ohne daß dadurch die Eigenständigkeit beider verwischt würde. In der Tat "weder schließt die Naturordnung sich in sich selbst, weil der Vater alle Dinge zum Sohn geschaffen hat, noch schließt die Gnadenordnung sich in sich selbst, weil der Sohn Mensch wurde, um die gesamte Welt erlöst zum Vater zurückzubringen, damit Gott alles in allem sei (Kor 15,24,28). Die Naturen der Welt sind aufgebrochen, um in Gottes eigenem Leben vollendet zu werden, Gott aber hat sich

Noch ein weiteres. Die Darstellung des Balthasarschen Denkens stößt auf einige Schwierigkeiten. Nicht nur die geradezu unüberschaubare Fülle des Werkes erschreckt den Leser schon auf den ersten Blick, sondern auch die eigenartige Methode[1] und der besondere Stil von Balthasars erleichtert nicht gerade den Zugang zu seinem Werk[2]. Wer bei von Balthasar "fertige" Definitionen, säuberlich geschiedene Sachgebiete erwartet, ist bald enttäuscht. Fast überall spricht er gleich alles an[3]. Jeder Versuch , seine

---

ausgegossen, um die Welt mit seiner ewigen Liebe zu durchtränken"; so wird unser "Dasein im Heiligen Geist immer schöpferische Übersetzung, immer neue Zukunft Gottes" (SC 343-344).

1 Zu einer ausführlichen Einsicht in die Methode H.U. von Balthasars vgl. G. Bausenhart, Schau der Herrlichkeit. Zur Mitte und Methode der Theologie Hans Urs von Balthasars (Lizenziatarbeit Masch.), Münster 1980. Vgl. W. Löser, Im Geist des Orignes, a.a.O., S. 3-57.

2 Dazu G. Marchesi: "Al lettore Balthasar si presenta senza didattica, quasi aistematico, senza contare la complessità e la difficoltà del suo stile impetuoso" (vgl. La Cristologia di H.U. von Balthasar. a.a.O., S. 15.)

3 Hier stoßen wir eigentlich auf die Methodenfrage bei von Balthasar. Er möchte - auch im Fragment - zugleich das Ganze ansprechen. Nicht ein "Evolutions"-Drang, der alles hinter sich läßt und blindlings nur dem Aufbruch zum Neuen nachläuft, sondern das besonnene Integrieren, das Hinhorchen auf das "Ursprüngliche", um es tiefer zu begreifen, der "Sinn für menschliche Tradition, die integriert sein muß, gerade wenn der Weg in die Zukunft gefunden werden soll: als Weg von einer noch implizierten Totalität (mit ihren Gleichgewichten) zu einer explizierteren Totalität (mit ausgelegten, aber nicht aufgegebenen Gleichgewichten)". Vgl. H III, 1/1, 20. Der Integrationsgedanke ist nach von Balthasar in der Theologie nicht ein aus einer der zu untersuchenden Sache fremden Welt entnommenes Kriterium, sondern es ist in der Sache selbst begründet, denn "die entscheidenden christlichen Wahrheiten implizieren sich alle gegenseitig; weil sie ja alle nur Aspekte des Einen sind - Unus Necessarius! - der selber die Wahrheit ist" (vgl. Einfaltungen 147, Anm. 1); was hier wichtig ist, ist nicht ein "Begriff", sondern der Blick auf das Ganze, dessen Mitte immer anzuziehen ist. Darum heißt es: "Ein einzelner Beweis, der einen Aspekt der Offenbarungswahrheit betrifft, läßt sich also nur führen, wenn man diesen Aspekt von der Totalität her und von seiner Stellung in dieser beurteilt, wobei immer vorausgesetzt wird, daß diese Totalität nur innerhalb der Annahme (d.h. des Glaubens) des sich selbst Bezeugenden in Sicht kommen kann" (TD II/1,105). Vgl. K 13-16; PnI 9: "Ein zentrales Licht existiert, aber sichtbar werden davon nur verschiedene Abstrahlungen. Vielleicht könnte ein nach Systematik dürstender Geist, der durchaus aus Fragmenten ein Ganzes konstruieren möchte, die Steinchen

Aussagen um strikt isolierte Brennpunkte zu "gruppieren", kommt deshalb notwendigerweise einer willkürlichen Vivisektion gleich. H.U. von Balthasar selbst pflegt das göttliche Geheimnis und seine sich daran orientierende Sehweise mit einem Prisma zu vergleichen, wobei das Keilförmige, das zur Totalreflexion von Lichtstrahlen oder zu ihrer Zerlegung in Spektralfarben dient, dem Beobachter das Schneiden der verschiedenen Achsen vor Augen führt. Das hat zur Folge, daß bei von Balthasar Vieles und scheinbar "Disparates" gleichzeitig in Kauf genommen werden müssen[1]. Wer ihm auf diesem von einer fast blendenden Erudition[2] geprägten Weg folgen will, ist zu wirklichen asketischen Anstrengungen aufgefordert.

---

ordnen und sie dann zu einem Mosaik zusammensetzen. Der Verfasser mißtraut solchen Unternehmungen, die das Mysterium aus seiner Verborgenheit hervorholen und unverhüllt herzeigen wollen"; vgl. H III, 1/2,981; H. Heinz, Der Gott des Je-mehr, a.a.O., S. 289-293; M. Albus, Die Wahrheit ist Liebe, S. 28-35, insb. 32-35.

1 H.U. von Balthasar selbst bezeugt: "Meine Bücher sind keine zünftige Theologie, darum für Dissertationen auch nicht sonderlich geeignet" ("Geist und Feuer. Ein Gespräch mit Hans Urs von Balthasar", in: HK 30 (1976),72-82; zit. 73).

2 H. de Lubac hat davon ein Zeugnis abgelegt, dem man kaum widersprechen kann: "Cet homme est peut-être le plus cultivé de son temps. et, s'il y a quelque part une culture chrétienne, elle est là! L'antiquité classique, les grandes litératures européennes, la tradition métaphysique, l'histoire des religions, les essais multiformes de l'homme d'aujourd'hui qui se cherche - et par dessus tout, la science sacrée, avec Saint Thomas, saint Bonaventure, la Patristique (tout entière) -,sans parler pour l'instant de la Bible ...: il n'est rien de grand qui ne trouve accueil et vitalité dans ce grand esprit. Ecrivains et poètes, philosophes et mystiques, anciens et modernes, chrétiens de toute confession: il les appelle tous à fournir leur note; toutes ces voix lui sont nécessaires, d'où résultera, pour une gloire de Dieu plus grande, la symphonie catholique" (vgl. Un témoin du Christ: H.U. von Balthasar, a.a.O., S. 588; ders., in: IkaZ 4 (1975) 392; dazu auch M.-Michel Labourdette, Espérance et histoire, a.a.O., S. 464: "A l'oeuvre de H.U. von Balthasar au contraire, sa culture est tout à fait essentielle: non point par manière d'érudition, mais par une si profonde assimilation que sa personnalité même s'y affirme, libre de chacun, parce qu'elle est familière avec beaucoup. Il allègue aussi facilement Plotin que Schelling, Aristote que Hegel ou Kant; ne croyez pas qu'il en dépend; il sait s'y instruire, mais il retournera la question ou prendra le contre-pied. Cependant les auteurs les plus

Dennoch, sosehr diese Schwierigkeiten sich einer systematischen Darstellung auch in den Weg stellen, wirken die Lektüre und die Beschäftigung mit dem Werk H.U. von Balthasars anregend und bereichernd[1]. Man könnte die Worte K. Marx' hier zu Recht gelten lassen: "Es gibt keine Landstraße für die Wissenschaft, und nur diejenigen haben Aussicht, ihre lichten Höhen zu erreichen, die die Mühe nicht scheuen, ihre steilen Pfade zu erklimmen"[2].

Nun ist das Kernstück, die Mitte der Theologie von Balthasars, Jesus Christus als die personale Offenbarung Gottes. Dieser ist in seiner Dreieinigkeit das Ganze. Offenbaren und Wirken gehören zu ihm; ebenso die Welt und der Mensch mit seiner Geschichte. Jesus Christus war von dem ewigen drei-

---

familiers sont assurément saint Augustin, saint Grégoire de Nysse, Origène; ceux-là sont les maîtres et, à travers eux, un certain néoplatonisme est toujours présent, non pas adopté comme système, mais constituant comme un milieu familier"; vgl. dazu auch G. Marchesi, a.a.O., S. 3 ff.

1 In diesem Sinne auch M.M. Labourdette, a.a.O., S. 465: "Il faudrait pourvoir suivre tous les thèmes grâce auxquels ceux-ci (Dieu, Père, Fils, Esprit-Saint) sont orchestrés et qui leur donnent un contexte très riche. Que ce soit la médiation de l'Eglise ou le sens de son histoire, le stigmate de la faute héréditaire, le rapport de l'Eglise et des religions: ces questions et bien d'autres se trouvent eclairées et reprises dans une réflexion vigoureuse qui manifeste ainsi sa cohérence. Mais c'est ce qui fait aussi sa difficulté; le lecteur s'essouffle quelque peu à suivre l'auteur constamment sur les cimes, souvent par les chemins les plus abrupts. Mais il est récompensé, moins par l'impression d'avoir a p p r i s quelque chose que par la certitude d'avoir été n o u r r i, d'être mieux entré dans la profondeur d'un mystère dont il sent mieux qu'aucune présentation humaine ne le circonscrit". Ähnlich äußert sich auch A. Moda: "Al lettore è imposto un itinerario riflessivo e rigoroso, difficile e nutriente: esaminando sistematicamente tale fatica se ne perde innegabilmente gran parte di fascino, ma se ne ricupera una visione d'insieme più icastica, più nervosa e più forte" (vgl. Hans Urs von Balthasar, a.a.O., S. 285).

2 "Il n'y a pas de route royale pour la science et ceux-là seulement ont chance d'arriver à ses sommets lumineux, qui ne craignent pas de se fatiguer à gravir ses sentiers escarpés" (Brief an La Chatre, vom 18. März 1872, in: K. Marx/F. Engels, Werke, Bd. 23, S. 29).

personalen Leben Gottes erfüllt, welches der ganzen Schöpfung weitergegeben worden ist im Tode und Auferstehung des Sohnes. Dieses Leben ist und bleibt in der Geschichte und wird weitergelebt im gläubigen Bewältigen der Daseinsrätsel unter der Führung des Heiligen Geistes Gottes und Jesu Christi.

2. Aufbau der Arbeit

Die vorliegende Arbeit setzt sich deswegen das Ziel, wie schon anfangs gesagt, die Pneumatologie im Werk H.U. von Balthasars aufzuarbeiten mit besonderem Blick auf die "pluridimensionale" Sachlage (d.h. die spekulativen Grundzüge[1]), so wie sie sich in ihrer Bindung in das Ganze erfassen läßt. Daß dabei sowohl die philosophischen Grundanschauungen von Balthasars wie seine trinitarisch-christologische Fragestellung und die menschliche Heilsfrage berücksichtigt werden sollen, um von dort aus die Hauptfrage dieser Untersuchung besser ins Blickfeld rücken zu lassen, entspricht der Sachlogik. Und so kommt auch die Ekklesiologie zur Sprache.

Um dem Anliegen von Balthasars hinsichtlich der "Integration" gerecht zu werden, gehen wir in dieser Studie in drei Schritten vor.

---

1 Zur Verdeutlichung könnte man das schöne Urteil von Hyppolite Taine über den Satzbau in deutscher Sprache in Erinnerung zurückrufen. Es scheint m.E. auch zur Charakterisierung des Denkweges von Balthasars geeignet: "Ce que cette construction indique, c'est le profond sentiment du "Zusammenhang", de la connexité des diverses parties de l'Idée. La connexion matérielle de la phrase traduit la connexion morale de l'Idée. L'allemand ne veut pas achever sa pensée avant d'en avoir tous les membres présents au préalable. Son besoin d'esprit essentiel est évidemment de sentir le "Zusammenhang" (H. Taine, in: Eugen Lerch, Französische Sprache und Wesensart, Frankfurt/M. 1933, S. 214); zitiert bei H. Gipper, Sprachliche und geistige Metamorphosen bei Gedichtübersetzungen. Eine sprachvergleichende Untersuchung zur Erhellung deutsch-französischer Geistesverschiedenheit, Schwann, Düsseldorf 1966, S. 120.

Der erste Teil befaßt sich mit der philosophischen Frage nach dem Menschen und stellt in Grundzügen die anthropologischen Voraussetzungen der Balthasarschen Pneumatologie dar. Der theologische Denkweg H.U. von Balthasars zeigt sich - nicht so sehr chronologisch, sondern von der Entwicklung des Gedankens her gesehen - als eine stufenweise Entfaltung von philosophischen Bestimmungen der Gegenstände zu theologischen hin[1], wobei aber, genau betrachtet, der Primat des Theologischen in seiner grundsätzlichen Bedeutung heraustritt; so daß im Blick auf das Geschichtsverständnis von Balthasars z.B. gesagt werden muß, daß die Geschichte nur dann richtig gelesen - und gerettet - werden kann, wenn sie vom Ende her, d.h. mit dem Blick auf das im Sohn Gottes Vollbrachte, entziffert wird. Somit wird die Erlösungsbedürftigkeit der Geschichte klar herausgestellt. Natürlich hat das Geschichtliche seine Autonomie und von Balthasar erkennt sie an. Es gibt zweifellos eine Freiheitsgeschichte der Menschheit und der Gesamtschöpfung. Das "Mysterium" dieser Geschichte aber offenbart sich in seiner Tiefe dem Menschen und begegnet ihm nur, wenn dieser seine Freiheit als ihm von Gott geschenkte Gnade und anvertraute Aufgabe der Verwirk-

---

1 Von Balthasar selbst bezeugt dies, indem er kurz aber treffend das Zueinander von Metaphysik und Theologie mit folgender Formulierung deutlich macht: "Vorerst aber geht es um das Zueinander von Theologie und Metaphysik (in ihrer Breite verstanden). Und zwar muß der Versuch gemacht werden, das Christliche zuerst in seiner Solidarität mit dem Menschheitsdenken und in seiner Einsenkung in die allgemeine religiöse Metaphysik darzustellen, ehe wir es in seiner einsamen Isolierung gegenüber allen menschlichen Denkentwürfen zeichnen... Denn ein biblischer Grundbegriff hätte keinerlei Analogie im gemeinen Geistesraum und erweckte er nichts Vertrautes im Menschenherzen, so müßte er das absolut Unverständliche und damit Gleichgültige bleiben" (H III, 1/1, 15-16). Diesen Gedankengang - vom Philosophischen zum Theologischen - hat von Balthasar schon einmal mit seinem früheren Werk "Wahrheit" (1947) eingeleitet und später mit dem Aufbau seines Hauptwerkes "Herrlichkeit" weitergeführt, in dem die Überlegungen über die göttliche "Doxa" im "Raum der Metaphysik" (vgl. H III, 1/1; H III, 1/2) der eigentlichen theologischen Reflexion auf die biblischen Wahrheiten vorangestellt werden (vgl. H III, 2/1; H III, 2/2). Ähnliche Vorgehensweise ist auch in der "Theodramatik" erkennbar.

lichung seines Wesensvollzugs in harmonischer Entfaltung aller seiner Dimensionen versteht.

Das Ziel dieses Strebens nach Vollendung kann nach der Ansicht von Balthasars nirgendwo anders als im letzten personalen göttlichen Geheimnis liegen, das dem Menschen das "Seindürfen" schenkt. Damit wird die Anknüpfung der philosophischen Frage nach dem Menschen an die theologische Dimension angedeutet. Ausgehend von der allgemeinen Frage: "Wer ist der Mensch" als "Urfrage", als Frage nach dem Sein überhaupt, wird auf die "Urerfahrung" der Bewegung vom Grund zur Ercheinung hingewiesen. Von dort aus rückt das "ontologische Grundgesetz" ins Blickfeld; es weist die "Noch-nicht-Struktur" des Menschen auf; biblisch gesagt: die Verheißungsdimension des menschlichen Lebens, wobei eine besondere Bedeutung der Zeitdimension zukommt. Die Zeit gehört ins Herz der geschöpflichen Ontologie hinein und wird von dem Menschen als das Auf-uns-zukommen eines Ereignisses erfahren. Dies besagt die immanente Zukünftigkeit des menschlichen Daseins, das wesentlich Anfang, Verheißung und Hoffnung ist.

Daran knüpft der zweite Hauptteil der Arbeit an, in dem versucht wird, den Sinn und den Inhalt dieser Hoffnung am Leben Jesu Christi - der "Ausstrahlung der Mitte" ist - aufzuzeigen. Denn erst hier wird auch deutlich, was von einer Theologie des Heiligen Geistes in ihren verschiedenen Dimensionen zu erwarten ist.

Sowohl diese Skizze der Christologie von Balthasars wie die Reflexion auf die Frage nach dem Menschen sind unerläßliche Voraussetzungen für eine adäquate Behandlung der Balthasarschen Pneumatologie.

Christus hat die Hoffnung einmalig gelebt, indem er sein ganzes Leben vom Vater bestimmen ließ. Er erhielt dafür eine einmalige Anerkennung (Auferstehung). Um die Grundkontur in diesem Zusammenhang deutlich zu machen, wird ein besonderer Akzent auf das zentrale christologische Prinzip von Balthasars, nämlich die Kurzformel "Verbum Caro" und auf die einmalige Gottesbezogenheit der Existenz Jesu im "Ergriffensein" vom Geist des Vaters gelegt. Die Kurzformel umschreibt die Annahme der sterblichen, vergäng lichen menschlichen Existenz durch das machtvolle und souveräne Wort Gottes (Menschwerdung), stets aber die spezifische Differenz zur sterblichen Existenz wahrend. Die Existenz des Wortes ist durch die beiden Eckpunkte festgelegt: den Punkt, aus dem, und den Punkt, auf den hin Christus existiert: das sind Gott und der Mitmensch. Die Gestalt Christi ist also sowohl in die trinitarische Einheit Gottes wie in den heilsgeschichtlich-kirchlichen Zusammenhang eingebunden. Die einzigartige Gottesbeziehung und die Solidarität mit den Menschen bieten den Anhaltspunkt für die Universalität der Gestalt Christi.

Diese Begriffe und Formulierungen halten sich im Denken H.U. von Balthasars durch. Für ihn ist die Existenz Jesu das "schlechthin Einmalige", aber gerade als der Einmalige ist Jesu vorbehaltlos solidarisch mit den Menschen. Einmaligkeit und Solidarität bestimmen den Rahmen, wo der Schritt zum trinitarischen Gott getan und in einer soteriologischen Hinsicht betrachtet wird. Erst in der Teilnahme an der Verherrlichung des Sohnes erreicht der Mensch über den Tod hinaus seine Vollendung und Endgültigkeit. Aufgabe und Wirken des göttlichen Geistes wird so angedeut

Mit diesen Grundanschauungen und den damit zusammenhängenden theologischen Fragen befaßt sich der dritte Teil, in dem der Schwerpunkt der Arbeit liegt.

Ausgehend von der "christologischen Konstellation" des Geistes, verbindet sich die Reflexion auf die Grundbestimmung des Heiligen Geistes im Werk H.U. von Balthasars mit dem Problemkreis der Offenbarung Gottes überhaupt und speziell mit der endgültigen Phase dieser Gottesoffenbarung in Jesus Christus. So gesehen, rührt die Geistfrage etwa nicht nur an das Leben der Kirche, in der Christus weiter lebt, sondern an den Vollzug der Geschichte überhaupt.

Da der Geist aber keine isolierte Figur ist, sondern eine Einheit mit dem Vater und dem Sohn, soll ein innertrinitarisches Geistverständnis dargestellt werden unter besonderer Berücksichtigung der beiden Aspekte - des "subjektiven" und des "objektiven" Aspekts - des Geistes. Somit tritt dieser in seiner Eigenschaft zugleich als substantielle Gemeinschaft von Vater und Sohn und als personale Seinsfülle, als personhaftes "Wir" hervor. Besondere Beachtung findet in diesem Zusammenhang die Haupteigenschaft des Geistes, der sich im Gehorsam vom Vater und vom Sohn in die Welt aussenden läßt: seine Freiheit, sein "Über-sich-selbst-verfügen-können". Eine solche Freiheit, die aus Gott selber stammt, läßt die göttliche Personalität des Geistes für den Glaubenden sichtbar werden und begründet die konkrete Möglichkeit der menschlichen Freiheit. Diesem Geist, der uns so begegnet, ist der Auftrag gegeben, uns täglich neue Seiten Gottes zu erschließen.

Mit Recht erscheint der Geist als derjenige, der das noch Vorenthaltene offenbaren wird und so in die "volle Wahrheit einführen", weil er der Geist der Wahrheit ist, der die geheimnisvolle restlose Selbstdarbietung, aber auch - über alle Enthüllung hinaus - ein immer neues Geheimnis bzw. "das ewige Mehr-als-was-man-schon-weiß"[1] sichert. Damit verbunden ist die Lichtung des Seins, die der Geist sowohl am göttlichen wie am endlichen Sein vornimmt.

Die Entbergung des göttlichen Seins, die so im Heiligen

1 WW 118.

Geist geschieht, öffnet in der ökonomischen Trinität die immanente Trinität und gibt sie zur Teilnahme hin. In diesem Zusammenhang wird der Geist selbst als Gabe erfaßt, als das innere Lebensprinzip des Christen, das lebendigmachende Pneuma.

Es ist darum nach dem Wirken des Spiritus Creator, des Geistes der Verwandlung und der Neuschöpfung zu fragen, der uns befähigt, unsere eigenen Grenzen zu überschreiten. Dieses Wirken des göttlichen Geistes betrifft nicht nur das Werden der Christen, sondern auch das der Welt im ganzen. Es zeigt sich auch zugleich, wie das Geheimnis der Kirche weder verstanden noch gelebt werden kann auf der Ebene der bloßen Soziologie. Die Kirche ist Communio innerhalb eines Lebensgefüges, das nur verständlich ist als Werk und Wirken des Heiligen Geistes.

Im Licht der Bestimmung der Beziehung Geist-Jesus auf einer Seite, und Geist-Vater-Sohn auf der anderen wird im Fortgang der Arbeit die Frage nach dem Verhältnis Geist-Kirche und - damit verbunden - Geist-Weltgeschichte im Zeichen der bleibenden Gegenwart des erhöhten Herrn gestellt.

Erscheint der Heilige Geist als "Schlußphase" sowohl in der innertrinitarischen Processio wie im Prozeß der göttlichen Offenbarung in Welt und Geschichte (wie dies im Christusereignis deutlich wird), so ist er damit zugleich die "Anfangsphase" dessen, was den christlichen Glaubensvollzug in Welt und Geschichte anbelangt. Dabei wird das christologische und das marianische Prinzip der Kirche angesprochen (vgl. Kenosis der Kirche, Geist und Maria).

Die Öffnung und die Vollendung der Liebe Gottes erreichen den Menschen endgültig mit der Auferstehung Jesu und der Ausgießung des Geistes in die Kirche und die erlöste Welt hinein. Der in der Auferweckung Jesu freigewordene Geist

Gottes erfüllt die Kirche und macht sie zum Ur-Sakrament des Heils, zur Macht der versöhnenden Liebe. Die Kirche wird so zur vermittelnden Instanz, insofern sie das konkrete Gegenüber Christi (Sponsa Verbi), ja sein "Mysticum Corpus" ist. In der Einheit mit Christus durch den Geist gewinnt sie heilspendende Funktion für die Welt im ganzen.

So muß die Weise, wie die Kirche ihre Sendung ("durch", "mit" und "in" Christus") erfüllt, von der Weise her beschrieben werden, wie sie von Christus her - im Geist - als Kirche konstituiert wird. Hier ziehen wir zugleich die Frage der Nachfolge und des sakramentalen Lebens der Kirche in Betracht. Denn beide Realitäten bzw. Daseinsweisen der Kirche: objektives Lebensgesetz (Konstitution von Christus her) und Sendung in die Welt (bzw. ihr auf die ganze Menschheit angewendeter Selbstvollzug) bilden eine Einheit. Und hier öffnet sich die Perspektive der Selbsttranszendenz der Kirche in zwei Richtungen: zunächst einmal auf die gesamte Menschenwelt (universaler Missionsauftrag) und zum anderen verweist die Vorläufigkeit der kirchlichen Mission auf die jenseitige und vollkommene Überwindung aller Unvollkommenheit in der eschatologischen Definitivität.

Das Schlußkapitel der Arbeit soll dann die Ergebnisse der Studie zusammenfassen. Darin sollen auch in einer zusammenfassenden kritischen Überprüfung der vorgelegten Analyse die Rückfragen an von Balthasars Theologie und speziell an seine "Geistlehre" gestellt werden.

Daran anschließend soll ein Ausblick die Möglichkeiten der konstruktiven Weiterführung der Untersuchung andeuten, die wir als eine zentrale Aufgabe christlichen und theologischen Handelns definiert haben, welches dem von seinem Selbstverständnis her auf den Sinn des Menschen und der Weltgeschichte hin denkenden Glauben entspringt.

3. Zur Methode

Zum Schluß ein Wort über die Methode der vorliegenden Untersuchung. Wie es aus dem bisher Gesagten schon ersichtlich ist, wird das Werk H.U. von Balthasars nach den Kriterien einer systematisch-theologischen Interpretation aufgearbeitet. Wir verfolgen dabei hauptsächlich die Absicht, nicht eine chronologische Darstellung des Balthasarschen Denkens vorzulegen, sondern eine thematische Behandlung des Gegenstandes dieser Studie zu bieten, in der die theologischen Zusammenhänge einzelner Teile den Fortgang des Gedankens bestimmen. Gegebenenfalls wird aber nicht versäumt, auch auf geschichtliche Entwicklung und Vertiefung im Werk von Balthasars hinzuweisen.

Es wird außerdem auffallen, daß, um der gestellten Aufgabe und der Grundstruktur der Balthasarschen "Integration" gerecht zu werden, nicht selten im kreisenden Denken vorgegangen wird, weil das "Fragment", das momentan ins Blickfeld rückt, auf das Ganze verweist[1]. Hinzu kommt, daß unsere Aufgabe nicht darin besteht, eine These zu beweisen, sondern einen Sinn zu erschließen. Es wird deshalb darum gehen, die Haupt-"Koordinaten", auf die von Balthasar verweist, sinngemäß miteinander zu verbinden.

Mit Zitaten - auch von größeren Texten - wird großzügig umgegangen, um zwei Hauptgefahren zu entgehen: Ver-

---

1 Dies gilt besonders für die Frage der Zeit, der theologisch-christologischen Mitte, der göttlichen Offenbarung usw. Allerdings handelt es sich keineswegs um eine platte Wiederholung, sondern um ein sinnvolles Zurückholen desselben jeweils auf einer anderen höheren Stufe und in neuen Kontexten, in denen die Themen durch größere Präzisierung und Vertiefung neue Konturen bekommen. H.U. von Balthasar seinerseits schreibt hierzu:"Wohin müssen wir Ausschau halten, um im Fragmentarischen unseres Daseins eine Richtung auf Ganzheit hin zu sehen? Jede Scherbe läßt sogleich den Gedanken an das heile Gefäß wachwerden, jeder Torso wird im Geist vom Unversehrten her gelesen" (vgl. GF 14).

armung des Balthasarschen Gedankenreichtums etwa durch überflüssige Paraphrasen oder Zitatsplitter[1]; Verdrehung der nuancierten zusammenhängenden Einheit des Gedankens des Autors; vor allem aber sind wir darauf bedacht, dem Leser die schwierige Einarbeitung in das umfangreiche Werk H.U. von Balthasars durch eine hilfreiche Dokumentation zu erleichtern und ihm das kritische Mitdenken zu ermöglichen.

Bei dem Umfang und der Vielgestaltigkeit des Materials und der Schwierigkeiten, auf die hingewiesen wurde, droht der Arbeit die Gefahr der Ausuferung! Zweifellos bleibt unser Unternehmen ein Wagnis in dreifacher Hinsicht. Zunächst einmal das fast uferlose aufzuarbeitende Material; zum anderen die mühsame Aufgabe, die im ganzen Werk von Balthasars zerstreuten pneumatologischen Skizzen zu einer systematischen "Gestalt" zu erheben. Schließlich ist das Thema des Geistes selbst kein geringes Unternehmen[2]. Der Geist ist und bleibt derjenige, der weht, wo er will. Er läßt sich in seiner souveränen Freiheit nicht gefangen halten in unseren menschlichen Kategorien - seien sie auch theologisch -, die nur annähernd etwas vom göttlichen Geheimnis erblicken können.

---

1 Hierzu schließen wir uns der Meinung M. Lochbrunners an, der festgestellt hat: "Die Versuchung zum Zitieren ist bei dem literarischen Genuß der Balthasarschen Theologie nun einmal sehr groß. Es fehlt ja nicht an Material, das oft in bezwingenden und glanzvollen Formulierungen dargeboten wird. Warum soll man solche 'Rosinen' dem Leser vorenthalten?" (M. Lochbrunner, Analogia Caritatis. Darstellung und Deutung der Theologie Hans Urs von Balthasars (Diss. Masch.), Freiburg i.B. 1978, S. 315-316).

2 Von Balthasar selbst gebraucht hier das Wort "Wagnis", um den christlichen Liebesvollzug unter der Führung des Heiligen Geistes zu bezeichnen: "Die Sendung des Geistes nach vollendeter Erlösungstat des Sohnes ist nochmals etwas ganz Neues: das Innerlichwerden der historisch-einmaligen Tat im engen, endlichen Bewußtsein des Menschen. Sie ist des Menschen inwendige, von unten her drängende Ermutigung und Ermächtigung zum W a g n i s der christlichen Liebe" (GF 91).

Der Aufgabenbereich, vor den die Theologie hier gestellt wird, ist daher ein sehr weites und für den menschlichen Verstand nicht gänzlich erfaßbares Feld. Den Ansprüchen kann man kaum entsprechen. Und dennoch hilft keine Flucht. Der Theologie bleibt keine andere Wahl, als daß sie sich dieser Herausforderung stellt, "wie auch das Wagnis ausgehen mag, auf das wir uns dabei einlassen müssen"[1].

---

1 Otto A. Dilschneider, Geist als Vollender des Glaubens, Gütersloh 1978, S. 28.

E R S T E R   T E I L

DIE FRAGE NACH DEM MENSCHEN BEI HANS URS VON BALTHASAR

Voraus-Deutung der Anthropologie auf den Geist,
den Vollender

Vorüberlegungen zum Problem

Was ist der Mensch? Diese Frage ist zwar so alt wie die Menschheit selbst, aber sie muß immer aufs Neue gestellt werden, an jedem Ort und zu jeder Zeit. Es ist immer wieder dasselbe Rätsel, das den Menschen bedrängt und eine Lösung verlangt.
Die Fragestellung muß hier zugleich eine Perspektive und eine Methode der Erörterung angeben. Die Problematik soll hier thesenhaft vorgestellt werden.

Die rätselhafte Wirklichkeit besteht darin, daß der Mensch dasjenige Wesen ist, das nicht aufhören kann, nach sich selbst zu fragen, und das mit den Antworten, die es sich gibt, stets unzufrieden ist. Der Mensch will begreifen, in erster Linie aber sich selbst verstehen. Eine Aufgabe, die er mit mehr oder weniger Erfolg bewältigt.

Existieren, leben, fühlen, denken und letztendlich sterben! Was bedeutet diese Bewegung? Können wir einen Sinn darin entdecken? Ist die Geschichte der Menschheit nur eine Evolution des Universums ohne jeden Sinn, die einmal angefangen hat und irgendwann enden muß? Woher kommt sie und wohin geht sie? Die menschliche Existenz verwirklicht sich in der Zeit. Mit einer frappierenden Deutlichkeit ergeben sich daraus drei Bestimmungen: Anfang, Ende und der jeweilige Augenblick. Die beiden ersten begrenzen die ganze Lebensachse. Im jeweiligen Augenblick rafft sich die Existenz zusammen, ergreift das Lebende, gibt sich ihm hin und empfängt von seiner Freiheit ihren nunmehr bestimmten Sinn. Anfang und Ende lassen folgende Fragen entstehen: wo beginnt der Mensch und wo hat die Welt, in der er lebt und die sich auf eine bestimmte Weise in ihm manifestiert, begonnen? Die Bestimmung des Endes seinerseits verweist auf die Frage, wie die individuelle Existenz ihr Ziel erreicht und wie das Universum, in das sie eingebunden ist, das Seine finden wird. Mit dem Augenblick verbindet sich schließlich die Frage nach der Bedeutung der Gegenwart und auch die Frage, wie sich die Existenz dem Menschen im Augenblick, wie in einem einzigen Punkt konzentriert, darstellt.

Sinnliche Eindrücke und Anregungen gehören zu unserem Leben, aber in uns gibt es auch einen (klaren) Verstand, der uns die bewußte Wahrnehmung alles Bestehenden, einschließlich unserer eigenen Gedanken, ermöglicht und den Raum für unsere Verantwortlichkeit eröffnet. Auch in unserer Freiheit besteht eine Verbindung mit dem Sinn unseres Lebens. Sofern wir fähig sind, zu denken und uns zu bewegen, sind wir mit einer wachsenden Freiheit begabt, mit deren Hilfe wir unsere Entscheidung fällen können, eine Existenz in Gemeinschaft zu führen. Eine solche Entscheidung und das Leben in Gemeinschaft bieten eine gültige Antwort auf unsere Frage nach dem Sinn des Lebens und nach dem Glück des Menschen. Solidarität und Liebesbeziehung vermögen es, ein Leben zu erfüllen. Ein völlig isoliertes menschliches Leben gibt es nicht. Ohne die anderen könnte ein Mensch weder wirklich sprechen und denken noch lieben.
Ja, er wäre nicht einmal geboren!

Dennoch verläuft alles Individuelle und Gemeinschaftliche nicht problemlos. Die Existenz ist durch die Sünde gestört und vor allem durch den Tod, den Stein des Anstosses, der scheinbar den Gedanken an eine mögliche Ganzheit vereitelt[1]. Als ständiger "Spielverderber" und "Störenfried" zerstört der Tod all unsere Wünsche. Überall auf unserem Lebensweg taucht er als beunruhigende Warnung auf und veranlaßt uns zum Nachdenken. Durch das Zerbrechen an der Mauer des Todes

---

1 Vgl. GF 68: "Der Tod ist der allem Denken möglicher Ganzheit scheinbar unüberwindlich über den Weg geworfene Felsblock".

und der Schuld erhält die Frage nach dem Sinn des Lebens ihre ursprüngliche Schärfe. Die grundlegenden Fragen der Existenz sind weitreichend und mit allem verbunden, was den Menschen ausmacht. Daher die Dringlichkeit der Fragen: Was macht den Menschen wirklich zum Menschen? Was ist sein unterscheidendes Merkmal? Was ist letztendlich sein Spezifikum?

Werden diese Fragestellungen ernstgenommen und mit aller erforderlichen Aufmerksamkeit untersucht, so führen sie selbst zu der Überzeugung, daß es unmöglich ist, zu einem umfassenden Verständnis der menschlichen Wirklichkeit zu gelangen, wenn man jenes Geheimnis ausnimmt, das letzten Endes sie begründet und ihren absoluten Horizont[1] ausmacht.

Es ist deshalb erforderlich, daß die philosophische Analyse des Menschen durch eine theologische Reflexion vervollständigt wird, welche u.a. den Sinn der Forderung erhellt, daß der Mensch aktiv an seiner Inkarnation teil-

---

1 Vgl. zu diesem Punkt die Stellungnahme von Balthasars zu M. Heideggers Aussagen über das Sein. Die Kritik von Balthasars, Heidegger sei bei all seinen Bemühungen doch, sozusagen, im Vorhof des "theologischen Apriori der Metaphysik" (H III, 1/2, 958-963) stehengeblieben, ist unüberhörbar: "... daß das Sein im ganzen oder das Wirklichsein alles Wirklichen die wirklichen Wesenheiten nicht aus sich selber entläßt, weil verantwortendes Auszeugen von Formen selbstbewußten und freien Geist voraussetzen würde. Es ist deshalb unmöglich, mit Heidegger die Differenz zwischen Seiendem und Sein als ein letztes, in sich selber beruhigtes Mysterium schweben zu lassen; gerade sie weist gebieterisch über sich hinaus auf die letzte Differenz, die einzig auf die anfängliche Frage Antwort verschafft. Durch die ontologische Differenz (die in ihrer systematischen Tragweite sich nicht wesentlich von der thomistischen distinctio realis entfernt) muß der Blick durchzudringen suchen auf die Differenz zwischen Gott und Welt, worin Gott der einzig zureichende Grund sowohl für das Sein wie für das Seiende in seiner Gestalthaftigkeit ist. Die Urfrage des sich vorfindenden Da-Seins geht von der eigenen Nicht-Notwendigkeit aus, und der Gegenwurf: die größere Notwendigkeit vorerst der Welt, sodann des umgreifenden Seins erweisen sich nicht als tragend genug, um die Seinsschwebe endgültig einzugründen, bzw. durch Integration (Hegel) zu überwinden" (H III, 1/2, 954).

nehme, um so von der Objektivität (oder von der Geworfenheit) zur Existenz zu gelangen und zum letzten "Wie" und "Warum" vorzudringen. Aber welcher Weg ist dabei zu beschreiten? Es gibt nur einen, der angesichts der Erfahrung der menschlichen Wirklichkeit bestehen bleibt. Ein Weg, der für den Menschen keine Flucht bedeutet, sondern gerade zur Entfaltung seines tiefsten Seins führt. Diesen Weg erkennt der Glaube, der mit Gott vertraut macht, im Menschen Jesus von Nazareth, dem Offenbarer Gottes[1]. Der Mensch auf der Suche nach Sicherheit und Geborgenheit ruft Gott dennoch nicht an als eine einfache Sicherungsinstanz gegen di Not der Existenz, um das Verlangen nach Sorglosigkeit zu befriedigen. Vielmehr ruft er ihn an als den tragenden Urgrund, der in seinem ganzen Sein schwingt.

Die folgenden Vorüberlegungen versuchen nicht, anhand des Werkes H.U. von Balthasars die Frage nach dem Menschen in ihrer ganzen Breite zu umfassen. Sie erfassen jeweils nur bestimmte Aspekte, aus deren Sicht unser Hauptgegenstand klarer und einsichtiger erscheint. Folglich zielen die nun folgende Darstellung und Deutung nicht dahin, eine vollständige Synthese vorzustellen, sondern die Verbindung zwischen der Reflexion über den Menschen und sein Schicksal und dem theologischen Gedanken der Pneumatologie deutlich zu machen.

---

1 Joh. 1,18.

K A P I T E L I

PHILOSOPHISCHE ANNÄHERUNG

I. Das Prinzip Liebe[1]

1. Die Analogie der mitmenschlichen Liebe - Das Angerufensein und die Antwort

Hans Urs von Balthasar stützt seine Überlegungen hierzu auf eine Analogie: die des Verhältnisses Mutter-Kind, die sehr oft in seinem Werk, und gerade in Bezug auf die Beziehung Gott-Mensch auftaucht.

Das Erwachen zum Selbstbewußtsein beginnt beim Kind durch das Angerufensein der Liebe, das ihm von der Mutter vermittelt wird. Diese Emporkunft des Geistes zum Selbstbesitz wird von H.U. von Balthasar als ein Akt "einfacher Fülle"[2] charakterisiert, der nur in abstracto in seine verschiedenen Aspekte und Phasen zerlegt werden kann. Dieser Akt ist nicht "verständlich zu machen aus der formalen 'Struktur' des Geistes: sinnliche 'Eindrücke', die eine ordnende, kategoriale Verfaßtheit ins Spiel bringen, welche wiederum Funktion einer dynamischen Fähigkeit zur Affirmation von Sein überhaupt und zur Vergegenständlichung des hier vorliegenden bestimmten und endlichen Seienden wäre"[3]. Vielmehr läßt sich das, wovon hier die Rede ist, besser als einen Dialog der Liebe erfassen[4]. Das Lächeln des Kindes bildet eine Antwort für die Mutter, nachdem diese

---

1 Die bedeutsame Rolle der Liebe bei von Balthasar brauchen wir hier nicht mit besonderem Nachdruck zu unterstreichen. Der Leser stellt schon sehr schnell fest, sobald er sich dem Werk von Balthasars nähert, daß dessen theologisches Denken von der besonderen Bedeutung der Liebe geprägt ist. Im folgenden geht es nur um die Darstellung von Grundzügen, die sich auf unser Thema beziehen. Vgl. SC 13-20; Glaubhaft ist nur Liebe; H III 1/2, 945 ff.; WW 180 ff.; GF

2 SC 13.

3 SC 13. 4 Vgl. GL 49.

Wochen hindurch einen Dialog mit dem Kind in gleicher Weise durch das Lächeln angeknüpft hat. Das Lächeln des Kindes, das in gewisser Weise eine Deutung des mütterlichen Lächelns und der mütterlichen Hingabe ist, stellt eine Antwort von Liebe auf Liebe dar[1]. Das "Ich" des Kindes empfängt das Angerufensein durch das "Du" der Mutter, die im Herzen des Kindes die Regung der Liebe weckt. Dabei ist nicht an einen Akt des Einfößens oder Einimpfens der Liebe gedacht, sondern an eine Handlung, die beim Kind den Übergang von einer Art Schlafzustand in den Wachzustand bewirkt. Dies ist wie eine "Inbetriebnahme", ein Wecken. So bedeutet das Lächeln des Kindes als Antwort einen Austritt aus der Inaktivität, aus einem Zustand der "Empfindungslosigkeit". Daß das Kind bereits seit dem ersten Augenblick seiner Existenz die Fähigkeit zur Liebe besitzt, steht nach von Balthasar außer Frage. Aber die Liebe muß, um aktiv zu werden, geweckt werden durch den Dialog mit einem Du. Daran knüpft von Balthasar eine zweite Einsicht an. Und zwar wird die Liebe selbst seiner Meinung nach zum Zeugungsakt, sie erzeugt das "Du", da echte Liebe notwendigerweise ein "Du" braucht[2].

2. Vom menschlichen Du zum göttlichen Du

Hinzu kommt eine neue Dimension: Das Erwachen des Kindes zur Liebe ist zugleich ein Erwachen zur Erkenntnis. Dazu schreibt von Balthasar: "Die leeren Sinneseindrücke sammeln sich sinnvoll um den Kern des Du. Erkenntnis (mit ihrem ganzen Apparat von Anschauung und Begriff) beginnt zu spielen, weil das Spiel der Liebe, von der Mutter her, vom Transzendenten her, vorgängig begonnen hat"[3]. Ursprünglich, so

1 SC 13.

2 Ebd., S. 97.

3 GL 49. Mit Anspielung auf die Beziehung zwischen Gott und Mensch fügt von Balthasar hinzu: "So legt sich Gott als Liebe vor dem Menschen aus: von Gott her leuchtet die Liebe auf und stiftet dem Menschenherzen das Liebeslicht ein, das gerade sie - die absolute - Liebe zu sehen vermag" (vgl. dazu 2 Kor. 4,6).

meint von Balthasar ferner, würde das Kind bereits sein "Ich" als nicht-identisch mit dem Du seiner Mutter verstehen, aber auch, daß diese beiden Zentren dennoch in derselben Ellipse der Liebe schwingen"[1]. Diese selber würde vom Kind begriffen als das "höchste und schlechterdings genügende Gut"[2], jenseits dessen man nichts Höheres erwarten kann. Von Balthasar nimmt an, daß im "Ich-Du" die Fülle der Wirklichkeit grundsätzlich erschlossen ist und daß alle spätere unerfreuliche Erfahrung (Enttäuschung, Defizienz, begehrende Sehnsucht) "davon nur abkünftig ist"[3]. Und dabei stellt von Balthasar zurückgreifend auf das Beispiel des Erwachens des Kindes heraus, daß dieses in der "Ich-Du-Fülle", in der Erfahrung des "Eingelassenseins" sich in einem "bergend-Umgreifen" befindet, das bergende Wärme schenkt. Damit bricht sich nach von Balthasar zugleich eine erste, fundamentale, dauerhafte und unüberholbare Daseinserfahrung des Kindes Bahn. Wie fundamental und unüberholbar diese Erfahrung ist, macht von Balthasar deutlich, indem er jeder weiteren Erfahrung nur einen Erklärungs- oder Deutungscharakter zuschreibt: "Alles, restlos alles, was später hinzutreten mag und unweigerlich dazukommen wird, muß Explikation dieser ersten Erfahrung bleiben. Es gibt keinen Lebensernst, der diesen Anfang grundsätzlich überholte. Es gibt kein "In-Verwaltung-Nehmen" der Existenz, die es weiterbrächte als die erste Erfahrung von Wunder und Spiel"[4]. Der absolute Charakter der ersten Erfahrung erklärt sich dadurch, daß sie die Begegnung mit dem Geheimnis des Seins bedeutet, welches sich als ein "gnadenvoll eröffnetes Ganzes" darstellt, "worin jeder Raum gewährt ist, sich grenzenlos zu tummeln: das heißt Dasein als Spiel"[5]. Daß hier das Dasein

---

1 SC 13.

2 Ebd.

3 Ebd.

4 H III, 1/2, 946; vgl. dazu auch die Seiten 945, 947 f.

5 Ebd., S. 947.

als Spiel charakterisiert wird, deutet darauf hin, daß es sich beim "In-Verwaltung-Nehmen" der Existenz um jene Tätigkeit handelt, die nicht an äußere Zwänge gebunden ist, sondern durch die Ungebundenheit und die freie Beweglichkeit einer inneren Zweckmäßigkeit folgt. Hier ist das Spiel, um einen bekannten Ausdruck zu gebrauchen, höchst existential[1].

Wir könnten an dieser Stelle die von H.U. von Balthasar als erste und unüberholbar bezeichnete Erfahrung eine "transzendentale Erfahrung" nennen, um eine Rahnersche Terminologie zu benutzen[2]. Sie ist nach K. Rahners Auffassung, ähnlich wie bei von Balthasar, als "Wissen unthematischer, aber unausweichlicher Art Moment und Bedingung der Möglichkeit jedweder konkreten Erfahrung irgendeines beliebigen Gegenstandes"[3]. In einer solchen Erfahrung schlägt sich die Struktur des erkennenden Subjekts, wie auch jeder denkbare Gegenstand der Erkenntnis nieder. Aus diesem Grund nennt K. Rahner ferner die transzendentale Erfahrung die "Erfahrung der Transzendenz".

Mit ähnlichen Gedanken "spielt" auch von Balthasar, indem er in der Ur-erfahrung des Eingelassenseins (im Erwachen zum Selbstbewußtsein) den Ort der Begegnung mit der Fülle der Wirklichkeit sowie des Lichtes des Ursprungs sieht,

---

1 Das Unüberholbare, das im Spiel eigener innerer Zweckmäßigkeit folgt, wird von Balthasar im Spiel des Kindes (es handelt sich um die Erfahrung des Eingelassenseins) folgendermaßen umschrieben: "Es könnte nicht spielen, wenn es - wie ein Bettler in einem Hochzeitssaal - von einem finsteren, kalten Außerhalb her, aus der "Gnade" einer herablassenden Barmherzigkeit zu etwas zugelassen worden wäre, worauf es kein "Recht" hat ... Es spielt, weil das Eingelassensein das Allererste ist, was es im Reich des Seins erfährt. Es ist, sofern es als ein Geliebtes dabei sein darf" (H III, 1/2, 946).

2 K. Rahner, Grundkurs des Glaubens - Einführung in den Begriff des Christentums, Herder, Freiburg - Basel - Wien 1976, S. 31-32.

3 Ebd., S. 31.

das alles anstrahlt, und zwar "mit einem so hellen und heilen Strahl, daß er auch eine Eröffnung Gottes miteinschließt"[1]. Dieses Moment des Erschließens erläutert schließlich auch die Struktur und die Leistung der Liebe. Liebe erweckt Liebe! Und die Erfahrung der Liebe ist zugleich die Erfahrung des Bewußtwerdens seiner selbst, der eigenen Freiheit und des eigenen Geistseins. Dazu bemerkt von Balthasar: "In der Bewegung zum Du hin wird das Ich seiner selbst inne. Indem es sich gibt, erfährt es: ich gebe mich. Indem es von sich in das Andere seiner selbst, in geöffnete, raumbietende Welt hinausschreitet, erlebt es seine Freiheit, seine Erkenntnis, sein Geistsein"[2]. Das Wort des liebenden Du an das Ich ruft dieses zum Empfang auf. Die Antwort des Ich auf die Zuwendung des Du erfolgt spontan, unmittelbar, "aller Reflexion vorweg", weil das "Begabtwerden mit der Antwort" schon im "Erhorchen liegt"[3]. Auch hier scheint für von Balthasar das Verhalten des Kindes das beste Beispiel, um dies zu verdeutlichen. Das Kind "überlegt" nicht, es geht nicht mit sich zu Rate, "ob es dem einladenden Lächeln der Mutter mit Liebe oder Nichtliebe antworten will, denn wie die Sonne das Grün hervorlockt, so erweckt Liebe die Liebe"[4]. Wenn das Lächeln der Mutter Liebe ausdrückt, so ist das antwortende Lächeln des Kindes auch notwendigerweise Liebe, und dabei erprobt das Ich die Hingabe seiner selbst an den anderen. Im Herausgehen aus sich selbst auf den anderen hin, was die Einführung des Selbst in die eröffnete Welt des anderen bedeutet, erlebt das Ich seine Handlungskraft und wird seiner eigenen Existenz und seiner Geistigkeit bewußt.

---

1 SC 13.

2 Ebd., S. 13-14.

3 Ebd., S. 13.

4 Ebd.

Dabei lenkt von Balthasar unsere Aufmerksamkeit auf einen wichtigen Aspekt des endlichen Seins. Insofern der "Exodus", das Herausgehen einem Anruf, einer Weisung "ant-wortet" und "ent-spricht", findet sich sein Ursprung anderswo als im Ich. Dies gilt auch für die ganze Wirklichkeit, die sich um das Ich ausbreitet und als ein unfaßliches Wunder erweist:

> "Nicht von Gnaden des Ich gibt es Raum und Welt, sondern von Gnaden des Du. Und das Ich darf diesen Boden der Wirklichkeit betreten und die Abstände bis zum Anderen durchschreiten kraft einer ihm gewährten ursprünglichen Gunst, für die das Ich bei sich selber apriori niemals den hinreichenden Grund finden wird. Denn könnte es ihn finden, so wäre gar kein Anruf vom Du her erfolgt, alles wäre nur ein Beisichselbstsein des Ich, die Ellipse wäre ein Kreis, Welt und Liebe und Erkenntnis würden in einem Augenblick zusammenstürzen, Sein wäre Schein, erfüllender Gehalt wäre leeres Gesetz, Liebe wäre bestenfalls Trieb, Erkenntnis, bloße Funktion"[1].

Die entgegengesetzte Bewegung beschreibt von Balthasar als die der "ins Antworten-dürfen" aufrufenden Liebe, wobei das Ich in seinem "Seinskern" getroffen ist und "sein Bestes zusammenraffend" dem Anruf entspricht. Da der Anruf sich nicht an "etwas" im Angerufenen, sondern an diesen selbst als Ganzes richtet, kommt er als Ganzes ins Spiel. "Dieses Ganz-beansprucht-Sein", so unterstreicht von Balthasar, "gehört zur höchsten Beglückung der Liebe"[2].

Von hier aus wendet sich von Balthasar dem Entscheidenden zu, wofür die ganze Analogie steht und ohne dessen Einbeziehung alle bisher dargelegten Ausführungen ein Torso blieben. Dieses Entscheidende ist das Absolute. Die mitmenschliche Liebe - etwa die Liebe zwischen Eltern und Kindern - ist nur möglich, weil sie "absolut-getragen" ist. Die mit- oder zwischenmenschliche Liebe führt nicht nur zur Begegnung mit dem Absoluten, vielmehr findet die Liebe in diesem

---

1 SC 114.

2 Ebd.

ihren Ursprung, und wenn sie echt ist, führt sie auf diesen zurück. Dazu von Balthasar: "Die zwischen Eltern und Kindern schwingende unbedingte Liebe braucht nicht zurückgebunden und "entmythisiert" zu werden auf das beschränkte weltliche Maß, vielmehr kann sie das sein, was die "Eltern-Kinder-Liebe" begründet und trägt und was nunmehr ausdrücklich auf das absolute Du bezogen wird. Gelingt dies, dann bleibt es möglich, daß auch in den mitmenschlichen Beziehungen der rückhaltlose Einsatz des einen für den anderen aus der gemeinsamen Hinwendung zum Mysterium der absoluten Liebe durchgetragen wird"[1]. Doch wo und wie ist eine solche Erfahrung möglich? Was setzt sie voraus und wer ist in der Lage, sie zu machen? Es wäre zu einfach zu glauben, sie sei eine Selbstverständlichkeit. Für von Balthasar kann nur ein Wesen Zugang zu dieser - impliziten - Erfahrung haben, "das in seinem Subjektkern Geist ist, das vollzieht, was der Aquinate reflexio completa nennt: volle Ergreifung seiner selbst im vollen Überstieg über sich selbst zu einem als das Andere, Liebende erkannten Du"[2]. Auch hier wiederum steht die schon angesprochene Geistigkeit im Vordergrund. Sie ist das Apriori bzw. die absolute Bedingung der Möglichkeit von Erfahrung im angeführten Sinne, und zwar deswegen, weil diese spezifische Erfahrung nur möglich ist, wenn eine Offenheit für Sein überhaupt gegeben ist. Dies wiederum bedeutet aber nichts anderes, als daß der Mensch Geist-Wesen ist. Auf eine solche Grundverfassung weist von Balthasar mit folgender Aussage hin: "Wo der Horizont des Seins im ganzen für die Geisterkenntnis freiliegt, dort muß notwendig auch der Horizont des Wertes oder des Guten oder der Liebe im gan-

1 SC 15. Dieser "Bestfall" aber, betont von Balthasar, "ist ein Äußerstes, das erst im Christentum ganz freigegeben ist". Das Christliche ist die "einzige vollgenügende Explikation dessen, was in der ersten Seinserfahrung des erwachsenden Geistes impliziert worden ist: Sein und Liebe sind koextensiv".

2 Ebd.

zen freiliegen"[1]. Das Sein nimmt also notwendig den Charakter der Liebe an, auch selbst dann, wenn konkrete Umstände oder Lebenssituationen den Seinshorizont als "blosses Sein" (esse nudum) erscheinen lassen.

Halten wir hier die ursprüngliche Einheit von Sein und Gut, Wirklichkeit und Liebe aufrecht, dann kommt auch der konstitutiven Differenz zwischen Sein und Seiendem eine Grundbedeutung zu, und zwar tut sich eine weitere Dimension der Differenz auf. H.U. von Balthasar nennt sie die Differenz zwischen "dem Vernunfthaften und ethischen "Bewältigen" der weltlichen Seinslagen und dem Bewußtsein eines nie zu bewältigenden, nie einzuholenden Seinsdürfens, eines gnadenhaften Zu- und Eingelassenseins im Bereich des Seins im ganzen"[2].
Nun aber die Frage: Woher kommt dieses Bewußtsein und was bedeutet es? Es kommt nicht von ungefähr und ist auch nicht bloße Vorstellung. Vielmehr haftet es, so betont von Balthasar, an der Urerfahrung, daß die Teilnahme eines Wesens an der Welt-Gemeinschaft der Wesen nicht aus eigener "Machtvollkommenheit", sondern nur aufgrund eines Anrufes außerhalb des eigenen Ichs erfolgt[3]. In diesem Zusammenhang ist die "unaufhebbare Zufälligkeit des Einzelnen" zu erwähnen. Sie gehört zutiefst und konstitutiv zu ihm und läßt sich nicht mit der Kontingenz aller anderen Weltwesen in eine allgemeine, ausgleichende Notwendigkeit verrechnen.

Was aber bedeutet dieser Sachverhalt für eine Geistperson, die, wie kein anderes Weltwesen, ihre "condition"

---

1 SC 16; vgl. dazu Thomas von Aquin, De veritate 22, 2c ad 1, ad 2.

2 Ebd.

3 Es besteht kein Zweifel darüber, daß die Mutter, von der her der Anruf für das Kind erklang, selber eine Angerufene war, wie "alle Wesen, die zum Tisch des Daseins geladen sind... Jedes dieser Wesen betrat einmal mit dem gleichen stockenden Atem den Saal, auch wenn es sich bald unter den übrigen heimisch fühlte" (ebd.).

bewußt wahrnehmen kann? Sie begreift sich in ihrer Abhängigkeit in Bezug auf das Notwendige, das ihr Fundament gewährt. Sie ist also unmittelbar von diesem Fundament her und zu ihm hin, insofern dieses zugleich auch die Bestimmung bzw. die Richtung durch die Existenz anzeigt und das Ganze zum Schluß wieder in sich einholt. Dieses Fundament ist nach von Balthasar Gott selbst, und so gilt das "Grundgesetz des menschlichen Daseins": Der Mensch ist mit seinem Geist, trotz aller materiellen, biologischen und ähnlichen Gesetze, unmittelbar zu Gott[1], in welchem Stadium der persönlichen und der Weltentwicklung er auch stehen mag[2]. Die Frage, die sich aus der Annahme ergibt, daß dieses Fundament-Gott für die einen ein unbequemes Bett, für die anderen ein weiches Kissen sein kann, bleibe an dieser Stelle zunächst dahingestellt. Was hier sich zeigt, ist, daß der Mensch seine Zufälligkeit als seine Geschaffenheit bzw. seine natürliche und unaufhebbare Bezogenheit auf "das letzte Geheimnis seines Lebens, das alles Vorhandene übersteigt", um mit W. Pannenberg zu reden[3], versteht. Darum hält von Balthasar

---

1 Die schwierige Frage dieser "Unmittelbarkeit zu Gott" lassen wir zunächst auf sich beruhen. Wir kommen später darauf in Zusammenhang mit der Gotteserfahrung Christi zurück.

2 SC 18.

3 "... unter der Voraussetzung, daß die Wirklichkeit Gottes in anderen Gegenständen der Erfahrung mitgegeben ist", haben wir es hier mit einer echten religiösen Erfahrung zu tun, in deren Unmittelbarkeit sich äußert, "daß der Mensch immer schon bezogen ist auf das letzte Geheimnis seines Lebens, das alles Vorhandene übersteigt. Die Unausweichlichkeit dieses Bezogenseins bekundet sich auch da noch, wo die gegenständlichen religiösen Inhalte unsicher geworden sind, in der Unerläßlichkeit eines den Lebensvollzug tragenden Grundvertrauens. Dieses kann dunkel und unthematisch bleiben für den Menschen, der im unbegriffenen Strom des Lebens dahintreibt, nur mit anderen an seine Oberfläche treibenden Erscheinungen beschäftigt. Es kann aber auch zur Helligkeit eines klaren Wissens um sich selbst gelangen in der Gegenständlichkeit des unmittelbaren religiösen Bewußtseins" (W. Pannenberg, Wissenschaftstheorie und Theologie, Frankfurt am Main 1973, S. 303).

selbst den Ausdruck: "ins Dasein geworfen sein"[1] für bedeutungsvoll. Und zwar tut sich hier eine Pertinenz auf, die darin besteht, daß daher zugleich ein Verhältnisgefüge und ein Grundgesetz der menschlichen Existenz in den Blick kommen, auf das wir schon hingewiesen haben: die unmittelbare Offenheit des Menschen - vermittels seines Geistes - zu Gott. Dies bedeutet, daß der Mensch als das vernunfthafte und freie Wesen so sehr "geistdurchwirkt" ist, daß er nicht einfach der Naturübermacht ausgeliefert ist, vielmehr bleibt er sehr stark in dem "tragenden Unterbau des Geistes" verwurzelt[2], der auf die Verwandtschaft mit dem "ewigen Geist" als seinen "Ursprung in der Liebe" verweist, "deren Anamnesis nie völlig verschüttbar ist und die der geheime oder offene Horizont bleibt, nach welchem alles Welthafte" gemessen werden muß[3].

Die absolute Liebe wendet sich von sich selbst her dem Menschen zu und führt ihn durch die ganze Geschichte hindurch zu sich in der endgültigen Begegnung am Tag Omega. Die Aussage beruht auf der Annahme, daß "im Ursprung des Menschenlebens eine Liebesverheißung lag, die absolut schien"[4]. Auch darum heißt es, "daß der Kern des Seins in der Liebe besteht und daß sein Hervortreten als Wesen und Dasein keinen anderen Grund hat als den der grundlosen Gnade"[5].

Zusammenfassend läßt sich sagen, daß es von Balthasar in den ausgeführten Gedanken darum geht, die Bedeutung der Liebe als Brennpunkt christlichen Denkens und Handelns hervorzuheben. Zuvor aber soll aufgezeigt werden, wie das Prinzip Liebe dem Entstehen des Seins überhaupt zugrunde liegt und wie es alle Bewegungen (vom Grund zur Erschei-

---

1 SC 17.

2 Ebd., S. 18.

3 Ebd.

4 Ebd., S. 20. 5 WW 255.

nung) des zu sich selbst erwachenden freien Geistes konstituiert, trägt und durchwaltet.

Das göttliche Du ist die Liebesfülle, die im Ursprung wie am Ende des menschlichen Lebens steht und alle Bewegungen in dem Zwischenraum der beiden Pole letzten Endes ermöglicht, und zwar deswegen, weil Gott der tragende Urgrund ist.

Was bedeutet das im Hinblick auf unsere Thematik? Die bisher gemachten Ausführungen werden ihre entscheidende Bedeutung erhalten, wenn später von dem göttlichen Geist als Liebe die Rede sein wird. Er, der Geist, ist der Geist der Liebe, nicht nur insofern er die personale Liebeseinheit von Vater und Sohn ist, sondern auch als jener, der unser Eingelassensein erwirkt (wie bei der Menschwerdung des Sohnes im Schoß Mariens) in den Innenraum des göttlichen, dreieinigen Lebens.

In dem Zusammenhang der hier vorliegenden Problematik bedeutet dies eine (bestimmte) Seinsdeutung, auch in philosophischer Hinsicht. Diese soll nun in drei Schritten dargestellt werden:

1. Die metaphysische Wahrheit des Seins.
2. Die sich daraus ergebende Erfassung von Sein und Seiendem.
3. Schließlich die Bedeutung der Transzendentalien, die den Grund des Seins überhaupt offen legen sollen.

II. Das Geheimnis des Seins

1. Aufriß der Problematik

Bevor wir zu den angekündigten drei Punkten übergehen, soll hier ein kurzer Aufriß der Problematik angeboten werden.

Wie oben gesagt, ist nach von Balthasars Auffassung die Erfahrung mit der Liebe Erfahrung mit dem Sein: "Sein und Liebe sind koextensiv"[1]. Was ist von dieser engen Verschränkung zu halten? In den vorausgehenden Ausführungen über die Erfahrung mit der Liebe, wodurch der Geist zum Selbstbewußtsein erwacht, wurde das Sein schon mehrfach angesprochen. Innerhalb und durch die Erfahrung mit der Liebe breitet sich das Sein aus, es entfaltet sich und zeigt erst dann richtig, wie es alles ein- und umschließt. Ohne selber ein Prädikat zu sein, ist das Sein aber die Bedingung aller Prädikate. Man könnte sogar diese Aussage weiter erfassen und sagen, daß alle Variationen des Soseins, des Standes, alle möglichen Auffassungen von Raum und Zeit, etc. vom Seinsbegriff abhängen. Denn das Sein muß hier zunächst einmal als das höchste Denkbare gesetzt werden bzw. mit von Balthasars Worten als das "id quo majus cogitari non potest"[2]. Das Sein ist so auch das "Sein-Schenkende" an alles, was existiert, nicht aber in der gleichen Weise wie eine äußere Ursache, sondern als das innerste Prinzip alles Existierenden oder Seienden. Als Bestimmungskraft alles Seienden verfügt das Sein auf diese Weise über alles.

1 SC 15.

2 H III, 1/2, 947.

Von einem solchen Sein haben wir alle, wie in einem spontanen und unmittelbaren Erfassen, eine Vorstellung, die aber keine "klare Idee" darstellt. Sie ist die dunkelste und allgemeinste, so allgemein, daß sie alle Vorstellungen übersteigt und daher nicht definiert werden kann. Aber auch als eine solche allgemeine Idee ist das Sein faszinierend. Man wird daher z.B. M. Heidegger, dessen Werk eine entscheidende Wende im modernen Denken herbeigeführt hat, nicht nur darin Recht geben, daß er dieser Faszination des Seins nachgegeben hatte, sondern auch darin, daß er die Frage des Seins als <u>die</u> Frage aller Fragen erkannt, hoch angesetzt und daran auch festgehalten hatte. Bei der Frage nach dem Geheimnis des Seins unterstreicht Heidegger, wie schon Aristoteles und Thomas von Aquin, den rätselhaften Charakter des Seins: "Wenn man demnach sagt: S e i n [1] ist der allgemeinste Begriff, so kann das nicht heißen, er ist der klarste und aller weiteren Erörterung unbedürftig. Der Begriff des 'Seins' ist vielmehr der dunkelste"[2]. Damit ist zugleich auch die Undefinierbarkeit des Seins angedeutet, wobei Heidegger seine Übereinstimmung darin mit B. Pascal zum Ausdruck bringt[3]. Die Undefinierbarkeit des Seins aber entzieht der Frage nach dem Sein ihren Sinn nicht. Ganz im Gegenteil: Die Frage wird erst dadurch umso dringlicher, und zwar deswegen, weil das Fundament alles Existierenden vom Sein abhängt. Dieses im Sein Gegründetsein betrifft vor allem zutiefst den Menschen. H.U. von Balthasar ist deshalb zuzustimmen,

---

1 Von mir gesperrt.

2 M. Heidegger, Sein und Zeit, Tübingen [12]1972, S. 3.

3 Ebd., S. 4; vgl. B. Pascal, Pensées et Opuscules (ed. Brunschvicg), Paris 1912, S. 169: "On ne peut entreprendre de définir l'être sans tomber dans cette absurdité: Car on ne peut définir un mot sans commencer par celui-ci, <u>c'est</u>, soit qu'on l'exprime ou qu'on le sous-entende. Donc pour définir l'être, il foudrait dire <u>c'est</u>, et ainsi employer le mot défini dans sa définition".

wenn er aufgrund dieser Tatsache, deren letzter Sinn erst in der Selbstoffenbarung Gottes erschlossen ist, die Frage nach dem Sein nicht als sekundär gegenüber den eigentlichen theologischen Fragestellungen angesehen hat, sondern als deren Bestandteil. Die Bedeutsamkeit dieser Frage soll nun zumindest skizzenhaft hervorgehoben werden.

2. Die Metaphysik und die Wahrheit des Seins

Die wirkliche philosophische Frage ist nach H.U. von Balthasar die Frage des Überhauptseins des Seins bzw. nach der klassischen Formulierung die Frage: "Warum ist überhaupt Etwas und nicht lieber Nichts?"[1]. Es handelt sich, mit anderen Worten, um die ursprünglichste Frage nach dem Fundament, dem Urgrund, und insofern um die Frage nach dem "so-" und nicht "anders-Sein" dessen, was ist. Diese Frage, die, wie von Balthasar es ausdrückt, schon in der Antike von den griechischen Denkern angegangen wurde, erhielt Antworten im Rahmen einer mythischen Konstellation, welche zugleich als eine Metaphysik im ursprünglichsten und weitesten Sinne erschien. Worum ging es dabei? Vor allem um die Wahrnehmung einer Aufgabe, die sich nicht als getrennt von der "heiligen Kunde über die Weltursprünge (Mythos) und der Breite der Aspekte des ἀληθές (offenbar, wahr), des ἀγαθόν (gut) und καλόν (heil, gesund, schön)" betrachten läßt[2]. Aus diesem Zusammenhang ergibt sich eine Vielzahl von Bestimmungen, die von der Philosophie im Laufe der Jahrhunderte aufgegriffen und systematisch aufgearbeitet wurde[3].

---

1 H III, 1/2, 771, 943; SC 17: "Warum es überhaupt eine Welt gibt, und nicht lieber keine"; vgl. M. Heidegger, Was ist Metaphysik?, Frankfurt/M. 1949, S. 38.

2 H III, 1/1, 14.

3 Es kann hier nicht versucht werden, die Frage nach der Differenz zwischen Sein und Seiendem eingehend darzustellen. Für die komplexen

Auf diese "mytisch-religiöse Seinsdeutung" im ursprünglichsten und weitesten Umfang der Metaphysik zurückgreifend hält von Balthasar die "exakt-theologische Aufgabe" für nicht lösbar, ohne ständiges Mitbedenken von Metaphysik. Und die Begründung dafür lautet: "Wenn christliche Verkündigung und Theologie sich nicht auf Aussagen über ein historisch vorgekommenes und in seinen Auswirkungen noch vorfindliches Seiendes unter Millionen anderer beschränken, sondern allen Ernstes den Totalitätsanspruch auf alles Seiende erheben will, dann muß ihre Botschaft gleichzeitig aus dem historischen Raum (nur seiendes Sein ist wirklich) wie aus dem metaphysischen Raum (nur als Sein ist Seiendes universal) ertönen"[1].

Besonders heute wird das Menschsein von vielen anthropologischen Wissenschaften erforscht, die bei dieser Thematik die "Autorität" der Philosophie in den Schatten zu stellen scheinen. Kann aber von den Wissenschaften eine letzte Antwort auf die Frage nach dem Menschen und seinem Schicksal erwartet werden? Welche Hoffnung kann und darf auf die Wissenschaften gesetzt werden? Reichen die Schlüsse aus ihren Beobachtungen aus, um uns über den Sinn des Lebens aufzuklären? Können sie uns wirklich Auskunft darüber geben, welches das Ziel des Weges des Menschen ist?
H.U. von Balthasar teilt die feste Überzeugung, daß die Wissenschaften die Philosophie oder die Religion nicht ersetzen können. Gewiß: der Beitrag der Wissenschaften zum Verständnis des Menschenwesens verliert daher seinen

---

Zusammenhänge, die hier vertieft werden müßten, fehlt der Platz, sie können daher nur angedeutet werden. Zur Debatte über verschiedene theoretische Ansätze und Modelle vgl. u.a. G. Siewerth, Grundfragen der Philosophie im Horizont der Seinsdifferenz. Gesammelte Aufsätze zur Philosophie, Düsseldorf 1963; L. Oeing-Hanhoff, Sein, Seiendes, in: LThK ([2]1964) 601-610.

1 Ebd.

Sinn und seine Bedeutung nicht. Von den Wissenschaften aber muß gesagt werden, daß jede von ihnen nur "einen Aspekt des Menschseins erforscht und damit einige unentbehrliche Steine zum Gebäude beiträgt, auf dessen oberster Turmspitze das sich selbst aussagende Ich balanciert"[1]. Damit stellt von Balthasar klar, daß er weder Vorurteile gegen die Wissenschaften hat noch ihre legitimen Ansprüche unterschätzt oder ablehnt. Da aber ihre Antworten sich an dem orientieren, was ist, und sie keine Frage nach dem Urgrund stellen, fällt der "Horizont" dieser "Grund-Frage" aus ihrem Blickfeld heraus. Die "Wissenschaft" fragt nicht, ob ihr Objekt existiert, und geht schon gar nicht der Frage nach, "warum ist überhaupt Etwas und nicht lieber Nichts". Vielmehr nimmt die Wissenschaft ihr Ob-jekt ("ob-jectum") gleich als ein vis-à-vis ("gegen-stehend") an, also als wirklich "da", in einem bestimmten Zustand gegeben ("zustehend") im Indikativ, das angegangen werden kann und mit dem man operieren kann[2]. Es ist deshalb nicht möglich, nur nach den Daten der Wissenschaften das festzuschreiben, was sein soll, und die Richtung zu bestimmen, in welche der Mensch seine Schritte zu lenken hat. Denn die Frage der Bestimmung des Wohin der Reise hängt mit der Frage des Menschen selbst zusammen. Die Wissenschaften liefern uns Auskunft über die vielen Aktivitäten des Menschen. So aber lassen sie uns nur die Schwelle des Mysteriums des Lebens betreten. Wenn es z.B. darum geht, die Frage nach der geheimnisvollen Wirkkraft zu stellen, die es möglich macht, daß ein Protoplasma zum Menschen wird, und die die Form der Spezieszugehörigkeit bestimmt, dann ist es von der

---

1 PnI 18.

2 Die Frage des Überhauptseins des Seins "wird von keiner Wissenschaft ernstlich gestellt, weil Wissenschaft ihren Gegenstand immer schon als ihr gegenstehend und so zustehend voraussetzt" (H III, 1/2, 943).

positiven Wissenschaft zu erwarten, daß sie offen ihre Grenzen zugibt. Sollte sie aber Anspruch auf die Erforschung der Tiefendimension und auf eine letzte Erklärung dessen erheben, was ist, denn müßte sie ihre "positivistische" Einstellung aufgeben, nach der sie sich streng an Fakten zu orientieren hat, um Metaphysik in der Absicht zu betreiben, mehr als das aus den Fakten herauszuholen, was unmittelbar in ihnen gegeben ist.

Die Frage nach dem Schicksal des Menschen ist zugleich eine Frage von Werturteilen und von Belangen, die sich nicht im einfachen Spiel der natürlichen Kräfte erschöpfen. H.U. von Balthasar ist daher zuzustimmen, wenn er betont, daß nicht die positive Wissenschaft, sondern die Metaphysik gefragt werden muß, wenn es darum geht, das Seinsgeheimnis zu "erforschen". Um dem "Grundanliegen" der Metaphysik nachkommen zu können, muß man nach der Auffassung von Balthasars beim "Verwundern" ansetzen, "daß lieber Etwas als Nichts ist"[1], Verwundern über das Sein als "Ur-Wunder"[2].

3. Die ontologische Differenz: Aussage einer überlegenen spielenden Freiheit

Antike Ideen und ursprüngliche Glaubensbekenntnisse legen Zeugnis davon ab, wie sehr die Aufmerksamkeit der Menschen von Anfang an auf das Geheimnis des Lebens, des Menschen, des Universums gerichtet ist. Dabei erscheint das Sein, wie schon betont, als der Schlüsselbegriff bzw. der Grundbegriff der Philosophie, um alle Variationen in der Sache und in ihrer Bedeutung auszudrücken.

---

1 H III, 1/2, 943, 944.

2 Ebd., S. 944.

Das Sein, welches kein Existierendes ist, sondern "ist" im höchsten Grade, erscheint als das Fundament, die Quelle, die Bedingung der Möglichkeit aller Existierenden. Diese sind durch und im Sein, und so ist dieses selber nicht einfach über jenen schwebend, sondern ist ihre innerste Präsenz. Von Balthasars Versuch, die "Seinswirklichkeit", welche mit der "Seinsnotwendigkeit" identisch ist[1], zu erfassen, läuft nicht darauf hinaus, schnelle Lösungen aus dem Bereich des Soseins anzubieten, sondern aus der Artikulation von Sein und Seiendem (und nicht aus der Reduktion von Sein auf Seiendes) die Wesenszüge herauszustellen, indem er auf eine vierfache Differenz zwischen Sein und Seiendem hinweist[2].

a) Das Sein als Wunder

Sollte die Verwunderung über das Sein nicht nur Ansatz, sondern "bleibendes Element des Denkens" sein[3], so muß man auf zweierlei achten: es ist nicht nur "verwunderlich, daß Seiendes in der Differenz zum Sein sich über das Sein wundern kann, vielmehr ebenso, daß das Sein als solches und von sich her bis zum Ende 'wundert', sich als Wunder, wunderlich und wunderbar benimmt. Dieses Ur-Wunder festhaltend zu bedenken, müßte das Grundanliegen der Metaphysik sein"[4]. Wir werden also nie vom Erstaunen darüber verlassen, daß wir "sind", d.h. am Sein teilnehmen dürfen. Dieses Ergriffensein vom Erstaunen angesichts der Dinge, der Welt und unserer eigenen Existenz vermittelt uns etwas von der Tiefe, von Abgrund des Seins. So erscheint unsere Existenz als Unmittelbarkeit des Seins, als eine wundervolle, emporsteigende Präsenz. Es ist zugleich ein radi-

---

1 H III, 1/2, 944. "Sein ist mit seinem Seinmüssen identisch".

2 Zu folgendem vgl. H III, 1/2, 943-957: Das Wunder des Seins und die vierfache Differenz.

3 Ebd., S. 944.

4 Ebd.

kales Geheimnis und das tägliche notwendige Maß an Gewißheit, das jeder Mensch braucht und erfährt. Angesichts des "unabsehbar-voraus-liegenden Abgrundgeheimnisses", wie von Balthasar sich ausdrückt, ist der Augenaufschlag des Bewußtseins etwas Spätes[1]. Daher auch eine Reihe von Fragen, die immer wieder auftauchen: Warum bin ich in der Welt gerade in dieser bestimmten Zeit erschienen?, an diesem bestimmten Ort des Universums?, in einem "jetzt", das unverwechselbar das meine ist?, warum bin ich in der Welt als ein einmaliger und in gewissem Sinne unentbehrlicher Ausdruck eines bestimmten Volkes, einer Rasse, einer bestimmten Familie?, als ein unwiederholbares Ich? etc. All diese Fragen und ähnliche führen uns auf das schon angesprochene "Eingelassensein" zurück, welches eines klarstellt: In der metaphysischen Tiefe meines Hervorquellens aus dem Sein war ich nicht da, um mich in das Band des Seins zu ziehen, um mich selbst zu entwerfen. Das Zustandekommen meiner Seinswirklichkeit ist nicht mein Werk und trägt daher auch keine Spuren meiner "Teil-habe". Alles ist mir geschenkt. Und doch bin ich keineswegs ein Zufallsprodukt, weil ich von einer unfaßlich-umgebenden, bergenden und nährenden Liebe gerufen wurde. Warum aber gerade ich "eine Art notwendigen Platz" angewiesen erhalte, weiß ich nicht. Anders gesagt: "Es waltet das erste Geheimnis weiter", denn "weder die Eltern noch die ganze umgebende Welt sind substantiell jene Liebe, der ich auf dem Grund meines Seins und Bewußtseins das Sein in der Welt, also mich selbst und die Welt verdanke"[2]. Die "Seinsdignität", die hier angesprochen wird, erfahre ich weder als von mir kommend noch einfach als das Weltsein-im-ganzen, vielmehr geschieht eine Er-Öffnung in mir als Geist zum Lichtraum des Seins, was wiederum die Frage nach dem "Warum-überhaupt der Seinsgründe" noch brennender werden läßt.

---

1 H III, 1/2, 946.

2 Ebd., S. 947.

b) Wechselseitige Bedingtheit

Das Sein ist eine unaufhebbare, unerschöpfliche Fülle, ja, sie ist nicht einmal "anbrechbar"[1]. Keine quantitative oder qualitative Ausdehnung der Seienden vermag es, diese Fülle zu übertreffen oder gar aufzuheben. Gerade hier aber drängt sich die Frage auf: was macht eigentlich die Fülle zur Fülle? Ist sie eine solche an sich ohne die vielen Konkretionen, die daran teilnehmen? Welche konkrete Beziehung läßt sich hier zwischen Sein und Seienden feststellen? Tragen diese wesentlich zur Erfassung der Wirklichkeit des Seins bei oder nicht? Kein Zweifel:

"Nicht nur Begriffe sind ohne Anschauung leer, auch die Idee oder das Licht oder die Fülle des Seins bleibt es. Dies sagt nur noch einmal, daß ich die ursprünglich-durchwaltende Verwunderung, daß überhaupt 'Etwas ist', nicht durch meinen Blick auf das Sein, woran teilhabend die Seienden sind, beruhigen kann. Vielmehr richtet sich meine Verwunderung auf beide Glieder der ontologischen Differenz, mag diese thomasisch oder heideggerisch aufgefaßt werden, denn daß Seiendes nur durch Teilnahme am Seinsakt wirklich sein kann, verweist auf den ergänzenden Gegen-Satz, daß die Seinsfülle nur im Seienden zur Wirklichkeit kommt"[2].

Diese Bedingtheit des Seins durch das Seiende hebt aber die Differenz nicht auf. Und die Vielfalt der Seienden ruft keine Vielfalt von Sein hervor. An dem Vielen, das ist, tut sich ein und dasselbe auf. Das Wirkliche der Wirklichkeit des Seins wird auf dieses als seinen Grund zurückgeführt. Das Sein fällt nicht mit dem Seienden zusammen, an dem es nur hervortritt. Heideggerisch drückt

---

1 "Alle Seienden nehmen zwar am Sein teil, es aber - und mögen sie auch in beliebiger Vermehrung gedacht werden - niemals erschöpfen, ja es gleichsam nicht einmal "anbrechen" (H III, 1/2, 948).

2 Ebd., S. 949.

von Balthasar dieses wechselseitige Verhältnis folgendermaßen aus: "Daß das Sein nur im Dasein (Geist) sich auslegen kann, verweist auf den ergänzenden Gegen-Satz, daß das Dasein (Geist) die Angewiesenheit des Seins auf Daseiendes und damit seine Nichtsubsistenz begreift"[1].

c) Die Indifferenz der Fülle und die Entstehung der Wesensgestalten

Bei der Angewiesenheit des Seins auf seine Auslegung im Seienden setzt die Kritik von Balthasars an Heidegger (aber auch an Erigena, Cusanus sowie an Schelling und Hegel) an.

Im vorhergehenden Abschnitt wurde schon unterstrichen, daß das Sein mehr ist als die Summe aller Seienden, sei es quantitativ oder qualitativ. Gleichwohl ist das Sein die Totalität, setzt sich jedoch nicht aus der Summe der Seienden zusammen.
Ebenso klargestellt wurde auch der Sachverhalt, nach dem die Seienden am Sein teilnehmen und daher nur sind, sofern sie am Sein teilhaben.

Ungeklärt blieb die Frage der Entstehung der Seienden, oder, wie von Balthasar sich hier ausdrückt, der "essentialen Formen"[2]. Wenn einerseits dem Sein das Bestehen durch sich selbst und für sich selbst abgesprochen wird, dem Seienden andererseits nur das Existieren zugeschrieben, sofern am Sein teilhabend, dann drängt sich die Frage auf, wie ist das, was ist bzw. woher kommt das, was ist und von dem ausgesagt wird, daß es "ist"? Hierzu schreibt von Balthasar in seiner kritischen Stellungnahme zu der Position der schon erwähnten Autoren:

1 H III, 1/2, 949.

2 Ebd.

"Die Indifferenz der Fülle, die das Sein des Seienden kennzeichnet, widerspricht grundsätzlich jeder in das Sein hineinverlegten Planung, sich selber durch eine bestimmte aufsteigende Stufenfolge essentialer Formen, die es als "Gefäße" auffangen, um es schließlich (wie Heidegger sagt) zu hirten, in die Subsistenz zu bringen. Denn die "Pläne" liegen im Wesen, nicht im Sein, sosehr es auch wahr ist, daß es kein Wesen gibt, das nicht teilhätte am Sein. Somit müssen jene Deutungen (als "seinsvergessen") wegfallen, welche die Totalität der Welt-Wesen-Wirklichkeit als die (Selbst-)Auslegung des Seins auffassen"[1].

Diese Worte machen deutlich, daß die Ansicht, das Sein erzeuge aus Selbsttätigkeit das Seiende, nicht zutrifft oder zumindest schwer vertretbar sei. Vielmehr offenbart die besondere Verfassung des Seins, daß dieses die Vermittlung, die den Übergang von Sein zu Seiendem bewirkt, außer sich hat. Das Seiende ist also nicht sein Produkt, sondern wächst ihm zu. Damit wird aber keineswegs dem schon geschilderten Verhältnis zwischen Sein und Seiendem widersprochen. Die Frage ist hier eine ganz andere, nämlich die, daß es sich bei der Aus-sage des Seins im Seienden nicht um eine - wie man leicht annehmen könnte - "Selbst-Auslegung", um ein "Sich-selbst-Explizieren" oder "Sich-selbst-zur-Subsistenz-bringen" (weder statisch noch dynamisch) handelt. Ebensowenig kann man in dem genannten Zusammenhang von einem "Sich-ausdrücken" des Seins sprechen. Denn "Ausdruck", so lautet die Begründung der Auffassung von Balthasars, "setzt einen verantwortlichen Entschluß des Sich-ausdrückens voraus, den das Sein im ganzen nicht setzt, weil es solche Entschlossenheit erst im seienden Geist gewinnt"[2].

---

1 H III, 1/2, 949.

2 Ebd., S. 951.

Was aber folgt daraus? Es folgt daraus, daß die Reflexion auf das Sein und sein Verhältnis zum Seienden nicht beim Sein stehenbleiben kann, sondern über das Sein hinausgehen muß. Dazu erklärt von Balthasar: "Die Priorität des Seins vor dem Dasein sagt aber doch nicht, daß man dem Sein die Verantwortung für die Wesensformen (als "Voraussetzungen" für das "Wesenlose" des Daseins) zutrauen kann"[1]. Gerade deshalb muß das in den Mittelpunkt rücken, was von Balthasar die "herrliche Freiheit der Wesensformen" nennt, welche für ihn nicht nur eine "hellwache Intelligenz, sondern eine überlegene spielende Freiheit jenseits aller Naturnötigung" bedeutet[2]. Darunter versteht er die "göttliche Seinsfülle", der die Verantwortung für die Auslegung des Seins im Wesen bzw. Seienden zuzuschreiben ist. Hier nun ist auch der Ort der ganzen Sinndeutung der ursprünglichen metaphysischen Urfrage, warum lieber Etwas sei als Nichts. Zur Beantwortung dieser Frage reicht eine "Phänomenologie" des Seins nicht aus. Die Metaphysik bietet nach von Balthasar hingegen die Möglichkeit, zu jener letzten Freiheit zu gelangen, die die Auslegung des Seins im Seienden durchwaltet und die Differenz, welche hierbei sich auftut, richtig auf ihre letzten Implikationen hin zu bedenken.

d) Begegnung mit dem Seinsgrund - Ereignis der absoluten Freiheit im Sein und in seienden Wesen

Damit sind wir bei der vierten Differenz. Hier erhebt sich die Frage, was letzten Endes dadurch erschlossen wird, daß, ohne daß dies aus eigener Selbsttätigkeit geschieht, das Sein zu sich selbst als Subsistenz nur im Wesen gelangt, und umgekehrt, daß auch dieses zu seiner Wirklichkeit nur

---

1 H III, 1/2, 951.

2 Ebd.

in Teilnahme am Sein gelangt. Es handelt sich, wie bereits im vorhergehenden Abschnitt angedeutet, um eine Kontaktnahme und Begegnungsmöglichkeit mit der sich verschenkenden, letzten freien Seinsfülle. Dieser Schluß ergibt sich nach von Balthasar einerseits aus der Kontingenz der Welt und aller Seienden und andererseits aus der Ansicht, daß das Sein sich selber nicht aus-legt, sich selber ex-pliziert, sondern praktisch ausgelegt und expliziert wird. Daß hier also auf einer dem ganzen Prozeß zugrundeliegende "Instanz" hingewiesen werden muß, scheint von Balthasar außer Zweifel. Und er formuliert seine mit kritischer Bemerkung an die Adresse M. Heideggers versehene Auffassung mit folgenden Worten:

> "Daß das Sein im ganzen oder das Wirklichsein alles Wirklichen die wirklichen Wesensheiten nicht aus sich selber entläßt, weil verantwortendes Auszeugen von Formen selbstbewußten freien Geist voraussetzen würde. Es ist deshalb unmöglich, mit Heidegger die Differenz zwischen Seiendem und Sein als ein letztes, in sich selber beruhigtes Mysterium schweben zu lassen; gerade sie weist gebieterisch über sich hinaus auf die vierte und letzte Differenz, die einzig auf die anfängliche Frage Antwort verschafft. Durch die ontologische Differenz (die in ihrer systematischen Tragweite sich nicht wesentlich von der theoretischen distinctio realis entfernt) muß der Blick durchzudringen suchen auf die Differenz zwischen Gott und Welt, worin Gott der einzig zureichende Grund sowohl für das Sein wie für das Seiende in seiner Gestalthaftigkeit ist. Die Urfrage des sich vorfindenden Da-Seins geht von der eigenen Nicht-Notwendigkeit aus, und der Gegenwurf: die grössere Notwendigkeit vorerst der Welt, sodann des umgreifenden Seins erweisen sich nicht als tragend genug, um die Seins-schwebe endgültig einzugründen"[1].

Für von Balthasar ergibt sich eine Folge in Richtung auf eine reine, aber nicht an sich haltende Freiheit, welche, wie später näherhin zu erläutern sein wird, "reine Schenkung und Liebe" ist[2]. Es ist also der Frage nicht auszuweichen, welche Voraussetzungen gegeben sein müssen, damit

---

1 H III 1/2, 954.

2 Ebd., S. 955.

die Auslegung des Seins im Seienden möglich sein kann, und zwar so, daß diese Auslegung selbst das Sich-Hinbewegen erlebbar macht und so zum Ort der Begegnung mit dem hier spielenden Seinsgrund zu werden. Die Konzentration auf diesem letzten Grund als Ausstrahlungskraft im Sein und Seienden führt von Balthasar zu folgender Aussage:

> "Die Eingründung des in keine Notwendigkeit rückzuführenden Seins in Gott verweist auf eine letzte Freiheit, die weder das Sein (als nichtsubsistent) haben könnte, noch das seiende Wesen (sofern es sich je schon in seiner Wesenheit vorfindet). So kann einerseits die Freiheit des nichtsubsistierenden Seins gegenüber allen Seienden in seiner "Herrlichkeit" nur dann gewahrt bleiben, wenn es in einer subsistierenden Freiheit des absoluten Seins, das Gott ist, eingründet; so wird andererseits die Würde der Wesensgestalt nur dann nicht von dem umgreifenden Seinsakt bedroht und als hinfällige "Seinsstufe" verschlungen und aufgezehrt, wenn ihr gültiger Umriß auf eine souveräne absolute Ein- oder Ausbildungskraft zurückbezogen werden kann"[1].

Damit wird die Öffnung des Seins auf und vor Gott als der personalen freien Tiefe des sich schenkenden absoluten Seins in aller Deutlichkeit unterstrichen. Ist die philosophische Frage nach dem Sein als Vorverständnis für die eigentliche theologische Fragestellung in Richtung auf den Menschen und sein Schicksal im Ratschluß Gottes anzusehen, so ist es wichtig, im Anschluß an das bisher Gesagte zunächst auch auf den "Durchgang durch die Transzendentalien"[2] einzugehen, welche nach Auffassung von Balthasars die "Beziehung der weltlichen Wahrheit zu Gott"[3] ansichtig werden lassen. Dies soll nun im einen kurzen Überblick erläutert werden.

---

1 H III, 1/2, 954-955.

2 H. Heinz, Der Gott des je-mehr, a.a.O., S. 26.

3 WW 246.

4. Die Personalität des Seins im Spiel der Transzendentalien[1]

In der gleichen Weise wie das Seiende, das sich nicht bloß auf seine Erscheinungsformen reduzieren läßt, da jede Erscheinung ja Bezug zu einem Subjekt hat, welches als dynamisches Zentrum von der Potenz bewohnt ist, sich in einer Serie von realen oder möglichen Erscheinungen zu entfalten, so läßt sich auch das Sein nicht einfach auf das Seiende oder die Seienden reduzieren. Für ein Objekt und seinen Aspekt gilt dieses Prinzip, daß das Objekt zugleich "ganz" in dem Aspekt als Ausdruck von ihm erscheint und doch außerhalb dieses Ausdrucks steht.
Es ist ganz darin, sofern es sich darin manifestiert und auf sich selbst als die tragende Struktur der Erscheinung, als das Fundament, auf das die Serie zurückzuführen ist, verweist. Es steht andererseits aber ganz außerhalb, weil die Innerlichkeit des Fundaments sich nicht in der Erscheinung erschöpft. Das "außen" steht dem "innen" gegenüber wie die Erscheinung gegenüber dem Sein-das-nicht-erscheint. Das jeweils "in Erscheinung Tretende, Faßbare und Beschreibliche" verweist so auf das "Je-mehr an Sosein über alles Erfaßte hinaus"[2]. Es zeigt sich also zwischen der geheimnisvollen Fülle und ihrer Erscheinung eine Polarität, was so viel heißt wie ein "strenges Durcheinandersein der Spannungspole"[3], welches die Eigenart des jeweiligen Pols noch schärfer in Erscheinung treten läßt. So ist zum Beispiel jede Person eine Gabe, die sich im Kommunikationsnetz an die anderen Personen entäußert und auf diese Weise ihre eigene Wahrheit sowie ihre Erkenntnis von Wahrheit mit ihnen teilt. Auch daran läßt es sich erkennen, daß das "Dasein ein Geschenk ist und nur in Dankbarkeit entgegengenommen werden kann, und daß das ewige Mehr über alles

---

1 Zum folgenden vgl. WW 216-255; H I, 9-11, 15-31; H II, 108-125.

2 WW 211.

3 Ebd., S. 110-115.

Erfaßte hinaus, das in der Seins- und Wahrheitstiefe sich anzeigt, den Glauben als eine immanente Eigenschaft alles Wissens fordert"[1]. Daran knüpft von Balthasar den Gedanken einer inneren Dimension allen Seins an, die sich erst dort erschließt, wo das Sein Bewußtsein, Person geworden ist[2]. Wenn in diesem Zusammenhang auf die Transzendentalien hingewiesen werden darf und soll, dann deswegen, weil die transzendentalen Eigenschaften des Seins in ihrer Verflochtenheit den Grund des Seins offenlegen und damit die Öffnung des Seins bzw. der weltlichen Wahrheit auf Gott. Dem bekannten Ternar: Einheit, Wahrheit, Gutheit, fügt von Balthasar ein weiteres Element hinzu, die Schönheit, das pulchrum, welches für ihn von so grosser Bedeutung und mit dem Begriff der "Herrlichkeit" eng verbunden ist.

a) Wahrheit

Bei der Beschreibung der Wahrheit in ihrem "geheimnishaften Charakter", und zwar "von dem ineinandergreifenden Spiel von Enthüllung und Verhüllung her"[3], geht von Balthasar von einer Wahrheitsbestimmung aus, an die man besonders seit der seinsanalytischen Betrachtung M. Heideggers gewöhnt ist. "Wahrheit, ἀ-λήθεια, schreibt von Balthasar, "ist die Unverborgenheit des Seins"[4]. Wie Heidegger betrachtet von Balthasar die Wahrheit in enger Verbindung mit dem Sein, allerdings mit dem wesentlichen Unterschied, daß er im Gegensatz zu Heidegger, der das "Wahrsein" als das "Herausnehmen" des Seienden "aus der Verborgenheit" und das Offenlegen desselben "in seiner

---

1 WW 214.

2 Ebd., S. 215.

3 Im folgenden vgl. WW 233 ff., zit. S. 233.

4 Ebd.

Unverborgenheit (Entdecktheit)" deutet[1], vom "Heraustreten" des Seins "aus der Geborgenheit im Nichts und im Geheimnis des göttlichen Ratschlusses ... in das Dasein, in welchem es preisgegeben ist"[2], spricht. Diese Preisgabe versteht von Balthasar als Offenbarung des Seins, als Wesen und als Auslieferung desselben an den "Blick der Erkenntnis". "Enthüllung" ist ein anderes Stichwort in diesem Zusammenhang. Und dazu erklärt von Balthasar: "Soweit also Sein erkennbar ist, ist es je schon als solches enthüllt"[3], und zwar nicht als bloßes Sein, sondern als "ein Dieses in einem Sosein"[4].

Kommt das Sein so in eine Weise der Erscheinung, wobei es sich der Erkenntnis nicht entziehen kann, so bedeutet dies zugleich nach von Balthasar, daß die Dinge zu einem "seinshaften Bekenntnis aufgefordert und angeregt sind"[5]. Es ist ihnen aber nicht überlassen, ob sie dieser Aufforderung folgen wollen oder nicht. Da durch ihr Dasein dieses Bekenntnis schon begonnen hat, haben die Dinge dieses Bekenntnis nur durch spontane Akte des Lebens oder des Geistes fortzusetzen. Dabei ergibt sich zweierlei:

Zum einen öffnen sich die Dinge, sie zeigen ihr Inneres und "wie nackt sie im Grunde sind"[6]. Zum anderen wird dem erkennenden Geist die Möglichkeit gegeben, ins Herz der Dinge hineinzuschauen; diese werden so ihres Geheimnisses beraubt, ja sie selbst begehen an sich selbst einen Verrat[7].

---

1 Sein und Zeit, S. 219.

2 WW 233.

3 Ebd.

4 Ebd.

5 Ebd., S. 234.

6 Ebd.

7 Vgl. ebd.

Dennoch ist diese Bloßlegung nicht total, indiskret und unbeschränkt, vielmehr hat sie "ihre Grenzen an der Intimität des Seins"[1], so daß die Enthüllung zugleich auch von einer Verhüllung gefolgt ist. Mehr noch: die Nacktheit ist selbst zugleich Enthüllung und Verhüllung, denn diese ist "wie eine der Enthüllung selbst einwohnende Form oder Eigenschaft"[2]. Wenn hier aber von Erkenntnis gesprochen wird, so ist die Frage zu stellen, was eigentlich von den Dingen erkannt wird. Wird hier eine Wahrheit der Dinge erreicht? Diese Frage ist nach von Balthasars Auffassung durchaus zu bejahen, da die Verhüllung keine der Enthüllung von außen aufgedrängte Schranke ist, sondern eine "naturgemäße Begrenzung der Enthüllung", was aber nicht "notwendig" eine Begrenzung der Wahrheit der Dinge bedeutet. Dieses Spiel zwischen Enthüllung und Verhüllung bezeichnet von Balthasar als ein "scheinbares Paradox einer enthüllten Verhüllung"[3]; es handelt sich also um einen naturhaften Schutz der Innerlichkeit der Dinge. Anders gesagt: die Wahrheit, die hier erfaßt wird, oder besser, sich im "Paradox" kundtut, ist die des Seinsgeheimnisses selbst, der Seinstiefe, welche nicht einfach ganz in die Erscheinungen, Veräußerlichungen oder Objektivierung übergeht, sondern in ihrer Intimität, in ihrem freien Innenraum verborgen bleibt. Dennoch stellen sich "Außen-" und "Innenseite" nicht bloß entgegen, vielmehr sind sie Ausdruck dafür, welche Bewegung hier im Sein selbst stattfindet, und zwar vom "Grund in die Erscheinung", in der der erstere sein eigenes Maß nimmt und insofern in ihm auch verstehbar ist. Darum ist die Erscheinung die "Darstellung des Grundes, seine Erkundung, gleichsam seine Ausmessung"[4]. Darin drückt er sich aus, wird

---

1 WW 234.

2 Ebd.

3 Ebd.

4 Ebd., S. 247.

er licht und vollzieht eine "Teilgabe von sich selbst"[1]. Daraus ergibt sich nach von Balthasar folgendes in bezug auf die Wahrheit: im "Geschehen" des Hervortretens des Grundes aus sich selbst heben sich "zwei Grundbegriffe ab, Licht und Maß, die sich fördern, sich ergänzen, sich gegenseitig einschließen"[2]. In ihnen will von Balthasar die Wahrheit "ursprünglich grundgelegt" wissen. Einerseits geht es darum, wie schon angedeutet, daß der Seinsgrund in seiner Erscheinung Licht wird für sich und für Andere. Er teilt sich mit, erfaßt sich selbst und wird für Andere erfaßbar. Andererseits erhält er sein eigenes Maß und damit auch das Maß für Andere. Die gegenseitige Förderung, die zwischen Licht und Maß besteht, drückt von Balthasar so aus: "In der inneren Gemessenheit, in der seine Lichtung besteht, setzt er (= der Grund) sich vom Chaos des Irrationalen ab und tritt ein in die Welt der verstehbaren Dinge"[3]. Auf diese Weise wird das Ununterschiedene zum bestimmten Wesen, erhält Form und Innerlichkeit sowie Umriß und Raum. Sofern diese Erscheinung zugleich ein Gesetztsein und sich selber Setzen ist, manifestiert sich die Wahrheit darin als die Selbstergreifung des Maßes, Entfaltung von Subjektivität. Das Sein selbst erscheint darin

---

1 WW 247. Diese Teilgabe des Grundes an sich selbst deutet von Balthasar als das Ermessen, welches das Sein an seiner eigenen Tiefe vornimmt. Bei der Bewegung vom Grund zur Erscheinung handelt es sich nicht um einen Übergang von Tiefe zur Oberfläche, und zwar nachträglich. Vielmehr geht es um die Erschließung des Grundes als Grund: "Wenn der Grund sich äußert und in Erscheinung tritt, so wird er dadurch erst wirklich zum Grund, zu etwas, was erst dann Tiefe gewinnt, wenn es seine eigene Tiefe ermißt" (ebd.). Was ist damit gemeint? Gemeint ist, daß in der Bewegung der Selbsterschließung der Grund immer auch Ziel ist. Auch darum heißt es in bezug auf das Sein: "Tiefe erhält das Sein gerade erst dadurch, daß es innerlich licht wird, daß es einen Innenraum, eine Intimität erhält, daß es aus der Oberflächlichkeit des bloßen An-sich-seins übergeht (oder besser je schon übergegangen ist) in die Tiefe und Innerlichkeit des Für-sich-seins"(ebd.), denn "erst das wahrhaft geäußerte Sein ist zu sich selber gelangt, kennt seine eigene Tiefe und kann sich für andere darstellen" (ebd.).

2 Ebd., S. 248.

3 Ebd.

immer mehr in der Form der Freiheit[1], welcher eine große Bedeutung in der "Verwaltung der Wahrheit" zukommt[2].

b) Gutheit

In der Bewegung vom Grund zur Erscheinung bzw. in der "Mitteilung seiner selbst"[3], in der das Sein sich selbst zu Gesicht bekommt, Einblick in die eigene Tiefe erhält, erhält es "sich selbst mit dem Gewicht und dem Nachdruck eines Geschenkten, das ihm das Wissen erweckt: es ist gut, zu sein"[4]. Die Mitteilung seiner selbst, welche nach von Balthasars Auffassung den Sinn des "bonum diffusivum sui" erfüllt, offenbart und unterstreicht eine wesentliche Bestimmung des Seins: den Verzicht "auf den Geiz des Für-sich-allein-seins"[5]. Das Sein will also nicht für sich allein sein, sondern auch für andere, es teilt sich mit und erhält dadurch, so von Balthasar, "sein Gewicht als ein Gutes, seinen einmaligen Wert". Doch kann das Prinzip des "bonum diffusivum sui" ohne Einschränkung verwendet werden bzw. ist die Mitteilung seiner selbst eine exklusive Eigenschaft des Guten? Ist die Mitteilung seiner selbst in jedem Fall eine wertschaffende Bewegung? Und was ist primär: gründet die Mitteilung seiner selbst im Guten oder ist etwas einfach gut, weil es sich mitteilt? Die Gutheit des Seins gründet nach von Balthasar in dem Ziel der Mitteilung, der Erreichung des "Seinsollenden", welche ein dialektisches Verhältnis zwischen Grund und Erscheinung voraussetzt. Das Gute ist als "Vollkommenheit" anzusehen, die in dem Verhältnis des Grundes und der Erscheinung zueinander verwirklicht wird. Dazu von Balthasar: "In der

1 Vgl. dazu WW 79-141: "Wahrheit als Freiheit".

2 Ebd., S. 128-141.

3 Ebd., S. 250.

4 Ebd.

5 Ebd.

Mitteilung als Heraustreten des Grundes in die Erscheinung wird das Sein zu dem, was es ist; aber im gleichen Zuge wird es der Erscheinung möglich, zur Tiefe des Grundes zu streben, sofern sich diese Tiefe als die Idee, das Seinsollende enthüllt"[1]. Da in dieser Bewegung aber nicht nur das Gute angestrebt wird, sondern auch dieses selbst ein Ziel verfolgt, d.h. seine eigene Verwirklichung, kommt von Balthasar zu dem Schluß: "So vollendet sich der Begriff des Guten in der Einheit mit dem, was es ist: das sich neidlos mitteilende Sein und dem, was es anstrebt: die volle Entsprechung zwischen Grund und Erscheinung, das heißt das vollendete Mitgeteiltsein des sich mitteilenden Seins"[2]. Der Begriff des Guten fällt so mit dem der Vollkommenheit im scholastischen Sinne (als die Verwirklichung all seiner Möglichkeiten bzw. die Erreichung des vorgezeichneten Ziels) zusammen.

c) Schönheit

Die wahrhaftigkeits- und subjekthaftigkeitserzeugende Bewegung, die bei der Bestimmung von Grund und Erscheinung festgestellt wurde, bedeutet an sich keinen Wert, sondern bloß formale Entsprechung und Richtigkeit der Beziehung zwischen den beiden. Wert bekommt diese Beziehung erst in der Mitteilung bzw. im Guten, das nicht im Strebenden, sondern im Angestrebten grundgelegt ist.

Selbsterschließung, Selbstergreifung, Selbstmitteilung sind die Grundbestimmungen der Bewegung vom Grund zur Erscheinung. Dabei ist hervorzuheben, daß es auf die Frage: warum eine Selbsterschließung, -ergreifung und -mitteilung, keine andere Antwort gibt, als daß bei all dem der Grund sich um keines anderen Grundes willen als um sich selbst

1 WW 250.

2 Ebd., S. 251.

willen in Bewegung setzt. Es verwundert nicht, daß hier "der Grund zum Abgrund wird"[1]. Der Grund der Mitteilung ist kein anderer als die Mitteilung selbst, welche auf dem "Grundlosen ruht"[2]. Der Abgrund ist das Mysterium selbst, auf das alles zurückzuführen ist. Auf alle "warum" in bezug auf dieses Mysterium kann genauso wenig geantwortet werden wie auf das "warum" der Liebe! Denn es geht dabei nicht um etwas, was noch in Worten ansichtig gemacht werden kann, sondern aus einem nicht weiter ableitbaren Ursprung erwacht.

In diesem Zusammenhang spricht von Balthasar die Schönheit an als "das unmittelbare Hervortreten der Grundlosigkeit des Grundes aus allem Begründeten. Sie ist die Transparenz durch alle Erscheinung hindurch des geheimniserfüllten Hintergrundes des Seins"[3]. Damit wird unterstrichen, daß die Schönheit unmittelbar mit der Offenbarung des Grundes zu tun hat. Sie ist nicht nur das schöne Aussehen des unmittelbaren, konkreten Wesens, vielmehr die Ausstrahlung dessen, worin dieses Wesen gründet. Die Schönheit des Begründeten ist die Selbstdarbietung des Begründenden, eine Preisgabe seiner selbst, ohne daß es damit aufhört, übersinnlich, Geheimnis zu sein, das "ewige Je-mehr"[4]. Hier begegnen wir schon jener Grundauffassung von Balthasars hinsichtlich der Schönheit, die später in seiner "Theologischen Ästhetik" eine große Rolle spielen wird. Bei ihm gehören das "pulchrum" und die göttliche Offenbarung zusammen[5].

Auch hier, wie schon in bezug auf die Wahrheit und die Gutheit gesagt, handelt es sich um eine Selbstpreisgabe

---

1 WW 253.

2 Ebd.

3 Ebd., S. 253-254.

4 Ebd., S. 254.

5 Vgl. dazu die Ausführungen in: H I, 15-120; auch "Offenbarung und Schönheit", in: VC 100-134.

um seiner selbst willen. Die Schönheit ist "das reine Strahlen des Wahren und des Guten um seiner selbst willen"[1]. Sie ist durch die "Interessenlosigkeit" der sich selbst "begründenden Abgründigkeit" gekennzeichnet[2]. Sie bietet sich daher als "grundlose Gnade" an, deren Geheimnischarakter nicht in einem Mangel an Klarheit, sondern in der Überfülle des Lichtes ruht, eine strömende Überfülle, die genau dasselbe bedeutet wie eine selbstlose Liebe, welche nach von Balthasar den Kern des Seins ausmacht.

d) Einheit

Die Einheit des Seins ist immer als eine grundlegende Wesenseigenschaft des Seins betrachtet worden. Sie drückt das "in-sich-eines-sein" des Seins im Gegensatz zur Vielfalt der Seienden aus. Wenn es wahr ist, daß alles Seiende sich in der Form der Einheit - und somit sich von dem unterscheidet, was es nicht ist und von der Vielheit - anbietet, dann ist die Einheit allererste Grundeigenschaft des Seins. Besagt diese Eigenschaft zugleich höchste Übereinstimmung, Identität und Unteilbarkeit, so ist sie dort in höchster und vollkommener Form anzutreffen, wo das Sein selbst gegründet ist. Hier zitiert von Balthasar Augustinus[3], nach dessen Auffassung die Einheit, welche jede Zahl und jede Form und Essenz transzendiert und transzendierend ermöglicht, "die eine ewige Wesenheit" ist, "in der keine Unstimmigkeit, keine Verwirrung, kein Übergang, kein Mangel, kein Tod, vielmehr höchste Übereinstimmung, höchste Evidenz, höchste Beharrlichkeit, höchste Fülle, höchste Lebendigkeit herrscht, an der

1 WW 254.

2 Ebd.; vgl. Rechenschaft 27 f.

3 Soliloquia 1,4; vgl. H II/1, 106.

nichts fehlt und nichts überschüssig ist"[1]. Nur im Licht dieser höchsten Einheit kann auch die Einheit - und Vielheit - der Welt verstanden werden.

Zusammenfassend läßt sich sagen, daß die Transzendentalien in ihrer Gemeinsamkeit, in ihrem Zusammenspiel deutlich zeigen, wie unerschöpflich tief das Sein ist, jedoch nicht von sich selbst, sondern deswegen, weil es in einem letzten Geheimnis gründet. Und das Seiende, das im Gegründetsein des Seins gegründet ist und daran teilhat, ergreift sich selbst und wird nicht anders verständlich als in diesem Mysterium. Das aber bedeutet, daß das Seiende schon ursprünglich relational zu verstehen ist. Das Wesen des Seienden liegt also nicht bloß in seinem im-Grund-gegründet-sein, sondern in jener "Einheit-Beziehung", in der es kraft seines Seins mit sich selbst und mit anderen Seienden steht. Dies ist am deutlichsten in der formalen Struktur des menschlichen Seins ansichtig. Zur Grundstruktur des Seins gehört nicht nur das An-sich-sein, sondern auch das Mit-sein, welches besonders in der Sprach-, Zeit- und Geschichtsdimension des Menschen klar erkennbar ist. Dieser Punkt soll nun kurz dargestellt werden.

5. Die formale Struktur menschlichen Seins

Beim Menschen kann man am deutlichsten erkennen, was Bewußtsein ist, weil im Menschen das Bewußtsein, wie von Balthasar es ausdrückt, sich zum Selbstbewußtsein verinnerlicht[2]. Dies ist besonders der Ausdruck dafür, daß der Mensch "substantiell Geist ist"[3]; als solcher ist er frei und zur selbstbewußten Verwaltung seiner Existenz und das heißt seiner Wahrheit aufgefordert. Bei ihm ist also

1 Augustinus, ebd.

2 WW 95.

3 Ebd.

die Erkenntnis von Wahrheit nicht nur die der Wahrheit der objektiven Dinge, Gegenstände, sondern auch die Erkenntnis seiner selbst, sofern im Selbstbewußtsein das subjektive Sein selbst gegenständlich wird. Hier nun sind wir wieder beim Begriff der Selbstergreifung und der damit zusammenhängenden Möglichkeit der Selbst-Äußerung bzw. Entäußerung seiner selbst. Eine solche Bewegung von innen, welche über alle Subjektivität[1] hinaus die Möglichkeit der Kommunikation einschließt, vollzieht sich in einem Rahmen, der nun in Punkte gefaßt werden soll. Dabei gilt es, besonders drei Bestimmungen des menschlichen Seins, Sprachlichkeit, Zeitlichkeit und Geschichtlichkeit, denen von Balthasar große Bedeutung zumißt, hervorzuheben.

a) Wort-Begabung und ant-wortende Beschaffenheit

In der Sprache läßt sich der "Wortcharakter" des Seins deutlich erkennen[2]. Sein "Wesenswort" spricht der Mensch darin, daß er "im transzendierenden Ausgreifen existiert", und zwar über sich selbst auf Welt und Sein im ganzen[3].

---

1 Hier in dem Sinne, in dem von Balthasar diese versteht, d.h. als "seinshaft garantierte Intimität, die nicht nur nicht erbrochen, die auch nicht als solche mitgeteilt werden kann" (WW 92).

2 Lageplan 215.

3 Vgl. GF 245. Einen guten Überblick über die philosophische Betrachtung der Sprache als des Mediums, in dem die Selbstaussprache und -auslegung des Seins geschieht, mit Angabe der wichtigsten Literatur hierzu gibt H. Krings, Wort (I. Philosophisch), in: HthG IV 406-417,insb. 413 f. Auf die anthropologische Dimension des Wortes weist auch H. Volk (ebd., III. Theologisch, 439-448) hin: "Auch in der Anthropologie ist das Wort zur hinreichenden Beschreibung des Menschen nicht zu entbehren. Der Mensch ist ein sprechendes Wesen. Das heißt nicht nur, daß der Mensch sprechen kann, sondern daß er als Person sich ganz wesentlich sprechend, sich selbst aussprechend, vollzieht" (444). Ähnlich äußert sich auch B. Welte, Religionsphilosophie, Freiburg - Basel - Wien 1978, der die Sprache als "integrierendes Element" ansieht: "Die Sprache ist ein integrierendes Element des menschlichen Daseins überhaupt. Darum sind wir als Menschen nicht ganz Mensch, wo wir sprachlos bleiben müssen. In der Sprache allererst gewinnt unser Dasein die angemessene Gestalt, die angemessene Klarheit und Festigkeit" (S. 188; vgl. S. 188-207). In

Als gelichteter Geist ist er sowohl beim Wirklichen wie auch in der Distanz zu jedem Einzel-Wirklichen. "Dieses paradoxe Einssein vom Einigung und Distanz aber ist das Wunder der Sprache"[1]. Was darunter zu verstehen ist, erläutert von Balthasar folgendermaßen: "In ihr (= Sprache) ist die Macht des Lebendigen Geist geworden, denn in der Sprache besitzt der Mensch die Wesen in ihrem Ursprung, ihrem Sein und hat darin die quasi-göttliche Macht, sie sein lassen zu können"[2]. Bei dieser Auffassung versteht von Balthasar die Sprache weit über ihre gewöhnliche Betrachtung als Kommunikationsmittel hinaus. Sicherlich ist die Sprache Mittel zur Verständigung, zur Kommunikation. Damit ist aber das Wesen der Sprache noch nicht erfaßt. Die enge Verbindung zwischen Sprache und Geist, die hier in der Auffassung von Balthasars angesprochen wird, stellt eine ganz wesentliche Bestimmung der Sprache dar. Gewiß: von Balthasar erhebt nicht den Anspruch, eine exakte, allseits befriedigende Definition der Sprache zu geben. Und der von ihm benutzte Ausdruck Wunder der Sprache macht schon deutlich, daß es sich hier um etwas handelt, das sich einer starren Festlegung entzieht. Dennoch machen die Äußerungen von Balthasars deutlich, worum es

---

diesem Zusammenhang erläutert der Autor u.a. die spezifische Weise dieses Selbstvollzugs des Daseins im Rahmen der kultischen Handlung, siehe ebd. 224-242. Ferner zum Verhältnis der Sprache zur Wahrheit und Geschichte, ders., Wahrheit, Sprache und Geschichte, in: K. Rahner/H. Fries (Hrsg.), Theologie in Freiheit und Verantwortung, Kösel, München 1981, S. 70-95. Vgl. E. Biser (Theologische Sprachtheorie und Hermeneutik, Kösel, München 1970 (Lit.), S. 205-345) zur Stellung der Sprache als Schlüssel zur Wirklichkeit.

1 GF 245. In diesem Zusammenhang verweist von Balthasar auf die Werke von Ebner, Das Wort und die geistigen Realitäten; L. Weismantel, Der Geist als Sprache (1927); Max Picard, Der Mensch und das Wort (1955); G. Siewerth, Philosophie der Sprache (1962), darin besonders: "Wahrheit und Sprache"; W. von Humboldt, Schriften zur Sprachphilosophie; M. Heidegger, Unterwegs zur Sprache (1959); Friso Melzer, Unsere Sprache im Lichte der Christusoffenbarung (1952).

2 GF 245-246.

geht. Kraft seiner Sprache gelangt der Mensch zur Seinserfahrung und Seinsenthüllung, und insofern zum Besitz der Wahrheit. Er kann dann nicht nur über sich selbst, sondern auch über die anderen Seienden und über die Welt reden. Er kann sich und die anderen Wesen in wahrer Weise offenbaren, sein eigenes und das Für-sich-sein anderer mitteilen, ohne deshalb doch die unantastbare Intimität preisgeben zu müssen. "Das Wort, das der Ausdruck des freien Wesens ist"[1], entspricht dem Anspruch des Geistes auf eine ihm verfügbare Wahrheit. Und die Aussprache dieser Wahrheit bedeutet nicht bloß ein Ausdruck des "inneren Wortes"[2], der "intim besessenen Wahrheit"[3], sie erhält vielmehr "den Charakter einer Zeugnisablage"[4]. Mächtig über die Natur ist der Mensch aufgrund der Aussagekraft seines Wortes[5]. Aus der Höhe seines Geist-Lichtes vermag er in aus- und umgreifender "Beschlagnahme" die Welt in sich zu sammeln und auszusprechen, mitzuteilen, zu bezeugen. Das Wort des freien Geistes wird so zum dialogischen Wort, wobei auch die Wahrheit als Enthüllung des "geistigen Seins" dialogischen, sozialen Charakter erhält[6]. In diesem Überstieg, der Bewegung über das Ich hinaus, wird der "Logos des Seins zum Dialogos im Sinne einer unabschließbaren Mitteilung"[7], insofern hier nach von Balthasars Meinung Entscheidendes auch schon hervortritt: <u>die Liebe</u> als "endgültige Deutung der ganzen Bewegung, denn nur sie ist die Bedingung der Möglichkeit vertiefter Hingabe[8].

1 WW 192; vgl. ebd. S. 191-195.

2 Ebd., S. 99.

3 Ebd., S. 97.

4 Ebd., S. 99.

5 GF 246.

6 WW 192.

7 Ebd., S. 195; vgl. dazu auch VC 86.

8 Ebd.

Nun aber drängt sich die Frage auf, wie es eigentlich mit dem menschlichen Wort steht, das so mächtig ist? Woher hat es seine Kraft? Womit hat es zu tun, daß es so wirkungsvoll ist? Schließlich worin wurzelt letzten Endes das Wort des Menschen ein? Wo liegen seine Grenzen? Des Menschen Wort mag noch so mächtig sein, es bleibt mensch-förmig und seine Prägekraft im Rahmen des ihm zugemessenen Maßes von endlicher Dauer. Sehr bildhaft formuliert es von Balthasar folgendermaßen:

> "Die Zweige des Wortes greifen nur dort mächtig aus, wo der Stamm tief senkrecht im zeitlichen Boden wurzelt. Der Mensch und seine Sprache vermögen zwar zu a b - s t r a h i e r e n , aber so wie der Baum seine Säfte dem Boden ab- und emporzieht; jedes Breiten der Blätterkrone droben fordert gründlichere Wurzelfassung drunten, sonst bricht die Höhe wie ein "Überbau", und alles muß von unten neu ins Wachstum genommen werden"[1].

Bedenkt man diesen Sachverhalt auf seine Grundbedeutung hin, und zwar daß Gottes freiestes Wort das Menschwort in seine Freiheit hinein befreit, so wird einsichtig, wie die Sprache des Menschen nur aus dem ihm vorgegebenen Freiheitspotential erwachsen kann. Und sieht man diesen Zusammenhang in seiner ganzen Tragweite, so ist zu sagen, daß des Menschen selbsttätiger Geist, der auf die Sagekraft der Seinstiefe als den tragenden Grund "unten" verweist, nun im Licht der Freiheit jenes ermächtigenden, vollendenden Geistes "oben" recht zu verstehen ist. In dieser Hinsicht ist von Balthasar zuzustimmen, wenn er sagt: "Die vollen Ausmaße der Sprache werden deshalb erst durch Christus ausgelotet, da der "Logos Fleisch wird" und so end-gültiges Wort in Welt und Mensch ertönt"[2]. Die Wahrheit, daß der Mensch konstitutiv von seinem Wesen her "wortbegabt und antwortend" ist, wird nun theo-logisch in dem Sinne ausgelegt, daß "das von Gott herab zum Menschen hin richtende Wort, das als solches den sterblichen

---

1 GF 249.

2 Ebd., S. 251.

Menschen zu Gott hin aufrichtet, identisch dasjenige ist, das auch die Geschichte aus-richtet. Und zwar auf ein Ende hin, an dem das gleiche menschgewordene Wort sie erwartet, das immer schon ihre richtende Mitte war"[1].

Berücksichtigt man diese Zusammenhänge, so wird deutlich, weshalb der Mensch, wie bereits gesagt, in der Lage ist, die Wesensworte der Dinge zu erhorchen und sie in seiner Vernunft zu vernehmen und darüber hinaus sie als Teil der ihm zugesprochenen Sprache zu begreifen, welche ihn selbst samt seiner Vernunft umgreift[2]. Diesbezüglich ist Jesus ein Vorbild für den geschaffenen Menschen, der in ihm Teilgabe am "Göttlich-Existentiellen" bekommt[3]. Dazu gehört auch die Zeitdimension, die nicht nur den äußeren Rahmen der Entfaltung und Selbstauslegung der menschlichen Existenz darstellt, sondern die innere Verfassung des endlichen Daseins kennzeichnet. Um diese Dimension des Daseins soll es nun gehen. An dieser Stelle aber werden nur die Grundlinien zur Sprache gebracht, zumal das Thema der Zeit noch an anderen Stellen und unter neuen Aspekten zurückkehren wird.

---

1 Dazu schreibt von Balthasar G. Siewerth (Philosophie der Sprache, Johannes Verlag 1962) zitierend: "Der Mensch ist früher ins Licht der Wahrheit des Seienden aus dem Sein und aus Gott her gesprochen, als er selber gesprochen hat. Nur weil er sprachlos in dem aus der lichtenden Tiefe des Seins her Anwesenden des Seienden wohnt, kann er selber sein inneres Wort empfangen und es als äußeres sagen" vgl. GF 255).

2 Ebd., S. 254.

3 Ebd., S. 258. Dies verweist auf das Entscheidende, mit dem diese Studie sich befaßt, nämlich wohin der Weg des Menschen führt. Hierzu ist vorgreifend mit von Balthasar zu sagen: "Das Wort 'Mensch', das Gott spricht, so daß der Mensch sich selber zur Frage, weil zum Gefragten wird: dieses Letzte wird unterscheidbar und faßbar doch erst im Raum der Bibel, die den Raum der Kontemplation nicht verschließt, sondern vertieft in den Raum des Hörens und Gehorchens hinein, und die offene Schau zum verhüllten Sein in die offene Liebe zu dem sich enthüllenden Gott" (ebd., S. 255). Als gesprochenes Wort aus der letzten Tiefe des Seins ist der Mensch auf das ewige Wort angewiesen, das sich ihm in Jesus Christus personell geschenkt hat. Mit diesem Aspekt befaßt sich die nachfolgende Betrachtung des Menschen in biblischer Sicht.

b) <u>Zeitlichkeit des endlichen Seins</u>

Der Mensch spricht sein Wort in der Zeit. Sein antwortendes Wort kommt somit in innige Berührung mit dem Phänomen der Zeit, einem "ontologisch grundlegenden Sachverhalt"[1]; die Zeit fällt mit dem geschöpflichen Sein nicht zusammen, wohl aber gehört sie ins Herz der geschöpflichen Ontologie hinein. Infolgedessen vermittelt das Verständnis der Zeit Einblicke in eine wesentliche Dimension des Seins. Die Zeit enthält in sich Wesensmomente, welche einen Abglanz des ewigen Seins darbieten[2]. Die Zeit ist daher nicht einfach ein Negatives, insofern sie von der Ewigkeit trennen würde, sondern ein Positives. In ihrer gegensätzlichen Beziehung zur Ewigkeit ist sie das, was diese nicht ist, zugleich aber die Möglichkeit des Erfassens von jenem Verhältnis des Seins zu sich selbst, das als Enthüllung beschrieben wurde, als die Erscheinung des "jeweils-jetzt-Seins". Dabei handelt es sich um eine "innerseinshafte Bewegung"[3], in der das jeweils zugemessene Maß an Sein vollbracht wird und das Sein selbst in dieser seiner "dargereichten Zugänglichkeit" sich von einer allgemeinen, indifferenten "Zuhandenheit und Gültigkeit" unterscheidet[4]. Es ergibt sich daraus, daß die Wahrheit des Seins den Charakter der <u>Gegenwart</u> erhält, einer Zeitdimension also, deren ganzes Gewicht erst dann deutlich wird, "wenn man seine innere Bewegtheit als Zukunft und Vergehen betrachtet"[5]. Was ist aber die Gegenwart? Sie ist eine Präsenz, welche sich als das jeweils gerade Ankommende darbietet[6]. Sie hat sich nicht

1 WW 219.

2 Ebd., S. 220.

3 Ebd., S. 219.

4 Ebd., S. 221.

5 Ebd.

6 H.U. von Balthasar versucht durch mehrere Ausdrücke das hier Gemeinte anschaulich zu machen: "Sie ist wie das Aufgehen einer Tür, wie das Eintreten einer Person, das Auf-uns-zukommen eines Ereignisses, das Eintreffen einer Botschaft, das Anheben einer Geschichte, das Aufspringen einer Quelle, das Aufleuchten eines Lichtes" (WW 221).

beisammen, sie ist nur als der fließende Punkt der Ankunft, die sich nicht festhalten läßt, sondern fast gleichzeitig ins Vergangene übergeht[1]. Die in Vergangenheit eilende Zukunft gehört innig ins Herz der Gegenwart bzw. Präsenz hinein:

> "Diese Eigenschaft der jeweiligen Präsenz, daß sie immer gerade zukommt, ist die ihr innewohnende Zukünftigkeit. Zukunft ist keine neben der Gegenwart liegende, von ihr trennbare Zuständlichkeit des Seins oder der Zeit, sondern eine Richtung der Gegenwart und des Daseins selbst. Kraft dieser immanenten Zukünftigkeit ist das Dasein wesentlich unabgeschlossen, mehr: es ist wesentlich Anfang, Verheißung, Hoffnung[2], Entspringen, es hat die Seinsform des jeweils gerade Beginnens, des Inchoativen, oder, was dasselbe besagt, die Richtung auf Sein hin, also auf mehr Sein als was jeweils ist"[3].

Daraus ergibt sich, wie von Balthasar es ausdrückt, ein "komparativer Charakter", der nicht außerhalb des Daseins sondern im Sein liegt. Dieses selbst trägt in sich die Richtung, die Verheißung und die Vorwegnahme seines Jeweils-mehr. Auf die Zeit bezogen bedeutet dies, daß sie dem Sein inwendig ist, und daß dieses selbst wesenhaft die Zukunftsdimension in sich trägt. Und wenn von Balthasar so oft von "Richtung" spricht, dann läßt sich fragen, woraufhin? Wohin führt der Weg? Und was bedeutet er für das Dasein? Ist es ein Laufen auf ein bestimmtes Ziel hin oder einfach ein bloßes Kommen und Gehen/Vergehen? Für von Balthasar ist die Präsentierung der Gegenwart über alle Gegenwart hinaus nicht ein bloßes zeitliches Spiel, sondern der Weg in die einzige wirkliche Zukunft. Der Augenblick des Seins ist vergänglich, und doch mit "unersetzlicher Kostbarkeit"[4] versehen: In ihm erscheint jeweils und einmalig

---

1 Vgl. dazu die Interpretation des augustinischen Zeitbegriffs in: GF 17-36.

2 Steht im Original kursiv geschrieben.

3 WW 221.

4 Ebd., S. 222-223.

die Fülle, der Reichtum des ewigen Seins. Die Totalität ist jeweils, obgleich in ihrer Entzogenheit, innerlich gegenwärtig. Die "gegenwärtige Zeit" unterscheidet sich von der in ihr enthaltenen oder von ihr verheißenden "künftigen Zeit", welche ihre anhaftende Grundverfassung ist und ihr ihren Wert verleiht.

Aufgrund dieser Eigenschaft und der Tatsache, daß das Jetzt einen Namen braucht, wenn es nicht ein bloßer Traum bleiben soll, fordert die bewegte und bedeutungsgeladene Gegenwart im Menschen eine Antwort, eine Zuwendung seines ganzen Geistes und eine Auseinandersetzung mit der Jeweiligkeit der sich verschenkenden ewigen Zukunft. Die eigentliche Tiefe des menschlichen Daseins liegt in dieser Zukunft, deren komparativer Charakter bereits angesprochen wurde. Damit ist zugleich angedeutet, daß der Mensch auf diese Zukunft hin lebend über eine einzige Möglichkeit angesichts seines Selbstverständnisses verfügt: im umfassenden Rahmen dieser Zukunft, die sich jeweils ereignet, ist es dem Menschen gegeben, das Wesen der Geschichte sowie die Geschichte seines eigenen Wesens zu erfahren.

c) Geschichtsförmigkeit des Menschen und Menschförmigkeit der Geschichte

An dieser Stelle erhebt sich die Frage nach dem Verhältnis von Mensch und Geschichte. So gestellt aber setzt die Frage voraus, daß man zwei Größen gegenüberstellt und dann nach ihrer Beziehung zueinander fragt. Ist die Geschichtlichkeit des Menschen ein Äußerliches oder gehört sie vielmehr, wie die Zeitlichkeit, zu seinem Wesen? Nach von Balthasar ist Geschichte für den Menschen Einigung und Distanz zugleich. Ausdrücklich betont er, daß sowohl der Mensch wie die Geschichte ihr eigenes "Wesenswort" haben[1]. Den-

1 Vgl. GF 61-123 und 125-241.

noch laufen beide nicht nebeneinander her, sondern begegnen sich, sie sind "aufeinander angelegt"[1]. Das heißt, dort, wo wir es mit Menschen zu tun haben, entsteht Geschichte. Der Mensch und die Geschichte kleben sozusagen aneinander. Mit von Balthasars Worten heißt es, daß der "Mensch geschichtsförmig, die Geschichte menschförmig ist"[2]. Der Mensch ist in der Geschichte und macht die Geschichte. Dementsprechend trägt die Geschichte den Menschen und entsteht zugleich im menschlichen Dasein, insofern ist sie von diesem nicht trennbar, sondern eng damit verbunden, so daß Geschichtlichkeit eine bestimmte Verfaßtheit des menschlichen Daseins besagt. Geschichte als Selbstvollzug und konkrete Grundwirklichkeit des Menschen ist "die Geschichte aller konkreten Situationen der Wahrheit"[3]. Der Mensch existiert im transzendierenden Ausgreifen über sich selbst auf Welt und Sein im ganzen, was sowohl einen geschichtlichen Prozeß als auch eine innere Gerichtetheit des menschlichen Seins bedeutet. Diese Bewegung aber ist durch die "beständige Wandlung der Konstellation und der individuellen Perspektiven, wie sie die Beweglichkeit des Werdens mit sich bringt, aber ebenso sehr durch die innere qualitative Wandlung der Situation, die immer ein Jeweils-Jetzt ist, bedingt"[4]. So ist der Einzelne Produkt zugleich der Geschichte und seiner eigenen Entwürfe, sofern die Geschichte sowohl Geschichte der einzelnen Subjekte wie der Gemeinschaften bzw. der Welt und der Menschheit ist. Der Einzelne steht daher nicht allein da , auch wenn <u>seine</u> Zeit und <u>seine</u> Geschichte unverwechselbar persönlich bleiben. Immer wird er sich nach der Forderung seiner Gemeinschaft und seiner Epoche richten müssen, so

---

1 GF 245.

2 Ebd.

3 WW 230. Situation hier bedeutet eine "zeitliche Gewandung" der Wahrheit bzw. eine betonte Präsenz als bewegte, bedeutungsgeladene Form des Seins, die "Gegenwart" also wie oben gezeigt. Vgl. ebd., S. 226 ff.

4 Ebd., S. 230.

daß er trotz privater, konkreter Aktualisierung sich durch keine "gültige Abstraktion aus der geschichtlichen Färbung und Modulation herauslösen kann"[1]. Bei all seiner Einmaligkeit ist das "Ich" ein soziales Wesen. Die Erfüllung seines Daseins erfolgt im Dasein mit anderen, aber auch für andere.

Damit haben wir das Problem der Zeitlichkeit und Geschichtlichkeit des Menschen bei von Balthasar in Grundzügen dargelegt. H.U. von Balthasar orientiert sich in seinen Erörterungen wesentlich an der augustinischen Auffassung, nach der das Jetzt und sein Fluß, der kontinuierliche Übergang der Gegenwart in Vergangenheit und die stetige Erneuerung aus der Zukunft, die Blickrichtung bei der Betrachtung bestimmen. Die Antwort auf die Frage nach dem Standort der Zeit im menschlichen Sein liegt für von Balthasar darin, daß die Zeitlichkeit - und damit auch die Geschichtlichkeit - keine Eigenschaften des Menschen unter anderen sind, sondern auszeichnende Bestimmungen und Bestimmtheiten seines eigenen Seins sind. Letztere lassen sich darin erkennen, daß das Verhältnis des Menschen zu sich selbst, seine Selbstergreifung im Fluß des Jetzt und im Wechsel der Situationen nicht einfach ein Geschehen <u>am</u> Subjekt ist, sondern ein Geschehen <u>des</u> Subjekts, mit anderen Worten, ein Sich-Erschließen und -Ergreifen im Licht des Ursprungs, des anredenden Wortes.

---

1 WW 231. H.U. von Balthsar greift viel später noch einmal diesen Gedanken auf und erklärt: "Geschichte ereignet sich nicht nur <u>am</u> Subjekt, sondern dieses selbst ist in sich geschichtlich" (TD III, 91). Das Subjekt wird also in die Geschichte eingelassen, dennoch bedeutet seine Erscheinung keine nebensächliche Präsenz. Erst durch die geschichtsmachende Subjektivität des Einzelnen erhält die vorgegebene Rahmenbestimmung ihre Bedeutung als Ermöglichung des Selbstvollzuges und der wahren subjektiven Geschichtlichkeit. Nicht als blosser Mitwirkender und "Weltverbesserer" erfüllt der Einzelne die Aufgabe seiner eigenen Besserung. "Beide Aspekte bleiben in Spannung zueinander, da "meine Zeit" nicht in "unsere Zeit" aufgehen kann. Es gibt ein grundlegendes Fürsein des Einzelnen für das Ganze, eine Bestimmung zum Dienst, aber nicht minder ein Recht des Einzelnen, seine eigene Zeit zum Tode für sich und gemäß seiner Verantwortung für die Richtigkeit seiner Entscheide und Taten zu leben" (ebd., S. 93).

Wenn nun ein Possesivpronomen vor "Zeit" und "Geschichte" gesetzt und auf den Menschen ("seine Zeit", "seine Geschichte") bezogen wird, so ist es nicht in dem Sinne zu verstehen, daß "Zeit" und "Geschichte" einfach Eigentum des Menschen wären, so daß sie sich in seinem Für-sich-sein erschöpfen würden. Den Ausdrücken "seiner Zeit" und "seiner Geschichte" haftet immer die Dimension des "Eingelassenseins" an, im Balthasarschen Sinne die "transzendente Melodie des Ganzen"[1], die immer mitklingt. Sie verweist auf den Quellgrund, dem alles entspringt. In dem Blicken auf diesen Grund hält der Mensch das "Aufgehen der Tür" bzw. die Zu-kunft[2] offen, welcher Ursprung oder Grundhaftigkeit zugeschrieben wird. Dabei ist aber zu berücksichtigen, daß diese Ursprünglichkeit wohl ein Sich-entfernen des Menschen vom Ursprung, nicht aber ein Abwerfen desselben zuläßt. Was ist darunter zu verstehen? Dem Ursprung kann der Mensch nicht entkommen. In der Entfernung hat er immer noch den Ursprung hinter sich. Das heißt: Selbst die Ent-fernung ist ursprunghaft, sofern der Ursprung als Ausgangs- und Bezugspunkt des Sich-entfernens für die Betrachtung der Entfernung bestimmend bleibt. Ich entferne mich von ... Wenn dieses "von" als Bezugspunkt ganz entfiele, hätte ich keine Möglichkeit von Ent-fernung als Entfernung von ... zu sprechen und sie zu bestimmen.

Was ergibt sich daraus für unsere Betrachtung des Menschen? Damit stoßen wir auf die Richtung, in die sich die Interpretation des Balthasarschen Gedankens bewegen muß. Entscheidend ist dafür das anredende Wort Gottes, weil der Mensch nur insofern zu sich selbst eröffnet ist, sich begreift und ergreift, als er der Ergriffene, Angesprochene, Angerufene ist. Die Spannung, die das Verhältnis seines Ichs zu dem Du der anderen Seienden kennzeichnet, bekommt

---

1 WW 231.

2 Dazu siehe oben S. 114 f.

somit eine größere Intensität in der Spannung zwischen dem endlichen Ich und unendlichen Anrufer, Gott, auf den das Angerufensein verweist[1]. Allein in Gott haben der Mensch und die Welt ihren Grund. Deshalb erscheint von Balthasar die Betrachtung des Menschen in seinem Verhältnis zu Gott unerläßlich, sollte das Geschöpf nicht sich selbst überlassen und damit grundlos werden.

Leitgedanke in diesem Zusammenhang bleibt für von Balthasar die Verheißung Gottes. Sie bedeutet und sagt die Absicht Gottes hinsichtlich seiner Geschöpfe, vor allem des Menschen, aus.

---

1 Es ist klar, daß diese Annahme, welche den Anrufer mit Gott formaliter und materialiter identifiziert, nur mit der inneren Logik des christlichen Glaubens zu rechtfertigen ist. Wenn es wahr ist, daß Gott an sich der Menschenvernunft nicht unzulänglich sei, so ist es nicht destoweniger möglich, daß Surrogate für den personalen Anruf Gottes und für Gottesliebe mit dem gleichen Anspruch auf Absolutheit gepriesen werden können. Denn "der Horizont menschlichen Geistes ist in Erkenntnis und Wille so offen, daß er f o r m a l das eigene Geschaffensein und damit die Idee des Schöpfers miteinschließt, daß aber trotzdem dieser zu Gott hin offene Horizont m a t e r i e l l verstellt sein kann durch unzureichende und verkehrte Ideale, die den Anspruch der Absolutheit erheben" (SC 33; vgl. ebd., Anm. 3).

KAPITEL II

DER MENSCH UNTER DEM VERHEISSUNGSWORT GOTTES

I. Vom Alten Bund her

1. Vorüberlegungen zum Problem

Sich auf das Verhältnis von Gott und dem Volk Israel im Alten Bund beziehend und dies als die Wiederspiegelung des Verhältnisses Gottes zu den Menschen überhaupt betrachtend stellt H.U. von Balthasar fest:

> "Die Reflexion auf die Wirklichkeit des Bundes, die die Geschichte Israels mit Gott ausmacht, vertieft von Jahrhundert zu Jahrhundert beide Einsichten gleichzeitig, die sich immer ineinanderspiegeln und je neue Tiefen auseinander herumtreiben: daß das Herz des Menschen Gott gegenüber nicht nur zufällig und gelegentlich, sondern, auf sich selbst angewiesen, wesenhaft versagt, und daß das Herz Gottes dem Menschen gegenüber nicht nur bei einzelnen Ereignissen, sondern immer auf Grund seiner inneren Liebesnotwendigkeit und seiner freien Liebesbindung an den erwählten Geliebten über alles hinaus nicht versagt und deshalb auch dem Versagenden die Liebeskraft einflößen kann, in der Treue (oder biblisch gesprochen im "Glauben") zu bleiben"[1].

Damit steht es klar, daß Gott nicht einfach von oben her etwas für sein Volk tut, sondern den geschichtlichen Weg dieses Volkes mitgeht und seinen Bundesschluß ernst nimmt in der Treue zu sich selbst und zu seinem freien Liebesangebot an den Menschen. Die Welthaftigkeit des Verhältnisses Gottes zu seinem Volk macht die Geschichte zum Ort der Begegnung mit dem göttlichen Geheimnis, mit dem personalen Gott, die Orientierung für das Leben des Menschen gibt. Darum ist die Welt nicht irgendetwas, sondern die Quintessenz der Bedingungen und Möglichkeiten, welche das

1 GF 88-89.

menschliche Leben erst zu einem solchen werden lassen[1]. Es wundert nicht, daß die beiden Hauptfragen, die von Balthasar im "Das Ganze im Fragment" stellt, sich gerade auf die "Vollendbarkeit des Menschen" und die "Vollendbarkeit der Geschichte" beziehen.

Fragt man nach dem Menschenverständis Israels, so stellt es sich heraus, daß der Mensch - wie die Welt - seine Einheit nicht in sich, sondern in seinem Bezug auf Gott hat. Er ist das geschichtliche Gegenüber von Gott. Dennoch ist der Mensch, von dem das Alte Testament spricht, nicht der Mensch als Individuum, sondern der Mensch als Mitglied einer Gemeinschaft, die die "existenzielle Dichtheit"[2] des individuellen Lebens ausmacht. Damit ist aber nicht gemeint, daß das Individuum und seine Besonderheiten keine Beachtung finden. Dennoch gilt es immer für Israel, daß der Mensch nur insofern Subjekt und Träger der Verheißung ist, als er Mitglied eines Volkes ist, das das höhere Zentrum von Reichtum und geistigen Ressourcen der Personen darstellt. Das Individuum - Patriarch, Prophet oder König - rückt nur insofern in den Vordergrund, als er in seiner Person sozusagen das ganze zur Liebesgemeinschaft mit Gott berufene Volk sammelt.

Nun aber erhebt sich die Frage nach der Möglichkeit einer Partnerschaft zwischen Ungleichen. "Wie ist Liebesgemeinschaft zwischen Gott und Mensch möglich, wo doch die Andersheit der Personen so groß ist und uneingeborgen bleibt

---

1 Eine ähnliche Ansicht vertrat auch R. Bultmann: "Welt (κόσμος) ist hier (im NT) im Unterschied vom griechischen Kosmosbegriff, ein geschichtlicher Begriff, d.h. er ist orientiert am Leben der geschichtlichen Menschen. Welt bedeutet zunächst den Inbegriff der für das menschliche Leben vorgegebenen Bedingungen und Möglichkeiten; und insofern heißt die Welt die Schöpfung Gottes" (Das Befremdliche des christlichen Glaubens, in: ZThK 55 (1958) 185-200, zit. 197 f.). Vgl. dazu auch G. von Rad, ThAT II, 357-379.

2 "L'èpaisseur existentielle", J. de Finance, Essai sur l'agir humain, Rome 1962, S. 261.

in der Gleichheit einer Natur (wie zwischen Mutter und Kind)? Ist solche Liebesbeziehung 'Artfremden' nicht unnatürlich, weil eben naturlos?"[1]. Gott und der Mensch sind nicht gleichermaßen Personen. Jede analogia entis stößt hier an ihre eigene Grenze, an die uneinholbare "maior dissimilitudo"[2]. Worin gründet die Anrufbarkeit des Menschen? Was befähigt ihn, den Anruf Gottes zu vernehmen und zu beantworten? Sowohl die Anrufbarkeit wie die Vernehmung des Anrufs (der aus keiner geschaffenen Naturordnung stammt, sondern aus den Tiefen des Ewigen und Absoluten) und die Fähigkeit zur Antwort sind dem Menschen mit dem Anruf zusammen verliehen worden, "erst Gottes gnädiges Wort begabt ihn mit der Gnade der Antwort[3], und zwar ganz im Sinne dessen, was "potentia oboedientialis" genannt wird[4].

---

1 SC 26.

2 DS 806.

3 SC 35.

4 Ebd., S. 35-36. Vgl. KthW 340. Die Initiative, in der die Beziehung hier gründet, kommt von Gott selbst, und dies geschieht nicht in der Form einer bloßen, abstrakten Selbst-Enthüllung, sondern konkret, indem der angesprochene Mensch sich selbst von Gott offenbart wird. Der Mensch erkennt sich selbst in dem Gegensatz zwischen dem blendenden Licht Gottes und dem finsteren Gesicht der Welt. H.U. von Balthasar verweist hier auf alt- und neutestamentische Deutungen dieser Einsicht (vgl. Is 6,5; Ez 1,2,8; Dan 7,9 ff.; 10,9; Ex 34,8; Mk 9,6; Lk 9,32; 5,8; MT 17,6; Apg 26,14; Apk 1,13 ff.) und fügt hinzu: "Es gibt von der göttlichen Herrlichkeit keine ruhende ästhetische Kontemplation, die Gott "in sich selber" zu sehen bekäme und dabei im Gegensatz zwischen Gottes Heiligkeit und der Unheiligkeit der Welt (deren Exponent der Schenkende ist) absehen könnte. Die Herrlichkeit ist die sich aufdrängende Herrschaftlichkeit dessen, der auf die Welt zukommt, richtend und begnadend. Darin unterscheidet sich die biblische Wirklichkeit von den außerbiblischen Götterepiphanien" (H III/2,1 11-16, zit. 16). Damit wird zugleich angedeutet, daß Gott selbst die Zukunft des Menschen ist. Darauf wird später eingegangen.

Womit haben wir es hier zu tun? Und was ergibt sich daraus? Für H.U. von Balthasar hat die "potentia oboedientialis" die Bedeutung nicht einer bloßen Möglichkeit im Hinblick auf die zu gebende Antwort, sie rührt vielmehr an eine tiefere Dimension des menschlichen Seins. Noch ehe Gott seinen Anruf an den Menschen richtet, schafft er selbst die Voraussetzung für die Antwort, indem er in seinem eigenen "Vortreten" zugleich die Enthüllung des Menschen vollzieht. Schon im Erwachen zu sich selbst soll der Mensch erkennen, daß er nicht aus eigener Kraft und aufgrund eigener Verfügungsgewalt eine Antwort zu geben vermag, sondern sich selbst wesenhaft einem gnädigen, liebenden Wort verdankt:

> "Das Vortreten des absoluten Subjekts - noch vor aller Anrede an den Menschen, vor jeder zugesprochenen Gnade, Verheißung, Forderung - ist aber nie abstrakt und ohne Beziehung auf die oder den Angegangenen. Die Herrlichkeit des sich enthüllenden Gottes offenbart je seine Heiligkeit (wie immer wir diese umschreiben mögen) mit und läßt so den erblickenden Menschen in seiner Unheiligkeit mitenthüllt sein"[1].

Die "Glorie" Gottes zeigt sich, <u>bevor</u> das Wort Gottes ergeht. Die "wortlose Herrlichkeit" kündigt so das Woher des ergehenden Wortes an und läßt sich im voraus wahr-nehmen, bevor die Anrede in einem dialogischen Verhältnis vernommen wird. In der Wahrnehmung aber wird auch deutlich, welche Unterschiedenheit hier vorliegt: Der Hörer des Wortes vernimmt Gott in einer Entrückung aus sich selbst; das Hören und das Begreifen Gottes von seiten des Menschen erfolgt in und durch Gott[2].

---

1 H III/2, 1,15.

2 "Was immer im Raum der Offenbarung des lebendigen Gottes vor sich geht, ereignet sich in einem durch Gott eröffneten und dem Menschen jenseits seiner bloßen "Natur" zugänglich gemachten Feld; dort, wo Gott beim erwählten Volk Wohnung nehmen will, an einem Ort Gottes also, wird ein Bundesverhältnis, eine Existenz nach der Weisung (tora) Gottes, einer Heiligkeit innerhalb des Raumes der Heiligkeit Gottes möglich" (H III/2, 1,15).

Es ergibt sich daraus, daß Gott den Menschen zu seinem Partner macht und ihn in die Lage versetzt, das Verheißungswort zu vernehmen, welches auch der Geschichte, in die hinein es gesprochen wird, einen dialogischen Charakter verleiht. Bundesverhältnis und Verheißung sind im Alten Testament ganz eng beieinander. Im Licht der Klausel des Bundes soll der Mensch lernen, sich selbst zu verstehen, Tag für Tag den Sinn seines Lebens den Ereignissen zu entnehmen, voller Hoffnung der Zukunft entgegenzuschreiten.

Auch hier ist die Liebe der Inbegriff des Gesetzes, welches zu befolgen ist und die Existenz des Bundespartners ganz umfaßt. Diesen absoluten Anspruch beschreibt H.U. von Balthasar mit folgenden Worten: "Vor dem Paradox, das mit der Selbstmitteilung des Ganz-Anderen anhebt und in der Danksagung des eingeholten Geschöpfes endet, gibt es kein Ausweichen"[1]. H.U. von Balthasar ist davon überzeugt, daß dieser Anspruch "bis in alle Einzelsituationen hinein" wirken muß[2], wenn das Angebot Gottes ernstgenommen wird. Das "Überhinaus" der Liebe Gottes muß über alle Verstehbarkeit gestellt werden[3]. Selbstverständlich erfährt das Geschöpf seine Grenzen, es leidet an seiner Endlichkeit. Es wird aber selbst in seinem Tod durch den Geist Gottes wieder auf die Füße gestellt und zu einer "Heiligkeit innerhalb des Raumes der Heiligkeit Gottes" geführt. Nur wer ist der Mensch aus dieser Ursprungsmitte her gesehen?

---

1 H III/2, 1,12.

2 SC 78.

3 "Wollte ein Christ unter dem Vorwand, das Paradox Gottes sei ihm zu steil und, weil unauflöslich, auch zu wenig fruchtbar, davon abwenden und sein vermeintliches Heil in der bloßen Zuwendung zu seinen Mitgeschöpfen suchen, denen er ja kraft der Sendung Christi zugewiesen sei, so wäre er, was ihn betrifft, aus dem Raum der Offenbarung herausgetreten. Christlich begegnet der Christ seinem Nächsten nur, wenn er in der "Furcht Gottes" etwas vom ganz anderen Maß der Liebe Gottes des Herrn erfahren hat und seinen Nächsten in Demut auf dieses unerreichbare Maß hin zu lieben versucht" (H III/2, 1,13).

2. Wechselseitige Priorität zwischen "Bild" und "Bund"

Es gehört zu den zentralen Aussagen des Alten Testaments, daß Gott den Menschen nach seinem "Abbild" und seiner "Ähnlichkeit" geschaffen hat[1]. Von dieser biblischen Aussage ausgehend stellt H.U. von Balthasar meisterhaft in komprimierten und zugleich glanzvollen Formulierungen deren theologische Bedeutsamkeit heraus. Daß der Mensch als "Abbild" und "Gebild der Gotteshände" dasteht, verweist weit über eine "flüchtige Figuration" hinaus. Es ist hier nicht der Ort, die schöpfungstheologischen Aussagen H.U. von Balthasars ausführlich darzulegen. Das würde den Rahmen dieser Studie sprengen. Uns geht es im folgenden darum, einige wichtige Äußerungen von Balthasars insoweit vorzutragen, als sie eng mit unserem Thema zusammenhängen und ihnen daher für den weiteren Fortgang unserer Ausführungen große Bedeutung zukommt. Dabei lassen wir uns von einer zentralen Aussage von Balthasars leiten, die lautet:

> "Bild ist die zweite der drei Leitideen[2] biblischer Ästhetik und hat es unterscheidend zunächst mit dem von Gott Geformten, dem Geschöpf zu tun. Dies wird zwar nur durch seine Herkunft von Gott und deshalb auch seinen Hingang zu Gott in seinem Bildsein verstehbar, doch wird ihm dabei ein Raum des Insichseins vor Gott und geradezu ein Gottesgegenübersein gewährt, um angesichts Gottes eine "Welt" zu sein. Erst wenn dieses Eigensein des Bildes hinreichend bedacht worden ist, kann das dritte Leitwort folgen: Gnade, Angebot des Bundes, Initiative der göttlichen Liebe seinem geformten Bild gegenüber, wobei nicht nur endgültig sichtbar wird, was Gottes Herrlichkeit ist, sondern ebenso, weshalb das Bild von Gott gewagt wurde und worin es sich vollendet. Für den Theologen ergibt sich daraus eine gegenseitige Priorität zwischen "Bild" und "Bund"[3], die das Wesen des Bildes, an ihm allein betrachtet, notwendig zunächst in der Schwebe lassen muß. Es ist

---

1 Gen 1,26. Zu folgenden Ausführungen vgl. insbesondere H III/2,1, 81-131.

2 Die Dreiheit, auf die von Balthasar sich hier bezieht, besteht aus "Herrlichkeit", "Bild" und "Gnade" (bzw. "Bund"). Dazu vgl. H III/2,1, 31-79; 81-131; 133-195.

3 Die Anlehnung an K. Barths berühmte Formel ist deutlich, nach der "die Schöpfung (und damit das Bild Gottes im Menschen) der äußere Grund des Bundes sei, der Bund dagegen der innere Grund der Schöpfung" (s. H III/2,1, 82, Anm. 3).

> die Schwebe, die der Kreatur als solcher eignet, da sie von ihrem Wesen (als Sein im Nichts) her schlechterdings keine Möglichkeit hat, sich Gott gegenüber zu situieren"[1].

Drei Grundideen lassen sich hier herausstellen. Einmal die Betonung der Herkünftigkeit des Menschen von Gott und seine Gerichtetheit auf Gott. Mit andern Worten: das ganze Dasein des Menschen, wie bereits im vorausgehenden Kapitel angedeutet, steht unter Gottes Herrlichkeit. Allein Gott verdankt der Mensch sein Sein und Dasein, denn er ist der "Ganz-von-Gott-Gewollte" als sein Gegenüber, in Balthasarscher Terminologie ausgedrückt der "von Gott selbst in wagender Freiheit sich Gegenübergestellte"[2]. Nun weshalb ein solches Wagnis Gottes? Warum schafft sich Gott ein Gegenüber, das ihn erkennen, ihm antworten, ihn in Liebe aufnehmen soll? Hier antwortet H.U. von Balthasar mit dem Hinweis darauf, daß Gott nicht aus äußerem Anlaß geschaffen hat, sondern aufgrund seines Seins selbst. Es erklärt sich aus der Dreifaltigkeit Gottes, nach der in "Gott selbst ein ewiges Gegenüber lebendiger Liebe besteht", so daß "die biblische Bildlehre im letzten erst aus der göttlichen Trinität verstehbar wird"[3]. Hierzu ist zu bemerken, daß Gott nicht nur das "Ur- und Überbild"[4] ist, in dem das Bild, das Weltwesen eingeborgen ist, sondern Quelle lebendiger Liebe, und aus dieser Liebe hat er geschaffen.

Wenn es sich also um Liebe handelt, und damit sind wir beim Zweiten, dann verdient diese ihren Namen nur, wenn sie kein trügerisches Gefühl, keine Täuschung, sondern eine in Wirklichkeit freisetzende und befreiende Liebe ist. Und die Antwort darauf ist auch nur eine in Liebe gegebene Erwiderung, wenn sie in <u>Freiheit</u> erfolgt. Das Abhängig-

---

1 H III/2,1, 81-82.

2 Ebd., S. 81.

3 Ebd.

4 Ebd.

keitsverhältnis zwischen Gott und dem Menschen ist darum kein bloßes Vasallentum. Dem Geschöpf wird ein Eigensinn gewährt, denn die Selbständigkeit des Menschen ist die unerläßliche Voraussetzung eines echten Gegenüberseins. Das Bild als "Weltsein vor Gott"[1] braucht einen Raum, um Gott Raum gewähren zu können.

Hinzu kommt insbesondere für den Menschen, daß er sich von den anderen Weltwesen unterscheidet, indem von ihm gesagt wird, er steht als Bild in einer "Ähnlichkeit" zu Gott selbst und daher in einer Erhabenheit gegenüber anderen Geschöpfen. Er ist stellvertretend für Gott Herrscher über sie. Er erhält somit Anteil an göttlicher, himmlischer Würde. Die Weisheitsliteratur bringt später diese Idee des Anteilhabens am gottartigen Element in die Nähe der göttlichen Unvergänglichkeit (ἀϊδιότης, Wh 2,23) bzw. der "Unsterblichkeit". Als Bild ruht der Mensch zwischen den bildenden Händen Gottes. Unter der Heranziehung der Aussagen im Psalm 8, den er als eine Reflexion auf Gen 1 betrachtet, hebt H.U. von Balthasar die darin ausgedrückte Bewegung hervor, die von der "preisenden Feststellung der göttlichen Majestät in der ganzen Schöpfung über das Staunen, daß auf dem Menschen himmlischer Kabod liegt", geht und "zum Preis der Herrlichkeit Gottes" zurückkehrt[2].

In einer respektvollen und ehrfürchtigen Haltung, welche die Distanz zwischen Schöpfer und Schöpfung nicht verwischen will, wird von der besonderen Stellung des Menschen und der besonderen Beziehung, in die Gott ihn zu sich gestellt hat, gesprochen.

Hier schließt sich der dritte Gedanke an, nämlich die Initiative der göttlichen Liebe seinem geformten Bild gegenüber. Da später noch einmal auf diesen Gedanken einzugehen

---

1 H III/2,1 96-131.

2 Ebd., S. 86.

sein wird, beschränken wir uns an dieser Stelle auf einige wichtige Punkte. In dem vorangestellten Zitat kommt es deutlich zum Ausdruck, daß eine richtige Auffassung des Bildes über dieses hinausgehen muß, denn sonst bliebe es in der Schwebe. Das Blickfeld muß also erweitert werden bis hin zum Bundesangebot Gottes[1]. Im Zusammenhang mit der göttlichen Offenbarung betrachtet, bildet das Angebot des Bundes nicht ein zweites, völlig neues Verhalten Gottes, das als eine Art Korrektur zur Offenbarung angesehen werden könnte, da der Gedanke der göttlichen Offenbarung an den Menschen die Vorstellung einer einseitigen Initiative erweckt, der Gedanke des Bundes hingegen die einer zweiseitigen Abmachung. Beide, Offenbarung und Bund, sind im Gegenteil ein und dasselbe Lebensverhältnis zwischen Gott und dem Menschen. Beide sind Wort und Antwort, Liebe und Gegenliebe, in beiden wird der Mensch von Gottes Kraft getragen und auf die Füße gestellt. Und als innere Tiefe des Bildverhältnisses stellt sich heraus, daß die ganze Entwicklung des Bildseins auf die Gotteserkenntnis im "ewigen Bund" hingerichtet ist[2].

3. Zur Dimension der kreatürlichen Schwebe

Von hieraus lassen sich die Dimensionen der "kreatürlichen Schwebe" besser erfassen[3].

a) Standhaftigkeit gewinnt die Bildwirklichkeit nur, wenn an sie der Maßstab von Ursprung und Ziel angelegt wird. Dies bedeutet hier konkret: wenn der Sinn des Ursprungs, des göttlichen Wagnisses auf der weiteren Stufe des Bundes, das heißt im Neuen Bund mit der Betonung der Partnerschaft zwischen Gott und Mensch in Christus, zu

---

1 Vgl. dazu H III/2,1, 141 ff.

2 Ebd., S. 92; vgl. Sir 17, 11 f.

3 Ebd., 90-95.

seiner Deutung kommt. Im "Bildsein" Christi nach der neutestamentlichen Auslegung des Bildverhältnisses tritt erst wahrhaft das Motiv der Ansprechbarkeit des Menschen und des Redens Gottes in ihm ins volle Licht. Dieses Verhältnis formuliert von Balthasar mit den Worten: "Das Rätsel läßt sich nur prospektiv auf den Neuen Bund hin lösen", wo das Verhältnis Gott-Menschheit zu dem "inkarnierten Verhältnis von Christus-Bräutigam und Kirche-Braut wird"[1].

b) Damit verbindet sich die Ansicht, daß die wesensmäßige Berufung des Menschen zur Gotteskindschaft auch den Sündenfall überdauerte, weil sie in Gottes Willen und darum in der Schöpfung gegründet ist[2]. Dennoch bleibt für uns der Urstand in der Paradiesesgnade vor der Todesentscheidung (Gen 2,17) unanschaulich. Er kann nur "dialektisch" angenähert werden[3]. Es lassen sich keine univoken Strukturen der "Natur" aus den verschiedenen geschichtlichen Ständen herausheben. Das Gottesbild im Menschen bleibt in der Intention des Bildenden. Erst das Bild in Christus faßt den Sinn "aller schwebenden Bildfragmente" in sich zusammen.

c) Die Erscheinung des "neuen Menschen" ist so grundgelegt. Die dialogische Beziehung von Erkenntnis Gottes und Antwort auf Gottes Anrede wird die Schwebe des ursprünglichen Bildes überwinden, und zwar nach dem "Bild" der klaren Gestalt des Sohnes, in dem die Spannung im Adamsbild, die Spannung von Sein und Akt[4], sich löst. Das

---

1 H III/2,1, 92.

2 Nach dieser Feststellung kann "Schöpfung" also nicht bloße Setzung bedeuten, sondern zugleich die Verantwortung Gottes für seine "gute" Welt (Gen 1,31). Siehe dazu ausführlich unten S. 169 f.

3 Vgl. dazu die Interpretation der Auffassung Gregor von Nyssas bei H.U. von Balthasar, Présence et Pensée. Essai sur la Philosophie religieuse de Grégoire de Nysse (1942), S. 29-60.

4 H III/2,1, 93-95.

Verhältnis von Vater-Zeuger und Sohn-Gezeugten wird die alte Bildform von innen her aufschließen und vollenden.

4. Die Verklammerung zwischen dem Alten und dem Neuen Bund

Damit drängt sich die Frage nach "dem Sinn der Bundesgeschichte und der in ihr erscheinenden und handelnden Herrschaftlichkeit Gottes" auf: "Bleibt diese Geschichte, wie jede andere sonst auf Erden, ein ergreifendes Bruchstück menschlichen Ringens und Scheiterns, oder schließt sie sich zu einer Gestalt zusammen, wie sie im geschichtlichen Raum nirgendwo mehr erscheint? Und wenn es diese Gestalt gibt: wo liegt sie? In Israel selbst oder jenseits von ihm? Ist es so wie die christliche Theologie den Alten Bund immer gelesen und verstanden hat: daß Israels Ungestalt sich nur transzendierend erhellt im Sohn der Mirjam: Jehoschuah?"[1]. Anders ausgedrückt, geht es um die Frage der Nähe und des Abstands des Christentums zum Alten Bund. Nimmt man an, daß die Gesamtgeschichte Israels einen prophetischen Charakter hat, daß sie eine Bundesgeschichte des erwählten Volkes mit Gott ist, "deren Größe, Katastrophe und Selbstübersteigerung einer unanschaulichen, unkonstruierbaren Vollendung entgegenzieht"[2], so setzt eine solche Vollendung nicht nur das Vollendende, sondern auch das zu Vollendende voraus. Nur in der gegenseitigen Erhellung ist jedes von beiden voll verstehbar.

Wie steht es nun mit unserem Fall? Um das Verhältnis von Altem und Neuem Bund zu erfassen, bedient sich H.U. von Balthasar des Begriffs "figura"[3], mit dem er zugleich die gegenseitige Bezogenheit von Israel und Kirche beschreibt.

---

1 H III/2,1, 371.

2 Ebd.

3 Ebd., S. 373. Ausführlich dazu in: H I, 595-634.

Mit L. Goppelt[1] stimmt er darin überein, daß eine wesentliche Seite des neutestamentlichen Selbstverständnisses verfehlt wäre, wenn man in der Interpretation des Christusgeschehens vom Alten Testament absehen würde. Auf das Verhältnis von Israel und Kirche bezogen heißt es:

> "Die bestimmte Weise der Ungestalt Israels übersteigt sich objektiv so, daß sie in der bestimmten Weise der christlichen Kirche, sich als Gestalt zu wissen und als solche auch von Israel her zu legitimieren, zu ihrer Eigenart kommt"[2].

Nach dieser Auffassung zieht sich eine Linie vom Alten zum Neuen Bund, von Israel zur Kirche. Die "Gestalt" formiert sich stufenweise aus der "Ungestalt". Es wird mit dieser Lesart nichts anderes angeboten als die alte Form des "argumentum ex prophetia". Daher stellt sich die Frage, ob die von H.U. von Balthasar vertretene Auffassung angesichts der historisch-kritischen Methode der Sache gerecht wird, die die alte Form des "argumentum ex prophetia" ins Schwanken gebracht hat. Das Anliegen dieser Methode braucht hier nicht im einzelnen verfolgt zu werden. Als weitgehend bekannt darf vorausgesetzt werden, daß die Kernfrage im Zusammenhang der Beziehung von Altem und Neuem Bund an die Richtigkeit der Auffassung rührt, nach der der im Neuen Testament als Mitte hervorgetretene Punkt aus den Einzelgestalten des Alten Bundes sozusagen errechnet werden könnte, wie das argumentum ex prophetia nahelegt. Stünde es wirklich so um das Verhältnis zwischen den beiden Testamenten, dann müßte man eine <u>radikale</u> Infragestellung des einen durch das andere befürchten und somit einen Identitätsverlust der <u>Mitte.</u>

---

1 Vgl. Typos. Die typologische Deutung des Alten Testaments im Neuen (1939).

2 H III/2,1, 372.

H.U. von Balthasar formuliert seine Antwort auf die Frage der historisch-kritischen Methode und seine Befürwortung des argumentum ex prophetia in drei Sätzen:

1. "Die Einzelgestalten, die Israel im Laufe seiner Geschichte herausgestellt hat, umlagern miteinander einen offenbleibenden Punkt, der aus den Umlagernden und aus ihrer gegenseitigen Beziehung nicht errechnet werden kann, gerade dann nicht, wenn sie sich als Gegensätze gegenüberstehen".

2. "Der Punkt der Mitte wird in der Fülle der Zeit von Einem besetzt, der ihn lebt, ohne daß sein primäres Interesse darin läge, seine Existenz als Erfüllung der verschiedenen (bisher unvereinbaren) Einzelgestalten Israels einzurichten und vorzustellen".

3. "Bei der nachträglichen Auslegung dieser Mitte erweist sich sekundär, daß die Mitte sich durch die Kristallisation der Peripherie um sie her als Mitte bewährt, und daß die Peripherie durch diese Kristallisation erst ihren gestaltbildenden Bezugspunkt erhält"[1].

---

1 H III/2,1, 372. Die Frage ist aber damit nicht einwandfrei beantwortet. Denn, wenn die historische Relativität und die Knechtsgestalt des christlichen Überlieferungsgutes notwendigerweise zur Inkarnation gehören und von der Glaubenshaltung aus grundsätzlich bejaht werden müssen, dann muß man die Frage stellen, ob nur der seiner Sache gewisse Glaube an Jesus doch der historischen Forschung keinen freien Raum gibt? Gewiß weist H.U. von Balthasar darauf hin, daß nicht der Religionsgeschichtler oder Religionspsychologe hier eine klare Antwort geben können, wie es sich mit dem Jesusglauben verhält, sondern daß der Glaubensblick dafür erforderlich ist (vgl. H III/2,1, 376). Aber noch deutlicher und präziser formuliert W. Künneth seinen Vorbehalt gegenüber der historisch-kritischen Forschung auch unter Berücksichtigung der Vielstimmigkeit und Unvereinbarkeit der Ergebnisse: "Der Glaube weiß, daß er nicht darauf warten kann, bis einmal ein wissenschaftlicher Konsensus erreicht ist, aber er wird durch solche Einblicke in die historische Situation zugleich daran erinnert, daß er einerseits nicht von den kümmerlichen Endresultaten des historischen Kritizismus leben kann, andererseits daß diese Relativität in der historischen Urteilsbildung eine permanente Warnung vor Absolutsetzung der historisch-kritischen Forschung darstellt" (Glauben an Jesus?, Hamburg 1962, S. 144).

Damit wird auf die Grenzen der alttestamentlichen "figura" hingewiesen und zugleich herausgestellt, daß über die Kontinuität hinaus mit Christus wirklich ein "Neues" aufgebrochen ist. Die Bilder des Alten Bundes können und dürfen nicht als in sich ruhend aus ihrem heilsgeschichtlichen Zusammenhang abstrahiert werden[1], aber "sie stehen eben als Typen in einer Verheißungszeit, die sich von der Erfüllungszeit qualitativ unterscheidet"[2]. Diese besondere Qualität zu erfassen und damit auch die objektive Richtigkeit[3] des Verhältnisses zwischen den beiden Testamenten ist Sache der Theo-logie, die mit den Augen des Glaubens sieht, und nicht der Religionsgeschichte oder der Religionspsychologie.

An dieser Stelle spricht H.U. von Balthasar von einem entscheidend wichtigen Punkt der Bundeswahrheit: das Scheitern und die Aktualität Israels. Alles Menschliche scheitert an seinen Grenzen, so auch Israel; aber es scheitert vor allem nicht an der Endlichkeit des Daseins, sondern an Gott und an seinem Bund. Darin gründet die besondere theologische Qualität dieses Scheiterns[4], dessen dauernde Aktualität die ganze Kirchenzeit begleitet. Es ist die in Röm 9-11 beschriebene und von Karl Barth (KD II,2) durch einen Kommentar in seiner Erwählungslehre hervorgehobene Aktualität. In Anlehnung an Barth drückt sie von Balthasar folgendermaßen aus:

---

1 Vgl. G. von Rad, ThAT II, 384.

2 H III/2,1, 376.

3 Vgl. H. de Lubac, Der geistige Sinn der Schrift (1952) 50; H I, 168 ff.

4 "An Gott und an seinem Bund scheitern heißt ja wohl nicht einfach: erledigt und abgetan sein, so wahr alles zweiseitige Bundesverhältnis auf einer vorausgehenden einmaligen Erwählung ruht" (H III/2, 1, 377). Dieser Aspekt ist von Balthasars Meinung nach von R. Bultmann zu wenig beachtet worden, vgl. "Ursprung und Sinn der Typologie als hermeneutische Methode", in: ThLZ 75 (1950) 205-212.

> "Diese Aktualität des in der Geschichte immer gegenwärtigen Israel läßt es als Ganzes und in all seinen Typen auch für die Christen und die Menschheit im ganzen bedeutsam sein. Die Kirche dürfte sich für ihr eigenes Beten nicht so weitgehend der Lobgesänge Israels bemächtigen, wenn sie nicht auch mit Israel zusammen die Buß-, Gerichts- und Bekenntnispsalmen zu beten bereit wäre, und dies heißt doch, sich mit Israel zusammen schuldig und scheiternd zu wissen und zu fühlen"[1].

Ähnlich äußert sich auch Fr. Baumgärtel. Die Gemeinsamkeit zwischen Israel und Kirche sieht er darin, daß Gott heute an uns handelt wie an Israel im Alten Bund, so daß die Mitte des Neuen Bundes ihre geschichtliche Vollgestalt mit den alttestamentlichen Bildern, die sie erfüllen, zusammenbehält[2]:

> "Im alttestamentlichen Wort begegnet Gott mit Israel zusammen und ... handelt Gott heute gegenwärtig an uns, wie er an Israel gehandelt hat... Hierin ist das Alte Testament für uns gar nicht abgetan. Hier erfahren wir die heilsgeschichtliche Bedeutung des alttestamentlichen Zeugnisses für unseren christlichen Glauben"[3].

Wie könnte es anders sein, wenn das Bundesverhältnis wirklich eine Geschichte Gottes mit dem auserwählten Volk und über dieses hinaus mit der ganzen Menschheit ist? Die Pole des Verhältnisses tragen die Namen Himmel und Erde, Geschichte und Endzeit, erwähltes Volk und Allmenschheit. Die Offenbarungslogik, welche hier zugrunde liegt, läßt sich nach von Balthasars Meinung auf kein "Weltentwicklungsgesetz" zurückführen. Die besondere Geschichte Gottes könnte in der Tat bloß wieder unter dem Schema weltlicher

1 H III/2,1, 377.

2 H.U. von Balthasar verweist auf die Erscheinung von Moses und Elias auf Tabor zum Passionsgespräch. So werden Formen, Gestalten des AT, die vom NT nicht überholbar sind, mit neuem Inhalt und mit größerer Herrlichkeit erfüllt.

3 Fr. Baumgärtel, Verheißung. Zur Frage des evangelischen Verständnisses des AT (1952), S. 48, 54.

Evolution ("Erziehung des Menschengeschlechts") laufen, wo "die früheren Ereignisse durch die späteren überholt werden, noch durfte diese Geschichte mit Gott an irgendeinem abschließenden Zeit- und Geschichtspunkt synthetisiert und zu einer Gesamtgestalt gefaßt werden - etwa zu einer "Dogmatik" der alttestamentlichen Offenbarungswahrheit -, weil dies wiederum die geschichtliche Relevanz des Augenblicks in etwas zeitlos Gültiges eingeebnet hätte"[1]. Der Alte Bund ist also innerlich zu einem zeitlichen Ende hin angelegt, welches allerdings nicht als "Zeitlosigkeit, sondern nur als das Mysterium des Ineinfalls von echter Zeit und echter Ewigkeit gedacht werden kann: Eintritt echter Ewigkeit in die Zeit (Menschwerdung Gottes), Eintritt echter Zeit in die Ewigkeit (Auferstehung Christi und in ihm der Schöpfung)"[2].

Angesichts dieser Doppelbewegung stellt die Offenbarungszeit jenen Raum dar, in dem jede Handlung und jedes Wort Gottes sowohl Erfüllung - weil Gott gegenwärtig ist - als auch Verheißung ist, insofern Gott in einer weiterlaufenden Zeit redet und handelt. Diese Spannung zwischen Erfüllung und Verheißung, welche den Alten Bund kennzeichnet, ist die gleiche, mit der das Christentum und der einzelne Christ in der Nachfolge Christi konfrontiert wird, dessen ganze Existenz das gekommene-kommende Reich des Vaters, d.h. die Integration der echten Zeit durch die Auferstehung in die Ewigkeit, kundtut.

Mit Recht charakterisiert von Balthasar die Kirchen- und Weltgeschichte als ein Christusgeschehen[3], das von Verheißung zur Erfüllung führt und die Treue Gottes zu sich selbst über alle Untergänge des anderen Bundespartners hinaus sichtbar macht. Der neue und ewige Bund im sühnen-

---

1 H/2,1, 380.

2 Ebd.

3 Ebd., S. 381.

den Mittler, der das Zusammenfallen von zwei Ereignissen, Sprachereignis (Dabar Gottes) und Blutereignis (menschliche Gestalt) ist, öffnet uns den Weg zur Vollendung. Der Mittler macht zweierlei deutlich: seine Existenz wirft ein ganz neues Licht auf Gott und auf sein Verhältnis zur Welt. Auf Gott, weil das Geheimnis des Gottmenschen das der Trinität offenbart; auf das Verhältnis Gottes zur Welt, da die Welt nunmehr in der Person des Menschen Jesus, ohne daß die grundlegende Differenz zwischen Gott und Geschöpf beeinträchtigt wird, ihren Lebensraum im trinitarischen Leben erhalten kann[1], das dem Menschen im Neuen Bund angeboten wird.

II. Der neue Mensch im Neuen Bund

Ebensowenig wie das Alte Testament liefert uns das Neue Testament eine explizite Lehre oder eine homogene Synthese über den Menschen. Wahrheit und Authentizität des menschlichen Seins nach der Bibel, mit anderen Worten die biblische Anthropologie, ist nur, wie C. Spicq[2] feststellt, als Teil der Theologie zu verstehen. Alles wird in Zusammenhang mit dem religiösen Glauben gesehen, mit der Beziehung des Menschen zu Gott. Der Mensch wird wesentlich als ein Gegenüber von Gott dargestellt, als ein Pol dieser Beziehung. Diese Beziehung offenbart sowohl die Niedrigkeit als auch die Größe des Menschen, seine Würde, welche darin besteht, wie bereits gezeigt, ein Abbild und Partner Gottes zu sein.

---

1 Vgl. H III/2,2, 32.

2 C. Spicq, Dieu et l'homme dans le Nouveau Testament, Paris 1961, S. 11.

1. Der Mensch "in Christo Jesu"

Es ist für unsere Zwecke nicht nötig, die Deutungen von Begriffen, die sich auf das Menschenbild im ganzen Neuen Testament beziehen, vollständig anzuführen. Das Hauptaugenmerk gilt hier den Grundaussagen über den neuen Menschen, auf die das volle Licht der christlichen Hoffnung fällt. Wir verfolgen dabei die Absicht von Balthasars, der sich an der Interpretation und Darstellung eines Gesamtbildes des Menschen hinsichtlich seiner Bestimmung von Gott her leiten läßt.

Dazu liefert nach von Balthasars Meinung der Anfang des Epheserbriefes die besten Voraussetzungen. Darin wird ausgesagt, wie Gott schon vor der Grundlegung der Welt den Menschen im Sohn mit allem Segen überschüttet, ihn auserwählt und zur Kindschaft vorbestimmt hat. Es handelt sich nicht um den autoritären Willen eines Monarchen, der unserer Persönlichkeit und Freiheit keine Rechnung trägt, sondern um das liebevolle und gnädige Angebot des dreieinigen Gottes. Eine Gnade, die der Grundlegung der Welt nicht folgt sondern vorangeht. Es ist das Mysterium der Liebe, in der das Geschöpf nicht nachträglich, sondern von jeher zu seiner Eigentlichkeit erdacht worden ist[1].

Wenn dem so ist, dann stellt sich die Frage, in welchem Verhältnis steht unsere zeitliche Wirklichkeit zu dem "zeitlosen Voraus" der Erwählung. Wenn die Gnade die Natur nicht ersetzt sondern erhöht, so ist die Bedeutung des "Voraus" als "trinitarischer Überantwortung"[2] darin zu sehen, daß der ewige Indikativ der Erwählung den zeitlichen Imperativ des Hineinwachsens in die Eigentlichkeit nicht sinnlos macht, sondern erst recht begründet und fordert, damit wir

1 H III/2,2, 368.

2 Vgl. ebd., S. 365-373.

immerfort das werden, was wir schon in der "Fülle" und Eigentlichkeit Christi sind. H. Schlier faßt die Wahrheit und die Bedeutung der Abgabe unserer Wirklichkeit, unserer Weltzeiten in die Verfügung des Sohnes mit folgenden Worten: "Christus sollte die Zeiten der Geschichte, die durch ihn in die Dimension der Fülle Gottes einbezogen worden sind, verwalten, so daß nicht mehr leere und ins Leere sinkende Geschichte sei"[1]. Für H.U. von Balthasar ist die erste Idee des Menschen schon trinitarisch-ökonomisch bestimmt: "Zweifellos ist der Mensch im Blick Gottes nicht der erste Mensch Adam, eine lebendige Seele, ohne Finalität auf den zweiten, das lebenspendende Pneuma (1 Kor 15, 45)"[2]. So wachsen wir Christus, dem "vollendeten Mann"[3], entgegen, indem wir in unseren inneren Menschen wachsen.

Der neugeborene Mensch ist derjenige, der seine ganze Lebenskraft aus dieser Tiefe schöpft, verwurzelt in jener vollkommenen "Figur", in die sein eigentliches Sein eingeborgen ist. Das ist die eigentliche Geburt aus Gott, aus Gottes Geist[4]. Was darunter zu verstehen ist, erläutert von Balthasar am Ur- und Vorbild des trinitarisch-ökonomischen Geschehens:

> "Was die Geburt aus Gott ist, wird uns deutlich im 'Fahrenlassen' des Sohnes durch den Vater (Joh 3,16; Röm 8,32), zugleich im gehorsamen 'Aus-dem-Vater-Herausgehen' des Sohnes (Joh 16,28), und in diesem Beiderseitigen wird der Geist Gottes als die 'Übereignung an sich' klar, die 'Gabe', die aber nicht zwischen dem Schenkenden und dem Beschenkten unterwegs bleibt, sondern völlig in diesem ankommt, nicht als Fremdes, sondern als zu eigen Übereignetes mitsamt

---

1 H. Schlier, Der Brief an die Epheser, Düsseldorf 1957, S. 64.

2 MP 135.

3 Eph 4,13.

4 Joh 1,12; 3,5; 1 Joh 3,9. Vgl. Rm 5,5 ff.; 8,15; Gol 4,6.

der Möglichkeit, als Gabe ins Eigene übernommen und als Eigenes anerkannt und besessen zu werden"[1].

Doch was bedeutet die hier angesprochene "Möglichkeit" der totalen Inbesitznahme des Geistes in bezug auf die Menschen und auf die Sendung des Geistes in ihr Herz? Werden die Grenzen der Unterscheidung zwischen dem Sich-Schenkenden und Beschenkten noch sichtbar? Und wird der Mensch, so möchte man noch einwenden, durch die "Vorbestimmung" nicht überspielt, überrumpelt? Die Übernahme der Gabe ins Eigene, so lautet die Antwort von Balthasars, führt nicht zu einer "Identifizierung von Geber und Begabten", da sich die Übernahme "jenseits dieser Identität als Triumph der Herrlichkeit etabliert"[2]. Die Erwählung und die Berufung der Menschen zu Söhnen siedelt den Menschen von urher im Innersten Gottes, des absoluten Seins, an, aber so, daß er in diesem dreieinigen Raum der Gnadenhaftigkeit, seiner eigentlichen Heimat, bereit ist, diese Gestalt des Seins anzuerkennen und durch seinen Aufenthalt in diesem Raum zum Lobpreis der Gnade zu werden.

2. Die volle Bejahung des Geschöpfes

Erfüllte Bejahung und Zusage (2 Kor 1,20) kennzeichnet den Weg des gläubigen Menschen durch die Zeit. Sowohl die Bejahung wie die Zusage sind das Liebesgesetz Gottes bzw. sein Verheißungswort, das er Mensch werden ließ. Das ist der Akt, mit dem Gott endgültig liebend auf uns zukommt, uns bejahend und zugleich sich von uns setzend.

Noch deutlicher formuliert von Balthasar seinen Gedanken so:

> "Im Sohn schenkt uns Gott beides: den Gesamtausdruck seiner selbst und den Inbegriff unseres in seiner

---

1 H III/2,2, 369-370.

2 Ebd., S. 370.

Eigentlichkeit bejahten Wesens. Damit die Liebe - auch die Liebe zwischen Gott und Menschen - sich ihrem Eigengesetz entsprechend entfalten kann, ohne Überwältigung des Menschen durch eine hinwegraffende Macht, im Frieden und in der Freude der Bejahung des Menschen als des Andern, und doch in der Kraft, ihn der absoluten Liebe nicht nur zu versichern, sondern sie ihm zu übereignen, ist von Gottes Seite die immanente Dreieinigkeit die Voraussetzung, von des Menchen Seite die Willigkeit, sich in den Raum der enteigneten Liebe mitenteignen zu lassen"[1].

Der Gedanke ist klar. Wer sich selbst bejahen will, muß bereit sein, wie Gott selbst es getan hat, seiner selbst enteignet und übereignet zu werden[2]. In einer analogen Linie zu dem Vorgang in der Trinität steht die Befähigung des Menschen zur Selbstbejahung. Die Voraussetzung dafür ist die "Willigkeit", d.h. der Glaube, welcher allein die Entschlossenheit des Menschen zum Ausdruck bringt, sich von der absoluten Liebe ergreifen zu lassen.

Mit J. Ratzinger ist hier darauf hinzuweisen, daß dies eine "grundlegende Option" gegenüber der Wirklichkeit ist, denn "es meint nicht ein Feststellen von dem und jenem, sondern eine Grundform, sich zum Sein, zur Existenz, zum Eigenen und zum Ganzen des Wirklichen zu verhalten"[3]. Da diese Glaubenshaltung zugleich ein Vollzug in der Liebe bedeutet, erklärt sich das Sein selbst nach Hans Urs von Balthasars Meinung nicht anders als durch die Liebe, die es ins Dasein ruft[4].

Mit seiner Option für den Dialog in der Liebe entscheidet sich der Mensch in Freiheit für den "subjektiven Grenzüberschritt, der das Ergriffenwordensein in ein ergriffenes

1 H III/2,2, 375.

2 Vgl. dazu "Aneignung als Enteignung", ebd., S. 373-383.

3 Einführung in das Christentum, München 1969, S. 27.

4 H III/1,2, 964-973.

Aufgreifen und Nachjagen (Phil 3,12 ff.) verwandelt"[1]. Wir stoßen hier auf ein Spezifikum des Christlichen: das "Nachjagen" wird zu einer Pilgerreise im Glauben durch die Zeit. Versuchen wir ihre wesentlichen Elemente zu charakterisieren.

III. Die Gewährung des Glaubens als die Bestimmung für den Menschen

Erst die gläubige Durchdringung macht die Einbeziehung des Menschen in den dreieinigen Raum konkret. In dem Zusammenhang der "Aneignung" ist entscheidend, daß die "Anlehnung" an die "Vorbestimmung" die Eigenständigkeit des Menschen gegenüber einer möglichen "Überrumpelung" erweist, indem der Mensch, sich enteignend, zugleich Möglichkeiten der Wahrheitsfindung entwickelt, mit denen er sich selbst und seine Welt begreift.

Damit ist schon gesagt, daß es sich beim Glauben immer um eine Beziehung handelt, um eine Beziehung des Glaubenden zu sich selbst und zum Ganzen der Wirklichkeit. Als schlechthin grundlegend für eine Erkenntnis neben dem "Sehen" und dem "Greifen" erscheint der so definierte Glaube als eine "zweite Form von Zugang zum Wirklichen", in der der Mensch "die entscheidende Eröffnung seiner Weltsicht überhaupt findet"[2]. Gleichzeitig ist dies aber ein Reifungsprozeß, der die Konkretheit des christlichen Glaubens in Zeit und Geschichte immer mehr in die Tiefe der Existenz führt, so daß die ursprüngliche Verfügung des Menschen auf Gott hin auch das weitere Leben des Menschen umgreift. Der Blick und die Bewegung nach vorne lassen sich so besser verstehen. Unter dem Einfluß von vielfältigen

1 H III/2,1, 376.

2 J. Ratzinger, a.a.O., S. 27.

Bedingungen entstehen neue Tätigkeitsformen, die das Kleinkind aus dem Zustand des kindlichen Vergnügens zum Mannesalter herausführen, in dem der Mensch sich mit der Lebenswirklichkeit auseinandersetzt. In einer analogen Linie zu diesem psycho-physiologischen Gesetz vollzieht sich der Glaube des seiner Vollgestalt von Sohn im Sohne (Jesus Christus) entgegenschreitenden Menschen. Aber in welche Richtung weist der Prozeß und was erwartet der Mensch?

1. Sinnmitte des Daseins und Erwartung

In der Antike hatte der Mensch seinen Platz in einer "anschaulich-gegenständlichen Weltordnung" ("Kosmos")[1], die er als begrenzt und stabil ansah (mit einer harmonischen architektonischen Struktur). Der Mensch beherrschte oder glaubte zumindest, den Horizont seiner Existenz zu beherrschen. Das Hauptproblem war das des "Anfangs" ("archê"): Wie ist die Entstehung der Welt zu erklären? Was ist ihr Grundstoff? Woher kommt das Weltganze? Und wer hat es geformt? Diese Fragestellung gab auch den Raum ab, in dem die Frage nach dem Sinn der menschlichen Existenz gestellt wurde.

Seitdem der wissenschaftliche und technische Fortschritt aber der Erkenntnis von Welt und Mensch neue Horizonte und Perspektiven eröffnet hat, hat die Frage nach der Zukunft der Welt und des Menschen an Wichtigkeit gewonnen. Und so nahm ein anderer Aspekt der Frage des "Anfangs" einen größeren Raum ein: wohin geht die Welt? Was wird aus dem Menschen? Warum und wofür lebt er überhaupt? Was bedeutet sein Denken? Sein Wollen und Handeln? Seine Freiheit? Eine Serie von Fragen, die umso "angreifender", bestürmender sind,

1 J. Hoffmeister, Wörterbuch der philosphischen Begriffe, Meiner, Hamburg ^{2}1955, S. 362.

als der Mensch seine nicht nur schöpferische, sondern auch seine vernichtende Macht erheblich vergrößert hat. In einem sehr "ausgedehnten" Universum suchen wir nach einem sicheren Bezugspunkt. Die Kontemplation der umgebenden Wirklichkeit schenkt keine Sicherheit mehr. Der feste Boden der beruhigenden Betrachtung scheint entzogen zu sein. Zur gleichen Zeit erfährt der Mensch in sich selbst und in seiner Umgebung so etwas wie einen offenen Raum, in den er hineinwachsen muß[1]. In diesem Zusammenhang erhält selbst der Begriff der Freiheit eine immer entscheidendere Bedeutung. Er bedeutet trotz der zu überwindenden Hindernisse oder gerade wegen dieser Hindernisse, daß der Mensch immer fähiger wird, zu sich selbst zu finden, seine Identität zu erlangen, indem er versucht, eine Antwort auf die Frage nach seinem Schicksal zu finden, seine Lebensfülle so zu gestalten, daß er zum Beispiel erdrückende Vergangenheit bewältigt und in die Zukunft blickend die Gegenwart intensiver erleben kann, getragen von dem Wissen um seine die Entfaltung des eigentlichen "Ichs" bewirkende innere Kraft und von einer fortschreitenden Bewegung, deren "geometrische" Linien durch die Geschichte hindurch ins menschlich Unabsehbare führen, d.h. zu dem Punkt der Begegnung mit dem richtend-erbarmenden Herrn am Ende der Geschichte[2].

Das Innerste des menschlichen Seins scheint so durch eine Spannung gekennzeichnet. Dadurch angeregt greift P. Tillich[3] zu einem Ausdruck, der auch eine der Grundideen seiner

---

1 Vgl. SC 154; PnI 23.

2 In einem umfassenden Sinne spricht H.U. von Balthasar in diesem Zusammenhang nicht nur die bewußt als "Christlich" deklarierten Akte, sondern auch die "unscheinbaren Christlichen" an. Alle haben es mit der "Konvergenz der Pneuma-Sphäre" zu tun, sofern "die Geschichte der Christenheit (der sichtbaren und unsichtbaren) die Darstellung durch den schöpferischen Geist der Fülle Christi ist" (Eph 1,23), SC 154.

3 Vgl. Systematische Theologie, 3 Bände, Stuttgart 1956/1958, insbes. Bd. II.

Theologie trägt: "ultimate concern". Worum geht es? P. Tillich versucht, mit diesem Ausdruck ein wesentliches Merkmal des Menschen hervorzuheben. Im Gegensatz zum Tier, das in dem Augenblick gefangen bleibt, weiß der Mensch, daß er aufgefordert ist, seiner Zukunft entgegenzuschreiten. Er erkennt Zusammenhänge. Und dazu gehört, daß er mit Sorgen ("concern") lebt. Immer zielt er auf etwas hin. So trägt er zum Beispiel Sorge für das tägliche Brot, für eine bevorstehende Prüfung, für den Erfolg im Geschäft, für eine bessere Zukunft usw. Doch über alle diese Sorgen hinaus gibt es eine letzte Sorge, die er mit sich herumträgt: nämlich die, daß sein Leben wirklich einen Sinn bekommt, glaubwürdig ist, ohne Ambiguität. Kurzum: er ist auf der Suche nach dem "neuen Menschen" ("the New Being"), der noch aus ihm werden soll.

In diesem Wort erklingt das, was das Neue Testament in mehrfachen Verbindungen der beiden Wörter "Schöpfung" und "neu" ausdrückt. Dieses "Neue" enthält das, wozu der Mensch und in ihm die Gesamtschöpfung berufen sind. Das "Neue" ist das eigentliche Zentrum. Die Spannung des Seins, die oben angesprochen wurde, macht die grundlegende Abhängigkeit des Menschen von diesem letzten Wahrheits- und Freiheitspunkt deutlich, von dem aus "Licht und Kraft bis hinab ins Dunkel des Unbewußten einsenken können"[1].

Dennoch, so möchten wir fragen, was ist das für eine Antwort, die uns aus dieser Tiefe erreicht? Welches Erlebnis ist damit verbunden? Wenn die Zukunft so ist, daß sie jeweils "unsere" ist, d.h. in unserem Besitz und doch jeweils vor uns steht, dann wird daraus deutlich, daß nicht nur Erwartungen und Hoffnungen die Struktur des jeweils "auf eine unausdenkbare Vollendung in Gott hin" erlebten "Provisoriums" ausmacht, sondern auch erfüllte Hoffnungen

---

1 PnI 20.

und Sehnsüchte. Jedesmal und überall, wo etwas authentisch Neues entsteht, dort erscheint auch ein Sinn und eine Erfüllung, die uns dem letzten Sinn und somit dem Heil der Geschichte nahebringen. Das Fundament unserer Hoffnung ist, so sagt uns der christliche Glaube, Gott selbst, der uns aus Liebe und durch seine Liebe ins Dasein gerufen und uns diese seine Liebe für immer versichert hat.

Gerade hier aber drängt sich die brennende Frage auf. Neben diesem Überfluß an Liebe erleben wir auch die bittere Realität des Bösen in seinen verschiedenen und vielfältigen "Gestalten": die Sünde, das Leiden, die unvermeidlichen Grenzen unseres Seins und vor allem die äußertes Grenze: der Tod! Ist nicht in all dem etwas wie eine abstoßende Abscheulichkeit? Ist das Böse überhaupt vereinbar mit der Liebe? Woher kommt das Böse? Und was können wir darüber sagen?

2. Ausweg aus der Auswegslosigkeit: die Umwertung des Todes

> "Am Tod wird die Unvollendbarkeit des Menschen bis zum reinen Widerspruch offenbar, weil sein Absturz in die Ver-wesung zunächst auch jede vage offenbleibende Hoffnung auf ein Ganzseinkönnen mit sich hinunterreißt"[1].

Angesichts der Existenzproblematik widmet H.U. von Balthasar seine besondere Aufmerksamkeit dem Zustand der Zerrissenheit des Menschen, die dieser sich durch die Sünde auferlegt hat. Aufgrund dieser Uneinigkeit mit sich selbst ist der Mensch ein "Fragment"[2], solange er in dem Zustand des "Seins-zu-Tode" verweilt, um mit M. Heidegger zu sprechen. Ausgehend von der Sündhaftigkeit des Menschen radikalisiert von Balthasar eine traditionelle Auffassung angesichts des Heils des Menschen und bezeichnet die sündhaf-

---

1 GF 69.

2 MP 135, 318; vgl. GF 119-123.

te Situation als eine Situation des Todes, wenn es wahr ist, daß die Sünde Verlorenheit in Gottferne bedeutet und somit Abkehr von der Quelle des Lebens. Dennoch tritt Gott angesichts dieser Situation nicht nur als Herr mit Straf- und Gerichtsdrohung auf, sondern als Liebender mit einer "Liebesschwäche bis zur Grenze der Selbstentwürdigung"[1]. Wenn in diesem Zusammenhang der Situation der Sünde eine gewisse Bedeutsamkeit zugeschrieben wird, dann deswegen, weil an ihr noch deutlicher wird, was die Liebe Gottes und das ganze Christusgeschehen von der Menschwerdung über die Passion bis zur Auferweckung für uns bedeutet[2].

In Jesus Christus, der unsere Natur annahm, offenbarte sich die ganze Tragik und Abgründigkeit unserer sündhaften "conditio". Die Sünde ist "in ihrem letzten Wesen jene Ohnmacht der Menschheit, das übernatürliche Ziel, das Gott ihr geschenkt hat, ihre wahre Einheit im Geliebten (Eph 1,6) zu wollen und anzustreben, sie ist deshalb für alle"Verlust der Herrlichkeit Gottes (Röm 3,23)"[3]. Sie ist also die Entscheidung, jede Entscheidung gegen die Verwirklichung der "Eigentlichkeit", also für eine Selbstentfremdung und -begrenzung; es ist jede Entscheidung, die den Menschen daran hindert, mit sich selbst und mit den anderen zu kommunizieren; es ist schließlich die "problematische Solidarität" mit Adam "im herrlichkeitslosen Dasein ..., eine Solidarität in der <u>Nichtliebe</u>"[4]. Wir befinden uns hier am Scheideweg zwischen einer echten Freiheit in der Gottabbildlichkeit und der ständigen Versuchung des Bösen, der diese Freiheit ausgesetzt ist. Wo die Versuchung zur Realität wird, dort gewinnt die Sünde an Gestalt und

---

1 GF 88.

2 Die Frage der "Ausrichtung der Menschwerdung" von innen auf die Passion, wie von Balthasar es sehen möchte (vgl. MP 134 ff.), lassen wir zunächst auf sich beruhen. Wichtig ist aber der ernste Versuch, zu zeigen, wie weit Gott sich unserer Situation angenommen hat.

3 H III/2,2, 439. 4 Ebd., S. 440.

offenbart die Tiefe der "Erfahrung des Zu-Ende-Seins"[1]. Und der Tod markiert die letzte Etappe dieser Erfahrung.

In der Tat sammelt der Tod in sich alle Unausweichlichkeiten - in der Terminologie K. Jaspers - "Grenzsituationen"[2]: Einsamkeit, Leiden, Schicksalsschläge usw. Der Tod ist so eine radikale Infragestellung der menschlichen Existenz, die Grenze, die nicht nur unsere Hoffnungen, sondern auch das, was wir mit unserem Wissen und unserer Arbeit mühsam zu konstruieren versucht haben, zunichte zu machen scheint. Nichts macht es deutlicher als das tiefe und eisige Schweigen eines Grabes, wie sich der Mensch im Grunde dem Schicksal ausgeliefert fühlt. Warum muß der Mensch sterben? Jede Minute in unserer Existenz führt uns unausweichlich in die Nähe dieser die Mitte des Lebenssinnes angreifenden Grenze[3]. Das Nichtbewältigen des Todes wird im Alten Bund als eine auch der Erscheinung der Herrlichkeit Gottes klare, unüberschreitbar gezogene Schranke angesehen[4]. Ruft man sich in diesem Punkt etwa das angstvolle Gebet des Psalmisten ins Gedächtnis zurück[5], so wird jeder Kommentar überflüssig.

> "Mein Auge wird matt vor Elend. Ich rufe dich an, oh Herr, zu jeder Zeit, strecke nach dir meine Hände aus. Vollbringst du an den Toten noch Wunder, oder stehen die Schatten wieder auf, um dich zu preisen? Verkündet man im Grab deine Huld und deine Treue im Totenreich? Erfährt man in der Finsternis deine Wundermacht, dein gerechtes Walten im Land des Vergessens?"

Hier nun erhebt sich eine ganze Reihe von Fragen: Ist der Tod wirklich das absolute Ende? Wo bleibt der Sinn des Lebens? Gewiß bleiben die Früchte unserer Arbeit; der Mensch hinterläßt "unvergängliche" Kunstwerke, unser Wis-

---

1 MP 135 f.

2 Vgl. Psychologie der Weltanschauungen (^{3}1925).

3 Vgl. Der Widerspruch des Todes, in: GF 69-71.

4 H III/2,1, 373. Vgl. G. von Rad, ThAT II, 371 ff.

5 Ps 88, 10-13.

sen und unsere Liebe leben weiter in unseren Kindern und Enkelkindern und in der Menschheit durch die Zeit und die Geschichte. Aber genügt all das, damit der Mensch seine Hoffnung aufrechterhält und sich in dem Glauben gestärkt fühlt, daß sein Leben wirklich einen Sinn hat? Haben wir da eine unerschütterliche Garantie? Eine adäquate Antwort auf die Frage nach der Existenz? Was ist unsere Mühe wert, wenn letzten Endes uns doch nichts anderes bleibt, als das Verschwinden von der Erde in die Ungewißheit der Todesnacht? Was rechtfertigt das Gute, um das wir uns bemüht haben? Wer beseitigt die Ungerechtigkeit, die uns angetan wird? Wird auch die Zukunft des Menschen in dem finsteren Abgrund versinken, wo seine Vergangenheit begraben liegt? Wie wird es dem Menschen gelingen, von seiner "alten" Welt zu einer "neuen" Welt zu gelangen, von dem Gefangensein in Sorgen, Unruhe und Ängsten zur Freiheit und zur absoluten Sicherheit?

Was ist nun die Antwort des Glaubens auf diese und ähnliche Fragen? Die Problematik des Todes wird angesichts des Leidenswegs und des Endes Jesu nochmals mit aller Schärfe sichtbar. Gerade im Todesschicksal Jesu wird auch eine Antwort möglich, die für den Menschen, wie es aus den Äußerungen von Balthasars hervorgeht, im Rahmen einer soteriologisch-eschatologischen Erkenntnis und Deutung des Christusgeschehens gilt. Erst in dieser Blickrichtung wird einsichtig, daß Gott selbst als der rettende und erlösende Herr in das Leben der Menschen eingegangen ist und es von "innen" neugeschaffen hat[1]. Eine feste Hoffnung gegen Selbstverlust und

1 H.U. von Balthasar betont ganz besonders die "Welterfahrung" Gottes in Jesus Christus: "Nur wenn Gott selbst die letzte Erfahrung seiner Welt - die in der menschlichen Freiheit die Möglichkeit hat, Gott den Gehorsam zu kündigen und damit Gott zu verlieren - eingeholt hat, ist er nicht mehr nur Richter seiner Geschöpfe von außen und oben, sondern wird aufgrund seiner Welterfahrung von innen, als Menschgewordener, der alle Dimensionen des Weltseins (...) experimentell kennt, zum Richtermaß für den Menschen" (MP 136; vgl. dazu ebd. den ganzen Abschnitt auf S. 135 f.).

für Selbstergreifen ist gegeben. Der Mensch hat die Möglichkeit des eigentlichen Selbstvollzugs wiedererlangt.

Dieser neue Weg ist nur in Christus gegeben, denn er allein ist der Träger des "Neuen Seins", indem er den Menschen auf eine einmalige Weise aus dem Abgrund der Entfremdung herausgeführt hat. Kein Wunder, daß der an Jesus Christus Glaubende anders lebt und leidet, die Zeit anders erfährt; selbst die Grenzen des menschlichen Seins einschließlich der letzten Grenze, des Todes, werden in einem anderen Licht gesehen[1]. In Christus hat der Mensch, und darauf werden wir später zurückkommen, wieder Zugang zur "Doxa" der göttlichen Liebe. Während "Adam die problematische Solidarität im herrlichkeitslosen Dasein ist, ist Christus die echte Solidarität im wiedergewonnenen offenen Zugang zur Gnade"[2]. Er ist das überlegene Modell von Solidarität in der Liebe, in der einsichtig wird, was der "Selbstüberstieg der göttlichen Liebe" bedeutet, "die ins Andere ihrer selbst ging, um uns heimzuholen, und die sich dabei doch ihres Wesens nicht begab, weil sie als dreieinige das Anderssein schon immer in sich eingeborgen hat"[3]. Gerade darin erweist sich Gott als der Grund unseres Seins und derjenige, der allein das Rätsel unserer Existenz löst und lösen wird.

---

1 Vgl. TG 83-112; GF 125-241. Machen wir uns aber nichts vor! Der Tod bleibt der Tod. Keine theologische Reflexion berechtigt dazu, die Todesangst als ein pathologisches Zappeln abzutun. Diese Angst ist legitim! Oder würde man Christus als "Angsthase" hinstellen, weil er auch von dieser Todesangst ergriffen wurde? Denn vor dem "nicht mein, sondern dein Wille geschehe" und vor dem "in deine Hände befehle ich meinen Geist" (LK 23, 46) hat es geheißen: "wenn es möglich ist, so gehe dieser Kelch an mir vorüber" (Mt 26, 39) und: "Mein Gott, mein Gott, warum hast du mich verlassen?" (Mt 27, 46). Die Auffassung eines "strikten Gebotes" der Angstlosigkeit (vgl. H.U. von Balthasar, Der Christ und die Angst, Einsiedeln 1951, S. 45 ff.) scheint der Tatsache zu widerlaufen, daß die "Umwertung" die Schrecken des Todes nicht aufhebt. Die Frage bleibt, wie und ob man mit der ungeheuerlichen Herausforderung des Todes jemals fertig werden könnte. Hierzu vgl. die kritischen Bemerkungen H. Vorgrimlers (Der Tod im Denken und Leben des Christen, Düsseldorf 1978, S. 152) zu H.U. von Balthasars Äußerungen.

2 H III/2,2, 440. 3 Ebd.

3. Gott als Fundament unserer Voll-endung

Weil Gott unser Anfang und unser Ende ist, ruht unser ganzer Lebensweg in seinen Händen. Und weil dieser Weg "nachahmend" dem Weg Christi gleichen soll, erschließt sich der Zugang zu Gott in der rettenden Wirksamkeit des Christusgeschehens."Die Vollendung erfolgt nicht in paradiesischer Herrlichkeit, sondern in der kreuzigenden Begegnung des gekreuzigten Herrn im sündig entstellten Antlitz des Mitmenschen"[1].

Die im vorausgehenden Abschnitt angesprochene Spannung des Seins richtet sich nach einer verheißenden Zielbestimmung. Es handelt sich dabei jedoch nicht um etwas, das wir erst in "Zu-kunft" verstehen werden, obgleich der letzte Sinn des Seins uns noch verborgen bleibt, sondern um etwas, das, wie H.U. von Balthasar es deutet, wir schon im Ich-Du-Verhältnis erleben. Es liegt im dialogischen, sozialen Charakter des Seins begründet. Hier werden die Grenzen der in sich geschlossenen Freiheit des einzelnen Geistes überschritten, dessen "Gemeinsamkeit" im gleichen Maße zunimmt, wie seine "Einsamkeit" mit dem "Fürsichsein" wächst[2]. Der Geist, der von sich selbst als Person Besitz nimmt, erfaßt gleichzeitig das Wesen aller anderen Personen. Mit anderen Worten:

> "Die Selbstaussprache des Geistes ist immer schon ein Zwiegespräch mit anderen Geistern, und die volle Wahrheit kommt erst in diesem übersubjektiven Gespräch zu Tage. Hier erfährt das Subjekt sowohl was die Wahrheit der Welt, wie was seine eigene Wahrheit ist. Der Logos des Seins, der zuerst nur als geheimnisvolle Verdoppelung des Seins im Bild, im Ausdruck und im Begriff erschien, schwebend zwischen Einheit und Zweiheit innerhalb des geschlossenen Wesens, öffnet sich jetzt zu einem intersubjektiven Logos, der, schwebend zwischen der Einheit des Wesens und der Vielheit der Personen, die Einheit des Wortes in der Gestalt von Rede und Antwort herstellt"[3].

---

1 H III/2,2, 440. 2 WW 191. 3 Ebd., S. 192.

So wird eine tiefe Solidarität im Schicksal aufgrund der Wesenseinheit deutlich. Sie bedeutet u.a. die Steigerung der Verantwortung für die ganze Gemeinschaft und für das eigene persönliche Wesen. Ebenso stellt sich das Streben nach der eigenen Wahrheit als das nach der Wahrheit der Anderen dar.

Die Analogie dieser doppelten Kollokation der Wahrheit bzw. die Bewegung des Dialogs gründet letzten Endes in dem Dialog, den Gott in"ermüdlicher Anstrengung" mit seiner Schöpfung führt, wie es in dem "dritten Weg der Liebe" deutlich wird[1]. Die Schöpfung, vor allem aber der Mensch ist ein "Dialogpartner Gottes". In seiner Bemühung, diese Bestimmung als das "Unterscheidende des Menschen" ans Licht zu bringen, schreibt J. Ratzinger:

> "Das Unterscheidende des Menschen ist, von oben gesehen, sein Angesprochensein von Gott, dies also, daß er Dialogpartner Gottes ist, das von Gott gerufene Wesen. Von unten gesehen bedeutet das, daß der Mensch jenes Wesen ist, das Gott denken kann, das auf Transzendenz geöffnet ist. Nicht ob er Gott wirklich denkt, sich wirklich auf ihn hin öffnet, ist hier die Frage, sondern daß er grundsätzlich jenes Wesen ist, das dazu an sich befähigt ist, auch wenn es faktisch, aus welchen Gründen auch immer, diese Fähigkeit vielleicht nie zu verwirklichen vermag"[2].

Der Raum der Selbstverwirklichung des Menschen ist damit vorgezeichnet: "Der Mensch als ein durchgängig in Relation gesetztes Wesen kommt nicht durch sich selbst, obschon auch nicht ohne sich selbst zu sich selbst"[3]. In dieser Perspektive bedeutet die Rede von Gott als Schöpfer nicht nur eine Bezugnahme auf den Anfang, den Ursprung des menschlichen Abenteuers, sondern auch auf die im Dynamismus der Geschöpfe sich weiterhin entfaltende Aktion

---

1 GF 83-93; GL 33-100.

2 Einführung in das Christentum, S. 296.

3 J.R. Geiselmann, Die Heilige Schrift und die Tradition, Freiburg 1962, S. 56, zit. bei J. Ratzinger, a.a.O., S. 200.

Gottes. Dieser stellt sich nicht nur "hinter" uns, sondern auch "neben" uns und "vor" uns als die Ermöglichung und der Inhalt unserer letzten Zukunft. Es gehört deshalb zum Wortereignis Gottes im Menschen, daß Wichtiges klar und unmißverständlich offenbart wird: Gott ist das Gute, das alle unsere Liebesakte ermöglicht, das Wahre, das jedem Streben nach der Wahrheit den Weg öffnet, das Ganze, das unseren Bemühungen um die Selbstverwirklichung Sinn verleiht. Die Absolutheit, die hier angedeutet wird, ist nichts anderes als die absolute Liebe und heißt der "unfaßliche Inbegriff des ganz-anderen Gottes"[1]. Hieraus ergibt sich, daß Glauben sich primär auf die "Unfaßlichkeit der uns übersteigend-zuvorkommenden Liebe Gottes richtet"[2], denn "Glaubhaft ist nur Liebe". Diese ist der uneinholbare Prius, der den Menschen befähigt, sich auf dem "Heimweg" machen zu können, ein Weg, der jenseits des Mythos[3], der Philosophie[4], der kosmologischen[5] und anthropologischen "Reduktion" führt[6]. Klar muß man sich nach von Balthasars Auffassung darüber sein, "daß Gott nicht ein Zeichen oder ein Wort auf den Menschen hin setzt oder spricht, sondern den Menschen in seiner seinshaften Fragwürdigkeit und Zerbrechlichkeit und Unvollendbarkeit als die Sprache benutzt, in der er das Wort der erlösenden Ganzheit ausdrückt"[7]. Alles in unserer Geschichte hängt an dieser Beziehung. Demgemäß gewinnt der biblische Name "Yahwe" im Neuen Bund eine neue Qualifikation: die göttliche "Doxa" besagt zugleich das Engagiertsein Gottes im Schicksal seiner Schöpfung. Versuchen wir, dies noch etwas genauer zu erläutern.

---

1 GL 67; vgl. 1 Joh 4,16.

2 GL 67. "Von der Liebe, an die er glaubt, weil er ihr Zeichen verstanden hat, ist der Mensch ins Offene des Liebenkönnens geführt worden" (ebd. 68).

3 SC 20-22.

4 Ebd., S. 22-24.

5 GL 8-18.

6 Ebd., S. 19-32.

7 GF 84.

4. Zur Partnerschaft berufen

Die vorausgehende Analyse der Seinsstruktur hat gezeigt, wie das Menschsein durch eine Grenzhaftigkeit und die Menschheit durch eine noch viel größere Fragwürdigkeit gekennzeichnet sind. Kein innerzeitlicher Vollendungszustand vermag es, dieses Rätsel zu lösen, die Struktur des "Noch-Nicht" zu durchbrechen. Die titanische oder prometheische Anstrengung der Menschheit mag auch noch so groß sein, es bleibt dabei, daß der Mensch sich nur in Gott enträtseln kann[1], "weil Gott ihn als einen Partner im Dialog erdachte und er sich nur in den schöpferischen Worten , die Gott ihm zusprechen wird, verstehen und vollenden kann"[2]. Das heißt aber nicht, daß die berechtigten Versuche, die mitreißenden und wundervollen Leistungen des Menschen unter dem Einsatz seiner geistigen Möglichkeiten ihn keinen Schritt weiter von einer abgrundtiefen Lautlosigkeit bringen können. Die entscheidende Frage ist eine ganz andere. Es ist die Frage der "apriorischen, grundsätzlichen Unkonstruierbarkeit des Punktes Omega der Menschheitsentwicklung, den keine "feststellbare" Evolution eindeutig zu fixieren und zu erreichen vermag[3], weil der menschliche Fortschritt nicht in der Lage ist, aus eigener Kraft die "volle Würde des Personideals" zu erreichen, noch könnte er die "Offenheit der Hoffnung einholend überspielen".

Erscheint die Vollgestalt des Menschen - und mit ihr die der Gesamtschöpfung - als Werk Gottes, so wird es zu einer Kernfrage der Pneumatologie, ob die Aussage über den "neuen Menschen" eine reine Glaubensaussage ist oder nicht. In der Bejahung dieser Frage kommt dem Begriff der "Partnerschaft" eine große Bedeutung zu. Partner ist derjenige,

---

1 Vgl. SC 128.

2 Ebd.

3 Ebd., S. 127.

der mit an etwas teilnimmt, teilhat, an derselben Sache beteiligt ist. Nun, woran hat der Begriff der Teilhaberschaft des Menschen eigentlich sein Maß? Man wird zweifellos keine Deutung des hier Gemeinten vertreten können, ohne den schon erwähnten Aspekt der Gottebenbildlichkeit zu berücksichtigen und damit auch die Auffassung, daß der Mensch als Ebenbild Gottes auch als dessen Repräsentant und Sachwalter in der Welt auftritt. Die Bedenken, die hier angemeldet werden können, und zwar in Bezug auf den faktischen, nicht immer einwandfreien Umgang des Menschen mit seiner Umwelt, mögen zunächst auf sich ruhen.

Im wesentlichen führt die Bestimmung der "imago Dei" und somit der Herrschaftsstellung des Menschen zu der Gesamtsicht der Situation des Menschen vor Gott, wie sie sich aus der Erscheinung Christi, dem eigentlichen Ebenbild[1] ergibt. In ihm, dem Erstgeborenen aller Schöpfung, erreicht den Menschen das Gottebenbildlichkeitswort, ja, er selber ist dieses Wort, der Gottmensch, die "geraffte Einheit"[2] aller Dimensionen des Menschseins. Darum schreibt H.U. von Balthasar zu Recht insbesondere im Hinblick auf die "letzten Dinge":

> "... in ihm stirbt der Mensch, denn er hat den archetypischen Tod für alle erfahren, in ihm wird jeder Einzelne wie das Kollektiv gerichtet, weil er archetypisch am Kreuz das Gericht für alle und jeden Einzelnen vorweggenommen hat, bei ihm als dem Richter liegen die letzten Lose für Mensch und Menschheit, so daß sie in Hoffnung und Furcht auf ihn zuschreiten, mit einem Übergewicht der Hoffnung freilich, weil Christus sich einmal geopfert hat, um die Sünde aller hinwegzunehmen"[3].

Daher wird Christus zum Heil derer, die auf ihn hoffen. Damit tritt die "Sache des Glaubens" deutlich hervor. Wird die Erreichung der Vollgestalt des Menschen nicht als eine

---

1 εἰκὼν τοῦ θεοῦ: Kol 1,15.

2 Ebd., S. 129.

3 Ebd.

durch "Evolution" zu bewerkstelligende Voll-endung, sondern als eine allein durch die Gnade Christi sich erfüllende Verheißung angesehen, dann wird ersichtlich, daß der Begriff der "Partnerschaft" bei H.U. von Balthasar keineswegs nur als Ausdruck einer von dem Menschen erreichten "Gleichsetzung" mit Gott ist, sondern als Hinweis darauf, daß und wie der Mensch zur Teilnahme an der Herrlichkeit Gottes berufen ist. Hier reichen sich die Gottebenbildlichkeit des Menschen und die Doxa Gottes die Hand. In dieses Verhältnis fügt sich alles sich auf die Zusage Gottes hin vollziehende Naturhafte, mit seinen "Bruchstellen" und "qualitativen Abständigkeit" gegenüber dem Sein der Gnade[1], der noch ausstehenden vollen "similitudo".

IV. Rückblick und Einordnung

Nun sind wir so weit, daß wir ein erstes Ergebnis festhalten können. Dieser Teil hatte das Ziel, die anthropologischen Grundgedanken H.U. von Balthasars, soweit sie eine unerläßliche Voraussetzung für unser Thema sind, vorzuführen. Die Frage: "Wer ist der Mensch?" und die allgemeine metaphysische Frage nach dem Sein: "Warum ist überhaupt Etwas und nicht lieber Nichts" lassen sich als ein und dieselbe Urfrage des Menschen erfassen.

Wenn der Mensch die geistige Präsenz des Seins in der Welt ist, dann ist es seine Aufgabe, im Sein die wirkliche, letzte, grundlegende P r ä s e n z zu erkennen und nach ihr zu streben. Hinter dem, was gegeben und vorgestellt wird, steht der Geber oder derjenige, der sich vorstellt. Wenn in der Annahme bzw. im Vollzug der Präsenz des Seins der Geist seine "Geist-Präsenz" bzw. sein Bewußtsein und Selbstbewußtsein vollzieht, dann stellt sich die Frage, im

1 H II/2, 560 f.

Angesicht welcher "Präsenz" es dem menschlichen Geist gelingen wird, seine endgültige und vollkommene Präsenz im Sein zu erreichen. Indem der Mensch nach der Präsenz des Seins fragt, fragt er nach seiner eigenen Präsenz. Es ist darum wichtig, auch zu fragen, ob allein die Präsenz der Personen und der anderen Seienden eine angemessene Antwort auf die Frage der Präsenz als unmittelbar erlebter "Gegenwartsform" des Seins sein kann. Dazu muß gesagt werden, daß es sich nicht um abstrakte Vorstellungen handelt, sondern um das Leben der Personen im Erkennen und Lieben. Dieses Beziehungsnetz, welches durch das Aufeinanderzugehen der Personen zustande kommt, vermittelt uns etwas von dem Dialog, zu dem die ganze Schöpfung berufen ist und in dem die Sinnfrage eine endgültige Antwort bekommt.

Nun ist die Existenz des zu diesem Dialog berufenen Menschen nicht zuletzt dadurch gekennzeichnet, daß das Menschsein im Widerspruch mit sich selbst steht. Von diesem Widerspruch ausgehend betont von Balthasar die Zerrissenheit des Menschen durch die Sünde.

Die philosophische Analyse des Seins hat ergeben, daß alles Seiende Erscheinung seines Grundes und Darstellung seines Wesens ist. Dies ist eine Bewegung der Selbsterschließung des endlichen Seins, das seinen Höhepunkt im Menschen erreicht. Am Menschen wird ein "ontologisches Grundgesetz" erkennbar: "Alles Seiende lebt im Offenen des Seins und damit auch seiner Selbst"[1]. In Weiterführung dieses Gedankens wird auch deutlich, wie der Mensch sich im Erwachen zum Selbstbewußtsein als Gnade, als Geschenk entdeckt. Dies hängt damit zusammen, daß sein Sein im Angerufenensein durch die Liebe gründet. Der Mensch hat sich nicht aus eigener Kraft ins Dasein gesetzt, sondern er existiert als der Angerufene und Angesprochene. Darin liegt

1 SC 123.

zugleich die "Zielursächlichkeit"[1], die das Seiende einem Zustand jenseits eines hic et nunc erkannten Strebehorizonts entgegenführt. Die Wesensmomente wie z.B. Zeitlichkeit und Geschichtlichkeit deuten darauf hin, daß der menschliche Daseinsvollzug in die jeweilige Präsenz, deren Eigenschaft es ist, wie bereits erläutert[2], daß sie immer gerade zukommt, die ihr innewohnende Dimension der Zukünftigkeit als eine Richtung der Gegenwart und des Daseins selbst integriert.

In Bezug auf das letzte Ziel, auf das die immanente Zukünftigkeit verweist, hebt H.U. von Balthasar die "Noch-Nicht-Struktur" der menschlichen Existenz zwischen Geburt und Tod hervor und deutet sie biblisch als die Verheißungsdimension des menschlichen Lebens, die in der Bibel die Geschichte Gottes mit dem Volk Israel kennzeichnet. Als zum Dialog berufenes Wesen verfügt der Mensch über ein Eigensein, er ist ein freies Wesen. Damit ist aber auch die Möglichkeit des Sündenfalls, d.h. des Nein des Menschen zum Angebot Gottes gegeben.

In der Frage der Herstellung von Lebenssinnzusammenhang geht H.U. von Balthasar daher einen Schritt weiter, nämlich von der philosophischen zur theologischen Deutung des Seins. Wenn es einen Ausweg aus der Verlorenheitssituation in Gottferne, die durch die Sünde in der Welt entstanden ist, geben soll, dann nur von der treuen Liebe Gottes her zu sich selbst. Denn der mittendurch zerbrochene Mensch im Schatten des Todes bleibt ein "Fragment". Die aufgezeigte dreifache Schwebe hat die Dimensionen der Heilsbedürftigkeit von Mensch und Welt deutlich gemacht. Daran knüpft sich die Frage an, in welcher Weise das unwiderrufliche Zusagewort Gottes für den vollendungsbedürftigen Menschen Wirklichkeit werden kann als Tat Gottes im völligen Respekt vor dem Subjekt- und Personenkern des endlichen Seins. Wo steht der Mensch dabei mit seiner

1 SC 123. 2 Siehe oben S. 114 f.

Freiheit? Gleichwohl ist der Mensch auf eine Vermittlung angewiesen. Diese soll aber nicht einfach die Gesetze des endlichen Seins zerstören, sondern ihre Finalität erfüllen[1]. Selbst die menschlichen Erfahrungen sollen dabei nicht unberührt bleiben[2], sonst bliebe die Heilsbedeutsamkeit der Vermittlung ein leeres Wort.

Das unabgeschlossene und auf eine letzte Reife - es sei vorgreifend darauf hingewiesen - durch das Wirken des Geistes finalisierte Dasein und somit von H.U. von Balthasar wesentlich als Anfang, Verheißung und Hoffnung charakterisiert, erfährt den Sinn und Inhalt dieser Hoffnung erst im Leben Jesu Christi. In seiner einzigartigen Existenzweise hat er stellvertretend für die ganze Menschheit die treue und versöhnende Liebe des Vaters durch seinen Gehorsam uns wieder nahe gebracht.

Ist der Geist als Geist Gottes die Grundkraft in all dem, dann ergibt sich eine Verklammerung der Pneumatologie nicht nur mit der Anthropologie (sofern die vollendete und endgültige Gottebenbildlichkeit als Ziel des Menschen das Wirken des Geistes in der Relation zur Christusmitte ist), sondern insbesondere mit der Christologie, von der nun in Grundzügen zu handeln sein wird.

---

1 Wertvoll erscheinen hier die Erwägungen von J. de Finance (Existence et Liberté, Paris 1955, S. 237): "Le sens de la création, c'est d'amener à l'existence des sujets capables d'être, en quelque manière, l'oeuvre de leurs propres mains et de se rapporter à Dieu, non plus simplement par l'élan nécessaire de leur nature, mais par un acte issu de leur ipséité: des sujets qui, portant dans leur agir l'image de leur aséité divine, étant par eux-mêmes des centres et des touts, entrent d'eux-mêmes dans le jeu de l'Acte pur, en communiant à son unité par leur amour et leur libre don. En d'autres termes, la création vise à poser des êtres qui, en optant librement pour l'Etre, affirment et consolident leur être".

2 Denn "in diese menschliche Erfahrung senkt sich die göttliche Wahrheit ein; dieses zarte Netz zeitlicher Relationen ist stark genug, die absolute Wahrheit zu fassen, die ja selbst eine Wahrheit ewiger Relationen ist in einem ewigen Leben" (VC 85). Man würde in dieser Hinsicht dem von J.-P. Sartre mit großer Intuition - wenn auch in einem ganz anderen Zusammenhang - formulierten Satz zustimmen: "Dieu est d'abord sensible au coeur de l'homme comme ce qui l'annonce et le définit dans son projet ultime et fondamental" (L'Etre et le Néant. Essai d'ontologie phénoménologique, Gallimard, Paris 1943, S. 653).

Z W E I T E R   T E I L

AUSSTRAHLUNG DER MITTE:

DIE PERSONHAFTIGKEIT DER LIEBE IN JESUS CHRISTUS

Einführende Überlegungen

Das eigentliche Thema unserer Untersuchung, um noch einmal daran zu erinnern, ist nicht die Anthropologie oder die Christologie von Balthasars im ganzen, sondern die systematische Erarbeitung seiner Aussagen über den Heiligen Geist. Diese Absicht kann jedoch ohne eine Konfrontation mit der Frage nach dem Menschen in philosophischer und theologischer Sicht sowie mit der Christologie nicht erreicht werden. Daher sind der Frage nach dem Menschen und der Christologie die ersten zwei Teile der Arbeit gewidmet. Mit dem eigentlichen Anliegen befaßt sich der dritte Teil. Doch müssen zuerst die christologischen Grundannahmen skizziert werden, um von daher, gemäß von Balthasars Gedankengang selbst, Zugang zu den auf den Heiligen Geist bezogenen Aussagen zu bekommen.

Im folgenden werden der Beitrag von Balthasars für den 3. Band des Werkes "Mysterium Salutis" und die Ausführungen im 3. Band (2. Teil) von "Herrlichkeit" (Neuer Bund) zugrundegelegt, aber ohne sie im einzelnen wiederzugeben.

Auf die Frage: "Wer ist Jesus von Nazareth - für mich?"[1] gab H.U. von Balthasar folgende Antwort:

> "Wer Jesus Christus für mich ist? Der einzige Mensch in der Weltgeschichte, der einen Anspruch zu stellen gewagt hat, wie ihn Gott im Alten Bund erhob; der dafür als verrückt und besessen (MK 3,21 f.) angesehen und gekreuzigt wurde, denn einem Weisen ziemt Bescheidenheit, und einem Propheten ziemt es, "Spruch des Herrn", nicht "Ich aber sage euch" zu sagen. Gott der Vater hat diesen Anspruch mit der Auferweckung Jesu bestätigt, und damit ist der urchristliche Kern der Dogmatik freigegeben: Gott ist die Liebe: die immanente

---

1 Vgl. A.-M. Carré, Pour vous, qui est Jésus-Christ?, Cerf, Paris 1971, S. 139-140; vgl. das deutsche Pendant von H. Spaemann (hrsg.), Wer ist Jesus von Nazareth - für mich?, Kösel, München 1973, S. 17.

Trinität ist in der ökonomischen offenbar geworden, und zwar als "Orthopraxis" Gottes in der Hingabe seines Sohnes in Gottverlassenheit und Hölle hinein, was die größtmögliche Vorstellung von Gott ist: Er ist (mit Hegel) Identiät der Identität (Gott ist alles, Er ist das ewige Leben) und der Nichtidentität (Gott ist tot, sofern Er sich mit der Gottlosigkeit identifiziert hat), Er ist so lebendig (so sehr Liebe), daß Er sich leisten kann, tot zu sein.

Keine Religion oder Weltanschauung hat über Gott, Mensch und Welt etwas derartiges zu denken und zu verkünden gewagt, deshalb bleibt das Christentum analogielos, und es beruht nicht auf einer "Idee", sondern auf einem Faktum - Jesus Christus -, das in der Einheit von Anspruch, Kreuz und Auferstehung ein unaufspaltbares Atomon bleibt. Von ihm hängt es ab, ob wir es wagen können, das Sein als die Liebe, somit alles Seiende als liebenswert anzusprechen, ein Gedanke, auf den uns das Gesicht der Welt sonst schwerlich gebracht hätte".

Was geht aus diesem Bekenntnis hervor? Zunächst muß man ohne zu übertreiben sagen, daß von Balthasar uns in sehr gedrängter Form die beste Gesamtsicht seines theologischen Oeuvres liefert. Greifen wir drei Hauptpunkte heraus, die bei den weiteren Überlegungen einen zentralen Platz einnehmen.

1. Hans Urs von Balthasar betrachtet in Jesus Christus die Vollgestalt Gottes als Liebe. In Christus geschieht die Offenbarung der immanenten Trinität in der ökonomischen Trinität. Er ist mehr als ein einfacher Weiser und mehr als ein Prophet. Er ist vielmehr das personale Offenbarwerden des dreieinigen Gottes. Darum kann er den gleichen Anspruch erheben wie Gott selbst. Was das impliziert und was sich daraus im Hinblick auf die Wahrheit Gottes ergibt, wird noch im einzelnen zu behandeln sein.

2. Der zweite Hauptpunkt betrifft das Kreuzesgeschehen, das nur im Rahmen des absoluten Anspruches zu verstehen ist. Im Grunde handelt es sich hier um eine scheinbare Paradoxie. Warum muß gerade derjenige, durch den die

Begegnung des Menschen mit Gott, dem Schöpfer, "unausweichlich geworden ist"[1], ein graumsames Ende erleiden? Warum und was bedeutet seine "Gottverlassenheit"?. Diese scheinbare Ablehnung und Isolation wird als "Orthopraxis" deklariert. Wenn dem so ist, dann erhält die Person Jesu eine universale Bedeutung für Zeit und Geschichte. Als wahrer Mensch, in und an dem die "widersprüchliche" Orthopraxis (das Zusammenfallen von Identität und Nichtidentität) Gottes des Schöpfers offenbar wird, ist Jesus Christus zum Maßstab und zur Norm authentischer Zeit und Geschichte geworden[2]. Der Beweis dafür liegt in der "Bestätigung", die der Sohn vom Vater erhält. Darin wird zugleich eines sichtbar, nämlich die Zusammenhänge zwischen Ontologie und Christologie: "Ist Christus die konkrete Erstidee des erschaffenden Gottes - nicht im skotistischen Sinne - und damit das Ziel der Welt, so muß es zulässig sein, den Satz: "Einmal (und für alle Male!) war das S E I N im 'Dasein' "auf seine Tiefen hin zu befragen"[3]. Das Selbstverständnis des Menschen ist durch das geschichtlich konkrete Christusereignis bedingt, insofern die subjektive Gottbetroffenheit in Christus nicht etwas Wesensfremdes ist, sondern in die ursprüngliche Begründung des Menschseins gehört. Thematisch wird diese Ursprünglichkeit jedoch erst im freien Vollzug der primären Wesensbestimmung.

3. Blicken wir nun von hier aus auf das Christentum mit seinem Absolutheitsanspruch, so erhebt sich die Frage, wozu die Inanspruchnahme des "Faktums Jesus Christus"

---

1 Lageplan 213.

2 Auf diese Frage geht H.U. von Balthasar ausführlich in seinem Werk "Theologie der Geschichte" (1959) und das "Ganze im Fragment" (1963) ein. Auch dieser Aspekt wird später zur Sprache kommen.

3 Lageplan 215.

uns berechtigt. Nach der Auffassung von Balthasars "hängt" von diesem Faktum die Möglichkeit ab, daß wir das "Sein als Liebe" und "alles Seiende als liebenswert" erfassen. Das Sein ist der Grund, wodurch das Seiende ist. Und die Liebe als Wort und Ant-wort ist, wie bereits im ersten Teil ausgeführt, das dialogische Verhältnis zwischen dem "Anrufer" und dem "Angerufenen" im ontologischen Sinne, ohne daß der Angerufene irgendein Recht darauf hat, angerufen zu werden. Liebe ist daher Gnade, genauso wie wirkliche Gnade auch nur Liebe sein kann. Erst in dieser Liebe, welche das ganze Sein und Dasein Christi begründet, enthüllt sich das Geheimnis des Seins.

Dieses ist zunächst eine konkrete und erfahrbare Wirklichkeit, deren eigentliche Bedeutung sich nur im Christentum, wie von Balthasar betont, offenbart. In der Tat erscheint das Geheimnis des Seins in der "Ellipse der Liebe"[1] nicht zuerst als Objekt theoretischer Erkenntnis, sondern als gelebte Wirklichkeit, von der der Lebende, noch bevor er sich einen reflexen Begriff von ihr gebildet hat, eine natürliche Erfahrung von ihr hat. Sollte das Christentum der Ort sein, wo das eigentliche Verständnis von dieser Wirklichkeit des Seins vermittelt wird, so scheint es nicht unangebracht, vorgreifend in diesem Zusammenhang auf die Rolle der Kirche als Trägerin der christlichen Botschaft kurz hinzuweisen.

Die Kirche setzt das Heilswerk Christi fort. Ihre Sendung ist "dem glaubenden Subjekt gegenüber objektiver Geist", betont von Balthasar, obwohl nicht "im Sinne der Philosophen, sondern als Gabe (Charisma) des Heiligen Geistes, der vorerst der Geist der Kirche Christi ist, jener Geist, der die Fülle Christi in seinen Lebensgaben ausfaltet in

1 SC 13.

die Gliedschaft des bräutlichen Leibes"[1]. In Abhängigkeit von Christus, dessen Pleroma sie ist, wirkt die Kirche in der Welt als Heils- und Offenbarungsvermittlerin. Sie zieht so alle Wahrheit, Schönheit und Freiheit der Schöpfung an sich als das in alle Dunkelheiten der Welt einleuchtende Licht Christi. Von hier aus stellt sich die Weltgeschichte, wie schon bei Augustin, als ein Dialog zwischen Schöpfung und Bund, Welt- und Gottesreich, Kirche und Kultur. Dies bedeutet zugleich einen Dialog mit der Zeit, mit jeder Epoche, und zwar in einer für jede Zeit verständliche Sprache[2]. Im Dialog mit der Welt muß die Kirche offen zur Welt hin und nicht verschanzt hinter "Bastionen" bleiben und leben[3], wenn ihre Aktion eine einschneidende, umwandelnde, provokatorische, ja sogar offensive Kraft gegenüber den modischen Zeitströmungen der Welt haben soll. Gerade diese Sicht erklärt den manchmal bewußt polemischen Ton in gewissen Passagen von Balthasars, die geschrieben wurden in einem Elan von wohlwollendem Zorn gegen jede Form von kirchlichem Egoismus, von praktischer Verengung der Idee der Kirche und künstlicher Ängstlichkeit, die lange Zeit die Kirche in die Mentalität einer belagerten Festung eingeschlossen hat[4]. Daher empfiehlt sich die "Schleifung der Bastionen", die Befreiung der Kirche zu sich selbst, damit sie ihre Sendung in die Welt, der die Kunft Jesu Christi galt, voll erfüllen kann[5]. Dies ist heute um so wichtiger, da wir in unserer technisierten Welt nicht selten Greul und lastenden Zwängen ausgesetzt sind. Ohne Jesus Christus und seine Botschaft ist die Hoff-

1 Lageplan 218.

2 Ebd. 223: "Die zur Welt hin gesendete Kirche ist es der Welt schuldig, eine geistige Sprache zu finden, die von der Zeit grundsätzlich verstanden werden kann. Sie muß im Gespräch stehen mit dem Denken der Zeit, jeder Zeit".

3 Vgl. Schleifung der Bastionen (1952, 1954²).

4 Vgl. J.M. Faux, Un théologien: Hans Urs von Balthasar, in: NRTh 10 (1972) 1018.

5 Rechenschaft 5.

nung der Menschen sinnlos, die Geschichte eine verlorene Wette, die menschliche Existenz eine nutzlose Erregung, die Freiheit eine Wahnvorstellung! H.U. von Balthasar ist daher zuzustimmen, wenn er sagt, von Christus "hängt es ab, ob wir es wagen können, das Sein als die Liebe, somit alles Seiende als liebenswert anzusprechen"[1].

Die Theologie muß heute besonders dieser anthropologischen Dimension der biblischen Offenbarung Rechnung tragen. Das Wort des Evangeliums will jeden Einzelnen ansprechen, Antwort auf seine Fragen und Zweifel sein, ihm einen Lebenssinn vermitteln. Und dieses Angebot des Evangeliums heißt, um es mit einer sehr bekannten Formulierung auszudrücken, daß Gott Mensch geworden ist, damit der Mensch Gott werde.

Und das ist ein Werk der Liebe. Diese ist nicht einfach Attribut Gottes, vielmehr sind die anderen, verschiedenen Attribute Gottes Attribute der Liebe, welche die letzte Begründung des göttlichen Heilswillens und der kirchlichen dogmatischen Aussagen ist. Gott in der Dimension des Anderen seiner selbst, d.h. in der Menschwerdung, ist die radikalste Weise der Selbstentäußerung und -mitteilung der Liebe. In Christus, dem Gottmenschen, wird das richtig vernommen, worauf Gott sich mit uns eingelassen hat.

---

1 H. Spaemann, a.a.O., S. 17.

KAPITEL I

VERBUM CARO

1. Gott redet als Mensch

Cur Deus homo? Was bedeutet die Tatsache - für den christlichen Glauben -, daß Gott Mensch geworden ist und daß dieser Gottmensch, wie es seit Jahrhunderten verkündet wird, gekreuzigt wurde, gestorben ist, begraben und auferweckt wurde? Unter den zahllosen Versuchen, das christologische und zugleich soteriologische Faktum der Menschwerdung und des Kreuzestodes rational zu erklären, hebt sich ein Versuch hervor, weil er in besonderer Weise das christliche Bewußtsein des Abendlandes entscheidend geprägt hat: das ist die mit philosophischen, juristischen und moraltheologischen Argumentationsmitteln geführte Interpretation Anselms von Canterbury (1033-1109). Wie sehr diese beachtenswerte Bemühung Anselms im Laufe der Jahre strapaziert wurde, ist bekannt. Es ist hier nicht der Ort, den vielen Meinungen nachzugehen.

Die Grenzen des Versuches von Anselm sind nicht zu leugnen. Doch soll auch jene große Intuition des Werkes "Cur Deus homo?" nicht unterschätzt und übersehen werden, welche für das Verstehen der biblischen Wahrheit Gottes und des Menschen (und in diesem der Gesamtschöpfung) entscheidend ist. Die dominierende und leitende Wahrheit bleibt die liebevolle Initiative Gottes im Erschaffen und Erlösen. Und die originelle Einheit von diesen beiden Taten Gottes besteht für H.U. von Balthasar in jener "Entäußerung", welche sich nur eine allerfreieste Liebe leisten kann. Denn wirkliche Liebe ist notwendigerweise Entäußerung, Selbsthingabe. So ist die Schöpfung nach von Balthasars Auffassung schon eine erste Entäußerung (Kenosis) Gottes.

Was soll nun mit diesem Wort in diesem Zusammenhang gemeint sein? Man ist berechtigt, zu fragen, inwieweit das Wort "Kenosis" hier gebraucht werden darf. Oder handelt es sich nicht um einen unangemessenen Ausdruck? Für von Balthasar gilt freilich, daß die Schöpfung ihren Sinn nur in der zweiten "Kenosis" des Kreuzes hat und daher auch von diesem Ende her gelesen werden soll. Wird dabei nicht eine Verkürzung der theologischen Behandlung des Themas Schöpfung in Kauf genommen, wenn man diesen Weg der Lektüre ausschließlich vom Ende her beibehalten wollte, weil die zweite Realität die erste nicht aufhebt? H.U. von Balthasars Absicht ist es jedenfalls, zu zeigen, wie das Christusereignis das Sein als Ganzes angeht. Auch darum ist die "Armut des Sohnes, der nur die Ehre des Vaters suchte und sich im Gehorsam bis ins letzte berauben ließ, der exakteste Ausdruck der Fülle schlechthin ..., die nicht im H a b e n , sondern im S e i n a l s G e b e n besteht"[1].

Schöpfung und Erlösung sind zwei Aspekte derselben Wirklichkeit, für die Gott seine Freiheit ins Spiel gebracht hat. H.U. von Balthasar versteht deshalb die Schöpfung nicht einfach als "Setzung", "Grundlegung", sondern zugleich als die persönliche Verantwortung Gottes für die Schöpfung[2]. Dazu schreibt Hanspeter Heinz in seinem Kommentar: "War die Schöpfung schon eine Tat der Liebe, so 'müßte' - der Logik dieser Liebe entsprechend - Gott auch die Verantwortung für alle Wege und Abwege seiner Schöp-

1 H III, 2/2, 365. Vgl. hierzu auch die anregenden Ausführungen E. Fromms, in: ders., Haben und Sein, dtv, München 1979.

2 Ebd., S. 355-383. H.U. von Balthasar spricht von einer dreifachen Ordnung bzw. "Schicht" (seteriologische, kreatürliche und trinitarische), welche deutlich macht, wie Gott immer schon die "Negation der Negation" vorweg vollzogen hat, "indem er in seinem ersten Beschluß das mögliche Nein des Menschen (das zu einem höchst wirklichen werden wird, wie das Blut Christi zeigt) immer schon negiert hat, indem er alles im Himmel und auf Erden in Christus als dem Haupt zusammenzufassen gedachte" (ebd., S. 382).

fung übernehmen, mit dem Ja seiner Liebe alles Nein seiner Schöpfung überwinden, was ihn schließlich zur Kenosis der Menschwerdung und der noch tieferen und eigentlicheren des Karfreitags und Karsamstags führte"[1]. Auch hier steht das Thema unserer "Vorbestimmung" im Vordergrund. Es handelt sich dabei um eine "Gnade, die sich nicht dadurch definiert, daß sie der Weltschöpfung nachfolgt (der Knecht wird nachträglich durch Gnade befreit und rückt zur Kindschaft auf), sondern ihr vorausgeht"[2]. Dabei beruft sich von Balthasar auf den Epheserprolog, der für ihn leitend bleibt.

Wenn Gott also Mensch wird, "so wird der Mensch als solcher Ausdruck gültiger und authentischer Übersetzung des göttlichen Mysteriums"[3]. Menschwerdung Gottes und Vergöttlichung des Menschen stehen so in engem Zusammenhang, ohne daß weder die Differenz zwischen Gott und Mensch noch die Autonomie des letzteren beeinträchtigt wird. Die Kindschaft des Menschen wird erst recht vernommen, wenn beachtet wird, daß Gott, indem er dem Menschen sein göttliches Antlitz offenbarte, dem Menschen auch sein eigenes menschliches Antlitz enthüllte, denn "alle menschlichen Dimensionen, bekannte und unbekannte, sind" nunmehr "für den Ausdruck der absoluten Personen angefordert und in den Dienst genommen"[4].

Damit wird deutlich, daß "die christliche Religion, obwohl sie soziologisch gesehen eine Religion unter anderen ist, notwendigerweise auch mit dem totalen Humanismus zusammenfallen muß und nur mit diesem Anspruch als wahrhaft

---

1 H. Heinz, Der Gott des Je-Mehr, Frankfurt/M. 1975, S. 238. Vgl. dazu H III, 2/2, 198.

2 H III, 2/2, 367.

3 VC 74.

4 Ebd.

katholisch anerkannt werden kann"[1]. Der Anspruch auf Totalität und Einzigartigkeit kennzeichnet jede Religion, die sich auf Offenbarung beruft[2]. Im höchsten Maße gilt dies aber für das Christentum, denn "die Weltanschauungen, die Riten, die Institutionen lassen sich vergleichen, das Christusereignis aber ist einzigartig; es umgreift ausnahmslos alles und in Jesus als dem letzten Wort Gottes haben alle Dinge ihre Vollendung"[3]. In Christus blickt die ganze Schöpfung auf die umfassende und unübertreffliche Auslegung ihres Daseins und ihrer Geschichte und zugleich auf ihre Fragmentarität zurück, die sie kennzeichnet, solange die Vollendung aussteht.

Und noch eines wird in der Existenz Christi deutlich. Die Existenzform des zeitlichen Geistes erwächst aus Glauben, Hoffnung und Liebe[4]. Damit soll zugleich die Dimension der Zeit im Leben Jesu angesprochen werden. Da dieses Thema aber später ausführlich behandelt wird, nehmen wir zunächst das vorweg, was sich daraus für unsere Vernehmung der göttlichen Offenbarung ergibt. "Gott manifestiert sich in der Zeit ... Und die Kreatur kann Gott nur in seinen zeitlichen Manifestationen erkennen"[5]. Zeitlichkeit und offenbarte Wahrheiten stehen daher in einem engen Beziehungsnetz, in dem Gott uns begegnet. Daß Gott "souverän" über die Welt herrscht, bedeutet nicht, daß er uns überspielt. Es stimmt vielmehr, daß die Botschaft, die er an uns richtet, die Aktion, die er startet, die Wahl, die er trifft,

1 VC 75.

2 Vgl. J. Ratzinger, Christlicher Universalismus. Zum Aufsatzwerk Hans Urs von Balthasars, in: Hochland 54 (1961), S. 68-76.

3 P.A. Liégé, La religion fondée par Jésus est-elle une religion parmi les autres?, in: A.-M. Carré, a.a.O., S. 164.

4 VC 78.

5 Henri-Charles Puech,Temps, histoire et mythe dans le Christianisme des premiers siècles, in: Proceedings of the 7th Congress for the History of Religions, Amsterdam 1950, S. 33-52, zit. S. 38.

das Herumstoßen, das er bei uns bewirkt, das Urteil, das er ausspricht und die Gnade, die er erweist, all das erreicht uns nicht anders als mitten aus der Welt, ausgehend von unseren eigenen Erfahrungen, denn "nie fällt Offenbarung unvermittelt vom Himmel, um den Menschen von außen und oben überweltliche Geheimnisse kundzutun"[1]. Daß das so ist, zeigt uns die Tatsache, daß Gott in der Kenosis innig in seine Kreatur eingeht.

2. Christus als Wort Gottes - Zusammenschau und Struktur

Wenn im Menschen Jesus von Nazareth Gottes letztes Wort an die Menschen ertönt, und zwar in der Weise, die beschrieben wurde, dann ist dieses Wort nicht mehr einfach das Wort, das Gott ist. Das göttliche Wort ist ein Mensch, so daß nicht nur das, was der Mensch hat oder redet, sondern alles war er ist, "Organ für Gott wird"[2], d.h. die Ausdrucksgestalt des Geschöpfes wird zur Offenbarung der göttlichen Gestalt gewählt. Das An-sich-Sein des Wortes enthüllt sich im Fleisch Jesu Christi. Von Christus und seiner Mitte her fällt das Licht auf Anfang und Ende.

Von hier ausgehend läßt von Balthasar auch für das "besondere biblische Wort" jenes allgemeine Prinzip gelten, nach dem "ein Ding nie eine bloße Tatsache ist. Schon als Seiendes hat es teil an einem Wesen, das teils kraft seiner individuellen Einheit den vergänglichen Augenblick überragt, teils auf Grund des in ihm wie in anderen verkörperten Artwesens seine Individualität übergreift"[3]. Auf das Wort der Bibel bezogen (dessen Mitte Christus ist) heißt es: "Das besondere Wort Gottes, das wir die bibli-

---

1 VC 85.

2 Ebd., S. 90 ff.

3 WW 54.

sche Offenbarung nennen und das Mitte des göttlichen Sprechens bleibt, transzendiert sich notwendig in ein totales menschheitliches Wort, in einen Rückbezug auf die Schöpfung und ihr Wort, in einen Vorlauf auf das Weltgericht und die Auferstehung der gesamten Geschichte in Gott"[1]. Nicht daß das göttliche Wort ins menschliche Wort einfach übergeht, sondern das eigentliche, menschliche Wort ist jeweils mehr als es ist, und diese sich stets überwachsende Transzendenz ist zuletzt offen auf eine Idee hin, die es selber nicht ist, sondern die Gott ist und sein Maß in Gott hat. Zu dieser Idee hin sind die Menschenworte gewendet und von dort her empfangen sie ihre letzte Wahrheit.

Dadurch erreichen wir das Verständnis des Wortes Gottes, das Christus ist, dessen ontologische Wahrheit, die die Form einer Rezeptivität hat, da ihm nicht nur sein zeitliches Dasein immer neu von Gott zufließt, sondern insbesondere auch seine Idee ihm jeweils ursprünglich von Gott her zugesprochen und vorgestellt wird. Anders gesagt: Das ist die Form des sohnlichen Gehorsams Christi, der totalen Verfügbarkeit. Nur so wird das Wort restlos an und in ihm vernehmbar. Und die Einzigartigkeit dieses Wortes, wie sie zum Beispiel im Prolog des Johannesevangeliums dargestellt wird, besteht nicht einfach darin, daß Christus besser als alle anderen Propheten vor ihm das Wort verkündet hat. Christis wird nicht, wie der alttestamentliche Prophet "vom Wort ergriffen", wobei dieses außer ihm stünde. Er ist vielmehr das fleischgewordene Wort, der Logos des Vaters. Die Frage, daß der Evangelist Johannes dies nur "funktional" und nicht "personal" gemeint

---

1 VC 92.

haben könnte[1], kann hier nicht diskutiert werden. Soviel ist aber klar, daß Gott nur in dem Maße von uns erkannt wird, in dem er sich zeigt und mitteilt, d.h. insofern er der Gott mit und für uns ist, der Gott mitten in unserer Welt. Die Mitte dieser göttlichen Selbstoffenbarung und -mitteilung ist Jesus von Nazareth[2], die "echte, lesbare Gestalt und nicht bloß Zeichen oder eine Anhäufung von Zeichen"[3]. Das "Erscheinungshafte" an Jesus ist das "Emportauchen der persönlichen (dreieinigen) göttlichen Tiefe"[4]. Gehalt und Gestalt sind in ihm untrennbar verbunden; in dieser Unauflösbarkeit der Figur ist folgendes zu erkennen:

> "Im ganzen Christus bezeugt sich der Vater durch den Heiligen Geist, und der ganze Christus, in der unteilbaren Gestalt, die er vor uns hinstellt, bezeugt im Heiligen Geist den Vater"[5].

Zweierlei ist hier zu beachten. Einmal die Tatsache, daß das innergöttliche Geheimnis des Ich-Du in einem zwischen-Gott-menschlichen Geheimnis (d.h. im ganzen Christus als Gott und Mensch) des Ich-Du seine Epiphanie findet; zum anderen die zentrale Bedeutung des Heiligen Geistes, die später behandelt wird. Im Dynamismus des Heiligen Geistes vollzieht sich die freie Selbsterschließung des dreieinigen Gottes. Sowohl der Vater wie der Sohn "bedienen" sich des Mediums des Heiligen Geistes, um die ewige Wahrheit Gottes kunzutun, welche zugleich, wie bereits aufgezeigt, die Wahrheit und die Innerlichkeit des absoluten Seins und sein Lebens- und Liebesmysterium ist.

---

1 Siehe dazu die Fragestellung u.a. bei M.-E. Boismard, Le Prologue de Saint Jean, Paris 1958; R. Bultmann, Johanneskommentar (1941); ders., Theologie des Neuen Testaments (1953); ders., Das Evangelium des Johannes, Göttingen 1959; J. Dupont, Essais sur la Christologie de Saint Jean (1951); O. Cullmann, Die Christologie des Neuen Testaments, Tübingen 1957; ders., Heil als Geschichte (1965); P.van Büren, The secular Meaning of the Gospel, London 1963, insb. S. 157-171; Ch. Dodd, The Interpretation of the Fourth Gospel, Cambridge 1958.

2 Vgl. Christus die Mitte der Offenbarungsgestalt, in: H I 445-505.

3 Ebd., S. 146. 4 Ebd. 5 Ebd., S. 147.

Ist Christus als Logos Gottes der einzige rechte Zugang zu dieser Wahrheit und Innerlichkeit, so bedeuten seine Worte und Taten eine echte Begegnung mit dem ursprünglichen "Kabod", mag er das ἐγώ εἰμι ausdrücklich sprechen oder nicht[1]. Das fleichgewordene Wort verweist nicht wie der Täufer auf einen anderen, der nach ihm kommt. Sein Wort heißt vielmehr: "Ihr habt gehört..., ich aber sage euch ...". Er ist das präsente Wort Gottes mit Vollmacht (ἐξουσία) und Kraft (δύναμις), welche ihm vom Vater im Heiligen Geist verliehen werden. Nur so ist der Sohn die "Wahrheit". Mit seinem Anspruch und der Durchsichtigkeit seines ganzen Seins vor dem Vater legt Jesus Zeugnis von Gott und seiner absoluten Verbundenheit mit ihm ab. Damit verbindet sich auch die Ansicht, daß in Jesus "nicht nur das Verheißungswort Jahwes Mensch geworden ist, sondern auch sein gewaltiges Wort, durch das er die Welt trägt (Hb 1,3): Darum kann Jesu Anspruch den Klang der Schöpferstimme haben, und den Menschen gerade zu seinem Menschlichsten aufrufen"[2]. Eine Frage darf in diesem Zusammenhang nicht unberührt bleiben. In der Überlegung über den Anspruch Jesu ist man mit der wesentlichen Armut seiner Existenz konfrontiert. Gerade dort, wo er seinen absoluten Anspruch erhebt, wird seine absolute Armut sichtbar. Vollmacht und Ohnmacht, Reichtum und Armut sowie Stärke und Anfechtbarkeit liegen beieinander. Was sagt das Paradox dieser Gegensätze aus?

Nach von Balthasars Verständnis ist die ganze Existenz Jesu nicht primär durch "Anspruch" gekennzeichnet, sondern der Anspruch Jesu ist nur dann recht verstanden, wenn man die Einsicht gewinnt, daß Jesus "der Arme schlechthin ist"[3]. Seine ganze Existenz ist Armsein, d.h. Gestelltsein

1 H III, 2/2, 106.

2 Ebd., S. 118. Diesem Punkt werden wir uns besonders im dritten Teil dieser Studie, wenn von der Entfaltung der Freiheit und der Personalität des Gläubigen gehandelt wird, zuwenden.

3 Ebd., S. 122.

auf Gott. Zur näheren Charakterisierung hebt von Balthasar drei Elemente hervor.

1. *Das Gebet*. In ihm bekundet Jesus sein restloses Angewiesensein auf Gott, dessen Namen er preist. Nicht seine eigene, sondern die Macht des Vaters möge sich in der Menschen Unmacht durchsetzen. Welche zentrale Stellung das Gebet im Leben Jesu einnimmt, zeigt die Tatsache, daß nach den Schriften alle großen Ereignisse seiner Sendung sich im Gebet vollziehen. Von der Taufe am Jordan bis zum Kreuz bildet das Gebet die Herzmitte seiner Haltung gegenüber dem Vater. In seiner Haltung gibt uns Jesus zugleich zu verstehen, wie die Kunst der Existenz aussieht. Sie ist ein *Horchen* und drückt sich wesentlich nicht in einer intellektuellen Rede aus, sondern in einer existentiellen Nacktheit, im Schweigen als der Sammlung des Seins in seinem Kern. Das ist ein innerer Zustand des Geistes, eine innere "Blöße", die nicht mit einer geistigen Ausgetrocknetheit oder mit der nostalgischen Leere einer verirrten Seele zu verwechseln ist; sie ist vielmehr Vollzug des Verzichts auf Zerstreuung, Einkehr in das Innerste seiner selbst jenseits jeder künstlichen Maske, um Gott in Demut zu begegnen. Dabei geht es darum, in sich dem Wort Gottes freien Raum zu geben, das unsere Gewöhnung an rational-kategoriale Formeln umstößt. Das Gebet ist so Einübung in die "Entzifferung" des unergründlichen Wortes.

2. Ein anderes Wort für Armut im Leben Jesu ist *Glaube*[1]. In seiner totalen Hingegebenheit an den Vater faßt Jesus in sich die alttestamentliche Haltung des Bundespartners Gottes nicht nur zusammen, sondern sie übersteigend begründet er sie[2]. Er wird daher mit Recht "Anführer und Vollender des Glaubens" (ἀρχηγὸς καὶ τελειωτῆς τῆς

1 Ausführlich darüber im nachstehenden Abschnitt über "Fides Christi".

2 H III, 2/2, 124.

πίστεως, HB 12,2) genannt. Denn er hat im vollen Vertrauen in einer Weise auf Gott gesetzt, die den im Alten Bund "proleptisch" gelebten Glauben erfüllt und urbildlich den Weg des neutestamentlichen Glaubens schreitet.

3. Daß er sich dabei nur auf einen unvergleichlichen Beistand stützen kann, zeigt das Wirken des Heiligen Geistes, der ihn in die Richtung und auf die Wege des Gotteswillens und -auftrages "treibt". Der Geist ist für Jesus die Gegenwart des Vaters. Er weht dem Sohn in göttlicher Freiheit die Zukunft Gottes entgegen[1]. Hörend auf den Geist hört Jesus auf Gott, dessen Willen er bedingungslos zu befolgen bereit ist. Diese radikale Bereitschaft Gott gegenüber ist nicht unproblematisch. Es stellt sich in der Tat die Frage, wie Jesus erkennt, was der Wille Gottes für ihn persönlich ist. Die Antwort darauf versucht von Balthasar zu geben, indem er, von der Voraussetzung des Heilswillens Gottes und von dem sogenannten "innertrinitarischen Beschluß" ausgehend, die persönliche Begegnung des Sohnes mit dem Vater im Heiligen Geist analysiert, wobei die besondere Rolle der dritten göttlichen Person als "Regel" herausgestellt wird. Doch davon später.

Im folgenden soll zunächst auf die schon angedeutete Entschlossenheit Jesu, in allem den Willen Gottes zu verstehen und zu erfüllen, eingegangen werden. Das ist, mit anderen Worten, der Gehorsam Jesu Gott gegenüber. Er ist vom Glauben Jesu nicht immer eindeutig abgrenzbar und insofern zur Ausdeutung des vorbildlichen Gottesbezuges Jesu von großer Bedeutung. Er soll nun deshalb in diesem Zusammenhang schärfer herausgearbeitet werden.

---

1 H III, 2/2, 125.

3. "Fides Christi" als vollkommener Gehorsam

Es gehört zu den grundlegenden Überzeugungen der Christen, daß Jesus den Glauben an Gott in vollkommener Weise vollzogen hat. Er hat sich in allem stets für den Willen Gottes entschieden. Damit hat er unübertrefflich die von Gott schon im Alten Bund geforderte Haltung erfüllt und dargelebt[1].

Im Gegensatz zu M. Buber, der den alttestamentlichen und den neutestamentlichen Glauben unversöhnbar gegenüberstellt (vgl. "Zwei Glaubensweisen") bleibt von Balthasar auf dem Standpunkt der christlichen Theologie, nach dem der Bundesglauben im Neuen Bund den Bundesglauben im Alten nicht ablöst, sondern ergänzt. Zugegeben: es liegt wohl ein Unterschied zwischen beiden "Glauben", doch besteht er nicht darin, daß es im AT einen "Tat-Glauben" (Glauben auf Grund der Taten Gottes) und im NT einen im Wesen dogmatischen "Daß-Glauben" gibt (mit einer stärkeren Betonung der vermittelnden kerygmatischen Instanz, wie R. Bultmann meint), sondern darin, so von Balthasar, daß im NT eine stärkere Spannung innerhalb der Dialektik des Gotteswortes zwischen Offenbarkeit und Verborgenheit sichtbar wird; eine Spannung, "die nunmehr trinitarische Gestalt annimmt: Während Jesus als Wort und Sohn die soteriologische Rolle der Verhüllung des Wortes (bis zum Tod, ja bis zum Tod am Kreuz) übernimmt, übernimmt der Heilige Geist, der seit der Auferstehung des Wortes in die Welt ausgegossen ist, zugleich als Geist Christi und als Geist der Kirche (die die Offenbarkeit Christi in der Welt ist) die Rolle des Zeigens und bedient sich dabei der werkzeuglichen kirchlichen Zeugen"[2]. H.U. von Balthasar spricht damit viele Themen, die im weiteren Verlauf dieser Arbeit aufgegriffen werden, an. Wir halten uns deshalb zunächst an die uns hier gestellte Aufgabe des Glaubens Jesu.

---

1 SV 45. Zu folgendem vgl. den langen Aufsatz "Fides Christi" in: SV 45-79.

2 Ebd., S. 47.

Jesu Glaube steht, wie es leicht zu sehen ist, in Kontinuität mit dem Glauben der alttestamentlichen Glaubenden. Doch ein "vollintegrierter" Glaube, der zugleich exemplarisch für die Nachfolge wirken soll, kann sich nicht nur nach einem kausalen Modus, sondern in einer archetypischen Lebensweise vollziehen. Die "Integration" der wahren Haltung des Menschen von Gott erfordert "das unbedingte Vorziehen des Vaters, seines Wesens, seiner Liebe, seines Willens und Gebotes gegenüber allen eigenen Wünschen und Neigungen"[1]. Dazu gehört auch das Überlassen der Verfügung an den Vater, das "Nicht-vorauswissen-wollen", Nicht-Antizipieren der Stunde.

Es stellt sich jedoch die Frage, inwieweit vom "Glauben Jesu" gesprochen werden kann. H.U. von Balthasar macht auf die Scheu aufmerksam, vom Glauben Jesu zu sprechen. Seiner Meinung nach liegt die Schwierigkeit bzw. das Unbehagen darin, daß die "urbildliche Haltung (Jesu) so vollkommen und dadurch so unaussprechlich in ihrem Innenraum geworden ist, daß die gleiche Bezeichnung mit dem Nachbild in uns die Distanz zwischen beiden verwischen würde"[2]. Außerdem müßte man auch die Möglichkeit des "Unwissens"[3] und die Tatsache, daß Glaube "Schau" ausschließt[4], berücksichtigen. Von Balthasar ist der Auffassung, daß das "Unwissen", wie der Hinweis Jesu auf die "Stunde" zum Beispiel zeigt, "ökonomisch" auszulegen sei, weil es zur "Kenose" gehören würde[5]. Wie dem auch sei,

---

1 SV 53.

2 Ebd., S. 53.

3 Ebd., S. 54.

4 Vgl. die kurze Interpretation des Aufsatzes von Balthasars bei H. de Lavalette, in: RSR 50 (1962), S. 130-132.

5 Hierzu scheint H.U. von Balthasar der Hinweis auf die "Stunde" besonders aufschlußreich zu sein. Sein Kommentar zu Mt 13, 32 lautet: "Sie (die Stunde) steht gewiß am Horizont seines (- Jesu) Bewußtseins, aber als das dem Vater Überlassene, Anheimgestellte, als das, was den Sohn jetzt nicht angeht, worauf er sich jetzt nicht einstellt und konzentriert, was er im Willen des Vaters ruhen und sein läßt,

Wirklichkeit ist, daß Jesus ein unbedingtes Vertrauen auf den lebendigen Gott hatte und man würde sich nicht irren, in diesem Sinne vom Glauben Jesu zu sprechen. Der Glaube des Nachfolgers Christi ist nichts anderes als die Teilnahme an dem Glauben Jesu, als das "Eingelassenwerden in Jesu innerste Haltung"[1]. Damit sind Nähe und Abstand des Christen von Christus gekennzeichnet. Hier drängt sich zweifellos auch die Frage auf, wie es vom Glauben Jesu zum Glauben an Jesus kam. Insofern diese Frage an anderer Stelle erörtert wird, dürfte sie zunächst auf sich beruhen und nur mit dem Hinweis angedeutet werden, daß die Glaubensentscheidung die Voraussetzung nicht nur dafür ist, "daß das Ereignis Jesu richtig gesehen wird, sondern auch dafür, es sich richtig sehen lassen kann"[2].

Das rechte Verständnis der Wahrheit des Ereignisses Jesu erfordert auch ein Erfassen der Dimension des Gehorsams Jesu. H.U. von Balthasar versteht diesen Gehorsam nicht einfach als Unterwerfung, sondern auch als eine Weise der Entfaltung der Person des Sohnes, sofern dieser seine Sendungsexistenz in Freiheit vollzieht.

Wenn die Christologie von Balthasars als "Gehorsamschristologie" charakterisiert wird[3], dann deswegen, weil "die unbegreifliche Herablassung der göttlichen Liebe, die in

---

um Gelegenheit zu haben, sich vertrauend in die Arme des Vaters zu betten und auch die große Stunde, wenn sie kommt, einzig aus dem Vaters Güte, rein und unabgebraucht, zu empfangen" (SV 54). Was von Balthasar hier sagen will ist klar. Es geht darum, daß Jesus mit restlosem Vertrauen dem Willen des Vaters gegenübersteht. Dennoch vermißt der Leser in der Formulierung eine begriffliche Schärfe, die den Verdacht eines versteckten Monotheletismus ausschließt. Viel differenzierter sind dagegen die Äußerungen K. Rahners, Wissen und Freiheit Jesu Christi in seiner menschlichen Wirklichkeit, in: HThL IV, 5o-51.

1 SV 63.

2 H III, 2/2, 105.

3 A. Schilson/W. Kasper, Christologie im Präsens, Herder, Freiburg - Basel - Wien 1974, S. 63-70: Christologie als Auslegung des Sohnesgehorsams Christi.

der Gehorsamsexistenz Jesu Christi sichtbar erscheint, im Zentrum seines christologischen Denkens steht"[1]. Diese Erscheinung der Liebe ist mit der Haltung - dem Gehorsam - des Sohnes untrennbar verbunden. Darum ist sein Gehorsam ein Liebesgehorsam, eine freiwillige Unterwerfung aus Liebe, deren Grundstruktur die ganze Existenz Jesu bestimmt: totale Hingabe und Empfänglichkeit. Er will von Gott selbst her erfüllt sein. Das ist zugleich radikaler Einsatz für die Wahrheit. Ein Dienst und nicht eine Jagd nach "Erfolgen" oder Machtpositionen.

Die Radikalität dieser gläubig-gehorsamen Existenz in Treue und Hingabe erreicht ihren Höhepunkt am Kreuz. Die Selbsterniedrigung bis zum "Nichtwort"[2], die zugleich die Lebensform christlicher Existenz begründet, mündet so in paradoxer Weise in letzte und größte Epiphanie Gottes, insofern "die Hoheit Jesu die Erscheinung der freien Erniedrigung (Kenosis) der Herrlichkeit Gottes in die Unfreiheit (den Gehorsam) der Sklavengestalt ist. Diese Unfreiheit muß in ihrem Kreuzesernst und zugleich als Folge der freien Liebe kenntlich gemacht werden"[3].

Aus dieser Mitte, der wir uns nun zuwenden wollen, und aus den Konsequenzen, die sich daraus ergeben, bilden sich weitere wichtige Kristallisationspunkte, die für das Verständnis des Heiligen Geistes von besonderer Bedeutung sind.

---

1 A. Schilson/W. Kasper, Christologie im Präsens, a.a.O., S. 63.

2 H III, 2/2, 69 ff.

3 Ebd., S. 300.

KAPITEL II

KREUZ UND AUFERSTEHUNG

Die Konfrontation mit der Wucht des Kreuzes führt uns in die Mitte der Christologie von Balthasars. Das österliche Geheimnis, das den zentralen Platz in der theologischen Reflexion des Autors einnimmt, erschöpft sich bei ihm nicht in einer einseitigen Proklamation der Auferstehungsherrlichkeit, indem er den geschichtlichen Weg des Kreuzes im Dunklen läßt. Das Kreuz bekommt vielmehr eine zentrale Bedeutung und stellt nach von Balthasar "die zentrale Frage der christlichen Soteriologie" dar. "Von dieser Mitte aus wird der Sinn der ganzen Christologie und damit auch ihrer Voraussetzung, der Trinitätslehre und ihrer Folgerung, der Ekklesiologie, entschieden"[1].

Im Lichte des äußersten Endes des Kreuzes richten wir unseren Blick auf die verborgene Enthüllung der göttlichen Liebe in Jesus, aus der, genau genommen, die Herrlichkeit (Kabod) Jahwes strömt; denn in Christus finden der Bund und die Verheißung ihre Erfüllung. Daher soll unsere Weltanschauung diejenige sein, die die Schöpfung in ihrer Beziehung zu Christus begreift. Jesus, die Inkarnation des Offenbarungs- und Verheißungswortes, ist ebenso die Inkarnation der Liebe des Vaters, die in der Schöpfung und in der ganzen Heilsgeschichte enthalten ist. Jedes Wesen und jedes Ereignis verkünden seitdem die Herrlichkeit des Wortes. Aber da das Wort gleichermaßen das Opferlamm ist, erreicht seine Herrlichkeit erst ihre Fülle im Mysterium von Kreuz und Auferstehung. Dieser Gedanke wird in den besonderen Überlegungen zur Kenosis und zur Erniedrigung bis zur Stille des Karsamstags klar dargelegt.

---

1 Diskussion 87.

Zur nackten Gewalt des Kreuzes gehört ebenso die nicht-reduzierbare Einmaligkeit des Lebens Jesu Christi. Sie macht den herrschenden Gedanken aus, der den Betrachtungen von Balthasars zugrunde liegt und der im ganzen Werk unter den Begriffen "Einmaligkeit", "Einzigartigkeit", "Analogielosigkeit" stets wiederkehrt. Der Einzigartigkeit des Lebens und Todes Christi entspricht die Einzigartigkeit des Ereignisses der Erhöhung, der einzigen Form des endgültigen Sieges der Liebe über den Haß und die Sünde, des Lebens über den Tod.

Aufgrund des glorreichen Kampfes des Sohnes errichtet sich das Kreuz in der Mitte des Universums und der Geschichte und bildet so den einzigen Ort, an dem Gott durch das Wirken des Heiligen Geistes seinen Triumph über den Feind vollbracht hat und weiterhin vollbringt, an dem er alle Verheißungen erfüllt und sich ganz als Liebe offenbart.

1. Der unbekannte Offenbarer oder die verborgene Liebe

Die Inkarnation, wie bereits aufgezeigt, stellt nicht nur die Bewegung des Abstiegs der göttlichen Präsenz auf die Erde dar, sondern den Eintritt in das Innere, in das Herz der Erde selbst. Von hierher wird der Sohn, der einzig den Vater ehrt und verehrt und der selbst nur vom Vater Ehre und Herrlichkeit erbittet und erhält, das Maß und das Urteil für jegliche irdische Realität und für alle horizontalen und zwischenmenschlichen Beziehungen.

Das hat zur Konsequenz, daß die göttliche Sphäre der menschlichen Sphäre vorgeordnet ist, so daß jede zwischenmenschliche Liebe sich zugleich in der Priorität der gegenseitigen Liebesbeziehung begründet weiß, die Vater und Sohn verbindet - und folglich in der Priorität der Liebe Gottes zu uns in Christus - und in der gläubigen Annahme dieser Liebe, in der der Verhältnischarakter der Herrlichkeit des Vaters sichtbar wird. Diese Beziehung besitzt selbst auch einen besonderen Charakter. So wie der Sohn darauf verzichtet, sich selbst zu suchen und sich dem Willen des Vaters übergibt, so ist dieser nicht eine in sich geschlossene Herrlichkeit. Der Vater ist wesentlich derjenige, der sich aus Liebe im Sohn entäußert, der in ihm gegenwärtig ist und seine eigene Entäußerung zugunsten der Welt in der Hingabe des Sohnes kundtut. Jesus ist deshalb als der Offenbarer derjenige, der verhüllt ist, der Glanzlose, der Unbekannte, der Verborgene. Obwohl er die Präsenz der absoluten Liebe ist, ist er verkannt, ist er selbst in der Mitteilung dieser Liebe derjenige, der monologisiert, der wesenhaft einsam ist[1].

Aber kann man dann wirklich von Mitteilung reden? Welchen Wert hat dann die Mitteilung und was will sie sagen, wenn der Monolog und die Einsamkeit die wesentlichen Merkmale des Offenbarens sind? Hat der "Kreislauf" des gegenseitigen "Inseins" von Vater und Sohn der Menschheit überhaupt etwas zu sagen? Gewiß, die Frage könnte lächerlich oder einfach rhetorisch erscheinen, da die Antwort notwendigerweise affirmativ ist. Aber gerade hier ist die passende Stelle, auf die der Akzent zu legen ist, der hervorhebt, warum die Antwort nicht einfach affirmativ ist, weil sie, offensichtlich aus dem Glauben heraus gegeben, doch der Logik des analysierten Gegenstandes entspricht. Wenn mit Theologie Reflexion mit strengen und wissenschaftlich wertvollen Begriffen gemeint ist, die der Glaubende über seinen Glauben und seine christliche Erfahrung übt, muß der Einsatzpunkt des Glaubens in der menschlichen Wirklichkeit - oder seine quasi "con-naturalitas" mit ihr - sozusagen in einem Prozeß der Abstimmung mit dem göttlichen Handeln am Menschen erscheinen. Dies ist umso mehr notwendig als die Reflexion nicht eine rein intellektuelle

---

1 H III, 2/2, 351.

Übung oder ein Begriffsobjektivismus sein will, sondern zeigen will, daß sie im Wort Gottes als Heilsereignis gründet. In der Tat ist der Kreislauf des gegenseitigen Inseins von Vater und Sohn "das in der Welt gekommene Licht, das aber nicht außerhalb des Kreises der Liebe strahlen kann, auch wenn es den Gang durch die Welt in sich einbezieht"[1]. Es bleibt, wenn man so will, ein "geschlossener" Kreis, der aber deshalb offener ist als alles übrige, sich statisch Verfestigende, weil er der weiteste, der absolute Kreis ist", der alles umfaßt[2].

Also ist das hingebende Handeln Gottes nicht dazu bestimmt, einfach eine persönliche göttliche Wohlgefälligkeit zufrieden zu stellen, sondern dazu, jedem Empfänger seine eigene menschliche Wirklichkeit aufzudecken, die von der Freiheit und dem Anruf Gottes bestimmt ist. Das Zeugnis des Vaters am Ufer des Jordan[3] enthält beides: die Offenbarung des Vaters, der sendet, und die Kundgabe der Sendung des Sohnes. Der Himmel öffnet sich, der Geist kommt herab, Gott spricht mit den Menschen und eröffnet eine neue Zeit der Gnade. Der Knecht ist nicht von den Menschen getrennt. Er tritt in die Dynamik ihrer Geschichte ein, wird solidarisch mit der Menschheit in ihrer von der Sünde zerrissenen Realität. Das "Ende", das in der "Stunde" enthalten ist, bildet diesen wahren Eintritt, ebenso wie es den Glanz des ewigen Lebens und die Liebe, die tiefste Auslegung Gottes für die Welt darstellt.

Dennoch bleibt, von der Welt aus betrachtet, wie von Balthasar sich ausdrückt, diese Auslegung im Dunkeln, in der Verborgenheit versteckt, und dies solange der Glaube, der sich bis zu der "Stunde" hinzieht, nicht aufblüht. "Hinweg von mir, Satan, du denkst nicht das, was Gottes, son-

---

1 H III, 2/2, 351.

2 Ebd.

3 Mt 3,17 par

dern der Menschen ist"[1], sagt Jesus zu Petrus. Petrus spielt hier eine Rolle, die der des Satans zu Beginn des öffentlichen Lebens Jesu ähnelt, als dieser versuchte, Jesus auf den leichten Weg des irdischen Messianismus, der Fata Morgana des Volkes zu ziehen. Die Haltung des Petrus zeigt ein natürliches Charakteristikum der Welt. Im Angesicht des Leidens bäumt sich die menschliche Natur auf. Ebenso empört sich jetzt Petrus, der sich noch einige Augenblicke zuvor zum Sprecher seiner Gefährten gemacht hatte, um die Messianität Jesu offen zu bekennen[2], als er die Rede von der Passion Jesu hört. Er versucht, ihn davon abzubringen. Offensichtlich hatte Petrus nicht verstanden, und wahrscheinlich konnte er nicht das "Muß (δεῖ)[3] des Leidensweges des Herrn als Durchgang zur letzten Herrlichkeit der Auferstehung verstehen. Die Wahrnehmung dieses Geheimnisses der Entäußerung und Erniedrigung vom göttlichen Selbst bis zum tiefsten Punkt ist nur gegeben, wenn der Mensch in das ursprüngliche Geheimnis der Menschwerdung Gottes eingeführt wird, um dort die Armut der Liebe, die sich schenkt, der absoluten Liebe in der Gestalt des absoluten Gehorsams wahrzunehmen. "Die Macht über alles Fleisch"[4] und die Ohnmacht des Kreuzes, schreibt von Balthasar, widersprechen sich nicht, sondern die eine drückt sich in der anderen aus und sie sind zutiefst miteinander verknüpft; denn die absolute Macht wird nur aufgrund und nach dem Maß des absoluten Gehorsams in der Liebe eingeräumt. Deshalb wird das große Werk der Auslegung und der Überzeugung, mit anderen Worten die Einführung in die volle Wahrheit, die der Paraklet vollbringen wird, keinen anderen Ort haben als den einzigen Knoten, der das Kreuz und die Auferstehung verbindet, die äußerste Verhüllung und Enthüllung der Liebe.

---

1 MK 8, 32-33 par.

2 MK 8, 29 par.

3 MK 8, 31; LK 21, 26; vgl. MP 138-143.

4 Joh 17,2.

Die Heilsgeschichte konzentriert sich auf diesen christologischen Knoten, der beides miteinander verbindet: die trinitarische Liebe in Jesus, ans Kreuz geschlagen und zugleich erhoben und verherrlicht auf der einen Seite, und demgegenüber auf der anderen Seite das Universum, das er ruft und jeden Menschen im besonderen[1]. Man kann dennoch an dieser Stelle nicht den dramatischen Charakter dieses Rufes vor sich verbergen, der ja in einem "Monolog" endet. Die Liebe, die ruft, hat nur die Nicht-Liebe zum Gegenüber[2]: "Ein seiner würdiges Gegenwort kommt Jesus nicht entgegen, sowohl die Antworten wie die an ihn gerichteten Fragen zielen am Wort vorbei; dieses geht in einer den Scheindialog zerbrechenden Logik seinen eigenen einsamen Weg"[3]. Es ist eine Einsamkeit, in der der Sohn aber in jedem Augenblick vom Vater unterstützt und begleitet wird: "Ich bin nicht allein, denn der Vater ist bei mir"[4]. Selbst als hingegebenes Wort, verdurstend, ausgeleert bis zum letzten Tropfen, verbleibt dem Sohn immer das ewige Wort: ἐγώ εἴμι, das die unüberholbare Selbstaussage und Selbstpreisgabe Gottes darstellt. Die sich verschenkende trinitarische Liebe überholt alle alten Gottesbilder und wird für sie zum Sammelpunkt, zum τέλος, von dem sie ihren wahren Sinn erhalten.

Daß Gott die Liebe ist, sagt Christus uns nicht nur in seinen Worten, sondern zeigt es uns in seinem Wesen selbst. Die Liebe ist nicht nur ein Attribut Gottes unter anderen, sie ist vielmehr, sagt von Balthasar, das Attribut, auf das alle anderen wie auf ihre erste Quelle zulaufen. Daher heißt der innerste Beweggrund des Christusgeschehens nach apostolischem Zeugnis die Liebe Gottes des Vaters. Diese

---

1 H.U. von Balthasar macht hier zu eigen die Worte des Ignatius von Loyola, vgl. Geistliche Übungen, Nr. 95.

2 "In das Seine kam er, doch die Seinen nahmen ihn nicht auf", Joh 1,11.

3 H III, 2/2, 357.

4 Joh 16,32.

Liebe ist die eigentliche Motivation des Christusereignisses. Daher ist Christus die personhafte Selbsterschliessung der Liebe Gottes. Jesus von Nazareth zeugt also nicht nur von der Liebe Gottes, er selbst ist diese Liebe, ihre personale Dokumentation. In der Aussage: Jesus Christus ist die Selbstoffenbarung Gottes, wird die Identität der Identität ausgedrückt, nämlich die Identität von Offenbarwerden Gottes und Selbsterschließung der Liebe Gottes. Ist die Liebe die tragende Kraft im und vom ganzen Christus Ereignis in Jesus Christus, dann können dieses Ereignis und die Existenz selbst Christi keine andere Struktur haben als die Struktur der Liebe, nämlich die Empfänglichkeit, das Sich-vom-anderen-gewinnen. Jesus Christus ist in seinem Personkern der "Vom-Vater-Beschenkte".

Gottes Liebe begründet neues Leben. Der christliche Glaube vertieft diese Einsicht, indem er lehrt, daß wahres und ewiges Leben immer eine Existenz in und durch die Liebe Gottes ist[1].

Wenn die Selbsterschließung der Liebe Gottes ihre Mitte in Jesus Christus hat, dann stellt die Person Christi den eigentlichen Fokus der göttlichen Liebe dar. Der Versuch von Balthasars, das Christusereignis von dieser Gottesliebe her zu deuten, führt zu der Einsicht der Einheit von Gott und Jesus Christus. Jesus Christus wird durch seine einzigartige Gottesverbundenheit zum einzigen Zentrum und zur einzigen Möglichkeit jeder wirklichen Begegnung mit Gott.

---

1 Man könnte versucht sein, diese Liebe mit einer allgemeinen Idee gleichzusetzen, die man auch ohne Jesus Christus als die wirklich erfüllende Form von Beziehung postulieren könnte, nach der die Menschheit sich sehnt. Die Osterbotschaft macht aber deutlich, daß es um etwas ganz anderes geht. Nicht eine Idee wird gepriesen, sondern die konkrete Gottesliebe in personhaft-leiblicher Gestalt Jesu Christi als Offenbarung und wesenhafter Realisierung dieser Liebe.

Jesus Christus ist nicht nur eine denkbare menschliche Liebesgesinnung, sondern die absolute Darstellung einer total durch Gottesliebe gekennzeichneten Existenz in Zeit und Geschichte. Person und Wirken Jesu bleiben daher auch in ihrer Beispiellosigkeit konkreter Lebensvollzug.

Die Personalität der Liebe in Jesus Christus gestaltet sich konkret aber im Vollzug des Gehorsams. Liebe und Gehorsam bilden keine Gegensätze, sondern eine Einheit von Gesinnung und Verhalten gegenüber dem Vater. Die Liebe gestaltet den Gehorsam so wie die Liebe sich im Gehorsam ausformt. Gehorsam ist so für Jesus eine Lebensaufgabe und -hingabe, die in vollendeter Form ihre letzte Bewährung am Kreuz erhält und somit auch in der Auferstehung einen neuen Inhalt und Sinn.

Gehorsam nach diesem Modell bedeutet keine "blinde" Gefolgschaft, sondern die freiwillige Übernahme einer "Daseinsbewältigung", einer Liebesexistenz, deren Vollzug stets die "Zerstörung des geheimen und offenen Egoismus", die "Auslieferung an das je Größere" sowie die "mutige Sorge dafür, daß das Größere nicht nur Theorie und Ideal bleibe", erfordert[1].

An diesem Punkt wird deutlich, wie sehr die Begegnung mit Christus provozierend wirkt. Sie fordert heraus. Sie versetzt den Zeugen in die Konfrontation mit der einmaligen Persönlichkeit Jesu und mit der entscheidenden Frage: "Wer bin ich für Dich?" Der biblische Glaube weist eine doppelte Sicherheit auf: die Bestätigung, daß Gott Gott ist und nicht Mensch und daß er nichtsdestoweniger zum Menschen kommt, sich erniedrigt, den Menschen durch seine Liebe tief berührt, ob der Mensch sich dessen bewußt ist oder nicht. Diese Kundgabe Gottes, der sich über die Schöpfung beugt, indem er sich in deren Geschichte einschaltet, zeigt uns

---

1 KthW 137.

die fundamentale Wirklichkeit der Offenbarung, bekannt als "Kenosis", deren Bedeutung immer aktuell bleibt und die Quelle bildet, aus der beständig Leben und Licht strömt.

2. Die Bedeutung der Kenosis[1]

a) Restloser Einsatz der göttlichen Freiheit

Christus setzt seine ganze Freiheit in den Verzicht, in den Eintritt in die Welt ein, die infolge der Sünde unter dem Fluch der Menschheit steht, dem Tod geweiht zu sein. Die Teilhabe an unserer sündigen Existenz hat zum Ziel, uns aus dieser Situation herauszuführen, uns das verlorene Heil durch die Vermittlung eines in seiner Art einzigartigen Subjekts wiederzugeben.

Durch seine Menschwerdung hat Jesus nicht nur den Zustand der Schöpfung als solche angenommen, sondern vor allem auch das konkrete menschliche Schicksal, das unter den Fluch der Sünde und des Todes gefallen ist. Die Konsequenz aus diesem totalen Engagement Gottes in Jesus Christus ist der Kreuzestod, welcher nach von Balthasar der einzige Zweck der Inkarnation gewesen sei[2]. Die freiwillige Erniedrigung ist ein unterscheidender Akt der Liebe, die sich in Gehorsam als Akt absoluter Freiheit ausgestaltet hat, in der sich das eigene Wesen der Schöpfung in völliger

1 Zum folgenden s. MP 133-184; H III, 2/2, 187-211.

2 Schon bei Leo dem Großen, den von Balthasar hier zitiert, hieß es: "In nostra descendit, ut non solum substantia, sed conditionem naturae peccatricis assumeret, ... nec alia fuit Dei Filio causa nascendi quam ut cruci posset affigi" (Sermo 71, 2 PL (54, 387); Sermo 48, 1 (PL 54, 298). Vgl. MP 134-143. Es ist wohl an dieser Stelle anzumerken, daß die Fähigkeit Gottes, in sich selbst so ohnmächtig zu werden, eine für uns unfaßliche Freiheit als Vorbedingung erfordert, welche das "Unmögliche" möglich macht, vgl. H III 2/2, 495-511.

Autonomie entfaltet. Für den Christen wird so zur Erfahrung der "kreatürlichen" Freiheit die Erfahrung der erlösenden Freiheit hinzugefügt.

b) Der "Anprall" des Kreuzes

Es ist diese letztere Freiheit, die den "Hiatus" des Kreuzes bis zum gähnenden Abgrund der Hölle hervorbringt[1]. Nur in diesem Hiatus konnten die "Figura"[2] und das "Bild"[3] ebenso wie die Wege des Alten Bundes gerechtfertigt werden. Denn in dem Mysterium des Kreuzes ist der Konvergenzpunkt gegeben, den alle diese Wege ankündigten. Hier erscheint das "Nichtwort" des Kreuzes wirklich als die Mitte des Wortes, das, indem es am Kreuz stirbt, der Kirche in eucharistischer Weise anvertraut worden ist.

Dieses Wort ist in seiner Grundkonstruktion, wie bereits weiter oben gesehen, zugleich Autorität, Armut und Preisgabe oder nach von Balthasar "Anspruch", "Armut" und "Überlassung". Die Vollmacht von Gott her mußte sich streng im Raum der Machtlosigkeit und noch radikaler in der Preisgabe der ganzen Existenz an den schöpferischen Willen Gottes auswirken.

Die "Stunde" des Kreuzes ist somit nicht nur der Einigungspunkt von konvergenten Linien, sondern ebenso der Ausgangspunkt eines neuen Verständnisses der ganzen Realität. In diesem Sinne begründet das Ereignis von Kalvaria eine "höhere" und "einbergende Einheit"[4]. Der Wille Gottes, den Menschen in seine Gemeinschaft aufzunehmen, fällt mit der "rettenden Gerechtigkeit" (δικαιοσύνη σωστική) zusammen (nach einem Terminus von Origenes, den von Balthasar hier aufgreift), in der die Trinität ganz engagiert ist.

---

1 MP 159 ff.

2 H I 597-601; H III, 2/1, 373.

3 H III, 2/2, 75. 4 Ebd., S. 189.

c) Die Kenose als trinitarisches Ereignis

Mit seinem Akt der Erniedrigung setzt der Sohn die ganze Trinität ein. Der Vater ist gegenwärtig als derjenige, der den Sohn sendet, und der Heilige Geist als derjenige, der die Personen nur noch in der Form der Trennung, der Diastase eint[1].

H.U. von Balthasar legt an dieser Stelle keinen Wert darauf, die philosophische Frage nach der Möglichkeit der Veränderlichkeit Gottes, in der schließlich die Erniedrigung, das Leid Gottes gründet, ausführlich zu diskutieren. Für ihn gilt nur der Grundsatz, daß kein philosophisches Gesetz in der Lage ist, Berechtigung zu liefern. Nur die Person Christi enthüllt und gibt das Recht zu dem Schluß, daß Gott tun konnte, was er in Wirklichkeit getan hat, und daß seine Erniedrigung und die Entleerung, die er zeigte, nicht seinem eigenen Wesen widersprachen[2].

Daraus ergibt sich ein neues Gottesbild, das nicht primär "absolute Macht, sondern absolute Liebe ist, dessen Souveränität nicht im Festhalten des Eigenen, sondern in seiner Preisgabe sich kundtut, so daß diese Souveränität sich jenseits dessen ausbreitet, was sich innerweltlich als Macht und Ohnmacht gegenübersteht. Gottes Entäußerung (in die Menschwerdung) hat ihre ontische Möglichkeit in Gottes ewiger Entäußertheit, seiner dreipersönlichen Hingabe"[3]. Das neue Gottesbild[4], das sich bietet, ist das des absoluten Liebesgehorsams, der sich leert und verfügbar macht für den absoluten Befehl, für "jeden Gebrauch und Mißbrauch"[5]. Der Sohn hält sich bereit für die "Stunde", die der Vater bestimmt, für die einmalige Erfahrung der Gott-

1 Vgl. P. Henry, Kénose, in: DBS V(1957) 7-161, insb. 144-158.

2 Kreuz und Philosophie: MP 164-171.

3 Ebd., S. 147.

4 Die Kenosis und das neue Gottesbild: MP 143-154.

5 H III, 2/2, 200.

verlassenheit, die eine ebenso einmalige Verbundenheit mit Gott und mit dem Leben Gottes darstellt, wenn es wahr ist, daß nur da von Verlassenheit die Rede sein kann, wo es ein gemeinsames Leben, wo es Intimität gegeben hat.

Die innertrinitarische göttliche Intimität ist der einzige Halt und die Quelle der Dynamik der gesamten Sohn-Existenz Jesu, die sich auf die "Stunde" richtet, eine Existenz des Wartens und der Verfügbarkeit für diese "Stunde", zusammengerafft in der Einheit von Anspruch, Armut und Überlassung. Im übrigen bedeutet das Kreuz Christi nicht eine einfache Übernahme der "Existentialien" des zerrissenen Menschen (Leere und Ausweglosigkeit), die in der Wirklichkeit des Todes Christi manifest werden. Das Kreuz ist vielmehr die Einhaltung und Übersteigerung von all dem, was geschaffen ist. Darum bleibt es für die natürliche Vernunft ein Skandalon, ein Stein des Anstoßes.

Der "allseitig Preisgegebene"[1] ist der von Gott Verlassene im wahrsten Sinn des Wortes; eine Verlassenheit, die nur trinitarisch richtig zu denken ist. Die Auslieferung des Sohnes seitens des Vaters ermöglicht die Gabe des Heiligen Geistes, der gerade am Kreuz, wie von Balthasar es symbolisch interpretiert, "ausgehaucht" wird[2]. Damit bricht das Neue und Einmalige auf.

3. Das schlechthin Einmalige der Existenz Jesu[3]

a) Individualität und universale Wesenheit

Jesu einmalige Erfahrung der Gottverbundenheit (und Verlassenheit) hat in die Geschichte eine Existenzform ein-

1 H III, 2/2, 207-210; MP 198-202.

2 SC 110 ff.; vgl. Kk 15,37; lk 23,46; Mt 27,50; Joh 19,30.

3 Zum folgenden vgl. auch Kossi J. Tossou, L'appel du Centre ou la présence irréductible du Christ, in: NRT 103 (1981) 48-57.

geführt, die im Schoße der Zeitlichkeit die "Zeitlosigkeit" durchbrechen ließ. Ganz neu erscheint hier eine Form des Autoritätsanspruchs, der Forderung nach einer absoluten Normativität für alle Zeiten und Orte. Philosophisch gesehen ergibt sich ein gewisses Problem, man ist ja sogar mit einer Unmöglichkeit konfrontiert.

Das menschliche Denken hat stets versucht, die Dinge auf der Grundlage einer Zerlegung in zwei Elemente zu erfassen: das Faktische, Wirkliche und als solches das Einzelne und Zufällige; denn das Allgemein-Notwendige, dessen Charakteristik das Abstrakte, das Gesetz, die universale Geltung unabhängig vom Einzelfall ist. Das Allgemein-Notwendige ist wie ein Gesamtsubjekt, wie die Totalität, die in der gesamten Geschichte wirkt, sich manifestiert und sich als das normgebende Wesen präsentiert. Und an diesem Punkt stellt sich nach von Balthasar die entscheidende Frage[1].

Entweder ist dieses Wesen Gott selbst, und dann braucht er als solches nicht notwendigerweise die Vermittlung der Geschichte, um mit sich selbst kommunizieren zu können[2]; oder dieses Wesen ist der Mensch; aber dieser kann niemals als Individuum die Geschichte als ihr absoluter Herr beherrschen. Man weiß, wie sehr das dialektische Verhältnis zwischen der Individualität (Einmaligkeit) jeder konkreten menschlichen Person und der Allgemeinheit der Menschwesenheit in dem Maße verwirrend ist, da das Eigentümliche dieses Wesens ist, sich nicht anders als in der Einmaligkeit verwirklichen zu können. Auf dieser metaphysischen Ebene nimmt jede Person an der menschlichen Wesenheit im selben Maße teil, selbst wenn die Entfaltungsbreite der Persönlichkeit eine sehr verschiedene sein kann.

---

1 Vgl. TG 11 ff.

2 Die kritische Anspielung von Balthasars auf die Hegelsche Vernunft läßt sich ohne weiteres erkennen.

Jedes Individuum steht mit seiner persönlichen Vernunft und Freiheit in einem solidarischen Verhältnis zu allen anderen, aber es könnte nicht über diese als absoluter Herrscher herrschen, ohne gleichzeitig ihre Menschlichkeit und ihre Würde anzugreifen. Daher darf die metaphysische Unmöglichkeit dort, wo sie sich als gelebte Realität erweist (d.h. die Einmaligkeit und die absolute Normativität der Existenz Jesu), ihre Begründung außerhalb der Geschichte haben. H.U. von Balthasar scheut sich nicht, hier von einem "Wunder" zu sprechen, das das philosophische Denken sich weder vorstellen noch erfinden kann[1].

b) Jenseits der metaphysischen Unmöglichkeit

Dieses Wunder ist die seinshafte Verbindung Gottes und des Menschen in einem Subjekt, das als solches nur absolut einmalig in seiner Art sein konnte und dessen menschliche Personalität, ohne gebrochen oder überspannt zu werden, in die göttliche Person aufgenommen wurde. Diese Annahme der menschlichen Realität und seine Empornahme in das personale innergöttliche Leben kann weder die Entrückung eines Individuums aus der Mitte der anderen Individuen noch die Erhöhung eines normalen individuellen Wesens in einem höheren Wesensrang bedeuten. Sie ist vielmehr die Erniedrigung Gottes selbst bis zur Inkarnierung in einem Menschen, der in seiner unvergleichbaren Einmaligkeit dennoch nicht aufhört, wirklich ein Mensch unter Menschen zu sein.

Aufgrund seiner Identität mit dem Wort und dem Heilshandeln Gottes steht dieser einzigartige Mensch Jesus über die anderen "Brüder". Er wird zur Norm unseres Wesens und zum Herrn unserer Geschichte, der einzige Mittler. Wer sein eigenes Wesen und den Sinn der Geschichte und des

---

1 TG 13.

Schicksals der Menschen erfassen will, kann nicht an der einzigartigen Verbindung zwischen Gott und diesem besonderen Menschen Jesus von Nazareth vorbeikommen, der die Geschichte nicht erstarren ließ, sondern sie zur absoluten Zukunft hin geöffnet hat.

Als Zentrum der Welt und der Geschichte ist Jesus nicht nur der Schlüssel zur Deutung der Schöpfung, sondern ebenso der Schlüssel zu Gott. Und dies ist er nicht nur Kraft seiner Lehre oder der von ihm vertretenen Wahrheit, sondern vor allem durch seine Existenz. Sein Wort, das von seiner Existenz nicht zu trennen ist, besitzt seine Wahrheit nur im Zusammenhang seines Lebens, seines Einsatzes für die Wahrheit und Liebe des Vaters bis zum Tod am Kreuz.

c) Jesu Zeithorizont

Dieser fundamentale Aspekt des Einsatzes ist von der Situation Jesu in der Zeit und in der Geschichte - und folglich von der Beziehung seiner Existenz zur Geschichte jedes Individuums unlösbar. Was erfahren wir von H.U. von Balthasar zu dieser Thematik? Er versteht in erster Linie die Geschichte im allgemeinen und die Geschichte Jesu im besonderen im Verhältnis von Verheißung und Erfüllung. In diesem Rahmen verstehen wir am besten das, wozu wir berufen sind und das, was von Christus vorgelebt wurde. Die Mitteilung Jesu: "Ich bin vom Himmel herabgekommen, nicht um meinen, sondern den Willen dessen zu tun, der mich gesandt hat"[1], kann nach von Balthasars Auffassung als der authentische Ausdruck betrachtet werden, der der Form seiner Existenz entspricht.

Aber in welchem Sinne? Das Dasein Jesu ist zuerst ganz von einer Reihe von Negationen charakterisiert, die -

---

1 Joh 6,38.

so könnte man paradoxerweise sagen - die Positivität hervorheben, die der Wille des Vaters ist. Die Negation ist also nicht Zweck ihrer selbst, sondern steht im Dienste des väterlichen Willens, in dem das Dasein des Sohnes gründet und für den das "Haben" in absoluter Weise das "Empfangen" vom Vater bedeutet[1].

Das Empfangen ist das, was den Sohn in seiner Beziehung zum Vater ausmacht; hierin verwirklicht er sich selbst. Im Dasein als Empfang öffnet der Sohn sich ganz dem Willen des Vaters und verwirklicht das Ergreifen seiner eigenen ewigen Sohnschaft, der durch die Empfänglichkeit nicht widersprochen wird. Als Sohn von Ewigkeit her nimmt Jesus, in der Welt erscheinend, die Ausdrucksform der Zeitlichkeit an, die er erhöht, um aus ihr die exakte Aussageform seiner Beziehung zum Vater zu machen.

Fast wie eine Mahnung weist von Balthasar darauf hin, daß die Zeit im Leben Jesu nicht einfach ein Schein, sondern eine gelebte Realität ist. Die Göttlichkeit Jesu hat die Zeitlichkeit nicht aufgehoben, sie hat sie im Gegenteil angenommen und sie dann zu einem bestimmten Ausdruck des ewigen Lebens des Sohnes umgewandelt[2]. Man muß sich davor hüten, zu glauben, daß die Zeit nur ein äußerer Rahmen des Lebens Jesu wäre, hinter dem, ohne davon betroffen zu sein, die überzeitliche Wirklichkeit seines wahren Seins sich befinden würde. Ganz im Gegenteil, weil er Zeit hat, nimmt er den Willen des Vaters nicht vorweg; auch dies unterscheidet ihn von den anderen Menschen. Während diese immer dazu neigen, die Zeit und so auch die göttlichen Verfügungen, die in ihr enthalten sind, zu überspringen,

---

1 TG 24.

2 Ebd., S. 27-28. Unter Hinweis auf das Geschehen auf dem Tabor schreibt von Balthasar: "Gerade die Struktur seiner Zeitlichkeit, die auf Tabor nicht aufgehoben, sondern nur verklärt wird (...), wird zum unmißverständlichsten Ausdruck seines ewigen Lebens. Daß Jesus Zeit hat, besagt vor allem, daß er den Willen des Vaters nicht vorwegnimmt", ebd., S. 27.

um so sich in einer Art angemaßter Ewigkeit einen Überblick und Vergewisserungen zu verschaffen - worin sie sündigen -, wartet der Sohn ganz auf den Vater. Seine "Stunde" ist wesentlich die Stunde, die "kommt", aber die zugleich als solche schon da ist und alles bestimmt, was vor ihr ist und was auf sie zukommt.

Auch hier bewahrheitet sich die Wahrheit der Inkarnation, in der der ewige Gott und der zeitliche Mensch sich in einem einzigen Menschen vereinigen, in Jesus Christus. Der letzte Grund dieses einzigartigen Zusammentreffens, das zugleich die Herrschaft Gottes über die Zeit ankündigt, ist uns in dem Verständnis der "Stunde" zugänglich, die der Sohn rein und ohne irgendeine Zurückhaltung entgegenzunehmen hat, da sie die Quintessenz seiner Sendung ist. Diese ist zugleich Maß und Messendes, messendes Maß. Im Hinblick auf die Sendung ist das Wissen Christi kein Maß, sondern vielmehr ein Gemessenes. Deshalb hat die Vollkommenheit Christi keinen anderen Charakter als den seines vollkommenen Gehorsams, der wartet und empfängt, ohne Vorgriff. Würde man sich das Wissen Christi als eine Art ewige Schau vorstellen, aus der heraus Christus von einer Übersicht ausgehend jeden seiner Akte in der Zeit disponiert, so daß in Wirklichkeit alles für ihn nur ein abgelaufenes Spiel wäre, so hätte man die ganze Wirklichkeit der Zeit Jesu und seines Lebens aufgehoben und damit auch seinen Gehorsam, seine Geduld, die Verdienste seiner vorbildichen Existenz[1].

Die Integration der Zeitlichkeit in die christologische Reflexion stellt einen wichtigen und unersetzbaren Punkt in jeder Theologie dar, die den Tatsachen keine Gewalt antun will. Und an dieser Stelle muß auch darauf hingewiesen werden, daß die Zeitlichkeit Jesu von H.U. von Balthasar zugleich als das "Ja" des Sohnes zum Heiligen

---

1 Ausführlicher zu diesem Thema im folgenden 3. Teil.

Geist des Vaters gilt, denn der Geist ist es, der ihm Schritt für Schritt den Willen des Vater mitteilt[1]. Der Sohn wird so ständig vom Geist unterstützt, der ihn führt und ihm ohne Maß verliehen wird. Daß die Ereignisse im Leben Jesu keine Re-präsentation von Akten, die im Archiv der Ewigkeit bereitliegen, sind, zeigt die Tatsache, daß Jesus nie im voraus die Richtung des Wehens des Geistes festlegen konnte und festgelegt hat. Er lebte vielmehr in einem existentiellen Rahmen, der kein System von durch ihn vorgezeichneten Koordinaten war, sondern ein Zeitraum, der durch die Ereignisse seines Lebens gefüllt und qualifiziert wurde.

d) Der stufenweise Anstieg

Stufenweise Vertiefung und Klärung kennzeichnen das Selbstbewußtsein Jesu, das letzte Heilswort Gottes an die Menschheit zu sein. Damit steht Jesus in Kontinuität mit der Heilsgeschichte des Alten Bundes, grundlegend durch den Einbruch der "Wort-Taten" ("dabar") Gottes charakterisiert[1]. Folglich ist es nicht erstaunlich, daß, wie von Balthasar unterstreicht, die chronologische Zeit Israels vor allem durch die "günstigen Augenblicke" ("καιροί") gefüllt wird, eine Zeit, die durch göttliches Handeln und Sprechen bestimmt wird. Und dort, wo man eine "leere Zeit"[2] zu haben scheint, handelt es sich in Wirklichkeit nur um eine Periode der Reflexion und Meditation, die durch die Abwechselung von Offenbarungen und den in ihnen enthaltenen Verheißungen geprägt ist. Die "Augenblicke" der jedesmal neuen Erfüllung sind immer auch der aktualisierende Anruf zur Neu-Deutung der Vergangenheit und damit zur Steigerung

---

1 H III, 2/2, 151 ff.

2 H.U. von Balthasar lenkt hier die Aufmerksamkeit des Lesers auf die lange nachexilische Periode beinahe ohne Prophetie.

der Verheißung[1]. Aufgrund der Spannung zwischen der Zeit Gottes ("καιροί") und der Zeit des Menschen, die auf den Tod zugeht, kennt das Alte Testament keine festgelegte Zeit, sondern eine "bewegte Zeit", die je von einem verschiedenen Gehalt gefüllt wird.

In der einmaligen Existenz Jesu schwindet die "sündhafte" Spannung zwischen den beiden Zeiten. Die Zeit Jesu ist gott-menschlich und unterscheidet sich qualitativ von der Zeit des Alten Testamentes. Wohl verstanden, die Zeit Jesu ist die eines Individuums, die unausweichlich auf den Tod zuläuft. Insofern ist sie ganz als eigens menschliche Zeit in die umgebende Menschenzeit eingebettet (d.h. sowohl in die Zeit der früheren als auch der zukünftigen Generationen), dennoch hebt sie von dieser Umgebung das "Jetzt" ihres Hierseins ab; das "Jetzt" als die Zeit des Lebens Christi und seiner Sendung, eine begrenzte Zeit, die dennoch den Raum schafft, in dem sich das endgültige Handeln Gottes an der Welt abspielt. Das einzigartige "Jetzt" Jesu erhält dadurch die höchste Qualifikation, die auch der Geste anhaftet, mit der der Mensch Jesus sich auf Gott durch seinen Tod wirft, eine Geste, die mit dem Überstehen des Heilswortes Gottes zusammenfällt, während Himmel und Erde vergehen[2]. Hier treffen sich von göttlicher Seite das Handeln, das der Sohn mit den vom Vater gewährten Kräften vollbringt, und von menschlicher Seite die völlige Auslieferung an Gott in Armut, Gebet, Gehorsam und Selbstüberlassung.

Alle diese Bestimmungen gehören zu dem absolut Neuen, das "der Zeit Jesu eine Wucht an Gottesoffenbarung" verleiht, "wie sie weder im prophetisch-apokalyptischen noch im griechisch-platonischen Zeitverständnis liegen kann"[3]. Denn

---

1 H III, 2/2, 152.

2 Vgl. ZGR 10 ff.

3 H III, 2/2, 155.

das Gegenwärtige, von dem im "Jetzt" des Menschen Jesus die Rede ist, ist nicht das zeitlos Gültige der platonischen "Idee", sondern das hier und Jetzt sich Ereignende, dennoch nicht einfach in einem "punktuellen" Augenblick der Entscheidung, wie es die existentiale Interpretation versteht, sondern im dem "Jetzt", das im Laufe des einmaligen Lebens Jesu gelebt wird. Dieser wesentliche Aspekt der Zeitlichkeit Jesu macht diesen zum Gottes "Ergriffenen" und "Umgriffenen", unter dem "Stundenschlag" und im "Stundenplan" Gottes[1].

---

1 H III, 2/2, 156.

K A P I T E L III

DAS GANZE UNTER DEM ANSPRUCH DER SACHE JESU

Es soll nun versucht werden, in einem ersten Schritt das zuletzt Gesagte über den Zeithorizont Jesu auf einer zweiten Reflexionsstufe stärker zu formalisieren, und zwar im Hinblick auf seine Voraussetzungen, Zusammenhänge und Konsequenzen.

Es folgt dann die Darstellung des von H.U. von Balthasars gestellten "theologischen Postulats" in seiner Verbindung mit der christlichen Hoffnung als Spannungsbewegung zwischen Diesseits und dem Anruf des Jenseits.

Von hier aus wird noch einmal auf das Kreuz zurückgeschaut als das raumgebende Moment für das Wirken des Heiligen Geistes des Vaters und Jesu Christi in der erlösten Welt.

1. Das "Übergehen" ins andere als Grundbestimmung der Daseinsselbstvermittlung

a) Die Fragestellung

Von der formalen Struktur her ergeben sich aus den Aussagen von Balthasars über die Zeit Jesu einige Aspekte, die einer weiteren Erläuterung bedürfen. Zunächst soll die Zeit Jesu noch näher charakterisiert werden, wobei zu erklären ist, wie die "chronologische Zeit" und die "qualitative Zeit" Jesu zueinander stehen. Wie unterscheiden und ergänzen sich die vertikale und die horizontale bzw. die interpersonal-dialogische Dimension der Zeit und die der Einmaligkeit und Endgültigkeit vor Gott? Zeit wird ja nicht nur dadurch charakterisiert, daß sie vergeht, sondern grundsätzlich dadurch, daß sie etwas zum Inhalt hat. So kann zum Beispiel für zwei oder mehrere Menschen dieselbe chronologische Zeit sich unterschiedlich darstellen, und zwar aufgrund des Inhaltes von seiten der jeweiligen Betroffenen.

Hier stellt sich auch die Frage nach der Bedeutung der Vergangenheit und der Zukunft als Zukunft Gottes und der Gesamtschöpfung im Leben Jesu, d.h. die Bedeutung seiner Verbindung mit der Vergangenheit und die Bedeutung dieser Vergangenheit für die neue Zukunft, die er schaffen will, auf die seine Sendung ganz ausgerichtet ist als die Wirklichkeit, zu der Gott die Menschen ruft.

Blickt man auf den Karsamstag zurück, dann erkennt man, daß da Christus und mit ihm die gesamte Vorgeschichte in einem ganz bestimmten Sinne zu Ende gegangen sind bzw. in eine Phase getreten sind, wo nichts mehr geschehen kann, wo es nur noch "Passivität" geben kann[1]. Dieses Ende erweist sich zugleich als ein neuer Anfang. Am Gericht des Kreuzes ist ein Urteil über die Vergangenheit gefallen. Gericht bedeutet gerade aber, daß man sich zunächst einmal mit dieser Vergangenheit identifiziert, sich darin erkennt und infolgedessen auch eine Beurteilung über das geben kann, was gut war und was nicht gut war angesichts dessen, was erreicht werden sollte und was die Zukunft bestimmt. Im Hinblick auf diese Zukunft besteht die Bedeutung des Gerichts außerdem darin, daß zusammen mit dem Urteil über die Vergangenheit auch eine Entscheidung für die Zukunft getroffen wird. Alle diese Aspekte sollen im Christusgeschehen sichtbar werden, wenn es wahr ist, daß Christus am Gericht des Kreuzes die Vergangenheit der Menschheit nicht nur eingeholt, sondern auch überholt hat. Wie hat er - auch in seinem Leben, in seiner geschichtlichen Zeitlichkeit - unsere Vergangenheit angenommen, in sich gesammelt, um von daher unsere Selbstfindung und unsere Zukunft zu bestimmen?[2]

---

1 MP 250 ff.

2 Vgl. zum folgenden TG 23 ff und A. Moda, a.a.O., S. 141 ff.

Diese Frage ist zugleich die Frage nach der Drehscheibe, dem bewegenden Prinzip des Ganzen bei Jesus. Seine Solidarität mit den Menschen bis zur völligen Identifikation in die Sünde hinein als göttlich qualifizierte kann ohne Zweifel als mitkonstitutiv der von ihm gelebten Endlichkeit angesehen werden. Ebenso zweifellos richtig ist es, wenn von Balthasar von einer qualitativ eigentümlichen Zeit Jesu, wie der Kirche und der Menschheit im ganzen spricht. Dennoch die Art und Weise, wie Vergangenheit für Jesus da ist, wie er sich darauf bezieht und wie er sich auf die Zukunft bezieht, ist qualitativ einmalig. Im Hinblick auf die Menschheitsgeschichte stellen wir fest, daß die großen Epochen qualitativ unterschiedliche Zeiterfahrungen gemacht haben. Und damit hängt zusammen, wie die Vergangenheit erschlossen ist, wie sie für die Menschen da ist, wie diese sich in der Vergangenheit bewegen, wie die Zukunft sie angeht. So hat etwa z.B. ein Mönch beim Chorgebet ein ganz anderes Verhältnis zur Vergangenheit und Zukunft als ein anderer Mensch, der mit seiner technischen Planung Vorauskalkulationen anstellt.

Für Christus ergibt sich aus der Verkündigung des Reiches Gottes, die den Kern seines Lebens und seiner Botschaft ausmacht, eine qualitativ einmalige Zeitstruktur. Die Schwierigkeit ist nur, daß diese Zeitstruktur Jesu (wie später die der Kirche) mit der chronologischen Zeit konfrontiert ist, wobei diese als ein eigener Zeittypus mit eigener Konsistenz anzusehen ist und nicht einfach als die Abstraktion von einem qualitativen Zeitbegriff.
Dazu ist zu sagen, daß in jedem qualitativen Zeitbegriff eine universale Dimension enthalten ist, insofern Vergangenheit und Zukunft im ganzen einbezogen werden als allgemein gültige Dimensionen, die die Menschen angehen.
Eine Differenzierung bei Jesus in partikularer und universaler Zeit bzw. die Annahme eines doppelten Zeithorizonts Jesu erscheint daher richtig. H.U. von Balthasar läßt eine solche Differenzierung auch für die Kirche im glei-

chen Maße gelten, indem er von "der Kirche in der Zeit" (also von der chronologischen Zeit der Kirche) und von der "Teilhabe" an der qualitativ durch Jesu Leben, Tod und Auferstehung qualifizierten Zeit spricht.

b) Kreuz und "Allzeit" Jesu

Angesichts dieses ganzen Verhältnisses stellt sich die Frage, ob und wie die qualitative Zeit Jesu aus seinem Lebensweg heraus noch einmal qualitativ durch das Ereignis des Kreuzes und der Auferstehung qualifiziert wird. Wächst der Zeit Jesu da nochmal qualitativ Neues zu? Was bedeutet in diesem Zusammenhang die göttlich qualifizierte "Allzeit" Jesu, von der von Balthasar spricht?[1]

Wenn das Kreuz das Äußerte von allem im Leben Jesu ist, von dem her alles neu gelesen wird, dann ist die Annahme berechtigt, daß, solange Jesus auf dem Weg zu diesem Äußersten ist, etwas noch aussteht. Zeit ist dann eine bestimmte Weise des Vollzuges des vom Vater erhaltenen Auftrages. Der Gehorsam des Sohnes ist zwar darauf ausgerichtet, die Welt als vollkommen eingearbeitet und abgearbeitet in die Präsenz der Allzeit Gottes hineinzuführen. Das aber bedeutet substantiell für den Sohn, gleichzeitig identifiziert werden und sich indentifizieren zu lassen mit der Sünde bis in den Tod und in die Hölle hinein. Was aber ergibt sich daraus? Es folgt daraus, so scheint es mir, daß hier die Zeit in ihrer "Negativität" gesteigert wird, sie kommt und bleibt in der Ambivalenz, daß die Zeit sich nicht einfach ansammelt in der "Fülle der Zeit", sondern gleichzeitig wird die negative Tendenz an der Zeit sichtbar, die sich durchlaufen läßt bis ins Tatsächliche der Urzeit Gottes hinein. Und die Ambivalenz ist gerade die, daß zwar Jesus den Vollmachtsanspruch hat, der aber von der

1 Vgl. H III, 2/2, 158 ff.

Perspektive des Endes der Zeit her am Kreuz endet. Insofern würde im Verlauf des Lebens Jesu die Differenz, die an der Zeit selber sichtbar wird, geradezu ins Extreme gesteigert werden.

Offensichtlich würde man sagen können, die Zeit konstituiert sich in diesem Prozeß so, daß sie auf das Ende als den genetischen Punkt hinläuft, der als Anfang des Geschehens zu verstehen ist. Wir hätten also mit einem Typus von Zeit, mit einer Zeitqualität zu tun, die anders ist als der Prozeß des Lebens Jesu, der sich einholt und sich vom Ende her erklärt. Doch muß ferner danach gefragt werden, wie diese Zeitqualität sich zur kreatürlichen Zeit verhält bzw. wie das Geschehen als Geschehen die Zeit Jesu als Zeit für andere und Zeit der anderen bestimmt.

c) Daseinsvermittelndes und -konstituierendes "Übergehen"

Das Geschehen zwischen absolutem Gehorsam des Sohnes und absoluter Freiheit des Vaters vereinigt die beiden Absolutheiten in einer einzigen Absolutheit. Der absolute Gehorsam ist gleichzeitig einer, der absolute Freiheit bestimmt. Infolgedessen sind beide keine voneinander abzuhebende Bestimmungen mehr. Das Übergehen der einen Absolutheit in die andere ist wesenhaft _das_ Geschehen zwischen Vater und Sohn.

Daraus ergibt sich folgende Überlegung: Erweist sich dieses Geschehen als solches so, daß der absolute Gehorsam sich gar nicht mehr als Gehorsam darstelle, weil er kein kreatürlicher Gehorsam mehr ist, dann wäre der Sohn gleich in der Position des Vaters; also soll in diesem Geschehen das Geschehen selbst als Geschehen vergehen. Und nun entsteht dennoch ein wirkliches Geschehen in dem Sinne, daß das Geschehen selbst eine eigene Realität nur dann hat, wenn es wirklich _geschieht_, d.h. wenn die beiden

Momente von absolutem Gehorsam und absoluter Freiheit sich in dem Gehorsam wirklich als kreatürlicher Gehorsam erweisen.

Bezogen auf den bereits erwähnten doppelten Zeithorizont Jesu, bedeutet dies den Beginn des Übergehens von einer Zeit in die andere; ein Beginn, der sich nach theologischer Deutung als typisch auch für alttestamentliche Zeitstruktur zeigt. Dieses Übergehen der einen Zeit in die andere bildet sich in der Zeit Jesu mit seiner tiefen und spezifischen Eigenart heraus. In Jesus ist es nicht nur so, daß eine Zeit in die andere übergeht, sondern daß das Übergehen der Zeit selbst Zeit ist. Das manifestiert sich darin, daß vor dem Tod sein Zeit-Übergehen ganz in die kreatürliche Zeit "übergeht". Das heißt, seine partikulare Zeit, sein ganzes Mitsein mit den übrigen Menschen und speziell mit dem Vater entleert sich dadurch, daß er sein eigenes Übergehen vollkommen in der Zeit der anderen hat.

In diesem Zusammenhang ist darauf hinzuweisen, daß für von Balthasar die Höllenerfahrung Jesu so zu verstehen ist, daß der Sohn dort die Beziehung zum Vater nur noch im Bezug zu den anderen hat. Seine Zeit geht ganz in die kreatürliche Zeit über. Und das ist sein Leben. Hier hat er bereits das Heil substantiell vollzogen. Er hat keine partikulare Zeit mehr gegenüber den anderen. Gleichzeitig aber vollzieht sich eine Steigerung der kreatürlichen Zeit. Dort, wo die vollkommene Entleerung der Zeit Jesu geschieht, kommt zwar der Höhepunkt der Hölle, gleichzeitig aber ändert sich die Form der Zeit.

Von hier aus ergibt sich ein letzter Schritt zur Klärung dieser Gesamtproblematik, deren Bedeutung deutlich macht, was das von Jesus dargestellte "Novum" besagt. Grundsätzlich denkbar ist, daß die Zeit Jesu doch eine andere als eine bloße kreatürliche Zeit sein soll. Denn wenn die bloße kreatürliche Zeit darin bestünde, daß eine Zeit in die andere überginge, dann könnte gar keine ganz in die andere übergehen. Das Wesen der kreatürlichen Zeit besteht gerade darin, daß sie sich zwar ständig ins "Nichts" hinein abarbeitet; sie kann aber nie das Nichts erreichen, sie kann sich also nicht aus sich selbst so unzeitlich machen, daß sie die absolute "Negativität" aus sich selbst heraus wird. Obwohl sie nichts anderes als sich permanent "Negieren-wollen" ist, kann sie das vollkommene Umschalten nicht aus sich selbst herbeiführen. Es ereignet sich nur, daß das Übergehen der Zeit selbst übergeht. Die Zeit vergeht. Allerdings ist dies nicht ein Untergehen in eine schlechte Zeitlosigkeit, es scheint vielmehr, daß das Übergehen der Zeit selbst die Zeit ausmacht.

Erkennt man das Letztere als die Realität, die besonders im Leben Jesu sichtbar wird, dann gewinnt unsere Zukunft eine besondere Bedeutung. Die Zukunft zwischen Tod und Parusie unter dem Anspruch der Sache Jesu ist nicht mehr der "Raum", in dem einfach eine Zeit in die andere übergeht, sondern die Zeit entwickelt selbst die Zeitlichkeit. Weiter oben wurde schon darauf hingewiesen, daß das Leben Jesu sich substantiell im Übergehen vollzieht. Von dieser perspektivistischen Betrachtung her ist der Tod als qualitativ neue Form das, was bereits das Leben Jesu prägt, weil er gar kein eigenes Leben hat, oder anders ausgedrückt, sein eigenes Leben als solches ist immer nur das Leben für andere. Darin besteht seine Selbstvermittlung und -findung. Wo diese Radikalität erreicht ist, daß die eigene Zeit vollkommen von der Zeit der anderen als vollkommenes "Hin-Übergehen" bestimmt ist[1], ereignet es sich. daß die eigene Zeit ja nur in den übrigen Zeiten lebt, d.h. sie lebt überhaupt in Übergehen aller Zeiten. Hat Jesus sein Leben mitsamt seinem "Übergehen" als das Leben der anderen, so ist das Übergehen der anderen auch seins.

---

1 Eine große Bedeutung mißt H.U. von Balthasar diesem Aspekt bei in seiner Deutung des Johanneswortes (Joh 7,39; 16,7) des "Hingehen" Christi als ausdrückliche Vorbedingung für das Novum im Heiligen Geist, der nach ihm kommen soll.

Blickt man nun von hier aus auf das "Triduum Mortis" H.U. von Balthasars zurück, so ist festzustellen, daß er richtig erkannt hat, daß die Zeit Jesu gleichzeitig eine "kreatürliche" und mehr als kreatürliche sein muß. Es fehlt aber die konsequente Durchführung in der Form der Radikalität, die, wie wir zu skizzieren versucht haben, den "neuen" perspektivistischen Mittelpunkt herausstellt. Bei der Rede von Balthasars, der einerseits von einer "chronologischen" Zeit und andererseits von einer "qualitativen" Zeit Jesu spricht, vermißt der Leser, wie die beiden miteinander zu vermitteln sind. Ist die innere Zeit Jesu als Einheit von Anfang und Ende vor Gott zu verstehen, so bedarf sie in ihrer "Transzendentalität" einer "kategorialen" Vermittlung in einer äußeren Zeit. Werden die beiden Zeiten auseinander gehalten, so bliebe es bei einer Aporie. Erst die Vermittlung von beiden miteinander in dem konstituierenden Übergehen zeigt, wie die chronologische Zeit Jesu, die auf ein echtes Ende hinläuft, und zwar am Kreuz als "Vollendung", an ihr teilnimmt und somit als Antizipation der Hoffnung auf die Präsenz dieser Voll-endung in der Zukunft erscheint.

2. Das "theologische Postulat" und die christliche Hoffnung

Wenn diese Hoffnung nicht bloß in die Zukunft gerichtet ist, sondern auch jetzt schon erfahrbar, auch wenn ihre Endgültigkeit noch aussteht, so ist zu fragen, in welchem Rahmen diese Erfahrung gemacht wird. Das schon Gesagte hat einiges vorweggenommen, daher mag hier eine nur kurze, ergänzende Darstellung genügen. Die Fragestellung betrifft u.a. die Bestimmung des Verhältnisses der Weltzeit zwischen den beiden Ereignissen von Kreuz-Auferstehung und der Parusie. Welche Verständnismöglichkeit bietet die eigene Zeit Jesu im Hinblick auf die Annahme einerseits des "hereinbrechenden Endes" und andererseits die Forderung nach einer "Zeitspanne, in der die bisherige Weltzeit weitergeht? Als unbefriedigend betrachtet von Balthasar die Antwort, man müsse auf eine "Spannung" im Denken Jesu verweisen, "die jede zeitliche Erweiterung durch die erste Gemeinde und später durch die in der Zeit sich einrichtende Kirche zuläßt"[1].

H.U. von Balthasar hält es daher für angemessen, den bereits erwähnten doppelten Zeithorizont bei Jesus anzunehmen. Das scheint ihm die "theologisch notwendige" Lösung, die dem "theologischen Bewußtsein" Jesu entspricht[2].
Der doppelte Zeithorizont umfaßt einerseits die "eigentliche Zeit" der endlichen, begrenzten Existenz Jesu (die Zeit, in der er seinen Auftrag im Hinblick auf die Welt im Ganzen erfüllt haben muß, so daß Tod und Auferstehung wirklich die Erfüllung anzeigen, das Ende der Zeit, das wirklich im Vorgriff erreicht ist) und andererseits das Fortdauern der "chronologischen Zeit" und der im Kommen des Geistes verwandelten Heilszeit. H.U. von Balthasar stellt diese Auffassung, die er vertritt, als "theologisches Postulat" dar, nach dem "Jesu eigene Zeit", die ("psychologisch") durch das Tragen der Weltsünde am Kreuz zeitlos und im Abstieg in den Hadeszustand nochmals auf eine andere Weise zeitloser wird, um mit der Plötzlichkeit der Auferweckung vom Tod ins Ewig-Allzeitliche zu münden, qualitativ die Zeit der anderen, die irdisch fortdauern wird, einbergend in sich faßt"[3]. Da die Plötzlichkeit des Ereignisses keine "Zeitpunkte" mehr zuläßt ("Zeitpunkt der Auferstehung", "Zeitpunkt der Parusie"), ist es widersinnig

---

1 H III, 2/2, 158. Die Kritik von Balthasars richtet sich gegen die Auffassung O. Cullmanns (Heil als Geschichte, S. 201) und Kümmels (Die Naherwartung in der Verkündigung Jesu, in: Zeit und Geschichte, Dankesgabe an R. Bultmann, 1964, S. 45 und Anm. 76).

2 H III, 2/2, 158 ff. Mit seiner Annahme des doppelten Zeithorizonts Jesu schließt sich von Balthasar der Meinung von J. Weiß (Gottes Reich, 1964, S. 96) an, der die Idee einer "doppelten Bühne" vertritt.

3 Ebd., S. 158-159. Zur Diskussion dieser Aussage siehe die Ausführungen im § 1 dieses Kapitels.

nach von Balthasars Meinung, die "ewige Zeitlosigkeit" des Christusgeschehens in "heilsgeschichtliche Zeitfolge" einreihen zu wollen, die es nur noch in der Zeit der anderen, in "unserer Zeit" geben kann, nicht mehr für Christus.

Damit wird die Frage der Teilhabe der Christen an der Zeit Jesu wie an der "Unzeit des Kreuzes und der Hölle" berührt[1]. Die Möglichkeit der Teilhabe ist dadurch gegeben, daß die Christuszeit "die alles bestimmende Form der Kirchenzeit"[2] ist. Das "ein für allemal Geschehene" hat in der extensiven Menschenzeit so Fuß gefaßt, daß das vertikale Ereignis wirklich für uns präsent ist. Daher lebt der Glaubende auf dieses Ereignis zu. Der "Zeitpunkt" des Kreuzes bzw. der Auferstehung ist wirklich eine "Gegenwart", Vorwegnahme und Anbrechen des Reiches. Dieser Zeitpunkt eröffnet eine für uns auf die Parusie zugehende Zeit.

3. Der "Augenblick" des Kreuzes als offener Raum für das Wirken des Heiligen Geistes

Die Verklammerung von Christusgeschehen und Geistesgeschehen gehört zu den zentralen Themen, mit denen sich diese Studie im dritten Teil befaßt. Insofern sollen hier nur einige Hinweise im "Vorfeld" angeboten werden. Vom Kreuzesgeschehen her wird der Sinn des Handelns Gottes in Schöpfung und Geschichte voll erkennbar und im Horizont dieses Handelns Gottes läßt sich der zentrale Stellenwert der "Wirksamkeit" des Heiligen Geistes bestimmen. In dieser Rahmenvorstellung verweist H.U. von Balthasar im Anschluß an den Evangelisten Johannes besonders auf das "νῦν" des Kreuzes.

---

1 H III, 2/2, 16o ff.

2 Ebd., S. 161.

Der Sache nach kann der "Augenblick" des Kreuzes als das vorherige "Anzeichen" des Kommens des Geistes sein: "Denn noch war der (Heilige) Geist nicht da, weil Jesus noch nicht verherrlicht war"[1]. Der Sohn mußte zunächst "hingehen" zum Vater, damit der Geist kommen konnte. In der Interpretation von Balthasars heißt dieser Hingang "sterben, und zwar im Tragen aller Sünde der Welt, in der Gottverlassenheit, im Verschenkthaben der Mutter, im absoluten Durst: also im äußersten Ende (Joh 13,1), jenseits dessen keine, auch keine gottfeindliche, widergöttliche Wirklichkeit mehr ist"[2]. Natürlich ist der Geist in all dem präsent, "regelnd", "begleitend", "ermöglichend"[3], dennoch erfolgt seine Freigabe erst dann, wenn der Sohn alles "vollbracht" hat und der Geist nunmehr als seine "bleibende Gegenwart" in Schöpfung und Geschichte ausgesandt wird.

Damit wird für die Welt eine neue Unmittelbarkeit zu Gott geschaffen. Die eigentliche Sendung Jesu Christi war ja, mit der ganzen Liebe des Vaters in die Stunde der Finsternis, in die absolute Nichtliebe der Welt hineinzugehen, um so den Geist der ewigen Liebe nicht nur zum Prinzip unseres Verhältnisses zu Gott, sondern auch aller echten, zwischenmenschlichen Beziehungen werden zu lassen. Die Aussendung und der Empfang des Geistes bedeuten die Ermöglichung der Teilnahme an dieser Sendung. Voraussetzung für diese Teilnahme an der Liebes-, Sendungs- und Existenzform Christi - "über die bleibende Differenz zwischen ihm und uns hinweg" - aber ist, daß der Glaubende "bereit ist, im Jawort des Glaubens seine Existenz als Sendung zu empfangen und zu leben"[4].

---

1 Joh 7,39.

2 SC 110.

3 Ebd.

4 Ebd., S. 309. Zur weiteren Entfaltung aller hier zur Frage stehenden Aspekte siehe folgenden 3. Teil.

Hier bietet die Existenz Mariens ein Vorbild. Je mehr ein Mensch die genannte Bereitschaft zeigt und lebt, um so mehr kommt er der neuen Wirklichkeit Christi näher, spürt die Präsenz des Göttlichen in der Welt und auf tiefste Weise und erfährt jene Dimension der Dinge, die wir "Himmel" zu nennen pflegen, d.h. die letzte Intimität und größte ökonomische Unmittelbarkeit"[1]. Mit den Worten S. Kierkegaards würde man vielleicht diese Unmittelbarkeit als eine bestimmte "Gleichzeitigkeit" mit Christus verstehen können. Ermöglicht wird sie aber nur dadurch, daß der Christ vom Geist, aus der Gnade des Gekreuzigt-Auferstandenen, "unter das eschatologische Gesamtschicksal des Herrn gestellt wird"[2].

---

1 H III, 2/2, 217.

2 Ebd., S. 182.

D R I T T E R   T E I L

DER UNBEKANNTE JENSEITS DES WORTES: DER HEILIGE GEIST

E I N L E I T E N D E   H I N W E I S E

Der "Exodus" Gottes zunächst in der Schöpfung und dann in der Person des fleischgewordenen Wortes ist trotz Vorwegnahme der Endgültigkeit noch weit von seinem Ziel entfernt. In der Passage des Jesaias, die Lukas im 4. Kapitel seines Evangeliums zitiert, stellt uns der Evangelist die "Magna Charta" der Sendung des Sohnes vor: "Der Geist des Gebieters und Herrn Jahwe ruht auf mir, da der Herr mich gesalbt hat. Den Armen Frohes zu melden, hat er mich gesandt, zu heilen, die gebrochenen Herzens sind, den Gefangenen Befreiung zu künden, den Gefesselten Lösung der Stricke; ein huldvolles Jahr des Herrn auszurufen, alle Trauernden zu trösten und ihnen Kopfschmuck statt Asche zu geben, Freudenöl statt Trauergewand, Loblied statt Mutlosigkeit. Man wird sie nennen "Eichen der Gerechtigkeit, Pflanzung des Herrn zu seiner Verherrlichung"[1].

Ein Blick auf unsere tägliche Existenz, so sehr er auch wenig aufmerksam und realistisch sein mag, überzeugt uns besonders heute davon, wie lang und steinig der Weg ist, der sich vor uns bis zur Verwirklichung dieser großen Themen des Evangeliums Christi erstreckt. Das goldene Zeitalter der Freiheit für die ganze Schöpfung erscheint vielmehr als eine Schimäre. Und dennoch haben wir uns nicht nur mit Wahnvorstellungen abzuspeisen, denn Gott selbst ist in das Herz der Erde (Mt 12,40) und unserer dunklen Geschichte eingetreten, um sie gänzlich anzunehmen. Wir brauchen nicht nur seufzen und klagen, wir haben in Christus auch den Geist des Vaters empfangen, der uns, vorausgesetzt, daß wir für sein uns umwandelndes Ankommen die nötigen "Empfangsvorkehrungen" treffen, zu Zeugen der göttlichen Gerechtigkeit im Schoß der Geschichte und zu Zeugen des Sieges Gottes über die Welt macht.

Jesus Christus hat sich durch das Wort und durch das Le-

1 Jes 61, 1-3; vgl. Lk 4, 18-19.

ben als derjenige bezeugt, dessen ganze Existenz unter dem Willen Gottes des Vaters steht. Diese lebendige Beziehung des Sohnes zum Vater, die sich in seinen Beziehungen zu den Menschen konkretisiert, stellt den Inhalt der Frohen Botschaft dar: Gott ruft alle Menschen zur Gemeinschaft mit sich. Der Sinn und die Bedeutung der Existenz Jesu Christi sind ganz in der völligen Übergabe an den Vater und in dem radikalen Charakter seines "Seins-für-andere-und-mit-anderen" enthalten, mit anderen Worten im absoluten Geschenk seiner selbst an Gott und an die Menschen. Jesus war derjenige, der wirklich und bis zur letzten Konsequenz auf eine einmalige Weise das "Fiat" seiner Verwiesenheit und folglich der ganzen Schöpfung angenommen hat. In dieser Verwiesenheit, deren zwei Pole Gott und die Menschheit sind, hat Jesus, wie bereits unterstrichen wurde, eine, wenn auch bedrohte, Existenz der intakten Gemeinschaft mit Gott in der Einheit von Freiheit und Unterwerfung als Verwirklichung nicht nur seiner Menschlichkeit, sondern auch seiner göttlichen Sohnschaft geführt. Jesus gewinnt seine Persönlichkeit gerade im Übergeben, im Verschenken seiner selbst an Gott und an die Menschen. Tod und Auferstehung geben diesem Verschenken seine tiefe Dimension, seine radikale und letzte Vollendung, in der sich die Endgültigkeit der Offenbarung und der Konstitution Jesu als Sohn Gottes ereignet, in dem der Vater sich selbst erkennt. Was bislang als situationsgebunden erschien, wird jetzt endgültig. Das menschliche Dasein Jesu erscheint und öffnet sich an diesem Punkt als <u>göttliche Souveränität</u>, als endgültige Artikulation und Vereinigung des Menschlichen und des Göttlichen. Dieses "Beziehungsnetz" hat sich in der Zeitlichkeit entfaltet, die sich in jedem Augenblick dem Sein Jesu, in der Transparenz vor dem Vater, öffnet. Der Blick auf die Zeit eröffnet, wie wir gesehen haben, die Möglichkeit einer konkreten Gegenwart, der Gegenwart des <u>Gegenwärtigen</u> in Jesus, der sichtbar und vorbildlich unsere Situation und unsere lebendige Beziehung zu Gott anzeigt.

Die theologische Reflexion, die in dem Beziehungsgefüge Vater-Sohn-Welt die Gestalt der dritten Person der Heiligen Dreifaltigkeit, die Gestalt des Geistes und deren Bedeutung für die christliche Existenz zu erfassen sucht, könnte ihren Ausgangspunkt nicht anderswo als im Leben Jesu und in besonderer Weise in der letzten Vollendung des Christusereignisses auf Kalvaria nehmen, und das heißt Tod, Auferstehung, Erhöhung. Das göttliche Leben, das durch und mit dem erhöhten Herrn auf uns vom Vater her zukommt, ist mit Recht der "lebendigmachende Geist" Jesu Christi genannt worden. Die Menschheitsgeschichte empfängt von jetzt ab eine neue Prägung, die des Todes, der Auferstehung und der Gabe des Geistes Gottes.

Gerade diese "erste Gabe an die Gläubigen"[1] bewegt und führt von nun an die ganze Schöpfung zu ihrer Vollendung. Nur in ihm geschieht die vom Evangelium geforderte Umkehr, und allein in ihm vermag der Mensch ein ständig erneuertes Leben vor dem Herrn der Schöpfung zu führen. Der Geist allein als Geist Gottes macht uns zu Teilhabern am göttlichen Leben selbst, indem er kommt, um in uns zu wohnen. Durch diese Einwohnung vereint er sein Leben mit unserem Leben, er läßt sich in gewissem Sinne von uns bedingen, er verbindet sozusagen sein Schicksal mit dem unserigen. In der Tat erweist sich die besondere Eigenschaft seiner umwandelnden und "göttlichmachenden" Gegenwart als wahr und kann als solche bezeugt werden nicht so sehr aufgrund unserer Erkenntnisse über sein Wesen (das nie in unseren Kategorien aufgelöst werden kann), vielmehr aufgrund dessen, was er aus uns macht, aufgrund seiner Heilsfunktionen, und daß heißt eigens dort, wo dem Menschen durch das Wirken des Geistes die Freiheit seines eigenen Selbst gewährt wird und so zur Vollendung geführt wird. Dürfen wir an diesem Punkt eine etwas kühne Formulierung wagen?

---

1 Viertes Eucharistisches Hochgebet.

Wenn es wahr ist, daß das Selbstsein des Menschen post Christum seine wahre Gestalt nur erreicht, indem er von der lebendigmachenden Kraft des Geistes Gottes genährt wird, dann ist es nicht weniger zutreffend, daß auch der Geist sich in seiner besonderen Funktion nur in der Beziehung zur Schöpfung und zum Menschen insbesondere enthüllt. Und dies scheint in dem Wagnis selbst begründet zu sein, das Gott im Hinblick auf uns in seinem Heilsplan auf sich nahm. Geprägt vom Siegel der Unterscheidung des besonderen Handelns des Geistes, vermögen die menschliche Spontaneität und Ekstase den Stoff zu bieten, um das "Werden" des Geistes zu "gestalten", der als der Motor beständiger Lebendigkeit der Kirche Christi anerkannt wird.

Nun drängt sich aber eine grundlegende Frage auf. Wo hat in einer solchen Überlegung die Göttlichkeit Gottes bzw. des Geistes ihren Platz? Kann man bei Gott eine Änderung bzw. ein "Werden" annehmen? Ist es legitim, die "Konstitution" Gottes als Gott von der Konstitution des Menschen abhängig zu machen? Und ist es überhaupt erlaubt, zu behaupten, daß der Schöpfer in dem Maße "wird", wie das geschaffene Sein auch wird? Was bedeutet denn die Transzendenz Gottes?, die gewollte "Schwäche" der absolut freien Liebe? Was will die Transzendenz Gottes im Grunde sagen? Ist sie in erster Linie wesentlich und ausschließlich das, was sich auf der Basis der Summe unserer Ideen von Gott "jenseits" und "oberhalb" unserer Welt befinden muß, oder ist diese göttliche Transzendenz nicht vielmehr die wunderbare und überraschende Mischung von Nähe und Ferne? Anders gesagt, die einzigartige Eigenschaft Gottes, der jedes Mal "kommt" und "an-kommt", wie er will? des Gottes, der uns ständig überrascht und sich fortwährend "ereignet"? Ein Gott ohne eine solche Offenbarung, wie sie uns im Geist besonders sichtbar wird, wäre nur ein "quid" in sich selbst, alles andere als ein Gott der Schöpfung und der Menschen. Und es ist im übrigen auch klar, daß Gott sich seinem Geschöpf nur kundtun kann, wenn er sich auf dessen

Verstehensebene herabläßt mit Worten, Taten und Zeichen, die es begreifen kann[1].

Gewiß soll in all dem das Prinzip nicht angetastet werden, nach dem "Gott den Grund für seine Existenz in sich selbst, d.h. in seinem eigenen Wesen hat"[2], insofern ist er nicht auf dieselbe Weise "seiend" wie das geschaffene Seiende. Ihm kommt das Sein schlechthin zu, während das geschaffene Seiende ein in Gott begründetes Sein besitzt. Daher sind die Aussagen über Gott nur von der heilsgeschichtlichen Perspektive her richtig zu verstehen. Nicht zu verschweigen bleibt allerdings die Gefahr einer "Verweltlichung" oder eines Anthropomorphismus, wenn Gott "seiend" genannt wird, wobei er mehr oder weniger als ein Mensch, als ein Geschöpf zu erscheinen droht. Und hier wirft die Rede H.U. von Balthasars von einer "Änderung" Gottes Probleme auf. Was ist darunter zu verstehen? Wie ist eine solche Möglichkeit oder Wirklichkeit zu definieren? Was rechtfertigt schließlich eine solche Annahme? Was man sich auch immer darunter vorzustellen hat, so bleibt es wahr, daß hier nicht eine "metaphysische Redlichkeit" ihre Maßstäbe setzt, sondern ein gläubiges Bewußtsein das Wort redet. Und wenn der Glaube nicht am Ende als Schlußfolgerung des menschlichen Denkens entsteht, sondern ein Akt des Engagements, ein Sprung aus Gnade Gottes ist, dann muß es die Aufgabe des Theologen sein, eine der jeweiligen Geschichtszeit entsprechende neue religiöse Sprache, neue Ausdrucksformen für die Spiritualität, für die Wirklichkeit Gottes zu ersinnen, aber auch die Kontinuität des Glaubens, seine Identität in der Geschichte zu bewahren und den Blick für das Wesentliche zu schärfen, indem der gläubige Mensch die Natur seines Glaubens stets prüft und so für die Aufrechterhaltung seiner vertikalen Beziehung zu Gott als dem Grund aller Dinge sorgt. Es kommt also nicht dem Geschöpf zu, Gott die "Idee Gottes"

---

1 Vgl. SC 37.   2 KthW 164.

zu oktroyieren oder ihm seine eigenen Maßstäbe anzulegen. Von ihm wird vielmehr eine Haltung erwartet, die im Glauben das empfängt, was Gott für sein Geschöpf sein will und das zugleich in ihm und außerhalb von ihm ist.

Der Mensch steht ganz in dieser Polarität von Ursprung und persönlicher Freiheit. Das Wichtige bleibt dennoch das Primat der Gnade. Die Schärfe, mit der von Balthasar sich gegen "kosmologische" und "anthropologische Reduktion" wehrt[1], zeigt deutlich, daß der Mensch nicht das Maß Gottes ist, ebenso wie die Antwort des Menschen nicht ein Maß für das Wort ist, das ihn anruft. Weder die Welt noch der Mensch, sondern das Handeln Gottes ist die oberste Norm; diese ist die Erhabenheit der Liebe, die sich mitteilt und sich selbst in ihrem Wesen als Verzicht und Selbstlosigkeit auslegt[2]. Hierzu lädt uns von Balthasar zur Meditation und zur Reflexion über die Wege der Gnade ein in Richtung auf eine "geheimnisvolle Teilnahme an der göttlichen Natur (2 Petr 1,4), auf ein Eingelassensein des Geschöpfes in die Seinssphäre Gottes, damit auf dem Grund einer irgendwie gemeinsamen Seins- und Denkweise (con-naturalitas) die personale Austauschbeziehung ermöglicht wird"[3], ohne daß allerdings die "Analogia Entis" alteriert wird, da ja selbst in der Begnadung das Geschöpf nicht aufhört, Geschöpf zu sein.

Folglich, so führt von Balthasar fort, kann von einer direkten Vergöttlichung des Geschöpfs nicht die Rede sein, sondern nur davon, daß Gott selbst aufs vollkommenste jede bleibende Differenz überherrscht und überbrückt, indem er alles in allen wird[4]. In einem tiefen Sinne bedeutet

1 GL 8-32.

2 MP 147-148; GL 40-48.

3 SC 37.

4 πάντα ἐν πᾶσιν: 1 Kor 15,28.

dies für unsere Gotteserkenntnis, daß das sich dem Menschen in der Welt kundgebende göttliche "Ich" nur kraft der Vorgabe der Gnade erkannt werden kann; ebenso kann der Mensch dem Anruf Gottes nur durch die Unterstützung dieser Gnade antworten. Diesen Sachverhalt sucht von Balthasar folgendermaßen zu beschreiben:

> "Kein von Menschen verfestigtes materielles oder geistiges Gottesbild darf sich dem freien Heilshandeln des lebendigen Gottes in den Weg legen, alle Bilder müssen weichen, damit er sein wahres und einziges Bild (2 Kor 4,4; Hebr 1,3) unter die Menschen stellen kann: das durch seine unübertreffbare Liebe glaubhafte Bild der absoluten Liebe Gottes. Diese bleibt das immer Unvermutbare, selbst wenn sie erschienen ist; das immer Unfaßliche, auch wo der Glaube sie erfaßt"[1].

Der Hinweis auf diese komplexen Zusammenhänge war wohl nötig, um das, worum es uns im folgenden geht, deutlich zu machen. Gewiß: alle oben erwähnten Themen können hier keine ausführliche Behandlung finden, dies würde den Rahmen unserer Fragestellung sprengen; dennoch werden sie nicht unberührt bleiben.

Eine "rechte Rede" von Gott, soweit dies dem menschlichen Denken gelingt, erfordert die Bestimmung des richtigen Standortes, der letztlich vom Anruf Gottes intendiert wird. Dieser Ort des rechten Denkens und Sprechens von Gott kann daher nicht die bloße Theorie sein, sondern <u>der vitale Bezug zu Gott</u>. Anders verhält es sich nicht mit der theologischen Reflexion über den Geist Gottes, insofern die Seinswirklichkeit des Geistes sich nicht anders eröffnet als in einer lebensrelevanten Beziehung.

Dementsprechend gehen wir im folgenden so vor. Erstens wird der Geist in seiner Beziehung zu Jesus Christus dargestellt. In dieser "Christologischen Konstellation" wird zuvor kurz an die "Konkretisierung" des einen und dreifal-

---

1 SC 49.

tigen Gottes auf der Basis des gegenseitigen Zeugnisses von Vater und Sohn im Geist erinnert, der das Leben des Sohnes von Anfang an bis in den Kreuzestod hinein begleitet und ausformt. Es geht hier darum, die im 2. Teil dargelegten Grundlinien der Christologie von Balthasars in ihrer Verklammerung mit der Pneumatologie auf ihre letzten Zusammenhänge und Konsequenzen hin zu führen.

Zweitens wird versucht, ausgehend vom oberen, eine Annäherung an die innertrinitarische Bestimmung des Heiligen Geistes zu erreichen. Ein Versuch, der nichts anderes sein kann als ein Stottern angesichts des unergründlichen Geheimnisses der Dreifaltigkeit.

Die dritte Dimension unserer Darstellung befaßt sich mit dem Verhältnis von Geist und Kirche, und somit von Geist und den Christen. Das sakramentale Leben der Kirche und der Glaubenden an Jesus Christus steht ganz unter dem Gesetz des Geistes, der nach einer wohl bekannten Formulierung die "Seele" der Kirche ist, also das lebendige Prinzip ihres Wesens und ihrer sakramentalen Handlungen.

Diese richten sich auf die endgültige Vollendung der im Ereignis Jesu Christi eschatologisch bestimmten Daseinssituation des Menschen. Durch ihr Leben und Wirken in Zeit und Geschichte geht die Kirche ihrer Pflicht nach, Zeugnis von der Wahrheit abzulegen[1]. Diese offensichtlich schwierige Aufgabe ist dennoch die einzige, die die Glaubwürdigkeit der dem "kommenden Herrn" (Ap 22,20) entgegenschreitenden Kirche begründet und festigt.

1 Das 2. Vaticanum hat hierzu die Wichtigkeit des Dialogs zwischen Kirche und Welt unterstrichen. Unmißverständlich wird die Kirche mit Nachdruck dazu aufgefordert, ein intensives Gespräch mit den verschiedenen Formen der menschlichen Kultur zu suchen, durch die "neue Wege zur Wahrheit aufgetan werden" (GS 44).

K A P I T E L I

DER HEILIGE GEIST IN CHRISTOLOGISCHER KONSTELLATION

A. Konkretion und Ur-Sakrament der Trinität

1. Die trinitarische Opposition

"Wie kann Gott das Gottlose, das eine mögliche letzte Konsequenz menschlicher Freiheit ist, in sich selber tragen?" So lautet die verwirrende und "schreckliche Frage"[1], die H.U. von Balthasar angesichts des Verhältnisses zwischen Gottes absoluter Freiheit und des Menschen rebellierender Freiheit, so wie sie Christus begegnet ist, stellt. In der Einsamkeit Christi und in seiner Erfahrung der Gottferne erscheint am deutlichsten, welche Kluft, welche Opposition besteht zwischen Schöpfer und Geschöpf. Daß Gott "ein so unübersehbares Wagnis eingehen kann"[2], daß er sogar die Rebellion und die Selbstverdammung der menschlichen Freiheit "in sich selbst einzubergen und auszutragen vermag"[3], stellt ein Geheimnis dar, das kein menschliches Denken zu entschlüsseln vermag. Die einzig "gültige Antwort" auf die gestellte Frage, eine Antwort, "die kein Mensch aus sich selber hätte erdenken können", wird daher nur dort gegeben, "wo der Mensch Jesus, der der Sohn des lebendigen Gottes ist, in die Gottverlassenheit der Hölle hinabsteigt und dabei die absolute Freiheit des Schöpfergottes sich lichtet zum Geheimnis seiner dreieinigen Liebe"[4].

1 KPG 53.

2 Ebd.

3 Ebd.

4 Ebd., S. 53-54.

Auch hier, in der Erfahrung des Abgrundes von seiten des Sohnes heißt das Schlüsselwort "Gehorsam" zum Vater aus Liebe. Im Anschluß an Adrienne von Speyr, deren Werk einen entscheidenden Einfluß auf ihn ausübte[1], gibt H.U. von Balthasar dem Gehorsam Jesu einen breiten Raum, wie bereits im 2. Teil aufgezeigt wurde. Damit zusammenhängend ist die starke Betonung der Ereignisse von Ölberg, Kreuz und Abstieg zur Hölle. Dabei tritt ein Grundgedanke hervor: die Opposition zwischen Vater und Sohn und somit auch dem göttlichen Geist. In dieser Situation ist der Sohn ganz das, was der Vater nicht ist. Die Beziehung zwischen den göttlichen Personen besteht nur noch in der Form der Opposition, die am stärksten am Kreuz und in der Erfahrung der Verlorenheit in der Hölle hervortritt. Der Grund dafür kann nach von Balthasar nicht anderswo liegen, als daß der Sohn den Gang in die Gottferne der Hölle als einen Ausdruck seiner Liebe zum Vater versteht. Und er kann "seiner Liebe so sehr die Färbung des Gehorsams verleihen, daß er darin die ganze Gottlosigkeit des verlorenen Menschen erfährt"[2]. Doch was soll man hier darunter verstehen, und gibt es eine bessere Erklärung, die den menschlichen Verstand mehr befriedigt? Die Suche nach einer solchen "rationalen" Erklärung hält von Balthasar für zwecklos, denn es kann keine "menschlich erfindbare Lösung" geben[3]. Der oben genannte Grund mag noch so "mythologisch" erscheinen, er ist die einzig "akzeptable Lösung" des Rätsels, welches nichts anderes ist als das große grundlose Schenken Gottes an seine Welt.

---

1 Vgl. Rechenschaft 35: "Adrienne von Speyr war es, die den erfüllenden Weg von Ignatius zu Johannes wies, und damit den Grund zum meisten legte, was seit 1940 von mir veröffentlicht wurde. Ihr Werk und das meine sind weder psychologisch noch philosophisch auseinanderzutrennen, zwei Hälften eines Ganzen, das als Mitte eine einzige Gründung hat."

2 KPG 54.

3 Ebd.

Von hier aus scheint von Balthasar ein Schritt weiter möglich. Der Gang in die Opposition der Gottferne sieht er als ein innergöttliches Geschehen an und formuliert es so: "Gott läßt Gott in die Gottverlassenheit gehen"[1]. Von dem heilsgeschichtlichen Gesichtspunkt ausgehend läßt von Balthasar auf diese Weise die "Opposition" bis in die Region der ewigen personalen Liebe der Trinität vordringen. In diesem Rahmen erscheint selbst der Gehorsam des Sohnes, wie dies näherhin im Zusammenhang mit dem Verhältnis Geist-Jesus zu sehen sein wird, als ein innertrinitarischer Prozeß, der nicht erst bei der Menschwerdung ansetzt, sondern schon als dem innertrinitarischen Heilsratschluß Gottes zugehörig die Grundhaltung des Sohnes gegenüber dem Vater und seinem göttlichen Geist ist. Infolgedessen spricht von Balthasar von einer "Art Zerspannung"[2], die der Sohn am tiefsten "mit der Realität aller Gottlosigkeit in der Welt, mit der Summe der Weltsünde" erfährt[3]. Und dies scheint der Preis zu sein, den Gott für sein "unübersehbares Wagnis" zugunsten seiner Kreatur gezahlt hat. Die Logik dieser ganzen Annahme besteht für von Balthasar darin, daß die ökonomisch geöffnete Trinität, und zwar in Jesus Christus, einen "Ausblick in eine Opposition innerhalb der göttlichen Freiheit und Liebe selbst öffnet, die endlich den Grund dafür sichtbar werden läßt, wie denn Gott am Anfang die Opposition zwischen göttlicher und menschlicher Freiheit ernsthaft verantworten und als "sehr gut" bezeichnen konnte"[4].

Zweifellos ist es richtig anzunehmen, daß Gott sich selbst und nicht irgendwelche vertretende Macht an uns in Jesus Christus mitgeteilt hat, und zwar so wie er ist. Dennoch

---

1 KPG 54.

2 PnI 131.

3 Erster Blick 58.

4 KPG 54.

wirft das Verlegen der Opposition der Personen in den innertrinitarischen Raum Fragen auf. Zunächst wie kann die Opposition zwischen Vater und Sohn bis in das Abtreten in die Widergöttlichkeit des zweiten Chaos eine Offenbarung des "letzten Geheimnisses des Vaters"[1] bedeuten? Wie kann in der Darstellung der starken Opposition der Personen die Einheit des Wesens noch bewahrt bleiben? Besteht hier nicht die Gefahr eines versteckten Tritheismus, wenn der Sohnesgehorsam und damit auch die Kenose praktisch als innergöttliche Erscheinung bzw. Prozeß angesehen werden? Hier wie auch in dem, was die Karsamstagstheologie angeht, wird man H.U. von Balthasar vorhalten können, daß er sich allzusehr die Position Adrienne von Speyrs zu eigen gemacht hat. "Sendungswillen" des Vaters und "Sendungsgehorsam" des Sohnes[2] und "ihre Steigerung im Vollzug der Dramatik der Passion"[3] stoßen so sehr aufeinander, daß sie "mehrfache Subjekte und damit in der Sprache der frühen Konzilien mehrerlei Wesen in die Gottheit" eintragen[4]. Freilich wird man bei der Kritik an von Balthasar wie an Adrienne von Speyr, mit der er hier übereinstimmt, der Tatsache Rechnung tragen dürfen, daß der Ausgangspunkt seiner Trinitätskonzeption der Gehorsam des sich erniedrigenden Gottessohnes ist, mit der starken Betonung, wie bereits gesehen, des "Ortes", wo diese Selbsterniedrigung im "Kadavergehorsam"[5] ihren krassesten "oppositionellen" Ausdruck bekommt: am Ölberg und in der Hölle. Bei der scheinbar allzustarken Differenzierung und Entgegensetzung der göttlichen Personen schlägt nicht die "rationale" Theologie die Wellen, sondern die Mystik, der von Balthasar große Bedeutung beimißt. Wie wichtig Mystik und Vision auch sein mögen, so können sie nicht vermeiden,

1 Erster Blick 58.

2 Vgl. H III, 2/2, 211 ff.; MP 248 ff.

3 H. Vorgrimler, in: Theologische Revue 72 (1976) 304.

4 Ebd.

5 H III, 2/2, 214; vgl. MP 248.

daß eine theologische Aussage, die auf ihr beruht, problematisch wird. Dennoch darf bei nüchterner Betrachtung nicht vergessen werden, daß es ein wesentlicher Beitrag von Balthasars ist, die theologische Bedeutung des Karsamstags zu erforschen und hervorzuheben, wobei der Gestalt Jesu Christi als eine Art "Sammelpunkt" die zentrale Rolle der Auslegung der Trinität zufällt.

2. Auslegung und Zusammenfassung

Mit der "Opposition" geht nach der Auffassung von Balthasars eine wichtige Bewegung einher: die der Offenbarung bzw. der "Auslegung" Gottes (Joh 1,18) und der Trinität. Das Kreuz als Oppositionsmoment offenbart zugleich das Beteiligtsein von Vater und Geist am Ereignis der Gottverlassenheit des Sohnes[1]. Und so werden am Kreuz nicht nur Differenzierung und Entgegensetzung der Personen sichtbar, sondern auch ihre Einheit. Dieses scheinbar zwiespältige Verhältnis gehört nach von Balthasar zur Paradoxie des unergründlichen göttlichen Geheimnisses. Und so läßt sich auch erklären, daß "in der Konkretheit Jesu die Konkretheit Gottes nicht nur so weit geht, daß wir den - trinitarischen - 'Umriß' Gottes in seiner Unverwechselbarkeit feststellen können: "So also ist er, und er allein!", sondern daß wir davon je schon mitergriffen werden und den inneren Gehalt dieser Gestalt Gottes im glaubenden Mitvollzug auch 'erfahren' dürfen"[2].

Dieses zweite Moment des Christusgeheimnisses, nämlich "unser geheimnisvolles Vertretenwerden am Kreuz durch den Sohn[3] ist vom ersten nicht zu trennen und macht deutlich, wie der Vater in seiner Selbstoffenbarung und Selbstmitteilung in Jesus Christus uns zugleich offenlegt, wie

1 Erster Blick 54.

2 ARA 113. 3 Erster Blick 54.

er "künftig die Welt nur noch durch den Sohn hindurch betrachten und bewerten kann"[1]. Im Blickpunkt dieser Betrachtung steht die Feststellung, daß das "Faktum Jesus Christus" keineswegs nur ein sinnlich sprechendes Symbol dafür ist, wie Gottes Gesinnung der Welt gegenüber beschaffen ist, sondern substantiell diese Gesinnung selbst, nicht als bloßes Gefühl, sondern als Tat, Handlung und Einsatz.

Gerade dies erklärt nach von Balthasar die Tatsache, daß "Jesus Christus in seiner Menschwerdung, seinem verborgenen und öffentlichen Leben, seinem Kreuzestod und seiner Auferstehung das Ursakrament ist, dessen eigentlicher Spender ist Gott der Vater, und die durch dieses Sakrament gespendete Heilsgnade ist Gottes Heiliger Geist"[2]. Dadurch wird auch deutlich, wie das "Gehorsamsgeheimnis"[3] des Sohnes bis in äußerste Situationen hinein nicht nur die Entgegensetzung der Standpunkte der göttlichen Personen sichtbar macht, sondern auch ihr Sammelpunkt sowie die "Summe der Geschichte Gottes mit seiner Welt" ist[4]. Dieses "et ... et" gründet in der doppelten Bewegung der Haltung Jesu: "Sein gleichzeitiges Vor- und Zurücktreten"[5]; Vortreten mit der ganzen beglaubigten Autorität des dreieinigen Gottes, mit Vollmacht ("ich aber sage euch ...") als die verkörperte Souveränität Gottes. Und indem Christus so vortritt, läßt er den Vater erscheinen. Er verweist über sich hinaus auf den "größeren", in dessen Namen und Kraft er redet und handelt. Der wirklich "Größere" ist es, der das menschgewordene Wort spricht. Und der Geist, der "dieses Sprechen des Vaters und das Gesprochensein des Sohnes weltge-

---

1 Erster Blick 54.

2 ARA 113.

3 Erster Blick 59.

4 ARA 114.

5 Ebd.

schichtlich auslegt, ist der Offenbarer der endzeitlichen Fülle, in die hinein alles Streben menschheitlichen Leistens integriert"[1]. Erblicken wir in diesem gemeinsamen Handeln von Vater, Sohn und Geist das wirkliche Offenbarwerden und "Endgültig-für-uns-da-sein" Gottes bis in die Tiefen seines dreieinigen Geheimnisses, so soll nun die spezifische Rolle des Geistes im Leben Jesu behandelt werden, denn durch ihn geschieht nicht nur das Ausgelegtwerden des Sohnes in der Geschichte seit der Auferweckung, sondern auch das Gesagtwerden Jesu durch den Vater. Doch bevor auf diesen wichtigen Punkt unserer Untersuchung ausführlich eingegangen wird, sei es erlaubt, einige einleitende Hinweise voranzustellen.

3. Ursakramentalität und innergeschichtliche Exemplifikation

In den bisher aufgezeigten Perspektiven war öfters unvermittelt vom Heiligen Geist die Rede. Dabei blieb natürlich die Vorfrage unberührt, warum ein Geist existiert, wer er sei und wofür wir ihn eigentlich bräuchten.

Zum Geistverständnis gehört, wie angedeutet wurde, die Feststellung, daß der Geist als der Heilige Geist Gottes der konkrete Bezugspunkt der trinitarischen Einheit ist" "Der eigentliche Konvergenzpunkt ist der Heilige Geist, der als das Innerste Gottes auch sein Äußerstes ist"[2]. In dieser Eigenschaft ermöglichte der Geist einerseits als Geist des Vaters die Menschwerdung; er hat sie begleitet, beleuchtet und gedeutet. Andererseits als Geist des Sohnes "faßt" er dessen "Selbstauslegung in bleibende, überzeitliche Formen"[3]. Hier soll also herausgestellt werden, wie dieses Wirken wirklich ein Wirken für uns ist.

1 ARA 114.

2 SC 102. 3 VC 11 f.

Wenn Christus das Ursakrament des dreieinigen Lebens Gottes ist, dann ist dies nur so für uns existierend, wirklich und wirksam, irgendwie greifbar, wenn wir davon betroffen werden wie von einer Grundkraft, welche schöpferisch die Gottgemeinschaft uns nahe bringt. Diese Grundkraft ist der Geist. Dieser ist die Gegenwart Gottes selbst, denn Gott ist Geist (Joh 4,24) und der 3. Artikel des Credo betont ausdrücklich, daß der Geist eines Wesens ist mit dem Vater und dem Sohn[1]. Sofern ist er keineswegs mit dem zu identifizieren, worauf mißbräuchlich in vielerlei Hinsicht zurückgegriffen wird[2].

Als der "gleichsam nackte Kern der ewigen Liebe" ist der Geist zugleich der "Punkt, an dem der menschliche Geist den göttlichen hüllenlos berührt"[3]. Im Geist ist Gott die Offenheit selbst, die von uns ihm gegenüber im Glauben gefordert wird. Sind wir selber aber so in ihn einbegriffen, wie von Balthasar es hier mit der "hüllenlosen" Begegnung meint, dann bedeutet unsere volle Empfänglichkeit für ihn und seinen Geist keineswegs eine Selbstentfremdung des menschlichen Geistes, sondern die Bindung an jene Quelle, aus der Leben für uns als absolut freie Gabe Gottes strömt: "Weil der Geist aber Gott ist, und seine Ankunft im Menschen göttliches Leben mit sich bringt - eine qualitativ andere Wirklichkeit und Gesinntheit -, kann die volle Empfänglichkeit für ihn keinesfalls aus des Menschen eigenen Kräften bestritten werden, sondern muß be-

---

1 Vgl. dazu DS 86.

2 Mit Recht verweist H. Küng darauf, daß die Rede vom Heiligen Geist für viele heute derart unverständlich ist, "daß sie nicht einmal umstritten genannt werden kann". Der Begriff des Heiligen Geistes wird in neuerer Zeit für falsche Zwecke und an falschen Orten "mißbraucht", etwa "zur Rechtfertigung von absoluter Lehr- und Regierungsmacht, von inhaltlich nicht überzeugenden Glaubensaussagen, von frommem Fanatismus und falscher Glaubenssicherheit" dort, wo 'Überzeugungskraft', 'Legitimation', 'Plausibilität', 'innere Glaubwürdigkeit', 'sachliche Auseinandersetzung' gefragt werden" (vgl. H. Küng, Christsein, München 1974, S. 459).

3 PnI 329.

reits aus dem Geist geschenkt und durch ihn in Freiheit angenommen worden sein"[1]. Und so läßt sich beides zugleich feststellen: Wir erfahren im Heiligen Geist, daß wir Kinder Gottes sind, und wir sind es deshalb, weil wir vom Geist Gottes geleitet werden (Röm 8,15 f.).

Von dieser persönlichen Nähe Gottes zur Welt und zu den Menschen in seinem Geist liefert uns schon das Alte Testament viele Zeugnisse in der Person der großen Propheten und anderen bedeutenden Gestalten der Geschichte Israels. Männer und Frauen wurden vom Geist ergriffen und in die Lage versetzt, außerordentliche Taten im Namen Jahwes zu vollbringen und das Volk im Sinne Gottes zu führen.

Auf diesem Hintergrund ist es nicht verwunderlich, daß nach dem "Erlöschen" des Geistes - nach rabbinischer Tradition - mit den letzten Schriftpropheten und in der Erwartung seiner "Ausgießung" für die Endzeit die christlichen Urgemeinden in Jesus Christus den großen Geistträger der Endzeit erkannt und daran die Hoffnung auf die Verwirklichung des Joel-Wortes (Joel 2, 28-32) geknüpft haben. Mit Jesus Christus ist die Geist-Wirklichkeit und Geist-Wirksamkeit in eine neue Phase eingetreten. Was dieses "Novum" aber bedeutet und wie der Geist als Geist Gottes und Jesu Christi dabei hervortritt und als solcher erkannt wird, läßt sich am deutlichsten im Leben Jesu selbst ablesen.

---

1 PnI 330.

B. Sendungsexistenz als geistbestimmte Dynamik Zum Verhältnis von Jesus und Geist

I. Sendung als Grundbegriff

Will man das Christusereignis mit einem Wort charakterisieren und dies als einen Grundnenner ansehen, worauf sowohl die Person Christi als auch das von ihm für die Welt Erwirkte zu bringen seien, so empfiehlt sich als einziges, umfassendes, adäquates das Wort S e n d u n g.

Damit ist zugleich gesagt, daß das Verhältnis Jesu zum sendenden Vater einerseits und die Ereignisse seines Lebens andererseits, in denen sich dieses Verhältnis erbildet und entfaltet, ihren Raum im Begriff der Sendung finden müssen. Göttliche Bestimmtheit und menschliche Vervollkommenung bzw. der ganze Selbstvollzug der Person Jesu als Wort Gottes und als Mensch hat darin seinen Platz zu finden. Gelebte Sendung ist hier aber Leben in Verbindung mit dem Vater durch und im Geist. Es ist - mit anderen Worten - trinitarische Lebensgemeinschaft.

Im Zentralbegriff der Sendung sieht von Balthasar den geeigneten "hermeneutischen Leitfaden"[1]. Außerdem hat dieser Begriff einen unumstrittenen Vorzug. Denn allein dieser Begriff "vermag das Paradox der Gleichzeitigkeit von Hoheit und Niedrigkeit Jesu zu erhellen"[2]. Mit einem solchen Auslegungsbegriff dürfte, so von Balthasar, eine Beschreibung der Person Christi erreicht werden, wobei zweierlei vermieden wird bzw. vor Einseitigkeiten bewahrt wird.

Zum einen, daß die von Christus gewirkte Handlung vorweggenommen wird, als sei diese nicht gerade dem geschicht-

---

1 TD II/2, 136.

2 Ebd., S. 472; vgl. H III, 2/2, 105-137.

lichen Ereignis Jesu Christi entsprungen, als sei sie nicht durch die konkrete Gestalt Jesu von Nazareth vollzogen worden.

Zum anderen, und das ist der zweite Punkt in direkter Verbindung zum ersten, daß eine "geschichtslose, statische Wesenschristologie" entwickelt wird, welche sich als eine in sich geschlossene Größe von einer danach entfalteten "Soteriologie" unterscheiden würde. Die "Vorordnung" (wie sie in den Schulbüchern üblich ist) einer essentialistischen Christologie, die zuerst nach der Wesensverfassung Jesu als des menschgewordenen Gottes Wortes fragt und schon vor Beginn der Handlung über diese Wesensverfassung Bescheid weiß, gegenüber einer "dramatischen Soteriologie", zu der erst nachträglich übergegangen wird, hält von Balthasar für falsch[1].

Die Kritik von Balthasars an einem solchen Verfahren gründet darin, daß für ihn die Person Christi (wie auch die anderen Personen) im Theodrama sich nicht anders definieren läßt als von der spielenden Handlung her[2]. Alle Bestimmung bliebe also abstrakt, solange sie nicht diesem "Concretissimum" entspringt, in dem sie letztlich gründet und von dem allein sie erklärt werden kann. Die Frage nach der Person Christi und die nach seinem Werk greifen ineinander und müssen zusammengehalten werden.

In diesem Zusammenhang stellt sich auch eine weitere Frage. Und zwar, nimmt man an, daß bei Jesus ein eschatologisches und universales Sendungsbewußtsein vorhanden ist, dann bedeutet dies, daß Jesus in seiner Existenz mit seinem die ganze Schöpfung "umfassenden Auftrag zum Ende gelangen soll"[3]. In der Tat stand die Existenz Jesu in einem Erwar-

---

1 TD II/2, 12, 136.

2 Ebd., S. 12.

3 Ebd., S. 136.

tungshorizont, der gemäß den apokalyptischen Aussagen das Endgericht Gottes über die alte Welt und die Schaffung einer neuen Welt bedeutet. Insofern mußte Jesus in seiner zeitlich beschränkten irdischen Existenz die Welt und ihre Zeit so bewältigen, daß seine "End-Stunde"[1] die gesamte Weltzeit in sich enthält, "gleichgültig, ob diese nach seinem Tod chronologisch weiterläuft oder nicht"[2]. Eine solche menschliche Existenz setzt nicht nur eine einmalige Sendung, sondern auch einen einmaligen Gesendeten voraus[3]. Eine Sendung und ein Gesendeter, die sich nicht abstrakt definieren lassen, sondern zusammenwachsen, ja, inhaltlich identisch sind. Was ist damit gemeint? Kann überhaupt ein Beauftragter sich mit der entgegengenommenen Botschaft und Weisung so absolut identifizieren, daß er jemals mehr als partiell und fragmentarisch bleibt? Kann ein Mensch, sei er auch von Gott gesandt, "so sehr Gesendeter sein, daß seine Sendung zusammenfällt mit seiner Person, und daß beides in Einheit die erschöpfende Selbstmitteilung Gottes wäre?"[4]. Sollte dies möglich sein, dann bedarf es einer einzigartigen Vermittlung, in der es zur Identifizierung des persönlichen Wesens des Gesendeten mit seiner Sendung kommt, ohne daß seine Freiheit darunter zu leiden hätte, sonst käme der Gesandte einem passivem Instrument gleich. Eine solche Vermittlung kann nur dem Heiligen Geist zukommen, meint von Balthasar.

Im folgenden sollen deswegen unter drei Hauptpunkten die wichtigsten Aspekte des Verhältnisses von Jesus und Geist behandelt werden:

---

1 TD II/2, 100.

2 Ebd.

3 Ebd., S. 136.

4 Ebd.

1. die Rolle des Geistes bei der Menschwerdung des ewigen Wortes
2. die Vermittlung des väterlichen Willens an Jesus durch den Geist (im öffentlichen Auftreten des Sohnes)
3. das Geisterfaßtsein Jesu im Kreuzesgeschehen.

Doch da von Balthasar die Rolle des Geistes im Leben Jesu in enger Verbindung mit dem Sendungsbewußtsein des Sohnes betrachtet, ehe auf das Verhältnis Jesus-Geist eingegangen wird, sollen einige Überlegungen von Balthasars über das Wesen und Werden der Sendung und die Unvordenklichkeit des Sendungsbewußtseins Jesu vorangestellt werden. Dabei wird vorgreifend auch das Problem der Vereinbarkeit dieser Unvorbedenklichkeit mit der geschichtlichen Vermittlung im Geist sowie die damit verbundene Frage der Heteronomie bzw. der freien Entscheidung Jesu unter der Führung des Geistes angesprochen.

Hieraus wird ersichtlich, daß das ganze Gewicht des Problems des Verhältnisses Jesu-Geist erst dann ganz deutlich wird, wenn die vielfältigen Zusammenhänge, die auch zu den Lebensbedingungen Jesu unter der treibenden Kraft des Geistes hinwirken, angesprochen und offengelegt werden[1].

1. Sendung als Wesen und Werden

Als erstes weist von Balthasar auf eine Feststellung hin. Sie betrifft den hohen Anspruch, der einem Boten gestellt werden kann, wie dies besonders in der Geschichte Gottes mit den Menschen der Fall ist: "Die Übergabe einer wesentlichen, die Existenz in Anspruch nehmenden Sendung (grade-

---

1 Bei diesen Ausführungen beschränken wir uns hauptsächlich auf den vor kurzem erschienenen 2. Band, 2. Teil der "Theodramatik" (Die Personen des Spiels, 2. Teil: Die Personen in Christus, Einsiedeln 1979), in dem die hier vorgetragenen Bestimmungen des Sohnes und seines Verhältnisses zum Geist (und somit zum Vater) ausführlicher als in den anderen Werken des Autors zum Ausdruck kommen.

weise) kann bis zur Identifizierung des persönlichen Wesens des Gesendeten mit ihr gehen"[1]. Die Wahrheit dieser Aussage ist nicht zu bezweifeln, denn sie findet ihre Bestätigung in der Schrift. Und von Balthasar zeigt es an den Beispielen der Patriarchen und der Propheten des Alten Testamentes sowie an der Sendung von Johannes dem Täufer und von Paulus.

Alle diese Beispiele weisen nach den Worten von Balthasars auf Fälle hin, in denen die natürliche Herkunft eines Menschen gekannt und vorausgesetzt wird. Doch kommt der ihm von Gott her zukommende Auftrag nicht "einfach akzidentell" zu der ersten Identität hinzu. Er ist keine Zutat zu der natürlichen Herkunft. Vielmehr erhält die göttliche Sendung das "Übergewicht" über den früheren Identitätsnachweis, so daß das bisherige "Sein als ein Mittel und Anlaß zu dem erscheint", was der Betroffene "im Gedanken Gottes von jeher sein soll"[2]. In diesem Zusammenhang werden die "großen biblischen Namensänderungen" (wie z.B. Abram in Abraham, Jokob in Israel, Simon in Petrus, Saulus in Paulus) von H.U. von Balthasar aufgefaßt.

Auch bei den großen Propheten zieht sich das "Übergewicht" des Auftrags durch: Der zu Sendende kann "erst im Sendungsbefehl sein Schicksal überantwortet erhalten, das dem im Mutterschoß Entstehenden vorgängig schon zugedacht war, als Bestimmung, Weihe, Einsetzung[3]. Darin entfaltet sich nunmehr die wahre Identität des Propheten.

Hier zieht von Balthasar auch den Fall des Täufers heran, dem die Identität schon bei der Ankündigung der Geburt vorweg zugesprochen wird (Lk 1, 15 ff). Deshalb wird dem Vater das Recht der Benennung entzogen. Gott selbst nimmt die Namensgebung vor und manifestiert damit seinen Willen über das Kind.

---

1 TD II/2, 141. 2 Ebd. 3 Ebd.

Aber das Unüberbietbare geschieht erst im Sohn Gottes. In ihm decken sich auf vollkommste Weise Wesen und Sendung. Diese paradoxe Identität von Person und Sendung gibt zugleich eine andere Notwendigkeit qualitativer Art an die Hand, die der "Differenz im Identischen", welche von Balthasar so formuliert: "Wenn solche Identität den aufgipfelnden Abschluß der gesamten Schöpfung bildet, so ist sie doch nur möglich aufgrund einer ganz anderen Differenz im Identischen: zwischen dem ewig aus dem Vater hervorgehenden (processio) und dem als dieser hervorgehende in die Zeit hineingesandten (missio) Sohn"[1]. Und zwar können wir sagen: auch dort, wo der Vater seine lebendige Substanz in den Sohn - im Geist - gießt, wird doch der Sohn nie zum Vater und umgekehrt der Vater auch nie zum Sohn, indem er seine Selbsthingabe an den Sohn in der transformierten Gestalt der sohnlich-gehorsamen Übergabe am Kreuz in sich zurücknimmt (vgl. dazu SC 19). Auch in ihrer Einheit bleiben Vater und Sohn einander entgegengesetzt. Dabei wird angedeutet, in welcher Beziehung auch ökonomische Trinität und immanente Trinität zueinander stehen. Von Balthasar macht mit dieser seiner Formulierung deutlich, daß beide nicht einfach identisch miteinander zu setzen sind, "so sehr die Gesetze der ersteren sich aus der zweiten ergeben"[2]. Doch warum spricht von Balthasar von Differenz im Identischen? Was ist eigentlich darunter zu verstehen? Wie äußert sie sich? Von Balthasars Formulierung macht auf die Grundannahme in Bezug auf die Differenz aufmerksam. Um eine Differenz richtig ausdrücken zu können, muß das Niveau, auf dem sich die Differenz aufstellt, aufgezeigt und gehalten werden, will man nicht einfach Vielheit feststellen, sondern durch den Aus-druck eine präzise Erkenntnis gewinnen. In der Tat wird eine wirkliche Erkenntnis von etwas, das Begreifen eines Gegenstandes in seiner Eigenart, dadurch erreicht,

---

1 TD II/2, 143. 2 Ebd.

daß das Denken in die Bewegung des möglichen, vielleicht notwendig hinzuzudenkenden Gegensatzes gebracht wird.

Die Differenz, die hier angesprochen wird, läßt sich am deutlichsten an Jesus ablesen. Es manifestiert sich in der Sendungsexistenz des Sohnes eine "paradoxe Einheit von Immer-schon-Sein und von Werden"[1]. Jesus ist immer schon als der ewige Sohn Gottes und doch ist sein "Sein" nicht ohne sein "Werden" in der Sendung zu denken. Die Sendung kann nur im Ablauf einer Zeit erfüllt werden. Infolgedessen setzt sie einen ganzen Prozeß voraus, in dem sie täglich und stündlich Gestalt annimmt und somit den Sohn als das fleischgewordene ewige Wort Gottes hervortreten läßt. Aber was ergibt sich daraus für unser Verständnis der Person des Sohnes?

In der Zeitgebundenheit ist der Kern, von dem noch zu handeln sein wird, der Gehorsamsexistenz Jesu offenkundig: die Erfahrung der Identität von Existenz und Sendung[2]. Jesu ganzes Sein ist Funktion der Sendung bzw. des "Für uns", aber eben darin ist auch die Funktion ganz Sein. Damit erhält aber das Sein Jesu eine völlig einmalige Dringlichkeit: "Sofern das Subjekt, in dem Person und Sen-

---

1 TD II/2, 144.

2 Von Balthasar bekundet seine Übereinstimmung mit Karl Barth in diesem Punkt: "Jesus ist schlechterdings Träger eines Amtes. Er ist also nicht Mensch und dann auch noch Träger dieses Amtes ... Es gibt keine neutrale Menschlichkeit Jesu ... Das merkwürdige Wort des Paulus 2 Kor 5,16: Wenn wir auch Christus nach dem Fleisch gekannt haben, so kennen wir ihn doch jetzt nicht mehr, könnte doch auch im Namen aller vier Evangelisten gesprochen sein. Diese waren gänzlich uninteressiert an allem, was dieser Mensch außerhalb seines Christusamtes und also abgesehen von dessen Vollstreckung gewesen sein und getan haben mochte ... Auch wenn sie von ihm berichten, daß er gehungert und gedürstet, daß er gegessen und getrunken, daß er müde geworden sei und geruht und geschlafen habe, daß er geliebt, getrauert, gezürnt und sogar geweint habe, berühren sie Begleitumstände, in denen doch nirgends so etwas wie eine ihrem Werk gegenüber selbständige Persönlichkeit mit gewissen ihr eigentümlichen Anliegen, Neigung und Affekten sichtbar wurde ... Sein Sein als Mensch ist sein Werk" (KD III/2, Zürich 1948, 66-69; zit. nach von Balthasar, in: SC 89-90; vgl. VC 11-72, insb. 32 f., 54 ff.

dung identisch sind, nur göttlich sein kann, ist wirklich Gottes Sein im Werden, hat der, welcher als der Sohn Gottes geboren wird, eine Wesensgeschichte"[1]. Die wachsende Vereinigung zwischen Göttlichkeit und Menschlichkeit vollzieht sich in einem "Prozeß" , in dem allein die Einheit erst wahrhaft und lebendig zu denken ist. Diese hervortretende "Ereignishaftigkeit"[2] zeigt deutlich, wo das Zentrum ist, das alles durchzieht: Jesu Sendung - unmittelbar vom Vater und gleichzeitig herauswachsend aus den "Vorstufen" des Alten Bundes - ist sein Sein und seine Existenz.

Daher heißt es: "Keinesfalls gehorcht Jesus als Mensch sich selber als Gott, er gehorcht auch nicht der Trinität, sondern als Sohn im Heiligen Geist dem Vater. Dagegen spricht nicht die 'trinitarische Inversion'[3], die am Ursprung seines Menschseins steht und es bis zum Aushauchen des Geistes am Kreuz begleitet"[4]. Um genauer zu sein, besagt dieses Verhältnis mehr als eine bloße Vermittlung zwischen einer zeitlosen Sphäre und einer zeithaften Sphäre im Menschgewordenen. Vielmehr bilden beide Momente in Jesus, Sein und Werden, eine Einheit als Ausdruck des ewigen Seins, welches strömendes ewiges Leben ist. Nicht Entfremdung, sondern Wahrung eigener Identität kommt hier zum Ausdruck, Vollzug seiner Selbst. Die geschichtliche Erfüllung der Sendung ist so "Selbstwerden"[5], ein echter Werdegang des Sohnes. Dieser Vorgang des Reifens ist aber ohne die Begleitung des Gottesgeistes nicht denkbar.

---

1 TD II/2, 144.

2 Ebd., S. 145.

3 Siehe unten S. 277 f.

4 TD II/2, 208.

5 Ebd., S. 146.

Zum Reifungsprozess gehört nun aber auch die Erarbeitung eines Selbstverständnisses. Entscheidend ist deshalb die Frage, ob bei Jesus als dem vom Vater mit der Heilsfunktion beauftragten menschgewordenen Wort so etwas wie ein Sendungsbewußtsein - und in welchem Maße - vorhanden ist, das über sein Ichbewußtsein als Mensch hinausgeht oder sogar mit ihm zusammenfällt. Die Antwort auf diese Frage gibt von Balthasar durch eine in Stufen entwickelte Überlegung, der wir uns im folgenden Abschnitt zuzuwenden haben.

2. Jesu absolutes Sendungsbewußtsein

Hält man an der Einheit der neutestamentlichen Offenbarung fest - bei aller Differenziertheit der theologischen Standpunkte - einer Einheit, die in Kreuz und Auferstehung ihr Zentrum hat, so ist es nicht möglich nach von Balthasars Auffassung, dieses Zentrum aus dem Bewußtsein Jesu auszuklammern. Glaubt man an die Identität des Gekreuzigten und des Auferstandenen, so ist es nicht haltbar, dem nachösterlich erscheinenden Herrn einen völlig anderen Bewußtseinsinhalt zuzuschreiben als dem irdischen Jesus.

Daran anknüpfend stellt von Balthasar fest, daß die Bedeutung der Sendung für den Sohn als den Gesendeten nicht zuletzt auch in dem Selbstverständnis Jesu zu suchen sei. Damit will er zugleich sagen, daß Jesus, um Träger des Heilsauftrags des Vaters, also Heilsbringer und nicht irgendein Heilskünder, zu sein, nicht nur um seine Person, sondern auch um seine Sendung und deren universale Heilsbedeutung wissen mußte.

Man muß also auch an einer Identität von Bewußtseinsinhalt festhalten. Die Frage aber wäre, wie diese Identität zu denken ist. Wenn Christus um seinen Tod und dessen Heilsbedeutung wußte, wie läßt sich dieses Wissen vor und nach Ostern charakterisieren? Ist es das gleiche Wissen "vorher" und "nachher" oder läßt sich eine Differenz feststellen?

Für von Balthasar gilt es als sicher, daß Gott den Tod Jesu nicht zum Anlaß nehmen konnte, um die Welt mit sich zu versöhnen, wenn der Sinn dieses Todes dem Sterbenden unbekannt bliebe[1]. Jesus mußte also um seinen Tod wissen, um die Bedeutung seiner "Stunde" wissen, sonst bliebe sie uns gegenüber ein äußerliches Geschehen[2]. Doch der Versuch, mit "rein-menschlicher Psychologie" den Augenblick im Leben Jesu zu bestimmen, in dem Jesus der Unausweichlichkeit seines Todes und dessen universaler Heilsbedeutung bewußt geworden wäre, weist von Balthasar entschieden als "eitel" zurück. Für von Balthasar steht es fest, daß das Bewußtsein der Universalität seiner Sendung Jesus nicht zufällig aufgegangen sein konnte. Dennoch, da er die Universalisierung seiner Sendung dem Vater überlassen muß, kann er von diesem Prozeß im ganzen nur ein "implizites Vorwissen gehabt haben"[3]. Wie dieses Vorwissen zu verstehen ist, zeigt folgender Annäherungsversuch von Balthasars.

a) Annäherung an den Begriff des absoluten Sendungsbewußtseins Jesu

Von Balthasar stellt seine Reflexion auf zwei Ebenen an. Die eine ist die der schon angedeuteten Linien, die stärker zur gesuchten Mitte hin ausgezogen werden sollen. Diese Linien sind die des Alten Bundes. Die zweite Ebene bietet sich in der apriorischen Setzung einer formalen Identität von Person und Sendung Jesu, die von niemandem inhaltlich und existentiell nachvollzogen werden kann.

---

1 TD II/2, 150.

2 Von Balthasar zeigt sich darin mit der Auffassung J. Guillets einverstanden: "Dann aber muß er, auf geheimnisvolle, aber reale Weise, sterbend gewußt haben, für wen er sein Leben dahingibt, sonst ist nicht er es, der uns rettet, und sein Tod bleibt uns gegenüber ein äußerliches Ereignis" (J. Guillet, Jésus avant Pâques, in: Les quatre fleuves 4 (Seuil, Paris 1975), 37; zit. nach von Balthasar, TD II/2, 150.

3 TD II/2, 150.

aa) Die alttestamentlichen Vorstufen des Sendungsbewußtseins Jesu

Sofern die Sendung Jesu universalen Charakter hat, weil sie darauf abzielt, die Welt als ganze mit Gott zu versöhnen, muß sie sich als "der Konvergenzpunkt aller auf diese Universalität hin ergangenen partikulären Sendungen, aller logoi spermatikoi, insbesondere der Offenbarung des Alten Bundes"[1], so von Balthasar, verstehen. Wie viele seiner Zeitgenossen hat Jesus auch eine Erfahrung mit den Schriften des Alten Bundes. Er kennt die verschiedenen alttestamentlichen Traditionen so, wie sie in den gesetzlichen, prophetischen, weisheitlichen und apokalyptischen Überlieferungen vorliegen. Alle diese verschiedenen biblischen Traditionen enthalten Aussagen über den Heilswillen Gottes, die ihren Höhepunkt in dem Messiasgedanken erreicht haben. Aus der Erfahrung mit diesen Gedanken, oder wie sich von Balthasar ausdrückt, "in der empirischen Kenntnisnahme" der diversen alttestamentlichen Traditionen "erkennt der endgültig Gesendete unmittelbar sich selber als Maßstab, Gehalt und Stellenwert jeder Einzelheit der ergangenen Offenbarung[2].

Diese Äußerung von Balthasars wirft Fragen auf. Jesus muß eine besondere Erfahrung mit diesen Traditionen gemacht haben, anders als seine Vorgänger und Zeitgenossen. Aber welcher Art ist diese besondere Erfahrung? Wie differenziert sie sich von der Erfahrung der anderen? Worin gründet die unmittelbare Erkenntnis Jesu über sein Maßstabsein in Bezug auf die alttestamentliche Offenbarung? Wenn von Balthasar sagt, diese Erkenntnis sei Jesus in der "empirischen Kenntnisnahme" der alttestamentlichen Traditionen aufgegangen, handelt es sich dann nicht um einen bloßen Anspruch? um eine akzidentelle Einschätzung seiner selbst? Von Balthasar definiert weiter die von Jesus aus

1 TD II/2, 152.

2 Ebd., S. 153.

der Erfahrung mit den Schriften gewonnene Erkenntnis als "Intuition"[1], die aber keine rein theoretische Feststellung bedeutet, sondern die praktische Forderung, "in der Durchführung der eigenen Sendung das 'Vor-läufige' des Alten Bundes mit zu seiner Erfüllung zu bringen"[2]. Wie aber kommt Jesus dazu, dieses alttestamentliche Vor-läufige, die partikulären Sendungen im Licht seiner eigenen Sendung so zu verstehen, daß sie in keinem anderen Licht als dem seinen "sachgerecht" deutbar sind?

Auf alle diese Fragen versucht von Balthasar eine Antwort zu geben im Rahmen der apriorischen Identität von Ichbewußtsein und Sendungsbewußtsein Jesu. Davon wird im nächsten Abschnitt die Rede sein. So viel aber ist vorweg im Sinne von Balthasars klar, daß, wenn die Sache, um die es bei der Sendung Jesu geht, die Versöhnung der ganzen Schöpfung mit Gott ist (universaler Heilswillen)[3],eine "innere Beziehung" zwischen der umfassenden Sendung Jesu und ihren alttestamentlichen "Vorstufen" besteht, sofern der Sendungsweg die Totalität dessen enthält, was vor ihm in "Fragmenten" vorliegt. Hinzu kommt das schon erwähnte entscheidende und grundlegende Paradox der Identität von Selbst- und Sendungsbewußtsein Jesu. Doch was meint von Balthasar damit?

---

1 Bei seinen Ausführungen stützt sich von Balthasar auf das Johannes' Wort: "Ihr durchforscht die Schriften, weil ihr meint, in ihnen ewiges Leben zu haben, und sie sind es, die Zeugnis geben über mich; doch ihr wollt nicht zu mir kommen, um Leben zu haben ... Denkt nicht, daß ich euch anklagen werde beim Vater; euer Ankläger ist Moses, auf den ihr eure Hoffnung gesetzt habt. Wenn ihr dem Moses glauben würdet, würdet ihr auch mir glauben, denn über mich hat er ja geschrieben" (Joh 5, 39-40; 45 f.).

2 TD II/2, 153.

3 Angesichts dieses universalen Heilswillens Gottes deutet von Balthasar die messianische Erziehung Israels im AT als Ansatzpunkt der Erziehung des gesamten Menschengeschlechtes; vgl. GF 180 ff.

bb) Identität von Person und Sendung

Die von Balthasar gewählte Perspektive für diese Ausführungen ist die johanneische und die paulinische Theologie, nach der die Sendung Jesu schlechthin universal ist. Diese Universalität muß, so meint von Balthasar, dem Gesendeten - in hinreichender Weise - bewußt sein. Wo ist der Ort dieses hinreichenden Bewußtseins? Und wie stellt sich von Balthasar das vor? Er formuliert seine Grundauffassung folgendermaßen: Daß die Universalität dem Gesendeten bewußt sein muß, heißt, "daß dem individuellen menschlichen Bewußtsein Jesu ein Moment innewohnt, das den rein menschlichen Bewußtseinshorizont eindeutig und zwar grundsätzlich immer schon übersteigt, denn eine mehr-als-menschliche Sendung - die Welt als ganze mit Gott zu versöhnen - kann einem menschlichen Bewußtsein nicht sekundär und akzidentell zuwachsen - so sehr man hier Raum lassen kann und muß für eine wachsende Helligkeit des Sendungsbewußtseins"[1]. Zwei wichtige Elemente sind in diesem Zitat zusammenzudenken.

Zunächst einmal das innewohnende und das menschliche Bewußtsein übersteigende Moment. Es ist das mit der Sendung ursprüngliche Moment, das heißt das selbst, was Sendungbewußtsein Jesu ist. Es unterscheidet sich vom partikulären Bewußtsein des Menschen Jesus, weil es immer schon auf den universalen Auftrag gerichtet ist, denn dieser ist der einzige Grund, warum Jesus Christus gerade dieser bestimmte Mensch ist! Dieses Moment kann aber nur a priori vorausgesetzt werden, denn kein Mensch vermag es, die formale Identität von Person und Sendung inhaltlich und existentiell nachzuvollziehen.

Dieses Apriorische versteht von Balthasar als "ein Moment des Göttlichen", das Jesus in seinem innersten und unteil-

---

1 TD II/2, 152.

baren Selbstbewußtsein "vorfindet", und zwar in unmittelbarer Anschauung, "intuitiv"[1], da dieses göttliche Moment untrennbar ist von der Intuition des Sendungsbewußtseins, das dieses Moment bestimmt, in dem allein Jesus eine "visio immediata" zuteil wird[2]. Inhaltlich ist diese "visio" des Göttlichen nicht anders zu bestimmen, als daß sie die Sendung ist, die der "Ursprungspunkt" bleibt für alles Inhaltliche, welches sich sukzessiv offenbart. Die "Urintuition" Jesu von seiner Identität, das heißt, von der Identität seines Ichs mit der Sendung, gründet in der "Unvordenklichkeit der Sendung", die weder seinem Ich von außen auferlegt ist noch von ihm selbst ausgedacht und dann übernommen worden ist. Jesus ist vielmehr derjenige, "der von jeher den Auftrag hat - ja, der Auftrag ist"[3]. Insofern bietet sich kein Raum weder für eine "werkzeugliche" Auffassung der Person Jesu, wobei die Sendung einen Vorrang vor seinem Ich hätte, noch für eine akzidentelle Zugestaltung des freien Willens Jesu angesichts der Sendung.

Das zweite Element, das hinzukommt, bildet den Raum der "wachsenden Helligkeit". Dieser Raum, der praktisch das Selbstbewußtsein Jesu ist, ist untrennbar von dem ersten innewohnenden Moment des Sendungsbewußtseins. In diesem Sinne ist das wachsende Selbstbewußtsein Jesu, der sich als der Gesendete versteht, nicht ein reiner akzidenteller Zuwachs, ein unbegründeter Anspruch. Vielmehr handelt es sich sozusagen um ein Wachstum seiner selbst. Es ist eine immer tiefere Einführung und Einweihung in das, was er immer schon ist. In seinem menschlichen Bewußtsein rückt immer mehr ans Licht das, was ihn zu diesem bestimmten Menschen macht. Und hier läßt sich ein weiteres hinzufügen.

---

1 TD II/2, 152.

2 Ebd.

3 Ebd., S. 153.

b) Jesus "simul comprehensor et viator"

Das schon erwähnte "implizite Vorwissen" gewinnt so mehr an Maß und Lichtfülle. Jesus wird kein völlig neues Wissen zuteil in bezug auf seinen Auftrag. Vielmehr vollzieht sich ein Hineinwachsen in die Aufgabe. Daß das so ist, versteht sich aufgrund des schon Gesagten über die "Sendung als Wesen und Werden".

Es ist also keineswegs so, als ob der Sohn einen völlig anonymen Willen auszuführen hätte, den er dann mit selbsterfaßten Vorsätzen zum eigenen macht, sondern der Wille erscheint ihm als eine bereits gefällte Entscheidung, deren "wann" nicht mit dem Denken ausfindig zu machen ist; sie ist aber im Geist ausgelegt und erschlossen als versteh- und begreifbarer Wille des Vaters. Dieses im Geist stattfindende Präsentieren und Re-präsentieren des väterlichen Willens ist für den Sohn zweifellos etwas anderes, entschieden mehr als das bloße "Wissen um ...". Und in dem "Mehr" manifestiert sich das alles Bestimmende.

Daraus folgt unserer Meinung nach, daß bei von Balthasars Reflexion über den Bezug zwischen Comprehensor und Viator, die ja als unterschieden und doch als Einheit zu denken sind, und zwar in der "visio immediata", nur die Annahme eines dialektischen Verhältnisses, also der gegenseitigen Bezogenheit, zwischen Comprehensor und Viator den Weg zu einem angemessenen Verständnis des Sachverhaltes eröffnen kann. Es zeigt sich zugleich auch aufgrund des bisher Gesagten, weshalb es von Balthasar wichtig und notwendig erscheint, die Ausführung des väterlichen Willens nicht einfach im freien Entscheiden des Menschen Jesus bestehen zu lassen, sondern gerade in diesem Zusammenhang mit Nachdruck auf das "Vom-Geist-Getriebenwerden" hinzuweisen.

Davon wird später die Rede sein. Zunächst soll ein Weiteres hinzugefügt werden, das im Begriff Sendung enthalten ist und zweierlei betrifft.

1. Die Beziehung zu dem Sendenden, der in der Sendung mit präsent ist, doch sich vom Gesendeten unterscheidet.

2. Die konkrete Ausführung der Sendung, wobei die Freiheit als Entscheidungskraft des Gesendeten eine wichtige Rolle spielt, wenn er nicht einfach als ein Werkzeug benutzt werden soll.

Nimmt man den zweiten Aspekt voraus, dann liegt es nahe nach von Balthasars Auffassung, sich die Möglichkeit der mehrfachen Versuchung Jesu vorzustellen: die dreifache Versuchung in der Wüste, das Ansinnen Petri, die Versuchung am Ölberg (die Bitte um Schonung). Alle diese Versuchungen sind, wie von Balthasar sagt, Wege, welche die gottferne Welt Jesus zur Durchführung seiner Sendung anbietet. Aber schon als "gottferne" Angebote müssen diese Wege sich als unangemessen zur Durchführung der Sendung erweisen. Und rückblickend auf die Sendung lehnt Jesus sie ab. Die Freiheit des Sohnes orientiert sich an der Sendung, an dem, was ihm in der "visio immediata" als sein Weg aufgeht und in seinem Leben die zentrale Stellung einnimmt, ja seine ganze Existenz bestimmt und ist. Jesus bleibt auf der Linie der ökonomischen Offenbarung eines gemeinsamen freien trinitarischen Beschlusses.

Denn darin liegt der Grund seiner Sendung. Wenn aber hier von Versuchung bzw. Versuchbarkeit geredet wird, dann deswegen, weil diese notwendig zur ontologischen Bestimmung des menschgewordenen Sohnes gehört. Als solche muß sie in jede Reflexion über die Grundverfassung Jesu einbezogen werden, allerdings nur als Potenz. Und von Balthasar tut gut daran, auf diese Wesensbestimmung hinzuweisen. Versuchbarkeit Jesu als die höchste Form überhaupt dessen, was sie ist, besagt in diesem Zusammenhang, daß das Gottesverhältnis des Menschgewordenen ihn in dieser Weise auf eine einmalige Messerschneide stellt, von der aber ein "kategoriales" Umkippen (bei aller Schärfe der Bedrohung) weder nach rechts noch nach links nie mehr als die höchste Ermöglichung hätte sein können. Anders gesagt: die senkrechte Stellung bleibt, sozusagen der höchste reale Vollzug der Versuchbarkeit, und insofern auch die höchste Bedrohung seiner Selbstidentifikation. Aufgrund der einzigartigen Nähe Jesu zum Vater, wie es in seinem Gebetsglauben näherhin zu erweisen sein wird, ist er derjenige, der am stärksten hätte sündigen können, weil er allein hätte durch die Sünde Gott wirklich treffen können, die Gott-Beziehung zunichte machen können. Eine gotttötende Sünde also! Um so verständlicher ist das Wort des Paulus, wonach dem Sohn aufgrund seines absoluten Gehorsams bis in den Kreuzestod, mit dem er uns das Heil gewirkt hat, ein Name verliehen worden ist, der über jedem Namen ist (Phil 2,8 ff). Negativ ausgedrückt zeigt dies wiederum deutlich, wie in einer Beziehung jede Verletzung oder jeder Verstoß gegen diese Beziehung seitens eines Partners von dem anderen Partner nur auf dem genauen Niveau der tatsächlich bestehenden Beziehung empfunden werden kann.

Wenn aber Sendung einen Sendenden voraussetzt, dann muß in der Durchführung der Sendung auch die Beziehung zu ihm bewahrt bleiben. Indem Jesus auf seine Sendung rückblickt, blickt er auf den sendenden Vater, dessen Willen er zu tun hat. Und zwar nicht in der Weise, wie man ein Gesetz erfüllt, das von außen auferlegt ist, sondern in der Weise der freien Ausübung der ihm vom Vater "geschenkten Autonomie" für die Durchführung einer Sendung, die identisch ist mit seiner Person. Von Heteronomie kann deshalb keine Rede sein.

Weil aber der Ursprung sowohl der Sendung wie der Person Jesu der Vater ist, erfaßt Jesus sich selbst nur um so besser, je mehr er sich dem väterlichen Grund verbindet[1].

---

1 TD II/2, 155.

In diesem Zusammenhang sind auch die Gebete Jesu zu verstehen, denn auch sie, so von Balthasar, sind Bestandteil des Sendungshandelns[1]. Denn, wie gesagt, wenn die Rede davon sein kann, daß Jesus seine Sendung besitzt, dann geschieht dies doch nicht so als sei die Sendung bloß sein "Eigenbesitz". Sie ist auch nicht eine von aussen auferlegte Pflicht. Jesus ruht in seiner Sendung und "allein in ihr, indem er dabei im Sendenden ruht"[2]. Dieses Ruhen im Vater, dem Sendenden, bedeutet die Übernahme der Modalität einer Existenz in absoluter Verfügbarkeit, in Armut und Gehorsam, wobei aber die beiden Komponenten der Sendungsexistenz nicht voneinander zu trennen sind: "Indem er (= Jesus) von jeher seine Sendung voll umfaßt und bejaht (was nicht heißt: als Ganzes übersieht), ist er "comprehensor", aber gerade die Sendung setzt ihn ebenso unbedingt auf den Weg als "viator"[3]. Diese doppelte Bestimmung bildet das "a priori" und das "a posteriori" der Sendungsexistenz Jesu. Denn einerseits weiß er sich je schon als der Gesendete schlechthin; andererseits aber macht ihn das Hineinwachsen in den Sinn der Hoffnung Israels seine "missio" evident, welche von Balthasar als die "ökonomische Form der 'processio' bezeichnet"[4]. Beides, Apriorisches und Aposteriorisches, erhellt sich gegenseitig und macht die vollkommene Bereitschaft für den Willen des Vaters aus.

An dieser Stelle soll nun nach dem Verhältnis beider Komponenten genauer gefragt werden, um zugleich auch das bisher Gesagte zumindest skizzenhaft auf seine Voraussetzung hin zu befragen.

---

1 TD II/2 155.

2 Ebd., S. 167.

3 Ebd., S. 158.

4 Dazu siehe unten S. 268 ff.

c) Sendung als Modalität des ewigen Personseins des Sohnes

aa) Zwischen Rechtsanspruch der "scientia visionis" und menschlicher Vollkommenheit

In Bezug auf das Wissen Jesu weist von Balthasar auf eine Schwäche in der Patristik und in der Scholastik hin. Dort findet sich eine übermäßige Betonung des Allwissens Jesu, das er aufgrund seiner "unmittelbaren Gottesschau und seiner überprophetischen Inspiration"[1] besitzen muß. Darin ist etwas Wahres, doch die Grenze dieser Auffassung besteht darin, daß von einer "statischen Betrachtung der Würde Jesu" ausgegangen wird und hingegen dem dynamischen Aspekt des heranwachsenden Jesus kaum oder nur wenig Aufmerksamkeit geschenkt ist. Anfängliche Versuche, Einschränkungen anzubringen, sind in der Scholastik bei Bonaventura und bei Thomas von Aquin nachweisbar. Von Balthasar weist darauf hin, daß Thomas das Erfahrungswissen durch die Sinne anerkennt, weil dies zur richtig verstandenen und vollkommenen Menschlichkeit gehört. Allerdings bringt dieser Versuch keinen entscheidenden Durchbruch, weil an der Ansicht festgehalten wird, daß Jesus ein "eingegossenes" Wissen besitzt, das an sich keiner "conversio ad phantasma" nötig hätte. Die Position von Thomas ist von Zögern und Unsicherheit gekennzeichnet[2]. Auch die von Bonaventura aufgeführte Unterscheidung zwischen habituellem und aktuellem Wissen bei Jesus hat die zur echten Menschlichkeit und Geschichtlichkeit zugehörige Bestimmung des Wissens nicht eindeutig und befriedigend betont. Die Unterscheidung zwischen habituellem Wissen, das mit der Erkenntnis aller Dinge im Logos, und aktuellem Wissen bzw. der "Aktuierung" dessen, "was der Seele Jesu jeweils von Gott gezeigt wird",

---

1 TD II/2, 176.

2 Vgl. S.th III, 1o, 1-3; S.th. III, 11, 1-2; S.th. III, 12, 2-3.

ist irgendwie, so meint von Balthasar, im Zwielicht geblieben[1].

In seinen weiteren Überlegungen geht von Balthasar davon aus, daß die anfänglichen Bemühungen der Scholastik erst bei H. Schell richtig thematisiert wurden[2]. Worum geht es? Zur Klärung der Problemlage seien einige wichtige Punkte herausgestellt, die aber hier nicht in extenso zu diskutieren sind.

Schon kurz vor der letzten Jahrhundertwende hatte H. Schell in der christologischen Forschung wiederum die zentrale Frage des Wissens Jesu aufgegriffen. Von Balthasar schließt sich hier der These Schells an, wonach "es zur Vollkommenheit des Menschen gehört, nicht von Anfang an alle Vorzüge abgeschlossen und mitgegeben zu besitzen, sondern durch Selbstbetätigung, freien Fortschritt vom Können zum Tun hinzugelangen"[3]. An einer anderen Stelle sieht Schell einen engen Zusammenhang zwischen der Mitgabe und dem freien Fortschritt: "Je reicher die Mitgift, desto reicher die Errungenschaft"[4]. Auf welchem Fundament ruht diese Auffassung, die hier besonders die Frage nach dem Wissen Jesu betrifft? Es geht um die Frage der Einheit Christi bzw. um die grundsätzliche Bejahung der Möglichkeit, daß Jesus das Verständnis seiner Person und seines Heilsauftrags im wesentlichen besitzt, so daß bei ihm eine Einheit von Selbst- und Sendungsbewußtsein anzunehmen ist. Anders gesagt, die Frage, ob und wieweit er um seine Gottessohnschaft wußte und ob wir bei ihm, wenn er "Ich" sagte, mit einem menschlichen oder göttlichen Ich zu tun haben.

---

1 TD II/2, 177. Von Balthasar weist in diesem Zusammenhang auf die Ausführung von Jan Th. Ernst (Die Lehre der hochmittelalterlichen Theologen von der vollkommenen Erkenntnis Christi, Freiburg 1971) hin, sowie auf E. Gutwengen, Bewußtsein und Wissen Christi, Innsbruck 1959.

2 H. Schell, Katholische Dogmatik, Paderborn 1889-1893, Bd. III/1, S. 104-150.

3 TD II/2, 177. 4 H. Schell, a.a.O., S. 109.

Bevor wir von Balthasars Stellungnahme zu Schells Äußerungen weiter verfolgen, sei auf zwei andere Positionen, die von Balthasar auch in diesem Zusammenhang erwähnt werden, hingewiesen. Die gestellte grundlegende Frage des Selbstbewußtseins Jesu konnte nicht als eine ein für allemal erledigte Problematik angesehen werden. Und so kam es verständlicherweise erneut zu einer leidenschaftlichen Diskussion, wobei zwei Positionen der jüngsten Zeit als beispielhaft von Balthasar herausgegriffen werden. Es geht um die Kontroverse zwischen K. Rahner[1] und H. Riedlinger[2]. Von Balthasars Bezugnahme auf die beiden Autoren[3] orientiert sich einmal an dem Begriff der "visio immediata" im Rahnerschen Sinne.

Für Rahner ist die "visio immediata" Gottes, die nicht als "beata" qualifiziert zu sein braucht, ein "inneres Moment der hypostatischen Union". Daß diese "sich notwendigerweise bewußt sein" mußte, folgt daraus, daß sie die "höchste Aktualisation einer geschöpflichen Wirklichkeit" bzw. die "Selbstmitteilung des absoluten Seins Gottes an die menschliche Natur Christi" besagt. Wenn von hier aus eine "Gottunmittelbarkeit als Grundbefindlichkeit des Geistes Jesu" zu denken ist, dann bedeutet diese nicht mehr als das "einfache, schlichte Beisichsein". Es ist das "ursprüngliche, ungegenständliche Gottessohnbewußtsein, das mit der Hypostatischen Union mitgegeben ist, als die "innere onto-logische Gelichtetheit dieser Sohnschaft". Diese ist keine gegenständliche Schau, sondern nur die "gottunmittelbare Grundbefindlichkeit", die in ihrer Vereinbarkeit mit einer echt menschlichen geistigen Geschichte und Entwicklung des Menschen Jesus für eine "Thematisierung" und "geistig-begriffliche Objektivation" in dem

1 Dogmatische Erwägungen über das Wissen und Selbstbewußtsein Jesu, in: Schriften zur Theologie V (Einsiedeln 1962), 22-245.

2 Geschichtlichkeit und Vollendung des Wissens Christi, QD 32, Herder, Freiburg-Basel-Wien 1966, S. 148-154.

3 Vgl. TD II/2, 158.

aposteriorisch-gegenständlichen Bewußtsein Christi allen Raum frei läßt"[1].

Riedlinger dagegen betont das "intentionale", "sich geschichtlich ereignende Ich-Du-Verhältnis" Jesu zum Vater und stellt die Frage, ob es ein solches "Intentionales", das von Rahner auch behauptet, aber nur anderswo, nämlich in dem Gegenständlichen angesiedelt wird, überhaupt geben kann ohne das "intentionale Gegenüber des Vaters"[2]. Und gäbe es eine ständige, übergeschichtliche Geschichtlichkeit der Sohnschaft oberhalb der menschlichen Grundbefindlichkeit, dann wäre zu fragen, ob dies nicht den elementaren Grundlagen des Wissens um sich selbst enthoben wäre, nämlich den Voraussetzungen der Zeitlichkeit und Geschichtlichkeit? Ist dieses Wissen nicht vielmehr je aus der zeitlich-geschichtlichen Situation aufzuleuchten?

Sowohl auf K. Rahners Position wie auf die kritischen Bemerkungen Riedlingers eingehend glaubt von Balthasar, den beiden Autoren nur Teil-Wahrheiten zubilligen zu können. Die Deckung von Selbstbewußtsein und Gottbewußtsein bei Jesus, wie sie von Rahner angestellt wird, ist richtig, doch müsse sie, so von Balthasar, auf die "missio" als die ökonomische Form der "processio" (darüber wird später Näheres zu sagen sein) eingeschränkt sein. Damit will er zugleich auch auf die Forderung Riedlingers geantwortet haben, daß im Sendungsbewußtsein das unmittelbare Verhältnis zum Vater sich anzeigt. Fällt aber das Sendungsbewußtsein mit dem Ichbewußtsein überein, dann kann nicht mehr davon die Rede sein, dem Gesendeten könne nur bei bestimmten geschichtlichen Situationen (Riedlinger) bewußt werden, wer er ist, auch wenn, und mit Recht, für die verdeutlichende Thematisierung - in Übereinstimmung mit Rahner - aller Raum frei ist. Es gehört nach von Balthasars Auffas-

1 K. Rahner, a.a.O., S. 231 ff.

2 A.a.O., S. 152 f.

sung zum "unveräußerlichen, immer schon und auch immer neu vorhandenen Wissen Jesu", daß er den Willen des Vaters zu tun und diesen in jeder Lebenssituation zu offenbaren hat[1].

Damit kehren wir zu von Balthasars Bezugnahme auf Schells Position zurück. Das allgemeine Gesetz des menschlichen Seins und Daseins, auf das der von Schell aufgestellte enge Zusammenhang zwischen Mitgabe und freiem Fortschritt hinweist, muß für den vorösterlichen Jesus auch gelten, wenn man keine monophysistische oder kryptomonophysistische Haltung einnehmen will, sondern tatsächlich auch die Menschheit Jesu bejaht. Allerdings zwingt die Besonderheit Jesu als Gottmensch zu einer notwendigen Unterscheidung von zwei status (dem der "Niedrigkeit" und dem der "Vollendung") in Bezug auf sein Wissen. Und dafür ist die Sendung das entscheidende Kriterium.

Hier kommt nun eine kritische Bemerkung von Balthasars an der Position Schells. Ihm, so von Balthasar, sei es nicht gelungen, Widersprüche in seinen Formulierungen zu vermeiden. Auf einer Seite lehnt er eine "scientia visionis" bei Jesus ab, welche entsprechend seiner "Würde" in seinen oberen Seelenkräften als die ungestörte selige Anschauung Gottes wäre und ihn in die Lage versetzen würde, von allem eine genaue Kenntnis zu haben. Auf der anderen Seite aber ist Schell nicht der Meinung, eine Kenosis-Auffassung annehmen zu können, nach der der Sohn Gottes aus "kindlicher Bewußtlosigkeit allmählich zum Messias- und Gottesbewußtsein" erwacht wäre. Bei Jesus muß ein "uranfängliches Selbstbewußtsein in Bezug auf seine ewige und zeitliche Natur vorhanden sein. Dementsprechend ist das menschliche Selbstbewußtsein Jesu als Gottes Sohn ein durch die innere Selbstoffenbarung seines göttlichen Ichs eine vollkommen erleuchtete Einsicht". Und so liegt

---

1 TD II/2, 158 f.

aber der Gedanke der "scientia visionis" wieder nahe, obwohl Schell die Lebensfülle der Menschheit Jesu nicht als "naturnotwendige Teilnahme" an der Gottheit ansehen will, sondern nur "nach Maßgabe der göttlichen Zweckbestimmung und Freiheit"[1] erfolgen läßt. Hier stößt die Fragestellung auf eine Aporie. Von daher ergibt sich nun die wichtige Frage nach dem möglichen Ausweg.

bb) Weg aus der Aporie: Sendung als Maß

Im Verständnis von Balthasars läßt sich das Problem nur richtig erfassen, wenn der Begriff der Sendung als "Maß" ernst genommen wird in strengem Zusammenhang mit der freien "Zweckbestimmung". Diese ist der freie Ratschluß des dreieinigen Gottes. Er ist insofern nicht in, sondern vor der Menschwerdung geschehen, die dann auf ihm beruht als ein wichtiges Moment der Ausführung.

In der Zweckbestimmung fallen Sendung und Selbstbewußtsein in ihrer "Ausdehnung" zusammen. Die göttliche und die menschliche Dimension Jesu sind so miteinander gebunden in seiner Bestimmung, die auf den innertrinitarischen Beschluß zurückgeht. Unter diesem Aspekt hält von Balthasar es für sinnvoll, an einer Erkenntnis Jesu von Anfang an hinsichtlich seiner "gottessohnlichen Identität" festzuhalten, wie sie sich in der einmaligen Beziehung zum "Abba, Vater" ausdrückt. Das heißt aber nicht, daß der Mensch Jesus von Nazareth dieser seiner Identität ohne weiteres bewußt sein konnte. Er konnte nicht von sich aus seine göttliche Identität behaupten, wenn es mit der Kenosis ernst gemeint ist, welche im Sinne von Balthasars radikale

1 H. Schell, a.a.O., S. 106: "Auch die innigste metaphysische Verbindung mit der Gottheit" bringt für die Menschheit Jesu "keine naturnotwendige Teilnahme an ihrer Lebensfülle mit sich: dieselbe erfolgt durchaus nach Maßgabe der göttlichen Zweckbestimmung und Freiheit"; vgl. dazu TD II/2, 179.

Entäußerung, Erniedrigung und absolute Empfänglichkeit für den Vater bedeutet.

Wenn Jesus aber sich als Gottes Sohn wissen sollte und konnte, dann mußte diese Erkenntnis auch in der Empfänglichkeit geschehen[1].

Von hier aus geht nun für von Balthasar der Schritt entscheidend weiter zum Geist: Jesus war "sich dieser Identität aber nicht anders als in der ihm durch den G e i s t vermittelten Aufgabe bewußt, die eine selige Anschauung Gottes (zumindest zeitweise) ausschloß"[2]. Damit wird eines in klare Sicht gestellt, und zwar sollte der Mensch Jesus als solcher und als Sohn eine naturnotwendige Gottesschau besitzen, dann besitzt er sie nur, insofern diese ihm durch und im Geist vermittelt ist; im Geist begegnet der Sohn dem Vater, in ihm ist er mit dem Vater verbunden und lebt vor seinem Angesicht. Ist auf diese Weise eine Einheit von mittelbarer Schau und menschlichem Leben im Sendungsbewußtsein vorhanden, dann kann nicht mehr von "doppeltem Seelenleben" gesprochen werden. Es braucht weder eine "Seelenspritze" als Ort der unmittelbaren Schau angenommen zu werden, noch eine starke Betonung des normalen Menschlichen und Geschichtlichen, um erst ein Sendungsbewußtsein zu entwickeln[3].

Damit ist aber noch nicht alles über das Wissen Jesu gesagt. Die Frage, in welcher Breite oder Verengung das Wissen Jesu das Heilswerk Gottes in der Welt erfaßt, läßt von

---

1 Von Balthasar macht dies u.a. mit folgendem bildlichen Ausdruck deutlich: "Bei der Kenose des Sohnes bleibt ja seine angestammte G o t t g e s t a l t beim Vater zurück, bei ihm h i n t e r l e g t , zugleich als Pfand seiner Treue zum Willen des Vaters und zur Erinnerung für den Vater, wie sehr er selbst im Weltabenteuer engagiert ist": PnI 131. Vgl. dazu unsere Interpretation oben S.190 ff.

2 TD II/2, 179.

3 Von Balthasars Meinung nach scheint das Letztere die Gefahr bei den Ausführungen von Riedlinger zu sein.

Balthasar ganz offen. Im Anschluß an J. Moingt[1] spricht er von "Variabilität". Der Terminus deutet bereits darauf hin, daß sich die Grenzen der Wandelbarkeit des Wissens Jesu vom Standpunkt der Sendung nicht genau von uns definieren lassen. In dieser Sicht hat das "Nichtwissen der Stunde" (Mt 13,32) durchaus einen Ort, sein Eigengewicht. Zugleich aber wird deutlich, daß die dabei sich aufdrängende Frage der Freiheit Jesu entschieden werden muß. Wie ernst ist es mit der in der orthodoxen Dogmatik verankerten menschlichen Freiheit des Menschen Jesus gemeint? Kann Jesus wirklich frei Entscheidungen treffen? Oder ist er, wie von Balthasar fragt, in seiner Zeitlichkeit n u r die Erscheinung einer seiner ganzen Existenz vorausliegenden göttlichen (und damit "fremden") Entscheidung? Ist sein ganzes Sein und Handeln nichts anderes als eine bloße "nachträgliche" Ratifizierung eines über ihn und die Welt gefaßten Beschlusses?

Diese zentrale Frage der Freiheit Jesu von Nazareth ist schon mehrfach aufgeklungen und schrittweise beantwortet worden und kann deshalb hier nur in aller Kürze ergänzt werden. Es ist klar, wie wir schon gesehen haben, daß es sich bei der Sendung Jesu um zwei Entscheidungen handelt. Die eine ist die trinitarische oder innertrinitarische Heilsentscheidung, und die andere ist die Entscheidung Jesu in Bezug auf die Ausführung der ersteren. Allerdings will von Balthasar die beiden nicht durch ein zeitliches "Früher" und "Später" gekennzeichnet wissen. "Viel eher

---

1 Vgl. "La révélation du salut", in: Mort pour nos péchés (Fac. St. Louis, Bruxelles 1976, S. 153): "Il n'est pas requis qu'il (=Jésus) se sente comptable devant Dieu de la multitude des hommes, il est nécessaire et il suffit qu'il ait conscience d'avoir reçu de Dieu une mission qui engage la totalité de l'histoire ... Jésus offre sa mort à Dieu pour tous les hommes, en tant qu'il sacrifie sa vie à sa mission ... de portée universelle". Zit. bei von Balthasar, in: TD II/2, 180, Anm. 19.

ließe sich ihr Verhältnis vergleichen mit dem Phänomen, das im natürlichen wie im Übernatürlichen Bereich als Inspiration bezeichnet wird"[1]. Doch nicht selten haben entstellende Auffassungen dem Inspirationsgedanken hinsichtlich des übernatürlichen Bereichs im Wege gestanden. Ein klassisches Beispiel dafür bieten verzerrende Interpretationen der Inspiration der Propheten oder Hagiographen, die mehr oder weniger in die Funktion passiver Instrumente in der Hand des Heiligen Geistes verdrängt wurden. Das, was wirklich mit Inspiration gemeint ist, soll mit einem Beispiel aus dem natürlichen Bereich veranschaulicht werden:

> "Nie ist ein Künstler freier, als wenn er nicht mehr zögernd zwischen Möglichkeiten der Gestaltung auswählen muß, sondern von der endlich sich darbietenden wahren Idee wie b e s e s s e n ist und ihrer gebieterischen Weisung folgt; nie wird auch, wenn seine Inspiration echt ist, das Werk mehr sein persönliches Gepräge tragen"[2].

Inspiration und Persönlichkeit bzw. Selbstbesitz sind so eng miteinander verbunden. Mehr noch: Erst dort, wo die Inspiration ernsthaft am Werk ist, tritt die ganze Selbständigkeit hervor. Erst dort werden die schöpferischen Kräfte ganz freigesetzt. Die Freiheit, die hier tätig wird, ist nicht die bloße Wahlfreiheit, sondern die Freiheit, die ihr Objekt schon erkannt und erfaßt hat mit dem unverkennbaren Entschluß der Persönlichkeit des tätigen Subjektes. Eine tiefere Freiheit kommt hier zum Ausdruck, welche dem Werk deshalb "den Charakter der persönlichen Einmaligkeit und der N o t w e n d i g k e i t"[3] verleiht. In einem solchen Werk vermag der Mensch, sich selbst ganz zu besitzen, er lebt nunmehr daraus, ist davon besessen. Er sieht und vollzieht darin sein Selbstergreifen und

1 TD II/2, 181.

2 Ebd. Inspiration ist also weder Hindernis für die persönliche Fertigkeit noch Ersatz für die subjektive schöpferische Kraft, keine Selbstnegation; vielmehr stellt sie sich als die größte Förderung der Selbsttätigkeit und Selbständigkeit dar.

3 Ebd.

-erfüllung; er gebiert sich selbst aus dem Schoß seiner eigensten Freiheit.

Wie aber steht es mit Jesus? Wie steht er in seiner Sendung? Wie vollbringt er seine Freiheit gegenüber bzw. hinsichtlich des Willens des Vaters? Auf diese Frage eingehend stellt von Balthasar fest, "daß Jesus, seine Sendung ergreifend und gestaltend, keiner fremden Macht gehorcht. Der Heilige Geist, der ihn inspiriert, ist nicht nur Geist des Vaters (mit dem der Sohn eins ist), sondern auch sein eigener Geist. Und wenn seine Sendung unvordenklich ist, so in bezug auf sein eigenes freies Immer-schon-ergriffen-Haben dieser Sendung"[1].

Damit wird die ewige Herkunft der Sendung betont. Sie ist dem Menschen Jesus von Nazareth gegenüber präexistent in einer "ewigen Zeit". Doch liegt sie nicht zur mechanischen Durchführung bereit, sondern sie muß ergriffen und bejaht werden als die <u>seine</u>, mit seiner ganzen Verantwortung. Dabei kommt aber dem Geist die wichtige Rolle der Inspiration zu. Über das Inspiriertsein des Sohnes wird noch später nachzudenken sein. Im folgenden blicken wir zunächst auf die formale Bestimmung der Freiheit und des Getriebenseins des Sohnes vom Geist.

cc) Identität von Freiheit und Geistgetriebenheit

An Kreuzpunkten der Überlegungen von Balthasars über Sendung und Freiheit des Sohnes steht die göttliche Realität des Geistes, "der ihn treibt". Die Erörterung dieses Punktes stützt sich auf die Erwägung, "daß endliche Freiheit, im Verdanken sich bestimmend, sich gleichzeitig in den unendlichen Freiheitsraum ihres Grundes und Zieles zu ihrer Vollendung übersteigen muß, in dem sie zugleich bei Gott und bei sich ist"[2].

---

1 TD II/2, 182.

2 Ebd.

Dieses abstrakte Verhältnis von endlicher und unendlicher Freiheit ist grundlegend und von jeder geschaffenen Freiheit wahr. Daher möchte von Balthasar annehmen, daß dies in einem "Überschwenglichen Sinne" vom Gottmenschen gelten soll, "dessen endliche Freiheit so sehr von der unendlichen her ist, daß sie sich immer schon vollkommen auf sie hin übersteigt - nicht freilich, um dort bloß zu ruhen, sondern um die Sendung entgegenzunehmen, deren Durchführung ihr die Erfüllung in Gott endgültig sichert und ihr damit ihr eigenes Herr- und Herrlich-Sein verschafft"[1].

Auf welchem Fundament aber ruht diese Auffassung? Dies wurde schon angedeutet. Die Freiheit des Menschen (und damit auch seine Identität) findet sich selbst nur über sich selbst hinaus. Diese wahrhafte Identitätserlangung hat ihre Bürgschaft darin, daß Gott in Jesus Christus sich selbst an die Menschen mitgeteilt, entäußert hat, uns in hingebender Neigung seine Liebe geschenkt hat, um uns für uns und für sich zu gewinnen.

Nun steht Jesus von Nazareth als diese Hingabe Gottes an die Menschen in seinem irdischen Leben nicht mit dem dreieinigen Gott und führt nicht dessen Heilsratschluß aus[2], sondern mit dem Vater, von dem er seine Sendung empfängt durch den Heiligen Geist. Wieder jedoch überfällt uns die Frage, ob beim Sohn zwei sich zeitlich folgende Entschließungen hinsichtlich der Ausführung der Sendung anzunehmen sind: die eine, die erste, als Gott in der Ewigkeit, die zweite als Mensch in der Zeit.

Bei einem konsequenten Durchdenken seiner Auffassung von der Unvordenklichkeit der Sendung läßt von Balthasar

---

1 TD II/2, 182.

2 Denn so stünde er als Gott sich selbst gegenüber und nicht als gehorsamer Mensch und Sohn dem Vater gegenüber.

keinen Zweifel darüber, daß der Sohn sich "unvordenklich" immer schon zu dieser Sendung entschlossen und angeboten hat. Folglich schließt "die ewige Entscheidung des Sohnes seine zeitliche in sich ein, und die zeitliche ergreift seine ewige als einzige, die in Frage kommt"[1]. Allerdings ergreift der Menschgewordene in seiner menschlichen Freiheit nicht seinen eigenen Willen als Gott, sondern primär den Willen des Vaters, dem er immer schon seine Zustimmung gegeben hat. "Gerade in diesem Ergreifen findet Jesus seine eigene tiefste Identität als des Sohnes von jeher"[2].

Blicken wir kurz auf die hier gemeinte und in vielfacher Weise schon angedeutete Freiheit. Sie ist nicht die einfache Wahlfreiheit, die darin bestünde, dies oder jenes zu tun, sich so oder anders zu entscheiden, sondern eine höhere Form von Freiheit, welche das bloße "aut .. aut" (was angesichts zweier Dinge noch nicht sagt, was das eine oder das andere ist) und die Notwendigkeit selbst übertrifft. Indem der Sohn ganz und gar aus dem Willen des Vaters lebt, ist er ganz vom Vater bestimmt, sein Sein und Selbstsein empfängt er von ihm, aber gerade indem er so vom Vater bestimmt ist, ganz von ihm abhängig ist, erwächst ihm jene Freiheit, die sich jenseits aller freier Entfaltung hinderlichen Nötigung vollzieht.

Die Bestimmtheit des Sohnes, die der väterliche Wille darstellt, der der restlose Gehorsam des Sohnes entspricht und die als solche eine notwendige conditio des Sohnes ist,

---

1 TD II/2, 182-183. Ist damit die Einzigkeit der Entscheidung mit aller Deutlichkeit betont, so steht aber für von Balthasar fest, daß die ewige Entscheidung keinesfalls von dem Sohn allein gefaßt worden ist. Vielmehr ist sie eine dreieinige, in der die "Hierarchie der hypostatischen Hervorgänge bei aller Gleichwesentlichkeit und Gleichewigkeit der Personen" unangetastet bleibt. Dabei ergreift der Sohn immer schon im Heiligen Geist die vom Vater ergehende Sendung.

2 Ebd. S. 183.

stellt zugleich die höchste Form der Selbstbestimmung dar. Es gehört zum Wesen des Sohnes als Sohn, ganz vom Vater bestimmt zu sein, insofern ist diese Notwendigkeit keine Äußerlichkeit, kein Zwang, sondern seine Grundbestimmung selbst.

Diese Grundbestimmung oder -bestimmtheit selbst macht das Verhältnis des Sohnes zum Vater und umgekehrt aus. Hier ist eben der wichtige Punkt, der oben in der Notwendigkeit angesprochen wurde[1]. Und zwar ist die Freiheit das Über-sich-selbst-verfügen-können, aber auch Über-sich-verfügen-lassen bzw. Verfügtsein, durch das die geschenkte Freiheit zu sich selbst kommt. Um sich selbst zu sein, muß sie ihre Abhängigkeit vom Woher erfahren und bejahen. Ein Abhängigkeitsverhältnis, das keineswegs bloßes Hindernis oder hinzukommendes Äußerliches bedeutet, sondern zum Wesen der menschlichen Freiheit gehört als ihr inneres Moment. Ist die Freiheit in dieser Weise, um mit Hegel zu reden, die Wahrheit der Notwendigkeit[2], so manifestiert sich darin, wie beim Liebesverhältnis, eine sich erhaltende Einheit, die das Subjekt durchdringt und echte Selbständigkeit ergibt. Und so steht Jesus gerade an dem Punkt, wo es möglich ist, gleichzeitig ganz frei und ganz abhängig von Gott zu sein.

Nun aber bei aller Betonung der ewigen Sohnschaft muß man freilich im Auge behalten, daß Jesus nicht in "visio beatifica" den Vater schaut. Vielmehr wird ihm - so sehr er seiner Sendung unmittelbar inne sein mag - der Auftrag des Vaters vom Geist vorgestellt. Damit wird noch einmal die Möglichkeit der schon angesprochenen Situation der Versuchung deutlich. Aber es handelt sich um eine Möglichkeit, die nie eine Wirklichkeit hätte werden können,

---

1 Siehe oben S. 258 ff.

2 G.W.F. Hegel, Vorlesung über die Philosophie der Religion III, Lasson, S. 199.

weil Jesus, trotz Hineinhaltung in die Versuchungssituation, nicht an den "Indifferenzpunkt"[1] gelangt, wo er sich einem "ob ... oder nicht" in Bezug auf die Ausführung der Sendung stellen kann, denn das "Sündigenkönnen"[2] als faktischer Vollzug gehört nicht zu seiner Freiheit, die eine höhere Qualifikation besitzt im Vergleich zu unserer Freiheit[3]. "Dennoch ist er mit seiner ganzen Entschiedenheit zur Sendung in unsere Versuchlichkeit hineingehalten, was nur möglich ist, wenn er, den ganzen Auftrag vor Augen, mit seiner eigenen Freiheit die Wege der Verwirklichung im einzelnen suchen muß, und wenn ihm dabei die Ersparung des 'Weges unten durch',

---

1 TD II/2, 183. Ähnlich äußert sich auch W. Pannenberg, den ich hier zitieren möchte, um das Gemeinte deutlicher zu machen: "Durch die Ganzheit der Hingabe Jesu an den Vater in der Hingabe an seine eschatologische Sendung ist jeder Gedanke an eine Wahlfreiheit des Menschen Jesus gegenüber Gott, als ob es für Jesus noch "andere Möglichkeiten" neben seiner göttlichen Sendung gegeben hätte, die nun durch seine grundlos freie Entscheidung übergangen wurden, ausgeschlossen. In der Hingabe Jesu an den Vater und an seine Sendung bleibt kein Raum für "andere Möglichkeiten", die der Wille Jesu als ein gegenüber Gott Selbständiger etwa hätte wählen können. Mögen solche "andere Möglichkeiten" für einen distanzierten Betrachter der Situation Jesu vorhanden gewesen sein, für Jesus selbst konnten sie nur als von vornherein ausgeschlossene Möglichkeiten da sein. Die Freiheit Jesu bestand eben darin, den Willen seines Vaters zu tun und seiner Sendung zu folgen. Im Hinblick auf den konkreten Lebensvollzug Jesu erscheint die Annahme eines "freien Willens" Jesu im Sinne eines indifferenten Wahlvermögens, das eine aus letzter Indifferenz kommende Entscheidung auch gegenüber Gott erlauben würde, als eine leere Abstraktion" (Grundzüge der Christologie, Gütersloh 1964, S. 362-368: die Freiheit Jesu; zit. S. 362).

2 TD II/2, ebd.

3 Dabei schließt sich von Balthasar ausdrücklich der Meinung Anselms, Augustins und Thomas von Aquin an. Bei Anselm steht: "Nec libertas nec pars libertatis est potestas peccandi" (De libertatate arbitrii I, Schmitt I, 208, 11); Augustinus seinerseits schreibt: "Multo quippe liberius erit arbitrium quod amnino non poterit servire peccato": Enchr. 105 (PL 40, 281); schließlich stellt Thomas von Aquin fest: "Unde maior libertas arbitrii est in angelis qui peccare non possunt, quam in nobis, qui peccare posumus": STh I, q. 62, a. 8, ad 3.

der Verdemütigung und des irdischen Scheiterns als eine menschlich erwägbare, ja anziehende Abkürzung zum Ziel erscheinen oder vorgespiegelt werden kann"[1].

An dieser Vorspiegelung und an der Ganzheit der Sendung scheitern die Angebote von Teilwerten, die dem väterlichen Willen im Wege stünden. Zugleich leuchtet die einzuschlagende Richtung auf, und zwar in der totalen freien Verfügbarkeit des Sohnes, so daß sein Gehorsam, obschon das faktische Sündigenkönnen ausgeschlossen ist, als verdienstlich angesehen werden muß, betont von Balthasar in Übereinstimmung mit F. Malmberg[2]. Worin aber besteht diese Verdienstlichkeit? Für diese Annahme spricht, nach von Balthasar, die Tatsache, daß der Sohn "von sich aus nichts antizipiert[3], wodurch ein partikulärer Erfolg sich verdeckend vor der Universalität der Sendung stellen würde. Darin ist Jesus nicht nur das vollkommene Vorbild der christlichen Grundtugend der Geduld, sondern ebenso dasjenige von Glaube und Hoffnung"[4]. Es liegt in der Stringenz dieser Vollkommenheit und Vorbildlichkeit, daß die Fügsamkeit des Christen gegenüber Gott als Teilnahme an dem sohnlichen Gehorsam angesehen wird. Es ist ja der Gehorsam der Liebe als die grundsätzliche und uneingeschränkte Bindung der Daseinsform vor Gott, eine Hinordnung auf ihn, eine Bestimmtheit des Verhaltens bzw. die Neigung, ja eine Seinsliebe, die zur Vereinigung mit Gott, zum ganzheitlichen Vollzug des Wesens des Subjektes strebt. In dieser Hinsicht zeigt das Verhältnis des Sohnes zum Vater, daß Gott das Maß ist, an dem das Maßsein Jesu für uns gemessen wird.

---

1 TD II/2, 183.

2 Ebd., vgl. Felix Malmberg, Über den Gottmenschen, QD 9, Herder, Freiburg-Basel-Wien 1960, S. 115-122.

3 Siehe unsere Ausführungen über diesen Punkt im Kapitel über die "Fides Christi", oben S. 178 ff.

4 TD II/2, 183-184.

dd) Die Freiheit Jesu und das Sündigenkönnen

Blicken wir von hier aus noch einmal kurz auf die Freiheit Jesu in Bezug auf die Versuchlichkeit und das Sündigenkönnen. Wenn das faktische Sündigen Jesu durch seine qualitativ anders geartete Freiheit ausgeschlossen ist, dann muß schärfer zwischen Versuchlichkeit und Sündigenkönnen differenziert werden. Und hier hilft nur eine Betrachtungsweise, die im Selbstverständnis Jesu selbst zu suchen ist.

Die Rede von Balthasars von Versuchlichkeit und Sündigenkönnen Jesu läßt eine Spannung entstehen zwischen Möglichkeit und Wirklichkeit. Erst das Selbstverständnis Jesu vermag sie zu lösen, weil es darüber entscheidet, was für das Subjekt, für diesen Menschen Jesus gelten soll. Sein Selbstverständnis erweist sich damit als die wichtigste Verständnismöglichkeit, insofern es die Annahme des Ausschlusses von Sündigenkönnen erst begründet.

Jesus versteht seine Freiheit als die Selbstfindung, die sich in der Ausführung des väterlichen Willens vollzieht. Wir könnten daraus eine erste Definition der Freiheit schließen, nach der die eigentliche Freiheit für Jesus die Fähigkeit bedeutet, das zu tun, was er "soll", was sein wahres "Ich" verlangt, und schließlich das, was Gott von ihm erwartet. In der Hinsicht darauf ist von Balthasar zuzustimmen, wenn er hier auch den Heiligen Geist ins Spiel bringt und erklärt: Der Heilige Geist ist in dem Sohn und wirkt in ihm die "heilsgeschichtliche Zustimmung" in Bezug auf den väterlichen Auftrag[1]. Die Identifizierung des Sohnes mit dem "Sollen" muß also so weit gehen, daß seine ganze Person darin besteht und davon lebt. Und das heißt: Die Verbundenheit des Gesandten mit dem Sendenden muß ein solches Maß an Einigung und

---

1 H I, 243; vgl. Joh 6,38.

Einheit erreichen, daß diese selbst den notwendigen Rückhalt für den Gesandten gegen alle Anfechtung bildet.

In einer solchen Konstellation muß natürlich die Frage nach der Freiheit Jesu einen höheren Wert bekommen. Es muß also herausgestellt werden, daß die Sündlosigkeit nicht bereits - in fragwürdiger Weise - als Inhalt des Selbstbewußtseins Jesu angesehen wird und daß geschichtliche Erscheinung Jesu und Glaubensaussage über ihn nicht vermischt werden. Daher fällt dem scharfen Begriff der Freiheit Jesu als "Vermittlungsinstanz" zwischen beiden Polen eine Sonderstellung zu. Hier nun ist es interessant, daß von Balthasar die schon erwähnte Spannung zwischen Möglichkeit und Wirklichkeit im Auge behalten hat und entsprechend die Sündlosigkeit Jesu nicht einfach als negative Bestimmung des Seins Jesu bzw. als Freisein von Sünde hinstellt, sondern ausdrücklich die Möglichkeit der Versuchlichkeit Jesu im Zeichen seines Gekommenseins in die Welt ernst nimmt und bejaht. Die Freiheit, die hier von der Sünde abhält, ist die, welche die Erfüllung der Sendung und des Gesandten selbst vermittelt. Es ist die Freiheit, sich selbst restlos und schutzlos hinzugeben. Sie ist, mit anderen Worten, die Inanspruchnahme der Nähe und Vollmacht Gottes, die in Jesus mit der Ohnmacht des "Knechtes" koexistiert.

Insofern wird die Freiheit, die sich so hingibt, ihre Begründung in Gott selbst und in seinem Willen als konstitutivem innerem Moment haben. Ist und <u>wird</u> Gott selbst so zur Substanz der Freiheit Jesu, dann ist es durchaus anzunehmen, daß sich diese - aufgrund der einzigartigen Nähe des Sohnes zum Vater - nur im Sinne Gottes vollziehen kann, ohne daß dies einen unabwendbaren Zwang darstelle. Der Vollzug dieser Freiheit ist vielmehr Ausdruck des <u>Ineinanderseins</u> von Vater und Sohn, welches im Heiligen Geist besiegelt ist. Und so ist auch das Ausschalten von Sündigenkönnen als "Resultat" der Haltung des Sohnes anzusehen, der trotz allem mit Entschiedenheit und uneingeschränktem Vertrauen an dem Willen des Vater und an seiner besonderen Beziehung zu ihm festgehalten hat.

Von der vorliegenden Darstellung her ist die Frage nach dem Sündigenkönnen Jesu und der anderen Menschen zu erheben und mit einigen Hinweisen vorgreifend zu umreißen. Es tut sich eine Differenz zwischen Christus und den anderen Menschen auf, die in Konsequenz der Auffassung von Balthasars charakterisiert werden kann wie folgt: Auf beiden Seiten besteht die gleiche Möglichkeit der Abkehr von Gott, der Selbstverweigerung ihm gegenüber. Hinzu kommt aber, daß die Versuchlichkeit Jesu als Prototyp der ganzen Menschheit die Versuchlichkeit aller sündigen Menschen in sich trägt und überholt. Die Differenz liegt also darin, daß ein "Mehr" an Versuchlichkeit in qualitativer Hinsicht bei Christus anzunehmen ist. Es deutet auf die Möglichkeit einer weit größeren Selbstübergabe an Gott und an die Menschen hin. In dieser weit größeren Selbstüberlassung an den Vater wird der Sohn durch den Vater sich selbst in gewissem Sinne entzogen, d.h. aber nicht seiner persönlichen Freiheit beraubt. Gleichzeitig aber wird das "Mehr" der "gottzentrierten" Überlassung - und darum trinitarischen Liebeshingabe - zum "Ort" und Träger der größten Versuchlichkeit, des Sündigenkönnens, so paradox dies auch klingen mag.

Gerade an diesem Punkt der Überlassung ist der Sohn ganz abhängig von Gott, wie entfremdet in seiner Lebendigkeit, gleichzeitig aber ganz frei, so daß er in dem "Mehr" nicht bloß die Versuchlichkeit der konkreten gewöhnlichen Menschen, sondern den substantiellen Grund dieser Versuchlichkeit erfährt. Mit von Balthasar gesprochen: der Sohn erfährt hier die "Sünde an sich" und von Balthasar beschreibt es als die "Schau des Chaos durch den Gottmenschen", die "für uns zur Bedingung unserer Schau der

Gottheit" wurde[1]. Jesus ist dadurch auch die Möglichkeit gegeben, die Sünde in ihrer abscheulichen, widergöttlichen Brutalität zu durchschauen, und infolgedessen als etwas, was der Sendung im Wege steht, anzuerkennen. Und als solche muß sie abgewendet werden[2]. Hier liegt der Gedanke der Verdienstlichkeit nahe, worauf später zurückzukommen sein wird.

ee) Die "dramatische Person"

Was ergibt sich aus dem bisher Gesagten als Verstehensannäherung an die - um bei der Balthasarschen Terminologie zu bleiben - "Theodramatik"? Drei Bestimmungen lassen sich festhalten, wobei nicht ein Statisches, sondern ein Dynamisches im Vordergrund steht. Da ist einmal, von der Sendung als Leitbegriff ausgehend, die Identität der Person Jesu mit seiner Sendung. Dieses Zusammenfallen offenbart die Überschwenglichkeit im Blick auf die Erfüllung dessen, "was eine dramatische 'Person' ist: eine Gestalt, die in der Durchführung ihrer Rolle entweder zu ihrem wahren Gesicht gelangt oder (im analytischen Drama) ihr verborgenes Gesicht enthüllt"[3]. Der Weg Jesu stellt so das unüberbietbare Beispiel für jedes wirkliche Leben dar, das in restloser Identifizierung der Person kraft restloser Durchführung ihrer Sendung seine Wahrheit erreicht.

---

1 MP 249. Damit rückt zugleich ins Blickfeld der soteriologische Charakter der Erfahrung Jesu.

2 Auch hier wird die vertretene Ansicht besonders deutlich, am Gedanken W. Pannenbergs, daß "die Annahme einer Wahlmöglichkeit Jesu gegenüber Gottes Willen nicht nur unter der spezifischen Voraussetzung einer Visio beatifica Jesu unmöglich ist, sondern schon im Blick auf den konkreten historischen Daseinsvollzug Jesu in der Hingabe an seine Sendung. Ein so von seiner Sendung Ergriffener hat ihr gegenüber keine Wahl mehr. Er behält keine innere Selbständigkeit ihr gegenüber für sich zurück. Gerade darin besteht seine Freiheit. Und gerade so ist Jesus druch seine Hingabe an seine Sendung - durch die Hingabe an den Vater - mit Gott eins" (Grundzüge der Christologie, a.a.O., S. 363 f.).

3 TD II/2, 184.

Wie kein anderer stellt sich Jesus dieser überschwenglichen Erfüllung und ist im "Theodrama" nicht nur die Hauptfigur, sondern die "urbildliche Hauptperson" überhaupt, von der alle übrigen Spieler ihre "Person-Identität" erhalten.

Zum anderen haben wir es mit einem nicht weniger grundsätzlichen Aspekt zu tun, und zwar damit, daß durch die Identität von Person und Sendung das "Weltdrama" erst wirklich zum "Theodrama" wird, da diese Identität nur unter der Voraussetzung möglich ist, "daß die gesendete Person ihre Sendung nicht akzidentell erhält, sondern als eine Modalität ihres ewigen Personseins selbst"[1]. Dabei geht es um die grundlegende Bestimmung des Verhältnisses zwischen Sendung und Hervorgang aus dem Vater, wobei die "missio" des Sohnes sich als die ökonomische Gestalt seiner ewigen "processio" aus dem Vater auslegt[2].

---

1 TD II/2, 184.

2 Will man diese These richtig erfassen in ihrem Ursprung, so muß man ein Wort von Thomas von Aquin, auf den sich von Balthasar ausdrücklich bezieht, ins Gedächtnis zurückrufen. Denn schon Thomas hat betont in Bezug auf die Sendung der göttlichen Personen: Persona divina missa, sicut non incipit esse ubi prius non fuerat, ita nec desinit esse ubi fuerat. Unde talis missio est sine separatione" (S Th I, q.43, a.1, ad 2). Das heißt, daß eine räumliche Auffassung von Sendung hier nicht fehlen kann, wonach der Gesendete den Ort wechselt, dort zu sein anfängt, wo er nicht war. Wenn in der Sendung des Sohnes Gottes Präsenz sich kundtut, so bedeutet dies keinesfalls, daß es zuvor eine Zeit gab, wo Gott in unserer Geschichte nicht präsent war und erst mit dem Menschen Jesus dies zu tun begann. Allein die Art der Präsenz ist anders. Daß das so ist, zeigt uns schon der Anfang des Hebräerbriefes: "Nachdem Gott vor Zeiten in vielfacher und mannigfaltiger Weise zu unseren Vätern geredet hat durch die Propheten, hat er in dieser Endzeit zu uns geredet durch den Sohn" (Hebr 1,1). An die Wirklichkeit und Wirksamkeit Gottes bzw. die Heilsgeschichtlichkeit seines Handelns mit den Menschen wird hier erinnert. Gott bleibt - auch in Jesus von Nazareth - der Ewige, der sich immer schon liebevoll um seine Schöpfung bemüht hat. Mit der Bezeichnung der "mission" als ökonomische Gestalt der ewigen "processio" will von Balthasar gerade diesen Sachverhalt hervorheben. Es handelt sich um die Fortsetzung auf einer höheren Stufe in Jesus Christus der einen und derselben Offenbarung, des Selbstereignisses Gottes. Damit nimmt von Balthasar aber einen Standpunkt ein, der den Übergang von einer Real-Offenbarung (durch schöpferisches und prophetisches

Die Konsequenz, die sich daraus ergibt, läßt sich nach von Balthasar auf die Sendung des Geistes in zweifacher Weise direkt beziehen. Die Sendung des Sohnes zieht die Sendung des Geistes nach sich: zuerst vom Vater her auf den menschgewordenen Sohn, und dann vom Vater und vom erhöhten Sohn her auf Kirche und Welt. In dieser Weise öffnet sich das Beteiligtsein des dreieinigen Gottes am gesamten Weltspiel, wobei Gott selbst, um es anschaulich mit einem Ausdruck des Irenäus zu sagen, sich eingewöhnt, unter den Menschen zu weilen.

Hieran knüpft sich schließlich ein dritter Gesichtspunkt an. Erscheint Jesus aufgrund des Vorausgehenden als der Sinngeber des Gesamtspiels, so ist allerdings klar, daß er in seiner Person und Sendung die ganze Dramatik der Menschheit in ihrem Verhältnis sowohl zu sich selbst wie zu Gott umfassen muß. Er ist so endgültig in unsere Gesamtgeschichte hineingebunden. Aufgrund dessen beginnt zugleich ein Prozeß (darüber wird später in der Reflexion auf das Verhältnis Geist-Kirche-Weltgeschichte näherhin nachzudenken sein), in dem Entscheidendes geschieht. Daß Christus so in diese unsere leidvolle, sündhaftige Welt und Geschichte hineingebunden ist, bedeutet nicht nur einen neuen Gottesbegriff (denn da ist die Selbstmitteilung, die Entäußerung und Entäußertheit Gottes wirklich zu uns gelangt, sie hat uns erreicht und zutiefst getroffen), sondern auch in einem bestimmten Sinne einen zweiten Anlauf des Werdens Christi. Er ist nunmehr derjenige, der "nicht nur in seinem persönlichen Schicksal - durch Kreuz und Auferstehung - zu dem wird, der er immer schon ist, sondern durch das gesamte Welt-

---

Wort im AT) zur Personal-Offenbarung in der Gestalt Jesus von Nazareth nur implizit bejaht. Dennoch ist der notwendige Hinweis in Richtung der Erkenntnis des heilsökonomischen Plans Gottes in Natur und Geschichte klar, der im Fortwirken des Heiligen Geistes zur Vollendung kommt, wie es in dem von Balthasar wiederholt zitierten Text des Epheserbriefes (1,3-4; vgl. Kol 1, 13-23) steht.

spiel hindurch erst zu dem Omega wird, das er als Alpha immer schon ist"[1]. Dadurch ist seine einst abgeschlossene Weltsendung gleichsam aber offen, bis Gott alles in allem ist[2]. Auch das gehört in das Leben Christi im Geist, in sein Geistgeheimnis hinein.

Damit sind wir zum wichtigsten Punkt vorgedrungen. Von den ausgeführten grundlegenden Feststellungen ausgehend, wobei sich die logische Konstellation der Gottesbeziehung des Sohnes im Geist im Hinblick auf sein Selbstwerden und die Erfüllung seiner Sendung, die zugleich die Vorzeichnung des Hervorganges des Geistes selbst als seines eigenen Geistes ist, bemerkbar macht, wollen wir nun von Balthasar im Fortgang seiner Überlegung weiterverfolgen, wobei weiteren für den Sohn "lebenswichtigen" Grundelementen des Verhältnisses Jesus-Geist im folgenden eine eingehende Reflexion gewidmet wird.

II. Sendung und Geist

Die Durchführung des vom Vater entgegengenommenen Auftrags erfordert vollkommenen Gehorsam. "Gehorsam aber besagt: nicht selber verfügen, sondern sich verfügen lassen"[3]. Was das Bejahen - in Freiheit - der Sendung betrifft, ist der Sohn eins mit dem Vater. Sobald aber es um die Durchführung der Sendung geht, die nicht ein für allemal gegeben ist, sondern in jedem Augenblick empfangen wird, und zwar auf neue, unerwartete Weise und in "Sich-verfügen-lassen" aktuiert wird, zeigt sich eine Differenz zwischen "Verfügen" und "Gehorsam", die nur in einer angemessenen "ausgleichenden Vermittlung" zu überbrücken ist. Eine Rolle, die nur dem Heiligen Geist zustehen kann.

---

1 TD II/2, 185.

2 1 Kor 15, 24.

3 TD II/2, 167.

Für das rechte Verständnis dessen, was hier gemeint und im einzelnen zu erläutern ist, erscheint uns eines wichtig. Wenn im folgenden Abschnitt u.a. davon die Rede sein wird, daß Jesus im Geist den außer ihm liegenden Willen des Vaters empfängt und ihn in der Ausführung zur Bestimmung seines Seins als des Gesendeten macht, so muß an dieser Stelle schon vorgreifend gesagt werden, daß die Differenz selbst, von der gesprochen wird und die sich in der Gegenüberstellung von Jesus und Willen des Vaters offenbart, bereits durch den Geist vermittelt ist, so daß sie immer schon im Geist als der "Vermittlungsgestalt" anzutreffen ist.

Und noch ein zweites. Die Gegenüberstellung von Jesus und dem auszuführenden väterlichen Willen bildet im Grunde keine völlige Disjunktion, denn, wie es klargestellt wird, der Sohn selbst ist in diesen Willen, der gar nichts anderes ist als der "innertrinitarische Heilsbeschluß"[1], und kennt darüber hinaus ihn insofern in seiner Grundfassung bereits ("Vorwissen") und trägt ihn als Basis seiner Sohnesexistenz in sich.

Allerdings zwischen Verfügen und Gehorchen bzw.zwischen Empfang und gehorsamer Ausführung zieht sich eine Linie, die der Vermittlung des Geistes sowohl im Empfang wie in der Ausführung zugrundeliegt. Das heißt, daß die Frage, was es auch für den Geist selbst bedeutet, daß er zwischen Vater und Sohn vermittelt, hier eine Antwort bekommen muß. Denn es geht ja in der Vermittlung auch um den Geist, um sein Werden als Geist Jesu Christi, um seine Hervorbringung als Hypostase, unterschieden von Vater und Sohn, die nunmehr in Kirche und Welt am Werk ist.

---

1 TD II/2, 167.

Einleitend soll deshalb gleich darauf hingewiesen werden, daß in der folgenden systematischen Reflexion auf das Verhältnis von Geist und Jesus nicht nur das Hineinwachsen des Sohnes in seine Sendung, sondern zugleich auch wichtige Aussagen über den Geist mitzuhören sind, die wir mit drei Stichworten andeuten wollen. So begegnet uns der Geist als Vermittlungsgestalt:

1. in der Form des väterlichen Willens bzw. als Schöpfungsmacht des Vaters bei der Menschwerdung des Sohnes,
2. in der Form des Sohnesgehorsams (im öffentlichen Wirken Jesu) als der Gehorsamsgeist,
3. schließlich als der Geist des erhöhten Sohnes, als Geist Jesu Christi.

Mit anderen Worten: der "Geburtsprozeß" des Jesus von Nazareth als Gottes Sohn, obgleich der Sohn als ewiger Sohn der Wirker des Jesus von Nazareth ist, ist zugleich als "Geburtsprozeß" des Geistes des Vaters und des Jesus Christus für uns zu deuten[1]. Das heißt, daß die substantielle Bestimmung des Geistes ökonomisch jeweils dem Niveau der Realität des Sohnes in den einzelnen Etappen

1 Wenn hier der Akzent auf die Gleichzeitigkeit der beiden Prozesse" (Werden des Sohnes zum Sohn im Geist und Werden des Geistes als Geist Christi) stärker fällt als dies bei von Balthasar selbst der Fall ist, der diese Konturen nicht schärfer herausgearbeitet hat, so wird damit nicht Fremdes an von Balthasars Gedanken herangetragen. Vielmehr wird etwas expliziert, was in diesem Gedanken schon mitgegeben ist. Nimmt man seine Erörterungen der Frage des Verhältnisses von Jesus und Geist ernst, so sind die hier von uns angedeuteten Feststellungen, die nur implizit bei von Balthasar anzutreffen sind, ganz im Sinne der Sache eine legitime Forderung. Denn, wenn es wahr ist, daß der Geist Jesu Christi - und dies ganz im Sinne von Balthasars - aus Schmerz und Kreuzestod geboren ist, d.h. aus der wirklichen Entgegensetzung von Vater und Sohn in der Gottverlassenheit (vgl. PM 275 ff.), so zeigt sich in dieser Vorstellung ein dynamischer Prozeß bzw. eine dynamische Geiststruktur, die sich entsprechend in einer stufenweise vollzogenen Geistoffenbarung niederschlägt. Es ist deswegen wichtig, die von Balthasar nur angedeuteten Bestimmungen zur Klarheit zu erheben. Zum Verständnis des Geistes in christologischem Bezug vgl. A. Nossol, Der Geist als Gegenwart Jesu Christi, in: W. Kasper (Hrsg.), Gegenwart des Geistes, a.a.O., S. 132-154, insb. S. 139-154.

entspricht. Die Gestalt des Geistes wächst mit der Gestalt des Sohnes. Hier empfiehlt sich das johanneische Wort: "Denn noch war der Geist nicht da, weil Jesus noch nicht verherrlicht war"[1]. Der Geist, so könnte man sagen, als Geist im Leben Jesu und somit in der von ihm durchformten Weltgeschichte, ist nur sagbar aufgrund der Entwicklung der Person Jesu. Das heißt, daß der Geist des Neuen Bundes nur im fieri Jesu faßbar ist. Es vollzieht sich also ein Wandlungsprozeß, in dem für den Geist sich ein Gewinn an Eigengewicht und -ständigkeit realisiert.

In dieser Art morphologisch-dynamischer Betrachtung der Realität des Geistes erweist sich, wie sich dieser vom anderen gewinnt, was natürlich seine ganze spezifische Bedeutung hat für das Verhältnis zwischen Gott und dem Menschen im Neuen Bund, insofern dieses Sich-vom-anderen-gewinnen die eigentliche Ausdrucksform der Liebe ist. Und gerade von Balthasar hat, wie kein anderer Theologe der Gegenwart, Gott und das ganze Heilsgeschehen in Jesus Christus in einer radikalen Weise als Liebe gedacht. Diese Liebe ist es auch, die das ganze Verhältnis Jesu zum Vater im Geist kennzeichnet.

1. Der Geist und die Menschwerdung des Sohnes

a) Menschwerdung als soteriologischer Gehorsam (des Sohnes)

Im Credo-Wort: "Et incarnatus est de Spiritu Sancto ex Maria Virgine" liegt nach der Auffassung von Balthasars die Formulierung des genauen Verhältnisses von Sohn und Geist bei der Menschwerdung[2]. Diese Formel, die sich unmittelbar an Aussagen in der Schrift knüpft, macht es deutlich im Sinne des christlichen Glaubens, wie aktiv der Geist im Vorgang der Menschwerdung ist. Aber zugleich

---

1 Joh 7,39.

2 TD II/2, 168.

betont von Balthasar die Gleichursprünglichkeit des Sich-verfügen-Lassens und des Ich-Bewußtseins Jesu. Daraus folgert von Balthasar die Feststellung, daß "der Gehorsam des Sohnes nicht erst nach der Menschwerdung, die er selber aktiv bewirken würde, erfolgt, sondern daß sein soteriologischer Gehorsam schon mit der Menschwerdung selber einsetzt"[1]. Mit "soteriologischer Gehorsam", der mit der Erniedrigung des Sohnes in der Menschwerdung anfängt, spricht von Balthasar erneut das an, was er in der Auffassung wissen will, wonach die Sendung weder dem Sohn von außen auferlegt ist, noch hätte dieser selber sie zunächst als privates, autonomes "Ich" ausgedacht und dann übernommen. Denn für von Balthasar steht eines fest: Stellt sich Jesus zur Verfügung, um als Erstgeborener unter vielen Brüdern diese und die ganze Welt mit dem Vater zu versöhnen, dann kann ein solcher Auftrag nicht ein von dem Menschen Jesus selbstgefaßter sein, sondern ein unvordenklicher, der auf einen trinitarischen Beschluß zurückzuführen ist. Darum kann davon die Rede sein, wie von Balthasar es tut, daß bei Jesus Sendungsbewußtsein und Selbstbewußtsein bzw. Sendung und Ich - mag dies auch paradox klingen - identisch sind. Und Jesu Freiheit ist aus dieser Entschiedenheit heraus, und nicht nur aus den zu treffenden Entscheidungen, zu verstehen. Und dies ist nicht zuletzt in der aktiven Rolle des Geistes bei der Menschwerdung erkennbar. Denn dem Geist obliegt nicht bloß die Aufgabe, "im Menschen Jesus das geeignete Werkzeug für den geschichtlichen Gehorsam des Sohnes zu finden", vielmehr besteht seine aktive Rolle "ausdrücklich darin, durch die Überschattung der Jungfrau den Sohn in den Zustand des Menschseins zu versetzen"[2].

---

1 TD II/2, 168.

2 Ebd. 170.

Damit konkretisiert sich für von Balthasar das ganze und ernste Engagement Gottes für seine Schöpfung. Gerade im Schoß der Welt geschieht das Entscheidende für das Liebe-sein Gottes im Leben und Leiden der Menschen. Dabei legt von Balthasar einen besonderen Akzent gleichsam auf die "himmlische Herkunft des zweiten Adams und, wie es noch zu sehen sein wird, auf die Konsequenz, die sich aus der Überschattung Marias und der Begleitung des Sohnes für den Geist selbst ergibt. Dieser begibt sich in der Tat - nach den Worten von Balthasars - in "eine besondere innere Kontaktnahme" mit dem Menschen und seiner Erfahrung, und zwar bis zum "äußersten Ende". Dieses menschlich erfahrungsvolle Mit-gehen des Geistes bleibt kennzeichnend und "formgebend" für das ganze Verhältnis Gott-Welt[1].

Und noch eines. Von Balthasar übersieht nicht die Rolle des Sohnes selbst beim Vorgang der Menschwerdung. Der Sohn läßt nicht einfach das "Versetzen" über sich ergehen, sondern er selber überläßt sich darin dem Willen des Vaters in gehorsamer Selbstentsagung. Auch der Sohn "handelt" hier, doch in dem "Sich-Überlassen" wird er "als der Menschgewordene in einer Hinsicht Produkt des Geistes, der ihn ex Maria Virgine erwirkt, obschon der Geist innertrinitarisch Produkt der gemeinsamen Hauchung von Vater und Sohn ist"[2].

---

1 "Sofern der Geist, die Jungfrau überschattend, am Ursprung der Menschwerdung stand, ist dieser zweite Adam immer schon 'vom Himmel' (1 Kor 15, 47)... Aber wenn der Geist die besondere Mensch-'erfahrung' aus der Begleitung des Sohnes (und der Mutter besitzt, so besitzt er sie noch einmal ganz anders und neu dadurch, daß der sterbende Sohn ihn mitauszuhauchen beginnt, ein Ereignis, das natürlich in Ewigkeit unüberholbar bleibt, weil es das äußerste Ende (telos Joh 13,1) der Wege Gottes mit der Welt ist und deshalb formgebend für das ganze gegenseitige Verhältnis zwischen Welt und Gott" (SC 111/112).

2 TD II/2, 171.

b) Trinitarische Inversion

Was aber kommt hier zum Ausdruck? Genau das, was von Balthasar "trinitarische Inversion" nennt. Was ist diese Umkehrung? Wie erklärt sie sich? Nach den Worten von Balthasars entspringt sie dem neuen Verhältnis - im Geist - zwischen dem gehorsamen Sohn und dem sendenden Vater. Mit seinem Ja zur Menschwerdung und zur Sendung stellt sich der Sohn in den Dienst des Vaters und der Menschen, dem Vater die Verfügung über sein Leben überlassend. In dieser kenotischen Haltung des Sohnes kommt dem Geist eine neue Aufgabe zu, die von Balthasar schon bei der Menschwerdung sieht: "Der Geist behält vom Beginn der Menschwerdung her eine entsprechende ökonomische Vermittlungsgestalt zwischen Vater und Sohn"[1]. Bei der Menschwerdung, welche die Folge der Über-schattung der Jungfrau ist, steigt der Geist schon in gewisser Hinsicht auf den Sohn herab, wie bei der offiziellen Kundgabe der Sendung (bei der Taufe am Jordan), um "in-über" ihm schwebend zu bleiben[2]. "Der Geist in-über ihm aber ist es, der in seiner ökonomischen Gestalt durch die Weise, wie er dem Sohn den Willen des Vaters vermittelt[3], dessen Gehorsam ermöglicht"[4].

Nun aber kann eine wichtige Frage nicht übersehen werden: wird hier das von Balthasar behauptete Prinzip der gemeinsamen Hauchung des Geistes durch den Vater und den Sohn nicht unterbrochen, und zwar durch den Vorgang der Menschwerdung? Wie ist die Auffassung der gemeinsamen Hauchung des Geistes bei aller Betonung der aktiven Rolle des Geistes bei der Menschwerdung aufrechtzuerhalten? Von Balthasar ist der Auffassung, daß die Anerkennung der

1 TD II/2, 171.

2 Ebd.

3 Mit dieser Vermittlung befaßt sich der folgende Abschnitt.

4 TD II/2, 171.

aktiven Rolle des Geistes bei der Menschwerdung die gemeinsame Hauchung nicht im geringsten antastet. Denn die "Existenz" des Geistes ist überhaupt dieser gemeinsamen Hauchung durch Vater und Sohn zu verdanken. Ohne diesen Vorgang gäbe es auch keinen "Geist in-über dem Sohn".

c) Das doppelte Gesicht des Geistes

Hier stellt von Balthasar seine Überlegungen über das "doppelte Gesicht" des Geistes an. Davon wird später ausführlich zu handeln sein. So mag hier genügen, vorgreifend auf die Leitlinien dieses Gedankens hinzuweisen.

Als ausgehauchter Geist aus der einen Liebe von Vater und Sohn ist der Heilige Geist einerseits Ausdruck ihrer einigenden Freiheit, die "Objektivierung ihrer Subjektivität", andererseits ist er gerade darin der "objektive Zeuge ihrer Differenz in der Einheit oder Einheit in der Differenz"[1]. Parallel dazu stellt sich auch seine Aktivität auf zwei Seiten dar. Der Heilige Geist, wie später zu sehen sein wird, ist "treuer Verwalter der Christusoffenbarung und ihr freier Übersetzer in allen Denkformen der Menschheit"[2].

Den ersten Aspekt des Geistes knüpft von Balthasar an die schon geschilderte Identität zwischen Ichbewußtsein und Sendungsbewußtsein Jesu. Wenn die "missio" , wie bereits gesagt, die ökonomische Form der ewigen "processio" ist, dann bedeutet die Identität zwischen Ich und Sendung bei Jesus sein "unvordenkliches Einverständnis" mit dem Sendungswillen des Vaters, ja einen "Ineinfall seines freien Grundwillens mit dem Grundwillen des Vaters"[3],

1 TD II/2, 171.

2 H.U. von Balthasar, Wahrheit und Leben. Unmittelbarkeit zu Gott, in: Concilium 3 (1967) 4o-43, zit. 43.

3 TD II/2, 172.

und dies führt von Balthasar auf ein "geheimnisvoll überzeitliches Geschehen", das den Namen "einhelliger trinitarischer Heilsbeschluß" trägt. Was bedeutet das? Das heißt für von Balthasar, daß die Sendung des Sohnes bzw. die ökonomische Ordnung ursprünglich in die immanente Trinität hineingehört. Mit anderen Worten erinnert uns von Balthasar hier an die Heilsbedürftigkeit der Schöpfung. Allein in Gott kann diese ihre Vollendung finden, allein in Gott ist sie heil, gesund, unverletzt, unbeschädigt, und insofern auch ihr zukommender Ordnung entsprechend. Man kann sich Gedanken über die Art und Weise machen, wie die durch die Sünde gebrochene Ordnung wiederhergestellt wurde (d.h. im Tod Gottes). Betrachtet man aber das Kreuz vom Gesichtspunkt der allgemeinen Heilsbedürftigkeit der Schöpfung und des Heilswillens Gottes aus, dann verbietet sich jede Setzung von Priorität, "als ob etwa der durch dic Sünde 'beleidigte' Vater ursprünglich den Sohn veranlaßt hätte, die Schöpfungsordnung durch sein Kreuz wiederherzustellen"[1]. Trinitarischer Heilswillen und Sendung des Sohnes (die aber nicht sofort und schon von vornherein mit dem Kreuzesgeschehen gleichzusetzen ist) sind ursprünglich. In diesem Zusammenhang hebt von Balthasar hervor, daß das Selbstangebot des Sohnes zum Erlösungswerk und das Selbstangebot des Geistes zu dessen Vermittlung ebenso "ursprünglich" sind wie der übereinstimmende trinitarische Heilsbeschluß. Hält man an dieser trinitarischen Einheit fest - ohne Angst vor Patripassianismus - dann bietet sich auch die Möglichkeit, so von Balthasar, gewisse Einseitigkeiten der Erlösungstheorie Anselms und ihrer durchschnittlichen Auslegung an der Wurzel zu beheben. Denn "die Welt kann, angesichts der Voraussicht, was aus ihr werden wird, nicht geschaffen worden sein, ohne daß diese Sendung des geliebten Sohnes miteinberechnet wurde,

---

1 TD II/2, 172.

und der Gesendete kann wiederum nicht nachträglich, a posteriori, mit einer derartigen Sendung begabt worden sein, bei deren ursprünglichem Beschluß er nicht konsultiert worden wäre. Die Bereitschaft, sie zu übernehmen, kann ihm nicht gleichsam durch Zureden entlockt werden, sie muß vielmehr a priori in ihm liegen und von ihm vor Grundlegung der Welt spontan bekundet worden sein"[1]. Gott trägt also seit jeher aus Liebe Sorge für seine "gute Welt" (Gen 1,25). Und der Sohn trägt auch diese ursprüngliche "Weltsorge" des Vaters mit.

Im Sinne dieser Ursprünglichkeit vertritt von Balthasar - in Anlehnung an J. Mouroux[2] - die Auffassung, daß dem Sendungsbewußtsein des Sohnes die Synthese von Selbstangebot und Sendung zugrunde liegt, was ein immer schon gegebenes Ja bedeutet. Und in diesem immer schon gegebenem Ja zu seiner unvordenklichen Sendung gründet die einzigartige Möglichkeit Jesu, Ewigkeit und Zeit zu verbinden[3].

---

1 TD II/2, 473.

2 Le Mystère du Temps. Approche theologique, Aubier, Paris 1962.

3 In diesem Verhältnis von Ewigkeit und Zeit liegt der Grund einer früheren Überlegung von Balthasars, nach der Jesus als Überzeit in der Zeit charakterisiert wurde (TG 69). Darin stimmt von Balthasar wiederum mit Jean Mouroux überein, dessen Aussagen er ausdrücklich zitiert: "La temporalité du Christ n'existe qu'assumée dans son Eternité, afin de réaliser substantiellement la présence vivante de l'éternité dans le temps, de l'Eternel lui-même dans le temps des hommes. La temporalité du Christ est signifiante et communicante d'éternité, parce qu'elle est fondée sur elle et jaillit d'elle à chaque instant. Le Christ est, dans le temps, l'Etre qui transcende le temps, mais qui s'exprime réellement à travers le temps. Parce que la temporalité est fondée sur la mission et que celle-ci est fondée sur la Procession éternelle, la mission est, en elle-même, manifestation; mais parce que c'est dans l'accueil de la mission que s'ouvre la temporalité du Christ, la mission est la mesure mesurante de la manifestation temporelle, de la conscience temporalisante, de l'activité temporalisée - bref de tout le temps du Christ" (Le Mystère du Temps, a.a.O., 119).

In diesen ursprünglichen Kontext gehört auch die gemeinsame Hauchung des Geistes durch Vater und Sohn. Er ist nicht nachträglich herbeigerufen worden, um sich an dem Erlösungswerk zu beteiligen, sondern er war von Anfang an an dem Heilsbeschluß beteiligt als einigende Liebe und Freiheit von Vater und Sohn. Er ist, wie später erläutert wird, die Objektivierung ihres gegenseitigen Schenkens, ihres Zueinander. Er entspringt dem Ineinandergreifen vom väterlichen Willen und sohnlichen Jawort. Und gerade darin nimmt er zugleich die ökonomische Form einer gemeinsamen Geisthauchung durch Vater und Sohn an. Die Persönlichkeit des Geistes besteht in ihrer gegenseitigen Liebeshingabe.

Damit sind wir beim zweiten Aspekt des Geistes als des objektiven Zeugen der "Einheit in der Differenz" von Vater und Sohn. Er übernimmt die Funktion einer "Vermittlungsgestalt" und erweist sich darin als der Geist in-über dem Sohn, oder, um mit von Balthasar zu reden, der Geist übernimmt nunmehr die Funktion, "dem gehorsamen Sohn den väterlichen Willen in der Gestalt einer unbedingten, im Leiden sogar unerbittlichen <u>R e g e l</u> vorzustellen"[1]. Darum heißt es u.a., daß der Sohn nicht seinen eigenen, sondern den Willen des Vaters zu tun hat. Seine Aufgabe besteht darin, den ewigen trinitarischen Heilsbeschluß durchzuführen, den der Geist als Zeuge des gemeinsamen Willens ihm vorstellt. Er ist nun derjenige, der den Sohn an den gemeinsamen Beschluß erinnert und ihm bei der Durchführung Beistand leistet. Er zeigt ihm den Weg, den er zu gehen hat, um dem Beschluß zu entsprechen und das Heil zu erwirken.

Dabei tritt zugleich am deutlichsten die Differenz, die trinitarische Differenz nicht nur zwischen Vater und Sohn, sondern auch zwischen Geist und Sohn hervor. Im

---

1 TD II/2, 173.

Sohn gewinnt das Anderssein Standhaftigkeit, die Trennung bzw. der Unterschied zwischen dem ewigen Gott und seinem Anderen macht sich deutlich, um so "dem Geist seine volle Wirklichkeit" zu ermöglichen. Das heißt je mehr das Andere sich als Anderes darstellt, desto intensiver tritt das hervor, dem gegenüber es sich als Anderes behauptet. Mit anderen Worten: die Identität des ersten gegenüber dem zweiten bzw. dem anderen seiner selbst wird immer deutlicher, und zwar insofern der Unterschied in seiner Wirklichkeit sich selber als unterschieden darstellt und zugleich die Wahrheit dessen, wovon er sich absetzt, ausspricht.

Für von Balthasar ist es deswegen eine Selbstverständlichkeit, daß jeder Versuch einer Identifikation zwischen Geist und Sohn keine Berechtigung hat. Man braucht nur seiner Meinung nach die Lehre der schon erwähnten beiden "status" des Sohnes ernstzunehmen, besonders in Bezug auf das Verhältnis Jesu zum Geist, um von der Versuchung einer solchen Identifikation wegzukommen. Denn aus diesem Verhältnis erhellt sich der Sinn, so von Balthasar, von 2 Kor 3,17: "Der Kyrios ist der Geist"[1].

Einerseits steht es fest, daß im "status exinanitionis" das Verhältnis Jesu zum Geist durch die Ausführung der Sendung bestimmt ist. Und dieses Verhältnis drückt sich sowohl im "Geistbesitz" als auch im "Geistgehorsam" aus. Allein im Geist kann Jesus "Anspruch" erheben: "aber ich sage euch...". Aber auch seine "Armut und Überlassung"[2] lassen sich richtig nur in der Beziehung des Sohnes zum Geist erfassen, der sowohl das Durchsichtigwerden wie das Innewerden des gemeinsamen Beschlusses darstellt.

Hier schließt sich andererseits ein neuer Aspekt des Verhältnisses an, der später ausführlicher zur Sprache kom-

---

1 TD II/2, 173. 2 H III, 2/2, 105-149.

men wird. Und zwar im "status exaltationis", nachdem alles "vollbracht ist", gibt der Sohn seinen Geist in die Hände des Vaters zurück. Er haucht am Kreuz den Sendungsgeist aus und erhält nunmehr zugleich vom Vater die "offenbare Macht"[1], den Geist in Kirche und Welt hinein auszuhauchen.

Daraus lassen sich drei Folgerungen ziehen. Die eine ist, daß der Geist sich als der "wahre Heilige Geist erweist, wenn er Geist Christi und sein Ausleger ist"[2]. Er hat nicht von sich aus zu reden. Seine Aufgabe ist es, das zu verkünden, was er hört. "Er wird von dem Meinen nehmen und es euch verkünden" (Joh 16, 13-14). Die "ganze Wahrheit", in die der Geist einführen wird, ist keine andere als die des Sohnes und des Vaters.

Die zweite Folgerung ist, daß im Erhöhungsstand die früher geschilderte "trinitarisch-soteriologische Inversion" wieder aufgehoben ist, auch wenn die Tatsache unverändert bleibt, daß die Menschheit des Sohnes dem Wirken des Geistes zu verdanken ist.

Schließlich die dritte Folgerung, die sich nicht übersehen läßt, ist die Zurückweisung der Nachfolger des Sohnes durch den Geist "in den objektiven regelhaften Willen des Vaters"[3]. Dieser letzte Punkt wird ausführlich zu behandeln sein im Rahmen des Verhältnisses Geist-Kirche.

Hält man an dem hier aufgewiesenen Gesichtspunkt bezüglich der sich erhaltenden Einheit von Vater, Sohn und Geist im Heilsbeschluß fest, dann läßt sich sagen, daß sich das "Hauchen-können" des Geistes wie die Bereitschaft zum Geführtwerden (von seiten des Sohnes) durch

1 TD II/2, 174.

2 Ebd. 3 Ebd.

den Geist nicht widersprechen, sondern vielmehr machen sie die "Umlegung" der immanenten Trinität ins Ökonomische" deutlich, "worin die Entsprechung des Sohnes gegenüber dem Vater sich als Gehorsam artikuliert"[1]. Diese Umlegung aber ist zugleich auch eine Auslegung des tragenden Grundes, in dem Jesus sich bewegt. Der Sohn kann deswegen sich unter die Führung des "Geistes in-über ihm" stellen ohne jede Heteronomie.

Die dargestellten Gedanken haben uns dem zweiten wichtigen Aspekt des Verhältnisses von Jesus und Geist näher geführt, dem wir uns nun zuwenden wollen.

2. Der Geist im öffentlichen Auftreten Jesu

a) Der Geist: ökonomische Gestalt des ewigen Einverständnisses zwischen Vater und Sohn

Den Gedanken, daß der Geist es ist, der dem Sohn bei seinem Auftreten den gemeinsamen Heilsbeschluß immer neu und deutlicher vorstellt, haben wir schon angedeutet. Nun gilt es, diesen Gedanken weiter zu verfolgen und näher zu erläutern.

Wenngleich Jesus, wie gesagt, den Geist ja schon in sich hat, ist das, was nun zwischen ihm und dem Vater als Vermittlung der Sendung auftritt, die ökonomische Gestalt des ewigen Einverständnisses zwischen Vater und Sohn. Es taucht hier ein Zeugnis beider auf bzw. die spezifische Figur des Geistes auf diesem Niveau, jenes Geistes, in dem Vater und Sohn sich erkennen und der jetzt als Siegel auf ihr Ja zueinander dasteht. Dieser Stempel, der Geist, ist, wie später ausgeführt wird, das "Wir von Vater und Sohn und gleichsam mehr als die bloße Summe ihres jeweiligen "Ichs", ihres "Ich" und "Du".

---

1 TD II/2, 175.

Der Raum, in dem der Sohn sich bewegt und seine letzte Bestimmung als der Menschgewordene erhält, ist ein heiliger Raum, durchwaltet von einem göttlichen heiligen Geist, dem vermittelnden Heiligen Geist.

Wie aber sieht diese Vermittlung aus? Der Zugang dazu wurde schon eröffnet, als die heilsökonomische Umkehrung des Verhältnisses zwischen Sohn und Geist sichtbar wurde. Die spontane Hingabehaltung des Sohnes geschieht unter dem Antrieb des übergreifenden "Einheit-Geistes". "Während der Geist innergöttlich aus dem Vater und dem Sohn hervorgeht, wird der Sohn durch den Geist Mensch und durch denselben Geist in seiner Sendung geleitet"[1]. Der Geist gewinnt und übt über den Sohn die Macht einer Regel des väterlichen Willens aus. Die Beteiligung des Geistes am ökonomischen Geschehen soll aber nicht als äußerliche Aufforderung verstanden werden. Der Geist wirkt innerlich in dem Sohn. Dieser gehorcht in dem Geist, den er "in Fülle" besitzt, und dessen führende Rolle das dem Sohn Innerlichwerden bedeutet, insofern er, der Geist, nunmehr den gemeinsamen Heilsbeschluß verkörpert. Der Sohn erfährt den Geist, er hört auf ihn. Nicht mehr er ergreift die Initiative, sondern sein ökonomischer Gehorsam gilt nun dieser göttlichen Instanz. Auch das ist Ausdruck der kenotischen Unterwerfung des Sohnes. Jesus wird vom Geist geführt, ja "getrieben" auf die Wege des Gotteswillens und Gottesauftrags[2].

Jesu Bereitschaft für den Geist ist also seine radikale Offenheit für Gott, die insofern nicht nur auf einen objektiven, funktionalen Aspekt (den Auftragsgehorsam) gerichtet ist, sondern gleichsam auf einen subjektiven, personalen (den Liebesgehorsam). Aber beide sind immer schon eins[3], indem sie die Grundhaltung Jesu als "Gehorsam aus freier Liebe" in unzertrennlicher Weise deutlich machen.

1 PnI 224. 2 Vgl. H III, 2/2, 124. 3 Vgl. PnI 139.

In der gleichen Weise gehören dazu auch Inspiration durch den Gottesgeist als das Getriebenwerden und das Beten zum Vater als Ausdruck der mit dem Vater gelebten Intimität.

b) Inspirationserfahrung des Sohnes

Die Inspirationserfahrung des Sohnes ist einzigartig. E. Käsemanns Auffassung aneignend sagt von Balthasar von Jesus: "Kein Zweifel, daß er sich als inspiriert verstand"[1], infolgedessen ist "seine Existenz nicht Geworfenheit, vielmehr ist er in seiner menschlichen Existenz Ergebnis von Sendung"[2]. Er findet sich nicht im irdischen Dasein vor, er ist das fleischgewordene Wort Gottes Diesem apriorischen Göttlichen entspricht eine ebenso apriorische Antwort des Gehorsamswillens, der im Heiligen Geist gelebt wird. Und die Rolle des Geistes "versichtbart sich in der Herabkunft des Sendungsgeistes bei der Taufe Jesu"[3]. Die grundgelegte Wirklichkeit bei der Menschwerdung bleibt notwendigerweise im Geist. Die Erfahrung des Geistes, die der Sohn in seinem Leben macht, wird mit dem Stichwort "treiben" bezeichnet, was nichts anderes bedeutet, als daß "Jesu ganzes Menschsein auf Erden Existenz und Sendung im Heiligen Geist ist"[4]. Diese "Geistbestimmtheit" bedeutet außerdem die Nähe Gottes und dies zeigt sich darin, daß das "Getriebenwerden durch den Geist" den "Inbegriff des Willens des Vaters" konstituiert[5]. So ist Jesus von einem Geist erfaßt, der "jenes in ihm Gegenwärtige Gottes, das ihn der Zukunft Gottes in göttlicher Freiheit entgegenweht"[6], ist. Nicht im Sich

1 H III, 2/2, 108; vgl. E. Käsemann, Exegetische Versuche und Besinnung I (1965), S. 209.

2 PnI 135.

3 Ebd., S. 137.

4 SC 108.

5 Ebd., S. 109.

6 H III, 2/2, 124-125.

Besinnen als Mensch und im Fragen nach dem Daseinszweck findet Jesus zu Gott, sondern im Erfaßtsein vom Geist, in "Geisterfülltheit", in der Sendungsverfügung des Geistes, der ihm den väterlichen Willen konkretisiert und absoluten Gehorsam bis zum blutigen Ende verlangt. Der Geist aber verlangt nicht nur, er leistet auch Beistand. Er ist der Gottesgeist, auf den der Sohn in aller Schwäche und Kampfsituation vertrauen kann. Und "der nunmehr Inspirierte schlechthin ergreift seine Sendung nicht wie einen Zwang, ein ihm auferlegtes Faktum, sondern im Gegenteil als das, womit er sich in Freiheit aus ganzem Herzen, ganzer Seele und allen Kräften identifiziert"[1].

Darin ist der Geist für ihn nicht nur "Regel", sondern gleichsam "Kraft", in der er das zu bewirken vermag, was er bewirkt. Und sein Getriebenwerden ist nicht zuletzt Ausdruck seiner "Intimität" mit dem Geist des Abba-Vaters.

c) Das Gebetsleben Jesu

An dieser Stelle legt sich der Hinweis nahe, daß der Sendungsgehorsam des Sohnes in sein persönliches Verhältnis zum Vater integriert ist. Dies zeigt besonders das Gebetsleben Jesu, das das personale und durch eine einzigartige Intimität mit Gott geprägte Moment seiner Existenz ist.

Sich auf exegetische Befunde stützend[2] zieht von Balthasar die Abba-Anrede heran und erklärt, daß eine solche Anrede den "Jesus allein vorbehaltenen Anruf der Intimi-

---

1 TD II/2, 208.

2 Wohl bekannt in diesem Punkt sind die Studien von J. Jeremias (Abba. Studien zur neutestamentlichen Zeitgeschichte, Göttingen 1966), auf die von Balthasar sich ausdrücklich bezieht. Vgl. H III, 2/2, 122, Anm. 6.

tät"[1] bedeutet und die Gewißheit "unfehlbarer Erhörung" schenkt. Von einem solchen Gebet lebt Jesus selber und die ihm "vorbehaltene" Anrede drückt den "Abstand des neutestamentlichen Betens zum alttestamentlichen"[2] aus.

Von hier aus versteht sich auch ein weiteres. Indem Jesus zum Vater betet, läßt er dessen Heiligen Geist Raum zum vermittelnden Walten[3]. Jesus weiß sich vom Vater begleitet, was gerade in der Gegenwart des Heiligen Geistes zum Ausdruck kommt. So betrachtet läßt sich die Begleitung bzw. das einzigartige Begleitetwerden des Sohnes durch den Vater in zweifacher Hinsicht interpretieren.

Zunächst einmal das, was in die Tiefe des kontemplativen und aktiven Gebetes des Sohnes hinein leuchtet. Der Sohn tut gleicherweise das, was er den Vater tun sieht. Diese Gemeinsamkeit ist innerste Grundübereinstimmung. Sie ist nicht nur erschlossene oder geglaubte Liebe, sondern erfahrene Liebe des Vaters, die "im Sichenthüllen im Sohn zum antwortenden Mitvollzug wird"[4]. Darin äußert sich eine "für uns nicht auszudenkende Intimität"[5], aber auch ein "restloses Angewiesensein auf Gott", der dem im Gebet "Anklopfenden unfehlbare Erhörung"[6] gewährt. Selbst seinen

---

1 H III, 2/2, 123. Vgl. PnI 138 und H III, 2/2, 227 sowie Joh 14, 13 f.; 15,16; 11,42; 17,9f.

2 Ebd. Welche Wichtigkeit dem Beten im Leben Jesu zukommt, stellt von Balthasar in diesem Befund über das Lukas-Evangelium dar: "Alle grossen Ereignisse seiner Sendung läßt Lukas im Gebet sich vollziehen: Taufe und Geistspende (3,21), Petrusfrage (9,118), Verklärung (9,28), Gebetslehre (11,1), Oelberg (22,42), Kreuz (23,34); dazwischen liegen die Augenblicke des Rückzugs an "wüste Orte" (4,42; 5,16), in einsame Berge, um auch hier zu beten" (H III, 2/2, 123).

3 Vgl. TD II/2, 468.

4 PnI 138.

5 Ebd.

6 H III, 2/2, 123.

"Anspruch erhebt Jesus nur, insofern er sich in dieser absoluten Angewiesenheit auf Gott weiß. Es gibt einen inneren Nexus zwischen vollkommenem Gehorsam und Unfehlbarkeit der Erhörung. Und dieser christologische Nexus, der sein Pendant auch in dem Binom Gehorsam/Erniedrigung - Verherrlichung/Erhöhung hat, ist es, der die spezifsich neutestamentliche Gebetsanweisung prägt: "Was die Synoptiker als Unbeirrbarkeit des Bittgebetes schildern, hat seine Begründung im Werk und Gebet Christi: in seinem Namen (seiner Gesinnung und Absicht) muß gebetet werden, er selber wird für die Erfüllung besorgt sein; so wird das Gebet unfehlbar erhört. Er weiß, daß der Vater ihn immer erhört; aus diesem Wissen kann er das Gebet der Seinen gestalten und es dem eigenen einfügen"[1].

Gerade darin zeigt sich zum anderen die Besonderheit des Gebetes Jesu im Vergleich zu dem seiner Jünger. Von Balthasar hebt hier besonders die Tatsache hervor, daß "Jesus nicht gemeinsam mit den Aposteln betet; er kann es nicht, weil sein Verhältnis zum Vater nicht dasselbe wie das ihrige sein kann"[2]. Was bedeutet aber diese strikte Unterscheidung? Offenbar geht es Jesus nicht darum, die Menschen in Distanz zu halten, vielmehr macht er dadurch deutlich, wie einzigartig seine Gottverbundenheit ist. Jesus ist ein Mensch, aber nicht irgendein Mensch, einer unter vielen anderen. Er ist das fleischgewordene Wort Gottes, er ist Gottmensch.

Und doch geht es nicht um eine bloße "Privatisierung" des besonderen Verhältnisses. Die Jünger werden nicht ausgeschlossen. Ihnen wird gerade in der Absonderung deutlich gemacht, wozu sie berufen sind, woran sie Teilnahme haben und noch mehr haben werden. Der "Abba-Ruf" des Geistes aus der Tiefe der menschlichen Herzen (Paulus) ist und

---

1 H III, 2/2, 227.

2 BG 160.

wird ihnen nicht vorenthalten. Vielmehr werden sie aufgefordert, dieselbe Grundhaltung einzunehmen wie er selber gegenüber dem Vater. Das zeigt das von Jesus selbst gegebene Gebetsmodell des Vaterunser. Denn "so einzigartig Jesu Intimität mit dem Vater sein mag, er lehrt doch die Jünger nicht anders beten als er es selbst tut: bittend um das Sichgeben des Vaters, der sich ihm als die allgenügende Speise darreicht"[1]. Kennzeichnend bleibt der restlose Verzicht auf eigenen Willen als Raumgeben für den Vater und das Wirken des Geistes der gegenseitigen Liebe von Vater und Sohn.

Bei Jesus geht es allerdings nicht nur um innere Einsprechungen, sondern auch Geschichtlichkeit spielt hier eine wichtige Rolle. Denn "die unvordenklich gegenwärtige Sendung expliziert sich, fügt sich steigend in die Geschichtlichkeit selber ein"[2]. Der Sendungsvollzug erfolgt nicht nur rein von innen, sondern gleichzeitig von außen, d.h. nicht rein von Gott her, dessen Entgegenkommen angesichts der Sendungserfüllung sowohl aus den inneren Einsprechungen wie aus der Geschichte, in deren Vollendung die erwähnte Sendungserfüllung liegt, zu erwarten ist, sondern auch im Geschichtlichen[3].

Daher entscheidet sich von Balthasar für eine hinreichende Unterscheidung zwischen dem "status exinanitionis" und dem "status exaltationis"[4]. Im Rahmen dieser Unter-

---

1 H III, 2/2, 123.

2 TD II/2, 163.

3 Von Balthasar erwähnt in diesem Zusammenhang Johannes den Täufer und verbindet hier damit die Bedeutung seines Auftretens und seines Schicksals als "entscheidendes Signal" für das öffentliche Auftreten Jesu.

4 Obschon die "Neigung der johanneischen Christologie Anlaß zur Auffassung gibt, Jesus von Geburt an jede erdenkliche Vollkommenheit der Erkenntnis und des Wissens um die ganze Menschheit zuzuschreiben, so ist es doch wahr, daß Johannes beide status ineinanderspielen läßt, "ohne sie einfach gleichzusetzen und ohne zu übersehen, das für den ersten (status exinanitionis) der Begriff der Sendung vom Vater her der beherrschende bleibt" (TD II/2, 163).

scheidung wird man jedoch berechtigt sein, "ein Wissen Jesu um seine Mitmenschen generell in das Bewußtsein seiner universalen Sendung einzutragen, wobei ihm von Fall zu Fall ein spezielles prophetisch-kardiognostisches Wissen für bestimmte Situationen seiner Sendung verliehen sein kann"[1]. Aufgrund dieses Wissens um die innere Verfaßtheit des Menschenherzens, das in seiner Sendung gründet, läßt sich ein "grundsätzliches Sich-betreffen-lassen" von seiten Jesu behaupten als "etwas, was ihn innerlich-personal angeht". Allerdings das, worauf es von Balthasar hier ankommt, ist nicht eine Inklusion des Bewußtseins oder des Geschicks der anderen Mitmenschen in dem eigenen Bewußtsein Jesu primär aufgrund eines in der traditionellen Lehre von scientia Christi verankerten Wissens, vielmehr stellt von Balthasar die Frage in der Perspektive der Sendung Jesu: "Das mitmenschliche Ich-Du-Verhältnis Jesu wurzelt insofern in seiner Sendung, als das seines Mitmenschen gleichfalls in dessen Sendung wurzelt (auch wenn diese ihm nicht bewußt ist), und alle menschlichen Sendungen ihren Ursprung in derjenigen des Sohnes haben"[2].

Der Prozeß des Empfangs vom Vater her ganz im Sinne der Sendung läßt nicht den des menschlichen Reifens hinter sich, sondern in dem jeweiligen zeitlichen Je-jetzt des Empfangs vollzieht sich zugleich das geschichtliche Lernen von Mitmenschen und ihrer Tradition als eine immer tiefere Einweihung in den Sinn und die Ausmaße der Sendung. Auch Jesus kann dem anthropologischen Grundgesetz des Erwachens zum Ichbewußtsein durch ein ansprechendes

1 TD II/2, 163.

2 Ebd., S. 164. Dazu heißt es noch u.a. an derselben Stelle: "Wenn das Maß der Aufnahme die eigene Sendung ist, so heißt dies auch, daß er (= Jesus) im sündigen Mitmenschen vor allem das sieht, was dieser in der Absicht des göttlichen Vaters sein sollte - seine ursprüngliche Sendung - und was der Sohn durch seine Aufsichnahme der sündigen Differenz herstellen soll".

mitmenschliches Du nicht entgehen, wenn es wahr ist, daß "im-Fleisch-Sein"[1] immer auch sich von anderen empfangen bedeutet. Bei dieser welthaften Form des Reifens und der Einführung in die geistige Traditionswelt Israels hebt von Balthasar Marias wichtige Rolle hervor[2]. Wie kein anderer vermag sie, "aufgrund ihrer Erfahrung jungfräulicher Empfängnis und Geburt ein substantielles Verständnis dessen anzusetzen"[3], was in der Verkündigung des Engels gemeint ist[4]. Durch sie erhält das einmalige Ich des Kindes Jesus die reine, unfehlbare geistliche Tradition des Gottesvolkes und wächst darin; eine Tradition, die, wie von Balthasar anschaulich ausdrückt, "gleichzeitig mit der leiblichen Tradition der Muttermilch und mütterlichen Pflege erfolgt"[5]. Der gemeinsame Grundnenner bleibt in allem der Geist, dem sowohl die Empfängnis wie die immer tiefere Einweihung Jesu in Tradition und Sendung zu verdanken sind.

---

1 TD II/2, 162.

2 Vgl. dazu ebd., S. 160 ff. Dabei wird man allerdings auch der treffenden Äußerung P. Fiedlers zustimmen: "Vorrangig ist es allerdings, das reich bezeugte Gebetsleben Jesu zu bedenken. Die Wurzeln dafür hat man vornehmlich in seinem Elternhaus zu suchen, im besonderen bei Maria. Zwar ist die Rolle der Mutter Jesu in den Evangelien mehr oder weniger stark theologisch ausgeleuchtet. Doch geschieht dies auf zuverlässigem Boden der Überlieferung, dem historisch unerschütterlichen Grund und Ansatzpunkt jeder christlichen Marienfrömmigkeit. Bringt man nämlich nicht von vornherein die Jesus als dem Sohn eingehende Gottunmittelbarkeit ins Spiel, dann verdankt er, menschlich gesehen, nicht nur das innige Vertrautsein mit den religiösen Traditionen seines Volkes, sondern vor allem auch die tiefe Gesprächsgemeinschaft mit seinem himmlischen Vater dem Einfluß seiner jüdischen Mutter" (Anknüpfung und Widerspruch. Überlegungen zum Selbst- und Sendungsbewußtsein Jesu, in: Bibel und Kirche 32 (1977) 74-76, zit. 76).

3 TD II/2, 161.

4 Vgl. Lk 1, 28-37.

5 TD II/2, 162.

d) Zwischenreflexion

Nun soll das Entscheidende für die Theologie des Geistes beigefügt werden. Auch wenn vorgreifend, wie von Balthasar über die lukanische Theologie bemerkt, die ganze Umgebung des Kindes Jesus von Geisterfülltheit geprägt ist[1], besteht kein Zweifel darüber, daß die Ankunft des Geistes für die Jünger und die Kirche an dem Abschluß des irdischen Auftrags des Sohnes hängt[2]. Denn "der Geist, der während Jesu Erdenleben auf ihm allein ruht, wird bei seiner Erhöhung zur Rechten des Vaters für die Kirche frei; der Sohn empfängt ihn vom Vater, um ihn über die Welt auszugießen"[3].

Vor Ostern ist Jesus der einzige vom Geist "Getriebene". Diesen Geist kann er noch nicht schenken, denn er verfügt noch nicht über ihn. Vielmehr ist der Geist als "Schöpfer" der Sendungsexistenz Jesu während des Verlaufs derselben ganz auf sie konzentriert. Und auch wenn Jesus seine Jünger "sendet", so geschieht dies nur probeweise, denn die wirkliche Sendung folgt erst später. So ist jede "Geisttaufe" der Jünger schon durch den irdischen Jesus nur "vorläufig Zukunft"[4], also als Verheißung von Teilnahme an seinem eigenen Geisterfaßtsein. Es kann noch nicht davon die Rede sein, daß Jesus jetzt schon den

---

1 Lk 1,15. 45f., 67f., 80; 2,25. 36f.

2 Der Evangelist Johannes bestätigt diese Ansicht, indem er nachdrücklich hervorhebt: "Das sagte er in Hinsicht auf den Geist, den die empfangen sollen, die an ihn glauben; denn noch war der Geist nicht da, weil Jesus noch nicht verherrlicht war" (Joh 7,39). Doch Lukas selbst versäumt es nicht, eine betonte Unterscheidung von Ostern und Pfingsten (offizielle Geistverleihung an die Kirche und ihre Sendung) aufzuzeigen, auch wenn die Sorge für die Geisterfülltheit ihn dazu veranlaßt hat, die ganze Umgebung schon, wie gesagt, unter den Einfluß des Geistes zu stellen. Zweifellos hat dieser Vorgriff einen Verheißungscharakter im Hinblick auf die an Christus Glaubenden und ihn Nachahmenden in der Nachfolge.

3 SC 149-15o.

4 Ebd., S. 109.

Geist "haucht" oder daß er mit dem Vater "mithaucht". "Diese göttliche Gemeinsamkeit des Aushauchens des Geistes wird vom Menschen Jesus erst eingeholt, da er als Mensch seinen Sendungsgeist ausgehaucht hat, und in der Wiedervereinigung mit dem Vater als Erhöhter von diesem her über den Geist verfügend (Apg 2,33) ihn der Kirche senden und einhauchen kann"[1]. In seinem irdischen Leben gehorcht Jesus dem ihn überschwebenden Sendungsgeist, der ihm das Tun des väterlichen Willens als seine "Speise" präsentiert, wozu der Sohn innerlichst Ja sagt. Nur aus dieser maßlosen Geisterfülltheit, erst in der Vollendung seines Verfügtseins am Kreuz kann der Sohn die Wiedergeburt aus Wasser und Geist als Existenz im freiwehenden Geist verheißen. Und so wird "ganz ausdrücklich sein Heimgang zum Vater als Vorbedingung für die Ankunft des Geistes bezeichnet (Joh 16,7)"[2].

Von den beiden geschilderten Aspekten der Geisterfahrung Jesu - Inspiration und Gebetsleben - gewinnt die Grundhaltung des Sohnes ihr spezifisches Merkmal, ja ihre eigentliche Tiefe. Beide Aspekte fallen bei Jesus zusammen und bedeuten die "absolute Hingegebenheit an den Liebeswillen des Vaters als des Anderen"[3]. Kein Zweifel, daß hier die tiefste Versunkenheit in das Wort und Werk Gottes sowie eine einmalige dialogische Intimität, gegeben ist, in der die unfehlbare Begleitung des Vaters dem Sohn zuteil wird. Daraus ergibt sich die wesentliche Voraussetzung für den Ölbergdialog, in dem die letzte Liebesoffenbarung geschieht. Aber auch diese Wechselrede in der dunklen "Stunde" der Auslieferung ist nicht ohne den Geist zu denken. In ihm wird das "nicht mein, sondern dein Wille geschehe" gesprochen. Diesem wichtigen Moment des Geisterfaßtseins Jesu soll deshalb weitere Aufmerksamkeit gelten.

---

1 PnI 138.

2 SC 110. 3 PnI 139.

3. Das Geisterfaßtsein Jesu im Kreuzesgeschehen

a) Jesu völlige Verfügbarkeit im Endpunkt der Kenosis

Das Kreuz ist der Ernstfall der Liebe, das heißt Gehorsam in der vollkommenen Überforderung, Ohnmacht und Verhältnislosigkeit, aber eben in völliger Verfügbarkeit. Darin kulminiert das Schritthalten Jesu mit seiner Sendung, das Nichtvorwegnehmen der "Stunde", denn das Wort bzw. der Wille des Vaters, von dem der Sohn lebt, ist nicht ein für allemal gegeben, sondern er ergeht "je-jetzt" aus dem Munde Gottes, da, um mit von Balthasar zu reden, "die Sendung ja nicht als ganze vor seinem Blick aufgeschlagen liegt, sondern Schritt für Schritt nach der Weisung des Vaters im Heiligen Geist auszuführen ist und der entscheidende Schlußabschnitt jeder Verfügung des Sohnes entzogen bleibt. Ohne die totale Selbstüberlassung in Passion und Tod wäre die volle Universalität des Auftrags nicht zu erreichen"[1].

Jesus tut den Willen des Vaters im Nachhinein. Der Weg, den der Vater mit ihm gehen will, kennt er nicht im voraus, sondern nur Tag für Tag, allerdings in der Gewißheit, daß er nicht allein ist. Er vertraut auf Gott, dessen Geist in ihm wohnt und ihn in jedem Augenblick inspiriert[2].

---

1 TD II/2, 155-156.

2 Hier stoßen wir noch einmal auf die Bedeutung von Fides Christi. Allerdings ist Vorsicht beim Gebrauch des Ausdrucks "Glauben Jesu" geboten, um den Eindruck nicht zu erwecken, es handle sich bei Jesus auch um nichts weiter als um die alt- oder neutestamentliche allgemeine Grundhaltung. Vielmehr heißt es mit von Balthasars Worten: "Der qualitative Unterschied zu unserem Glauben liegt darin, daß wir aufgrund unseres zum Glauben-Kommens unsere Sendung allererst erhalten, während Jesus seine Sendung immer schon hat und ist, und in seiner Sendung der dem weisenden Vater restlos Hingegebene und Vertrauende ist" (TD II/2, 157). Bei der Betonung dieser einzigartigen Stellung und Haltung des Sohnes schließt sich von Balthasar u.a. an die Auffassung P. Hünermanns an: "Jesus erweist sich in seinem Lebensweg gerade darin als Gottessohn, daß er der vollendet an Jahwe Glaubende ist, daß der Wille Gottes seine Speise ist. In diesen Vollzügen offenbart sich, daß er in den jeweiligen Situationen von Gott

Darin manifestiert sich die Besonderheit, die die Präsenz des göttlichen Geistes dem Sohn verleiht. Jesus hat seine Einheit mit sich selbst über sich selbst hinaus, d.h. aus dem Vater im Geist.

Auch die totale Hingabe am Kreuz trägt das Siegel des Geistes, der Gottzugehörigkeit. Was dieses totale Erfaßtsein im Sinne des väterlichen und trinitarischen Willens bedeutet, faßt von Balthasar so zusammen: "Aber bis zu den letzten Wochen und Tagen vor der Passion, da ihre Unvermeidlichkeit evident geworden ist, und die von jeher erwartete Stunde sich nicht nur als die von Menschen und Widermächten gerüstete 'Stunde der Finsternis', sondern als die eigentliche Stunde Gottes anmeldet, ist am deutenden Bewußtsein Jesu nicht mehr erfordert als die gehorsame Hinnahme des Kelches, der vom allvergebenden Vater gereicht wird, damit dieser subjektiven Sendungswilligkeit der objektive Heilssinn des willig übernommenen Leidens und Sterbens entspreche. Was nicht heißt, daß in Augenblicken der Passion dem Leidenden nicht notwendig ein genaues Wissen um das Für-Leiden gegeben werden müßte - um dann doch notwendig wieder entzogen zu werden. Das Umgreifende in seinem Bewußtsein bleibt die Verfügbarkeit für die Anliegen des Vaters (bis hin zum Verlust jedes fühlbaren Kontakts mit ihm, jeder Erfahrung seines Vergebungswillens), die Bereitschaft, alles dafür zu zahlen, daß er diese Vergebung den Menschen verkünden durfte"[1]. Jesus zeigt eine vorbehaltlose Bereitschaft für die liebende Aktion des Vaters, damit die Verheißung der "letzten Zeit" sich an ihm realisiert zugunsten der "Vielen". Er macht aus seinem ganzen Leben einen "Einsatz Gottes"[2], der sich seiner Kreatur mitteilen will. Darum ist "die-

---

her zu sich selbst kommt, sich selbst versteht und nur so auch für die anderen verständlich wird" (Gottes Sohn in der Zeit, QD 72, Herder, Freiburg-Basel-Wien 1975, S. 132).

1 TD II/2, 166-167.

2 GEL 32 ff.

ser, Jesus Christus, die schlechthinnige Identität von Amt und Existenz, der personifizierte Auftrag: das Wort des Vaters als Sohn, und der Sohn des Vaters als dessen Wort"[1]. Beides ist in ihm untrennbar. Die Reflexion muß sich stets daran halten, beide Aspekte, vollkommenen objektiven Gehorsam und vollkommene subjektive Liebe, zusammenzudenken, so wie sie sich manifestieren im Endpunkt am Kreuz, denn sie "sind in der Art, wie das göttliche Pneuma dem Sohn verliehen ist - als Auftrag (Institution) und als dessen liebende Erfüllung - immer schon eins. Belehrung mit der höchsten Vollmacht, Selbständigkeit, Verantwortung fällt in Jesus Christus zusammen mit der absoluten Hingegebenheit an den Liebeswillen des Vaters als des anderen"[2].

Gerade um die Manifestation dieser höchsten Investitur und deren Vorführung, damit die "Welt glaube und erkenne" bittet der Sohn den Vater: "Vater, verherrliche mich" (Joh 17,5). Eine Bitte, die die Unfehlbarkeit einer "Feststellung" hat, die aber nur in der innertrinitarischen dialogischen Form der Bitte erfolgen kann. Sie soll der Erweis für die substantielle Identität von Gehorsam und Liebe im Sohn, von personaler Liebe des Sohnes und personaler Liebe des Vaters in der Stringenz der trinitarischen Logik sein. Aber was meint eine solche Stringenz?

b) Der Geist verherrlicht den Sohn

Nichts zeigt dies deutlicher als das Wirken des Geistes. Dieses Wirken ist die beweiskräftige Aktion der substantiellen und überweltlichen Liebeseinheit zwischen Vater und Sohn. Der tiefere Grund für diese Aktion liegt also im letzten ewigen Ursprung. Der zu führende Erweis der Identität des Gekreuzigten bedeutet deswegen auch etwas

1 WS 118.

2 PnI 139.

Tieferes. Denn "der Glanz der überweltlichen Liebe fällt nicht nur verklärend auf den Kreuzesgehorsam, er bricht aus seinem Innern aus"[1].

Damit weist von Balthasar deutlich darauf hin, daß die äußerste Diastase zwischen Todesgehorsam und Liebesherrlichkeit des Sich-Aufmachens der "wie erschöpften" (in Vater und Sohn) gemeinsamen Liebe manifestiert. Diese Liebe nimmt selber die Gestalt eines absolut Lebendigen Schöpferischen und selbständig sich Durchsetzenden an. Und so wird sie sich als die "ewige Frucht in Gott und die unendliche Fruchtbarkeit in der Welt"[2] erweisen können.

Voraussetzung dafür aber ist der "Hingang" des Sohnes zu Vater. Aber was schließt das ein? Was heißt hier Hingeh Gewiß das Tragen aller Sünde der Welt in Gottverlassenh im scheinbar verhältnislosen Zustand, im äußersten Ende Ja, "bis dorthin ging die Sendung, und bis dorthin ging der Geist regelnd, begleitend, ermöglichend mit"[3]. Der Sohn stirbt also nicht allein, sondern im Geist des Vat Und das ist für ihn gleichsam die Verherrlichung durch den Geist, dessen Freigabe in die Hände des Vaters zurü Zeichen für das Erfüllthaben der Sendung sowie für die daraus folgende "auslegend-erinnernde" Aufgabe des "and ren Parakleten" ist, der nun für immer bei den Jüngern bleiben wird (Joh 16,7). Der Geist selbst ist bei der Rückgabe der Sendung und somit der beendeten sohnlichen Existenz mitwirkend. Dies erklärt sich aus dem schon Ge sagten über die Gehorsamsexistenz des Sohnes, die sich voll unter die Führung des Geistes gestellt hat und nur in ihm in jedem Augenblick vollzogen wird.

1 H III, 2/2, 231.

2 Ebd., S. 232.

3 SC 110.

Gerade darin ist der zurückgehauchte Geist selbst Frucht des letzten Vollzuges im Äußersten, das mit der Rückwendung des Sohnes zum Vater in Glorie zusammenfällt.

c) Auferstehung als Offenbarung des Geistes

Ist die "Auferstehung des Sohnes zuletzt Offenbarung des Geistes"[1], so ergibt sich dies aus der "Logik" der freien allmächtigen Liebe. Und schließt sich die Geisthauchung unmittelbar an das Auferstehungsereignis an[2], dann deswegen, weil "in der zweiten Erfahrung der Geist - als vom sterbenden Sohn dem Vater zurückgehauchter Geist - je vom Äußersten herkommt, was Gottes väterliche und sohnliche Liebe ersinnen konnte, um im Ungöttlichsten dennoch Gott zu sein, in der Gottverlassenheit (und diese ist erfahrungshaft immer 'ewig') des Sohnes vom Vater die unausdenkbare Tiefe der gegenseitigen Liebe zu erproben und auszuloten"[3].

---

1 MP 275.

2 Von Balthasar übernimmt hier, wie man sieht, die theologische Sicht des Evangelisten Johannes.

3 SC 112-113. Dieser Sachverhalt unterstreicht die "Rückhaltlosigkeit" der Selbstgabe Gottes an das Geschöpf, dem er als freier und freibleibender Schöpfer ein eigener Seins- und Freiheitsraum eingeräumt hat: die "freie Erhebung über das Nichtgöttliche läßt Gott erneut die Freiheit, sich selbst dem Nichtgöttlichen in seiner freien Göttlichkeit personal - im W o r t - zu offenbaren. Es geht also nicht nur um die Differenz zwischen Grund und Begründetem, sondern um die Differenz zwischen freier Schöpfung als Freigabe von nichtgöttlichem Seiendem und freier Zuwendung des begründenden Gottes an das freie Geschöpf. Diese Differenz hat die Theologie als die zwischen "Natur" und "Übernatur" bezeichnet, sie ist nie ganz reduzierbar. Man kann die Immanenz der Göttlichkeit Gottes in seiner Welt seine H e r r s c h a f t l i c h k e i t oder M a j e s t ä t nennen, seine darin bleibende Erhobenheit über die Welt seine Hoheit oder Würde (der "Ehre" und Anbetung geschuldet ist), die freie Zuwendung seiner personalen Göttlichkeit an die Kreatur endlich seine H e r r l i c h k e i t im stärksten Sinn; und diese läßt sich wieder (heilsgeschichtlich) abstufen von der Anrede, die bei Gott immer tätig-schöpferisch sein wird (dabar als Wort und Tat), über die Schaffung seines in der Schöpfung sich einwurzelnden Gleichbilds(εἰκών, ὁμοίωμα)bis zum letztgültigen Ausdruck(χαρακτήρ)seines unsichtbaren Antlitzes (passim) in dem sichtbaren Antlitz Christi" (H III, 2/2, 249-250).

Dabei wird noch einmal betont, daß der Geist uns als Frucht des sohnlichen Gehorsams im Todesdunkel geschenkt wird und somit ist die Geisterfahrung in Kirche und erlöster Welt Kreuzeserfahrung. Der Geist ist damit "erfüllte" Sendung, das "Ans-Licht-Bringen" der im Gehorsam liegenden Liebe.

Doch bei aller Hervorhebung - in der johanneischen Sicht - des Zusammenfallens von Rückgabe und Ausgießung des Geistes übersieht von Balthasar nicht, daß die johanneische Auffassung nicht die einzige im Neuen Testament ist in Bezug auf den Geist. Er weiß, daß seine Leser Aussagen darüber erwarten, ob und wie der johanneische Gesichtspunkt mit dem des Lukas in Einklang zu bringen sei. Stehen beide Positionen bloß einander gegenüber oder gibt es bei allem Unterschied einen gemeinsamen Anhaltspunkt? Und wo läge diese Übereinstimmung? Denn während Johannes keinen Zweifel über das erwähnte Zusammenfallen beider Ereignisse hat, trennt Lukas Ostern und Pfingsten durch einen Zeitraum von vierzig Tagen[1] und durch das Ereignis der Himmelfahrt bzw. Rückkehr zum himmlischen Vater als Voraussetzung für die Geistsendung.

Von Balthasar sucht die Antwort auf diese Frage nicht einfach in einer mehr oder weniger zufriedenstellenden Harmonisierung. Vielmehr fällt der Blick auch hier auf das Entscheidende, auf den Gekreuzigt-Erhöhten Herrn. Denn er ist der Einheitspunkt aller theologischen Blickpunkte im Neuen Testament. Und so heißt es auch bei Johannes - bei aller Betonung der Ineinanderschiebung - daß der auferstandene Herr gehen müsse, damit der Geist kommen kann (Joh 16,7); ja, er selber werde den Vater um den Geist bitten und werde ihn vom Vater her den Jüngern

---

1 Das Motiv der Vierzig Tage und deren theologische Deutung bei von Balthasar in Zusammenhang mit dem Pfingstereignis und der daran anschließenden gesamten Kirchengeschichte wird anderswo behandelt. Siehe unten S. 445 ff.

senden (Joh 14,16; 15,26). "Hält man diese Aspekte mit dem lukanischen zusammen, so erscheint die Wiedervereinigung des in die Welt und ans Kreuz gegangenen Sohnes nach vollkommen erfüllter Sendung (Joh 19,30) mit dem Vater ... als die Voraussetzung zum ökonomischen Ausgang des Geistes in Kirche und erlöste Welt hinein[1].

Lukas entfaltet, so schreibt von Balthasar, diesen Gedanken "pädagogisch" in einer zeitlichen Periodisierung, die nicht zuletzt aus kultischen Gründen in eine Diastase zwischen Ostern und Pfingsten mündet. In diesem Sinne ist Pfingsten Vollendung von Ostern. Von Balthasar unterstreicht jedoch dabei - im Anschluß an U. Wilckens[2] - das Wesentliche bei Lukas: "Den Geist kann man nur von Jesus empfangen, wie man überhaupt nur Anteil an der gegenwärtigen Epoche der Heilsgeschichte als der Zeit des Geistes haben kann, wenn man durch diesen Geist Anteil an der Jesuszeit hat"[3].

Auch die Lehre des Geistes bei Paulus ist nach von Balthasar durch eine solche engste Einheit gekennzeichnet. Für ihn fallen alle chronologischen Probleme zwischen Auferweckung Jesu und Geistspendung weg[4]. Eine solche Einheit sieht der Paulus nicht nur darin, daß der Vater den Sohn durch seinen Geist auferweckt. Der Geist ist

---

1 MP 276."Dieser ökonomische Ausgang" macht deutlich, wie die Aufgabe des Geistes in direkter Abhängigkeit vom Heilswerk des Sohnes zu sehen ist. Die Aufgabe des Geistes ist eine "Auslegung des Sohnes", die "als ganze betrachtet, auf der Linie der Wegleitung, der Unterweisung, des Bezeugens und, in einem tiefen Sinn, des E r i n n e r n s daran, was die Jünger an Worten und Taten Jesu miterlebt haben, was ihnen aber erst jetzt in seiner innerlichen Tiefe erschlossen wird. In diesem ganzen Vollzug liegt das, was Jesus seine Verherrlichung durch den Geist nennt (Joh 16,14)". H III, 2/2, 233.

2 Vgl. Die Missionsrede der Apostelgeschichte. Form- und traditionsgeschichtliche Untersuchungen (Neukirchen 1963), S. 95; vgl. MP 276, Anm. 84.

3 MP 276.

4 Ebd., S. 277.

nicht nur als erweckendes Prinzip[1] das "Werkzeug der Erweckung, sondern Medium, in das hinein sie erfolgt"[2]. Deshalb kann sich der Auferstandene mit der Geistsphäre identifizieren: der Kyrios ist das Pneuma (2 Kor 3,17) und somit auch der Geistspender schlechthin[3].

Daher erweist sich "das in der Kirche sich offenbarende Wirken des Heiligen Geistes" als "der eigentliche Beweis für das Auferwecktsein Christi, das heißt, für seine Inbesitznahme der Geist-Macht-Sphäre Gottes, deren Eröffnung er auch den an ihn Glaubenden verheißen hatte"[4]. Gott wird uns immer näher, ja in einer stets sich ereignenden Gegenwart. Gottes Nähe ist ein immerwährendes Ereignis

---

1 Bei Paulus tauchen in diesem Zusammenhang die Wörter δύναμις, δόξα und πνεῦμα wechselweise als erweckende Prinzipien auf. Dazu vgl. MP 276.

2 Ebd.

3 "Haucht Jesus am Kreuz sein Pneuma aus, so zweifellos auch den ohne Maß verliehenen Sendungsgeist, den ihm der Vater, ihn auferweckend, als den ihm höchst persönlich zukommenden zurückgibt, aber nunmehr als den in Offenheit göttlichen, mit δύναμις und δόξα identischen Geist" (ebd.).

4 Ebd. Darin gründet der Geistbesitz der Kirche, der sich nur in der Fortsetzung der "Zeichen und Wunder" (Apg 2,22) äußert, sondern auch in der inneren Gesinnung der Gemeinde als lebendiger und brüderlicher Gebets- und Glaubensgemeinschaft. Die Markierung der Vollendung der Selbstoffenbarung Gottes durch die Ausgießung des Geistes stellt zugleich für die Kirche das Zugelassenwerden zu den Christusleiden und die innere Einbeziehung in den gesamten Offenbarungsprozeß bzw. in das "immer mehr Für-uns-sein" Gottes in der Geschichte dar. "Indem Gott der Vater in seinem Wort einen Bund mit Israel (und schon im Neobund mit der Menschheit) schloß, verheißend in Abraham, gesetzgebend am Sinai, auf eine endgültige Bundesform hin richtend und ausrichtend in den Propheten, ging es in all dieser Geschichte um ein Sein Gottes für uns und mit uns. Dies überhöht sich nochmals in der Menschwerdung des Gotteswortes und kann in der Auferstehung Jesu nicht fragwürdig werden, muß in ihr vielmehr seinen Abschluß finden. Seit der Auferweckung Jesu durch den Vater und der Ausgiessung ihres gemeinsamen Geistes ist Gott ganz und endgültig für uns da, bis in die Tiefen seines dreieinigen Geheimnisses für uns offenbar, wenn auch gerade diese uns offenbar gewordene Tiefe (1 Kor 2,10 ff.) seine Unergründlichkeit und Verborgenheit (Rom 11,33) auf eine ganz neue, erst recht überwältigende Weise kundtut" (MP 278).

wie gezeigt wurde in der Existenz des Sohnes unter der Führung des Geistes.

Im Geist erhält Gott - für uns - dreimal den vollkommenen Herrschaftstitel über die ganze Zeitstruktur: "Der Seiende, der Gewesene und der Kommende, als Vollentwicklung des alttestamentlichen Gottesnamens ὁ ὤν"[1]. Genau genommen bedeutet das, was der Geist hier für uns leistet, nicht nur ein immerfort Sich-Ereignen Gottes von außen, sondern von unserem Innern, aus der Tiefe unserer Herzen. Wenn es wahr ist, daß die entscheidende Offenbarung des Trinitätsgeheimnisses nicht vor dem Mysterium Paschale erfolgt, dann geht es darin auch um unsere Existenz in demselben Mysterium unter der Führung des Geistes als Zeuge und Anwalt.

Damit ist der nächste Schritt schon aufgedeckt. Der Geist, der uns verliehen ist, legt Zeugnis von der Liebe Gottes ab, ja er selber ist die personale Darstellung dieser Liebe, und als solcher ist er gleichzeitig das in uns einwohnende Zeugnis. Diese Eigenschaft des Geistes soll nun in den wesentlichen Aspekten behandelt werden, indem zunächst die innertrinitarische Bestimmung des Geistes aufgezeigt wird, um ihn dann in seiner Gestalt als bleibende Gegenwart des Erhöhten Herrn in der Kirche zu erfassen.

---

1 SC 150.

K A P I T E L II

GRUNDZÜGE EINER INNERTRINITARISCHEN BESTIMMUNG DES HEILIGEN GEISTES

Einführung

Das bisher Gesagte hat deutlich gezeigt, daß der Heilige Geist keine isolierte "Figur" ist, sondern eine Einheit mit dem Vater und dem Sohn. Es erscheint nicht nur richtig, sondern notwendig, daß dieses Einheitsband, das bisher als Begleitfigur im Christusgeschehen angesprochen wurde, noch einmal in ein anderes Licht gerückt wird, wenn es im innertrinitarischen Lebensraum selbst zur Darstellung kommt.

Dies geschieht hauptsächlich dadurch, daß einige Benennungen des Heiligen Geistes analysiert werden, die bei von Balthasar vorkommen und auf das Wesen des Geistes unter Berücksichtigung seiner beiden Aspekte ("subjektive" und "objektive" Bestimmungen) hinweisen und somit zugleich einen Einblick in das ermöglichen, was der Geist für die Kirche und in der Kirche wirkt. Mit letzterem befaßt sich das Kapitel über das Verhältnis Geist-Kirche, wobei auch das Wirken des Geistes in der gesamten Menschheitsgeschichte und in den einzelnen Menschen behandelt wird.

Das, was im folgenden zur Sprache kommt, stellt einen Annäherungsversuch dar, der dem Bewußtsein Rechnung trägt, daß das Wesen des Geistes, also seine trinitarische Struktur sich einer völligen Erfassung in Begriffen entzieht. In Anbetracht dessen wird in diesen Grundzügen nicht immer streng zwischen Wesen und Wirken unterschieden, da nicht ein metaphysisches, sondern ein theologisches, heilsökonomisch orientiertes Geistverständnis im Vordergrund steht.

A. Der Heilige Geist als aktives Prinzip der Einheit von Vater und Sohn

1. "Vermittlung" und "Communio"

Schon das allgemeine theologische Verständnis sieht im Geist jene treibende Kraft, die das Seiende über sich selbst hinaustreibt, und zugleich seine Eröffnung auf das, was es selbst ist. Trinitätstheologisch "gründet" der Heilige Geist in der Gottheit und legt sie aus. Es folgt daraus, daß in der Heilsdimension die Akzentgebung auf die heilsökonomische Verbundenheit des Heiligen Geistes mit dem Vater und dem Sohn fällt. Diese Verbundenheit wiederum zeigt, daß die Ausgießung des Geistes durch den Vater und den Sohn dessen innergöttliche Herkunft erweist. Und durch die Hinordnung zum mitkonstituierenden Handeln an und in der Schöpfung wird in der theologischen Lehre vom Heiligen Geist betont, daß er wesenhaft sowohl an der Göttlichkeit Gottes als auch an der Geschichtlichkeit des menschgewordenen Logos teilhat.

In seinem viel beachteten Aufsatz über den Heiligen Geist unter dem Titel: "Der Unbekannte jenseits des Wortes"[1] geht von Balthasar vom Grundgedanken aus, daß Gott nicht "ein in sich ruhender Gott" ist, sondern "im innersten Grund grundlose Quelle, die ist indem sie schenkt"[2]. In diesem Zusammenhang sieht er die Zeugung des Sohnes und den Hervorgang des Geistes. Beide Vorgänge hängen mit Gottes Wesen eng zusammen und bezeugen das "Druck-heraus"[3] des Wesens Gottes auf ein Du hin, das nicht bloß in einer kausalen Abhängigkeit zu Gott steht, sondern in einem seinshaften "Zusammenschlag"[4].

---

1 SC 95 ff.

2 Ebd., S. 95.

3 Ebd.

4 Ebd., S. 96.

Bedeutet die Zeugung des Sohnes die Aus-sage des göttlichen Seinsmysteriums und zugleich eine besondere Form des "ewigen Dialogs" Gottes mit der Schöpfung[1], so würde ein solcher "Aufbruch in sich erstarren", und "der ewige Dialog zur kalten Dialektik ersterben, wäre nicht eine dritte Sphäre eröffnet, die uns die Sprache endgültig verschlägt"[2]. Dazu ist nochmals an das zu erinnern, was bereits im vorausgehenden Teil dieser Arbeit angeklungen ist. Und zwar hat sich Gott zunächst in der Schöpfung und dann in der Menschwerdung des Sohnes für den Weg des "Ausdrucks" und der "Mit-teilung" bzw. Selbstmitteilung, der "Gemeinschaft" und der "Fruchtbarkeit" entschieden[3]. Eine Entscheidung, in der Gott sich selbst ganz aufs Spiel setzte, und zwar bis zur freiwilligen und fühlbaren Zugehörigkeit zu unserer Erde[4]. So bleibt es zu fragen, ob die Fruchtbarkeit, besonders wenn sie als Fruchtbarkeit der Liebe und in der Liebe verstanden wird, nicht einen breiteren Raum als die manchmal allzu enge Gasse zweier "Ich" verlangt und auch benötigt"? Ist die Liebe und verspricht sie in der Tat nicht viel mehr als eine "kalte Dialektik"? Ist sie nicht das Wort, das Sprache erzeugt, damit der Mund überläuft? die Stoßkraft, die neues Leben stiftet?

Hier nun erreichen wir den Punkt, an dem die Nähe zum augustinischen Ansatz in "De Trinitate" die weitere Stufe der Reflexion von Balthasars bestimmt. Wie Augustinus greift er auf die Analogie der zwischenmenschlichen Beziehungen zurück, in diesem Fall zwischen Mann und Frau. So wie das Kind den "leibhaftigen und geisthaftigen Beweis des Einsgewesenseins" von Mann und Frau darlegt[5],

1 SC 96.

2 Ebd.

3 Ebd.

4 Vgl. 1 Joh 1, 1-4; Mit 12,40.

5 SC 96.

so steht der Heilige Geist auch da - in analoger Weise - als die dritte personale Einheit, in die Vater und Sohn eingegangen sind:

> "Gott ist als Einheit von Vater und Sohn ein einiger Geist, das heißt die Liebe, die den Vater zum Vater als Zeugenden macht, und die Liebe, die den Sohn zum Sohn als ausdrückendem Wort macht, sind eine einzige, konkrete Geist-Wesenheit, und doch entsteigt dieser Gemeinsamkeit als das Wunder ewiger Fruchtbarkeit der Gottgeist als dritte Person, nicht erzeugt aus beiden ..., sondern unsagbar dem gemeinsamen Atem (πνεῦμα) ihres Ineinanderseins enttauchend"[1].

Damit führt uns H.U. von Balthasar zu einem weiteren Aspekt des Gedankens der Einheit, der nun kurz erläutert werden soll.

2. Der Heilige Geist als Einheit Gottes

Von der Bestimmung des Geistes als Einheitsprinzip von Vater und Sohn ausgehend spricht von Balthasar das Thema, wie der Heilige Geist als Einheit Gottes selbst dasteht, an. Das heißt, der Geist ist nicht nur eine Art "Bindestrich" zwischen den beiden Personen, sondern er ist, wie das Johanneswort sagt[2], die Bestimmung Gottes selbst, und zwar in zweifacher Weise. Im Geist ist Gott als Wesen und als Person.

a) Im Geist als Wesen: Hier läßt von Balthasar jene Bestimmung gelten, auf die anfangs hingewiesen wurde. Im Geist ist das Seiende bei sich. So "ist" auch Gott im Geist "ewig bei sich, indem er zu sich kommt"[3]. So ist der Heilige Geist das Eigenste und Tiefste Gottes, aus dem heraus, wie später erläutert wird, auch wahres Menschsein sich zu formen hat. Daß bei Erschaffung des Menschen die

---

1 Sc 96.

2 Vgl. Joh 4,24.

3 WW 262.

"Einhauchung" des Gottesgeistes eine entscheidende Rolle spielt, zeigt deutlich, was gemeint ist, wenn in der theologischen Sprache die Schöpfung als Selbstmitteilung Gottes angesprochen wird. Dieser Grundgedanke kommt nach von Balthasars Auffassung nicht von ungefähr, sondern er basiert auf innergöttlichem Geschehen in Bezug auf die Zeugung des Sohnes: da das Geistsein die "Wahrheit einer absoluten Intimität"[1] darstellt, "kann Gott der Vater dem Sohn seine Gottnatur nicht mitteilen, ohne daß der Geist je schon in ihr wäre"[2]. Das Eigenste und Tiefste Gottes ist also keine nur in sich ruhende, abgekapselte "Innerlichkeit", sondern das Offensein über sich hinaus. Damit ergibt sich ein zweiter Aspekt der Betrachtung des Geistes als Bestimmung Gottes.

b) Im Geist als Person "entströmt Gott immerfort als Liebe sich selber"[3]. Sowohl innergöttlich wie außergöttlich stellt der Heilige Geist jene dialogische Dimension dar, in der das "Innen" wie das "Außen" Gottes vereint sind. Der Geist eignet sich trefflich, Wesen und Aus-druck Gottes zusammenzubinden, Gott also in seinem dreifaltigen Wesen und in der Einheit seines Wesens zu erschließen. Er ist so die Unmittelbarkeit Gottes selbst, die bei H.U. von Balthasar auch als Liebe bezeichnet wird.
Mit dem bisher Gesagten bleibt die Frage der Herausarbeitung des Geistes als Person. Denn auch für den Geist gilt das, was von Gott gesagt wird: "Ist Gott nicht als Freier, Personaler offenbar, dann ist er nicht im Vollsinn offenbar, sondern bleibt hinter Chiffren eines Weltgrundes verborgen"[4]. So bliebe der Geist Gottes auch hinter abstrakten Begriffen oder einer nicht näher bestimmbaren Weltvernunft, wenn er sich nicht als der Freie offenbarte und als der sich Offenbarende frei zeigte. Im Hinblick darauf muß die Darstellung nun auf eine weitere Reflexionsstufe geführt werden, wobei die Frage nach der "Personalität" des Geistes erörtert wird.

---

1 WW 262. 2 SC 97. 3 Ebd. 4 GF 210.

B. Die Personalität des Geistes

1. Der Geist als Liebe

Auch wenn der Heilige Geist sich letzten Endes erschöpfenden "Ist-Aussagen" entzieht, so ist man doch nicht weniger berechtigt, die Frage nach der Personalität zu stellen, und zwar im Bewußtsein der Wesenszusammenhänge der Dreifaltigkeit. Ein erster Wesensaspekt, den von Balthasar in diesem Rahmen anspricht, präsentiert den Geist als Liebe, offensichtlich in Anlehnung an Augustinus, der als erster eine nähere Charakterisierung des Heiligen Geistes in seiner Trinitätslehre darlegte. Von ihm stammt allerdings die Vorstellung, daß der Heilige Geist die Liebe ist, welche Vater und Sohn miteinander verbindet. Ja, er selber wird durch eine Liebesbewegung zwischen Vater und Sohn hervorgebracht.

Mit dieser Einsicht verbindet sich die Vorstellung H.U. von Balthasars, daß der "geeinte Atem von Vater und Sohn ein eigener, geheimnisvoller Jemand ist", d.h. ein Zwischen, das die Einheit besagt und besiegelt, gerade indem es diese Einheit personal ist" [1]. Ist diese Einheit als Liebeseinheit zu verstehen, so ist sie in ihrem Inhalt mitbestimmt durch alles, was zur Liebe gehört, so vor allem auch durch Intensität und Echtheit. Innerhalb der existentiellen Erfahrungswelt bezeichnet die Liebe nicht etwa ein "Gefasel" oder eine gekünstelte Summe von leeren und schreienden Erklärungen, sondern stillen Seufzer , Lebenskraft, starkes und tiefes Atmen. In Gott als substantieller Liebesfülle ist der stille Seufzer nicht ein flüchtiger Hauch, sondern eine permanente Wirklichkeit. Er ist ein ewiger und "unaussprechlicher" Seufzer. Mehr noch: er bezeichnet das "Wesen" des Heiligen Geistes. Und es scheint kein Zufall, daß die Theologie das Wort

1 SC 97.

"spiratio" benutzt, um die "processio"[1] des Geistes von Vater und Sohn auszudrücken. Der Geist ist also ihr gemeinsamer Atem, ausgehaucht aus dem Innersten ihres Seins selbst.

Damit rückt zugleich ein anderer Aspekt ins Blickfeld. Der Geist als sich mitteilende Unmittelbarkeit des göttlichen Seins besagt immer auch einen wesentlichen Bezug nach außen. So ist der Heilige Geist nach den Worten von Balthasars nicht nur "das vollendete, rundende Zueinander von Vater und Sohn", sondern auch "die letzte Öffnung Gottes in sein eigenes, vollkommenes Außen, worin der Heilige Geist als Person die objektivierte Liebe von Vater und Sohn ist"[2]. Im Geist als Liebe erreicht uns ein neues Licht in Bezug auf das Wesen Gottes: Dieser ist nicht nur absoluter, in sich gefaßter Selbstbesitz, sondern auch absolute, ausgegossene Totalität des Seins[3].

Als "Zeuge" und "Bürge" der Liebe von Vater und Sohn[4] vereint der Heilige Geist als ein "drittes" in dieser "Objektivität" das "Innen" und "Außen" der beiden Personen. Unbezweifelt aber ist für das christliche Geistverständnis, daß dieses "dritte" als persönliche "Kraft" (δύναμις) Gottes[5] nicht etwa ein Gefühl oder bloße Gesinnung besagt, sondern ein Jemand, eine Person ist. Aber wie läßt sich hier die Personhaftigkeit bestimmen? Die Beantwortung dieser Frage, die eng mit der Trinitätslehre zusammenhängt, läßt sich genauso wenig auf der Grundlage der spärlichen Andeutungen der Schrift erreichen wie die Frage nach der theologischen Beweisführung im Hinblick auf die Darstel-

---

1 Vgl. dazu Augustinus, De Trinitate 1,5, c. 11 und 1,15, c. 17; Thomas von Aquin, Summa Theologica I, q.36, a.1.

2 SC 97.

3 Ebd.

4 BG 122 f.

5 Vgl. Lk 1,35.

lung des Geistes als Liebe[1]. Wenn aber die Personhaftigkeit dieser Liebe gezeigt werden muß, dann bedarf es einiger Anstrengungen, die die Einsicht dafür öffnen, daß ein solcher Schritt wohl der Stringenz der Sachlage entspricht.

Wie geht nun von Balthasar hier vor? Nimmt man an, daß Gottes Liebe ein "Meer der Liebe" ist[2], so ist es nicht verwunderlich, wenn auch für uns "unfaßlich", daß dem "Hinausblühen" dieser Liebe eine substantielle Wirklichkeit, ein "geheimnisvoller Jemand" entsteigt, und zwar weil Gott in seinem dreieinigen Sein selbst Liebe ist. Doch näheres ist damit nicht gesagt. Die Einsicht, daß der Geist als eine gleichermaßen von Vater und Sohn hervorgebrachte Größe erkannt wird, veranlaßt von Balthasar zu weiteren Charakterisierungen der Personalität des Geistes. Er hebt drei besonders hervor, die zugleich das einander durchdringende Wirken und die Erscheinungsweisen der dritten göttlichen Person ausdrücken[3].

a) "Ergebnis" als Wesensdimension des Geistes

Die bisher dargestellten Bestimmungen lassen den Heiligen Geist wesentlich als "gemeinsames Ergebnis von Vater und Sohn" erscheinen[4]. So hat er zunächst ein "ausgesprochen anonymes Gesicht"[5] und stellt sich dar als jenes Seiende,

---

1 Dazu bemerkt H.U. von Balthasar: "Die Spekulation über Gottes Dreieinigkeit hat uns seit Augustin so sehr daran gewöhnt, die zweite göttliche Person, die Johannes den Logos genannt hat, mit Wahrheit und Erkenntnis zusammenzusehen, die dritte dagegen mit Wille und Liebe, daß wir erstaunt und verwirrt sind, wenn man uns nach den Grundlagen dieser Aussagen in der Heiligen Schrift fragt", SC 106.

2 Ebd., S. 103.

3 Zu folgendem vgl. SC 113 ff.

4 Ebd., S. 113.

5 Ebd., S. 114.

das sich auf keine andere Weise definieren läßt als im Verhältnis zu seinem Ursprung. In der Tat kann der Geist als "Resultat" sich nicht anders darbieten als die "gezogene Summe"[1] der gegenseitigen Zuwendung von Vater und Sohn. Da es sich um Göttliches handelt, so liegt es nahe, daß dieses sich jeder Festlegung von unserer Seite entzieht. Auch das ist ein Grund, weshalb von Balthasar sich zu der Redewendung "immerwährende Überraschung" berechtigt fühlt[2]. Nimmt man diese Charakterisierung ernst, dann wird ansichtig, daß der Geist dort auftauchen kann, wo niemand mit seiner Präsenz rechnet. Er läßt sich nicht festlegen. Die Theologie scheint dies verstanden zu haben, wenn sie sich scheut, bestimmte Aussagen über den Heiligen Geist zu machen und ihn isoliert zu thematisieren, sondern meistens nur in Zusammenhang mit Gott, Christus oder Kirche und ihren sakramentalen Handlungen. Und dies zeigt wiederum die Wahrnehmung einer weiteren Charakterisierung des "Ergebnis"-Daseins des Geistes. Dieser ist, so von Balthasar, "der erwirkte, eröffnete, zur Verfügung gestellte Raum, worin die an sich[3] getane Tat Gottes auch für uns[4] wahr wird"[5]. Mit diesem heilsgeschichtlichen Aspekt verbindet sich das zweite, das von Balthasar hervorhebt.

b) Verfügbarkeit

Die zweite Dimension, die den Wesensreichtum des Geistes entfaltet, läßt sich darin erkennen, daß das "Resultat" über sich verfügen läßt oder mit von Balthasar: das "Ergebnis läßt sich verselbständigen" gegenüber Vater und

---

1 SC 114.

2 PnI 225; vgl. TD II/1, 234. Auch dies gehört zu dem "unlüftbaren personalen Geheimnis" der göttlichen Hypostasen.

3 Im Original in Kursivschrift

4 Ebenfalls in Kursivschrift

5 SC 114.

Sohn, und so kann das "Resultat gesandt" werden[1]. Dies unterstreicht die Vorstellung, daß trotz seines anonymen Gesichts das "Ergebnis" nicht einfach mit Vater und Sohn identisch ist[2].

Doch bleibt die Verfügbarkeit eines der spezifischen Grundelemente des Geistes auch in Bezug auf seine Präsenz in uns; unsere Ichwerdung geschieht durch diese Präsenz, allerdings nicht primär in dem Sinne, daß wir den Geist "sehen", sondern dadurch, daß dieser selbst das Medium ist, in dem wir sehen. Nach den Worten von Balthasars ist er das Organ unseres Sehens:

> "Dieser Geist ist Atem, nicht Umriß, daher will er uns nur durchatmen, sich uns nicht vergegenständlichen; er will nicht gesehen, sondern sehendes Auge der Gnade in uns sein, und es kümmert ihn wenig, ob wir zu ihm beten, wenn wir nur mit ihm beten: Abba, Vater, nur einwilligen in sein unaussprechliches Seufzen auf dem Grund unserer Seele. Er ist das Licht, das man nicht sehen kann, außer auf dem beleuchteten Gegenstand: und der ist die in Jesus erschienene Liebe zwischen Vater und Sohn"[3].

Selbst der vorösterliche Christus hat den Geist des Vaters nicht anders erfahren als in der Form seiner Verfügbarkeit gegenüber dem Vater[4]. Der Geist war für ihn jene vom Vater "verfügte" und "geschenkte Fülle", die ihn als innere Kraft "getrieben" hat. Im Geist bewegte sich der Sohn, ohne daß er ihn jedoch festhalten oder nach seinem eigenen Willen dirigieren konnte, so wie er den Vater selber auch nicht dirigieren konnte, dessen "Finger" der Geist ist. Diese Feststellung ist von Wichtigkeit. Sie eröffnet den Blick für eine andere Wesensbestimmung Gottes, die für uns gerade im Geist sichtbar wird: die Freiheit Gottes.

---

1 SC 113-114.

2 Vgl. BG 122.

3 Siehe oben die Ausführungen zum Verhältnis Geist-Jesus.

4 SC 108; vgl. BG 165 f.

c) Der Geist als Freiheitsbestimmung der Liebe Gottes

Daß der Begriff vom Geist und der Freiheit als selbstverständlicher Zusammenhang angesehen wird, so sehr, daß der Geist selbst als die Freiheit schlechthin bezeichnet wird, ist bekannt. Doch davon später. Im folgenden soll der Geist zunächst als die Freiheitsbestimmung Gottes dargestellt werden. Es soll also zunächst noch einmal die Anonymität des Geistes in einem besonderen Bezug zu Gottes Freiheit angesprochen werden.

Auch hier tritt der Geist nach der Auffassung von Balthasars zuerst zurück, indem er nicht vor allem seine eigene Freiheit, sondern die Gottes des Vaters erkennen läßt. Er läßt "die ganze souveräne Freiheit Gottes erkennen in der Weise, wie sie sich in der Schöpfung, im Bund, in der Kirche durchsetzt"[1]. Er erscheint als "unpersönliches" Medium, das nur das anzeigt, was sich seiner bedient und dessen "personale Freiheit und Freizügigkeit" kundgetan werden soll[2].

Dabei ist zu beachten, daß hier der Heilige Geist als die offenbarmachende Kraft verstanden wird. In ihm kommt Gott in "unumgreifbarer Freiheit"[3] seiner Schöpfung nahe. Sofern ist der Geist der "Ort" des Hereinbrechens Gottes in die Welt und Geschichte sowie der Anteilnahme der Geschöpfe am göttlichen Leben. Die Kirchenväter waren deswegen immer schon in Bezug auf die Wirklichkeit des Heiligen Geistes der Ansicht, daß im Geist nicht nur das göttliche Leben seine innertrinitarische Fülle hat, sondern daß in ihm auch die Gesamtschöpfung zur Vollendung kommt[4]. Wird die

1 SC 114.

2 Ebd.

3 Ebd.

4 So etwa Basilius, De Spirito sancto, c.16 (PG 32, 136); ebd. c.18; PG 32, 152A. Johannes von Damaskus, De fide orthodoxa I, 12 (PG 94, 849A).

Einheit der Trinität vor allem in der Person des Vaters geschaut, weil er der Ursprung der beiden anderen Personen ist, so führt der Gedanke der "Unbestimmbarkeit" des Geistes und seiner unlösbaren Einheit mit dem Vater gerade zur vertieften Einsicht der gemeinsamen Wesenheit aller drei göttlichen Personen. Die "Anonymität", in der sich der Geist zunächst präsentiert und die ihm die Bestimmung "Resultat" (als Ergebnis der Selbstmitteilung des Vaters an den Sohn und der Zuwendung dieses zum Vater in der Liebe) einbringt, soll darauf aufmerksam machen, wie denn "Geist ja der ganze Gott ist, die dritte Person besitzt keinen Eigennamen mehr"[1]. Er ist aber eben darin die persongewordene Liebe. Und gerade dort, wo seine Anonymität alles andere als einen eigenen Personalitätsbezug ahnen läßt, drängt sich eine differenzierte Betrachtungsweise auf. Kann der Heilige Geist nur ein "Anonymon" sein? Oder ist es nicht gerade seine Grundeigenschaft, zu zeigen und sich zu zeigen? Auch gerade von der Perspektive der Kernfrage der Trinität her muß über die Personalität des Geistes als unterschieden von Vater und Sohn näher nachgedacht werden. So hat sich von Balthasar darum bemüht, neben der "Anonymität" auch die "Züge höchster personaler Freiheit" des Geistes herauszuheben.

2. Vom Geist als Freiheit Gottes zum Geist als Freiheit - "Personifizierte Freiheit"

So wahr die Anonymität ist, so dringlich ist es, daß,wenn es dabei nicht um die Kundgabe irgendwelcher Daseinsweisen, sondern um die Erschließung Gottes selbst geht, die Spannungseinheit "Anonymität-Personlität" nicht aufgelöst wird, denn sie ist von unmittelbarer Relevanz für die Bedeutung einer ausgewogenen Pneumatologie. Anonymität und Person-

1 SC 115.

sein in Bezug auf den Geist bilden keine Gegensätze, sondern sind zwei Aspekte derselben Wirklichkeit.

Wo der Geist wirkt, tut er es als der personale Geist Gottes. Die Wirksphäre des Geistes ist daher nicht ein bloßes "Fluidum", sondern ein personaler und personalisierender Raum, der kein Hindernis darstellt, sondern die Voraussetzung dafür schafft, daß der raumgebende Gott selber als die zentrale Person sein Handeln in und an der Schöpfung durchführen kann. Von hier aus ist die Frage zu stellen, in welchem Verhältnis die Freiheit Gottes und die Freiheit des Geistes zueinander stehen.

So gestellt ließe sich die Frage in dem Sinne deuten, als handele es sich um zwei "Freiheiten". In Wirklichkeit aber geht es um ein und dasselbe. Es muß deswegen der Eindruck vermieden werden, das "Ich" des Heiligen Geistes stehe in antagonistischer Distanz zum "Ich" Gottes oder stelle zumindest eine klare Trennungslinie dar. Das Gegenteil dürfte schon aus dem bisher Gesagten deutlich geworden sein. Wenn aber die wahre Unterschiedenheit des Heiligen Geistes - wohlgemerkt bei aller Wesensgleichheit mit Vater und Sohn - betont wird, dann deswegen, weil nicht die "Idee" des Geistes, sondern die Wirklichkeit des Geistes Gottes herausgehoben werden soll. Der Geist als "Person" besagt, wenn man so will, den zweiten "Anderen" Gottes. Doch geht es nicht darum, zu "beweisen", daß der Geist in der Trinität Person ist, dies gilt als vorausgesetzt. Ebensowenig wird der Begriff "Person" im modernen Sinne verstanden. Das Anliegen ist vielmehr, zu erläutern, <u>wie</u> der Heilige Geist Person ist, was darunter zu verstehen ist, was das spezifische Personsein des Pneuma besagt.

Ist es soweit klar, daß der Geist kein "Es" ist, sondern ein "Ich", so muß die Frage geklärt werden, wie dieses "Ich", wie der Geist heute <u>personal</u> zu denken ist. Dabei greift von Balthasar auf einen Begriff zurück, der bereits von der Bibel in Bezug auf den Heiligen Geist Gottes benutzt wurde und der heute besonders in unserer gesellschaftlich und kulturell veränderten Welt immer größere Bedeutung gewinnt. H.U. von Balthasar spricht nicht nur von der Freiheit des Geistes, sondern vom Geist als Freiheit. Freiheit also als Eigenname des Geistes? Was ist das eigentlich? Kennzeichnend für das Personsein ist die Freiheit, d.h. das "Über-sich-selbst-verfügen-können". So verstanden, läßt der Freiheitsbegriff eine Mehrdeutigkeit in der Aussageweise zu. Wir sprechen z.B. von Freiheit des Menschen und von Freiheit Gottes. Beides ist aber nicht dasselbe. Ähnlich steht es auch, wenn wir von der Freiheit eines Individuums und von der des Staates oder einer Lebensgemeinschaft sprechen. Diese Unterschiede machen deutlich, daß wir jeweils nur einen analogen Freiheitsbegriff in Betracht ziehen können.

Bedeutet Freiheit aber in ihrer Grundstruktur als absoluter Begriff "Selbstbesitz" im Sinne von restlosem Bei-sich-sein und somit auch Besitz von eigenem Grund in sich selbst, so ist sie in höchster Vollkommenheit Gott bzw. dem Geist zu eigen. Der Geist Gottes ist im absoluten Sinne "frei". Geist ist von Freiheit untrennbar[1], welche seine ganze Beziehung zum Vater, zum Sohn und zur Welt kennzeichnet. Für von Balthasar ist dies Anlaß zur folgenden Betrachtung:

> "Die Haupteigenschaft des Geistes, der sich im Gehorsam vom Vater und vom Sohn in die Welt aussenden läßt, ist seine Freiheit. Er weht, wo er will, ist in keine Gestalt festzubannen, erscheint als Schwebe ("Taube"), Mitteilung ("Zunge"), verzehrende Wandlung ("Flamme"), Durch-Zug, der aufatmen läßt ("Wind"); die geheimnisvolle Gestalt Jesu wird von ihm "ausgelegt" auf ihr Gottsein, ihre trinitarischen Dimensionen, ihren mysterialen Charakter hin: darin ist er der Beweiser und "Überführer" (Joh 16,8). Er entzieht Jesus jedem rationalistischen Zugriff, entzieht auch die von ihm ein-

---

1 SC 124.

gehauchte Schrift, das auslegende Dogma, die kirchliche Disziplin der Verzwängung ins Innerweltliche. Er leiht seine Flügel dem apokalyptischen Weib, um in die Wüste zu fliehen. Er läßt sich auf keine Weise einfangen, auch nicht durch pneumatische Gebets-"Methode". Nur wer Jesus nicht festhält, sondern auffahren läßt "zu meinem Vater und zu eurem Vater", somit in der Bereitschaft bleibt, die keinerlei Bedingungen stellt, dem beweist der Geist in seiner Freiheit, daß die ganze katholische Offenbarung - Gott, Christus, Kirche - das Unternehmen der freien Liebe Gottes war und bleibt"[1].

Die vielen Zusammenhänge, die in diesem Zitat zur Sprache kommen, können an dieser Stelle nicht im einzelnen diskutiert werden, zumal die wichtigsten Punkte später im Kapitel über das Verhältnis Geist-Kirche aufgegriffen werden. So viel ist aber jetzt schon klar, daß Freiheit Wesensbestimmung des Geistes ist, und zwar in einem doppelten Sinne, wie das Zitat deutlich macht. Der "freie" Geist bestimmt sich selbst ("er läßt sich...") und bestimmt andere ("er leiht ..."). Könnte ersteres den Eindruck erwecken, es handele sich um pure Abstraktion, so stellt letzteres klar heraus, daß das Gegenteil der Fall ist. Nimmt man hier das "Leihen" ernst, insofern es die Selbstmitteilung des Geistes interpretiert, denn "leihen" kann der Geist nicht, wenn nicht in Mitteilung seiner selbst, dann gehört das "Leihen" konstitutiv zum Geist, zu seiner Freiheit und somit zu seiner konkreten Selbstbestimmung. Zu dieser konkreten Selbstbestimmung gehört konstitutiv auch die Liebe, die nach von Balthasar die Konkretheit der Freiheit des Geistes ist[2] und sich in der Selbstmitteilung als Institution herausbildet[3]. Wird der Geist

---

1 KAM 19.

2 Freiheit und Liebe sind hier austauschbar. "Liebe macht frei. Nichts ist so frei wie die Liebe; alle Freiheit und außerhalb der Liebe ist keine" (BG 113 f.).

3 Eine an dieser Dimension des Geistes orientierte Auffassung führt von Balthasar dazu, selbst die Institutionsseite der Kirche für eine Modalität ihrer Geist-Dimension zu erklären. Näheres dazu im folgenden dritten Kapitel über Geist und Kirche. Vgl. PnI im ganzen.

Gottes so aber in seiner Selbstbestimmung als freier Geist nicht abhängig von "fremder" Hilfe? Führt der angesprochene "Prozeß" sozusagen zur "materiellen" Einsicht in die Geist-Wesenheit, so soll ein zweites zugleich berücksichtigt werden, und zwar die formale Einsicht, daß der Heilige Geist als göttlicher Geist sich nur aufgrund seiner eigenen göttlichen Personalität ein solches Unternehmen auferlegen kann.

Freiheit versteht sich hier also nicht mehr als bloßes Prädikat, sondern als Wesensdimension: der Geist selbst "ist die Freiheit"[1]. Dadurch wird zugleich eine andere Wesensdimension, welche hier nicht diskutiert wird, sondern als vorausgesetzt gilt, für uns sichtbar: die Göttlichkeit des Geistes. Die Freiheit des Geistes, die aus Gott selbst als Ursprung stammt, läßt die göttliche Personalität des Geistes für den Glaubenden sichtbar werden[2]. Dies hängt auf das engste mit der Wirklichkeit der menschlichen Freiheit und der Art und Weise zusammen, wie Gott als Quelle unserer Freiheit und Grund unserer Existenz tatsächlich für uns gegenwärtig ist. Allein in der Freiheit des Geistes, die die Freiheit Gottes selbst ist, gründet die konkrete Möglichkeit der menschlichen Freiheit[3]. Und allein in der Freiheit ist der Geist selbst für die Menschheit das "je-Mehr" in Gott, das Übermaß von Zukommendem und Je-Neuem. Im Geist ist Gott selbst sozusagen immer größer als er selbst[4], d.h. die Möglich-

---

1 BG 113.

2 Ebd., S. 165 f.

3 Vgl. Ermöglichung endlicher Freiheit, in: TD II/1, 236-246.

4 TD II/1, 235. Dies erklärt von Balthasar mit dem dreieinigen Wesen Gottes, in dem sich "die göttlichen Hyposthasen erkennen, ja durchdringen einander in eben dem Maße, als sich jede der anderen in der absoluten Freiheit erschließt. Keine wird durch die Erkenntnis der anderen überwältigt, da ihre Subsistenz immer auch auf einem Seinlassen beruht. Und damit wird schließlich klar, weshalb endliche Freiheit sich in der unendlichen wirklich erfüllen kann und es nirgends sonst vermag", als daß "sie sich dem trinitarischen 'Gesetz' der absoluten Freiheit (der Selbsthingabe) einschwingt, nicht

keit, sich über sich hinaus mitzuteilen, "ein ewiges Übermaß"[1] an Je-Neuer über den Erwartungshorizont hinaus. Die Offenheit für das geliebte Du stammt aus dem Innenbereich Gottes selbst. Ein Weiteres wird so deutlich: In ihrem Ansichtigwerden im Heiligen Geist als Frucht und Gabe[2] erscheint die gegenseitige Liebe von Vater und Sohn nicht nur über sich hinaus "vollendet", sondern auch über sich hinaus "geöffnet", "jeder Exklusivität entbunden"[3]. Auch in dieser Hinsicht ist der Geist in seiner Freiheit der "Inbegriff der Mitteilung Gottes nach außen"[4]. Insofern wird der Sinn der Selbstmitteilung Gottes im Sohn erst recht begreifbar und greifbar.

> "Obschon es der Sohn ist, der Mensch wird, weil der ursprünglichste Geber, der Vater, der Welt sein Einzig-Kostbares hingibt (und der Sohn sich selbst im Geist dieses väterlichen Gebens geben läßt und selbst gibt), muß und kann doch erst der Geist den in der Welt Beschenkten die Mentalität des absoluten Schenkens beibringen"[5].

Das bedeutet, daß der Geist das "Wirksamwerden" der Verfügung Gottes ist, was das Werk des Sohnes in der Welt werden soll. Betrachtet man dieses "Wirksamwerden" zunächst aus einem formalen Gesichtspunkt, und zwar als ein innergött-

---

als einem fremden - denn es ist ja das 'Gesetz' des absoluten Seins -, sondern als dem ureigensten". In dieser Einsicht knüpft von Balthasar an Augustin: "Ecce unde liberi, unde condelectemur legi Dei: libertas enim delectat. Nom quamdiu servus facis, quod justum est, non Deus te delectat...: delectet te, et liber es" (in: Joh. Ev. 41,8,10 (PL 35, 1968).

1 "Als Frucht ist der Geist denn ebensowohl das Zutagetreten der innersten 'Subjektivität' der Begegnung von Vater und Sohn wie deren Objektivität, an der die einander restlos Hingegebenen ein Maß ihrer Liebe erhalten, das, weil es ein ewiges Übermaß ist, jetzt zum Ansporn ihrer Hingabe wird" (PnI 225).

2 Siehe unten "der Geist als Gabe", S. 335 ff.

3 PnI 226.

4 Ebd.

5 Ebd., S. 227.

liches "Geschehen", das den Namen Hervorgang des Geistes aus dem Vater und dem Sohn trägt, so wird man die Frage nicht scheuen: warum ist denn in Gott die Liebe nicht vollendet mit dem Ineinandersinken von Vater und Sohn? Warum ist in dieser Begegnung ein neuer Anfang sozusagen des ewigen Lebens Gottes mit dem göttlichen Geist notwendig? Handelt es sich um wirklich Neues? Welche Bedeutung kommt ihm zu?[1] Auch hier fällt der Blick auf den absoluten Freiheitsbezug als Unergründbarkeit Gottes. Als wunderbares Drittes und "hypostatische Quintessenz der Liebe" Gottes[2] bezeugt der Geist deren ewige "Unbegründbarkeit". Durch die "Wunder-Person", die der Geist ist, sind Vater und Sohn ewig vor das Wunder des göttlichen Wesens und

---

1 In späteren Ausführungen wird dieser Punkt aufgenommen und näher dargelegt. Es sei jedoch erlaubt, das Thema hier kurz zu umreißen. Wo der Geist weht, dort entsteht Neues, ein "Mehr" an bisher Erlebtem. Doch was heißt hier "Mehr"? Daß der Geist dasselbe vollbringt wie wir, nur in einem größeren Maße? Daß, wenn wir Freude, Frieden, Glück erleben, Leidenschaft kennen, der Geist nichts anderes als eine "größere" Leidenschaft wäre, eine größere Macht und Kühnheit, ein größerer Herzenserguß? Was ist die "neue Weise" des Geistes (Röm 7,6)? Erschöpft sie sich in den kleinen Neuigkeiten unseres Alltags oder ist sie etwas mehr, ein wirklich radikal Neues? Nun gilt es aber, daß das, was der Geist vollbringt, aus seinen unfaßbaren "Möglichkeiten" stammt, sprich seiner schöpferischen Freiheit. Da die Wirklichkeit dieser für den Glaubenden außer Zweifel steht, erhalten ihre Wirkungen auch Wirklichkeitscharakter. Oder ist Künstelei etwa die Sache Gottes? Die Energie, die vom Geist freigesetzt wird, ist die göttliche Energie, die zwar den Menschen in ihren Kraftaufwand einbezieht und durchdringt, sie steht aber souverän über dem Alltäglichen und aller menschlichen Beharrlichkeit. Das Wirken des Geistes Gottes in uns wäre überflüssig, wenn es nichts anderes wäre als das, was wir selber ohnehin schon tun. Es geht also nicht um bloße "Überlegenheit", sondern um das selbst, worin unsere Möglichkeiten gründen. R. Parent drückt das folgendermaßen aus: "Si la liberté de l'Esprit n'est qu'une liberté superieure à la nôtre notre vie ne sera toujours que le pâle reflet d'un arrière-monde qui la fait sombrer dans l'in-signifiance. L'amour de l'Esprit étant plus que nos amours, notre amour est celui de l'Esprit 'moins' les déterminations concrètes que commande notre situation dans l'histoire" (L'Esprit vous rendra libres, Montréal-Paris 1974, S. 40). Denn nur so ist "Gott in seiner souveränen Freiheit selbst der Ort der konkreten Möglichkeit der menschlichen Freiheit" (J.B. Metz, Art. Freiheit, in: HThG II 30).

2 SC 132. Vgl. ebd., S. 130-137 "Reich des Geistes".

dessen "Grundlosigkeit" gestellt[1]. Berücksichtigt man außerdem die Tatsache, daß, wie von Balthasar betont, die trinitarischen Hervorgänge ewig sind, so sind sie als solche immerfort am Sich-Ereignen "und es gibt keine Möglichkeit, sich von dem Wunder zu erholen, rücktretend es zu objektivieren"[2]. Doch was ist damit gemeint? Damit soll zum Ausdruck gebracht werden, daß die Personen in Gott "reine Relationen" sind, und d.h. für von Balthasar "reines Sich-je-Ereignen der Hervorgänge und des Ineinanderseins"[3]. Bedeutet dies, daß immer neue Personen in Gott erzeugt werden? Ist das Wort "Hervorgang" in der Trinitätstheologie aber dem innergöttlichen "Geschehen" vorbehalten, so darf man schon anmerken, daß es hier unglücklich gewählt worden ist, denn von Balthasar will ja nicht sagen, daß im "Sich-je-Ereignen" andere göttliche Personen erzeugt werden, sondern daß dies sich in der Weise ausdrückt, daß Gott sich selbst uns immer neue - und zwar im Heiligen Geist - zur Verfügung stellt, um die Einbeziehung unserer "Ich" in das "Wir" Gottes zu ermöglichen[4]. In Zeitkategorien ausgedrückt läßt das Sich-ewig-Ereignen die Schlußfolgerung zu, daß das Ineinander von Vater und Sohn immer Gegenwart anzeigt, doch eine besondere Gegenwart, der - quasi unverhofft - der Heilige Geist als "Zu-kunft" entsteigt, als das der Liebe von Vater und Sohn "Zukommende", als das Je-Fruchtbarer Gottes[5]. Darum

---

1 SC 132.

2 Ebd.

3 Ebd.

4 Ebd., S. 116.

5 Der Geist "bemüht sich" in seiner "erfinderischen", "nie erlahmenden Liebe", täglich "neue Seiten Gottes zu erschließen" (BG 123). Der Heilige Geist, das ist Gegenwart des Heils. Für den von Gottes Liebe überwältigten Menschen beginnt im Geist jetzt das "Heute", die Stunde der Gnade, des neuen Anfangs und des neuen Lebens in Offenheit für den Herrn, der "kommt" und für die Mitmenschen. Herausgerissen aus unserer bloßen Ichbezogenheit beginnen wir, erlöst von uns selbst, füreinander zu leben.

ist der Heilige Geist das Offenstehen der Zukunft über der Gegenwart[1], "die eigentliche Vermittlung zwischen Gott und Mensch in Jesus Christus (gratia unionis) wie zwischen Jesus Christus und uns (gratia capitis). Hat man dies einmal verstanden, dann wird erst verstehbar, wie Christus im Geist ganz für den Vater und ganz für die Menschen dasein kann, wie er ganz partikulär den Weg Israels vollenden und ganz universal den Weg zu allen Völkern weisen kann, wie er als dieser einmalige geschichtliche Jesus von Nazareth zugleich der universale Christus sein kann, der derselbe ist "gestern und heute und in Ewigkeit" (Hebr 13,8). Es wird verstehbar, wie die Kirche der Botschaft Christi ganz und gar treu und doch auch ganz offen sein kann für die Fragen der Zeit, wie sie ganz Institution und ganz Charisma sein kann. Es wird aber auch verständlich, daß diese Synthese, nach der sie gegenwärtig unter vielen Krisen sucht, nur gelingen kann aus einer wahrhaft geistlichen Erneuerung"[2]. Wahrlich setzt eine solche Nachfrage voraus, daß der Geist als das "Innerste und Verborgenste Gottes"[3] erfahren wird und sich selbst als das "Wir" der göttlichen Personen "verfügbar" macht.

Wie sehr auch dieses "Wir-sein" dem Geist eigen ist, zeigt von Balthasar in Anlehnung an H. Mühlen[4].

---

1 SC 132-133.

2 W. Kasper/A. Schilson, Christologie im Präsens, Herder, Freiburg-Basel-Wien 1974, S. 149; vgl. SC 102; W. Kasper, Jesus der Christus, Mainz ^{3}1975, S. 305 f.

3 W. Kasper, Jesus der Christus, a.a.O., S. 308.

4 Der Heilige Geist als Person in der Trinität, bei der Inkarnation und im Gnadenbund: Ich-Du-Wir, Aschendorff, Münster 1966. Die Ausführungen Mühlens wurden durch das Werk Dietrichs von Hildebrand (Metaphysik der Gemeinschaft, Regensburg 1955) angeregt. Ähnliche personale Kategorien waren bereits bei Serge Boulgakof (Le Paraclet, Aubier, Paris 1944) anzutreffen.

3. Das personhafte "Wir"

Richtungsweisend für die Argumentation und die Darstellung ist hier, wie schon andernorts, die Analogie des Ich-Du-Verhältnisses. Dabei weist von Balthasar auf zwei unterschiedliche Grundstellungen personalen Verhaltens hin. Das ist zunächst einmal das Ich-Du-Verhalten gegenseitiger Selbsterschließung zweier Personen in Opposition. Hier manifestiert sich vor allem die Differenz, die sie kennzeichnet, d.h. das "Nicht-identisch-sein" der beiden Personen[1]. Doch gäbe es nur Oppositionen, so hätten wir keine Möglichkeit, zu positiven Bestimmungen zu gelangen. Mehr noch: man darf sogar sagen, daß selbst im Zuge der "oppositionellen" Selbsterschließung neue Konstellationen sich ergeben, die gegenseitige Durchdringung offenbaren und möglich machen, ohne die keine sinnvolle Kommunikation und keine Verständigung möglich wäre. Es ist daher nicht unwichtig, der Frage nachzugehen, wie es unbeschadet der Verschiedenheit der Personen zur Gemeinsamkeit und zur Einheit kommt. Das ist das zweite, dem von Balthasar seine Aufmerksamkeit widmet.

Allerdings wird hier nicht auf der Ebene der gemeinsamen Natur der Personen argumentiert, sondern nur die Verhaltensweise in Betracht gezogen, nämlich das "Wir-Verhalten" der Personen nicht mehr in der Opposition, sondern im "Neben- und Miteinander gemeinsamen Tuns"[2]. Die Selbsterschließung erhält bei der gemeinsamen Aktion eine andere Dimension. Die Selbstkundgabe der Personen führt nicht mehr zur bloßen Feststellung von Differenzen und Gegensätzen, sondern zur Einigung[3]. Die Opposition des Ich-Du

---

1 Zum folgenden vgl. SC 114 ff.

2 Ebd., S. 115.

3 Der Gedanke der Einigung spielt im Zusammenhang mit dem Wirken des Heiligen Geistes eine wichtige Rolle. So wird der Geist z.B. der Agent der Einheit der Kirche genannt. Diese Einheit vollzieht sich nicht an der Kirche als "Gesamtsubjekt", sondern auch an jedem einzelnen Kirchenmitglied. In diesem Wirken gründet das zwischenmensch-

wird so in entscheidender Weise durch das "Wir-sein" überstiegen. Der Überstieg kann sich entweder in einer "Subjektivität" oder in einer "Objektivität" niederschlagen. Dafür stehen als Beispiele nach von Balthasars Auffassung ein Kind und ein gemeinsames Werk zweier Freunde. Das aus der Einigung von Mann und Frau entsteigende Kind ist "subjektiv Geist". Es erinnert an den "objektivierenden Wir-Akt" der Eltern. Ähnlich präsentiert sich auch das gemeinsame Werk zweier Personen. Es ist die Frucht ihres "Wirseins", es entsteht als ihr "objektiver Geist". Zwischen beiden, Kind und Werk, besteht ein deutlicher Unterschied. Ist das Kind eine "freie Subjektivität", so fehlt diese wichtige Bestimmung dem gemeinsamen Werk.

So wird man auch sagen müssen, daß bei der Übertragung der geschilderten Grundstellungen auf die innertrinitarische Bestimmung des Heiligen Geistes die zweifache Analogie nicht über sich hinaus strapaziert werden kann. Denn den beiden Grundstellungen gegenüber stellt der Geist als das "Ergebnis" von Wir-sein oder Wir-Akt einen besonderen Fall dar. Und so heißt es, sowohl heilsökonomisch wie innergöttlich gesehen:

> "Das Geheimnis der ökonomischen Trinität, das zuletzt den Geist als 'Ergebnis' und 'Freiheit' zugleich freigibt, eint in unfaßbarer Weise beide Aspekte[1] und öffnet damit den Blick in die Tiefen des innergöttlichen Geheimnisses, wo der Geist als <u>personhaftes</u> 'Wir' jenseits des Ich-Du von Vater und Sohn als Produkt der Einigung, als ihre Frucht und Bezeugung in göttlich-souveräner Freiheit entsteigt"[2].

---

liche "Wir": "Der Geist ist ja 'Person' als das Wir in Gott: er ist die Begründung des Wir zwischen Gott und uns und aufgrund dessen auch zwischen uns Menschen" (KAM 19).

1 Gemeint sind die "objektive" und "subjektive" Seite des Geistes, wie die Beispiele des Kindes und des Werkes zeigen.

2 SC 115.

Damit erhellt sich der unmittelbare Zug des Heiligen Geistes als "Anonymon" und als freie Person, d.h. das "Wir" von Vater und Sohn als "ein neues Ich"[1], das das Zusammenlegen der Liebesfreiheiten" der beiden, aber auch ihre "personale Differenz"[2] sowie die Preisgabe ihrer letzten

1 SC 475; vgl. TD II/1, 234.

2 H III, 2/2, 243. Dem Heiligen Geist "als dem Wirker des gegenseitigen In-eins der Liebe zwischen Christus und dem Vater kommt ein zentraler Platz zu: als der personalen Identität der personalen Differenz in der Gottheit" (ebd.). Ähnlich äußert sich von Balthasar auch in GF 212 f.: "Das Andere des Geistes aber ist die Liebeseinigung des Anderen und Andern" (d.h. von Vater und Sohn). Eine solche Differenz läßt sich auch an der unterschiedlichen Weise der Beteiligung der göttlichen Personen am Werk Christi erkennen: "Der Vater tut sie (die"innere Gewalt und Fülle des Liebesgehorsams" Christi) dar, indem er die Identität von Gehorsam und ewiger Liebe, von Kreuz und Auferstehung wirkend offenbart, der Geist tut sie dar, indem er die Einheit der Liebe zwischen Vater und Sohn, die in der Diastase der Passion für die Welt dargelebt worden ist, und die er selber ist, vor der Welt kundtut, indem er sie der Kirche einstiftet" (H III,2/2, 236). In diesem Text versucht von Balthasar zu zeigen, daß der Hervorgang des Geistes aus Vater und Sohn keineswegs einen "Prozeß" bedeutet, in dem die Unterschiede zwischen Vater und Sohn verwischt sind, sondern überhaupt erst klarer werden. Die Gefahr, die eine solche Auffassung in einer überbetonten Form läuft, ist die eines "Tritheismus" in versteckter Form, wie bereits darauf hingewiesen wurde. Man wird sicherlich nicht sagen können, daß von Balthasar ein Verfechter des Tritheismus ist. Der Hinweis bleibt dennoch berechtigt, insofern man sich damit schwer tut, bei von Balthasar klar zu erkennen, ob die Namen Vater, Sohn, Geist nur heilsökonomisch (in der Betonung der Differenz der Personen) verwendet werden oder nicht, während der Name Gott für das immanente, innergöttliche Geheimnis stehen würde. Abgesehen von der spezifischen Schwierigkeit der Verwendung des Begriffs Person heute, so scheint mir, daß die Einheit in der Differenz, um die es von Balthasar auch geht, besser in folgender Formulierung K. Rahners zur Geltung kommt, in der die Verwendung des Begriffs "Gegebenheitsweise Gottes" m.E. dem Leser einen Schlüssel zur besseren Vorstellung und zum richtigen Verständnis des altkirchlichen Begriffs "Person" (einmal im Sinne von πρόσωπον , aber auch von ὑπόστασις , indem nicht eine bloße Scheinweise gezeigt, sondern auch die wirklichen und wahren Unterschiede ausdrücklich betont werden) an die Hand gibt: "In der Heilsgeschichte kollektiver und individueller Art erscheinen in Unmittelbarkeit zu uns nicht irgendwelche gottvertretenden numinosen Mächte, sondern es erscheint und ist in Wahrheit der eine Gott selbst gegeben, der in seiner absoluten Einmaligkeit, Unverwechselbarkeit und in einer letzten Unvertretbarkeit da ankommt, wo wir selber sind und wo wir ihn, eben diesen Gott selber, streng als ihn selbst empfangen. Inso-

und tiefsten Intimität ist. Auf letzteres soll nun kurz eingegangen werden.

---

fern er als das uns vergöttlichende Heil in der innersten Mitte des Daseins eines einzelnen Menschen angekommen ist, nennen wir ihn wirklich und in Wahrheit "Heiliges Pneuma", "Heiligen Geist". Insofern eben dieser eine und selbe Gott in der konkreten Geschichtlichkeit unseres Daseins streng als er selber für uns in Jesus Christus da ist - er selber und nicht eine Vertretung - nennen wir ihn "Logos" oder den Sohn schlechthin. Insofern eben dieser Gott, der als Geist und Sohn so bei uns ankommt, immer der Unsagbare, das heilige Geheimnis, der unfaßbare Grund und Ursprung seines Ankommens in Sohn und Geist ist und sich als solcher behält, nennen wir ihn den einen Gott, den Vater. Insofern es sich beim Geist, Logos-Sohn und Vater in strengem Sinne darum handelt, daß Gott sich selbst und nicht ein anderes, von ihm Unterschiedenes gibt, ist in strengem Sinne von Geist, Logos-Sohn und Vater in gleicher Weise zu sagen, daß sie der eine und selbe Gott in der unbegrenzten Fülle der einen Gottheit, im Besitz des einen und selben göttlichen Wesens sind. Insofern die Gegebenheitsweise Gottes für uns als Geist, Sohn und Vater einerseits nicht dieselbe Gegebenheitsweise bedeutet, insofern wirklich in der Weise der Gegebenheit für uns wahre und wirkliche Unterschiede gegeben sind, sind diese drei Gegebenheitsweisen für uns streng zu unterscheiden. "Für uns" sind Vater, Sohn-Logos, Geist zunächst nicht dieselben. Insofern aber diese Gegebenheitsweisen des einen und selben Gottes für uns die wirkliche Selbstmitteilung Gottes als des einen, alleinigen und selben Gottes nicht aufheben dürfen, müssen die drei Gegebenheitsweisen des einen und selben Gottes ihm, dem einen und selben, an ihm selbst und für ihn selbst zukommen. Die Aussagen also: Der eine und selbe Gott ist für uns als Vater, Sohn-Logos und Heiliger Geist gegeben, bzw.: Der Vater gibt sich uns selbst in absoluter Selbstmitteilung durch den Sohn im Heiligen Geist, sind streng zu hören und zu sagen als Aussagen über Gott so, wie er an sich selber ist. Denn sonst wären sie eben im Grunde keine Aussagen über die Selbstmitteilung Gottes" (Grundkurs des Glaubens, Herder, Freiburg-Basel-Wien 1976, S. 141-142).

4. Die "ultima solitudo"

Mit diesem von Scotus[1] stammenden Ausdruck bezeichnet von Balthasar in Übereinstimmung mit der Auffassung H. Mühlens die letzte Grenze der Hingabe und Selbstmitteilung Gottes, die der Heilige Geist ist. Der Geist ist diese letzte Grenze, weil er das Innerste Gottes ist. Und sein besonderes Personsein besteht darin, daß er "eine Person in zwei Personen" ist[2] als die "virtus unitiva", welche die Wahrheit dieser Personen offenbart und zugleich die "Anwesenheit der Liebe Gottes für die Welt" ist[3]. Wörtlich schreibt von Balthasar dazu: "Ist es aber die Eigentümlichkeit (Personalität) des Geistes, Person aus und in Personen zu sein, dann besteht eben seine Wahrheit (seine Liebe) darin, die Wahrheit (Liebe) dieser anderen Personen zu offenbaren und (als Ergebnis) zu verschenken"[4]. Dies veranlaßt von Balthasar zu der Auffassung, die "Neutralität"[5] (oder der bereits erläuterte Begriff der Anonymität) sei "der negativ scheinende Ausdruck" der "unmittelbaren Personalität" des Geistes. "Negativ", weil der Geist sich nicht "fangen" läßt. Obschon er das kontinuierliche Lebensprinzip für die Welt ist, so bleibt seine göttliche Freiheit ewig unverfügbar. Er ist, wie die Liebe Gottes, das uneinholbar Größere, das sich Offenbarende und Schenkende zugleich[6], das eigene Letzte an Liebe Gottes. Auch deswegen kann der Geist als "Geist der Wahrheit" gedeutet werden, als der Geist der allmählichen Enthüllung göttlicher Wahrheit.

---

1 "Ad personalitatem requiritur ultima solitudo (Ord III, 1,1, n 17; XIV, 54a). Vgl. H. Mühlen, a.a.O., S. 32, 57, 67.

2 SC 116; vgl. H. Mühlen, a.a.O., S. 164.

3 SC 117.

4 Ebd., S. 116.

5 Diese Bezeichnung bezieht sich sprachlich auf das Neutrum des Wortes "Pneuma". Gedanklich aber verbindet von Balthasar damit die Tatsache, daß diesem "neutrum" Personalität innewohnt.

6 Vgl. KAM 19.

5. Der Geist der Wahrheit

Auffallend ist, daß, trotz aller Zurückhaltung angesichts der Bestimmung des Geistes, dieser beonders im Johannesevangelium in engem Zusammenhang mit der Wahrheit gebracht wird[1].

Dem Geist ist es überlassen, das noch Vorenthaltene zu offenbaren. Er wird Zeugnis ablegen und somit in die "volle Wahrheit einführen", gerade weil er "der Geist der Wahrheit" ist, ja er selber ist die Wahrheit[2]. Was heißt das? Die nie überholte Aktualität der Frage nach der Wahrheit braucht an dieser Stelle nicht länger bewiesen zu werden. Kein anderes Wort hat den denkenden Menschen so sehr angesprochen wie das Wort "Wahrheit", dessen Lebens- und Wirklichkeitsbezug außer Frage steht. Unsere moderne Welt voller Sehnsüchte und Infragestellungen kennt die vielen Varianten der Frage nach der Wahrheit. Was ist das Böse? Wo ist das Gute? Was ist böse?, was ist gut? Wenn es wahr ist, daß in manchen Bereichen das, was gestern noch als schlecht galt, heute gutgeheißen wird, ist das Gute selbst dadurch nicht ein relativer Begriff geworden? Kann man hier noch eine "Norm" anstreben und sich bei Urteilen darauf berufen? Wo haben wir noch handfeste Kriterien zur Unterscheidung zwischen Gutem und Bösen?, zwischen einem korrekten Verhalten und einer unmoralischen Einstellung? Was ist denn zu tun, zu denken und zu glauben? Die Ratlosigkeit, die uns angesichts der Frage nach der Wahrheit und ihrer Erkenntnis erfaßt, ist um so größer, als zum Beispiel das tiefe, beunruhigende Schweigen Jesu angesichts der Provokation von Pilatus in einem entscheidenden Augenblick keine Hilfe anzubieten, sondern uns auf uns selbst zurückzuwerfen scheint. "Ich bin dazu geboren und dazu in die Welt gekommen, daß ich Zeugnis gebe für die Wahrheit. Jeder, der aus der Wahrheit ist, hört auf meine Stimme" - "Pilatus

1 Joh 14,17; 15,26; 16,13.

2 1 Joh 5,6.

sagt zu ihm: Was ist Wahrheit?"[1]. - Die Antwort Jesu blieb aber aus. Doch ist dieses Schweigen einfach grundlos? Bloße Leere? Oder verbirgt es nicht vielmehr eine Herausforderung? Eine Aufforderung zur Offenheit angesichts der Wahrheit, die sich uns mitteilen will, anstatt zur titanischen Anstrengung, um aus eigenen Kräften die ganze Wahrheit "produzieren" zu wollen? Sind wir nicht vielmehr dazu aufgefordert, die Person Jesu als des Gesandten des Vaters anzunehmen? Denn er ist "der Weg, die Wahrheit und das Leben"![2] Er führt uns zum Vater, den er offenbart, dessen Wahrheit er nicht nur lehrt, sondern ist. Er ist die Selbstmitteilung Gottes und göttlichen Lebens.

Nicht von ungefähr kommt es, daß die Frage nach der Wahrheit zu den grundlegenden Problemen der Menschheitsgeschichte gehört. Im ekstatisch-kreativen Sein und Handeln des Menschen ist das fiebrige Suchen nach dem Licht unüberhörbar. Aber ebenso unverborgen ist der Schwindel, der ihn ergreift, wenn er vor lauter Angst, das Licht zu verlieren, anmaßend versucht, es sich völlig zu unterwerfen, und damit aber der Finsternis zum Opfer fällt. Denn das Licht will ja frei leuchten und nicht unter unberechtigter Kontrolle gehalten werden. Es ist kein Zufall, daß von jeher die Frage nach der Wahrheit immer in engem Zusammenhang mit dem Licht gesehen wird[3]. Wie das Licht, so ist auch die Wahrheit eine geheimnisvolle Kraft, eine überströmende Energiequelle, nach der es sich immer lohnt zu streben und sich von ihr erfassen zu lassen. Die Wahrheit, wie bereits aufgezeigt wurde[4], ist kein Zubehör oder Zusatz, sondern

---

1 Joh 18, 37-38.

2 Ebd., 14,6.

3 So etwa im Höhlengleichnis in Platos Politeia. Der gleiche Zusammenhang wird auch von W. Kasper hervorgehoben, vgl. Jesus der Christus, a.a.O., S. 310-312.

4 Siehe oben "Die Personlität des Seins im Spiel der Transzendentalien".

Bestandteil des menschlichen Lebens und der ganzen menschlichen Wirklichkeit. Sie ist die Enthüllung (ἀλήθεια) des Seins. Das Licht, das so in der Finsternis leuchtet, ist letztlich Gott selber und sein Urteil über die Welt. So verwundert es nicht, daß für den Evangelisten Johannes Jesus das Licht der Welt[1] und die Wahrheit[2] ist.

Deshalb ist auch der Geist Gottes und Jesu Christi der Geist der Wahrheit[3]. Dabei ist nun zu fragen: was bedeutet das? Wie ist der Heilige Geist Wahrheit für uns? Welche Möglichkeit haben wir, zu ihm als einem solchen zu gelangen? Wie wird für uns das Wort des Herrn konkret, daß alles Wissen und alle Weisheit vom Geist kommt[4]? Einen Einblick in diese Problematik bietet zunächst der ontologisch-gnoseologische Annäherungsversuch von Balthasars.

Daß der Geist Wahrheit ist, ist keine isolierte Aussage, sondern hängt eng mit den bereits dargelegten Benennungen, insbesondere mit der Bestimmung der Liebe und der Freiheit zusammen. Der Geist ist Geist der Wahrheit, indem er der Geist der Liebe und der Freiheit ist. H.U. von Balthasar versucht, diesen Zusammenhang am Beispiel des Zustandekommens der Wahrheit im Menschen zu verdeutlichen[5]. Wahrheit im vollen Sinne, so schreibt er, gibt es jeweils nur in einem erkennenden Akt des Geistes. Der Geist aber, als Geist, ist frei, weil er Für-sich-sein ist. So gehört die Wahrheit notwendig in die Sphäre der Freiheit hinein. Und was ihre Verwirklichung angeht, so ist diese "kein bloßer Naturprozeß, sondern ein geistiges Ereignis, das

---

1 Joh 1,19; 8,12; 12,46.

2 Ebd., 14,6.

3 Ebd., 14,17; 15,26; 16,13; vgl. dazu SC 106.

4 Joh 16,13.

5 Vgl. WW 79 ff. Zum Zusammenhang von Freiheit und Wahrheit vgl. auch die interessante Darstellung bei E. Coreth, Zur Problemgeschichte menschlicher Freiheit, in: ZkTh 94 (1972) 258-289, insb. 289.

jeweils in der blitzhaften Begegnung und Verschmelzung der beiden Worte von Subjekt und Objekt stattfindet. Außerhalb dieses Ereignisses gibt es keine Wahrheit"[1]. Die beiden Worte besagen einerseits, daß die Wahrheit des Objekts nur besteht, solange der unendliche oder der endliche Geist sich ihm erkennend zuwendet, und andererseits daß auch die Wahrheit des Subjekts nur gegeben ist, solange das Subjekt im Erkenntnisakt verharrt. Auf einen Begriff gebracht, heißt es, daß es um das geht, was alles Sein in seinem Wesen und Dasein kennzeichnet, nämlich um den Willen zur Selbsterschließung und zur Erschlossenheit. Sinn hat das Seiende nur, wenn es ein Für-sich-sein hat, aber Sinn hat das Für-sich-Seiende nur, wenn es die Bewegung der Mitteilung hat[2], und das heißt, wenn es sich ent-hüllt. Für-sich-sein und Mitteilung bilden so zusammen die "eine, untrennbare Lichtung des Seins"[3].

Aber da die Bewegung der Mitteilung zum Begriff der Liebe gehört, so liegt der Sinn des Seins in der Liebe, und auch Erkenntnis ist nur durch die Liebe und für die Liebe erklärbar. Der Wille im seienden Objekt, sich zu erschliessen, und der Wille im erkennenden Subjekt, sich zu öffnen, sind nur die doppelte Form der einen Hingabe. Damit wird klar, daß die Liebe nicht nur untrennbar von der Wahrheit ist, sondern zum vollen Begriff der Wahrheit gehört, sie ist kein Jenseits der Wahrheit[4], deren Gesamt-

---

1 WW 79.

2 Ebd., S. 117 f.

3 Ebd., S. 118.

4 H.U. von Balthasar formuliert diesen Zusammenhang folgendermaßen: Die Liebe ist "das in der Wahrheit, was ihr über alle Enthüllung hinaus ein immer neues Geheimnis sichert, sie ist das ewige Mehr-als-was-man-schon-weiß, ohne daß es weder ein Wissen noch ein Wißbares geben würde; sie ist das im Seienden, was es nie zum bloßen Faktum werden läßt, und das in der Erkenntnis, was sie nicht in sich selber zu ruhen erlaubt, sondern einem Höheren dienstbar macht" (ebd., S. 118). Der Geist ist deshalb derjenige, der alle Dimensionen des endlichen Seins von innen her erfüllt.

sinn nochmals als der Ort verdeutlicht wird, wo sich der Logos des Seins zum Dialogos macht[1].

Von hier aus vollzieht von Balthasar den entscheidenden Schritt. Der eigentliche Ort des Dialogs ist seiner Auffassung nach Gott selbst in seinem Geist. So ist die Wahrheit auch Gott selbst als absolute Sicherheit und absolute Authentizität. Der Geist, in dem der Dialog Gottes mit uns zustande kommt, kann uns insofern in die volle Wahrheit einführen, als er als das Innerste Gottes zugleich die Selbstmitteilung desselben ist, und zwar in jeder konkreten geschichtlichen Situation[2]. Für die theologische Begründung der universalen Heilswirksamkeit Jesu Christi kommt deshalb dem Geist besondere Bedeutung zu. Der zwischen Vater und Sohn wehende Geist ist für die Welt frei geworden als Zeuge für die Weltoffenheit der göttlichen Liebe, und dies in zweifacher Weise. Der Geist ist subjektiv Zeuge, indem er selber diese Liebe ist. Objektiv aber stellt er sie dar, setzt sie durch und erklärt sie, auch angesichts der noch nicht glaubenden Welt.

Es folgt daraus für die Kirche, daß sie zur Verkündigung einer "doppelten" Wahrheit verpflichtet ist: Wir würden sie nennen die "theoretische" Wahrheit und die "existentielle" Wahrheit, die eng miteinander verbunden sind. Ersterer wohnt die Überzeugungskraft inne, welche den Hinweis darauf gibt, wozu der Mensch berufen ist, und das Einsehen der Vollverwirklichung der treuen Liebe Gottes in Jesus Christus vermittelt. Andererseits läßt sich dieser "Hinweis" aber nicht von dem trennen, was unter der Führung des Geistes als die angebotene und in Christus konkret, existentiell verwirklichte Wahrheit erkannt wird. Eine

1 WW 195.

2 Vgl. "Wahrheit und Leben", in: SC 237 f., dazu auch die Ausführungen über "Die Einbergung der theoretischen Wahrheitsstruktur in die biblisch-existentielle" (ebd., S. 139 ff.)

solche Verwirklichung der Wahrheit begegnet uns auch in jedem, der das Zeugnis des Geistes annimmt. Als dynamisches Prinzip des messianischen Volkes ist der Geist die Garantie sowohl für den geschichtlichen wie für den endgültig-eschatologischen Charakter der Wahrheit Jesu. Und als ewige Liebe von Vater und Sohn ist er die in Freiheit erschlossene Verheißung Gottes, seine in uns angekommene "Gnade" und Wahrheit, und zwar "nicht nur als Zuverlässigkeit göttlichen Handelns, sondern als Entbergung göttlichen Seins"[1], was "theologisch formuliert" folgendes bedeutet:

> "Es gibt kein Sichverbergen des unergründlichen Subjekts Gottes mehr hinter seiner Verhaltensweise, sondern in der transeunten, ökonomischen Trinität ist die immanente Trinität geöffnet und zur Teilnahme hingegeben"[2].

Diese Öffnung bedeutet keineswegs Auflösung des Geheimnisses Gottes in der geschichtlichen Dimension des es im Geist empfangenden endlichen Seins. Es bleibt trotzdem wahr, daß Gott durch den Geist Wahrheit, und zwar seine Wahrheit im Raum des Menschen schafft. Dies erhellt die Bedeutung der Person des Heiligen Geistes Gottes für Mensch, Welt und Geschichte. Die dritte göttliche Person ist als "Wahrheit" für Mensch und Welt sinnaufschließender Kristallisationspunkt und Ergebnis sozusagen "göttlicher Zusammenhänge"!

6. Der Geist als Gabe

Gottes "In-sich" hat sich im "Für-uns" Christi offenbart. Das "Für-uns" wiederum vollendet sich im "Unter-uns" und im "In-uns" des Geistes[3]. So setzt sich Gottes zuverlässige Treue in der immer gefährdeten und gebrochenen Treue

---

1 SC 237.

2 Ebd., S. 237-238.

3 Ebd., S. 238.

des Menschen durch. Und in dieser "Treue-Liebe" Gottes ist der Heilige Geist als das innere Lebensprinzip die Gabe aller Gaben, die größte Gnade und Würde[1]. Doch wie steht dieses streng heilsökonomische Verständnis des Geistes zu seiner innertrinitarischen Bestimmung? Wenn es wahr ist, daß eine Gabe in ihrer Bedeutung Träger des Wertes der Gesinnung ist, die hinter ihr steht, was können wir vom Geist (als Gabe) sagen, die die Liebe Gottes selbst ist?

Schon bei Didymus Alexandrinus heißt es zu diesem Punkt, daß der Heilige Geist und die Gaben Gottes in enger Verbindung zueinander stehen, so sehr, daß es nicht möglich ist, irgendeine Gabe Gottes zu empfangen, ohne daß dies zugleich einen Empfang des Heiligen Geistes selbst bedeutet[2]. Dementsprechend ist "Gabe" nicht ein bloßer Name, sondern eine "Wesensbezeichnung" des Heiligen Geistes[3]. Das "Gabe-sein" des Geistes ergibt sich für uns nach der Auffassung von Balthasars aus dem innergöttlichen Sein der dritten trinitarischen Person selbst. Diese ist ja

---

1 Ein wichtiger Gedanke zu diesem Punkt befindet sich bei Paulus im Römerbrief (8, 22-23). Dort heißt es: "Wir wissen, daß bis zur Stunde die gesamte Schöpfung mit in Seufzen und Wehen liegt; doch nicht nur sie, sondern auch wir selbst, die wir die Erstlingsgabe des Geistes besitzen, ja wir selbst seufzen in uns im Warten auf die Kindschaft, auf die Erlösung unseres Leibes". An diesen Gedanken knüpft auch die neuere Liturgie an, so z.B. in der 4. Prex Eucharistica: "Et, ut non amplius nobismetipsis viveremus, sed sibi qui pro nobis mortuus est atque surrexit, a te, Pater, misit Spiritum Sanctum primitias, credentibus, qui, opus suum in mundo perficiens, omnem Sanctificationem compleret".

2 "Ex quibus apparet, Spiritum sanctum plenitudinem esse donorum Dei; et ea quae divinitus administrantur, non absque eo subsistere; quia omnes utilitates, quae ex donorum Dei gratia suscipiuntur, ex isto fonte dimanant ... Superintelligatur in sancti Spiritus substantia etiam plenitudo munerum divinorum. Denique impossibile est gratiam Dei sortiri quempiam, si non habeat Spiritum sanctum: in quo approbamus cuncta Dei dona consistere" (De Spiritu Sancto 28,4,9 (PG 39, 1036A und 1040C).

3 Vgl. dazu J. Ratzinger, Der Heilige Geist als Communio, in: C. Heitmann/H. Mühlen, a.a.O., S. 223-238, insb. S. 229-231. Der Autor bietet hier eine gute Zusammenschau der Überlegungen Augustinus über das "donum" als Wesenszug des Heiligen Geistes.

die gegenseitige Hingabe und Intimität von Vater und Sohn. Dies bedeutet, daß der Heilige Geist immer schon, vom Wesen her also, Gabe ist, Geschenk und personifizierte Intimität Gottes[1] oder, wie J. Ratzinger es in Anlehnung an Augustin ausdrückt, Gott selbst "als der sich Verschenkende, Gott als Selbstausteilung, als Gabe"[2]. Es gibt also in Gott keine Gabe ohne den Geist. Und wenn es parallel dazu heißt, daß "es in der Kirche nichts Pneumatisches geben kann, das nicht christologisch gedeckt wäre"[3], so ist es umgekehrt auch wahr. Durch die Mitteilung des Geistes vollendet sich die Hingabe Gottes zur Vereinigung und Gemeinschaftsbildung zwischen Gott und Mensch[4], und das heißt auch "Befreiung zum Selbstsein"[5].

Ist der Geist so die Hingabe Gottes sowohl ad intra wie ad extra, so drängt sich die Aufforderung an den Glaubenden auf, Pneuma und pneumatische Wirkungen, Gnade und Gnadengaben ("Charismen") nicht stark voneinander zu trennen. Denn bei genauer Überlegung läßt sich die wechselseitige Beziehung zwischen Geist und geistlichen Wirkungen im Hinblick auf das Geistverständnis nicht übersehen[6]. Durch die Anerkennung der wesentlichen Einheit der beiden wird die Gefahr vermieden, das Pneuma nur als eine unpersönliche und dem Menschen verfügbare Kraft mißzuverstehen.

---

1 PnI 228.

2 A.a.O., S. 230. Vgl. Augustin, De Trin. V 15,16; dazu auch Thomas von Aquin, S. Theol. I, q.38, a.2, ad 1: "Ita etiam Spiritus Sanctus quia a Patre procedit ut Amor, dicitur proprie Donum".

3 PnI 229.

4 Hierzu siehe z.B. Theodor Rüsch, Die Entstehung der Lehre vom Heiligen Geist, Zürich 1952, S. 107: "Die Vermittlung dieser Gemeinschaft, die durch die Hingabe sowohl Gottes wie des Menschen geschieht, ist der Geist als die Gabe des Christus an uns".

5 PnI 229. Viele Anregungen zum Nachdenken bietet hierzu auch J. Ratzinger, a.a.O., S. 235 ff.

6 "Heiliger Geist wird erkennbar in der Weise, wie er menschliches Leben gestaltet; aus dem Glauben gestaltetes Leben wiederum ist Verweis auf den HeiligenGeist" (J. Ratzinger, a.a.O., S. 223).

Denn gerade in dieser unlösbaren Einheit liegt die erhabene personale Eigentümlichkeit und Eigenständigkeit des Geistes als Schöpfergeist der Liebe.

7. "Spiritus Creator"

Veni, Creator Spiritus! In diesen Worten spricht die Kirche Christi ihr Glaubensbekenntnis im Bewußtsein dessen aus, was sie dem Geist zu verdanken hat, nämlich ihr eigenes Sein sowie ihr Wirken in Welt und Geschichte[1]. Das ist aber nicht alles. Veni, Creator Spiritus dürfte auch als die von jedem Subjekt zu erwartende Anrufung angesehen werden, das der existentiellen Erfahrung der Ankunft Gottes im Menschen Aufmerksamkeit schenkt. In dieser Radikalität des auf dem Menschenherzen geschriebenen Gesetzes der Liebe ist das Urteil Gottes selbst zu spüren. Das absolute Sein bleibt so, ob wir dessen bewußt sind oder nicht, und immer, um es mit einem Ausdruck aus der Malerei zu sagen, "la toile de fond" des menschlichen Denkens und Handelns, d.h. die Quelle und die tragende Kraft des menschlichen Lebens[2].

---

1 Vgl. SC 103. Zum Thema Kirche als Werk und Wirken des Geistes siehe nächstes Kapitel über das Verhältnis Geist-Kirche.

2 Eindrucksvoll weist auch Thomas von Aquin auf diesen Zusammenhang hin und hebt besonders die Priorität der einlenkenden göttlichen Gnade gegenüber dem menschlichen freien Willen hervor: "Homo est dominus suorum actuum, et volendi et non volendi, propter deliberationem rationis, quae potest flecti ad unam partem vel ad aliam. Sed quod deliberet vel non deliberet, si huius etiam sit dominus, oportet quod hoc sit per deliberationem praecedentem. Et cum hoc non procedat in infinitum, oportet quod finaliter deveniatur ad hoc quod liberum arbitrium hominis moveatur ab aliquo exteriori principio quod est supra mentem humanam, scilicet a Deo... Unde mens hominis etiam sani non ita habet dominium sui actus quin indigeat moveri a Deo. Et multo magis liberium arbitrium hominis infirmi post peccatum, quod impeditur a bono per corruptionen naturae" (S.Th. I-II, q.109, a.2, ad 1).

Hier nun sind wir an dem Punkt, wo der Begriff der "inhabitatio" des Geistes Gottes in uns sich mit dem des "Creator" deckt[1]: "Der Geist treibt uns von innen"[2]. Sieht man das nun im Licht des Werkes Jesu Christi, so besteht kein Zweifel darüber, daß "das Neue", das wir erleben dürfen, "je das Wirken des Geistes ist"[3]. Damit ist nicht so sehr die erste Schöpfung gemeint - denn diese Grundlegung ist das Werk des Vaters - sondern die "Verwandlung", die "Neuschöpfung". In der Kraft des Geistes sind wir befähigt zum Sprung über unsere eigenen Grenzen. Die Fruchtbarkeit des christlichen Lebens ist deshalb sein Werk. Er ist das "unerfindbare Wunder", das durch seine schöpferische Kraft die Fülle Christi darstellt. Klar ist es allerdings, daß dieses Schöpferwirken, das nicht ohne das "Mitgehen" des Betroffenen geschieht, eine universale Dimension hat. Es beschränkt sich nicht auf das Werden der Christenheit, sondern betrifft das Werden der Welt im ganzen. Der Geist Jesu Christi, der selber das "Werk" des Geistes des Vaters ist[4], ist überall schöpferisch, wo der geschaffene Geist sich Gott zur Verfügung stellt, d.h. sich höher führen läßt in die Daseinsweise hinein, die er gemäß seiner Berufung zu gestalten versucht. Besonders deutlich wird all dies an der Tatsache, daß die Schrift im Verweis auf den Geist Gottes zwei Begriffe miteinander koppelt: Dynamis-Charis, Charisma. Die verwandelnde Macht Gottes, die sich vom Menschen nicht aus Kraft setzen läßt, ist dieselbe, die als "Gnade" sich anbietet und erst dort zu ihrem Vollsinn und zu ihrer Vollentfaltung kommt, wo sich ihr die menschliche Freiheit öffnet. Da aber Gott "freier und erfinderischer

---

1 Vgl. "Das Schöpferische", SC 153-155.

2 Ebd., S. 153.

3 Ebd.

4 Siehe dazu oben die Ausführungen zum Verhältnis Geist-Christus. Der Name "Creator" kommt dem Geist nicht zuletzt auch deshalb zu, weil Schöpferwirken schon zu seiner trinitarischen "Schöpfer-Wirklichkeit" gehört.

ist als alles, was von ihm Freiheit und Erfindungskraft erhalten hat"[1], hat er immer schon "unser Zutun" in seine Gnadenwirklichkeit eingeholt.

In dieser Dialektik von "Immer-schon-Vorausgesetztsein ("Sinnmedium") und Immer-neuem-Gesetztwerden"[2] in der Beziehung zwischen göttlicher Freiheit und menschlicher Freiheit, wie schon in der Beziehung zwischen Vater und Sohn, liegt das Wesen des Geistes als "Vermittlung" und als "Communio"[3]. Zugleich wird ein weiteres darin deutlich, nämlich wie "alle künftigen Weltentwürfe" je schon in der Zukunft des Geistes enthalten sein können[4]. Anders gesagt: Der Christ, der hier in besonderer Weise angesprochen wird, bekommt zu sehen - festgegründet im Glauben -, daß durch die Ausgießung des Heiligen Geistes die Bergung alles Zeitlichen in die Ewigkeit und aller schöpferischen Überstiege der Welt in den Überstieg Gottes selbst vollzogen ist. Ziel in all dem bleibt die Offenbarung und die Verherrlichung der göttlichen Liebe. Für das Weltheil bedeutet dies ferner, daß die "Christenheit in die Verwendbarkeit" hineingeführt wird[5].

8. Fazit

Dieses Kapitel hat von der "Personalität" des Geistes gehandelt. Indem im vorausgehenden das Verhältnis vom Gottesgeist und Gottessohn aufgezeigt wurde, stand die fundamentale Frage auf dem Spiel: die trinitarische Wirklichkeit des Geistes. Dies wurde nun an "Benennungen" des Geistes erläutert. Die Aufzählung ließe sich hier freilich noch

---

1 SC 155.

2 M. Kehl, Kirche - Sakrament des Geistes, in: W. Kasper (Hrsg.), Gegenwart des Geistes, a.a.O., S. 159.

3 Ebd.

4 SC 155 ff.

5 Ebd., S. 155.

lange fortsetzen. Unser Versuch beschränkte sich aber bewußt darauf, nur die wichtigsten und häufigsten in dem Werk von Balthasars herauszugreifen und zu durchleuchten.

Nicht nur als "Vermittlung" und "Communio" zwischen Vater und Sohn oder als "Einheit" Gottes gibt der Heilige Geist seine Personalität kund. Seine Namen umfassen vielmehr von der Bestimmung als "Liebe", über die "Freiheit" und "Wahrheit" bis zur "Gabe" und Schöpferwirken. Bei all dem aber liegen das Wesen und die tiefste Bedeutung des Geistes darin, daß er vor allem "Gabe" und universale Offenheit ist. Dies gilt zunächst für das innergöttliche Leben selbst, in dem der Geist als "Ergebnis" der hingebenden Liebesfreiheiten von Vater und Sohn das Innerste des Wesens beider, also ihre "ultima solitudo" als ihr "Wir" und damit auch ihre wirkliche Gegenwart und Ausstrahlungskraft ist.

Aber wo und wie werden wir mit diesem Geist konfrontiert? Wie erfahren wir von seinem Reichtum? Ganz sicher ist, daß unser Sein und Streben nach dem Besseren sein Wirken ist. Dies erlaubt eine Schlußfolgerung. Ist der Geist selbst die Gabe und das Geschenk Gottes, so erweist sich dieses Sichverschenken, Sichselbstausteilen Gottes in der Fülle der Geisteswirkungen, und das heißt erst recht in Richtung auf Welt und Geschichte. Es läßt sich gleichsam ein weiteres hinzufügen, und zwar in Richtung auf die Kirche Christi, die ja das zeitlich-geschichtliche Sakrament des Geistes ist. Wie dieses Verhältnis aussieht und wie es das Wesen und Wirken der Kirche bestimmt, davon wird im nächsten Kapitel die Rede sein. Doch zunächst ein kurzes Wort zur Erhellung des Hintergrundes der hier vorgetragenen Ausführungen von Balthasars.

EXKURS: DER HEILIGE GEIST ALS GEIST DES VATERS UND DES SOHNES BEI AUGUSTINUS

Im Rückblick drängt sich die Frage auf, innerhalb welcher Denktradition von Balthasar sein Geistverständnis entwickelt.

Der aufmerksame Leser wird schon in den vorausgehenden Ausführungen die Nähe der Auffassung von Balthasars insbesondere zu der augustinischen Trinitätslehre festgestellt haben. Über die Trinitätslehre ist viel geschrieben worden. Uns geht es auch nicht hier darum, eine vollständige Interpretation Augustins anzubieten, sondern nur darum, seine Grundgedanken über den Heiligen Geist und somit den Hintergrund des innertrinitarischen Geistverständnisses von Balthasars ein wenig weiter zu erhellen. Bei der kurzen Darstellung der augustinischen Auffassung werden wir uns gelegentlich auf einen kürzlich erschienenen Aufsatz von E. Bailleux[1] stützen.

1. Die eine göttliche Wesenheit

Für Augustinus ist der Heilige Geist innerhalb der Trinität der "Ort" des gegenseitigen Erkennens und Liebens von Vater und Sohn. Er ist die unsagbare "Communio" der beiden, ihr Einheitsband. Von Augustinus hat von Balthasar die Analogie der zwischenmenschlichen Liebesbeziehung übernommen, die bei ihm, wie bereits aufgezeigt, eine wichtige Rolle spielt und den Schlüssel zur innertrinitarischen Beziehung bietet.

---

1 L'Esprit du Père et du Fils selon saint Augustin, in: RThom 77 (1977) 5-29. Es handelt sich um einen ganz kurzen Aufsatz, der in gedrängten Formulierungen einen guten Einblick in das Wesentliche des augustinischen Gedankens über den Geist vermittelt. Vgl. dazu auch F. Bourassa, L'Esprit Saint, "Communion" du Père et du Fils, in: Science et Esprit 29 (1977) 251-281.

Der theologische Zugang zum göttlichen Geheimnis ist vor allem das Christusereignis, in dem Gott der Schöpfung seine Liebe und seine gnadenhafte Huld offenbart und geschenkt hat. Die irdische Mission des Sohnes führt zugleich zum Ursprung: Vater und Sohn sind eins. Augustinus legt diese Einheit in zweifacher Weise aus: einmal nach dem Wesen (essentia) und zum anderen unter dem Gesichtspunkt der Relation[1]. Diese Einheit streckt sich auf den Heiligen Geist aus. Wenn Vater und Sohn durch die Zeugungsbeziehung gekennzeichnet sind, so sind sie auf eine noch intimere Weise miteinander verbunden, ja sie greifen ineinander, und zwar im Geist, der aus ihnen beiden ewig hervorgeht und sich in der Heilsökonomie als ihr gemeinsamer Gesandter erweist. Diesbezüglich hebt Augustinus besonders den Aspekt der Gabe, des Gegebenseins des Geistes hervor, aufgrund dessen er nicht der Geist des Vaters und des Sohnes ist, sondern zugleich auch "unser Geist" genannt wird[2].

Aufgrund der Tatsache, daß der Geist sich nicht primär in den Vordergrund, sondern sich vor allem in den Dienst sozusagen von Vater und Sohn stellt, stellt er zugleich seine Personalität zurück, obwohl an Vater und Sohn nicht gedacht werden kann, ohne zugleich den Heiligen Geist einzubeziehen[3]. Der Geist scheint nur noch in der Weise des Sich-zurückstellens präsent zu sein. Hier begegnet uns jene Bestimmung des Heiligen Geistes, die in der begriff-

1 De Trinitate VII, 6,12. Unter Bezugnahme auf Joh 10,30 schreibt Augustinus: "Et unum dixit et sumus; unum secundum essentiam, quod idem Deus; unum secundum relativum, quod ille Pater, hic Filius".

2 Vgl. ebd., V, 14,15: "Exit enim non quomodo natus, sed quomodo datus, et ideo non dicitur filius quia neque natus est unigenitus neque factus et ut per gratiam in adoptionem nasceretur sicuti nos. Quod enim de Patre natum est ad Patrem solum refertur cum dicitur Filius, et ideo Filius Patris est et non noster. Quod autem datum est et ad eum qui dedit refertur et ad eos quibus dedit; itaque Spiritus sanctus non tantum Patris et Filii qui dederunt, sed etiam noster dicitur qui accepimus, sicut dicitur Domini salus qui dat salutem, eadem etiam nostra salus est qui accepimus".

3 Vgl. In Johannis evangelium tract. IX, 8, CC 36, S. 94 f.

lichen Prägung bei von Balthasar als "Anonymität" bezeichnet wird[1].
Aus der Charakterisierung der einzelnen Personen in Gott geht bei Augustinus das besonders hervor, worauf es ihm ankommt: die essentia Dei. Die essentia ist der Ausgangspunkt seiner Ausführungen über die Trinität. Dabei übernimmt er die Anschauung Tertullians, für den der Sohn das Denken im Vater darstellt. Die Zeugung des Sohnes wird als die Hervorbringung des Wortes verstanden. In dieser Konstellation, in der der Vater "das Prinzip der göttlichen Wesenheit ist"[2], ist der Heilige Geist, welcher aus dem Vater und dem Sohn hervorgeht, die Liebeskraft, die beide miteinander verbindet. Daher geht alles Wirken Gottes ad extra von derselben essentia aus und ist den drei Personen gemeinsam[3]. Die Unterscheidung bei Augustinus zwischen personaler Liebe des Heiligen Geistes und essentialer bzw. substantieller Liebe des Vaters wird zunächst in Bezug auf die Zeugung des Sohnes vorgenommen. Der Sohn ist demnach zugleich Sohn des Heiligen Geistes[4]: " Der Sohn ist also auch Sohn des Heiligen Geistes, wenn es in

1 Vgl. auch Bailleux, a.a.O., S. 7. "L'Esprit est là d'une manière conforme à l'effacement de sa propriété personnelle... La propriété personnelle du Saint-Esprit est d'assurer la Communion du Père et du Fils, parce qu'il procéde de l'un et de l'autre comme amour interpersonnel, lequel sous son mode divin est un terme relativ subsistant également comme Dieu".

2 De Trinitate IV, 20,29: "Totius divinitatis, vel si melius dicitur, deitatis, principium Pater est".

3 Ebd., II, 17,32. Augustinus stand damit in der westlichen Tradition, indem er "die innertrinitarischen Vorgänge (opera trinitatis ad intra) begrifflich unterschieden hat, sie aber als untrennbares Wirken der einen Trinität (inseparabilis operatio trinitatis) zusammengefaßt hat, so daß die Einwirkung der Trinität auf Menschenseele und Heilsgeschehen in doppelter Weise beschrieben werden konnte: sowohl als Wirken einer Person für sich wie auch als Wirken der gesamten Trinität (opus trinitatis ad extra). Auf diese Weise begründete er seine Anschauung, daß überall dort, wo die eine Person der Gottheit am Werk sei, die gesamte Trinität wirke" (A. Adam, Lehrbuch der Dogmengeschichte I, Gütersloh ^{2}1970, S. 282 f.).

4 Bei von Balthasar wird diese Anschauung, wie wir sahen, mit dem Wirken des Heiligen Geistes bei der Menschwerdung und dem Gedanken der "trinitarischen Inversion" verdeutlicht.

der Trinität keine Liebe gibt, die nicht der Heilige Geist ist. Hier aber begegnet uns das Widersinnige. Es ist wahr, daß die Liebe nicht das Privileg des Heiligen Geistes allein ist, dieser bekommt den Namen Liebe als Eigennamen aus den Gründen, die ich ausführlich dargelegt habe. Was den Ausdruck: "Der Sohn seiner Liebe" anbelangt, so besagt er nur: "Sein geliebter Sohn, der Sohn aus seiner Substanz. Denn die Liebe des Vaters, in dessen unvorstellbarer Einfachheit, ist nichts anderes als die Natur und die Substanz des Vaters, wie ich es oft gesagt habe und nicht müde werde, es oft zu wiederholen. Infolgedessen ist der Sohn seiner Liebe kein anderer und geringerer als der, der aus seiner Substanz gezeugt wurde"[1]. So hat Gott der Vater die Zeugung des Sohnes als Mitteilung seiner eigenen Substanz gewollt. Der Vater bleibt also der Ursprung, aus dem auch der Heilige Geist als personale Liebe hervorgeht.

2. Vater und Sohn als gemeinsames Prinzip des Heiligen Geistes

Was den Hervorgang des Geistes angeht, so spielt der Begriff "connexio" eine wichtige Rolle bei Augustinus. Es geht darum, daß die natürliche bzw. substantielle "aequalitas" von Vater und Sohn von Augustinus so dargestellt wird, als sei sie durch die "communio" der beiden verstärkt. In dieser communio, die Augustinus connexio nennt, sind Vater und Sohn das eine Prinzip des Geistes, wohl gemerkt, der Sohn bekommt vom Vater, mit ihm gemeinsam das Prinzip des Geistes zu sein[2]. Die Priorität, die hier angesprochen wird, hat jedoch nichts mit zeitlichem "prius" und "posterius" zu tun[3].

1 De Trinitate XV, 19,37. Von mir frei übersetzt.

2 De doctrina Christiana I, 5,5. Vgl. De Trinitate VI, 4,6.

3 De Trinitate XV, 26,47.

Der Geist, der auf diese Weise aus dem Vater und dem Sohn hervorgeht, prägt zugleich der Beziehung der beiden sein Siegel ein. Die Liebe, die er ist, ist die substantielle Liebe von Vater und Sohn, was ein weiteres Argument für die Göttlichkeit des Geistes bietet. In Gott sind Substanz und Liebe ein und dasselbe, deswegen sind beide auch allen göttlichen Personen gemeinsam, auch wenn der Name Liebe dem Geist "proprie" zukommt[1]. Im Geist als "connexio" erleben Vater und Sohn die Gegenseitigkeit ihrer Liebe, die nach Augustinus mehr ist als das, was man sich unter Freundschaft (amicitia) vorstellen kann; es ist seiner Meinung nach besser, die Bezeichnung "caritas" von der Schrift zu übernehmen, weil damit zugleich deutlich wird, daß hier die göttliche Substanz selbst gemeint ist[2].

3. Der Heilige Geist als der personale "mutuus amor"

Die Liebe, mit der der Vater den Sohn liebt, und die Liebe, mit der der Sohn den Vater liebt, sind nicht zwei "Lieben", sondern es gibt nur eine Liebe. Und diese ist in ihrer personalen Erscheinung der Heilige Geist in seiner Gleichwesenheit mit dem Vater und dem Sohn. So lebt die substantielle Einheit in allen drei Personen, aber jeweils auf eine andere Weise, wie Thomas von Aquin in seinem Kommentar zu diesem Gedanken Augustins klarstellt[3].

---

1 De Trinitate XV, 27,29: "Ut scilicet in illa semplici summaque natura, non sit aliud substantia et aliud caritas, sed substantia ipsa sit caritas et caritas ipsa substantia sive in Patre sive in Filio sive in Spiritu Sancto, et tamen proprie Spiritus Sanctus caritas nuncupetur".

2 De Trinitate VI, 5,7.

3 Vgl. S Th I, 39 a.8: "Et sic Augustinus Patri appropriat unitatem, Filio aequalitatem. Spiritu Sancto concordiam sive connexionem. Quae quidem tria unitatem importare manifestum est: sed differenter". Diese Differenzierung wird folgendermaßen begründet und präzisiert: "Nam unitas dicitur absolute, non praesupponens aliquid aliud. Et ideo appropriatur Patri, qui non praesupponit aliquam

Daß der Geist als die gegenseitige Liebe von Vater und Sohn eine Person ist, hängt nach Augustinus mit der Teilhabe an derselben Substanz Gottes eng zusammen[1]. Existieren in bezug auf Gott heißt: eine eigene Substanz besitzen. Da aber die Substanz nur eine ist für Vater, Sohn und Geist, muß hier eine Differenzierung im Begriff vorgenommen werden, um das Personsein richtig ausdrücken zu können. So unterscheidet Augustinus zwischen einer Rede von Gott im absoluten Sinne (secundum substantiam) und einer Äußerung unter dem Gesichtspunkt der Relation (ad aliquid)[2]. Als "reine Relationen" eignen sich Vater, Sohn und Geist ihre gemeinsame essentia auf unterschiedliche Weise an, ohne die göttliche Einheit zu zerbrechen[3]. Nicht die göttliche essentia oder substantia ist verschieden, denn sonst hätten wir nicht eine substantia, sondern drei. Vielmehr geht es Augustinus um die unterschiedlichen Seinsweisen von Vater, Sohn und Geist in der einen substantia[4].

personam, cum sit principium non de principio. - Aequalitas autem importat unitatem in respectu ad alterum: nam aequale est quod habet unam quantitatem cum alio. Et ideo aequalitas appropriatur Filio, qui est principium de principio. - Connexio autem importat unitatem aliquorum duorum. Unde appropriatur Spiritu Sancto, inquantum est a duobus. Ex quo etiam intelligi potest quod dicit Augustinus, tria esse unum propter Patrem, aequalia propter Filium, connexa propter Spiritum Sanctum... Unitas autem statim invenitur in persona Patris, etiam, per impossibile remotis aliis Personis. Et ideo aliae Personae a Patre habent unitatem. Sed remotis aliis Personis, non invenitur aequalitas in Patre: sed statim posito Filio, invenitur aequalitas. Et ideo dicuntur aequalia propter Filium: non quod Filius sit principium aequalitatis Patris; sed quia, nisi esset Patri Filius, Pater aequalis non posset dici. Aequalitas enim eius primo consideratur ad Filium: hoc enim ipsum quod Spiritus Sanctus Patri aequalis est, a Filio habet. - Similiter, excluso Spiritu Sancto, qui est duorum nexus, non posset intelligi unitas connexionis inter Patrem et Filium. Et ideo dicuntur omnia esse connexa propter Spiritum Sanctum: quia posito Spiritu Sancto, invenitur unde Pater et Filius possint dici connexi".

1 De Trinitate VII, 5,10.

2 Ebd., V, 5,6.

3 De doctrina christiana I, 5,5.

4 Vgl. E. Bailleux, a.a.O., S. 25: "Au sein de la plus stricte Unité, de la communion la plus totale, les Trois s'affirment chacun en son identité personnelle, sans confusion comme sans séparation.

Die besondere Personalität des Heiligen Geistes läßt sich in gewissem Sinne als eine "gemeinschaftliche Personalität" erfassen, sofern der Geist eine Person in zwei Personen ist: "... societas est quodammodo Patris et Filii ipse Spiritus sanctus"[1]. Der Geist ist die communio, das Mit- und Zueinander von Vater und Sohn, ihre Gegenseitigkeit, aber auch, wie K. Barth zu Recht sagt, ihr Auseinander[2], denn in ihm werden Vater und Sohn nicht vermischt, sondern er steht vor ihnen als ein personales Gegenüber, in dem sie sich gegenseitig lieben und erkennen. In der Heilsökonomie empfängt der Glaubende den Geist von Vater und Sohn, der so zum "Geist der Glaubenden" wird, ihr Geist, in dem sie sich lieben und miteinander verbunden sind.
Dieser Exkurs wurde nicht mit dem Anspruch angestellt, eine vollständige Darlegung der augustinischen Trinitätslehre zu liefern, sondern es ging darum, nur auf jene Grundgedanken hinzuweisen, sofern sie den Hintergrund der Balthasarschen "Synthese" zu erhellen helfen. Es war auch nicht unsere Absicht, noch andere Spuren (z.B. bei den griechischen Vätern) aufzudecken, eine Aufgabe, die ohnehin den hier vorgegebenen Rahmen übersteigen würde. Die Auswahl von Augustinus ist uns ratsam erschienen, weil seine Gedanken unserer Meinung nach an dieser und anderen Stellen, wie wir noch sehen werden, die von Balthasars am stärksten beeinflußt haben, ohne sie im einzelnen festzulegen.
Wenden wir uns nun der weiteren Frage des Verhältnisses von Geist und Kirche zu. Es geht nicht darum, einen allgemeinen Modus des Wirkens des Geistes zu definieren, sondern darum, zu zeigen, in welcher Weise der Geist die Kirche bildet, ihre Existenz erhält, ihre Zeugnisgabe in der Geschichte initiiert und begleitet, in der Erwartung auf die Endvollendung.

1 Sermo LXXI, 20,33 (PL 38, 463-464).

2 Vgl. KD I, 1 § 12. Ähnlich äußert sich von Balthasar auch, wie bereits aufgezeigt, indem er den Geist als denjenigen charakterisiert, der besonders in der Diastase Vater und Sohn miteinander verbindet, zugleich aber auseinanderhält.

K A P I T E L III

KIRCHE - ORT DER ERFAHRUNG DES HEILIGEN GEISTES

Vorbemerkungen

Die Wahrheit, mag sie auch eine ewige sein, bekundet ihre Lebensfähigkeit am deutlichsten dann, wenn sie in der Erfahrung Bestätigung findet. Nicht das bloß Gedachte (Rationalismus) oder auf Autorität Angenommene (Dogma) oder geschichtlich Überlieferte (Tradition)[1] vermittelt uns am wirksamsten den vollen Sinn der Wahrheit und ihre "Greifbarkeit", sondern das persönliche Erkunden und Kennenlernen, wobei das Angeschaute "hautnah" wird und wirkt. So sind die Aussagen über die Personalität des Heiligen Geistes für uns nur dann "sinn-voll", wenn sie in unserem Lebensraum eine konkrete Bedeutung haben.
Wer unsere technisierte Welt realistisch einschätzen kann, der versteht, auf welche Schwierigkeit das religiös-christliche Denken hier stößt. Es wird besonders heute gedacht, geplant und gehandelt, als ob es Gott nicht gäbe. Gerade das aber ist Anlaß und Grund genug zum Nachdenken über die unlösbare Einheit von Transzendenz und Immanenz Gottes. Ferne und Nähe kennzeichnen die Gegenwart Gottes für uns, ja sie gehören zu den Bestimmungen des unergründlichen göttlichen Geheimnisses. Gott ist nicht der stumme Herrscher, der uninteressiert und kalt in die Welt hineinschaut. Er ist auch nicht einfach nur der reine, selige Selbstvollzug, der an sich selbst genug hat. Er ist kein Denkmal seiner selbst. Er erblüht an uns, denn seine uns in Jesus Christus erschienene Liebe wohnt in uns durch die Ausgießung des Heiligen Geistes. Dieser ist, wie bereits erläutert, die Weise, wie Gott sich uns mitteilt, ohne dabei seine absolute Erhabenheit zu verlieren. Die "tanta

---

1 Vgl. J. Hoffmeister, Wörterbuch der philosophischen Begriffe, Hamburg 1955, S. 209.

similitudo" verträgt sich mit der "maior dissimilitudo"[1]. Und das ist eigentlich der Sinn der "Verwandtschaft" zwischen Gott und dem Menschen, welche die Bibel mit den Worten "faciamus hominem ad imaginem et similitudinem nostram"[2] ausdrückt. Nicht eine platte Identität zwischen Gott und Mensch soll damit behauptet werden, sondern die "unio caritatis in gratia"[3]. Ihren "Glauben an den Heiligen Geist" bekennend verherrlicht die Kirche diese Gnade Gottes, welche nichts anderes ist als die des Geistes selbst, der uns die ganze Intimität Gottes zur Verfügung stellt. Das Bekenntnis der Kirche erinnert zugleich an die bleibende Gegenwart ihres Herrn, des Christus heri et hodie, im Hier und Jetzt.

Doch was oder "wer" ist die Kirche? Was macht sie zur Kirche? Was bedeutet ihr Gang durch die Zeit? Welche Rolle spielt sie im Hinblick auf die Zukunft der Menschheit und der Gesamtschöpfung? Auf diesen Fragenkomplex soll nun eingegangen werden, wobei das für die Kirche konstitutive Verhältnis zum Geist in drei Punkten erörtert wird.

1. Die kenotische Struktur der Existenz Christi lebt in der Kirche weiter, wobei zwischen "eigentlicher" und "uneigentlicher" Kenose unterschieden wird.

2. In Maria begegnet uns das Urbild der Kirche. Die Darstellung ihrer Gestalt und ihrer Stellung im Heilsplan Gottes zeigt an, wie die aus dem Geist Gottes lebende Kirche sich selbst in Maria wiederfindet, und zwar nicht nur als die Vielheit der einzelnen, erlösten Menschen, sondern als Heilsgemeinschaft mit universaler Bedeutung.

---

1 DS 806.

2 Gen 1,26.

3 DS 806.

3. In Verbindung mit diesem Punkt wird die Wesensbestimmung der Kirche als immerwährende "Stiftung" - und damit als Sakrament - des Geistes erörtert.

Es wird bei dieser Betrachtung kein Anspruch auf einen ekklesiologischen "Traktat" erhoben, der freilich den Rahmen dieser Studie sprengen würde. Vielmehr soll anhand der Aussagen von Balthasars versucht werden, die vieldimensionale Wirklichkeit der Kirche als Werk des Heiligen Geistes in Grundzügen darzulegen. Im Mittelpunkt steht die Feststellung, daß die Kirche wohl in einer unlösbaren Einheit mit Christus als ihrem Ursprung verbunden, doch nicht mit ihm identisch ist. Denn die Kirche ist ja Kirche-Präsenz Christi und Kirche-in-der-Nachfolge zugleich. In beiden Aspekten wird das Wirken des Geistes Christi sichtbar. Die Kirche entwickelt nicht von sich aus - falls es ein solches "von sich aus" für sie geben kann, das nicht zugleich die vom Herrn geschenkte Befähigung wäre - die für ihren Selbstvollzug notwendige Dynamik, sondern diese ist immer schon die verwandelnde Kraft des Geistes. Und um diese geht es vordergründig, wenn im folgenden der Wesensvollzug der Kirche vom Gesichtspunkt der "Kenosis" behandelt wird.

A. Die "Kenose der Kirche" in der Kraft des Heiligen Geistes

In einem für den "Dictionnaire de Spiritualité" geschriebenen Aufsatz[1], der später in den Sammelband "Skizzen zur Theologie IV - Pneuma und Institution"[2] aufgenommen wurde, greift von Balthasar eine geläufig gewordene Redewendung - eben "Kenose der Kirche"[3] - auf und gibt in gedrängten Formulierungen Anregungen, über das Thema tiefer nachzudenken. Um sich eine Vorstellung dessen zu machen, was eine Kenose der Kirche sei, müßte man sich zunächst vor Augen halten, was die Kenose "christisch"[4] (also für Christus selbst) und christologisch bedeutet. Denn außer für das menschgewordene Wort Gottes fällt es etwas schwer, den Begriff Kenose im kirchlich-theologischen Sprachgebrauch richtig zu verwenden. Daher hält von Balthasar es für sachgerecht, zwischen einer "eigentlichen Kenose" und einer Kenose im "uneigentlichen Sinne" zu unterscheiden.

1. Kenose im eigentlichen Sinne

> "Wenn Kenose den freien Akt eines Prä-existenten besagt, sich seiner Gottgestalt zu entäußern und Knechtsgestalt anzunehmen, so würde die Anwendung dieses Begriffs auf die Kirche voraussetzen, daß auch sie, wie Christus, oder vielleicht in ihm, einen solchen freien Entschluß zu fassen vermocht hätte"[5].

---

1 DSAM VIII, 1705-1712:Kénose de l'Eglise.

2 Kenose der Kirche?, in: PnI 119-132.

3 Siehe u.a. R. Adolfs, Het Graf van God, Utrecht 1966, französ., La tombe de Dieu, Mulhouse 1967, S. 139-159; Y.-M.-J. Congar, Pour une Eglise servante et pauvre, Paris 1963; ders., Art. Kénose, in: Catholicisme VI (1966), 1399-1401; B. de Armellada, El sacerdocio como "diaconia-kenosis" en el spiritu de la Const. "Lumen Gentium", in: Naturalezza y gracia XIV (1967), 163-180.

4 Vgl. Ch. Duquoc, Christologie II, Paris 1972.

5 PnI 121.

Damit ist die hier zu behandelnde Problematik umrissen. Kirche und Nachfolge oder Kirche in der Nachfolge[1], das sind Begriffe, die wir gewohnt sind, wenn wir von der "Gleichgestaltung" der Kirche mit Christus sprechen. Die Kirche Christi "versucht, so arm, so eucharistisch hingegeben und verteilt zu sein wie er"[2], der in der Kenose auf Gottgestalt, göttliche Herrlichkeit und Macht verzichtet hat. Doch was wird unter der Nachfolge Jesu verstanden? Gemeint ist weder eine bloße Befolgung des Beispiels noch die unmögliche "Kopierung" des Lebens des Erlösers. Vielmehr handelt es sich um die glaubende Bereitschaft, in sich und in der Geschichte dem Reich Gottes in radikalster Weise Raum zu geben, d.h. bis zur Selbstverleugnung und der Annahme des Kreuzes. Wie ist aber diese Selbstverleugnung genau zu definieren? Versteht man darunter die Erfahrung - unter dem Anruf Gottes in Jesus Christus - des Sterbens und Aufgebens seiner selbst als Erfahrung der tötenden und lebendigmachenden Kraft des göttlichen Geistes im Gegensatz zum sündigen und bloß irdischen Selbstverständnis des Lebensvollzuges, so muß näher geklärt werden,

1. was die bewußte Annahme und Übernahme des Todes und der Lebenserfahrung Jesu zum Ausdruck bringt,
2. wie sich in dieser Haltung das "Sich-offen-halten" für das Wirken des Heiligen Geistes vollzieht.

Es versteht sich von selbst, daß es sich hier um ein zentrales Thema handelt, das gleichermaßen Kirche und Christen[3] angeht. Nachfolge Jesu ist der Vollzug der Ge-

---

1 Vgl. SV 80-147: Nachfolge und Amt; insb. 86-96. Das Paradox der Nachfolge, und 96-115: Das verschärfte Paradox der Nachahmung.

2 PnI 119.

3 Es ist sicherlich nicht zu verwundern, daß besonders hier die differenzierte Betrachtung von Kirche und Christen betont wird. Denn es ist gar keine Frage, daß Kirche nicht einfach die Summe ihrer Mitglieder ist. Um so wichtiger scheint die Unterscheidung an dieser Stelle, wo von Kenose der Kirche als Wesensvollzug die Rede ist.

schichte der Kirche. Ist diese Vollzugsgeschichte aber vom Kreuzesgeschehen getragen, so muß jede wichtige Etappe dieses Geschehens bzw. der Kenosis Christi auch ihren Ort im Leben der Kirche behaupten. Mit Recht stellt von Balthasar fest, daß nach der Schrift der Gleichgestaltung der Kirche an Christus keine Grenze gesetzt ist. Vielmehr reicht sie vom "Mitgeborensein" über das "Mitsterben", "Mitauferstehen" bis zum "Mit-Herrschen" und "Mit-Richten". Dennoch stellt sich die Frage, "ob diese grundsätzlich unbeschränkte Gleichgestaltung einen Anlaß bietet, den Begriff Kenosis auf die Kirche anzuwenden"[1]. Nach der Auffassung von Balthasars kann die Beantwortung dieser Frage nur im Rahmen des Verhältnisses zwischen der sogenannten "Ecclesia Immaculata" bzw. dem "himmlischen Jerusalem" und der "Ecclesia peregrinans in terram" erfolgen. Außerdem hängt es viel davon ab, wie man das griechische Verb κενοῦν und das entsprechende Adjektiv κενός bestimmt. Unter den vielen möglichen Auslegungen dieses Begriffs stellt sein Gebrauch in Phil 2,7 einen besonderen Fall dar[2]. Hier wird von der Präexistenz Christi ausgegangen, um die Selbstentäußerung und die Annahme der Knechtsgestalt, also eine eigentliche Kenosis darzulegen. Wenn die Kirche aber "nach Anschauung des Neuen Testaments ein Produkt" des in der Kenosis zum Ausdruck gebrachten "göttlichen Heilswillens" ist[3], kann sie dann auf irgendeine Weise den Entäußerungsakt Christi in der gleichen Freiheit mitvollziehen? Ist eine "kenotische" Vorstellung von der Kirche unter der Voraussetzung der Präexistenz überhaupt vollziehbar? Sollte nicht vielmehr dem Ausdruck "Kenose der Kirche" ein Sinn unterschoben werden, der nur aus einem Gesamtzusammenhang verständlich ist oder sein kann?[4]

---

1 PnI 119.

2 Ebenda. Für die verschiedenen Bedeutungen des Begriffs "kenoun", "kenos" siehe u.a. 1 Kor 15,10. 15,58; 2 Kor 6,1; Kol 2,2; Phil 2,16: 1 Thess 2, 1.3.5; Röm 4,14.

3 PnI 120. 4 Ebd., S. 121.

Die Vorstellung einer präexistenten Kirche ist bereits im Frühchristentum und in der Patristik bekannt. Bei Paulus im Galaterbrief (4,26) heißt es z.B.: "Das obere Jerusalem aber ist frei, und das ist unsere Mutter". Eine ähnliche Vorstellung taucht auch bei Johannes (Apk 21,2) auf: "Und die heilige Stadt, das neue Jerusalem sah ich herabsteigen aus dem Himmel von Gott her, bereitet wie eine Braut, die für ihren Mann geschmückt wird". Diese und noch andere Stellen in der Schrift, die nach von Balthasar zur Vorstellung einer "präexistentierenden Kirche im Himmel abgerundet werden können"[1], veranlassen ihn zu der Annahme:

> "Vorausgesetzt wird hier überall, daß diese verborgen bei Gott weilende Kirche mehr ist als eine bloße Idee, ein Schöpfungsgedanke Gottes, vielmehr eine himmliche Wirklichkeit - welches immer ihre Daseinsart sein mag -, die auf besondere Weise zum Heilswerk Christi gehört"[2].

Aber so einfach ist die Problematik nicht, denn wir wissen, wie von Balthasar mit vollem Recht hervorhebt, daß die Vorstellung einer solchen himmlischen Wirklichkeit am Zusammenfluß von vier großen Strömungen steht:

1. im Alten Testament finden wir die prophetische Vorstellung eines eschatologischen Neubaus des irdischen Jerusalem (Is 54, 10 ff.; Is 60 ff.).

2. in der Apokalyptik wird diese futurische Vorstellung zu einer präsentischen: das endzeitlich Wirkliche <u>ist</u> schon verborgen bei Gott weilend und braucht nur enthüllt zu werden.

3. diese Gegenwärtigkeit des Eschatologischen bei Gott kann sich mit dem Grundgedanken der Weisheitsspekulation verbinden (vgl. Sap. 9,17): die Sophia ist ewig bei Gott, teilt seinen Thron, baut das himmliche Urbild des heiligen Zeltes.

---

1 PnI 121. 2 Ebd., S. 121-122. Vgl. dazu Hebr 12, 18.22 f.

4. schließlich scheint auch die Anknüpfung an die platonische Vorstellung einer "intelligiblen Welt" eine Rolle zu spielen.

Bei all diesen Vorstellungen ergibt sich wie fast unvermeidbar der Gedanke einer "archetypisch-himmlischen" Kirche[1]. Diese ist überzeitlich und fällt daher nicht einfach mit der äußerlich erscheinenden irdischen Kirche zusammen, vielmehr ist sie "die verborgene himmlische Dimension der realen Kirche, in der und durch die wir hier und jetzt, mitten in der Zeitlichkeit, durch die Taufe zu Kindern Gottes geworden sind"[2]. Dies ist nach von Balthasar der tiefe Sinn der neutestamentlichen Aussagen über die präexistierende Kirche. Wenn auch "durch Anschauungsformen der Zeit hindurch"[3] dargestellt, so sind die Aussageinhalte dennoch nicht zeitbedingt.

Blickt man nun von hier aus auf die anfängliche Frage nach der Kenose der Kirche zurück, so ist festzustellen, daß weder das Neue Testament noch die Kirchenväter den Gedanken einer freien Selbstentäußerung der überzeitlichen Kirche in die zeitliche Gestalt geäußert haben. Mit dem Begriff "Überzeitlichkeit" soll vielmehr die "Vorweltlichkeit" (vgl. Hirte des Hermas, Vis. II 4,1) des göttlichen Entschlusses hinsichtlich der Stiftung der Kirche, die durch das Erlösungswerk Jesu Christi verwirklicht werden soll, unterstrichen werden und parallel dazu auch die Übergeschichtlichkeit, also der eschatologische Chrakter der Kirche.

---

1 PnI 122. An die Aussagen der Schrift haben auch die Kirchenväter das Bild einer "ursprünglichen, geistlichen Kirche, die vor Mond und Sonne gestiftet ist" (vgl. 2. Klemensbrief 14,2 ff.) geknüpft. Vgl. hierzu u.a. Hirte des Hermas, Vis. I,2; II,4; Origenes, Matth. Com. T.XIV.17; Methodius, Gastmahl III, 8,70 f.: Augustinus, Civitas Dei; vgl. Confess. XII 13.19.23.

2 PnI 122; vgl. Joh 1,13.

3 Ebd.

Was aber soll hier der Begriff "Kenose" im Zusammenhang mit dem Wesensvollzug der Kirche leisten? Ein wichtiger Hinweis scheint dort angeboten zu sein, wo die Unvollkommenheit und die Sündhaftigkeit der irdischen Kirche erkannt wird. Nach Origenes, auf den von Balthasar sich ausdrücklich bezieht[1], zeugt der sündige Zustand der irdischen Kirche von einem "Abfall" von der himmlischen, idealen Wirklichkeit. Doch zweifellos hat Origenes weder an eine "Kenose" der Kirche noch an eine Vergleichbarkeit von dem von ihm angenommenen "Absinken" der himmlischen Wirklichkeit mit der freien Selbstentsagung bzw. dem "Abstieg" Christi gedacht. So versucht von Balthasar, den theologischen Ort zu bestimmen, wo der Ausdruck Kenose der Kirche verwendet werden kann. Er vertritt die Auffassung, daß von einer Kenose der Kirche nicht im Sinne eines "Abfalls" oder eines freien Entschlusses zur Selbsterniedrigung, sondern nur im Sinne des "Mitvollzugs" der Kenose des Sohnes gesprochen werden kann. Wenn hier von einer "Kenose der Kirche" gesprochen wird, mag dies als begriffliche Erfassung des soeben Aufgezeigten freilich fehl am Platz erscheinen[2]. Welche Chance gibt es aber, einem solchen Gedanken gerecht zu werden? Wenn es um den "Mitvollzug" geht, so steht nach von Balthasar die Gestalt Marias als Vor- und Urbild der Kirche da[3]. "Sie geht mit dem Sohn zusammen den Weg durch die Erniedrigung der Zeitlichkeit bis zum Kreuz"[4].

Wie vollkommen dieses Mitgehen auch sein mag, so wird sich doch eine gesunde theologische Reflexion vor der Gefahr

---

1 Vgl. PnI 123 ff.; vgl. die bereits in Anmerkung 1 auf vorhergehender Seite zitierte Stelle bei Origenes.

2 Hierzu ist anzumerken, daß von Balthasar den Titel seines Aufsatzes mit einem Fragezeichen versehen hat: "Kenose der Kirche?" (vgl. PnI 119). Er hat den Ausdruck aber nicht abgelehnt, sondern anders als im Fall Christi auszulegen versucht, wie gleich zu zeigen sein wird (vgl. Kenose im uneigentlichen Sinne).

3 PnI 125. Auf diese Problematik wird in § B ausführlich eingegangen.

4 PnI 126.

zu hüten haben, daß offen oder versteckt eine "Ranggleichheit" des "die ganze Kirche umgreifenden Jaworts Marias" mit dem "trinitarischen Beschluß der Aussendung des Sohnes in die Verlorenheit der Welt"[1] entsteht oder gefördert wird. Die Einfügung des Jaworts Marias ist letzten Endes nicht das Werk der Kreatur, sondern das Werk Gottes, der "frei" das Jawort der Kreatur als "freie Bedingung seines freien Ratschlusses"[2] seinem Heilsplan zuordnet. Dennoch glaubt von Balthasar, daß gerade hier die Möglichkeit gegeben ist, von einer eigentlichen Kenose, die nur dem göttlichen Sohn zusteht, zu einer uneigentlichen Kenose bzw. einem freien Mitvollzug der Tat Christi unter der Führung seines Geistes überzugehen.

2. Kenose im uneigentlichen Sinne

Hans Urs von Balthasar geht hier von folgender Feststellung aus:

> Die Kreatur "kann Gott die Ehre geben, denn sie hat ihre eigene Ehre nur als Abstrahl der göttlichen erhalten; damit kommt sie aber erst in ihre Wahrheit und hat noch keinen (uneigentlich-)kenotischen Akt gesetzt. Man kann noch weitergehen: indem die Kreatur ihre eigene Würde dem Herrn und Schöpfer zur Verfügung stellt, um sich von ihm nach Belieben gebrauchen und verteilen zu lassen, vollendet sie nur ihren Wesensakt als Kreatur, und dies ohne ihre Freiheit aufzugeben, denn auch ihre Freiheit ist eine geschenkte und wird nur innerhalb des Lebens der absoluten Freiheit Gottes richtig verwaltet"[3].

Damit wird eindeutig erklärt, daß die Kreatur sich ganz und gar Gott dem Schöpfer verdankt, so daß weder durch die Ehre, die sie ihm gibt, noch durch ihre Verfügbarkeit ein kenotischer Verzicht vollzogen wird. Das Ganze hat zwar die Grundform einer Selbsthingabe, ist aber als solches noch kein kenotischer Akt, der ganz andere Voraussetzungen fordert. Nach von Balthasar handelt es sich

1 PnI 126. 2 Ebd. 3 Ebd., S. 126-127.

in dieser "Selbstpreisgabe"[1] der Kreatur um ihr "Angebot" "zum Mitgenommenwerden auf den Weg der Kenose Christi ... zum Verbrauchtwerden im Dienst an der göttlichen Kenose"[2]. Das Kenotische an dem "Sichverfügenlassen" liegt also nicht einfach in der Selbsthingabe als solcher und auch nicht einfach in dem Angebot als Angebot, sondern die kenotische Qualität erhält dieses vielmehr erst dadurch, daß es in einen bestimmten Dienst genommen wird, wobei auch die Durchführung nicht des Menschen, sondern Gottes "Gutdünken"[3] überlassen wird. Dies gilt besonders für die Kirche als Gegenwart Jesu Christi mitten in der Weltgeschichte. Als sichtbares Zeichen des Heiles vermag sie dennoch nicht aus eigenen Kräften eine solche Wirklichkeit zu sein, sondern nur insofern sie von den "Eingebungen des Heiligen Geistes geformt" ist[4]. Aber auch gerade deswegen wird die Kirche "in dem ihr verheißenen Geist prüfen müssen, welchen Geistes diese Inspirationen sind"[5].

Ohne den Geist ist keine Gleichgestaltung an Christus möglich. Bedenkt man die Gestalt der Kirche als ganze unter diesem Gesichtspunkt, so entsteht die Frage, inwiefern auch die institutionelle Seite der Kirche eine vom Geist Jesu Christi durchformte Realität ist. Diese Frage wird nicht direkt von H.U. von Balthasar gestellt, sie klingt nur indirekt im Zusammenhang mit dem an, worauf er hier besonders seine Aufmerksamkeit lenkt, nämlich auf die Frage nach dem Verhältnis der "institutionellen Gestalt" zu dem makellosen Wesen der Kirche unter besonderer Berücksichtigung einer kenotischen Struktur. Analog

---

1 PnI 128.

2 Ebd.

3 Ebd.

4 Ebd., Vgl. dazu H.U. von Balthasar, Unterscheidung der Geister, in: IkaZ 3(1974) 192-202; dieser Aufsatz ist in PnI aufgenommen worden unter dem Titel: "Vorerwägungen zur Unterscheidung der Geister" (Vgl. S. 325-339).

5 PnI 129.

zu der Selbstentäußerung des Sohnes in die Knechtsgestalt sieht von Balthasar die institutionelle Gestalt der Kirche als eine Art kenotische Verfassung bzw. Erniedrigung an. Die "Enge" der Menschennatur gegenüber der souveränen Gottgestalt und die Enge der Institution sind seiner Meinung nach vergleichbar. Wörtlich heißt es:

> "Das Eingehen des Sohnes Gottes in die Enge der von der Sünde Adams geschwächten Menschengestalt ist in der Tat vergleichbar mit dem Eingewiesensein des vom Heiligen Geistes belebten Christen in die Enge der kirchlichen Institution"[1].

Nun muß aber gesagt werden, daß der hier angestellte Vergleich ein schwereres Problem hervorruft, als es auf den ersten Blick erscheint. Der Begriff der "Enge", der als tertium comparationis angeführt wird, mag er noch so treffend für einen bestimmten Aspekt des Problems sein, so bleibt doch klar, daß dem "vom Geist belebten Christ" keine Gottgestalt zugeschrieben werden kann. Außerdem muß die Tatsache berücksichtigt werden, daß nicht das Wesen der Institution, sondern ihre mögliche Deformation oder Zweckentfremdung für das kirchlich-christliche Leben einengend und verhängnisvoll ist. H.U. von Balthasar zählt sicherlich nicht zu denjenigen, die gern einen Gegensatz zwischen einer "Kirche des Geistes bzw. der Liebe" und einer "institutionellen Kirche" sehen möchten. Der Hinweis auf die Enge der Institution aber macht deutlich, daß der Zeitform der Kirche eine Ambivalenz anhaftet. Die Kirche kann ihren wesentlichen Unterschied zur Welt, der u.a. darin besteht, daß bei ihr die Äußerlichkeit ihrer Geschichte als solche bejaht wird, verlieren, wenn sie sich in die Gefahr der Identifikation mit dieser Äußerlichkeit begibt. Dies würde für sie einen Identitätsverlust bedeuten. Angesichts des Zieles, auf das der Mensch zugeht (d.h. das Heil in Gott), hat die Enge nach von Balthasar "vor Gott den Charakter einer disciplina"[2], einer planmäßigen und zielvollen

---

1 PnI 129.

2 Ebd., S. 129 f. Vgl. dazu "Institution als Disziplin", in: KAM 41 ff.

Einwirkung auf den Menschen, um ihn mit all seinen Fähigkeiten und Kräften zu formen und zur charakterfesten Persönlichkeit heranzubilden. Warum glaubt von Balthasar, daß der Mensch eine solche disciplina braucht? Der Mensch braucht sie, weil er "zum Himmel zu erziehen" ist[1]. Dabei soll er nicht nur seiner Sündhaftigkeit überführt werden, sondern auch erfahren, daß die "disciplina" das Sich-formen-lassen bedeutet, da das Endliche das Sich-negieren, die analoge Kenose also, nicht aus eigener Kraft vollzieht. Diese Kenose geschieht in der Weise des marianischen "Ja", welches nach von Balthasar das Sich-abhandeln-lassen ist, die Bereitschaft zum Mitgenommenwerden und zum Gebrauchtwerden. Darin besteht die freie Bedingung für das, was Gott in und durch seinen heiligen Geist an uns vollziehen will. Die Nichtidentität der nachadamitischen Menschennatur wird von Gott selbst durch die "disciplina" erlöst, die als "Werkzeug der Vermittlung des göttlichen Lebens"[2] das Erreichen der in Christus neu gewonnenen Freiheit ermöglicht.

Der Kirche unterwegs geht es ähnlich wie dem nachadamitischen Menschen. Wie dieser befindet sich auch die Kirche in ihrer Sündhaftigkeit in einem Abstand zu ihrer endgültig-eschatologischen Vollgestalt. Die Wahrheit ihrer Geschichte besteht daher nicht zuletzt auch darin, daß sie herausbringt, daß diese Geschichte auch ein gewisses Maß an "Unwahrheit" hat. Und je größer diese Unwahrheit wird - das mag wohl die Problematik sein, auf die von Balthasar mit dem Begriff der Enge der Institution hinweisen möchte -, um so klarer ist es, daß die Geschichte möglichst "diszipliniert" werden muß. Damit wird zugleich deutlich, daß gerade an der Struktur der aktuellen Gestalt der Kirche der theoretische Ort ihrer zukünftigen Gestalt erst bestimmt und manifest wird. Ist die Kirche dazu berufen, die "Ver-öffentlichung" des Christusereignisses zu

---

1 PnI 130.

2 Ebd.

sein[1], so kommt auch ihrer institutionellen Seite eine besondere Bedeutung zu, welche nur dann Gefahr läuft, verlorenzugehen, wenn für "die innere Qualität der kirchlichen Substanz" nicht mehr gesorgt wird[2]. An dieser Stelle erhebt sich die Frage, wie und nach welchen Kriterien dies geschehen soll. Nach von Balthasar "objektiviert sich der Heilige Geist - für die Zeit der irdischen oikonomia - auch in der Form der kirchlichen Institution, um auf diesem Umweg den subjektiven Geist der Gläubigen in die Nachfolge Christi einzuüben und ihnen dessen unmittelbare Gegenwart zu sichern. Am Ende der Welt schwindet die unpersönliche Institution, um nur das lebendige Sakrament - den Sohn Gottes - übrigzulassen"[3]. Hier soll an die besondere Stellung Marias erinnert werden, um an ihr das Urbild und Realsymbol der Kirche zu erläutern. Angesichts der Rolle der Kirche in Welt und Geschichte gibt es nach der Auffassung von Balthasars keinen anderen Ort als die Person Marias, von dem her sich das Wesen der Kirche und ihre Sendung besser definieren lassen. Das marianische Ja stellt den realen Inbegriff von Kirche dar[4].

---

1 ARA 167.

2 TD II/2, 401. "Nicht indem Kirche als solche Institution entwickelt, wird sie verweltlicht ..., sondern wo ihre wesenseigene Institution sich den andersartigen Institutionen der natürlichen Gesellschaft gleichgestaltet" (ebd. 404).

3 Ebd., S. 405.

4 Ebd., S. 280. Die gesamtkirchliche Urbildlichkeit Marias gilt aus einem doppelten Grund, nämlich aus der Ausrichtung auf Christus und aus der Ausrichtung auf die Kirche. Im ersten Bezug ist Maria als "Antwort" die dialogische Person, die dem anrufenden Wort Gottes die menschliche freie Bedingung zur Menschwerdung des Sohnes darbietet. Im zweiten Bezug wird sie als "Ursprung", als der "historische Anfang" der kirchlichen Sendung betrachtet. Dementsprechend charakterisiert von Balthasar das Marienbild in der Dogmengeschichte der Mariologie als "christotypisch" und "ekklesiotypisch" (vgl. ebd., S. 271 ff.). "Christotypik" und "Ekklesiotypik" bestimmen daher auch die folgende Darstellung, aus der hervorgehen soll, daß im Mittelpunkt der Ausformung des marianischen Urbildes die Geisterfahrung steht: "Ohne Zweifel nicht durch Maria selbst, sondern durch den Geist, der zugleich der Geist Christi ist, der Geist, der schon im voraus die Mutter und ihr geschehenlassendes Jawort nach dem Urwort des Sohnes gestaltet hat: Nicht mein Wille, der Deine geschehe")ebd., S. 323).

B. Maria als Typos und Urbild der Kirche

1. Zur christologischen Struktur des Marianischen

In der christlichen Verkündigung nimmt Maria eine Sonderstellung ein. In der Meditation und Reflexion auf das Christusereignis entdeckt das Christentum den unvergleichbaren Stellenwert der authentisch menschlichen Erfahrung Marias, des Weges, den sie gegangen ist, sowie die Schwierigkeiten, die Krisen und die Unsicherheiten, mit denen sie konfrontiert wurde und die sie überwinden mußte. Eine realistische Mariologie kann diese Elemente nicht überspringen und sofort bei der erhöhten Existenz Marias im Himmel ansetzen.

Es muß also zunächst herausgestellt werden, daß eine durch Armut und Leiden gekennzeichnete demütig-glaubende Existenz auf Erden der himmlischen Seligkeit vorangegangen war. Entsteht am Ende der mariologischen Reflexion eine Gestalt Marias, deren Bestimmtheit es ist, Präsenz des Absoluten zu sein, so muß doch von vornherein vorausgesetzt werden, daß diese Bestimmtheit sich durch eine bewährte Existenz herausgebildet hat als Vervollkommnung des "Fiat". Wenn all dies gilt, dann erkennt der Christ mit Recht in Maria das integrale und authentische Bild Christi als des Vorbildes der Menschheit, sowie er in ihr auch den "Inbegriff der Kirche als gelebte Wirklichkeit" sieht[1]. Die

---

1 Schleifung 74. Da es im folgenden nicht darum geht, die Ekklesiologie von Balthasars vollständig darzustellen, werden wir uns hauptsächlich auf das "Realsymbol" Maria beschränken und andere symbolische Gestalten wie Petrus, Paulus oder Johannes, die ekklesiologisch auch archetypische Bedeutung haben, nur gelegentlich erwähnen. Zu diesen anderen kirchlich-archetypischen Erfahrungen vgl. H I, 337-349. Vgl. auch die Interpretation der Aussagen von Balthasars bei M. Kehl, Kirche als Institution, Frankfurt 1976, S. 291-294: Maria - Johannes - Petrus: heilige und amtliche Kirche; ebenfalls SV 164-174.

Kirche und der Christ, die um ihre Gleichgestaltung an Christus bemüht sind, haben hier in der Ordnung der glaubenden Existenz ein echtes Subjekt, in dem menschliche Integrität" aufleuchtet[1].

Indem dieses Subjekt, Maria, in seiner spezifischen Rolle innerhalb der Gehorsamsordnung Christi eingeschlossen ist, drängt sich für die theologische Reflexion die Forderung auf, die christologische Dimension der Existenz Marias zu erfassen, und zwar so, daß das einheitliche Formalprinzip beider Existenzen - Christi und Marias -, d.h. Gehorsam gegenüber dem Willen Gottes in seiner realen Entfaltung wohl differenziert gesehen, aber nicht in Gegensätze ausgelegt wird[2]. Aber welche Struktur Marias läßt sich in Bezug auf das Geheimnis Jesu Christi feststellen?[3]

---

1 Vgl. 94 f.

2 Ausdrücklich warnt von Balthasar vor einer über das Ziel hinausgehenden Interpretation der Person und Funktion Marias: "Es kann uns nicht einfallen, dem die ganze Kirche umgreifenden Jawort Marias Parallelität und Ranggleichheit mit dem trinitarischen Beschluß der Aussendung des Sohnes in die Verlorenheit der Welt zuzubilligen. Marias Jawort wird von Gott frei als freie Bedingung seines freien Ratschlusses in diesen eingefügt: insofern ist es sein Werk, nicht das Werk der Kreatur. Nur eine gnostisierende Sophiologie kann hier die Grenzen verwischen und Maria als eine Art vierte Hypostase der Trinität beifügen; davor wird gesunde katholische Theologie sich hüten" (PnI 126). Hinsichtlich des erwähnten Formalprinzips unterstreicht von Balthasar die Gesinnungsgemeinschaft zwischen Mutter und Sohn, wobei allerdings dem Hinweis auf diesen Priorität eingeräumt wird: "Weder ist der Gehorsam Marias ein betonter, neben dem Gehorsam des Sohnes thematisch hervortretender, sondern ein ganz und gar sekundärer, sekundierender und in diesem Sinne nachfolgender, noch kann deshalb ihr Herrschen (als Königin des Himmels und Herrin Ecclesia) neben dem Herrschen des Sohnes thematisch werden, als eine andere, zweite, unter- oder nebengeordnete Instanz, der man auch zu gehorchen hätte, sondern alles erschöpft sich im Hinweis auf den Sohn" (Schleifung 76 f.). Vgl. hierzu auch Hanspeter Heinz, Der Gott des Je-mehr, a.a.O., S. 276-288: Jesus Christus und Maria.

3 Es wird hier nicht versucht, die komplizierten Fragen der Mariologie eingehend zu diskutieren. So werden die Themen von der Jungfräulich-

Hat Maria im göttlichen Heilsplan nur eine private Funktion oder auch eine soziale bzw. repräsentative?

Aufgrund ihrer einmaligen Christusnähe wird Maria ein heilsgeschichtlicher Auftrag zuerkannt. Bereits aus den Aussagen des Neuen Testaments geht hervor, daß der Weg Marias von der Menschwerdung des Sohnes bis zum Kreuz nicht nur darin besteht, eine materielle Bedingung für die leibliche Existenz des Wortes zu sichern. Wenn Maria - wohl mit der notwendigen Zurückhaltung - "Mittlerin" und "Miterlöserin" genannt wird, dann deswegen, weil sie eine unentbehrliche Teilnahme am Erlösungswerk des Sohnes hatte. Dazu war es aber nötig, daß sie jene Reinheit und Gnadenfülle vorweg erfuhr, die den übrigen Menschen erst nach Vollendung des Erlösungswerkes zuteil wird. Kraft dieser Würde, welche auf ihre prototypische Erwählung von seiten Gottes verweist, konnte sie sich unlöslich und einzigartig am Auftrag Jesu beteiligen. Wenn alles auf Christus hin geschaffen wurde (Kol 1,16), dann vor allem Maria. Ihre besondere Einordnung und Teilhabe am Gottes Plan drückt sich darin aus, daß in ihr der Logos Mensch geworden ist. Die Art und Weise, wie Maria sich in diesen Dienst stellt ("Mit mir geschehe nach deinem Wort"), verbindet sich unmittelbar mit der absoluten Hingabe des Sohnes: "Nicht mein Wille, sondern der Deine geschehe". Der Weg Marias führt also über diese Hingabe Jesu. Daher wird von ihr

---

keit, von der Antithese "Eva-Maria", von der Gottesmutterschaft usw. keinen breiten Raum einnehmen. Es geht in erster Linie darum, die Grundwirklichkeit Marias, d.h. ihre Einordnung in das Christusgeschehen und in die alle Menschen umgreifenden Heilsvorgänge (Erlösung, Rechtfertigung, Vollendung) skizzenhaft darzustellen. Es ist an dieser Stelle auch keine geschichtliche Darlegung der Einzelfragen der Mariologie zu erwarten, vielmehr wird an die Grundeinsichten in das Marianische erinnert, insofern sie für den Rahmen dieser Studie und speziell dieses Kapitels über das Verhältnis Geist - Kirche unerläßlich sind.

auch verlangt, daß sie auf die "Stunde" achtet (Lk 2,40 ff.; Joh 2,1 ff.). Nicht nur ihre anfängliche Bereitschaft, den Sohn im Geist zu empfangen, sondern auch ihre Präsenz unter dem Kreuz und bei den Jüngern am Pfingsttag bezeugen, daß ihre Gestalt und Wirksamkeit ganz von Christus abhängen. Im Zeugnis der Schrift wird diese enge Verbindung unmißverständlich dargestellt. So sind die Aussagen über Geschichtlichkeit und Menschlichkeit Jesu unlöslich mit den Aussagen über Maria geknüpft. Nicht bloßes Interesse an biographischen Daten, sondern die theologische Perspektive des ganzen Christusgeschehens bestimmt die Aussagen. Die "Zuwendung zur Person Marias bleibt somit im ganzen legitim und wird nur dort fragwürdig, wo diese Person aus dem heilstheologischen Zusammenhang isoliert wird und so in Konkurrenz zur Heilsfunktion des Gottessohnes tritt"[1]. Eine monolithische Ein- oder Überschätzung der Gestalt Marias würde also die Botschaft verfälschen, die uns in der Meditation über die personal-heilsgeschichtliche Verbindung Marias mit dem Ganzen der Heilsökonomie vermittelt werden soll. So wie einem "isolierten Christuskult"[2] die Gefahr droht, bei einem einseitigen Christusbild stehenzubleiben, so führt eine isolierte Mariologie zu Mißdeutungen,wenn die Rückbindung an Christus "als den handgreiflichen Beweis für die Liebe des Vaters, als das tätige Wort der Versöhnung des Vaters mit uns, des Vaters, der unser letztes Du werden soll und zu dem uns der Sohn als Weg hinleitet"[3],fehlt oder verkürzt dargestellt wird. So wie alle Christologie "trinitarisch" eingebettet sein muß, so muß auch alle Mariologie "kirchlich-christologisch" eingebettet sein[4].

1 KPG 66.

2 Ebd., S. 67.

3 Ebd.

4 Ebd.

Damit ist implizit der Hinweis auf ein weiteres Element gegeben. "Trinitarisch" und "kirchlich-christologisch" bezeichnen einen Weg zum Vater, der nur im Heiligen Geist beschreitbar ist. Dies wurde bereits ausführlich dargestellt[1]. So mögen an dieser Stelle nur einige Angaben genügen. Nach von Balthasar gilt das, was hinsichtlich des Lebensweges Christi gesagt wurde, auch für Maria, nämlich daß ihre Sendung vom Geist geschenkt und in ihm erfüllt worden war[2]. Gleich am Anfang ihrer "offiziellen" Sendung wurde ihr gesagt, daß sie ihren Sohn durch den Heiligen Geist empfangen würde. Diese Aktion des Geistes, der hier nicht als der erzeugende Vater, sondern als die wirkende Kraft handelt, beschränkt sich nicht auf die Empfängnis des Gottessohnes, sie umgreift die ganze "personal-sozialisierte" (durch die Teilnahme am messianischen Auftrag Christi) Existenz der Mutter Gottes[3]. Maria ist ein bewun-

---

1 Vgl. "Die geistbestimmte Dynamik der Sendungsexistenz Jesu", wo wir alle Grundfragen dargelegt haben.

2 Vgl. TD II/2, 323 ff. Vgl. besonders dort auch die Anmerkung 3 auf Seite 324.

3 Es ist ein bißchen enttäuschend, daß von Balthasar zu diesem Punkt den Gedanken der Geisterfahrung Marias nicht ausdrücklich weiter verfolgt und vertieft. Wahrscheinlich liegt der Grund dafür in der schon erwähnten, einheitlichen Betrachtungsweise der gehorsamen Existenz Christi und Marias. Wünschenswert wäre jedoch die Hervorhebung des spezifischen Verhältnisses Marias zum Geist gewesen. Denn Christi Geisterfülltsein und Geisterfülltsein Marias sind nicht einfach identisch, sondern sie haben jeweils einen besonderen Charakter, den es aufzuzeigen gilt, zumal von Balthasar einen besonderen Wert darauf legt, der Bedeutung des Männlichen und des Weiblichen als "Grundbestimmung des Menschseins" (TD II/2, 260) in der Nachfolge (sei es in Gemeinschaft oder als Einzelner) nachzugehen (vgl. TD II/1, 334-350; TD II/2, 261-330).
Das wenige, das wir hier vortragen, stellt eine knappe Zusammenfassung von dem dar, was zum Thema Geisterfahrung aus dem Begriff der "urbildlichen Erfahrung" (H I 290 ff.) und der "marianischen Gotterfahrung" als "Glaubenserfahrung" (ebd., S. 326 ff.) zu entnehmen ist. Wenn auch an diesen Stellen vom Heiligen Geist nicht ausdrücklich gesprochen wird, so besteht doch kein Zweifel darüber, daß eine solche Gott- oder Glaubenserfahrung ohne "geistliche Einfühlung" nicht möglich ist.

dernswertes Beispiel von Empfänglichkeit für die Wirksamkeit des Heiligen Geistes. Ihr Erfülltsein mit dem Geist wird in dem Ausdruck "voll von Gnade" klar bezeugt. In der Kette der Personen zwischen dem Alten und Neuen Bund stellt sich Maria mit ihrer Gotterfahrung als ein besonderer Fall von "hoher Intensität der Hingabe zu Gott"[1] dar. Es ist demnach kirchlich nicht verwunderlich, wenn von Balthasar die "Ein-bildung des Bildes der dienenden Braut" als erstrebenswert für jeden Christen empfiehlt[2]. In der tiefen Bedeutung dieses Bildes liegt für von Balthasar das "Funktionelle" bei Maria. Die bereits dargelegte Christusnähe, welche mit der Gott- und Geisterfahrung der "Tochter Sion" eng zusammenhängt, ist nach seinen Worten "funktionell" nicht nur "zur "Christologie", sondern auch "zur Ekklesiologie hin"[3]. Darin ist erneut die Ansicht von Balthasars zu erkennen, nach der es im Plan Gottes nichts Einzelnes - d.h. nur für sich - gibt, vielmehr kündigt sich jedes Element dieses Plans nur als Teil eines Ganzen an. So findet auch "die aus Christus entströmende Kirche ihr personales Zentrum und die Vollverwirklichung ihrer kirchlichen Idee" in Maria[4].

2. Subjektivität und "repräsentative" Rolle Marias

a) Das "marianische Prinzip"

Die subjektiv-personale Stellung Marias ist in Bezug auf die Kirche nicht bloßes Symbol, sondern ein heiler Kern"[5]. Maria ist zwar nicht "das Wort, aber sie ist die adäquate Antwort, wie sie von Gott aus dem geschöpflichen Raum

1 Michael Schmaus, Art. Maria, in: HthL IV 384.

2 Schleifung 78.

3 H I, 329.

4 SV 168.

5 KPG 69.

erwartet und in seiner Gnade durch sein Wort darin hervorgebracht wird"[1]. Maria steht deswegen im Zentrum des Kirchlichen, weil sie durch die Gnade Gottes das Wahrhafte gekonnt hat, das von der Kirche als Ganzer erwartet wird, und "die kirchliche Form der glaubenden Komtemplation" ausmacht[2]. Zu dieser Kontemplation braucht die Kirche nicht nur ein Amt, das Männern vorbehalten ist, sondern auch das gleichberechtigte Weibliche[3].

Das Marianische ist deshalb in der Kirche "kein abstraktes Prinzip, sondern konkrete Person, und von ihr als Person strahlt die frauliche Atmosphäre aus"[4]. Nun ist aber zu unterstreichen, daß die Hervorhebung dieses Personal-Marianischen in der Theologie nicht beliebig geschehen kann, sondern nur im "echten Geist Marias"[5], in dem nicht

---

1 SV 169. Vgl. dazu M. Kehl, Kirche als Institution, a.a.O., S. 285-291: Kirche als Antwortgestalt; insb. "Maria, Urbild der Kirche", ebd., S. 285 f.

2 M. Kehl, Kirche als Institution, a.a.O., 248 f.

3 KPG 69. Wörtlich schreibt von Balthasar: "Wo das Geheimnis der Marianität der Kirche verschattet oder preisgegeben wird, da muß das Christentum eingeschlechtlich (homo-sexuell), nämlich all-männlich werden". Bedenkt man die heutige Diskussion über die sogenannte "Männer-Kirche", so versteht man ohne weiteres die Aktualität dieser knappen Hinweise, deren Nutzbarkeit in der Überlegung über dem Diakonat oder sogar das Priestertum der Frau nicht ganz angezweifelt werden darf. Ferner heißt es dazu: "Ohne Mariologie droht das Christentum unter der Hand unmenschlich zu werden. Die Kirche wird funktionalistisch, seellos, ein hektischer Betrieb ohne Ruhepunkt, in lauter Verplanung hinein verfremdet. Und weil in dieser mann-männlichen Welt nur immer neue Ideologien einander ablösen, wird alles polemisch, kritisch, bitter, humorlos und schließlich langweilig, und die Menschen laufen in Massen aus einer solchen Kirche davon" (ebd., S. 72). Wie man diese Äußerung im einzelnen beurteilen mag, bleibe dahingestellt. Die Sorge aber um ein "gleichgewichtiges" kirchliches Lebens, in dem eine wirklich kirchliche Persönlichkeitsentfaltung stattfindet, kann keinen Menschen guten Willens und rechten Glaubens indifferent lassen.

4 Ebd., S. 71.

5 Ebd. Was unter diesem "Geist Marias" zu verstehen ist, erläutert von Balthasar mit folgenden Worten: "Der Geist der Magdlichkeit, des Dienstes, der Unscheinbarkeit, der Geist der Weitergabe, des Für-andere-Seins. Niemand begehrt weniger nach persönlichen 'Privilegien' als die Mutter Christi; sie freut sich an diesen nur, sofern sie all ihren Kindern in der Kirche zugute kommen."

nur etwas "Theologisch-symbolisches", sondern etwas "Realhistorisches"[1] leuchtet. Das heißt, Marias Haltung bezeugt konkret den Grundakt des Glaubens, der dahin geht, daß der Empfang des lebendigen Wortes Gottes vorbehaltlos die ganze Existenz des Glaubenden beansprucht. Marias Magdlichkeit bezeichnet in dieser Hinsicht nicht nur das Hier und Jetzt des Glaubenden, sondern darüber hinaus vorweg in Bezug auf die letzte Zukunft - die Eschatologie - "den realen Ort, zu dem wir hinstreben"[2].

b) "Allgemeines Schoßprinzip" für Kirchlichkeit

Zur Bedeutung des "realen Ortes" gehört, daß Maria "realer" und "idealer" Schoß von Kirche ist. Was will von Balthasar damit sagen? Gemeint ist die Tatsache, daß die Person Marias "in Glaube, Liebe, Hoffnung so geschmeidig in der Hand des Schöpfers geworden ist, daß er sie aus einem vereinzelten, privaten Bewußtsein weiten kann zu einem kirchlichen Bewußtsein: zu dem, was seit Origenes und Ambrosius die alte Theologie anima ecclesiastica zu nennen pflegt"[3]. Gemäß dieser Auffassung teilt von Balthasar die Ansicht A. Müllers, nach dem die Parallelität zwischen Maria und Kirche zu einer letzten Klarheit durchdringen muß, wobei nicht nur eine bloße Parallele zwischen "leiblichen Gebären Marias und geistigem Gebären der Kirche"[4] behauptet wird, sondern auch als entscheidendes Element der Glaube deutlich hervorgehoben wird, aufgrund dessen die "Verkirch-

---

1 KPG 71.

2 Ebd., In diesem Sinne versteht von Balthasar die eigentliche Lehre von der leiblichen Aufnahme Marias in den Himmel.

3 SV 174. Hier verweist von Balthasar bei Origenes auf Cant. kom. 1,10 (Baehr. 8,41) und bei Ambrosius auf Exp. in Ps 118, 6.8 (CSEL 62, 112).

4 SV 173. Vgl. A. Müller, Ecclesia-Maria, Freiburg 1954.

lichung des Einzelbewußtseins"[1] geschieht und aufgrund dessen die Einzigartigkeit und Eminenz des Glaubensaktes Marias eine doppelte Bedeutung gewinnt:

> "Subjektiver vollerfüllter Grund für den subjektiven Akt der Kirche als solcher (der jedem defizienten nachvollziehenden Akt des einzelnen Gläubigen qualitativ überlegen bleibt) und, da Maria auch eine Glaubende innerhalb der kirchlichen Gemeinschaft ist, subjektiver vollerfüllter Grund eines jeden personalen Glaubensaktes innerhalb der communio sanctorum"[2] zu sein.

Die Urbildlichkeit Marias bliebe irgendwie bloße Annahme, wenn Maria nicht zugleich als Glied der Kirche betrachtet würde."Christusförmig" und "kirchlich-urbildlich" ist sie nicht aus eigener Erfindungs- und Schöpferkraft, sondern weil Gott ihr einen Raum zur Verfügung gestellt hat, einen Raum der Teilnahme, der "genau der Raum der heiligen Kirche ist" und in dem sie zu einer "anima ecclesiastica" wird, welche "die kirchlichen Dimensionen erreicht und Kirche in ihrem Wesensraum mitkonstituieren hilft"[3]. Für Maria gilt also nach von Balthasar, daß sie ihre Subjektivität als Privatperson nicht verliert, doch ihr in einem bestimmten Sinne "enteignet" wird. Als eine solche "entselbstete"[4] Subjektivität gewinnt sie aber an größerer "Objektivierung". Sie wird zum "Prinzip der gemeinsamen Fruchtbarkeit"[5] und zum einzigartigen Modell jenes kirchlichen Gefäßes, "in das hinein die vom Heiligen Geist universalisierte Substanz des Sohnes sich ergießt"[6]. Dies deutet auf die trinitarische Dimension des Marianischen, der nun kurz nachzugehen ist, hin.

---

1 SV 174. 2 Ebd., S. 173. 3 PnI 193.

4 Ebd., Die "Enteignung" und die "Verkirchlichung des Einzelbewußtseins" läßt von Balthasar für jeden Menschen gelten, allerdings "auf anderer Stufe", unter der Voraussetzung, daß er "aus der Privatexistenz des Natürlichen und aus der noch engeren Enge des gottentfremdeten Sündenbewußtseins durch das Sterben des alten Menschen zur Kirche wiedergeboren und mit dem Bewußtsein des neuen Menschen ausgestattet wird".

5 TD II/2, 323; vgl. VC 227.

6 TD II/2, 323.

c) Trinitarische Dimension des Marianischen

Zur Wirklichkeit Maria-Kirche gehört, wie bereits angedeutet, der besondere Begriff des "Gott-über-sich-verfügenlassens". Dieser "Urakt"[1] fügt sich in das Heilshandeln Gottes ein. Doch dieses Handeln, wie wir sahen, ist in seinem Ursprung nur trinitarisch bestimmbar. Und von diesem Ursprung her sieht die Sachlage nach von Balthasar so aus:

> "In dieser Urzelle von Kirche kann sich der trinitarische Liebesgehorsam des Menschgewordenen widerstandslos ausprägen, weil sie so gar nicht 'Persönlichkeit' spielt, die durch einen mehr oder weniger heroischen Akt auf sich selber verzichtet, um sich in den Dienst Gottes zu begeben, sondern einfach als 'niedrige Magd' vom Blick 'Seines Erbarmens' getroffen wird, des Gottes, der 'die am Boden Liegenden aufhebt, die Hungernden mit Gütern füllt und die Reichen leer ausgehen läßt' (Lk 1,48 ff.)"[2].

Von diesem Standpunkt aus läßt sich sagen, daß sich bei und in Maria eine urbildliche Verwirklichung der Beziehung zwischen Gott und Mensch vollzieht. Der Gott, der hier erkannt und empfangen wird, kann nur der dreipersönliche Gott sein. Auf die Kirche übertragen heißt es: "Das Urbild Maria ist da, um die Kirche die trinitarische Dimension ihres ehelichen Geheimnisses nie vergessen zu lassen, wie ja auch Christus in seinem Erdenwandel sie immerfort auf diese Offenheit ins dreieinige Leben hingewiesen hat"[3]. Die Entfaltung dieser Grundhaltung zeigt sich konkret in der Weise, wie Kirche ihre Sendung erfüllt und wie diese ihr Wesen überhaupt ausmacht[4]. Dies wird ausführlich im nächsten Kapitel dargestellt. An dieser Stelle bleibt zu unterstreichen, daß ein Teil der Antwort auf die Frage, wer/was ist die Kirche (auf diese Frage wird ebenfalls im nächsten Kapitel eingegangen), in der Person und Sonderstellung

---

1 PnI 143.

2 Ebd., S. 142 f.

3 SV 170.

4 Vgl. dazu M. Kehl, Kirche als Institution, a.a.O., S. 251-263.

Marias gegeben ist. Ist die Kirche eine Einheit, und zwar trinitarisch und christologisch, so handelt es sich auch um ein Weiterleben der trinitarischen Dimension des Marianischen, wenn auch, wie bereits gesagt, die Ursprünglichkeit Marias hinsichtlich der Kirche in der Ursprünglichkeit des Heisplans Gottes begründet ist, so daß das Kirchliche doch dem Marianischen vorausliegt. Diese schwierige Frage ist hier nicht zu lösen, aber auch nicht auf den einen oder den anderen ihrer beiden Pole zu reduzieren; es gilt, sie in ihrer Schärfe festzuhalten. Man wird aber in dem hier angesprochenen Zusammenhang nicht ganz ohne Recht von "Kirchenförmigkeit" Marias und von "Marienförmigkeit" der Kirche sprechen dürfen. Zu dieser ineinandergreifenden "Personalität" Marias und der Kirche wenigstens noch ein Wort.

3. Zur Perichorese zwischen Maria und der Kirche

Mit dem bisher Ausgeführten ist nach den Worten von Balthasars das "grundsätzlich erkannt", was mit dem Begriff "Perichorese" ausgedrückt wird[1]. Er besagt die gegenseitige Bezogenheit von Maria und Kirche, die, nach der Auffassung Scheebens, auf den sich von Balthasar hier bezieht, so innig ist, "daß jede von beiden (Maria und Kirche) vollkommen nur in und mit der anderen erkannt werden kann"[2]. Maria ist die "personhafte Darstellung der Kirche"[3]. Steht Maria so in ihrer Geschichtlichkeit nicht nur als Privatperson, sondern repräsentativ für die Gesamtheit der Kirche da, so erhebt sich die Frage nach der möglichen Wirkung eines solchen personalen Darstellens". Denn es genügt ja nicht, einfach festzustellen, daß Kirche und

---

1 ARA 166.

2 Ebd.; vgl. M.J. Scheeben, Dogmatik III (1882), S. 618.

3 ARA 167.

Maria sich ineinander spiegeln, sondern dies muß konkret sowohl für den einzelnen Gläubigen wie für die Gesamtheit der Kirche eine Wirkungsmöglichkeit haben. Für von Balthasar ist diese dort gegeben, wo in der Theologie und in der christlichen Praxis keine "eingeengte Devotion" zu Maria als Privatperson entsteht oder begünstigt wird[1], sondern in ihr die Aufmerksamkeit auf das ganze Mysterium salutis gelenkt wird[2], denn nur hier bekommt der Gläubige eine richtige Einsicht in den großen Reichtum der marianischen Gotteserfahrung und damit in das konstitutive Ineinandersein von Maria und Kirche:

> "Am Knotenpunkt aller Straßen zwischen dem Alten und Neuen Bund steht die marianische Gotterfahrung, so reich und so geheim zugleich, daß sie kaum beschreibbar ist. So wichtig aber, daß sie immer wieder als der Hintergrund für das Offensichtliche aufscheint. In ihr geht Sion über in die Ecclesia, in ihr geht das Wort über in das Fleisch, in ihr geht das Haupt über in den Leib. Sie ist der Ort der überschwenglichen Fruchtbarkeit"[3].

Von diesem Gesichtspunkt her wird es auch verständlich, daß von Balthasar die "Überschattung der Jungfrau" mit

---

1 ARA 167.

2 In diesem Zusammenhang bemängelt von Balthasar die Fehler der Vergangenheit, die oft zu Einseitigkeiten geführt haben, deren Auswirkungen immer in der Kirche zu spüren sind: "Die Kirche büßt heute bitter für mancherlei Fehler, die sie in ihrer langen Geschichte begangen hat, Verkürzungen, Einseitigkeiten, die sich oft unmerklich eingeschlichen, aber dann folgenreich auswirkten. Im Sektor der Mariologie denkt jeder an bedenkliche Akzentverlagerungen, nicht allein in der sogenannten 'Volksfrömmigkeit', die sich oft mehr an Maria als an ihren Sohn als Mittler zum Vater hielt - wie eine ausgiebige Ikonographie, eine ebenso eindeutige Topographie der Wallfahrtsorte und der Devotionalienmarkt beweist -, sondern auch in der wissenschaftlichen Theologie, von der zumindest ein sehr aktiver Zweig sich ausführlich - in zahllosen Büchern, Sonderzeitschriften, gehäuften Vereinigungen und Kongressen, zumal in lateinischen Ländern - mit den Privilegien der Gottesmutter befaßt hat und zum Teil noch weiter befaßt. Angesichts dieser theologischen Geschäftigkeit befällt uns ein Mißbehagen, und wir stellen dabei fest, daß ein solches sich viel weniger auf die allgemeine kirchliche Überlieferung als auf ein vorwiegend neuzeitliches Unternehmen bezieht" (KPG 65 f.).

3 H I, 326.

den "Mysterien des mystischen Leibes" verbindet, "die vor allem Mysterien des Heiligen Geistes sind, eingezeugt in in den Schoß der jungfräulichen Kirche"[1]. Es wird aber auf diese Weise nicht versucht, die Spannung zwischen "unbefleckter Kirche" und "Kirche der Sünder"[2] beseite zu schieben oder allzu schnell zu überbrücken. Ebenso geht es weniger um "Spiritualisierung", vielmehr konzentriert sich von Balthasar an dieser Stelle auf die Darstellung des "marianischen Prinzips"[3], wobei deutlich wird, in welcher berechtigten Hoffnung die Zuversicht des Glaubenden gründet, daß er trotz der Spannung zwischen Begnadigung und Sündhaftigkeit "keine verborgene Schizophrenie"[4] zu erleiden hat, denn die archetypischen Erfahrungen Marias und anderer[5] schweben nicht als unerreichbare Ideen über der Kirche, sie bleiben in ihr erhalten in ihrer Differenziertheit durch eine "reale Kontinuität und Weitergabe" und begründen die Lebensform des glaubenden Menschen[6].

Damit steht für von Balthasar in Übereinstimmung mit A. Müller[7] fest, daß "Maria analog genauso das universale concretum der Kirche ist, wie Christus das der Gottessohn-

---

1 H I, 327.

2 Siehe unten den Abschnitt über "Casta Meretrix".

3 KPG 65 ff.

4 H I, 350. Auch wenn die Kirche der Sünder sich nicht einfach mit der marianisch-idealen Kirche identifizieren kann, sondern ihre Vollgestalt erst in der eschatologischen Vollendung erreichen wird, so erfüllt doch allein der Begriff der Eschatologie den Sinn der Dialektik des Heils in "jam ... sed mondum": "Man kann noch sosehr, von der Unvollkommenheit und Sündigkeit der empirischen Kirche beeindruckt, in der idealen Liebeskirche eine 'eschatologische' Größe sehen: eschatologisch kann in diesem Fall keineswegs bedeuten: noch nicht wirklich, noch rein zukünftig; die ideale Kirche muß real sein, wenn man Gottes und Christi Tat nicht der Unfähigkeit bezichtigen will, und diese Realität - als subjektiv-objektive Heiligkeit der Liebe - ist die Voraussetzung und der immerwährende Bezugs- und Richtpunkt für alles Streben der unvollkommenen Christen" (PnI, 182).

5 H.U. von Balthasar verweist hier insbesondere auf die petrinische, paulinische und johanneische Erfahrung, vgl. ebd., S. 339-349.

6 H I, 351.

7 Ecclesia-Maria, a.a.O., S. 71 ff.; vgl. ARA 165 f.

schaft"[1], insofern ist sie "mehr als nur eine zeichenhafte, leibliche Vordeutung auf das in der Kirche sich geisthaft Vollziehende"[2]. Im betrachteten Blick auf diese geisthafte Wirklichkeit klärt sich nicht nur der Inhalt der christlichen Hoffnung hinsichtlich der letzten Zukunft, sondern auch das Miteinander der Menschen wird dadurch geformt und zusammengehalten, wenn sie sich darum bemühen, ihr "Leben dem Gebot und Wesen der Kirche nach- und gleichzugestalten"[3]. Das Marianische ist daher nicht bloß eine ideale Angelegenheit ohne irgendeine konkrete Auswirkung für das Leben des Einzelnen und der Gemeinschaft. Wenn es wahr ist, daß das Marianische von seinem Ursprung her "umgreifend" und "freigebend" zugleich ist[4], dann ist dies besonders dort zu erkennen und zu erleben, wo mitmenschliche Beschränkungen abgebaut werden und "grenzlose" Bereitschaft, Empfangsbereitschaft als Grundhaltung der Kirche anzutreffen ist. Dazu heißt es:

> "Das marianische Fiat ist umgreifende - in seiner Vollkommenheit uneinholbare, aber schützende und lenkende - Form für das ganze kirchliche Leben. Es ist die innere Gestalt der Communio, sofern diese weit mehr ist als ein menschliches Miteinander-Auskommen und Fraternisieren, vielmehr ein gegenseitiges unbegrenztes Raumgewähren in sich selbst"[5].

In Verbindung mit dieser Feststellung fällt das noch einmal in den Blick, was über die Geisterfahrung Marias gesagt worden ist. Wir hatten in dem Kapitel über die innertrini-

---

1 Ecclesia-Maria, S. 73. A. Müller geht noch so weit, daß er von einer "Identität Marias mit der Kirche" spricht (ebd., S. 71). Man soll lieber diesen Aspekt nicht überziehen und sich an die von H.U. von Balthasar angeführte Einschränkung halten, wonach "die besondere heilsgeschichtliche Stellung Marias im neuen Gottesvolk" nur "einen Teil der Antwort auf die Frage "Wer ist die Kirche?" gibt; die ganze Antwort kann sie nicht geben. Aber sie kann die volle Antwort wenigstens einleiten" (SV 174).

2 ARA 166.

3 H I, 351.

4 ARA 170 ff.

5 Ebd., S. 173.

tarische Bestimmung des Heiligen Geistes gesehen, daß dieser in besonderer Weise in Zusammenhang mit "Freiheit" steht, und das heißt, daß der Geist u.a. das Raumgewähren in uns erwirkt, damit wir empfangsbereit sind für den anderen, sei es Gott oder der Mitmensch oder beide. Daß das Marianische ebenfalls eine solche raumbereitstellende Wirkung in uns hat, offenbart vor allem "Marias Nähe zum Heiligen Geist, dessen erwähltes Gefäß sie ist und der als göttliche Person das wirksame, aber immer 'verschwindende', diskrete Raumgeben für die gegenseitige Liebe von Vater und Sohn ist, der er sich verdankt, die er bezeugt, die er ist"[1]. All das bedeutet, daß in der Gestalt Mariens die Wirkung der Erlösung Christi besonders sichtbar ist, und dies nicht zuletzt, weil sie selber auch in diese Erlösung in vollkommener Weise einbezogen ist[2]. Daher findet sich selbst die Kirche in Maria wieder. Die Allgemeingültigkeit der Mariengeheimnisse befindet sich nicht ausserhalb, sondern innerhalb der Kirche. Diese Geheimnisse sind mutatis mutandis die Geheimnisse der Kirche selbst sowohl als Vielheit der einzelnen erlösten Menschen wie vor allem als Gemeinschaft, in der das Heil gewonnen wird. Darin ist ein Wesentliches in Bezug auf die Perichorese zwischen Maria und der Kirche zu erkennen und zu deuten: "Wo Maria als Geisterfüllte zum Urbild der Kirche wird, erscheint diese als der Tempel des Heiligen Geistes, der sie wehend erfüllt und, ohne sich selbst thematisch zu machen, in die Wahrheit des Vaters und des Sohnes, die er wiederum selbst ist, einführt"[3]. Auf diese Bestimmung der Kirche als Tempel des Heiligen Geistes soll nun eingegangen werden.

---

1 ARA 173.

2 Vgl. dazu O. Semmelroth, Art. Maria (III. Systematisch), in: HthG III, 124 ff.

3 ARA 173.

C. Kirche als Gemeinschaft des Geistes

1. Ecclesia ἐν πνεύματι

Indem die ideale Gestalt der Kirche und das vollkommene Modell des Weges der glaubenden Gemeinschaft unter der Führung des Geistes in Maria und in marianischer Erfahrung erkannt werden, wird zugleich das Problem des wahren Wesens der Kirche und des richtigen Kirchenverständnisses berührt. Heilige Gemeinde (ἐκκλησία) ist die Kirche nur im Heiligen Geist (ἐν πνεύματι) [1]. Die Festversammlung des heiligen Volkes geschieht im Geist Christi und ist dessen Wirken. Darum kann jede Antwort auf die Frage: was ist die Kirche? nur im Geist gefunden und formuliert werden.

In der Diskussion der letzten Jahre über die Kirche stand man mancherorts auch vor der Frage der Unterscheidung zwischen der institutionellen Kirche und einer charismatischen Kirche. Aber handelt es sich wirklich um zwei gegensätzliche Wirklichkeiten? Eine ausführliche Darlegung des Diskussionsstandes zu diesem Punkt kann hier nicht angestrebt werden. Es können nur die Grundlinien der Fragestellung dargestellt werden, soweit sie die hiesigen Überlegungen über das Verhältnis Geist-Kirche berühren.

Daß das Institutionelle in der Kirche keineswegs als eine Zutat oder Nebensache, sondern als eine der Modalitäten der Gegenwart des Heiliges Geistes als der bleibenden Gegenwart des Erhöhten Herrn in seiner Kirche angesehen werden muß, das wird später näher behandelt. Institution und Inspiration bilden nach von Balthasar keine Gegensätze, denn beide sind dem Geist Christi wesenhaft gehörig, der in der Kirche lebt; sie stellen den objektiven und subjektiven Aspekt des Geistes dar:

---

1 Zu dem engen Zusammenhang dieses Ausdrucks mit der paulinischen christologischen Formel ἐν χριστῷ vgl. O. Kuß, Paulus, Regensburg 1976.

"In der Kirche Christi lebt der Heilige Geist immer zugleich als objektiver und subjektiver: als Institution oder Regel oder disciplina, und als Inspiration und liebender Gehorsam an den Vater und Kindschaftsgeist. Beides ist voneinander untrennbar, da wir unter dem Gesetz Christi stehen, der in uns Gestalt annehmen soll, und zwar nicht einmal nur als der auf Erden sich mühende Gottesknecht, sondern auch als der Auferstandene und zum Himmel Gefahrene (Eph 2,6), so daß unser Leben mit Christus zusammen in Gott verborgen ist"[1].

Wenn also der Institutions-Aspekt der Kirche der Institutions-Aspekt des Geistes selbst ist, dann ist er weder eine Herabsetzung noch eine Entfremdung gegenüber der charismatischen Dimension der Kirche. Darum könnte jeder auf einer Entgegensetzung der beiden Aspekte basierende polemische Eifer als eine antikirchliche Haltung angesehen werden. In einer richtigen Betrachtungsweise der Kirche soll es darauf ankommen, die immer wieder drohende Kluft zwischen Institution und Charisma/Inspiration zu vermeiden. Gewiß: viele Formen der äußeren Organisation der Kirche leiden an mangelnder Lebendigkeit und sind reformbedürftig, ihnen muß ihre ursprüngliche innere Inspirationskraft, welche vom Geist kommt, wiedergegeben werden, damit "die objektiv gestalthafte Kirche nicht als ein starres, kerkerartiges Gerüst erlebt werden darf, sondern als ein pneumatisches Gebäude, in dem jeder sich als ein lebendiger Baustein einfügen soll (1 Petr 2,5)"[2]. Die Gegenwart des Geistes in der Kirche stellt an jedes Glied der Gemeinschaft eine Herausforderung. Jeder in der Gemeinde ist dazu aufgerufen, sein Leben und das Leben der Kirche so zu gestalten, daß die Transparenz Christi und die Vermittlung des dreieinigen Lebens als die eigentliche Zielsetzung der äußeren Ordnung vor Augen stehen[3].

---

1 PnI 231.

2 Ebd., S. 233.

3 Unter dem Hinweis, daß an der äußeren Form der Kirche vieles lebendig genug wäre, um "echte innere Begeisterung auszulösen", erinnert von Balthasar daran, daß die kirchliche Lebensordnung von der Identität der kirchlichen Antwort auf die eucharistische Ganzhingabe

Dies wird vor allem durch die normative Lebendigkeit des Geistes ermöglicht, der neue Horizonte jenseits unserer Grenzen eröffnet und jedes krampfhafte Festhalten am Erreichten verhindert. Die Kirche hat immer wieder Anlaß zu fragen, ob sie ihrem Glauben an den Heiligen Geist entspricht, der sie in die Wahrheit einführt, an ihr die stu-

---

Christi her zu denken ist. Demnach entsteht zwischen der Kirche und dem einzelnen Gläubigen eine Art Haftungsgemeinschaft. Dazu heißt es: "Die Kirche nimmt den Gläubigen bei seiner Lebensentscheidung für Christus beim Wort: dieses Wort ist im lebendigen Glauben, Hoffen, Lieben, also im einwohnenden Heiligen Geist gesprochen, und sie hält es dem, der es gesprochen hat, in der gleichen Dauerhaftigkeit vor Augen, in der es gemeint war und die ihm objektiv eignet. Sie bindet den Glaubenden, der als Mensch der Erde die Neigung hätte, dem Boden entlang zu kriechen, am Spalier ihrer objektiven Ordnung empor, woran er sich seiner Bestimmung gemäß entfalten und Früchte tragen kann. Das, wozu der fleischliche Mensch sich gezwungen fühlt, ist eben das, was der geistliche ersehnt. Dabei muß er freilich mit dem ihm ins Herz gegebenen Heiligen Geist in der kirchlichen Ordnung das sehen wollen, was das Spiegelbild des inneren Geistes ist, und den Geist nicht in einen Gegensatz zu einem künstlich und polemisch isolierten 'Establishment' hochspielen" (PnI 232 f.). Im Heiligen Geist ist die Kirche immer zugleich sichtbar und unsichtbar oder, wie vorhin ausgeführt, Institution und Inspiration. Diese Einsicht in das Wesen der Kirche ist keine Selbstverständlichkeit, sondern sie erfolgt im "Lauschen" auf das Wehen des Geistes und auf seine Zeichen der Zeit und auf seine Weisung in "einer reinen Haltung des Glaubens und des Gebetes" (SV 13). Erst dann wird dem Christen folgendes klar: "Der Geist Jesu wird seiner Kirche auch heute nichts anderes schenken können und wollen als den Geist Jesu selber. Das aber heißt: Die Geistigkeit der Kirche jeder und auch der heutigen Zeit kann eben nur geistig sein, und nicht weltlich im Sinne irdischer Macht, irdischen Sichdurchsetzens, irdischer neuer, erfolgversprechender Methoden politischer, diplomatischer, ökonomischer, soziologischer Organisation, die der sichtbaren Kirche größere Selbständigkeit, stärkere Stimmbeteiligung, machtvollere Positionen sichern würde. Selbst dann nicht, wenn diese erfolgverheißenden Methoden zunächst im Innern angewendet würden zur Straffung der Disziplin, zur Säuberung und Ölung der funktionellen Gelenke, zur Zentralisation der Leitung, zur besseren Durchgabe der einheitlichen Parolen und Weisungen, zur sittlichen und intellektuellen Hebung des klerikalen Standes und auch soweit wie möglich der Laien, deren rationellerer Einsatz in den kirchlichen Kampftrupps und aktiven Zellen wünschbar wäre. Dies alles sind die Slogans des Integralismus, der, so wie wir ihn hier verstehen wollen, der eigentliche Gegensatz zum Wehen des Heiligen Geistes ist. Insofern gibt es innerhalb der empirischen Kirche den Widerspruch zweier Geister, wie ihn Augustin im Anschluß an die Bibel des Alten und Neuen Bundes als den Kampf der zwei Civitates beschreibt und das Exerzitienbuch (noch geistiger) als den Gegensatz zweier Gesinnungen: hie Wille zur Macht, luziferisch, dort Wille zur Armut, Niedrigfenweise Offenbarung der göttlichen Glorie vollzieht, sie belehrt[1] und zum allumfassenden Heilssakrament"[2] in Raum und Zeit macht. Unter der Führung des Heiligen Geistes, dessen "Geschöpf" sie ist[3], ist die Kirche zugleich Institution und Ereignis. Sie wird immer mehr zu dem, was sie sein soll. Sie "ereignet". Selbst ihre sichtbare Gestalt steht unter dem Zeichen dieses Ereignisses. Wo diese Bestimmungen ernstgenommen werden, da werden auch zwei entgegengesetzte Gefahren vermieden, die in der Betonung einerseits der "spirituellen", geistig-himmlischen Dimension und andererseits des "Establishments" bestehen. "Ziel des Heiligen Geistes kann nur sein, die Kirche in alle Wahrheit einzuführen ..., die er aus dem Schatz Jesu Christi" nimmt[4]. Christi Lebendigkeit ist deshalb die Spiritualität der Kirche[5], und nicht unsere Wunschbilder kirchlicher Existenz. Und so steht jede wahre Integralität unter dem Gesetz der Katholizität und der Macht Christi[6]. Nur wenn diese Dimension bewahrt bleibt, wird der Mensch

---

keit, Demut, christlich. Das Furchtbare am Integralismus ist dies, daß er aus dieser Gesinnungsfront, die selbstverständlich im Christen selbst am bewußtesten ausgefochten werden muß (warum sonst die Übung der "Zwei Banner" dort, wo es um die innerste, verborgenste Entscheidung zu Christus geht), eine Front zwischen sichtbarer Kirche und sichtbarer Nichtkirche macht, und dabei gerade (weil der Kampf weltlich ausgefochten wird) die Mittel der Nichtkirche für die Kirche beansprucht" (SV 13 f.). Je größer diese Beanspruchung ist, umso schwieriger ist die Unterscheidung der Geister und damit auch die Klarstellung eines richtigen Bildes der Catholica (vgl. ARA 246).

1 DV 23.

2 LG 48.

3 Vgl. A. Pedrini, Lo spirito santo nei Padri della Chiesa, a.a.O., S. 48; H. Küng, die Kirche, Piper, München 1977, S. 181-244: Kirche als Geistesgeschöpf.

4 SV 15.

5 Vgl. SC 247-263: Das Evangelium als Norm und Kritik aller Spiritualität in der Kirche.

6 Auf die Kirchenerfahrung dieser Zeit eingehend warnt von Balthasar davor, die Macht Christi mit all dem zu verwechseln, "was man machen kann": "Der Mensch von heute muß mehr als je auf der Hut sein: alles, was man 'machen' kann, durch Macht und auf Macht hin (und was kann man heute nicht "machen"!) gehört nicht zu dem, was der Geist zu den Gemeinden spricht" (SV 15).

nicht hilflos auf sich selbst verwiesen[1]. Er kann sich auf die Transzendenz Christi stützen, und zwar keineswegs als auf einen bloßen Lückenbüßer für seine Verlegenheiten, sondern als auf jene Quelle, aus der eine immer wieder neu in Aktion tretende Energie und eine immer wieder neu zu gestaltende Dynamik von großzügiger Solidarität in und mit der Welt entspringen. "Das Unbestimmte und doch nicht Verschwommene, sondern mit großer Kraft Prägende"[2] dieses leidenschaftlich prophetischen Engagements ist der Geist Christi, der die glaubende Gemeinde "stiftet" und sie im Glauben, in der Liebe und in der Hoffnung wandern läßt.

---

1 Nach allgemein menschlicher Erfahrung läßt sich die Hilflosigkeit in einigen Fällen kaum von einer Vereinsamung trennen, aus der sie entstehen oder die sie zur Folge haben kann. In seinem Aufsatz "Einsamkeit in der Kirche" (PnI 252-287) unterscheidet von Balthasar zwischen dieser allgemeinen Einsamkeit und einer theologisch begründeten Einsamkeit. Durch die radikale Teilnahme am Mysterium Christi, dessen Bestandteil die Gottverlassenheit ist, bleibt der Kirche auch als Gemeinschaft die Einsamkeit Jesu als konstitutive Dimension aufgeprägt, und zwar in zweifacher Hinsicht: quantitativ ist die Kirche die "kleine Herde", in qualitativer Hinsicht: die Aussendung "wie Lämmer unter die Wölfe" (Mt 10,16). Dem einzelnen Christen soll es deshalb auch nicht anders gehen. Für ihn soll die Verwiesenheit in die kirchliche Einsamkeit nicht Verbannung in die Schutzlosigkeit, sondern Rückführung zum Ort der "geistigen Befruchtung" bedeuten (ebd., S. 269). So wahr es ist, daß "der Täufling in die Gemeinschaft der Kirche aufgenommen wird", so geschieht dies doch in einem "Akt, den er ganz persönlich beantworten muß. Er steht, umgeben von der kirchlichen Gemeinschaft, in einer Einsamkeit, die der Marias mit dem Engel vergleichbar ist. Er muß Ja sagen zu seinem Anruf durch Gott, zu seinem einmaligen Auftrag, den er noch nicht übersieht, zu seinem persönlichen Sterben und Auferstehen in Christus. Indem er dieses Ja spricht, tritt er ein in die Gemeinschaft all derer, die ein analoges Ja sprechen durften... Er muß lernen, Einer vor Gott und für Gott zu sein" (ebd.). Daß Einsamkeit in diesem Sinne zur wahren Kirchlichkeit, zum Dasein in der Kirche gehört, zeigt sich nach von Balthasar am deutlichsten darin, "daß die Erneuerung der wirklichen Kirche jeweils von mutigen Einzelnen ausging, die die Einsamkeit nicht scheuten" (ebd., S. 273). H.U. von Balthasar denkt dabei an die großen Heiligen oder Ordensgründer, die tief genug Christen waren, um ihre "kirchliche Einsamkeit nicht in falschem Pathos gegen die existierende Kirche aufsteigen" zu lassen und um nicht "sektenhafte Pseudo- und Anti-Kirchen gegen die Catholica zu gründen" (ebd.).

2 SV 17.

Deswegen kommt es zur Selbstdarstellung des Geistes in der Erfahrung der Kirche. Wer in diesem Zusammenhang die Kirche als "Sakrament des Geistes"[1] bezeichnet, setzt damit bestimmte Akzente für das Kirchenverständnis[2]. So vertritt z.B. W. Kasper die Auffassung, daß eine solche Definition der Kirche die beste Antwort auf die Fragen nach dem Ursprung der Kirche, nach ihrer Stiftung durch Jesus Christus und ihrer sakramentalen und amtlichen Struktur ist. Wenn die Kirche "biblisch gesprochen Bau im Heiligen Geist (1 Kor 3,16 f: Eph 2,22), dogmatisch formuliert Sakrament des Geistes" ist[3], dann ergeben sich daraus "eine wesentliche offenere Sicht der Kirche und wesentliche Aspekte einer erneuerten Gestalt der Kirche"[4]. Dazu gehört zunächst, daß die Kirche als Zeichen angesehen werden soll, das für das steht, was sie selber nicht ist. Sie ist das besondere Zeichen, das uns darauf hinweist, daß das Reich Gottes gekommen ist, auch wenn sein eschatologisch endgültiges Gegebensein noch aussteht. Aus dieser Hinweis-Wirklichkeit der Kirche ergibt sich für ihr Selbstverständnis, daß sie als Sakrament des Geistes "notwendig über sich hinaus auf das durch sie Symbolisierte, nämlich auf die je größere, sie unendlich übersteigende Wirklichkeit des Geistes verweist"[5]. In diesem Sinne gilt auch das Ver-

---

1 Vgl. W. Kasper, Die Kirche als Sakrament des Geistes, in: W. Kasper - G. Sauter, Kirche - Ort des Geistes, Freiburg i.Br. 1976, S. 13-55.

2 Vgl. M. Kehl, Kirche - Sakrament des Geistes, in: W. Kasper (Hrsg.), Gegenwart des Geistes. Aspekte der Pneumatologie, QD 85,(Freiburg 1979) 155-180. "Man kann darüber streiten, ob der Begriff "Sakrament des Geistes" in dieser Weise einer gleichsam potenzierten Vermittlung sinnvoll ist. Nun, er setzt zweifellos einige Akzente für das Kirchenverständnis. So besagt dieses Wort gerade nicht die bleibende, gleichsam theologisch festgeschriebene Inbesitznahme des Geistes durch die Kirche" (S. 160). In diesem Begriff wird klar, daß die Kirche über sich hinaus verweist.

3 W. Kasper, a.a.O., S. 40 f.

4 Ebd., S. 44

5 M. Kehl, Kirche - Sakrament des Geistes, a.a.O., S. 160. In der

ständnis der Kirche als des in der Welt und unter den Völkern aufgerichteten Zeichens der Hoffnung, die es einem ermöglicht, die Kirche - trotz ihrer Sündhaftigkeit, Widersprüche und trotz mancher Allzumenschlichkeit - zu lieben[1]. Denn für die Kirche gilt der Grundsatz: als Ge-

---

Kirche ist jedoch eine "realsymbolische Gegenwart" dessen, wofür sie als Zeichen steht. Diesen Zusammenhang wird von Kehl als "realsymbolische Identifizierung", die "im Bereich des Glaubens immer nur in der Weise der je größeren Differenzierung zwischen Symbol und Symbolisiertem geschieht. Das heißt, allein in der sich ständig überschreitenden Relation und damit Relativität auf den 'Deus semper major' hin kann das Symbol das Symbolisierte anwesend sein lassen" (ebd.).

1 Vgl. PnI 162-200: Die Kirche lieben? In diesem Aufsatz untersucht von Balthasar die Gestalt der Liebe zu Gott und Jesus im Alten und Neuen Testament und ihre Anwendbarkeit auf die Kirche. H.U. von Balthasar lenkt die Aufmerksamkeit seiner Leser auf das Wesen und den Kern der Kirche, wobei mit Kern nicht "eine nur unsichtbare, ideale Kirche gemeint ist, sondern eine immer auch empirische, von Christus her stammende" (ebd. S. 196 f.), der im Kern der Kirche die "glühende Liebesfülle" ist (ebd., S. 198), welche allenfalls eine kritische Einstellung zu peripheren Aspekten gestattet. Da die Kirche dem Christen nicht nur als eine Idee, sondern als eine Wirklichkeit vorgegeben ist, kann sie von der Mitte her und auf die Mitte hin kritisiert werden. Angesichts der Tatsache, daß die Kirche zugleich Gemeinschaft der Heiligen und Kirche der Sünder ist, stellt von Balthasar fest: "Der Blick vom Innersten auf die peripheren Schichten kann je nachdem ein Blick des Zornes, der harten Forderung oder der Nachsicht und Vergebung sein" (ebd., S. 198). Für beides liefert Jesus Christus selbst ein Beispiel (vgl. etwa Joh 8,11). Dennoch kann für den einzelnen Christen "das Verhältnis zwischen Strenge und Nachsicht nicht beliebig zur Auswahl stehen... Auch dann nicht, wenn er sich über einzelne Personen oder Verhältnisse aufregt, die anderen mehr als ihm selbst Unrecht tun" (ebd.). Der Grund dafür liegt für von Balthasar nicht zuletzt darin, "daß jedes Kirchenglied sich der Kirche zu verdanken hat und daß es dieser Haltung des Sichverdankens ihr gegenüber auch in der christlichen Mündigkeit nicht entwachsen kann. Das Kirchenglied ist ein Christ nicht durch einen abstrakten Christus, sondern durch den mit der Braut - der Una Columba immaculata vereinigten Bräutigam, durch die Einheit von Haupt und Leib. Kein Christ kann der Sohnesliebe zur mütterlichen Kirche entwachsen" (ebd., S. 199).
Für von Balthasar besteht kein Zweifel darüber, daß diese Sohnesliebe zur Kirche auch mit Kirchenkritik gepaart sein darf, allerdings nicht so, als wollte und könnte man als Christ sich nur mit irgendeinem Aspekt der Kirche identifizieren. Die Liebe, wie die Kritik (wenn sie sinnvoll und schöpferisch sein will), erfordert nicht partielle,

meinschaft des Geistes muß sie nicht nur die "Zeichen der Zeit" erkennen, sondern selber allzeit "Zeichen" für die Welt sein, die auf der Suche nach Gedeihen und Gleichgewicht ist. Es obliegt der Kirche daher die Pflicht, den

---

sondern totale Identifikation mit der Kirche. Die schwierigen und wohl "verzweigten" Probleme dieser Identifikation sowie die der Kirchenliebe und -kritik können hier nicht eingehend diskutiert werden. Eines dürften wir dennoch festhalten. Die Liebe sowie die Kritik können sich nicht an einem "Phantasiebild" der Kirche orientieren, sondern sich auf die Wirklichkeit der Kirche als Ganzes beziehen. Das heißt, man darf davon ausgehen, daß die Kirche "der bestmögliche Entwurf von Liebe Gottes in der Welt" ist (ebd., S. 197). Daraus ergibt sich nach von Balthasar die Grundhaltung des Christen der Kirche gegenüber, wie sie an den Heiligen zu erkennen ist. Seine Gedanken zusammenfassend charakterisiert er diese Grundhaltung folgendermaßen: Der Christ "kann sich in seiner christlichen Liebe höchstens entwickeln, indem er den anfänglichen Anschein eines Gegenüber von Christ und Kirche, einer Gegen-ständlichkeit immer mehr überwindet, um sich mit der Gesinnung der Kirche in ihrem Kern zu identifizieren. Dies würde gerade nicht heißen, daß er der Kirche als einer fälschlich objektivierten Größe entwächst in eine rein personale Beziehung der Liebe zu Christus und zu den Brüdern hinein, sondern daß er in die Kirche so hineinwächst, daß er als Kirche, in ihrem Geist und ihrer Gestalt, die Akte kirchlicher Liebe zu Christus und zu den Brüdern mitvollzieht - nicht privat, sondern in der Circumincession mit allen "animae ecclesiasticae". An den Heiligen kann jeder erkennen, daß dies möglich ist, wie das zugeht, und wie wenig es die besondere Persönlichkeit eines Einzelnen nivelliert. Den Heiligen ist es eigen, kirchliches Pneuma und kirchliche Institution in keinen Gegensatz zu stellen, sondern die Einheit beider als Folge der Menschwerdung Gottes zu erkennen. Auch dort, wo sie Institutionelles zu kritisieren haben, weil die Erbsündeneigung des Menschen und seine Trägheit es immer wieder mißbraucht, tun sie es aus der wahren Einheit von Pneuma und Institution heraus. Für die Welt der Sakramente aus der Ehrfurcht vor deren Heiligkeit heraus, für die Sphäre des Amtes aus einer grundsätzlichen Gehorsamsbereitschaft heraus, die an bestimmten Stellen widersprechen, ja kontestieren kann, um das reine Gehorsamsverhältnis wiederherzustellen. Denn die Heiligen lieben in der ungetrennten kirchlichen Einheit von Pneuma und Institution den Geist Jesu Christi, der Knechtsgestalt annahm, sich selbst erniedrigte und gehorsam wurde bis zum Tod, sogar bis zum Tod am Kreuz" (ebd., S. 199 f.) und dies aus Liebe. Kirchenkritik ist daher nur dann sinnvoll, wenn sie eine größere Liebe zur Kirche voraussetzt, aus der sie erwächst. Zur partiellen und totalen Identifikation mit der Kirche vgl. WS 63-70.

Heiligen Geist in den menschlichen Teig zu kneten, aber nicht auf daß er auf unser Maß reduziert wird, sondern auf daß er immer mehr für alle Menschen zur inneren, treibenden Kraft wird[1].

2. Kirche - Magd des Geistes

Indem die Kirche auf diese Weise den Geist als das "Sinnmedium des Heils" in ihrer Mitte zur "Anwesenheit und Gegenwart" kommen läßt[2], vollzieht sie die "innere Dynamik des Sich-Übersteigens"[3] auf den Geist hin. Dennoch stehen Kirche und Geist nicht als Alternativen zueinander. Im Ganzen geht es nur um das eine "Formprinzip"[4], das in der Kirche wie außerhalb ihrer sichtbaren Grenzen alles durchdringt[5].

1 Damit wird die bereits in Maria angedeutete Dimension der Kirche angesprochen, welche zugleich als durch den Heiligen Geist universalisierte Substanz und mit dem Geist universalisierende Instanz der Heilsbedeutsamkeit Christi vor der Welt Zeugnis abgibt. Unter "Universalisierung" verstehen wir im Sinne von Balthasars und in Übereinstimmung mit M. Kehl nicht eine bloße Ausdehnung bzw. "expansive Verbreitung des Christentums über die ganze Erde", sondern die Art und Weise, "wie durch die Kirche die absolute, d.h. endgültige und unüberbietbare Heilsbedeutsamkeit Jesu Christi für alle Menschen sich geschichtlich und gesellschaftlich überzeugend manifestiert" (Kirche - Sakrament des Geistes, a.a.O., S. 162, Anm. 9). Vgl. dazu TD II/2, 321; ausführlicher TG 61-83, wo von Balthasar die Universalisierung der Existenz Christi durch den Geist ins Kirchliche und Sakramentale hinein behandelt. Siehe dazu unsere Darlegung, unten S. 454 ff.

2 M. Kehl, Kirche - Sakrament des Geistes, a.a.O., S. 161.

3 Ebd., vgl. oben S. 3 ff.: Über den Akt des Überstieges.

4 M. Kehl, Kirche als Institution, a.a.O., S. 279 ff.: Der Heilige Geist als Formprinzip des kirchlichen Institutionellen.

5 Die besondere Bedeutung dieser Auffassung für die ökumenische Bestrebung hat W. Kasper in seinem bereits erwähnten Entwurf (Die Kir-

Geht man davon aus, so ist es verständlich, daß die Kirche nur Leidenschaft für das Wirken Gottes sein kann. Wie erhaben über den einzelnen Christen sie auch sein mag, so ist es sicher, daß ihre innere Verfaßtheit an einen "Akt des Glaubensgehorsams und der Glaubenshingabe"[1] gebunden ist. Darin hat sie ihre eigentlichkeits-konstituierende Grundform. Das ist zugleich die christologisch-pneumatologische Form, in die sie hineinzuwachsen hat. Doch wie vermag die Kirche sich diese Lebensform anzueignen?

Wichtig vor allem ist die Einsicht, daß "Kirche durch das Versetztwerden von erlösten Menschen an den 'Ort' des Sohnes entsteht; indem sie dies (der Wahrheit gehorchend) ratifiziert, anerkennt sie auch, daß sie gar nicht in sich sondern in Christus existiert, und dort allerdings sie selber ist"[2]. Das heißt, die Kirche liefe Gefahr, sich in der Selbstentfremdung zu verlieren, wenn sie versuchte, außerhalb Christi sie selbst zu sein. Dabei ist zu bedenken, daß es sich nicht um eine Abstraktion handelt, sondern um die konkrete christmenschliche Daseinsweise der

---

che als Sakrament des Geistes, 47 ff.) herausgestellt. Wenn man sich an einige ekklesiologische Auffassungen der Vergangenheit erinnert, darf man über die Aussagen des II. Vatikanischen Konzils in der Kirchenkonstitution "Lumen gentium" 8 ("Die einzige Kirche Christi ... ist verwirklicht in der Katholischen Kirche... Das schließt nicht aus, daß außerhalb ihres Gefüges vielfältige Elemente der Heiligung und der Wahrheit zu finden sind") und im Ökumenismusdekret ("... daß einige, ja sogar viele und bedeutende Elemente oder Güter, aus denen insgesamt die Kirche erbaut wird und ihr Leben gewinnt, auch außerhalb der sichtbaren Grenzen der Katholischen Kirche existieren können", UR 3) erstaunt sein. Aber ebenso darf man annehmen, daß eine solche "Wahrheitsfindung", wie sie sich in diesen Aussagen niederschlägt, der Kirche nicht aus eigenem Antrieb erwächst, sondern nur in der Kraft jenes Geistes Christi, der sie belebt und dem sie zu dienen hat. Vgl. dazu SC 218-237: Das Konzil des Heiligen Geistes.

1 PnI 144.

2 Ebd.

"erlösten Menschen", denn sie sind ja die Kirche. Aus ihrem Glauben und Gehorsam gegenüber der Wahrheit erwächst der Kirche als konkreter Gemeinschaft jene Gestalt, die von Balthasar als einen "subsistierenden Glaubens- (und darin Gehorsams-) Akt an die Liebe des erwählenden und erlösenden Gottes" bezeichnet[1]. Daraus folgt für die Kirche eine bestimmte Weise der Erfüllung ihrer Sendung[2] und Aufgabe gegenüber den Menschen: "Wenn Kirche nunmehr den Auftrag erhält, Menschen die Frohe Botschaft zu künden und sie zu Christus zu führen, dann kann sie das nur tun, indem sie diese Menschen in ihren eigenen, kirchlichen, subsistierenden Glaubens- und Gehorsamsakt einführt"[3]. Nur dies ist und kann die lebenschaffende Form einer wahren Kirchlichkeit sein, die sich selbst nicht in den Mittelpunkt stellen, sondern nur "Magd" für den Herrn, und das heißt auch für seinen Geist sein will[4], eine Position, aus der heraus sie sich an der "Heimholung der Schöpfung im ganzen"[5] durch Gottes Handeln in Christus beteiligt. Dadurch wird sie selber als Gemeinschaft zum "Ort der Theophanie"[6].

---

1 PnI 144.

2 Auf die Bedeutung der Sendung für das Sein und Wesen der Kirche, wie sie bereits im Hinblick auf Christus aufgezeigt wurde (s.o. S. 232 ff), kommen wir noch zu sprechen.

3 PnI 146. In diesem Sinne versteht von Balthasar auch jede Autorität in der Kirche. Sie kann "nichts anderes" sein als die "Kirche in ihrem Glaubensgehorsam zum Herrn, die in ihrer Sendung bemüht ist, Menschen in diesen gleichen Glaubensgehorsam einzuführen" (ebd.).

4 Ebd., S. 147. Diese Magdlichkeit heißt "Arm-Sein und Gefäß-Sein", und darin "sich belasten zu lassen mit der Frucht des Herrn" (ebd.).

5 Ebd. Bei dieser Beteiligung geht es nicht nur um Strukturell-Funktionelles, sondern um das Wesen der Kirchengemeinschaft selbst.

6 Eine prägnante Formel hierfür liefert M. Buber (Between Man and Man, Collins, London 1961, S. 24): "Wir erwarten eine Theophanie, von der wir nichts wissen außer ihrem Ort, und dieser Ort ist die Gemeinde" (freie Übersetzung von mir). Daher ist der Glaubensanteil des Einzelnen "gliedhaft und entsprechend den Bedürfnissen der Gesamtheit zugeteilt", die nicht künstlich, sondern wesenhaft eine weitere Berechtigung für die Gottes- und Christusunmittelbarkeit von Glaube und Sendung des Einzelnen liefert; vgl. PnI 147 ff.

Folglich ist die Kirche auch jener offene Raum, in dem die Heimsuchung des "Novum", das sich im Heiligen Geist immer wieder ereignet, sich kundtut. Sie ist zugleich der dynamische Grund, von dem aus der Glaubende sein ureigenstes Selbstverständnis als Geschöpf des Geistes sucht und immer wieder suchen muß. Grundsätzlich gilt für die Kirche, daß sie unter der Führung des Geistes das authentische Subjekt des Glaubens ist, durch das als notwendiges Mittel des Heils das menschgewordene Wort Gottes empfangen wird[1]. Das wiederum offenbart zwei voneinander untrennbare Momente im Sein und Wesen der Kirche. Diese ist zugleich "das, was in der Selbsthingabe Christi konstituiert wird und das, was dieses Konstituiertsein je-schon und je-neu vollziehen und ratifizieren muß: keiner dieser zwei Aspekte ist vom anderen trennbar. In dieser Verfaßtheit ist die Kirche (Ur-) Sakrament[2]; sie empfängt ihr eigenes Wesen vom Wesen Christi her unfehlbar ("ex opere operato"), aber so, daß sie diesen

1 Vgl. TD II/2, 396 f.

2 Zum Begriff der Ursakramentalität der Kirche, die von Balthasar hier übernimmt /TD II/2, 395 ff., insb. 399 f.) vgl. vor allem O. Semmelroth, Die Kirche als Ursakrament, Frankfurt/M 1953. Ganz besonders entwickelt K. Rahner (Kirche und Sakramente, QD 10, Freiburg 1960, S. 85-95) diesen Begriff bezüglich des Sakramentenverständnisses: "Wo in einem absoluten Engagement die Kirche einen ihrer Grundakte vollzieht, in dem sie ihr Wesen als Ursakrament der Gnade auf einen Einzelnen hin in dessen entscheidenden Heilssituationen voll aktuiert, dort haben wir ein Sakrament. Die Kirche als Ursakrament ist somit der ontologische Grund des Sakramentes, ihre Stiftung durch Christus kann (wo keine ausdrücklichen Stiftungsworte überliefert sind) durchaus als Stiftung eines solchen Grundaktes und somit als Stiftung eines Sakramentes durch Jesus betrachtet werden, und die Erkenntnis ihres eigenen Wesens durch die Kirche (in ihrem eigenen Selbstvollzug) kann der gnoseologische Grund der Erkenntnis der Sakramentalität eines Sakramentes sein" (l.c. 85-86). Dazu vgl. auch Y. Congar, Un peuple messianique, Cerf, Paris 1975, insb. S. 63-69. Auf die besondere Bedeutung dieses Ursakramentalitätsbegriffes bei von Balthasar in Bezug auf die geistgewirkte institutionelle Dimension der Kirche und deren Entfaltung in den einzelnen Sakramenten wird später noch eingegangen.

Empfang als Subjekt ("ex opere operantis") ratifiziert und damit sich selber vollzieht"[1].

Gerade in diesem Selbstvollzug zeigt sich am deutlichsten das Magd-Sein der Kirche bzw. ihre Unterwerfung in Bezug auf Christus und seinen Geist. Die Kirche muß sich dem Recht Gottes unterwerfen, um es dann als ein solches Subjekt mitverwalten zu können[2]. Sie erfüllt mit diesem Verwalterdienst gemäß der ihr eingeprägten Form, welche aus dem innersten Geheimnis Gottes stammt, einen Gnadenauftrag, der sie zum "sacramentum mundi" macht[3].

3. Die Aporie der Gesamtsubjektivität der Kirche

Mit dem Gesagten ist schon einsichtig, daß "Kirche" keine abstrakte Idee ist, sondern Kirche "in" und "aus" Personen. Daß ihr als einer solchen Größe Subjekthaftigkeit und "Person"-Sein zukommen, wurde bereits in ihrer Beziehung zu Christus im Heiligen Geist sowie in der Urbildlichkeit Marias weitgehend angedeutet. Die folgenden Ausführungen beschränken sich deshalb auf Ergänzungen und weitere Präzisierung.

In seinem langen Aufsatz "WER IST DIE KIRCHE?"[4] macht von Balthasar darauf aufmerksam, daß die Fragestellung selbst voraussetzt, "daß die Kirche 'jemand' ist, und jemand ist

---

1 TD II/2, 395. Nach von Balthasar liegt in dieser "Untrennbarkeit beider Momente" eine Begründung vor, weshalb "die Zusage der Unfehlbarkeit mit der möglichen Fehlbarkeit zusammenbesteht". Letztere sieht von Balthasar vor allem nicht darin, daß die Ratifizierung seitens der Kirche, das "ex opere operantis" also sich grundsätzlich dem "ex opere operato" entgegensetzen würde, sondern darin, daß eine gewisse "Prekarität der Kirchenstruktur" Fehlleistungen nicht ausschließt.

2 Wörtlich heißt es: Die Kirche tut all dies "nicht in einer von Christus abgelösten Selbständigkeit, sondern in Abhängigkeit von ihm und Verweisen auf ihn: die Kirche wirkt ihn und das Seine; er aber läßt sie dies wirken" (ebd., S. 396).

3 Ebd., S. 399 f.

4 SV 148-202.

nur eine Person"[1]. Das wiederum stellt die Frage, inwieweit der Personbegriff, der ja "ein geistiges Bewußtseinszentrum freier und vernünftiger Akte" bezeichnet, auf die Kirche angewendet werden kann. Inwiefern ist die Kirche in diesem Sinne Person? Ist es sachgerecht, die Kirche als Gesamtsubjekt anzusehen? Wie ist dieses Gesamtsubjekt zu verstehen? Schließlich wer ist dieses Subjekt der Kirche? Zum Aufriß der Problematik des Subjektverständisses in der Kirche führt von Balthasar wohlbekannte Redensarten an:

"Zwar ist es uns geläufig, der Kirche vielfache Akte zuzuschreiben: die Kirche will dies und jenes, sie befiehlt, sie verbietet, sie erlaubt dies und jenes, sie freut sich, sie leidet, sie betet vor allem, sie dankt, sie bittet, sie hofft, sie opfert, den Menschen gegenüber lehrt sie, ermahnt sie, weidet sie. In einer Anzahl dieser Aussagen meint der durchschnittliche Christ allerdings die kirchliche Hierarchie, die in ihren Handlungen für ihn die Kirche zumindest repräsentiert, wenn sie nicht gar mit ihr zusammenfällt; in anderen ihrer Akte aber sieht er doch wohl Gesamtlebensäußerung der Kirche, oder vielleicht eher solche Lebensäußerungen, die, durch die Hierarchie zwar verdeutlicht und vermittelt, in letzter Hinsicht doch nicht ihr, sondern dem Gesamtsubjekt der Kirche zugeschrieben werden müssen"[2].

Ähnliche Ausdrucksweisen begegnen uns auch im außerkirchlichen Bereich, wo es zum Beispiel heißt: das Volk will, die Nation erwartet, das Land wünscht, die Familie hofft, der Staat gibt bekannt usw. In all diesen Fällen kommt es zum Ausdruck, daß die erwähnten kollektiven Instanzen als "reale und nicht als bloß fiktive Personen zu bezeichnen" sind, weil etwa eine Familie, ein Volk seinshaft

---

1 In der Tat fragt von Balthasar nicht: was ist die Kirche?, sondern wer ist die Kirche?

2 SV 148.

mehr sind als die Summe ihrer Glieder"[1]. Es scheint daher naheliegend, daß ein solcher Begriff von "Kollektivsubjekt" oder -person auch für die Kirche gelten kann. Fährt man in der Analogie fort, so läßt sich feststellen, daß die "Kollektivakte durch eine kleine oder größere Gruppe verantwortlicher Einzelpersonen gesetzt oder wenigstens promulgiert werden, wobei das Verhältnis dieser Personen zum Gesamtkörper mannigfach abgeschattet werden kann"[2]. Gerade dies ist Anlaß zum Fragen. H.U. von Balthasar selbst gibt zu, daß ein Verhältnis zwischen "Grund" und "Folge" notwendigerweise vorhanden ist, ganz abgesehen davon, ob die Gruppe der Verantwortlichen sich mehr als "Ausdruck des Kollektivwillens und -fühlens deutet oder ob das Volk sich dazu versteht, die Verfügungen", die von oben kommen, "als Ausdruck seiner eigenen Haltung anzunehmen und ihnen so zu folgen und zu willfahren"[3]. Die große Frage, die sich dabei erhebt, ist, inwieweit das notwendige Vorhandensein eines solchen Verhältnisses sich auch mit dem Vorhandensein einer wahrhaften Synthese zwischen "Grund" und "Folge" bzw. zwischen Vorgesetzten und Basis deckt. Hinsichtlich der Kirchenverfassung stellt von Balthasar den wesentlichen Unterschied zur Verfassungsform eines Staates heraus. Zwar sind die Vorgesetzten in der Kirche keinesfalls Repräsentanten des Volkswillens, sondern jure divino eingesetzt, dennoch sind sie "ebenso und zu gleichem Titel <u>Gläubige</u>, die nicht ihren Willen tun, nicht einmal so etwas wie die geistliche Staatsräson darstellen, sondern in restloser Abhängigkeit vom eigentlichen Kirchenoberhaupt ihres Amtes walten"[4]. Das eigentliche Oberhaupt ist der erhöhte Herr - Jesus Christus - mit seiner der ganzen Kirche gegenüber transzendenten Souveränität. Er allein kann die Gleichsetzung vornehmen: "L'Eglise, c'est moi!". Damit erhalten wir eine grundsätz-

1 SV 148.

2 Ebd., S. 149.

3 Ebd. 4 Ebd.

liche Antwort auf die Frage, wer die Kirche sei und wer das Subjekt der Kirche sei.

Schwierig bleibt jedoch in diesem Zusammenhang die Beurteilung, wenn konkret auf die Kirche als den "fortlebenden Christus" in Welt und Geschichte geschaut wird. Unumstritten ist, daß alle Gewalt in der Kirche von Christus bzw. von seinem der ganzen Kirche als dem "anderen Paraklet" gegebenen Geist ausgeht. Auf diesen Geist Gottes darf offensichtlich die Gesamtheit der Gläubigen als Kirchensubjekt sich berufen. Aber gerade hier stoßen die Geister aufeinander, wenn, um es mit H. Vorgrimler zu sagen, von "Kompetenz und Sprache" die Rede ist, und zwar "hinsichtlich jener zentralen Gegebenheiten, die Kirche zur Kirche machen, hinsichtlich des Glaubens an Gott in Jesus Christus und des daraus entspringenden Hoffnungspotentials"[1]. Somit läßt sich bei der Personalität und dem Kirchen-Subjekt-Sein Christi nicht haltmachen. Dieses läßt sich nicht herauslösen und als isoliertes verständlich machen - in unserer Realität - ohne Bezug auf die "Bewußtheit" der menschlichen Kirchensubjekte, wenn die Frage "Wer ist die Kirche?" ernstgenommen wird. Dazu stellt von Balthasar fest: "Nur reale Subjekte können die Frage befriedigen, nicht ein bloßes Kollektiv... Nur reale Subjekte aber, die an einem normativen Subjekt und seinem Bewußtsein durch göttliche Gnade teilnehmen"[2]. Da eine solche Teilnahme aber nur im Geist Gottes als dem in der Kirche wohnenden einzigen Lebensprinzip möglich ist, so bleibt es wahr, daß einerseits das "Ich" der Kirche ein geistgewirktes Ich ist und daß andererseits aber die Grundlage dafür ebenso wesentlich "in der Subjektivität und Personalität der realen, die Kirche bildenden Subjekte" liegt[3]. Auch darum

1 Das Subjekt der Kirche. Argumente angesichts der Herausforderungen der Dritten Welt, in: EvTh 41 (1981) 325-333, hier 326.

2 SV 188.

3 Ebd., S. 164.

kann eine monolithische Beanspruchung des Geistes das Problem des Subjekts der Kirche nicht lösen, sondern eher verschärfen. Es ist einerseits klar, daß kein Glied je für sich das gesamtkirchliche Ich gegenüber dem Haupt der Kirche sprechen kann[1]; es erscheint andererseits aber, daß dieses Ich doch zuletzt nur dann eine Stimme erhält, wenn das Ich von einem Teil der Kirche, der "Partei der Hierarchie", die "es sich zutrauen, die Verkündigung lebensmäßig zu vertreten"[2], verwendet wird. So taucht erneut die Frage auf, wie das "Wir" der Kirche als Gesamtheit der Christen zu deuten ist. Diese Frage stellt sich besonders in jenen Fällen akut, in denen hinter einer scheinbar allgemeinen Übereinstimmung eine unaufhörliche Verstrickung zweier "Parteien" sich verbirgt. Das Dilemma der Kirche - "Alleinsubjektivität" oder "Gesamtsubjektivität" - scheint besonders seit dem II. Vaticum, das die Bezeichnung "Volk Gottes" für die Kirche in Anspruch genommen hat[3], weiteren Nährstoff bekommen zu haben. Auch eine Berufung auf den Geist Gottes hilft da nicht, aus diesem Dilemma herauszukommen, und besonders dann nicht, wenn ein Teil dieses "Volkes Gottes" glaubt, dem anderen vorhalten zu können, er sei vom Bazillus der "Geisterei" erfaßt! So wird der Geist der Einheit zum Geist der Zwietracht. Zur Richtig-

---

1 Zur ekklesiologischen Verwendung der Personalpronomina vgl. SV 176-180.

2 Ebd., S. 179.

3 Die komplexen Probleme, die mit dieser Benennung zusammenhängen können, brauchen hier nicht diskutiert zu werden. Es ist z.B. wohl bekannt, daß eine restlose Bestimmung des Verhältnisses Kirche - Synagoge immer noch zu den schwierigsten Fragen der Ekklesiologie gehört. Angesichts des dialektischen Verhältnisses von Altem und Neuem Testament, der Tatsache also, "daß Juden und Christen gemeinsam das eine erwählte Volk Gottes darstellen, da der neue Bund den alten nicht abgelöst, sondern nur ergänzt hat" (H. Vorgrimler, Das Subjekt der Kirche, a.a.O., S. 326), was darin ausgedrückt wird, daß "Novum in Vetere latet, Vetus in Novo patet", kann es keine Univozität in der Bestimmung des Gottesvolksbegriffs geben. Was Kirche und Synagoge aneinander haben, wird noch lange seiner restlosen Bestimmung harren. Speziell zu der Problematik dieser Dialektik vgl. TD II/2, 330-388: Kirche aus Juden und Heiden; SV 306-316: Die Wurzel Jesse.

stellung des Problems des Subjekts der Kirche trägt nur die Einsicht in ihre theologische Basis bei, d.h. in jene Dimension der kirchlichen Identität, von der aus deutlich wird, daß durch die Einwohnung des dreieinigen Gottes in der Kirche die "Einzelperson, von Gott durchwohnt, sowohl in ihrer Personalität erhöht und gesteigert wie auch im Sinne der Gemeinschaft geöffnet und ausgeteilt" wird[1]. Aufgabe muß es also sein, diese Öffnung und Austeilung stets intensiver, auch im Sinne einer größeren kirchlichen Einheit, werden zu lassen.

4. "Casta meretrix"

Die Schärfe der Gegensätze und Widersprüche im Leben der Kirche wurde in einer denkwürdigen Formel festgehalten, deren kuriose Zusammenstellung den Kern des Problem selbst trifft: Casta meretrix[2]. Was drückt eine solche Formel aus? Es geht dabei um ein uraltes Theologumenon, auf das sich ohne Ängstlichkeit immer neu zu besinnen sich lohnt, wenn das Ganze der Kirche nicht "durch ein bloßes Distinktionsmanöver zu einer Harmlosigkeit entleert" werden soll[3]. "Ohne die Makellosigkeit der Kirche, ihre Heiligkeit und Unfehlbarkeit zu gefährden, muß man doch auch der anderen Realität ins Auge sehen und darf sie nicht einfach ausklammern. Viel wäre schon gewonnen, wenn die Christen

---

1 SV 180.

2 Zum Ganzen vgl. SV 203-305. In diesem unfangreichen Aufsatz hat von Balthasar ein ebenso umfangreiches Material aus der theologischen Tradition zusammengestellt, das die anstehende Problematik historisch und mit vielen Details dokumentiert. Wir möchten im folgenden weder eine Wiedergabe der historischen Befunde noch ihre Überprüfung vornehmen. Unsere Absicht ist vielmehr, die wichtigen Hinweise und die Anregungen, die sich daraus ergeben, im Hinblick auf unsere systematische Fragestellung herauszuarbeiten. Dabei geht es nicht um eine eingehende Erörterung des Themas, die hier nicht angestellt werden kann.
Zur Entstehung der Formel "Casta meretrix" und ihrer treffendsten Ausprägung sei auf Ambrosius verwiesen (in Luc 3,25; PL 15, 1598).

3 SV 208.

immer neu einsehen lernten, um welchen Preis die Heiligkeit der Kirche erkauft ist"[1]. Dabei helfen keine philosophischen Distinktionen, sondern nur eine theologische Einsicht ist imstande, "theologische Paradoxe" in ihrer Schärfe festzuhalten, ohne versucht zu sein, die eine Seite auf die andere zu reduzieren[2]. Ist also Kirche ein institutioneller Widerspruch? Wie lassen sich sonst die Paradoxe in einem Sinnzusammenhang begreifbar machen? Hier ist der Christ und der Theologe aufgefordert, zu erkennen, daß sowohl der Sünder wie der Heilige zur Kirche gehören, daß die Kirche der Heiligen und die offizielle institutionelle Kirche keine innerlich getrennten Größen sind. Aber wo ist das Kriterium dieser Erkenntnis? Was signalisiert das Paradox des Verhältnisses, des Zusammengehens von Heiligkeit und Sündhaftigkeit der Kirche?

Wie wir schon sahen, ist es nicht möglich, die Kirche einfach zu idealisieren. Die Aporie der Widersprüche, zu der von Balthasar zahlreiche Zeugnisse beibringt, macht gleichsam deutlich, daß Kirche als "Lebenszusammenhang"[3] zwar die grundsätzliche Bedingung für konkrete christliche Persönlichkeit ist, die sich im Sein und Handeln von gläubigen Individuen ausdrückt, sie selber aber als ganze weder völlig außerhalb dieser Individuen sich befindet, noch einfach mit ihnen identisch ist. Damit erhält das Verhältnis von Heiligkeit und Sündhaftigkeit eine neue Schärfe. Diese verbietet nicht nur die Verschmelzung von beiden, sondern ist darüber hinaus der Grund, weshalb erstere der letzteren widersprechen dürfen muß. Gäbe es für die Heiligkeit diese Möglichkeit nicht, so müßte sie ihre wesensbestimmende Kraft einbüßen und die Sünde als Offenbarung des Wesensgrundes der Kirche hervortreten lassen. Die Kirche aber, die sich durch die Widersprüche in ihrem Schoß ständig in Frage ge-

---

1 SV 208.

2 Ebd., S. 180.

3 Paul M. Zulehner, Helft den Menschen leben. Für ein neues Klima in der Pastoral, Freiburg 1978, S. 44-54.

stellt sieht, wird, soll sie sich nicht in purer Geschichtlichkeit auflösen, über eine hinreichende Legitimation und Kraft verfügen müssen, um sich immer neu gegen den immer drohenden Verfall zu erhalten. Die Instanz, der die Kirche ihren inneren Dynamismus und ihre "Abwehrkraft" verdankt, ist der Heilige Geist, der sie auf die endzeitliche Vollendung hinführt.

Was aber läßt sich beim näheren Zusehen über das schwierige Verhältnis der sich widersprechenden Realitäten (Heiligkeit und Sündhaftigkeit) sagen? Ist ein solches widersprüchliches Verhältnis ein notwendiges Strukturelement der Kirche, die ihre Heiligkeit bejaht, welche wiederum die Sündhaftigkeit auch bejaht? So wahr es ist, daß die Heiligkeit sich behauptet, so gewiß gehört sowohl die Bejahung wie die Negation der Sündhaftigkeit zu ihrer formalen Struktur. Was bedeutet das? Auf einen Begriff gebracht, heißt es, daß die Heiligkeit der Kirche jene Wesenseigentümlichkeit ist, die auf den Ursprung stets verweist. Hier ist mit dem An-fang nicht der Anfang in der Zeit gemeint, sondern dieser Anfang ist bei Gott, bei dem und in dem die Kirche ihren Grund und An-fang hat. Doch wäre es verfehlt, wenn die Frage nach der Realgestalt der Kirche ausgeklammert würde. Denn das Erkennen der Kirche - und damit auch die Liebe zu ihr - erfolgt nicht anders als durch die Wahrnehmung der wirklichen Form, in der sie uns begegnet. Und wie begegnet uns die Kirche? Es braucht nicht eigens ausführlich gesagt zu werden, daß die Kirche selbst in ihrer göttlichen Urdistanz Beziehung ist, nicht nur zu Gott, sondern auch der Menschen untereinander im Geist Christi. Dieser "macht gleichzeitig aus dem Anderen das Eine (indem er die Schöpfung, die Gott gegenüber das Andere ist, in das innergöttliche Lebensgesetz zurückholt und ihr Anderssein ihm unterordnet) und aus dem Einen das Andere, indem er aus der hypostatischen Einheit Christi das Doppelsubjekt Christus - Kirche entwickelt. Der Regreß der Kreatur in Gott wird so gleichzeitig zum Egreß des innergöttlichen Lebens in die Kreatur, zur Einbeziehung der Geschöpfe in das ewige Gegenübersein in Liebe und aus Liebe"[1]. Geht man von diesem Gesamtzusammenhang aus, so fällt das Licht auf den Herrn und seinen Geist, auf das Ereignis der von ihm gewirkten und immer wieder in der Geschichte sich ereignenden Erlösung[2].

Der gnadenreichen Gabe Gottes, die der Heilige Geist ist, ist es nicht eigen, die menschliche Freiheit weder zugrundezurichten noch zu tyrannisieren. So ist es auch nicht wesentlich das Ziel der Inspiration des Geistes, unsere Pläne zu vereiteln, sondern maximal unseren Willen zum befreiten Handeln zu lenken, zu stärken und zu erhalten. Unter den vielen Möglichkeiten zur Entfaltung der menschlichen Freiheit befindet sich auch die Möglichkeit, sich zu irren, die Bahn der Inspiration zu verlassen, vom rechten Weg also abzukommen und somit der unendlichen Liebe untreu zu sein, die jeden Menschen sowohl von innen her - im persönlichen Gewissen - wie von außen - im authentischen Lebenszeugnis und Liebesangebot der Mitmenschen - zur Antwort ruft. Es ist kein Zufall, wenn angesichts dieser Möglichkeit des Irregehens die intensivste Erfahrung des Geistes nur in der Überwindung der von Christus am Kreuz bloßgelegten Eitelkeit der Welt erfolgt. Totale Bestimmung des Christmenschen und des rechten Gebrauchs seiner Freiheit durch den Geist findet nur dort statt, wo die Liebe Gottes auch die letzte Möglichkeit des Menschen, Nein zu sagen, besiegt und überwindet, indem das Aufspringen zur Rebellion im Keim erstickt wird.

---

1 SV 202.

2 Schon Paulus äußerte sich in diesem Sinne. An die Gemeinde in Ephesus schreibt er, "daß Christus die Kirche geliebt und sich für sie hingegeben hat, um sie zu heiligen - zu konsekrieren, ἁγιάζειν -, sie reinigend durch das Wasserbad im Wort, um sich selber eine herrliche Kirche anzutrauen, die keine Makel, keine Runzel oder irgendetwas dergleichen hat" (Eph 5, 25-27).

Hinter dieser Vorstellung tut sich in ganzer Weite und Tiefe das Problem auf, wie das Verhalten der konkreten, institutionellen, zwischen Treue zu Christus und Charme der Welt geteilten Kirche zu beurteilen ist. Nähe und Ferne zum Gnadenlicht gehören zur Wirklichkeit der Kirche. Dazu lautet die markante Aussage von Balthasars: "Wenn es wahr ist, daß die Kirche den Heiligen Geist 'hat', so schließt das nicht aus, daß sie als ganze - und ein jeder in ihr - dauernd um die Gegenwart des Geistes zu beten hat. Wenn es wahr ist, daß die Kirche makellos ist (insofern sie der Ort der Begnadung durch Gott ist), so schließt das nicht aus, sondern ein, daß sie immerfort im Bekenntnis der Schuld stehen muß"[1]. Eine Kirche, die sich selber so zu sehen und verurteilen vermag, wird auch in der Lage sein, von dort her, wo sie ist, wie sie sein soll, das in sich zu verwerfen, was nicht sein soll. An dieser Haltung wird zugleich auffallen, daß das Dirnenhafte an der Kirche sich nur insofern mit der Keuschheit "verträgt", als der Blick darauf das demütige Schuldbekenntnis und die wahre Buße hervorruft. Die letzte Unvereinbarkeit zwischen dem Geist der wahren Kirche Christi und dem Geist Babylons läßt sich also nicht vertuschen, sondern nur überwinden, wenn leidenschaftlich an der ständigen Reinigung der Kirche in Theologie und Praxis festgehalten wird. In der Erstreckung beider Momente - Unbeflecktheit und Beflecktheit - ist der Glaubende mit den Erwartungen, der Unzufriedenheit, mit den Mängeln, glücklichen und unglücklichen Erfahrungen konfrontiert, die in der Kirchengeschichte nicht fehlen und einen jeden herausfordern, für die objektive Heiligkeit der Kirche durch subjektive Heiligkeit einzustehen, und zwar unter der Führung jenes Geistes, der dem Ganz-Kirchlichen, Innerlichkeit des Glaubens und der Gnade sowie institutio-

1 SV 277. Hierzu wird man an das Wort Augustinus'erinnern dürfen: "Stat Ecclesia in oratione, ut mundetur confessione; et quamdiu hic vivitur, sic stat" (Sermo 181, c 5,7; PL 38, 982).

nell-sakramentale, diese Gnade verdeutlichende Sichtbarkeit - die in engagierter Liebe wachsende Anteilnahme am künftigen Äon einflößt[1]. Das Ende des Widerspieles von Bejahung und Negation, von dem oben die Rede war, ist nicht schon unterwegs gegeben, es bleibt vielmehr das letzte Ziel, das erst mit dem endgültigen Tod der Sünde erreicht wird: "Wie das Unkraut im Feld immer neu und hartnäckig überhandnimmt, so die Sünde in ihr (Kirche), ansteckend und eigensinnig; ausgerissen wird es erst, wenn sie selber sterben wird, am Tag der Letzten Ernte"[2]. Diese letzte Sicherheit im Leben und Engagement der Kirche beruht nicht auf ihren eigenen Kräften, sondern auf dem Beistand des Geistes, in dem und von dem die Kirche sich empfängt. Und eben dies wirft ein Licht auf die weiteren Zusammenhänge, von denen nun die Rede sein wird.

5. Kirche als Werk und Wirken des Geistes

Mit dem Gedanken des Empfangs öffnet sich diejenige Perspektive, in der jede "Ist-Aussage" über die Kirche in Zeit und Geschichte auch als "Wird-Aussage" verstanden oder zumindest durch eine solche ergänzt werden soll. Solange die Kirche eine Kirche unterwegs ist, wird sie immer noch das zu sein haben, was sie sein soll. Sie ist zwar da als das Werk Jesu Christi, aber als fortlebender Christus" und fortschreitende Kirche ist sie in ihrer Allgemeinheit das, was der Geist Gottes immer wieder in sie legt, was er in ihr wirkt. Ihre höchste geistige und geistliche Reife steht noch aus. Wir haben natürlich keine Vorstellung davon, was diese Reife ist oder was sie ausmacht, ohne die anschauliche, "greifbare" Erfahrung von Geburt und Wiedergeburt, die uns durch die alltägliche Wirksamkeit des Heiligen Geistes zugänglich wird. Schöpfung und Neuschöpfung

---

1 KthW 229. Dazu auch B. Albrecht, Eine Theologie des Katholischen. Einführung in das Werk Adrienne von Speyrs. I. Durchblick in Texten, II. Darstellung, Einsiedeln 1972-1973.

2 SV 304.

sind Werk und Wirken des Geistes. Das gleiche gilt für Kirche-Sein und Kirche-Werden. Aber "damit Kirche werde, ist ein Zeugungsakt vonnöten, der von der Todesschwäche des zeugend-sterbenden Mannes am Kreuz ... über die Mitteilung des eigenen sowohl menschlichen wie göttlichen Geistes hinaufreicht bis in die Mysterien innertrinitarischer Zeugung und Hauchung"[1]. So wird sichtbar, wie der Geist selbst zum "zeugenden Organ der ewig-zeugenden Gottheit" wird[2], in dessen Kraft die gezeugte Kirche zugleich eine werdende Kirche ist, der die Gnade der Wiedergeburt zukommt. Sieht man in der durch die Selbstgießung des menschgewordenen Wortes Gottes in Tod und Auferstehung gezeugten Kirche das "inchoative Kirchensubjekt", so vollendet sich dieses nur "im Geheimnis des Heiligen Geistes, der ihm als innerster Grund eingesenkt wird und der das Kirchensubjekt deshalb vollendet konstituieren kann"[2]. Nun ist die Kirche, wie wir sahen, nicht nur "objektiver Geist", sondern auch subjektiver Geist, der in den einzelnen Glaubenden lebt. Daraus ergibt sich die Einsicht, daß der vom Geist Christi "durchtränkte" und getriebene Christ immer mehr und neu zur Erfahrung dieses Geistes heranreifen muß, um sich selber letzten Endes sozusagen zur Geistesgegenwart zu entwickeln[3]. Was soviel besagt, daß die Erhöhung und Vollendung des geschaffenen Geistsubjekts als Gottebenbildlichkeit den besten Beweis dafür liefert, daß der Heilige Geist nicht der bloße Ort einer Befreiung ist, sondern, so paradox das auch klingen mag, das Concretissimum Gottes, ebenso wie Kirche keineswegs ein bloßes Wunschbild sein kann, sondern zu einem wesentlichen Teil nur so ist, wie sie sich im hier und jetzt zum Zeichen des Reiches Gottes und der Erlösung der Welt im ganzen konstituiert.

---

1 SV 304.

2 Ebd., S. 202.

3 Vgl. Charis und Charisma, in: SV 319-331. Damit ist die eschatologische Dimension des Wirkens des Geistes angedeutet, die im nächsten Kapitel behandelt wird.

6. Geistgewirkte kirchliche Identitätsfindung in ihrer doppelten Transzendenz

a) Missionsauftrag als Wesensbestimmung

Zur Selbstbehauptung der Kirche als Werk und Wirken des Heiligen Geistes gehört die zentrale Bedeutung ihrer von Christus empfangenen Sendung. Durch die Erfüllung dieses Missionsauftrags, der wesentlich in der Verkündigung des Wortes besteht, wird die Nähe Gottes proklamiert und der Geist als bleibende Gegenwart Christi in die Welt hinein gesprochen, ja immer neu geboren. Sich dies vor Augen zu führen heißt, sich auf die Aufgabe der Kirche in der Welt zu besinnen. In dieser Besinnung spitzt sich das Selbstverständnis der Kirche auf das Thema der Art und Weise der Wahrnehmung des Sendungsauftrags zu. Das bedeutet, daß die Sendung, wie schon bei Christus, nicht zum Wesen der Kirche hinzukommt, sondern eins mit ihm ist[1]. "Diese Sendung ist natürlich nicht kurzschlüssig mit Tätigkeit in äußerer oder innerer Mission gleichzusetzen. Vielmehr besteht hier ein dialektisches Verhältnis zwischen dem immanenten Aufbau der Kirche als Gottesvolk in sich selbst und dessen transzendenter Wirkung"[2]. Wie aber sieht diese Dialektik nach von Balthasar aus? Sie läßt sich darin erfassen, daß das "Licht-der-Welt-Sein", wozu die Kirche berufen ist, eben voraussetzt, daß die Kirche zunächst <u>in sich</u> Licht sei[3]. Und wie kommt das zustande? Indem die Kirche "ihre Sendung nur im empfangenen und immer tiefer aneigneten Pneuma Christi sachgemäß" ausübt[4]. Doch wie erfolgt eine solche Aneignung? Und was heißt hier "sachgemäß"?

---

1 Vgl. TD II/2, 400.

2 Ebd.

3 Ebd.

4 Ebd.

Was die erste Frage anbelangt, so führt von Balthasar bestimmte kirchliche Akte an, wie Gebet, Meditation des Wortes, gläubiger Vollzug der Sakramente, Aufbau des Leibes Christi "aufgrund der Selbstlosigkeit der gegenseitigen Liebe, die alle anderen und deren Angelegenheiten und Bedürfnisse höher schätzt als sich selbst"[1]. Dies sind Dinge, die das "mysteriale Leben"[2] der Kirche ausmachen. Von Balthasar sagt in diesem Zusammenhang aber nicht, in welcher Form diese Akte vollzogen werden, wer die entsprechenden Vorschriften macht und vor allem wer die Garantie dafür bietet, daß diese Akte, so wie sie vollzogen werden, auch geeignet sind, die "Aneignung des Pneuma" wirklich zu vollziehen. Aber um zu erfahren, wer die Vorgabe für das rechte Verständnis des Wortes, für die richtigen Praktiken und den rechten Vollzug des Glaubens gibt, braucht man nicht lange zu suchen. Und noch ein weiteres, das keineswegs als müßig oder sinnlos zu betrachten ist: wer vermag wirklich - und in welchen Situationen - zu ermitteln, welches die Wege des Pneuma sind? Und mit welchen Kriterien? Diese Frage zielt natürlich nicht darauf ab, die Existenz eines bestimmten Leitungsamtes in der Kirche oder dessen Vereinbarkeit mit dem Willen Gottes zur Kirche anzuzweifeln. Vielmehr geht es darum, die Aufmerksamkeit für die Tatsache zu wecken, daß diesem Amt auch eine gewisse Demut auferlegt ist[3].

---

1 Vgl. TD II/2, 400-401.

2 Ebd., S. 400.

3 Versteht man unter "Demut" jene Verhaltensweise des Menschen, "der im Bewußtsein seines radikalen Abstandes von Gott, dem vollkommenen Sein" (KthW 79) die Grenzen seiner Kompetenz nicht zu überschreiten versucht, so ist Kritik, ja sogar Kontestation dort am Platz, wo diese "de-mütige Selbstannahme" (ebd.) in Vergessenheit zu geraten scheint. So plädiert auch von Balthasar, wie bereits anderorts angedeutet, unmißverständlich für berechtigte "Kontestation", die der Liebe zur Einheit der Kirche in Christus entspringt. Er tut es in Worten, die trotz ihrer Ausgewogenheit für ihn, den man heute vielmehr aus Oberflächlichkeit als aus gründlicher Kenntnis lieber als "konservativ" etikettieren möchte, ungewöhnlich erscheinen, ja sogar "revolutionär" klingen: "Es kann in der Kirche die Pflicht der Kontestation geben, wo das Amt sein Selbstverständnis als Repräsentation

Eine interessante Note enthält allerdings die Äußerung von Balthasars hinsichtlich der zweiten von den anfangs gestellten Fragen, wie eine "sachgemäße" Wahrnehmung des kirchlichen Auftrags aussehen soll. Wenn auch in der Antwort auf die erste Frage Anbetung, Meditation und tätige gegenseitige Liebe im gleichen Atemzug genannt werden, so heißt es doch dazu, daß es sich um "eine klare Aufeinanderfolge von Phasen" handeln soll: "Wenn nicht zuerst für innere Qualität der kirchlichen Substanz gesorgt wird, kann diese nicht nachher ins Außen wirken"[1].

Zur Veranschaulichung wird auf den Ordensmann und den Priester, die ihr Apostulat mit dem "vorbereitenden Novi-

---

der Einheit des kirchlichen Gehorsams teilweise eingebüßt hat; aber dieser Widerspruch darf sich nur in der Liebe und zugunsten der kirchlichen Liebeseinheit (die das Amt mit ein- und nicht ausklammert) vollziehen. Ein Amt, das nicht geliebt wird, kann überhaupt nicht regieren, und die "brüderliche Zurechtweisung", die auch dem Amt gegenüber am Platz sein kann (vgl. Paulus gegenüber Petrus Gal 2, 11-14), hat nur dann kirchliche Gestalt, wenn sie in Liebe das Amt zu seiner wahren Funktion zurückruft, ja wenn sie die christliche Kunst beherrscht, durch das Verzerrte (und zu kritisierende) hindurch das Echte zu sehen und das von Christus Gestiftete zu ehren. In allen Zerreißproben muß der Kontestierende sich bewußt bleiben, daß er der ja nur im (kirchlichen!) Gehorsam an Christus widersprechen kann, des Amtes grundsätzlich bedarf, um in einem Sonderfall dagegen Stellung zu nehmen.
Das konkrete Modell für das Verhältnis zwischen Führung und Geführtsein in der Kirche bleibt das Verhältnis des Menschen Jesus zum Vater im Heiligen Geist: der Vater begleitet den Sohn in der Intimität der Liebe; der Geist des Vaters im Sohn ist Auftrag, Ortsanweisung, dadurch aber keineswegs personale Distanzierung (autoritäre Veramtlichung) des Vaters gegenüber dem Sohn. Im Leben Jesu ging das intime väterliche Geleit von vornherein auf die Stunde der "Zerreißprobe" zu; diese Stunde kann für den Christen sich einmal als Zerreißprobe des Gehorsams an die Kirche (wo ein solcher wirklich erforderlich ist) darstellen. Das Leben der Heiligen mit ihren großen Charismen zeugt öffentlich dafür. Kein kirchlicher Vorgesetzter darf von sich aus die Rolle des Vaters am Ölberg spielen wollen; aber sein Gehorsam an Christus kann ihn vielleicht doch zuweilen in eine analoge Situation versetzen. Er wird dann erfahren, daß das Amt nicht nur schwere Last ist - das ist es immer -, sondern daß kirchliches Führen verdemütigend ist" (PnI 154-155). Vgl. dazu "Gehorsam und Kritik in der Kirche", in: WS 124-130.

1 TD II/2, 401.

ziat" und dem "Seminar" beginnen, sowie auf den Aufenthalt von Paulus in Arabia hingewiesen. Es folgt dann ein Verweis auf H. Schürmann[1], der "die Gründe dafür aufgezeigt hat, weshalb die Urkirche zunächst mit sich, ihrem inneren Selbstaufbau beschäftigt scheint und zu den Fragen christlicher Weltverantwortung zurückhaltend schweigt"[2]. Wie zutreffend die angeführten Beispiele als Vorgehensweisen auch sein mögen, so darf die Frage doch erlaubt sein, was unter "zuerst" und "nachher" zu verstehen sei. Womit haben wir es grundsätzlich zu tun (denn es ist eine Grundsatzfrage)? Mit einer einfach chronologischen "Aufeinanderfolge" oder vielmehr mit einer logischen Priorität, welche zu einer Differenzierung in der Vorgehensweise verpflichtet? Inwiefern der Samariter-Dienst nur mehr oder weniger zum "Aufbau der inneren Qualität kirchlicher Substanz" beiträgt - im Gegensatz zur Anbetung und Meditation des Wortes? Und was heißt Meditation oder, wie von Balthasar sich ausdrückt, "betendes, betrachtendes Hören des Wortes"[3]? Wie unterscheiden sich hier Aktion und Kontemplation? Schließlich, wozu verpflichtet eigentlich die Betrachtung des Wortes? Falls an eine chronologische Aufeinanderfolge gedacht wird, kann man sich fragen, inwieweit

1 "Das eschatologische Heil Gottes und die Weltverantwortung des Menschen. Hermeneutische Bemerkung zur Relevanz der biblischen Aussagen", in: Karl Lehmann (Hrsg.), Theologie der Befreiung, Einsiedeln 1977, S. 45-78.

2 TD II/2, 401. Die Gründe, die hier genannt werden, liegen teils in den inneren Situationen der Urkirche (die gespannte Naherwartung, die Relativierung menschlicher Nöte angesichts des Christusgeschehens, die übermächtige Geisterfahrung der jungen Kirche) teils in den äußeren Umständen der damaligen Zeit, wie z.B. die totalitaristischen Ansprüche des römischen Imperiums.

3 TD II/2, 400. Man fühlt sich hier an die unlösbare Spannung zwischen dem "Außen" und "Innen" der Kirche erinnert, die sich in der schwierigen Problematik einer eindeutigen Bestimmung dessen widerspiegelt, was rein "religiös" und was rein "weltlich-zeitlich" ist, sowie in ihrer Zuspitzung in der Frage des Verhältnisses zwischen eschatologischem Heil und integraler Befreiung des Menschen im Selbstverständnis der Kirche.

die erwähnte Praxis der Urkirche nicht daher rührt, daß die damaligen inneren und äußeren Gegebenheiten eine größere Aktion "nach Außen" verhindert haben und inwieweit eine solche Praxis auch nicht einfach eine gewisse Unsicherheit, zumindest eine abwartende Haltung der ersten Gemeinden verrät. Daran läßt sich eine weitere Frage anschließen, und zwar ob es für den zukünftigen Ordensmann oder Priester eine "weltlose", ja "gegenseitig-lieblose" Vorbereitung auf die zukünftige Mission geben kann. Wenn die Praxis der "Selbstlosigkeit der gegenseitigen Liebe", die von Balthasar an einer zweiten Stelle hinter der Anbetung und Wort-Meditation sehen möchte, nicht sofort in die große Welt hinein getragen wird, so gehört sie doch zum Umgang mit den Mit-Novizen oder Mit-Studenten und gleichzeitig mit der "Kontemplation" erfolgt.

Auch vonBalthasar selbst bejaht anderswo diese "Gleichzeitigkeit", indem er feststellt: "Amtskirche (Petrus) und Liebeskirche (Johannes) sind nur einmal zur Deckung gekommen, im Gründer, der aufgrund seiner Transzendenz als Gottmensch zugleich amtierender Priester und Liebesopfer, geschlachtetes Lamm sein konnte"[1]. Wenn es wahr ist, daß der Kirche und dem Glaubenden gerade der Geist dieses Gründers zum Vollzug ihrer Christusförmigkeit verliehen ist, dann darf auch der Grundsatz seiner "Gleichzeitigkeit" dazugehören[2]. Sicherlich kann es nicht darum gehen, unter Berufung auf den Geist den schwärmerischen Visionär zu spielen und sich mit einfacher universaler Solidarität zu rühmen, sondern sich als authentischer,

---

1 PnI 152. Dazu heißt es ferner, daß bei Jesus "empfängliche" bzw. "kontemplative Offenheit und aktive Bereitschaft ein und dieselbe Haltung sind, die Haltung der Mitte, in der sich Gott offenbart, und deshalb auch die Haltung jenes Menschen der Mitte, in den hinein Gott sich offenbart" (ebd. 115).

2 Dies schließt allerdings nicht aus, daß es verschiedene Betonungen des Verhältnisses zwischen "innerer" und "äußerer" Mission geben kann. Es besteht kein Zweifel darüber, daß z.B. ein kontemplativer Orden die äußere Missionsaufgabe anders erfüllt als eine Ordensgemeinschaft (oder auch ein Säkularinstitut), die neben der Anbetung in direkterem Kontakt zur Außenwelt steht.

glaubhafter Zeuge der Liebe und christlichen Humanität für die Mitmenschen einzusetzen. Wer sich so "verschwendet", eignet sich den Geist Christ an, welcher der Geist der Liebe ist, in dem allein ein Anspruch auf Deutung des Ganzen erhoben werden kann. Im Zentrum dieses Anspruches steht für die Kirche die Pflicht zur Selbsttranszendenz. Damit wird indirekt auf ein wichtiges Stichwort, "Katholizität", hingewiesen, das im folgenden nur kurz behandelt werden kann.

b) Katholisch im Heiligen Geist

Katholizität[1] bzw. Weltkirche-Sein gehört zu den Grundeigentümlichkeiten der Kirche Christi. Sie wird, wie die Einheit und die Heiligkeit, als Werk des Geistes angesehen, sofern der Empfang des einen Geistes die Zugehörigkeit zu der einen Kirche begründet. Die Selbsttranszendenz der Kirche über sich hinaus auf die gesamte Menschenwelt kann nur in diesem Geist erfolgen.

Katholisch sein beschränkt sich nicht auf eine quantitative Ausdehnung (sei es geographisch oder nummerisch), es heißt vielmehr "geschichtsverändernd wirken"[2]. Doch wie erweist sich die Kirche als fähig, die Welt zu verändern? Wie wird die gesamte Lebenswirklichkeit der Welt durch die Kirche zum Betätigungsraum des Geistes Christi? Die Katholizität der Catholica erfordert eine "transzendente Wirkung"[3], das heißt "gelebte Katholizität"[4], eine qualitative, die praktisch nur dort zu finden ist, wo die Kirche wirklich zum "Berührungspunkt zwischen Gott

1 Vgl. PnI 61-116: Anspruch auf Katholizität; WS 147-165: Die drei Gestalten der Hoffnung; TD II/2, 401 ff; KAM im ganzen.

2 TD II/2, 402.

3 Ebd., S. 400.

4 PnI 113-116.

und Welt" wird[1]. "Von diesem Punkt der vollkommenen Bereitschaft her ... definiert sich alles, was an der Catholica katholisch genannt zu werden verdient"[2]. Das Gelingen des Missionsauftrags der Kirche sowie ihrer Bemühung, zur wahren Einheit zu kommen, hängt offensichtlich davon ab, wieviel Glaubens- und Überzeugungskraft die Kirche auszustrahlen vermag, ob sie sich wirklich als Zeuge im Geist und des Geistes bewährt.

c) Die Liebe Gottes als das Katholische

Hier öffnet sich erst die innere theologische Dimension dessen, was Katholizität für die Kirche bedeutet. "Daß sie primär beim Absoluten beheimatet ist, versteht sich von selbst; der menschliche Ausgriff allein, er mag noch so weit sein, kann das Absolute nicht in den Begriff bekommen"[3]. Die Kirche ist daher nur dann befähigt, "es zu empfangen und in die Enge der Welt zu beherbergen", wenn es sich selber "darbietet", und zwar so, daß die "Fassungskraft"des Menschen mit der Begabung des Empfangs ausgestattet wird[4].

Die Katholizität der Kirche gründet in der Katholizität Jesu[5], der diese Selbstdarbietung des Absoluten ist: "Eine Kirche kann nur darum katholisch sein, weil Gott als erster katholisch ist und weil in Jesus Christus und zuletzt im Heiligen Geist diese Katholizität Gottes sich zur Welt hin geöffnet hat"[6]. Somit ist die Katholizität

1 PnI 115.

2 Ebd.

3 Ebd., S. 114. Hierzu vgl. auch das, was über die Kirche als Zeichen im Heiligen Geist gesagt wurde.

4 Ebd.

5 Vgl. Jesus als katholisch, in: KAM 17-19.

6 Ebd., S. 19.

ein auszeichnendes Merkmal der Kirche Christi. Die Frage, die sich dann unabweisbar stellt, ist, wie eng oder weit der Begriff der Katholizität aufzufassen ist und wie ein bestimmtes konkretes Zentrum in der Christenheit seinem Anspruch auf Katholizität gerecht werden kann. Das Thema, dessen theologische Tragweite besonders angesichts der ökumenischen Bemühungen und der Herausforderungen der jungen Kirchen der sogenannten Dritten Welt nicht übersehen werden kann[1], kann hier nur angedeutet werden. Eines bleibt sicher: an dem Ernst und an der Ehrlichkeit, mit der dieses Problem sowohl in Theologie wie in Praxis angegangen wird, wird sich auch zeigen, mit welcher Bereitschaft und Offenheit die Kirche auf die Atemzüge des Geistes, der ihr vom Stifter verliehen ist, horcht!

d) Innere Dramatik der Selbsttranszendenz

Die Selbsttranszendenz der Kirche unter der Führung des Heiligen Geistes in ihrer doppelten Ausrichtung - Missionsbewegung und Öffnung zu Gott - ist von innerer Spannung und Geteiltheit begleitet. Was die naheliegenden Gefahren anbelangt, so spielt sich das "eigentliche Drama" der Kirche[2] nach von Balthasars Auffassung im Spannungsfeld zwischen Festhalten an der "Waffenlosigkeit" des Evangeliums und Übernahme der "weltlichen Methoden des Herrschens, der Machtausübung, der Unterdrückung des Fremden und des Ungefügigen"[3] ab. Die Kirche steht also stets vor der Frage, ob und wie der Sauerteig wirklich im anderen so aufgehen kann, daß er mit sich identisch bleibt? Doch was heißt hier "identisch"? Identisch bleiben bedeutet

1 Vgl. H. Vorgrimler, Das Subjekt der Kirche, a.a.O., S. 331-334; dazu auch "Roma aeterna?", in: ARA 272-287, wo von Balthasar zwischen echter, kirchlicher Universalität und weltlich-politischem Universalismus unterscheidet.

2 TD II/2, 402 ff.

3 Ebd., S. 402-403.

hier nicht bloße Bewahrung gesicherter "Positionen", sondern dynamische Ausfaltung jener Prinzipien, nach denen die "Einheit der Kirche und das Spezifische ihrer tragenden Sendungen immer sowohl ist (denn die Sendungen sind eingestiftet) wie wird (denn sie müssen in jeder Situation neu gelebt, verwirklicht und miteinander ausgeglichen werden)"[1]. Von Balthasar übernimmt hier die Auffassung Y. Congars, der den Gedanken des Katholischen so ausgedrückt hat: "Das Katholische ist die universale Kapazität der Einheit der Kirche, oder auch: die dynamische Universalität ihrer Einheitsprinzipien"[2]. Gerade in diesem dynamischen "Ist- und Wird-Prozeß" entsteht das Neue, das der Geist Gottes in der Kirche bewirkt. Vieles kann in der Kirche diesem Neuen im Wege stehen, vor allem eine substantielle Fehldeutung des Glaubens, ein falscher Gebrauch der hierarchischen Vollmacht, aber auch Blindheit des Kirchenvolkes. So wird deutlich, daß entgegen einer allgemeinen Neigung nicht nur eine der Kirche gegenüber "gleichgültig" oder gar "feindselig" gestimmte "Welt" einen Schiffbruch in der Kirche verursacht. Dazu führen natürlich auch die eigenen Fehlentwicklungen[3]. Daß die Kirche aber der Weg des Heils zu sein hat, verpflichtet sie zu immer tieferer Reflexion über ihre Strukturen. Wer sich besonders heute mit ekklesiologischen Fragen beschäftigt, sei es in extenso oder in Grundzügen, wie es überhaupt im Rahmen der vorliegenden Arbeit nur geschehen kann, kommt nicht an der Frage des Institutionellen in der Kir-

---

1 ARA 266.

2 Conscience de la catholicité, in: Esquisses du Mystère de l'Eglise, Paris 1953, S. 7, zit. nach von Balthasar, in: ARA 266; vgl. ebd. Anmerkung 25.

3 Dazu erklärt von Balthasar: Das kirchliche "Netz kann als objektive Institution eine substantielle, von der Gründung her verbürgte Solidität und Inerranz verbürgen, hat aber dort, wo das Institutionelle zu einem Mittel von Macht oder Magie mißbraucht wird, keine missionarische Überzeugungskraft, im Gegenteil: es wirkt entfremdend und abschreckend" (TD II/2, 405).

che vorbei. Wesens- und Selbtdarstellung der Kirche weisen darauf als ein unverzichtbares Element ihrer Wesensbestimmung hin.

7. Geist und Kirche im Problemhorizont der "Institution"

In dem bisher über das Verhältnis Geist-Kirche Ausgeführten wurde zwar schon gelegentlich auf Grund sachlicher Beziehung das Problem der Institution berührt, aber zu einer systematischen Darstellung kam es nicht sofort, da der Zerfall in vielerlei Themen bei der Behandlung eines bestimmten Themas vermieden werden sollte. Auf die zunächst zurückgestellten Erörterungen des angekündigten Problems wird nun eingegangen, soweit es an dieser Stelle möglich ist. Dies geschieht am Leitfaden der Aussagen von Balthasars über das kirchliche Amt, die Heilige Schrift, die Sakramente, die Tradition und das Kirchenrecht. Diese Gegebenheiten sind alle seiner Meinung nach - freilich jede nur auf eine bestimmte Weise - die Verkörperung der "institutionellen" Dimension des Heiligen Geistes. Die Reihenfolge in den nachstehenden Ausführungen setzt keine bestimmten Akzente. Die extreme Straffung ist durch den vorgegebenen Rahmen dieser Untersuchung bedingt und soll außerdem eine bündige Einsicht in die an sich uferlose Thematik ermöglichen.

a) Die Kirche als Institution besonderer Art

Gott/Christus: ja! - Kirche: nein! Diese Redewendung steht als Stichwort für die weit verbreitete Diskussion über das Institutionelle in der Kirche. Engt aber die Kirche Gott ein und verdeckt sie ihn so sehr, daß die Frage, wozu sie da ist, nur mit einem "Nonsense"beantwortet werden kann? Wird die Kirche-Institution als ganze in Frage gestellt, oder wird nur etwas an ihr abgelehnt? Und was?

Wir haben bereits darauf hingewiesen, daß von Balthasar Kritik an der Kirche für berechtigt hält. Es ist aber auch klar, daß er damit nicht bloß Wasser auf die Mühle derer gießen will, die, sei es innerhalb oder außerhalb der Kirche, dazu neigen, in der Kirche-Institution ein bloßes Macht- und Herrschaftsinstrument zu sehen[1]. Das rechte Verständnis der Kircheninstitution läßt nach von Balthasar keinen Zweifel darüber aufkommen, daß sie ein wesentliches Element der Kirche[2] und als solche ein "Mittel des Heiligen Geistes" ist[3]. So gesehen stellt sich die Frage der Institution für von Balthasar in Zusammenhang mit der Sache, um die es eigentlich geht: die "memoria Christi", welche keineswegs eine "bloße Erinnerung, sondern "lebendige Gegenwart" bedeutet[4]. Der Christus des Kreuzes wird als der Lebendige verkündet. Wie aber ist er für die nachkommenden Geschlechter gegenwärtig, wie für

---

1 Daß die Kirche sich so oft in dieser Hinsicht in Frage gestellt sieht, hängt nach der Auffassung John V. Taylors auch damit zusammen, daß manchmal an sie Erwartungen gerichtet werden, die sie nicht erfüllen kann. Man irre sich, wenn man die Kirche für eine "institution religieuse" wie jede andere oder für "un vaste trust avec ses agents de décision ou de relation" hält. Taylor läßt gelten: "Nous ne pouvons la blâmer de ne pas se lancer dans l'action sociale" (Vgl. Puissance et patience de l'Esprit, Desclée de Brouwer, Paris 1977, S. 190). Allerdings schließt er wohltätige Aktionen der Kirche nicht einfach aus.

2 Vgl. PnI 130. Diese Auffassung hängt für von Balthasar eng mit der Wirklichkeit Jesu zusammen: "Sowenig die Weltveränderung, die Jesus herbeiführen wollte, in der Richtung auf eine Sprengung seiner Leiblichkeit (etwa um einer "Bewußtseinserweiterung" willen) ging, sowenig kann der Christ an den Stäben der Kircheninstitution rütteln, um durch deren Zerbrechen in die Freiheit des Heiligen Geistes oder der Kinder Gottes zu gelangen".

3 TD II/2, 404.

4 Vgl. H.U. von Balthasar, Die Kirche 37-47, hier 37. Auf eine Bezugnahme und ausführliche Konfrontation mit der "gefährlichen Erinnerungs"-These von J.B. Metz (siehe u.a. Glaube in Geschichte und Gesellschaft, Mainz 1977) muß hier verzichtet werden. Im gedrängten Stil bietet H. Vorgrimler (Hoffnung auf Vollendung. Aufriß der Eschatologie, QD 90, Freiburg 1980, S. 120 ff.) einen guten Einblick in diese Problematik, insbesondere in ihren Zusammenhang mit der Thematik der "eschatologischen" Dimension des Heiligen Geistes, die im nächsten Kapitel behandelt wird.

die ihn auf der Erde damals Umgebenden? Die Begegnung mit ihm geschieht in den "testamentarischen Worten"[1], die er den Seinen mit auf den Weg gegeben hat; es sind Worte der Liebe, die nur in seinem den Jüngern "eingeflößten" inneren Geist den "Strich des Menschlich-Allzumenschlichen" überwinden können[2].

Der Geist ist also absolute Garantie. Aber wie erklärt sich das? Es heißt ja, daß der Geist von "dem Meinigen nehmen und es verkünden wird"(Joh 16,15). Er spricht nicht für sich, sondern "erinnert" an das Geschehen, dessen Tiefendimension er erschließt. "Er wird euch in die volle Wahrheit einführen"(Joh 16,13). Diese Wahrheit ist im tiefsten Sinn die Wahrheit des Kreuzes, welches in seiner "Formlosigkeit"[3] und "Ungestalt"[4] dennoch zum "Formbaren" in Gottes Hand gemacht wird[5]. Es wird dadurch sogar zur "Übergestalt"[6]. Im Hinblick darauf war der Wille des Vaters in den Augen des Sohnes die "Institution". "Deswegen erscheint die bleibende, ihn stets begleitende Liebe des Vaters als eine ihm vom Vater her gegebene Regel und Führung des Heiligen Geistes"[7].

Der Geist ist daher auch der letzte Grund der Kirchlichen Institution, oder besser der Kirche-Institution. Das Institutionelle an der Kirche ist nur in diesem Zusammenhang zu sehen und zu deuten. Es hat keine andere Funktion, als daß es im "menschlich Greifbaren"[8] die Unmittelbarkeit der Gegenwart Christi "verbürgt - so, daß es diese Gegenwart zugleich zeigt und vor dem Zugriff der Menschen und vor

---

1 Die Kirche 37.

2 Ebd.

3 VC 128. Vgl. M. Kehl, Die Kirche als Institution, a.a.O., S. 273 ff.

4 SC 56.

5 H III, 2/2, 136.

6 SC 56.

7 M. Kehl, Die Kirche als Institution, a.a.O., S. 274; vgl. unsere Ausführungen über das Verhältnis Geist-Christus im ersten Kapitel dieses 3. Teils § B.

8 Die Kirche 38.

jeder Entstellung schützt: eine Hülle oder Schatulle, die ihn enthält, ohne je mit ihm selber verwechselt werden zu können. Etwas, das ihn für die Glaubenden und Liebenden präsent macht, ohne daß man sich seiner auf magische Weise bemächtigen, sich an seiner göttlichen Freiheit vergreifen könnte. Etwas Dauerndes und jederzeit Aktuelles, das aber so beschaffen wäre, daß es als Ganzes ein Hinweis wäre auf seine jederzeit aktuelle Gegenwart, seine liebende Hingabe an jeden, sein persönliches Ansprechen eines jeden, sein Bereitstehen für jeden. Es gab hier kein anderes Mittel als das, was wir Einsetzung, auf lateinisch Institution nennen"[1]. Es wird darin noch einmal einsichtig, daß die Institution eben jene Funktion erfüllt, die wir im Heiligen Geist als der bleibenden Gegenwart des Auferstandenen sehen. Die Bindung an diesen Geist wird die Kirche stets an die "Vorläufigkeit" des Institutionellen an ihr erinnern[2] sowie sie die Zugehörigkeit des letzteren zum Wesen des Ganz-Kirchlichen deutlich macht. Es scheint der Heilige Geist selbst darin, wie es in dem Kommentar von M. Kehl heißt, als das "Formprinzip des kirchlich Institutionellen"[3], und nimmt er die "Gestalt einer objektiven Ordnung an, damit dadurch die sündige Selbstbehauptung im Gehorsam überwunden und der Geist dann auch als Freiheit, als Gabe der Liebe Gottes erfahren werden kann"[4], dann deswegen, weil beides, Institution und

---

1 Die Kirche 38.

2 TD II/2, 405. Vgl. PnI 231: Im Hinblick auf die Vollendung zieht von Balthasar zwischen dem "Verschwinden" des Institutions-Aspekts des Geistes für den Auferstandenen und der eschatologischen Vollgestalt der Kirche einen Vergleich: "Gewiß, wenn Christus, unser Leben, erscheint, werdet auch ihr mit ihm zusammen in Herrlichkeit erscheinen (Kol 3,3 f.), und dann wird der Institutions-Aspekt des Geistes so verschwinden, wie er für den auferstandenen Herrn verschwunden ist: in den Kindschafts-Aspekt hinein, weil wir dann den Gehorsam nicht mehr zu lernen brauchen, sondern ihn im Instinkt und als unsere Freiheit haben werden, und der Geist nur in seinem göttlichen Ursinn - als Zeuge und Anfacher der Liebe - uns objektiv überragen wird".

3 Die Kirche als Institution, a.a.O., S. 279.

4 Ebd., S. 280.

Freiheit, sein Wesensmerkmal ist. Er ist damit die wahre "anima ecclesiastica"[1], in deren bestimmende und formende Subjektivität-Objektivität die Gegenwart Christi in der Kirche "greifbar" wird.

b) Weisen der bleibenden Gegenwart Christi

α) Das Amt

Es ist die von Christus stammende "Vollmacht zu lehren, zu weihen und zu weiden, die - Gott sei Dank! - eine letzte Unabhängigkeit von der Würde und Unwürde des ausübenden Menschen besitzt"[2]. Es kann daher nicht davon die Rede sein, das Amt als eine Erfindung der Kirchenleitung zu betrachten. Ebensowenig ist es nach dieser Auffassung sachgerecht, anzunehmen, das Amt sei "privatisierbar" oder seine Wirksamkeit läge in dem Grad der Heiligkeit des jeweiligen Amtsträgers[3]. Entscheidend und bestimmend ist und bleibt der Wille Christi zur bleibenden Gegenwart in der Kirche. In diesem Ursprung, der mit der geschichtlichen, berechtigten Selbstentfaltung des Amtes nicht zu verwechseln ist, liegt die eigentliche Einheit von "Nachfolge und Amt"[4] und damit auch der "geistige Mittelpunkt" der Kir-

---

1 Vgl. SV 174-180.

2 Die Kirche 39.

3 Die subjektive Heiligkeit wird nicht abgelehnt oder gering gehalten, sondern nur als in die objektive Heiligkeit der Kirche in Christus und in den ursprünglichen realsymbolischen Gestalten (Maria, Petrus, Johannes, Paulus usw.) integriert angesehen. Der Beitrag eines jeden zur Heiligkeit der Kirche hat seinen hohen Wert. Die Defizienz des sündigen Amtsträgers vermindert jedoch nicht die Wirksamkeit der amtlichen Handlung, die von ihm in persona Christi vorgenommen wird. "Im Amt liegt ein 'Hände weg' - der Herr allein ist es, der sich schenkt, aber, weil es Amt gibt, unfehlbar schenkt" (ebd.).

4 Vgl. SV 80-147.

che[1] als Antwort auf den Ruf Christi zur Nachfolge[2]. So stehen christliche Existenz und Amt nicht im Gegensatz zueinander, sondern treffen sich gerade an dem Punkt, "wo die christliche Sendung entspringt, die aber als solche, der theologischen Struktur nach, schon die Ebene erreicht hat, wo das kirchliche Amt im engeren Sinn entspringt"[3]. Auf diese Ebene ist das Amt die "Kristallisation der Liebe" Christi im Sinne einer Objektivierung, die der Verfassung der Weltzeit entspricht[4].

ß) Das normative Wort der Heiligen Schrift

"Zum Amt gehört das objektive Wort Christi und über Christus: die Heilige Schrift"[5]. Die Schrift als Institution bleibt dennoch so unlösbar mit dem freien Wehen des Geistes verbunden, daß sie auch in der Vielfalt der Auslegungsworte ihre Fülle unverfälscht für jeden Hörer wie eine "reifende Saat"[6] aufgehen läßt. In ihr begegnet uns das lebendige Wort Gottes, die Heilsverheißung, in deren Licht die richtige Einsicht in das Institutionelle gewon-

---

1 Vgl. SV 146.

2 Vgl. ebd., S. 114. Diese Einsicht läßt aber nach den Worten von Balthasars keine falschen Schlüsse zu: "Nichts wäre aber verkehrter, als daraus schließen zu wollen, es gebe im Neuen Testament nur noch ein 'allgemeines Priestertum' oder das Amt sei hier nichts anderes als eine Ausprägung der allgemeinen kirchlichen Charismatik". Zu letzterer in diesem Zitat vgl. H.U. von Balthasar, Thomas von Aquin, Besondere Gnadengaben und die zwei Wege menschlichen Lebens, in: Kommentar zu Summa Theologica II-II, 171-182 (Deutsche Thomas-Ausgabe 23, Heidelberg-Salzburg 1954).

3 SV 107. Vgl. Amt und Existenz, in: WS 116-130.

4 Dazu vgl. SV 27, 36 f., 335; SC 443; GEL 95.

5 Die Kirche 39. Dazu heißt es ferner: "Buchstabe und Buchwesen ist eine Form von Institution, aufgrund vieler Konventionen: über Sinn der Lettern, der Worte, Sätze einer und mehrerer Sprachen, über Druck, Vertrieb, Verwahrung in Bibliothek usw. Das absolut einmalige Wort Gottes geht ein in diese Institution, um für alle unverfälscht und unveränderlich gegenwärtig zu sein" (ebd. 39-40).

6 Ebd., S. 40.

nen wird, und zwar in dem Sinne, "daß wir die objektive Rahmenordnung der Kirche, das normative Wort der Heiligen Schrift und die normative Tradition nicht als eine Verfremdungsform des Heiligen Geistes empfinden, die ihn und uns in unserer Kindesfreiheit fesselt, auch nicht als etwas Gleichgültiges, das nur für einige, zum Beispiel Theologen, von Belang ist, sondern als ein Recht für Freie und Liebende, als ein geisterfüllter Buchstabe, als eine von lebendigem Glauben getragene, oft mit dem Herzblut der Heiligen bezahlte Weitergabe des Ursprungs, als etwas, wodurch wir leben, wie wir es wenigstens bei der kirchlichen Feier der Eucharistie zu verstehen gewohnt sind"[1]. So gesehen erscheint das Wort Gottes in seiner "Buchstaben"- und "Buchwesen"-Form nicht als starres Gerüst, vielmehr hat es den "Baustein"-Charakter Christi selbst (1 Petr 2,5)[2].

γ) Die normative Tradition

Aber so unmittelbar das Wort Jesu und das Wort über ihn uns in der Schrift vergegenwärtigt ist, so wahr ist es, daß letztere selbst durch kirchliche Tradition (oder Traditionen) vermittelt ist. Die Tradition ist jenes "flüssige Element" in der Urkirche, "in dem die Schrift entsteht, um es wieder zu beeinflussen"[3]. Eine Unmittelbarkeit zum "Urphänomen Jesus"[4] ist nicht anders gegeben als auf dem Weg einer authentischen Auslegung des Wortes, die sich auf die Tradition stützt. Das kirchliche Amt hat den Sinn der Offenbarung Christi darzulegen und damit den Ursprung neu zu vergegenwärtigen nicht anders vermocht als "hinblickend auf die Schrift und die Tradition"[5]. Aber droht das Urereignis dann nicht zu ersticken? Wie realistisch eine solche Vorstellung auch sein mag, so bleibt der Grundsatz der Garantie durch den Heiligen Geist auch für von Balthasar unverändert. Aber wie absolut ist diese

1 PnI 232. 2 Vgl. ebd., S. 233. 3 Die Kirche 41. 4 Ebd. 5 Ebd.

Garantie? Trotz Abweichungs- und Entgleisungsgefahr bleibt alles Wesentliche unaufhebbar im Wirken des Geistes verwurzelt. Bei allen Bemühungen von Amtsträgern, Theologen und Heiligen - in Leben und Belehrung - um das Verständnis des Urereignisses gibt es "eine Art Selbstregulierung durch den Geist des lebendigen Christus: Überflüssiges fällt von selber ab, das Wesentliche dagegen, das ausformuliert wird, verwandelt sich zurück in echtes Leben"[1]. Echtes Leben zeugt also von der Art und Weise, wie der Geist das "kirchliche Gefäß verjüngt, das die ewig junge Gegenwart Christi enthält"[2].

δ) Die Sakramente

Über die Wesensgestalt der Kirche als Sakrament wurde bereits gesprochen[3]. Im folgenden geht es darum, kurz vorzustellen, wie die Sakramente die wesenseigene Institution der Kirche verdeutlichen. Die Kirche existiert in den Personen, die ihre Kirchlichkeit von ihr her - in den einzelnen Sakramenten - empfangen und in Freiheit entfalten. Dabei verbürgt "der sakramentale Rahmen das Voraus des Empfangs vor der von uns gegebenen Antwort und angemeldeten Forderung"[4]. Dieses "Voraus" bezieht sich auf die Kirche und das in ihr vom Ursprung her eingestiftete Amt als eine wesentliche Form der Gegenwart Christi.

Was diese Stiftung (Institution) ursprünglich ist, ist nach von Balthasar besonders an der Institution der Eucharistie deutlich. Denn "hier erhält die Rede von der Kirche als Ur-Sakrament inmitten der Welt, als "sacramentum mundi", ihre Gültigkeit. Die äußere Organisation der Kirche, an der so viele Anstoß nehmen, ist dabei nichts anderes als die Darstellung der Lebendigkeit und Lebensfähigkeit jenes großen organischen Leibes, der vom gegenwärtigen Christus besessen und belebt wird. Man kann dies auch aus dem unauf-

1 Die Kirche 41. 2 Ebd. 3 Vgl. oben S. 384 ff. 4 WS 61.

löslichen Kreislauf ersehen, der zwischen Eucharistie und Kirche herrscht: Der eucharistische Leib Christi, der sich in der Liturgie der Gemeinde vergegenwärtigt, verleibt die daran teilnehmenden Gläubigen in Christi Wirklichkeit ein... Aber andererseits ist es immer die Kirche, als der vorweg existierende Leib Christi, die durch das ihr geschenkte Amt die eucharistische Gegenwart ihres Herrn erneuert: 'Die Eucharistie macht die Kirche, die Kirche macht die Eucharistie' (H.de Lubac)"[1]. Den gleichen engen Zusammenhang sieht von Balthasar zwischen Eucharistie und Heiligen Geist, weil das Ganz-Kirchliche, das sich in der Eucharistie als die reale Gegenwart des Herrn erweist, mit dem Geist durchtränkt ist, welcher selber nur durch die eucharistische Hingabe wie "verflüssigt" in Kirche und Welt ausgegossen wurde. Die gegenseitige Voraussetzung zwischen Eucharistie und Heiligem Geist beschreibt von Balthasar mit folgenden Worten: "Die Objektivierung des Geistes war die Voraussetzung für die Vollendung des kenotischen Gehorsams des Sohnes und damit für die Verflüssigung seiner ganzen Substanz in der Eucharistie, und eben diese Verflüssigung war wieder die Voraussetzung für die Freiwerdung des Geistes in die Kirche und durch sie in die Welt hinein"[2]. Die Gültigkeit dieses Gedankens für das Verhältnis zwischen Geist und Kirche braucht eigens nicht erörtert zu werden. Es läßt sich nicht übersehen, daß das qualitative Gelingen jedes Institutionellen an der Kirche davon abhängt, wieviel vom Geist es "durchtränkt".

ε) Das Kirchenrecht

Verbindet man mit dem zuletzt Gesagten den Gedanken eines hohen Maßes an Freiheit, dann stellt sich die Frage, inwieweit eine "Institution" wie das Kirchenrecht die Freiheit des Geistes vermitteln kann. Mit Kirchenrecht verbindet

1 Die Kirche 44. 2 PnI 229.

man gewöhnlich die Vorstellung einer "Verfestigung dessen, was eigentlich immer charismatisches Ereignis sein sollte" und des "Rückfalls in jüdische Verabsolutierung des Gesetzes, das doch von Jesus und Paulus überstiegen und relativiert worden war"[1]. Dieser Eindruck mag wohl stimmen, aber er täuscht, denn das Wesen dieses "ordnenden und strukturierenden Moments" ist es nicht, "ein besonderer Dorn im Auge" zu sein, es geht vielmehr darum, die kirchliche Gemeinschaft für die Anwesenheit des einen Gesetzgebers, der ein Gesetz der Liebe, der Gnade und des Erbarmens eingeführt hat, lebendig und bereit zu halten"[2]. Die praktische Handhabung, die hier nicht diskutiert werden kann, mag dieses Ziel nicht immer erreichen. Doch dies kann nicht nach von Balthasar Anlaß sein, um falsche Schlüsse hinsichtlich des Wesens des Gnadenrechts zu ziehen. Recht und Freiheit stehen im dialektischen Verhältnis zueinander. Die Gebundenheit in der Rechtsordnung legt natürlich manche Beschränkung auf, aber sie wendet sich nicht gegen die Freiheit. Dies gilt im höheren Maß für die Kirche und ihre Rechtsordnung als Ausdruck der inneren Einheit von Glauben und Liebe. Ist die Institution-Kirche also nichts Selbstzweckliches, sondern das Instrument der "forma Christi", so bleibt sie in ihrem Wesen jener freie und befreiende Raum der Gegenwart Christi[3].

8. Rückblickende Reflexion

Im Rückblick auf das in diesem Kapitel Dargelegte zeichnet sich die Kirche sowohl in ihrer unsichtbaren Dimension wie in ihrer sichtbaren Gestalt als der Tempel des Heiligen Geistes mitten in der Geschichte aus. Es kommt entscheidend darauf an, die Kirche in ihrem Wesen als Instrument von Heil zu verstehen. In ihr ist beides gegeben: geschenkte und antwortende Gnade. Sinnenhaft für beides

1 Die Kirche 42.

2 Ebd.

3 Es bleibt dennoch festzuhalten, daß die hier beschriebenen Organe

stehen die realsymbolischen Gestalten, deren archetypische Erfahrungen in die Kirche hineinmünden. In der Beschreibung der Urbild-Figur Maria wurde besonders hervorgehoben, daß es nicht um ein bloßes Modell von erfüllbarem "Gesetz" der Liebe und des Gehorsams geht; vielmehr wird in ihrer Geisterfahrung deutlich, daß der sündige Mensch sich insofern in die Vollkommenheit gebettet wissen darf, als diese ihm nicht nur vom göttlichen Schöpfer und Richter gnädig zugesprochen wird, sondern in einer "realen" Wirklichkeit ihm zu eigen gegeben ist, so daß er "mütterlich unterfaßt"[1] den Weg des Glaubens beschreiten kann.

Dem Ziel der leiblich-geistlichen Erfahrung Christ und Gottes, wie sie in Maria vorliegt, dienen auch die sichtbaren Sakramente und Einrichtungen der Kirche. Durch die Kirche, wie schon durch den Geist, gewinnt die Christusgestalt "ihre plastische Fülle"[2].

Wenn der Kirche in dieser Hinsicht Ursakramentalität zugesprochen wird, dann deswegen, weil sie ja die reale Möglichkeit und - grundsätzlich - Notwendigkeit für das Heil ist. Durch sie haben alle Menschen grundsätzlich Zugang zu den Heilstaten Gottes. Nicht alle Menschen

---

und Instrumente trotz ihrer wesentlichen Unabhängigkeit von den Personen, die sie sich ihrer bedienen, Kristallisationen in der Zeitlichkeit sind. Sie werden in der Zeitlichkeit verwirklicht und von sündigen Menschen verwaltet oder interpretiert. Insofern "tauchen diese Strukturen in den Bereich des Zweideutigen und Mißbrauchbaren ein und bedürfen ebenfalls einer immer neuen Durchhauchung durch den authentischen christlichen Liebesgeist, um glaubhaft zu sein" (GEL 95). Sie müssen ständig auf ihren wahren Gehalt hin geprüft und transparent gemacht werden. Das heißt, daß der Versuchung zur Sakralisierung von isolierten Strukturen, Autoritäten und Institutionen Widerstand geleistet werden muß. "Deshalb ist es die erste Aufgabe der Kirche, ihre eigenen Strukturen durch immer neue Selbstkritik unter dem Gericht Christi so durchsichtig wie möglich auf die christliche Liebe zu machen, damit die Kirche als ganze ein reines Zeugnis für den Einsatz Gottes in der Welt wird" (ebd. 96). Das Wort "Ecclesia semper reformanda" findet hier seine volle Berechtigung.

1 H I, 351.

2 H I, 394.

haben mit dem Amt und der kirchlichen Disziplin direkt zu tun, aber die ganze Realität der Kirche als Ausdruck des allgemeinen Heilswillens Gottes ist von umfassender Bedeutung. Wie aber wird die Kirche ihrer Berufung gerecht, wenn nicht in der Kraft des Geistes Christi, der sowohl ihrem Wesen als auch ihrer sichtbar-sakramentalen Struktur die "wesentliche Form der Gegenwart des Kreuzes"[1] verleiht? Hier ist auch der Ort, wo der Blick auf die umfassende Wirksamkeit des Heiligen Geistes als Grund und Begründung der wahren "Katholizität der Kirche fällt: "Es gibt im Raum der Kirche keinen 'objektiven Geist', der nicht zugleich subjektiver Geist wäre. Der subjektive Geist ist der Heilige Geist des persönlichen Gottes, als die Gegenwart des lebendigen Gottes in seinem Bund, ja die Aktualität des je vollzogenen Bundes als Gegenwart des lebendigen Gottes. Insofern dieser konkreteste Liebesvollzug für jede personale Liebe im Raum von Kirche und Welt das normative Urbild und die ermöglichende Wirklichkeit ist, ist dieser subjektive Geist zugleich objektiver Geist. Aber nur so ist er es, und nicht als allgemeine, wenn auch noch so offene Vernunft"[2]. Damit ist eine große Hoffnung nicht nur für die Kirche, sondern für die ganze Welt verbunden. Wandernd in der Kraft des Geistes begegnet der Mensch der Herausforderung der sündhaftigen Geschichte, der alltäglichen Daseinsbewältigung mit mehr Mut und Zuversicht. Das lenkt den Blick auf die Frage, wie der Geist in dieser Geschichte präsent ist. Mit anderen Worten: es geht um die Frage, wie die Universalisierung der Heilstat Jesu durch den Geist geschieht, was sie bedeutet, wie die darauf beruhende Hoffnung impulsgebend für die Gegenwart und sturmüberwindend die Menschen dem Kommenden, Neuen und Endgültigen entgegentreibt. Dieser Frage wenden wir uns nun zu.

---

1 KAM 42.

2 GF 212.

KAPITEL IV

DER HEILIGE GEIST ALS ESCHATOLOGISCHE KRAFT

Einführung

Der Dialog der Schöpfung mit Gott durch Christus geschieht im Heiligen Geist, der die Menschheitsgeschichte ihrer Vollendung entgegenführt. Der Geist begegnet uns, wie bereits gesagt, in der Kirche, aber auch "außerhalb" der Kirche. Beides aber - das "Innen" und das "Außen" ist in der Geschichte. Die Annahme, der Heilige Geist Gottes sei die eigentliche Triebkraft der gesamten Menschheitsgeschichte, deutet auf ein theologisches Verständis derselben hin, das ihr einen Ereignischarakter zuspricht, weil sie unter der Freiheit Gottes und seines Geistes steht. Die legitime Autonomie der Schöpfung wird aber nicht dadurch beeinträchtigt. Aus dem Anruf Gottes und der Antwort des Menschen entstehen je neue "Geistesgeschichten" der Geschichte Gottes mit der Schöpfung.

Die Reflexion von Balthasars über diese Grunddaten und ihre Zusammenhänge enthält wichtige Grundlagen einer theologischen Kirchengeschichte, deren Relevanz für theologisch begründetes christliches Sein und Handeln sich nicht übersehen läßt.

Die Darlegung des Balthasarschen Gedankens erfolgt im Nachstehenden in vier Schritten:

1. Als erstes wenden wir uns der Charakterisierung der universalen Dimension des mit und durch Christus angebrochenen eschatologischen Heils zu.

2. In dieser umfassenden Heilsordnung kommt es nur deswegen zur wirklich universalen und universalisierten

Ordnung, weil eine geistbestimmte Offenheit und eine immer stärkere Durchdringung der gesamten Seins- und Lebenswirklichkeit vom Gottesgeist spürbar wird. Daher führt der zweite Schritt zu einer kurzen Betrachtung des Heiligen Geistes als des eigentlichen "agens" der Universalisierung der Heilstat Christi.

3. In diesem Raum erhält die Denkarbeit von Balthasars in der Deutung der "Vierzig Tage" des Auferstandenen[1] als reale Antizipation der letzten Zukunft ihre besondere Bedeutung. Hier zeichnet sich noch einmal die "normative Mitte" ab, von der aus die Menschheitsgeschichte als Heilsgeschichte zu interpretieren ist.

4. Der vierte Punkt befaßt sich schließlich mit der Frage des dynamischen "Aufeinander-Zugehens" von "Fragment" (Mensch) und "Ganzem" (Gott).

Vollendbarkeit des Menschen und Vollendbarkeit der Geschichte setzen die Überwindung der inneren Widersprüche der menschlichen Existenz voraus. Aber dieser Sieg ist nur möglich, wenn abseits von jeder "titanischen" und "prometheischen" Demonstration von Stärke der Weg des "Zusammenspiels" von Menschengeist und Gottesgeist beschritten wird.

Die folgenden Ausführungen zielen nicht auf die Behandlung der "Eschatologie" und ihrer Einzelthematik im üblichen Sinne ab. Vielmehr geht es an dieser Stelle darum, den durch die Auferstehung-Vollendung Christi durchwirkten ereignishaften Raum, den spezifischen Standort bzw. die Wirksamkeit des Heiligen Geistes in diesem Raum sowie die damit zusammenhängende Emporführung der Geschichte darzulegen.

---

1 Die theologische Interpretation dieser Tage liegt nur in dem früheren Werk "Theologie der Geschichte" vor.

I. Weltgeschichtlicher Anspruch der historischen Heilsgeschichte

Wenn der eschatologischen Heilstat Christi Universalität zugesprochen wird, dann deswegen, weil sie in ihrer einheitlichen Individualität allumfassende Wesensseiten konzentriert: der ganz-weltliche Bezug der Geschichte Gottes zum Volk Israel erhält er seine endgültige Erhebung. Damit rückt eine teleologische Vision in den Mittelpunkt der Reflexion von Balthasars. "Logos" und "Heilsgeschichte" greifen dabei ineinander[1]. Eine Unterscheidung um ihres gegenseitigen Bezugs willen darf es geben, doch "zu einer vollen Scheidung kann und darf es weder theologisch noch geschichtsphilosophisch kommen, wenn mit der Einheit des geschichtlichen Menschen auch eine letzte Einheit seiner Geschichte vorausgesetzt wird, denn nur von solcher Einheit her kann Geschichte theologisch wie philosophisch gedacht werden"[2]. Demnach treffen sich der Satz des Logos und der Satz des rettenden Gottes in der Person des Sohnes, der als Gottmensch sowohl die individuelle als auch die universale Dimension von Existenz und Geschichte in sich vereinigt hat. Geht man davon aus, daß ein Mensch niemals ein isoliertes Individuum, sondern immer zugleich in eine Universalgeschichte eingebettet ist, so gilt dies in noch höherem Maße für Christus.

Damit ist das Problem nicht gelöst, sondern erst gestellt. Denn zur universalen Bedeutung Christi genügt nicht die bloße Berufung auf den allgemeinen Heilswillen Gottes, vielmehr muß auch die Frage geklärt werden, wie dieser Wille hier und jetzt und in der letzten Zukunft für einen jeden zur Daseins- und Sinnerfüllung wird. Das Ganzheitliche ist nicht bloß Zukünftiges, sondern auch Präsen-

---

1 GF 179.

2 Ebd.

tisches[1]. Wer nach dem Sinn der Geschichte fragt, fragt daher: wo stehe ich? Woher komme ich? Wohin geht der Weg? Von dieser allgemeinen Fragestellung zum christlichen Faktum, nach dem der Mensch erst dadurch zur Person erweckt wird, daß einer, Jesus Christus, ihn so sehr als Geistperson annimmt, für sein ewiges Heil stirbt und sterbend sein Unheil mit sich in der Hölle begräbt[2], laufen die Verbindungslinien nicht gerade lücken- und problemlos!

Ohne die geschichtsphilosophische Frage nach dem Sinn der Geschichte zu leugnen, wählt von Balthasar für seinen Reflexionsversuch die "speziell theologische"[3] Fragestellung. Eine bündige Formulierung macht deutlich, worum es geht: "Das Christliche in seiner Unterscheidung beginnt und endet mit der Offenbarung, daß der unendliche Gott den einzelnen Menschen unendlich liebt, was sich aufs exakteste in der Tatsache kundtut, daß er in Menschgestalt für dieses geliebte Du den Erlöser- (d.h. den Sünder-)tod stirbt. Wer 'ich' bin, wird nur nicht aus einem allgemeinen γνῶθι σαυτόν und noverim me bewußt, sondern genau aus dem Rückschlag der Tat Christi, die mir beides auf einmal sagt: wie wert ich Gott bin und wie weit wegverloren ich von Gott war"[4]. Dieses Faktum

---

1 Ein wohlbekannter Ausdruck dafür ist die Formel "jam, sed nondum" (schon und doch noch nicht). Zum rechten Verständnis dieser Redeweise schreibt z.B. Béda Rigaux: "Le vrai problème est d'une part de donner au présent sa vraie définition en relevant ses composantes et d'autre part de les replacer non comme des parties dans un tout, mais de relever leur fonction en face de la fin dont elles composent l'image". (vgl. L'anticipation du salut eschatologique par l'Esprit, in: Analecta Biblica 42 (1970) 101-134, hier 103). Dazu vgl. auch Begriffserklärung bei H. Vorgrimler, Hoffnung auf Vollendung, a.a.O., S. 11 ff.: "Was heißt 'Eschatologie'?, insb. S. 14 f.

2 Vgl. SC 275.

3 GF 128.

4 SC 274.

des Christlichen, das auch die christliche Geschichtsauffassung bestimmt, fällt nicht mehr mit einer modernen oder "profanen" Betrachtungsweise zusammen. Auch von Balthasar ist sich dessen bewußt. Es wird heute mehr von dem Theologen erwartet, als daß er sich mit einer traditionellen Auffassung von Geschichte (wie etwa die Auffassung Augustins) begnügt; er muß vielmehr auch das Geschichtsverständnis des nichtchristlichen Menschen berücksichtigen und durch seine eigene christliche Reflexion, die ja die Geschichte unter das Wort Gottes stellt, eine "orginale und neue Konfrontation zwischen dem Wort Gottes und der Geschichte, so wie sie von seinen Zeitgenossen gelebt und verstanden wird"[1] suchen. Dies im Näheren aufzuzeigen, ist hier nicht der Ort. Es kann nur die Richtung angegeben werden, und zwar anhand der zweifachen Abgrenzung - formelle und materielle -, die von Balthasar selbst stellt.

<u>Formell</u>: Schon die Entscheidung, die Geschichte vom "Theos legon"[2] her, also vom ergangenen Wort Gottes her zu betrachten, setzt voraus, daß dieses Wort selbst von dem verstanden werden muß, der es vernimmt, so daß die "göttliche Theologie auch eine menschliche Theologie fordert"[3]. Was aber heißt das? Wenn Gott "spricht", dann spricht er nicht ins Leere, sondern immer nur mit jemandem. Er spricht jemanden an. Also ist der Angesprochene schon in einer bestimmten Weise in der Sprache Gottes. Wenn nach der christlichen Offenbarung die Geschichte als ganze (sowie der einzelne Mensch) von Gott her kommt und zu Gott hin geht, so gehört doch zur Geschichte auch "ein menschliches Selbstverständnis der Geschichte, wie

1 Achiel Peelman, Hans Urs von Balthasar et la théologie de l'histoire, Bern-Frankfurt/M-Las Vegas 1978, S. 149; vgl. GF 129.

2 GF 128.

3 Ebd.

lückenhaft und dialektisch es sein mag"[1]. Die Theologie kann daher dieses menschliche Selbstverständnis nicht vorwegnehmen und von sich her eine höhere Synthese aus dem menschlichen und dem biblischen Geschichtsverständnis anstreben. Ebensowenig kann davon die Rede sein, daß sie überholte Lösungsversuche auf neue Situationen übertragen darf. Das Neue, das das menschliche Geschichtsverständnis beizubringen vermag, kann vom Deuter der Offenbarung nur in "einer genuinen Denkanstrengung" unter das "Richtmaß des Wortes Gottes" gestellt werden[2].

Materiell: Wie unterscheiden sich "Profangeschichte" und "Heilsgeschichte" im engeren Sinne, bzw. wie verhalten sie sich zueinander? Es ist nicht einfach, diese Frage zu lösen. Denn das Wort Gottes selbst ist Geschichte. Man kann also nicht einfach sagen, es ereigne sich in "die horizontale Weltgeschichte ein vertikaler Einbruch göttlichen Offenbarungsgeschehens"[3]. Die biblische Geschichte, freilich "vom einbrechenden Wort und Geist Gottes mitbedingt und durchformt"[4], bildet innerhalb der Menschheitsgeschichte auch gerade eine "historische Gestalt" und ist damit zugleich ein "menschliches Sichereignen"[5].

Doch was bedeutet das im Hinblick auf die Gott- und Christusbeziehung? Stützt man sich auf den Gedanken von "Egreß und Regreß"[6], so muß man sagen, daß die zeitliche

---

1 GF 128.

2 Ebd.

3 Ebd., S. 129.

4 Ebd.

5 Ebd.

6 Ebd., S. 132 f. Es geht hier dabei nicht darum, eine bestimmte Zeit- oder Geschichtsauffassung zu privilegieren. Es gilt nur, an diesem Beispiel die Einheit von Anfang und Ende vor Gott (als Ausgang von Gott und Rückkehr zu ihm) zu verdeutlichen. Insofern das zyklische Zeitmodell (wie auch das lineare) theologisch unaufgebbare Zeiteigentümlichkeit ausdrückt, bietet es hier auch die Möglichkeit, zu zeigen, in welcher Weise der Anfang eingeholt

Schöpfung, die von Gott ausgegangen ist, auch zu ihm zurückkehrt, wie das Abstieg-Aufstieg-Schema hinsichtlich des Sohnes es deutlich macht. Der Sohn hätte so die ganze Schöpfung in "seine eigene Kreisbahn" mitgezogen[1]. Die Normativität der Person Christi, wie sie in der christlichen Offenbarung dargestellt wird, ist die einzige Begründung für den universalen Anspruch der historischen Heilsgeschichte. Aber es kann nicht bei diesem formalen Aspekt bleiben. Diese Geschichte muß noch zu einer konkreten Heilserfahrung werden, d.h. sie muß konkret, dynamisch eine universale Dimension bekommen, zu dem er Stellung nehmen kann, entweder pro oder contra.

---

wird und wie das dialektische - und nicht antagonistische Verhältnis von Weltgeschichte und partikulärer Heilsgeschichte zu verstehen ist. Vgl. etwa A. Darlap, Zeit, in: HthG IV 470-477, insb. 476; ders., Zeit, in: SM IV (1969) 1423-1429.

1 GF 133.

II. Der Heilige Geist als der Erwirker der Verherrlichung in der Welt

A. Formale Rahmenkennzeichnung

Die Ansicht, daß die Normativität Christi nicht nur formal, sondern auch konkret in der Geschichte Gestalt annehmen soll, legt den Gedanken nahe, daß das endgültige Liebesangebot Gottes in Jesus Christus gerade in seiner Endgültigkeit zugleich einen neuen Anfang bedeutet. Das Eschaton in Tod und Auferstehung Jesu ist auch das "Freiwerden" des Geistes, welcher als "Ergebnis" und Frucht der Tat Christi zugleich der "Einstieg in das offenbar gewordene Innere Gottes" ist[1]. Der Heilige Geist ist die letzte, aber auch die erste Gabe im Hinblick auf die Aneignung der Offenbarung in der Geschichte[2].

"Aneignung" meint hier nicht einfach rückschauende, verarbeitende Reflexion, sondern die A u f h e b u n g (im Hegelschen Sinne) des offenbarenden Wirkens Gottes, des Ereignishaften seiner Selbstenthüllung in die dritte trinitarische Dimension, d.h. "in die Auslegung und Intimierung der Logosoffenbarung durch das göttliche Pneuma"[3]. Die "Hauptsache", um die es in dieser Dimension geht, wird folgendermaßen beschrieben:

> "Der Geist des Vaters und des Sohnes ist über alle Welt ausgegossen, damit das Schöpfungswerk des Vaters, das Versöhnungswerk des Sohnes, beide in die letzte trinitarische Potenz erhoben, sich in ihrer Vollgestalt der Welt zeigen und in ihrer Vollkraft in ihr einprägen können"[4].

---

1 H. Heinz, Der Gott des je-mehr, a.a.O., S. 227.

2 Vgl. dazu H III, 2/2, 363-511.

3 H I, 394.

4 Ebd.

Die "Alle-Welt-Dimension" dieser Einprägung ist definitions- und wesensmäßig die Universalisierung des Versöhnungswerks und somit in ihrer Tiefe als die Fülle Christi zu verstehen, die das stete Anwesen der Offenbarung nicht als Vergangenheit, sondern als Gegenwart darbietet. "Das Freiwerden des Heiligen Geistes für die Menschheit besagt, daß die Existenz des Erlösers, der den Widerspruch der Existenz gelöst und die Menschen grundsätzlich von der Übermacht des Verhängnisses befreit hat, den Einzelnen, der ihm als dem Wege nachfolgt, nicht wiederum als ein rein transzendentes Ideal überschwebt, an dessen Erreichung er ebenso verzweifeln müßte, wie er sich vorher an der Differenz der Liebesforderung und Liebesunfähigkeit zerrieb"[1]. So bedeutet die Sendung des Geistes nach vollendeter Erlösungstat des Sohnes etwas Neues und Besonderes, d.h. das Innerlichwerden der historisch-einmaligen Tat Christi im menschlichen Bewußtsein. In diesem Sinne versteht von Balthasar den Heiligen Geist (aufgrund seines Eingegossenseins in die Herzen) als des Menschen inwendige, von unten her "drängende Ermutigung und Ermächtigung zum Wagnis der christlichen Liebe"[2]. Im Innern des glaubenden Menschen geschieht das, was der letzte Ausdruck des Engagements der ganzen Trinität ist: das "Erlösung-Heiligungswerk".

Aber nicht von ungefähr kommt es. Es ist das dritte Moment der sich in dreifacher Weise abspielenden "Liebeserniedrigung"[3].

a) Die Verantwortung Gottes für seine Schöpfung versteht von Balthasar in dem Sinne, daß diese in ihrer ganzen möglichen und wirklichen Verfallenheit und Tragik vom

---

1 GF 90.

2 Ebd., S. 91.

3 Ebd., S. 91-93.

Schöpfer selber nicht nur immer schon vorweg verantwortet, sondern auch durchgetragen und ausgehalten werden muß, "wenn anders der schaffende Gott nicht selber dämonische Züge annehmen soll"[1]. Ein Gott mit nur erhabener Gleichgültigkeit und unantastbarer Seligkeit stünde zur Kreatur nicht im Verhältnis von Urbild und Abbild.

b) Auch darum sühnt der Gottessohn die Sünde der Welt nicht aus einer scheidenden Distanz des "Reinen", sondern indem er sich gerade, "weil er der reine Liebende ist, unbedenklich mit der Schuld und dem Verhängnis seiner Mitmenschen gleichsetzt"[2].

c) Schließlich wird am Werk des Heiligen Geistes ersichtlich, wie die Trinität sich dem Geschöpf zur Verfügung stellt. Auch der Geist überwindet die in den Sündern verbleibende schuldhafte Differenz nicht einfach mit der "spielenden Überlegenheit Gottes, sondern mit der unendlichen Anstrengung dessen, der in die trostlose Enge und Dumpfheit des endlichen und verfallenen Bewußseins eingeht"[3], um es zur unendlichen Liebe zu öffnen.

Letzteres vor allem lehrt uns, daß Gottnatur nicht bloße Erhabenheit bedeutet, sondern immer zugleich auch die Möglichkeit der Einsenkung in die kreatürlichen Herzen. Der Geist, der uns aus unserer Gefangenschaft herausführt, uns von unserer Herzensverschlossenheit befreit, ist derselbe, der die Tiefen der Gottheit durchforscht und als der wahrhafte Kenner und Verwalter der göttlichen Möglichkeiten, den Widersprüchen der menschlichen Existenz vorweg ist. Gerade an diesem Punkt stellt sich auch die Frage:

---

1 GF 92; vgl. TG 46-56: Schöpfung und Erlösung.

2 Ebd.

3 Ebd.

in welcher Form geschieht die Öffnung zur unendlichen Liebe durch den Geist? Wie wird das Leben Jesu, seine Erlösungs-/Versöhnungstat zu einer Allgeschichtlichkeit erhoben? Die Antwort auf diese Frage erfolgt in der theologischen Deutung der "Vierzig Tage" des Auferstandenen, in denen Christus in seiner ganzen pneumatischen Dimension erscheint und seinen Jüngern den Geist als die für die messianisch-eschatologische Zeit verheißene innere Kraft gibt. Bevor wir uns der Interpretation der "Vierzig Tage" zuwenden, schauen wir uns den Heiligen Geist in seiner Eigenart als die endzeitliche Gabe kurz an.

B. Der Heilige Geist als die ökonomische innere Gesinntheit

Wenn an den Zusammenhang von Pneuma und Eschaton gedacht wird, dann geht es offensichtlich um die Erfüllung allen Fleisches mit dem göttlichen Geist; mit anderen Worten die universale Bewahrheitung der Verheißung von der Neuschöpfung. Das Christusgeschehen erfährt bei Paulus eine solche Deutung[1]. Die Verheißungstreue Gottes erweist sich darin, daß durch Christi Tat der Heilige Geist Gottes in unsere Herzen ausgegossen wird, "der gerade so die innere Gesinntheit des dreieinigen Gottes in uns hineinbringt und uns dabei nach beiden Seiten hin habilitiert: Gottes Anruf und Geschenk auf gotteswürdige Weise zu beantworten - und göttliche Gesinnung in unsere Mitmenschlichkeit hineinzutragen"[2]. Gottes Offenbarung in der Geschichte drängt also darauf, daß göttliches Leben sich in uns etabliert und in uns auf Vollendung drängt, und das heißt, darauf, daß seine Liebe unsere zwischenmenschlichen Beziehungen gänzlich durchformt.

1 Vgl. Röm 5, 1-5.

2 PnI 428.

Das göttliche Geschenk will nicht nur uns innerlich werden, sondern darüber hinaus sich in uns in eine weiterzugebende Gabe verwandeln, denn "erst das ist wahres, eines Gottes würdiges Geschenk"[1]. Die Richtung, die darin angedeutet wird, ist klar: Gotteserfahrung ist ein Innewerden, das eine weitreichende Wirklichkeit hervorruft; sie ist nach von Balthasar Teilnahme am quellenden Leben Gottes selbst. Diese Teilnahme bedeutet höchste Kreativität bezüglich der Ankunft des Reiches Gottes. Wem der Geist Gottes verliehen ist, der bekommt ihn nicht als bloßen "Besitz", sondern um ihn "auszuhauchen"[2],

damit "überall die Beziehung zugleich zu Gott wie zu den Menschen aufscheint". Denn "gerade die erlebte Präsenz der dreieinigen Lebens Gottes in allen Dingen ist die Aktualisierung über alle eigenen Möglichkeiten hinaus der zwischenmenschlichen Beziehungen, welche ihrerseits nicht ohne eine Umwelt, nicht im Leeren rein-geistiger Verhältnisse zu denken sind"[3]. Lebens- und Weltgestaltung sind keine fremden Bestimmungen innerhalb der eschatologischen Betrachtung der Wirklichkeit. Ganz im Gegenteil: damit entsteht eine Lebenssphäre, die den Anruf des Absoluten menschlich glaubhaft werden läßt und die Sehnsucht des Menschen nach ihm hin vermittelt"[4]. Wenn man diese Sehnsucht nach dem Absoluten in ihrer endgültigen "Gestalt" mit dem Wort "Eschatologie" belegt, dann ergibt sich im Sinne des Zitats, daß sie zwei Perspektiven für das menschliche Dasein umfassen soll, die auch dem Wesen des Gottesgeistes als Gegenwarts- und Ewigkeitsgabe entsprechen[5].

---

1 Ebd., S. 429.

2 Ebd., S. 430.

3 PnI 431.

4 Ebd., S. 415.

5 Ebd., S. 412 ff. Dazu heißt es z.B. in dem schon zitierten Artikel

Erstens: Aus der Nähe betrachtet fordert die Eschatologie den Menschen dazu auf, eine aktive Rolle bei der Welt- und Menschheitsgestaltung zu spielen. Alles den Menschen innerweltlich Umgebende ist nicht einfach sinnlos, sondern raumschaffend und zukunftseröffnend. Demgemäß gilt es, daß der Mensch in der aktiven Rolle, die er spielt, nicht nur gibt, sondern auch empfängt.

Zweitens: Aus der Distanz kann der Mensch gleichzeitig eine kontemplative Haltung einnehmen. Dabei erfährt er nicht einfach, daß das Vergängliche - sub specie aeterni betrachtet - nichtig und wertlos ist. Vielmehr werden in diesem Vergleich mit dem absoluten Wert die unleugbaren irdischen Werte richtig eingeschätzt und im Blick darauf ein immer größeres Wachstum im Geist angestrebt.

---

von B. Rigaux: "Le maintenant est imprégné de l'action de l'Esprit et le futur est marqué de sa dynamique puissance. La consommation, l'instant éternel où toutes choses auront été soumises à Dieu, où le Fils se soumettra à celui qui lui a tout soumis, est en même temps le moment où le dernier Adam, qui est l'Esprit donnant la vie, aura transformé les corps en corps spirituels, revêtant l'image du céleste. L'Esprit qui ne se confond pas avec Dieu ni avec le Christ, mais qui est présence de Dieu et du Christ est plus que la force qui en dérive et surtout plus qu'un 'fluidum', mana de l'animisme ou exaltation des mystiques" (L'anticipation du salut eschatologique par l'Esprit, a.a.O., S. 109).

C. Wachstum im und durch den Heiligen Geist

Wenn die Gegenwart nicht zu einer bloßen Erscheinungswelt degradiert werden kann, sondern eine eigene Konsistenz angesichts der absoluten Zukunft besitzt, dann heißt das, daß sie notwendigerweise Teilhabe an der letzten Vollkommenheit ist. Theologisch ist sie daher als der Ort jener dynamischen Kreativität zu beschreiben, durch die die gesamte Lebenswirklichkeit des Menschen auf das Absolute hinstrebt.

Im Horizont der menschlichen Erfahrung führt das zunächst zur folgenden Feststellung:

> "Ein Mensch wird überhaupt erst in der Mitmenschlichkeit zum Menschen. Er verdankt sich physisch und geistig anderen Menschen: seinen Eltern, seinen Lehrern, seinen Freunden, seiner Gattin und seinen Kindern, den Geschlechtern, die vor ihm gelebt und ihm Weisheit, Schönheit, technisches Können, kultiviertes Dasein vorbereitet und überliefert haben. Unter der Liebe der Mitmenschen blüht er auf wie eine Blume unter der Sonne. Nur von daher lernt er kennen, was Wert ist, worin das Gute besteht"[1].

Die innerweltlichen Zusammenhänge sind keine peripheren und bloß zufällige Erscheinungen, sie sind vielmehr von zentraler und wesentlicher Bedeutung für die Orientierung im Leben. Die Intensität, in der die einzelnen Dinge auf uns wirken oder wir selber uns mit ihnen beschäftigen, mag nicht immer und bei allem gleich groß sein. Dies ändert aber nichts daran, daß wir all dem nicht einfach den Rücken kehren können, um uns auf den Weg des Absoluten zu begeben. Nur in dem Umgang mit Menschen und Sachen in vielfältiger Form erwächst uns immer neu das Bewußtsein in Bezug auf vorliegende oder noch zu erforschende Wahrheiten, herzustellende Gegenstände oder von uns erschaffbare Werte[2].

---

1 PnI 413.

2 Ebd.

Was bedeutet nun aber das aus der Perspektive des Christlichen? Zunächst ist anzumerken, daß von Balthasar diese Überlegungen im Rahmen einer einheitlichen Behandlung von Einzelthemen der Eschatologie anstellt[1]. Daher verwundert es nicht, daß auch diese Reflexionen auf den Sinn und Wert des Endlichen in die theologische Integration hineinkommen, wobei auf eine "existentielle Bereitung" auf die Gesinntheit im Reich Gottes besonderes Gewicht gelegt wird. Daß das Kommen des Reiches nicht Ergebnis von innergeschichtlichen Anstrengungen sein kann, steht für von Balthasar zweifellos fest. Aber ebenso zweifellos fest ist der bleibende Sinn solcher Bemühungen:

> "Das Reich Gottes kommt, weil Jesus ein Mensch - und ein Jude! - ist, nicht allein von oben und außen; es ist wesentlich auch Frucht der Erde"[2].

Mit Christus wird das Ganze des Menschen, der Geschichte und des Kosmos in eine ganz neue Dimension hinübergenommen, d.h. auf die "einzig durch das Offenbarungshandeln Gottes an der Welt eröffnete Dimension hinbezogen"[3]. Das bedeutet wesentlich für den Gang des Menschen durch die Zeit, das "Adventische der Geschichte"[4] vor Augen zu halten im bewußten Fortschreiten in Richtung auf Christus Weg, Wahrheit und Leben. Daher rührt die Priorität, die bei von Balthasar Begriffen wie "Weg" und "Begegnung" eingeräumt werden[5]. Das "Eschaton" ist wesentlich das, was sich

---

1 Vgl. PnI 410-455: Eschatologie im Umriß; VS 276-300: Umrisse der Eschatologie; PnI 387-400: Abstieg zur Hölle; ebd.: 401-409: Über Stellvertretung.

2 VC 300.

3 Ebd., S. 281.

4 Ebd., S. 297. Die Nähe von Balthasars bei diesem Grundmotiv zu seinem ehemaligen Studienfreund in Lyon J. Daniélou ist unverkennbar. Vgl. J. Daniélou, Le Mystère de L'Avent, Paris 1948; ders. Essai sur le Mystère de l'histoire, Paris 1952.

5 H. Vorgrimler hat diese Zentralmotive der Eschatologie von Balthasars gut zusammengefaßt (Vgl. Hoffnung auf Vollendung, a.a.O., S. 132).

ereignet, die "Letzten Dinge" sind die "Letzten Ereignisse"[1], deren Inbegriff Jesus Christus ist[2]. Insofern handelt es sich bei den Eschata um die "Heilswahrheit" tout court, welche Mensch und Welt zu ihrer Endgültigkeit bestimmt.

In der Perspektive dieser christologischen Struktur der Eschatologie tritt die Wirksamkeit des Heiligen Geistes als Vollendungsgestalt noch stärker ans Licht. Sich auf Fr. Meister[3] berufend spricht von Balthasar in diesem Zusammenhang von Christus dem Auferstandenen als dem "Vollender des vom Vater geplanten Sinnes von Mensch, Geschichte und Kosmos"[4]. In der Erlösungstat Christi, insbesondere in dem letzten Moment dieser Tat - der Auferstehung - ist das sichtbar geworden, was Sinnvollendung von Mensch und Geschichte bedeutet. Wenn auch nicht alles damit ihre Vollgestalt bekommen hat, so bleibt der Weg und die Gesamtwirktlichkeit grundsätzlich von der Tat Christi umgriffen und durchdrungen, und das heißt unter die Führungsmacht seines Geistes gestellt. Über den engen und wesentlichen Zusammenhang von Auferstehung und Offenbarung bzw. Freiwerden des Geistes wurde bereits gesprochen[5]. Daher mögen an dieser Stelle einige ergänzende Hinweise genügen.

Die Rückkehr des auferstanden Sohnes zum Vater und die Verleihung des göttlichen Geistes[6] bilden ein einziges eschatologisches Ereignis, dessen "ökonomische" Bedeutung in der Ermöglichung der endgültigen Mitnahme der

---

1 VC 281.

2 Ebd., S. 282.

3 Vgl. Fr. Meister, Die Vollendung der Welt im Opfer des Gottmenschen, Freiburg 1938.

4 VC 297.

5 Siehe oben 2. Teil, S. 299 ff.

6 PnI 423-426.

Welt in das Geheimnis Christi und Gottes liegt. In der Verleihung des Geistes wird dem Menschen und der Welt jene göttliche Intimität mitgeteilt, die dem Verhältnis des Sohnes zum Vater eigen ist. Die "Rückkehr" des Sohnes begreift von Balthasar als jenen Schritt, der zur Vorbereitung der "Wohnung" gehört, und zwar auf der Welt. Daher die Sendung des himmlischen Geistes auf die Welt[1]. Die Rückkehr ist wesentlich "ökonomisch". Warum Christus allein zurückkehrt und die Jünger zurückläßt, wird dann verständlich, zumindest ahnbar, wenn man sich den Zweck der "Einhauchung des Geistes in die Kirche der Glaubenden"[2] klar vorstellt. Offensichtlich muß noch gläubige Subjekthaftigkeit in der Geschichte erwachsen. Dazu werden die mit dem eingehauchten Geist ausgestatteten Jünger in alle Welt hinausgesandt, damit allen die Mitteilung der Kindschaftsgnade zuteil wird, "aus der wir in ganz neuer Tiefe und Intensität Gott selbst und mit ihm zusammen die Welt lieben dürfen"[3]. Der Geist ist dazu in die Welt gesandt, uns, so möchte man sagen, bei dieser liebenden Ich-Findung beizustehen.

Wenn es heißt: "Die Diastase des Anfangs zwischen Innerweltlichkeit und unendlichem offenem Horizont ist im Geist aufgehoben"[4], so müßte man doch fragen, warum das irdische Leben weiterhin wesenhaft hinfällig und eitel, dem Tod unterworfen bleibt? In dem Leben, das der Glaubende nunmehr im Geist lebt, kommt es nicht darauf an, daß die kreatürliche Fragilität der Geschöpfe und die Unterschiedenheit dieser von Gott aufgehoben werden. Vielmehr wird eine Verwandlung als Ziel gesetzt. Daraufhin arbeitet der Geist an uns, indem unsere "Todesgrenze"

---

1 PnI 424.

2 Ebd.

3 Ebd.

4 Ebd.

jetzt schon "innerlich eine gnadenhafte trinitarische Qualität" angenommen hat[1]. Das besagen Worte wie "Angeld" und "Unterpfand", die als Bezeichnungen des Heiligen Geistes gelten.
Dennoch, "zwischen Vorbestimmung und Zielerreichung liegt der Durchgang durch den Weltprozeß"[2], durch den hindurch das Transparentwerden des Lebens aller Menschen nur im Wirken Gottes große Schritte machen kann, und zwar indem "das dreieinige Leben alles bestimmend sich mit dem Weltgeschick berührt"[3]. Das Endziel ist demnach die Erfüllung unserer Lebenshoffnung. Die in Jesus Christus allen Menschen angebotene Vollendung ist bei von Balthasar die Herausbildung unserer "Herrlichkeit" bei Gott. Von Balthasar beruft sich dabei auf 1 Kor 2,7 und erklärt:

> "Hier ist das Eschaton nicht mehr Gottes eigene, in der Welt sich durchsetzende und epiphan gewordene Herrlichkeit, auch nicht einmal unser Verherrlichen dieser Gottherrlichkeit, sondern ausdrücklich 'unsere Herrlichkeit': Gott für uns bis dahin, daß er uns mit dem Mantel seiner ihm vorbehaltenen Göttlichkeit umkleidet, wir in Gott so eingelassen werden, daß wir durch und durch göttlichem Licht erstrahlen"[4].

Diese ein wenig seltsame Exegese scheint mit ihrem großen Pathos die Grenzen zwischen Göttlichkeit und Geschöpflichkeit, die sonst mit Nachdruck betont werden, zu verwischen. Paulus ging es wahrscheinlich nicht darum, eine "Ver-Gottung" des Geschöpfes zu lehren, wie es aus der Interpretation von Balthasars hervorzugehen scheint. Es ist eher anzunehmen, daß er der besonderen Natur unserer Teilnahme am göttlichen Leben Nachdruck verleihen wollte[5].

---

1 PnI 425.

2 H III, 2/2, 485.

3 Ebd.,

4 Ebd., S. 492.

5 So schreibt z.B. Josef Kürzinger in seinem Kommentar zu 1 Kor 2,7: "In der Übertragung auf das christliche Heilswerk sind die 'Vollkommenen' jene, die durch die Läuterung der Taufe und Erleuchtung des Heiligen Geistes gegangen sind und Anteil an der 'Herrlichkeit'

Interessant allerdings auch bei von Balthasar ist der Hinweis darauf, wie weitreichend und tief die Verwandlung unseres Lebens angesetzt ist. Sollen die Hoffnung auf eine solche Vollendung und diese selbst aber nicht das Privileg einiger weniger bleiben, sondern die Hoffnung und Lebenserfahrung aller Menschen, so bedarf es jener Bedingungen, die es allen möglich machen, die Sinnerfüllung zu erreichen. Der Versuch von Balthasars, dem Leser die Bedeutung der vierzig Tage des auferstandenen Herrn in Erinnerung zurückzurufen , weist in diese Richtung.

(δόξα) und am Leben Gottes haben" (Vgl. J. Kürzinger, in: Die Heilige Schrift in deutscher Übersetzung. Echter-Bibel, Neues Testament, Bd. 2: Der 1. Brief an die Korinther, Würzburg 1968, S. 11 f.

III. Bedeutung und Tragweite der "Vierzig Tage" des Auferstandenen

Zur Einführung

Die Vollendung, von der die Rede ist, wird, wie bereits angedeutet, dem Menschen und der Welt im letzten Grund als Geschenk Gottes, als Tat seiner freien Gnade zuteil. Der freie Mensch erreicht sie durch die glaubende Annahme der Selbstmitteilung Gottes in Jesus Christus und seinem Geist. Eine sachgemäße Annahme setzt aber voraus, daß der Raum dafür von dem sich mitteilenden Gott selbst "strukturiert" und getragen wird. Diese Raumstrukturierung ist mit und in Jesus Christus geschehen, und zwar in besonderer Weise nach von Balthasar in jenen Tagen, in denen der zur "verklärten Vollendung"[1] Auferstandene seinen Jüngern die letzten Anweisungen erteilt und sie als Zeugen seiner Taten in alle Welt aussendet.

Läßt man den Satz gelten, daß in der Vollendung Christi "die Vollendung der Welt grundsätzlich entschieden und schon begonnen ist"[2], so erhält das "Einmalige" Christi[3] über den Geltungsbereich seines "individuellen Gesetzes"[4] hinaus eine universale Bedeutung. Um so dringender stellt sich die Frage nach dem Welt- und Geschichtsbezug der an sich unvorstellbaren leibhaftigen Verklärung Christi, die nach christlicher Lehre zugleich die Vollendung des Heilshandelns Gottes an der Welt und am Menschen ist, und insofern den konkreten Daseinsvollzug des Menschen unter ihre "Norm"[5] stellt und entscheidend bestimmt. Im folgenden werden darum zunächst die verschiedenen Aspekte des angedeuteten Bezugs besprochen. Daran schließt sich im § IV die sachnotwendige Behandlung der Frage nach der letzten Einheit bzw. der Ganzheit von Mensch und Welt an.

---

1 KthW 42. 2 Ebd., s. 45. 3 TG 17. 4 Ebd. 5 Ebd. 61-112.

A. Die Vorwegnahme der letzten Zukunft

1. Trinitarische Dimensionalität der Geschichte

In dem "Ereignis" Jesus Christus treffen sich auf intimste und konkreteste Weise göttliche und menschliche Geschichte. Und auf diese Weise geht letztere als Heilsgeschichte in die Erfüllung Christi ein und erhält von dort her Sinn und Rechtfertigung. Damit steht der Mensch mit seinen Entscheidungen, seiner Würde als freies Geschöpf grundsätzlich in der Erfüllungszeit[1]. Im Zusammenspiel zwischen göttlicher und menschlicher Freiheit wird die menschliche Freiheit in ihrer Eigengesetzlichkeit nicht von der göttlichen angetastet. Ebensowenig verliert die Heilsgeschichte dadurch ihre Echtheit. Weder die Geschichte noch die Heilsgeschichte werden in ihrem Wechselspiel fragwürdig, sondern durch den Sohn werden sie zu ihrer Wahrheit und Eigentlichkeit gebracht: "Das Worumwillen der Geschichte ist die Aktion des Sohnes, dessen Einmaligkeit die Geschichte in ihre Eigentlichkeit hinein befreit und entläßt: daß es überhaupt so etwas geben konnte wie ein Paradies, einen Sündenfall, eine Sündflut, einen Bund mit Abraham, ein Gesetz und eine prophetische Geschichte, das alles hat seine sinngebende Mitte im Erscheinen des Sohnes, obwohl der Sohn in seiner Erscheinung sich gehorsam dem Formenspiel des Vergangenen und Bestehenden einpassen wird. Die Geschichte unterwirft sich dem Sohn und der Sohn der Geschichte. Aber die Unterwerfung der Geschichte unter den Sohn geschieht im Dienste der Unterwerfung des Sohnes unter die Geschichte, die ihrerseits nur Ausdruck seiner Unterwerfung unter den Willen des Vaters ist"[2].

In dieser Perspektivität der Standpunkte von Vater und

1 TG 47.

2 Ebd. 47-48.

Sohn, von Schöpfung und Erlösung, in der die göttliche Freiheit sich als eine raumgebende Freiheit gegenüber der Freiheit des Menschen erweist, stoßen wir ebenfalls auf das Wirken und den Standort des Geistes, der "den Einheits- und Beziehungspunkt der vielfachen Perspektivität selber herstellt und einnimmt"[1]. Aber wie? Durch die mehrfache Verhältnisbestimmung, die durch sein Wirken zustande kommt, läßt der Geist die Geschichte zur Heilsgeschichte werden. Und das geschieht nach von Balthasar, indem der Geist die Geschichte zunächst prophetisch auf den Sohn ausrichtet und dann den Sohn selber in die Situationen stellt, die die Verheißung erfüllen. Dem Geist selber als personaler Einheit des Vaters und des Sohnes kommt demnach eine vierfache Charakterisierung zu: er ist gleichzeitig "das Innerste des väterlichen Gebotes wie das Innerste des sohnlichen Gehorsams, das Innerste ebenfalls der väterlichen Verheißung in der Geschichte auf den Sohn hin und das Innerste der sohnlichen Erfüllung der Geschichte auf den Vater hin"[2].

Damit ist wiederum der Satz eingeholt, daß das Leben Jesu Christi sich zu aller Geschichte als "sinn- und normspendende" Instanz im Jetzt und im eschatologischen Horizont der Vollendung verhält. Es ist darum von Balthasar zuzustimmen, wenn er mit Blick darauf die "wahre Geschichte" als diejenige definiert, die "jetzt trinitarische Dimensionalität hat, die ihr innerhalb der geschaffenen Welt eine göttliche Raumfülle und Entfaltungsmöglichkeit sichert"[3].

2. Geschichtshaltigkeit der Gnade

Die vollkommene Erfüllung von Sinn durch den Menschen Jesus Christus ist somit der Grund für alle übrige Erfüllung, aber auch, wie von Balthasar ausdrücklich be-

1 TG 48.

2 Ebd.

tont, für "Halberfüllung" und "Nicht-Erfüllung". Inwiefern? Aufgrund der Einzigartigkeit seiner Person als Gottmensch,seiner Freiheit, seiner Gottverbundenheit und -verlassenheit besitzt der Sohn Gottes das "Experiment" nicht nur der menschlichen Situation, sondern aller Situationen, die zwischen der vollkommenen Erfüllung und der vollkommenen Nicht-Erfüllung liegen[1]. Infolge des Christusereignisses steht dem Glaubenden nunmehr nicht irgendein Raum zur Verfügung, sondern ein in Christus gewirkter Raum, der mit gewissen "Kategorien" gestaltet und durchwirkt ist. Das bedeutet, daß sich das Sinn-Gefüge dieses Raumes aus den inneren Situationen der Existenz Christi aufbauen soll. Die menschliche Existenz steht - sowohl in der Exponiertheit als auch in der echten Zeitlichkeit -, wie schon Christus, vor dem Wagnis der Begegnung mit dem Bösen und dem Wagnis, sich ja durch den Heiligen Geist den Händen des Vaters zu überlassen. Aber gerade in dem "wie" (wie Christus) wird ein Wesentliches ausgesagt, nämlich, daß in Christus der theologische Ort gegeben ist, wo nicht nur die Idee, sondern auch das Konkrete aller Freiheit und Existenz vermittelt ist sowie auch die innere Kraft, in der man sie anzustreben und ins richtige Verhältnis zu ihnen zu kommen vermag. Christus ist in diesem Sinne so das Konkreteste und das Zentralste, daß unsere Lebenswirklichkeit im allerletzten nur von ihm her gedacht werden kann.

Daß das so ist, hängt nach von Balthasar damit zusammen, daß "jede Situation gottmenschlichen Lebens innerlich so reich und unendlich ist, so nach allen Seiten beziehungsvoll und bedeutend, daß sie eine nicht auszuschöp-

1 Wörtlich heißt es dazu: "Das Maß der höchstmöglichen Nähe wie der tiefstmöglichen Entfernung zwischen Gott und Mensch ist fundiert, untergriffen und überholt durch das Maß der wirklichen Nähe und der wirklichen Distanz zwischen Vater und Sohn im Geist am Kreuz und in der Auferstehung. Keiner weiß so wie der Sohn, was es heißt, im Vater leben, in seinem Schoß ruhen, ihn lieben, ihm dienen. Keiner weiß darum auch wie er, was es bedeutet, von ihm verlassen zu sein" (TG 53).

fende Fülle an christlichen Situationen aus sich freigibt"[1]. Diese Fülle ist in ihrem Wesen selbst allzeitlich, im Innern unüberbietbar, da es kein Wachstum des Zentrums gibt[2], sondern nur seine Auswirkung in der Weltgeschichte[3] bzw. eine innere Ausrichtung der Welt und ihrer Geschichte als Entscheidung. Dabei geht es nicht nur um eine Sinndeutung, sondern auch Sinnstiftung. Um aber zur unmittelbaren und inwendigen sinnstiftenden Norm jedes Lebens zu werden, bedarf es eines Ortes, wo die Bestimmungen, die die Wirklichkeit Christi selber betreffen, um dann die Wirklichkeit der übrigen Menschen und ihrer Geschichte zu affizieren, ihre universalisierende Kraft bekommen. Mit anderen Worten: Es geht um die Frage, wie die Norm angelegt wird, was sie zur Norm macht und wie es dazu kommt.

1 TG 55.

2 Vgl. Die Allzeitlichkeit des Zentrums mit seiner geschichtsbildenden Qualität beschränkt sich nach von Balthasar nicht auf eine Sinngebung der Existenzen nach vorwärts, d.h. post Christum, sondern auch nach rückwärts, d.h. ante Christum. Beides ist in dem auf Christus bezogenen Begriff der "Fülle" enthalten. Zur Verdeutlichung führt von Balthasar aus: "Die innere Geschichtlichkeit der christusförmigen Gnade und ihre geschichtsbildende Kraft stammt nicht allein daher, daß Christus in seiner irdischen Existenz uns den Vater bringt und auslegt, uns in seiner Menschheit zum lebendigen Sakrament des dreieinigen Lebens wird, sondern daß er gleichzeitig unsere Geschichte und Tradition in sich aufgenommen hat. Er hat kein abstraktes Menschenleben gelebt, sondern lebend die bunte, rauhe Geschichtlichkeit der realistischen Menschheit eingeholt und erkundet, in seinem Gehorsam gegenüber dem Vater die ganze konkrete Geschichtlichkeit der Geschöpfe des Vaters rekapituliert, um ihren wahren Sinn zu befreien und dadurch den Vater und Schöpfer der Welt zu ehren" (TG 57).

3 Vgl. GF 197 ff.

B. Die "Vierzig Tage" als Ewigkeitsfülle in der Zeit

1. Einführung einer neuen Intimität

Sich auf die biblichen Berichte stützend kennzeichnet von Balthasar die vierzig Tage des Auferstandenen als ein "Stück Evangelium" und "erlösendes, liebendes Aufheben jeder Fremde und Ferne zwischen dem Hüben und dem Drüben"[1]. Die Jünger Jesu erfahren eine erneute Intimität, in der der Auferstandene seine "Gleichzeitigkeit" mit ihnen offenbart. Er zeigt sich ihnen, um zu dokumentieren, daß seine Zeit, die nunmehr eine neue Qualität besitzt, und zwar eine Ewigkeitsqualität, ihrer geschichtlichen Zeit nicht entfremdet ist. Zeitlichkeit und Ewigkeit bleiben unterscheidbar, aber nicht unvereinbar[2]. Und das ist nach von Balthasar besonders deutlich in der Emmausszene. Hier liegen Vereinbarkeit und Unterscheidbarkeit beieinander. Der Auferstandene geht mit den Jüngern, aber sie "erkennen" ihn nicht. Es offenbart sich dabei ein Vertrautsein, aber gleichzeitig birgt die "Mitzeitlichkeit", der "Zug um Zug von Wort und Gegenwort"[3] etwas in sich, was zum Ewigkeitsmoment gehört. "Es ist ein echtes Mitgehen, ein Begleiten, ja sich-Mitziehenlassen des Ewigen innerhalb der Zeit"[4]. Und es ist zugleich die "Selbstaussprache" des Auferstandenen in einer Unmittelbarkeit, die in Verbindung sowohl mit seiner Lebenszeit wie der zukünftigen Zeit der Kirche steht.

1 TG 63.

2 Ebd., S. 64.

3 Ebd.

4 Ebd., S. 64 ff. So offenbart sich die "Ewigkeitsfülle" der Zeit des Auferstandenen.

2. "Sichtbare Stiftung der Kirche"

In der "neuen" Lebendigkeit des Auferstandenen legt sich das Reich Gottes so aus, daß die beiden Richtungen der Heilsgeschichte sichtbar werden: einmal der Bezug auf die Vergangenheit. Die prophetische Verheißung erfüllt sich in Christus. Zum anderen aber geht von Christus wiederum eine Verheißung an die Menschen in Bezug auf die Zukunft, nämlich das kommende Reich Gottes, das aber in ihm schon angebrochen ist und in sich bereits das End- und Allgeschichtliche trägt. Dieser doppelte Bezug ist nach von Balthasar besonders in den vierzig Tagen offenbar geworden, in denen die "enthüllende und erfüllende Mitvergegenwärtigung alles Vergangenen durchaus in die Zukunft der in den vierzig Tagen endgültig zu stiftenden und einzusetzenden Kirche zu weisen hat"[1]. Die "Erscheinungen" des Herrn in diesen Tagen begreift von Balthasar als "ekklesiologisch" bestimmt. Die Berichte über die Erscheinungen bei Johannes, die Sendungsreden bei Markus und Matthäus sowie die Instruierungen der Apostel bei Lukas bilden nach ihm eine "ganze Ekklesiologie in nuce"[2].

Ein wichtiges Element in diesem Zusammenhang sind die Anweisung hinsichtlich des kommenden Werkes des Heiligen Geistes. Die "sichtbare Aktion" des Auferstandenen ist "Erfüllung der unsichtbaren Aktion des Geistes"[3]. Mehr noch: die Anweisung des Herrn, den Geist zu erwarten, geschieht selbst ausdrücklich durch den Geist (Apg 1,2), von dem allein Christus die Gestalt und Dringlichkeit einer universal-gültigen Norm verliehen wird.

---

1 TG 67.

2 Ebd.

3 Ebd., S. 68. Der Gedanke und die Betonung der "Sichtbarkeit" des Auferstandenen taucht so oft in diesen Passagen auf, aber es wird nicht weiter präzisiert, was hier unter "sichtbar" zu verstehen ist. Der Leser erfährt nicht, ob von Balthasar eine Sinnenfälligkeit des normalerweise den Augen Entzogenen, also praktisch eine übernatürliche Einwirkung oder - was schwer haltbar wäre - eine reale sinnliche Wahrnehmung meint.

3. Christus das "universale in re" durch den Heiligen Geist

"Universale concretum": das ist die treffende Zusammenfassung von Person und Werk Christi, mit der von Balthasar auch die Einheit beschreibt, die das Sein des Sohnes beim Vater und Sein in der Welt kennzeichnet. Diese doppelseitige "Präsenz" erinnert an die Dialektik von Offenbarkeit und Verborgenheit, die das irdische Leben Jesu charakterisiert. Aufgrund dieser Dialektik ist Jesus nach der Auffassung von Balthasars in keinem Augenblick ein "universale ante rem", sondern "in re"[1].

Dabei unterscheidet von Balthasar zwischen der Zeit vor Ostern und der Zeit nach Ostern, d.h. der vierzig Tage. Die Differenz besteht darin, daß in der Zeit vor Ostern der Akzent stärker auf die "res" gelegt wird, welche für von Balthasar die Geschichtlichkeit und Zeitlichkeit bedeutet. In den vierzig Tagen dagegen fällt das "universale" stärker ins Gewicht. Bezogen auf die Zeit der Kirche und des einzelnen Christen wird Christus so zu einer Art "universale ante rem", das aber vom "universale in re" der vollzogenen Menschwerdung nicht lösbar ist[2].

Zu dem "universale ante rem" gehört eine Note von Abstraktion, welche in diesem Zusammenhang nichts anderes ist als die unsichtbare tätige Präsenz des Geistes, der die "abstractio" in einer ständigen "conversio ad phantasma" vollzieht. Diese Aktion des Geistes an Christus selbst ist die erste Stufe der Universalisierung seiner Heilstat[3], wie sie sich im Leben der Kirche und des Einzelnen fortsetzen und die Aktualität der Tat für jeden Augenblick der Weltgeschichte sichern wird.

---

1 TG 69.

2 Ebd., S. 69 ff.

3 Damit vollendet der Geist jene seine Aktion, die bereits im 1. Kapitel dieses 3. Teils beschrieben wurde.

4. Weitere Stufen der Universalisierung

a) Sakramentale Integration

Sakramente und christliche Sendung sind die weiteren Stufen der Universalisierung des Lebens Christi. In den Sakramenten[1] begegnet uns die "Dauerform" Christi. Dazu stellt von Balthasar fest, daß Christus in den Sakramenten als der "sein irdisches Leben Auslegende, Offenbarende, Schenkende und insofern es Mitsichbringende, Vergegenwärtigende, Repräsentierende auftritt"[2]. Diese gnädige Zuwendung im sakramentalen Akt ist qualitativ durch den Geist bestimmt. Es kann hier nicht davon die Rede sein, dies für die Einzelsakramente ausführlich darzulegen. Außerdem wurde der enge Zusammenhang zwischen Geist und Sakramenten schon behandelt. Nur soviel muß an dieser Stelle klar werden, daß es von Balthasar darauf ankommt, zu zeigen, daß in den Sakramenten "die urbildliche Prägekraft des gottmenschlichen Lebens zur Geltung kommt"[3] und ihnen eine eschatologische Ausrichtung gibt. Die sakramentalen Begegnungen mit dem Herrn weisen auf die Vollendung hin, die sie bereits vorwegnehmen. Das ist wiederum ein besonderes Werk des Geistes, des "Spiritus Creator". Denn er ist "das subsistierende Ereignis, der Auslöser, der die wartende Form mit dem unendlichen Inhalt

1 In den Ausführungen über die Kirche als Institution im Heiligen Geist wurde das Wesen der Sakramente als geistbestimmte Institution dargelegt. In dem Zusammenhang, der uns hier beschäftigt, werden die Sakramente aus dem Gesichtspunkt der erneuten "Intimität" und "Dauerform" der Präsenz Christ betrachtet, die sich nicht mehr in dem Gegenüber desselben ausdrückt, sondern seine Gegenwart ist jetzt in die "Intimität" der Jünger. Christus geht nicht mehr "neben ihnen", sondern durch sie als ihr Innerstes, als Inhalt ihres Lebens.

2 TG 71.

3 Ebd., S. 72. Dem eucharistischen Kult (Anamnesis) kommt hier eine besondere Bedeutung zu, sofern er "Zurückbesinnung auf das Ereignis ist, in welchem sich Kirche überhaupt konstituiert". In der Eucharistie wird die Mitte besonders sichtbar, um die alles übrige zu ordnen ist. Die Begegnung - im Heiligen Geist - von Christus und Kirche in der Eucharistie versteht von Balthasar als konstitutiven

erfüllt. Er ist der Herr der Sakramente, weil er amtlich und personal zugleich ist"[1].

b) Christliche Sendung

In demselben amtlich-kirchlichen Geist des Herrn geschieht auch die Zugestaltung der christlichen Sendung bzw. der Stellung der Kirche und des Einzelnen geisthaft unter die Norm des Lebens des Herrn[2]. Dem Herrn begegnet der Christ nicht nur beim Sakramentenempfang, sondern in den vielen kirchlichen Handlungen. Gestützt auf den in der Universalisierung in seiner persönlichen Herrschaftlichkeit hervortretenden Geist Christi bewegt sich der Glaubende mit Zuversicht auf dem Boden, den Christus gespannt hat. Aber wie wirkt der Geist leitend? Wie wird er zum Prinzip der Unterscheidung, die für die Nachfolge Christi ein wichtiger Faktor ist?

Der Geist wirkt, so stellt von Balthasar fest, im "inneren Quellpunkt des kreatürlichen Geistes"[3]. Das heißt, er drängt sich ihm nicht von außen als ein "Anderer" auf, sondern von innen. Denn nur so kann die christliche Existenz auf der Ebene des Heiligen Geistes offen sein. Dieser schenkt sich in die Tiefe des Herzens. Gerade das ist das Ereignis des Geistes, nämlich sein "Eingehen-können in jede einzelne beschränkte, dumpfe, nach der Geist-Weite vielleicht noch nicht einmal seufzende Subjektivität"[4]. Die Charis Gottes kann in der sündigen Verschlossenheit nur am Werk sein, indem sie innerhalb der "dumpfen Endlichkeit unseres Geistes sich einnistet, um die Türen von

---

Vorgang zwischen Christus und der Kirche. Vgl. Der eucharistische Kult, in: H I, 549-553.

1 TG 75.

2 Vgl. ebd., S. 75-83.

3 Ebd., S. 77.

4 GF 213.

innen her aufzutun. Das Anwesen des ewigen und unendlichen und heiligen Geistes im Innern des zeitlichen und endlichen und unheiligen Geistes ist unfaßlich, daß es den göttlichen Geist gerade in dem Augenblick für uns endgültig unbekannt macht, da er die engste Fühlung und Verschmelzung mit uns eingeht: bis zur Ununterscheidbarkeit. Unsere intimsten Akte des Glaubens, Liebens und Hoffens, unsere Stimmungen und Fühlungen, unsere personalsten, freiesten Entschlüsse: all dies Unverwechselbare, das wir sind, ist von ihm so durchatmet, daß das letzte Subjekt - auf dem Grund unseres Subjekts - er ist"[1]. Dazu ist anzumerken, daß von Balthasar die Dumpfheit und Unheiligkeit des sündigen Menschen mit besonderem Nachdruck hervorhebt. Daraus folgt eine starke Betonung des Gegensatzes zwischen dem menschlichen Geist und dem heiligen göttlichen Geist. Nun muß man aber sagen, daß diese starken Akzente nicht das erklärte Ziel haben können, den Menschen als den Unheiligen schlechthin darzustellen. Denn ein so schlechter Geist kann nicht die "gute" Schöpfung Gottes sein, für die es sich lohnt, daß der Sohn Gottes für ihn ausgeliefert wird. Es ist vielmehr anzunehmen, daß von Balthasar die absolute Freiheit des gnadenhaften Handelns Gottes an uns unterstreichen will.

Zu der "engsten Fühlung und Verschmelzung" des göttlichen Geistes mit uns muß man sagen, daß auch dieser Einigungsprozeß differenziert zu sehen ist. Wer an den Menschen glaubt und die Erhabenheit Gottes vor Augen hat, muß die grundlegende Differenz zwischen menschlichem Geist und göttlichem Geist respektieren. Zu beachten ist ebenfalls die Freiheit der beiden. Natürlich gibt es im Sinne von Balthasars eine Erschlossenheit des Heiligen Geistes in unserem Geist. Umgekehrt ist unser Geist offen in der Offenheit des Heiligen Geistes. Das bedeutet aber nicht,

---

1 SC 103 f.

daß die Weise der Offenheit unseres Geistes der Offenheit des Heiligen Geistes gleichkommt. Was dies betrifft, so könnte die Ausdrucksweise von Balthasars in der oben zitierten Stelle zu Mißverständnissen führen. Dabei geht es aber weder um eine subjektivistische Auffassung des Heiligen Geistes noch um eine Unterschätzung der Freiheit des Menschen, ohne die die Rede von einer christlichen Sendung in Welt und Geschichte nicht sinnvoll wäre.

c) "Sentire Ecclesiae" - "Sentire Spiritus sancti"

Ein weiteres, daß von Balthasar in diesem Zusammenhang anspricht, ist das kirchliche "Gesamtbewußtsein"[1]. Es ist schon in dem eben Gesagten implizit enthalten, es muß aber doch ausdrücklich erwähnt werden. Wenn christliche Sendung als Universalisierung der Tat Christi ein Leben unter dem Gebot und Gesetz Christi bedeutet, so gilt das besonders für die Kirche als die Glaubensgemeinschaft derer, die sich auf ihn berufen. Das Wirken des Geistes läßt die Kirche als die "Objektivierung Christi"[2] erscheinen. Alles in der Wesensstruktur der Kirche ist, wie wir sahen, aus dem innersten Geist Christi gebildet. In ihrem Wesen verkörpert die Kirche, so könnte man es mit anderen Worten sagen, die geschichtsbildende Dimension des Eschaton in der Geschichte, das Christus war und bleibt.

Ist die Kirche so durch den Heiligen Geist Christus zugestaltet, so kann sie nach der Auffassung von Balthasars nicht nur ein "formaler Rahmen" sein, "innerhalb dessen die persönlichen Gestaltungen und Inspirationen des Geistes den Einzelnen gegenüber sich ereignen, sie ist mit ihrem unverbrüchlichen Glauben so etwas wie das Gesamtbewußtsein aller Glaubenden, das zwar nicht außerhalb der

1 TG 78 ff.

2 Ebd., S. 77.

einzelnen Personen und getrennt von ihnen existiert, aber dennoch nicht mit den Einzelnen identisch ist und sich nicht aus deren Summierung ergibt"[1]. Darin kommt zum Ausdruck, daß die Annahme eines solchen Gesamtbewußtseins eine Ernsthaftigkeit erfordert, der man weder mit einer "Summierung" noch mit einer Reduktion auf das Bewußtsein der Einzelnen gerecht werden kann. Es geht dabei um das Wesen der Kirche selbst, wobei es, wie man heute sagen würde, keinen "Rollentausch" geben kann. Die Realitätsnähe der Annahme von Balthasars ist in dem Verweis auf die wesentliche Bedeutung der "einzelnen Personen", welche auch darin zum Ausdruck kommt, daß es im Einzelbewußtsein ein "sentire cum Ecclesia" gibt, das sinnvollerweise gleichzeitig nur ein "sentire cum Spiritu Sancto" sein kann[2]. Insofern dieses"sentire" aber dazu bestimmt ist, eine lebendige Interpretation des Lebens Christi in Welt und Geschichte zu sein, genügt ein "sentire cum Ecclesia" nicht; dies muß vielmehr in ein "sentire Ecclesiae" und "sentire Spiritus Sancti" übergehen[3], und zwar in dem Sinne, daß "alle Äußerlichkeit, die etwa in der Formel sentire cum Ecclesia mitschwingen mag, fortschreitend aufgeht in die Innerlichkeit eines echten sentire Ecclesiae in jedem einzelnen Christen"[4]. Durch diese Steigerung des "sentire cum Ecclesia" entsteht das, was von Balthasar als eine "subjektive Gesamtnorm" betrachtet[5]. Im Sinne von Balthasars muß man sagen, daß diese "Gesamtnorm" theologischer Natur ist. Sie ist kein "Abkommen" zwischen Vertragspartnern oder eine Abmachung unter den Mitgliedern eines Konzerns oder einer Genossenschaft. Sie ist ein Werk des Heiligen Geistes, ihr letz-

---

1 TG 78.

2 Ebd.

3 Ebd.

4 Schleifung 77.

5 TG 78.

ter Grund und ihre letzte Begründung liegen im Heiligen Geist[1]. Als eine solche vom Geist Christi durchformte Dimension des Glaubens ist sie "die das Einzelsubjekt übersteigende Regel der Universalisierung des Lebens Jesu durch den Heiligen Geist"[2].

---

1 Das Gleiche läßt sich in Bezug auf die "Organe und Instrumente" der Kirche sagen. Nur wenn sie von der Inspiration des befreienden und lebenschaffenden Geistes als ihrer inneren Dynamik getragen werden, können sie als Instrumente des "Daseins" und "Soseins" Christi in der Geschichte gelten. Nach von Balthasar gilt das besonders für die "Kontinuität" einer lebendigen kirchlichen Tradition (vgl. TG 79 ff.). Eine wesensgemäße Pflege dieser Tradition erfordert Offenheit auch für uns "unbegreiflich sprunghaft" erscheinende Erleuchtungen (Offenheit für das, was von Balthasar "eine Art von generatio aequivoca" nennt), da die "souveräne Gewalt" des Heiligen Geistes an keine erreichte Stufe der Auslegung einer Wahrheit gebunden ist (ebd. 79). Das "depositum fidei" ist freilich der Kirche anvertraut, aber der Geist, der die "göttlichen Tiefen" erforscht, ist die eigentliche lebendige interpretierende und erschließende Seele der Wahrheit. Wer seine "Denkschritte in einem primären Horchen und Folgen dem lebendigen Geist Jesu Christi zu vollziehen" weiß, erfährt, daß "Wunderbarkeit inneres Beschaffensein der Wahrheit ist (ebd. 81).

2 TG 78.

EXKURS: ZUM VERHÄLTNIS VON THEOLOGIE DER VIERZIG TAGE UND TRIDUUM MORTIS

Will man den pneumatologischen Grundgehalt der vorausgehenden Ausführungen über die vierzig Tage des Auferstandenen auf eine Kurzformel bringen, so könnte man sagen, daß der Heilige Geist als Gesamtbestimmung der erste "Hörer des Wortes" ist. Sein universalisierendes Wirken hängt mit dem Mysterium Christi eng zusammen.

So stellt sich die Frage, wie die Theologie der Vierzig Tage sich an die der "Drei Tage" (Triduum Mortis) anschließt. Wie werden die Grundbestimmungen des Mysteriums vitae Christi in der Theologie der vierzig Tage reflektiert? Wie wird insbesondere das Moment des Kreuzes ja auch in der Weise der Universalisierung durch den Heiligen Geist konstitutiv? Wie geschieht eigentlich die Transformation der Zeit, von der oben die Rede war? Auf diese Fragen geht von Balthasar nicht ein. Es ist anzunehmen, daß zum Zeitpunkt, wo die theologische Interpretation der vierzig Tage verfaßt wurde, die Theologie der Drei Tage noch nicht so durchdacht war, wie sie es zehn Jahre später war. Aber auch hier hat von Balthasar sich nicht explizit mit der Frage der Verbindung zwischen seiner früheren Deutung der vierzig Tage und dem Triduum Mortis beschäftigt. Dieser Exkurs ist deshalb nicht die Darlegung von Balthasarschen Gedanken, er stellt vielmehr eine persönliche Reflexion des Verfassers dar, wie sie sich seiner Meinung nach aus dem Gesamtzusammenhang der beiden Größen (vierzig Tage und Triduum Mortis im Werk von Balthasars) ergibt.

Wenn man den Gedankengang von Balthasars genau verfolgt, so muß man feststellen, daß von seinem Standpunkt her das Leben Jesu nicht schon formell absolut interpretiert werden kann, denn Christus war noch nicht gestorben. Infolgedessen sind die "Mysterien vitae Jesu" auch in den

Drei Tagen noch so etwas wie eine Vor-Form, eine Vor-Geschichte, die formell noch nicht authentisch absolut interpretierbar ist. Allerdings stimmt sie schon substantiell mit dem Nachfolgenden überein, weil sie seine unmittelbare Vor-form ist. Dem Inhalt nach haben beide dieselbe Form, aber noch nicht in der Form der absoluten Norm. Das Leben Jesu vor dieser endgültigen Absolutheit hat noch sozusagen die Form einer "philosophischen" Bestimmung, die erst später in dem Tod in die "religiöse" Dimension hineinkommt. Die Vor-geschichte hat erst vom Ende her ihre eigene Authentizität, deswegen ist sie nur dann richtig interpretiert, wenn sie mit dem Ende zusammen genommen und ausgelegt bzw. bezeugt wird. Die Vorgeschichte selbst wird also vom Zeugnis her gelesen.

Müßte man dann nicht sagen, daß hier eine historische Diskrepanz zwischen dem empirischen Jesus und dem Zeugnis vorliegt? Sie ist gegeben, muß aber differenziert gesehen werden. Die Diskrepanz liegt nur in der Form vor, inhaltlich aber besteht eine substantielle Gleichheit. Das ergibt sich auch aus folgender Aussage von Balthasars:

> "Der Christus, der in den vierzig Tagen sein gelebtes Leben auf Erden auslegt und sein kommendes Leben in der Kirche einführt, ist derselbe, der er vor dem Leiden auf Erden gewesen war: heri-hodie. Was er jetzt in Offenbarkeit tut, dasselbe hat er in Verborgenheit während seines Leidenslebens getan. Sonst könnte er sich selber jetzt nicht als der auslegen, der er stets war"[1].

Wenn von "Zäsur" gesprochen werden kann, dann nur an dem Punkt der formalen Differenz zwischen empirischem und bezeugtem Jesus. Und das bedeutet für unsere Thematik, daß genau an dem Punkt, wo eine christologische Form zu Ende geht, das pneumatologische Moment deutlich wird, weil gerade dort aufgezeigt werden muß, wie, warum der Prozeß überhaupt weitergeht, und auch um was für einen Prozeß

---

1 TG 68.

es sich handelt, welche seine innere Dynamik ist, aufgrund deren die vierzig Tage in die Zeit der Kirche übergehen und die Zeit der Kirche in die Zeit der einzelnen Christen. Hier wären auch die Gründe für die Einschätzung der Wirkungsgeschichte im Heiligen Geist, welche einen wechselseitigen Prozeß eröffnet: Der Einzelne integriert sich durch das Wirken des Geistes in den Raum Jesu Christi. Damit zieht sich das Ewige selbst, um auf von Balthasars ähnliche Formulierung zurückzugreifen, als Ewiges in die Zeit. Die Ewigkeit läßt sich durch die Zeit hinziehen[1] und bewirkt dabei die Transformation der Zeit. Die Zeit der Kirche ist zwar echte Zeit, aber sie ist nicht mehr einfach die Fortsetzung der sündigen Zeit, sondern auch ein Vorzeigen des darin enthaltenen Ewigkeitssinnes[2]. Sie ist nicht mehr die Zeit der Knechtschaft, sondern der Herrschaft.

Mit dieser Feststellung läßt sich sagen, daß die Zeit selbst offenbar schon ein Moment des Begriffs der Ewigkeit ist, allerdings noch nicht konkretisiertes, ausgetretenes Moment. Das heißt aber: wo die Ewigkeit das Moment der Zeit realisiert, dort ist sie selber formell nur in der Form der Zeit. So stellt von Balthasar z.B. in Bezug auf Christus fest:

> "Weil er früher ein verzeitlichter Ewiger war, darum kann er jetzt ein verewigter Zeitlicher sein"[3].

---

1 H.U. von Balthasar spricht von "sich-Mitziehenlassen des Ewigen innerhalb der Zeit": TG 64.

2 Vgl. TG 69. A. Peelman schreibt hierzu in seinem Kommentar: "Les quarante jours du Christ ressuscité seraient la manifestation de la plénitude d'éternité que contenait déjà le temps pré-pascal de Jésus, mais d'une facon voilée": vgl. L'Esprit et Marie dans l'oeuvre théologique de Hans Urs von Balthasar, in: Science et Esprit 30 (1078) 279-294, hier 288.

3 TG 69. Ein Satz J. Ratzingers dürfte diese Aussage weiter erhellen: "In Jesus können wir Zeitliche den Zeitlichen anreden, unseren Zeit-genossen; in ihm, der mit uns Zeit ist, berühren wir aber zugleich den Ewigen, weil er mit uns Zeit und mit Gott Ewigkeit ist" (Einführung in das Christentum, dtv, a.a.O.,, S. 234).

Wenn wir in einem früheren Kapitel davon sprachen, daß die Auferstehung Christi die Offenbarung des Heiligen Geistes ist, so heißt das, daß der ewige Geist des Vaters nun konkretisiert wird. Er redet nicht von sich selbst, d.h. er hat keine eigene Offenbarung, er ist kein bloßes transzendentes Ideal, sondern Offenbarkeit der ewigen Tiefe. Darum ist der Ort des Heiligen Geistes der Tod Gottes, dessen Wesen es ist, nichts für sich zu behalten, sondern sich ganz hinzugeben, zu entäußern. Sein Wesen ist am Ort der vollendeten Entäußerung. Die nachfolgende Geschichte ist deshalb auch die Offenbarung seines Wesens. Der Heilige Geist ist somit die letzte Offenbarung der Doxa.

C. Christus-Pneuma als theologisches Subjekt der Geschichte

Es gehört zu den Grundsätzen des Christentums, daß der Menschensohn, Jesus Christus, im Plan Gottes nicht nur ein Mensch unter anderen ist, sondern der Mensch, um dessentwillen es andere Menschen gibt. Infolgedessen ist die Sendung des Sohnes kein Auftrag zum Abschaffen dessen, was vor ihm war und in der Geschichte als Schöpfung Gottes waltete. Jesus war als der Offenbarer des Vaters aufgetreten, aber auch um dem Menschen sein eigenes Wesen zu erschließen.

Dies festzustellen heißt ja nicht, die Menschen und ihre Geschichte ohne weiteres für das Christentum in Anspruch zu nehmen. Es ist keine Frage, daß die Geschichte, deren Norm Christus geworden ist, in die Geschichtlichkeit Christi selber als deren Voraussetzung einbezogen werden muß. Die hier oben getroffene Feststellung richtet sich also nicht gegen die Autonomie des Menschen und der Geschichte, sie betrifft vielmehr die Annahme, daß die Weltgeschichte im letzten Grund auf eine konkrete Zukunft, die Zukunft Christi und damit auf die absolute Zukunft Gottes hin offen ist. Dennoch kann die Offenheit auf diese letzte Sinnvollendung in Christus nicht so aufgefaßt werden, als hätten die natürlichen Wesen keine eigene "Gestalt". Wie sollte sonst eine wahre Menschwerdung und Geschichtswerdung Gottes aufrechterhalten werden? Die Wahrhaftigkeit Christi selbst als Gottmensch erfordert als Voraussetzung eine wahre Wesenheit des Einzelmenschen und der Geschichte. H.U. von Balthasar unterstreicht diesen Punkt mit folgenden Worten:

> "Es ist nicht die Wesensdefinition des Menschen, daß er ein Glied Jesu Christi ist, und nicht die der Weltgeschichte, daß sie (in Verhüllung) zusammenfällt mit der Geschichte des Reiches Gottes. Nur wenn ein echtes geschöpfliches Eidos gedanklich vorausbesteht, bedeutet die Herablassung Gottes auf die Ebene der Geschöpfe jene Kenosis, als die sie beschrieben wird, und nur dann hebt er, sich herablassend, und ohne es zu zer-

stören, jenes Eidos mit sich empor in die Geborgenheit des ewigen Lebens"[1].

Sosehr der Mensch und die Geschichte ihre eigene, immanente Gesetzlichkeit haben und entfalten, so sehr bleibt es wahr, daß die Vollendung nur von Cott her erwartet wird. Der Punkt, wo das dreieinige Leben sich mit dem geschöpflichen kreuzt, ist Christus[2]. Gott rechnet aber mit der Güte und dem Sinngehalt menschlicher Existenz, auch wenn die "Konvergenz zwischen menschlicher Leistung und Kommen Gottes als Omega" in keiner Weise einfach errechenbar ist[3]. Selbst das Kreuz Christi "beschreibt nicht die innere Gesetzlichkeit der geschaffenen Welt - als sei sie bloß Jammertal und ihr Inbegriff Leiden -, das Kreuz hebt nur das ganze Ungenügen der Welt auf sich, um die Sünde zur Hölle zu tragen und den Menschen zu Gott zu befreien"[4]. Insofern die totale Befreiung als Vollendung erst in Gott erreicht werden kann und somit mit keiner Form innergeschichtlicher Leistung einfach identifiziertbar ist, bleibt die Geschichte der Raum des Vorläufigen,Unvollendeten. Da aber die Existenzdeutung und Prozesse innergeschichtlicher Verwirklichung einen Sinn hervorbringen, drängt sich die Frage auf, was der so erfahrene Sinn ist. Was sagt das Verwirklichte aus? Vorlaufen zum Tode? oder noch mehr, nämlich Fort-schreiten auf Unendliches?

Mit christlichem Blick auf den Zeitlauf - darauf kommt es uns hier an - gelangt der Glaubende unter innerer Führung des Heiligen Geistes zu einer zweidimensionalen Betrachtung seines Weges, einer horizontalen und einer vertikalen, die in die "ursprüngliche Schöpfung einbeschlossen

---

1 TG 84. Vgl. ebd. S. 101 ff." Fülle und Fortschritt".

2 H III, 2/2, 485.

3 Ebd., S. 487.

4 Ebd., S. 486.

liegt"[1]. Das bedeutet aber nicht, daß die dem Menschen freigegebenen Schöpferkräfte und ihre Entfaltung von Gott in einer bestimmten Weise vorweg reglementiert werden, sondern daß das Schöpfungsmäßige auf eine neue Beleuchtung im Christusereignis hin offen ist und sie auch tatsächlich erhält, wenn die innerweltlichen Formen "durch die Ausrichtung des hoffenden und liebenden Glaubens an die Gnade Gottes" fruchtbar für die "Angelegenheiten der Welt" gemacht werden[2]. In der realen Ordnung und aufgrund der Zugehörigkeit zur Menschheit ist die konkrete Situation des Menschen also auch immer durch die Sünde als allgemeines "Existential" mitbestimmt und insofern erlösungsbedürftig. Erst die Gnade Gottes beflügelt sie in all ihren Dimensionen über sie hinaus. "Infolgedessen kann auch alles, was menschliche Anstrengung im Schöpfungsauftrag leistet - Kampf gegen Ungerechtigkeit, Hunger, Krankheit, Not und Verkommenheit, Kampf für bessere Lebens-, Erziehungs-, Lohnverhältnisse usw. - im Blick auf die Tat Gottes in Christus und die Hilfe des Heiligen Geistes positive, ins Letzte integrierbare Bedeutung erlangen"[3].

Christus als Berührungspunkt zwischen Gott und Welt ist so das "Maß für jede Nähe und jede Ferne von Gott"[4]. Wenn Gott sich dieses Menschen Christus bedient, um endgültig zu seinem Ganz-Anderen zu gelangen, so bleibt der Weg jedes geschichtlichen Fortschreitens in diesem Sinne, d.h. in Richtung Gottes von der Macht seiner Transzendenz gezeichnet. Was die Dimension und die Qualität dieser Bestimmung angeht, wird von H.U. von Balthasar in der Formel zusammengefaßt, nach der Christus das adäquate Sub-

---

1 H III,2/2 486.

2 Ebd., S. 487.

3 Ebd.

4 J.M. Faux, Séminaire Balthasar. Gloire et Croix, a.a.O., S. 10; vgl. TG 111.

jekt der Geschichte ist"[1]. Damit wird gesagt, daß die Befindlichkeit der gesamten Weltgeschichte von ihm definitiv bestimmt ist. Er ist es, der unter der erleuchtenden Führung des Heiligen Geistes alles Geschichtliche in die letzte Freiheit bei Gott führt. Denn in ihm allein wird das Eschaton christlich vorweg erblickt, von dem her "ein solches Entscheidungslicht in die Geschichte fällt, daß es fürder nur ein Ja oder Nein dazu gibt"[2]. Angesichts eines solchen Anspruchs trägt alles, was nun in der Geschichte als Gegenwartsdeutung geschieht, grundsätzlich die Qualitätsbestimmung der Haltung Christi gegenüber Gott. Davon betroffen ist vor allem die Beziehung der Kirche zur Welt. An der Kirche unter der Führung des Heiligen Geistes als der "gesandten und wirkenden Person"[3] wird deutlich, was Erlösung von der Sünde in Jesus Christus bedeutet. Die unendliche Sinnfülle des Lebens Christi bedeutet ja nicht Verewigung eines geschichtlichen Augenblicks, sondern inchoative Verwandlung. Der Glaubende muß sich deshalb dazu verpflichtet fühlen, das "adäquate" Subjektsein Christi in bezug auf die Geschichte nicht bloß zu bejahen[4], sondern

1 TG 112.

2 H III, 2/2, 488.

3 Vgl. Y. Congar, La pneumatologie dans la théologie catholique, in: RScPhTh 51 (1967) 251.

4 Die starke Betonung der vertikalen Dimension der Geschichte in Christus hat manche Mißverständnisse bei dem Leser hervorgerufen. So schreibt zum Beispiel H. de Lavalette in seiner Rezension zu "Das Ganze im Fragment": "La richesse de l'intuition et de la culture, présentes à presque toutes les pages, la familiarité évidente de Balthasar avec l'histoire théologique, philosophique, culturelle de l'Occident et des Pères grecs, le goût du rythme et du flux qui se manifeste jusque dans le style de l'auteur, toutes ces qualités conjointes corrigent sans cesse l'insistance peut-être trop radicale sur la dimension verticale du temps et de l'histoire, oû l'histoire serait plus objet de contemplation que d'engagement" (vgl. H. de Lavelette, Bulletin de théologie dogmatique, in: RSR 52 (1964) 307-312, hier 311). Dazu ist anzumerken, daß die Meinung von H. de Lavalette, es gäbe bei von Balthasar fast nur eine "stylistische" Korrektur im Verhältnis Kontemplation-Aktion, nicht gerechtfertigt ist. Es ist vielmehr in den Gedanken von Balthasars zu diesem Punkt ein Zusammenrücken von

auch daran so aktiv zu wirken, daß die Geschichte selbst durch Teilnahme am Subjektsein Christi sich immer mehr zum Subjekt entwickelt[1]. Der Glaubende muß in seiner Sendungsexistenz so "christushaft"[2] werden, daß diese "den eschatologischen Glanz in die Welt und ihre Geschichte hinein vermittelt"[3]. Der wahre Christ verbürgt sich also für die Wahrhaftigkeit der letzten Konkretwerdung der Erlösung. Damit kommen wir zu einer weiteren Bestimmung bei dem Thema: Wirksamkeit des Heiligen Geistes als eschatologische Kraft. Diese Perspektive betrifft die theologische Frage nach der Einheit des Menschen und der der Geschichte bei H.U. von Balthasar unter der Voraussetzung der in der christlichen Offenbarung verheißenen totalen Vollendung.

Kontemplation und Aktion festzustellen. Das folgende Zitat (ausgewählt aus vielen möglichen) macht es deutlich: "Die Wahrheit, das Kontemplative und Empfangene, ist in doppelter Hinsicht zugleich aktiv: einmal als der immanente Akt des Geistes sowohl im Diskursiven wie in der intellektuellen Schau, dann aber sofern ein Verstand ohne Wille nicht denkbar ist, Wille und Verstand sich vielmehr gegenseitig voraussetzen, und, was daraus unmittelbar folgt, weil die Wahrheit ebensosehr getan als geschaut sein will. Das ist der wahre Sinn vom existiellen Charakter der Wahrheit, die man erst wirklich besitzt, wenn man sie tut, sie nicht nur begrifflich eingesehen hat, sondern durch sein ganzes Sein und Leben ausdrückt": VC 251. Vgl. dazu u.a. TG 60-61; VC 245-259; Rechenschaft 9 ff; In Gottes Einsatz leben (im ganzen); BG 127-135; Einfaltungen 38 ff; G. Marchesi, La Cristologia di Hans Urs von Balthasar, a.a.O., S. 400; W. Löser, Im Geist des Origenes, a.a.O., S. 246-254.

1 TG 83 f.

2 H III, 2/2, 489.

3 Ebd.

IV. MITARBEIT UND ZEUGNISGABE

A. Von der Aufgabe, Eindeutigkeit in die Zweideutigkeit hineinzutragen

Über den Einsatz des Christen für die Welt als Zeugnis für den Einsatz Gottes in der Welt hat von Balthasar folgende Grundsätze formuliert:

> "Als Mitmensch ist der Christ selbstverständlich verpflichtet, an der Gesamtanstrengung der Menschheit für die Humanisierung der Welt teilzunehmen, deren bleibende Problematik und sogar Tragik vorhin aufgezeigt wurde[1]. Er hat im Bereich dieser Problematik keine endgültigen Rezepte und Lösungen anzubieten, sondern muß um die Entzifferung der Natur- und Geschichtsrätsel ebenso mitringen wie alle übrigen. Er ist in dieser Anstrengung mit allen Mitmenschen solidarisch. Aber er hat vom Wissen um den Einsatz Gottes für die Welt her einen weiteren Horizont, der das Problematische und Tragische, ohne es aufzuheben, umgreift, und von dem her das einzig wirklich erhellende und helfende Licht auf die Welt fällt. Von diesem Licht muß er nicht nur abstrakt - durch Glaubensbekenntnisse -, sondern konkret in seinem beruflichen und mitmenschlichen Einsatz Zeugnis ablegen. Dieses Zeugnis kann sich unter Umständen zu einem Widerstand gestalten, dort nämlich, wo die ihn umgebenden und einfordernden Weltentwürfe sich eindeutig gegen den Einsatz Gottes für die Welt entscheiden"[2].

Aus diesem Zitat, das im wesentlichen das Verhältnis von Christ und Welt umreißt, gehen Bestimmungen sowohl des Christen wie der Welt hervor, die nun kurz erläutert werden sollen. Zunächst wird die Gemeinsamkeit zwischen dem Christen und den übrigen Menschen betont. Der Christ wird als ein "Mitmensch" bezeichnet, der die gleiche Verpflichtung hat wie der Nichtchrist gegenüber der Welt; er ist

---

1 Es handelt sich bei diesem Hinweis um den Widerstand der Struktur der menschlichen Welt und der gesellschaftlichen Organisation gegenüber dem christlichen Geist, mit dem von Balthasar sich in einem vorausgehenden Abschnitt befaßt hat.

2 GEL 97.

in der Welt, ja er selber ist, so muß man schon hinzufügen, ein Teil dieser Welt[1], die durch "Tragik" und "Rätsel" gekennzeichnet ist und sich auf dem Weg zur "Humanisierung" befindet. Sie sucht nach einem "Licht", das ihre Dunkelheit erhellen kann. Hier wird von dem zur konkreten Solidarität aufgeforderten Christen ein besonderer, spezifischer Beitrag erwartet, der im Einklang mit seinem "Wissen" steht. Dieses ist nicht bloß technisch definierbar, es kommt vielmehr von anderswo her, nämlich von der Tiefe der göttlichen Unergründlichkeit selbst und führt den Christen deshalb weit über den Horizont der anderen Mitmenschen hinaus. Der Christ weiß von dem Einsatz Gottes in und für die Welt, darum obliegt ihm die Aufgabe, Zeugnis von diesem Ereignis Gottes abzulegen. Doch "wird die Suppe nicht so heiß gegessen, wie sie gekocht wird", sagt der Volksmund. So bleibt es wahr, daß sich das Leben des Christen in der Welt immer zwischen Mitarbeit und Verweigerung bzw. Widerstand gegen gottfeindliche Weltentwürfe einpendeln muß. Das ist nach von Balthasar das Dilemma, in "das der Christ durch seinen Anschluß an den Einsatz Gottes für die Welt immer schon gestellt worden ist"[2].

Aber woher kommt dieses Dilemma? Wie soll die Antwort des Christen darauf sein? Was heißt in dieser Situation Zeugnis für den Einsatz Gottes in der Welt ablegen? Nicht die Zugehörigkeit des Christen zu Gott in Jesus Christus erzeugt das Dilemma, als ginge es nur noch um ein bloßes "Entweder-oder". Daß Gott die Mitte des Lebens des

---

1 Die Weltbezogenheit der christlichen Existenz ist dann richtig aufgefaßt, wenn es nicht einfach heißt: "Der Christ und die Welt", sondern der "Christ-in-der-Welt". Die Materialität der Existenz des Christen ist ein wichtiger Faktor, denn der Christ ist nicht ein schwebender Geist, der die Welt einfach vor oder unter sich hat, er hat sie vielmehr in sich selbst, auch wenn die Art und Weise, wie er diese Welt erlebt,grundsätzlich und radikal anders ist als die eines Nichtchristen, der überdies ein entschiedenes Nein zu Gott sagt.

2 GEL 98.

Christen und die alles bestimmende Wirklichkeit wird, bedeutet für den Christen eine Schicksalsgemeinschaft mit Gott. Insofern liegt es ihm schon daran, Gottes Gesetzen zu folgen und sie zu verteidigen. Aber das Dilemma, in das er gestellt ist, ist von der "Zweideutigkeit der Welt selbst" erzeugt, "die zwischen guter Geschöpflichkeit und feindlicher Selbstverschließung gegen die Liebe Gottes schillert"[1]. Wie kann der Christ in dieser zwiespältigen Atmosphäre eindeutig Stellung nehmen? Wann kann er mitarbeiten? Wann muß er Nein sagen und Zeugnis für das ablegen, was im Sinne seines Glaubens richtig ist? Den Aktualitätsbezug dieses alten Dilemmas sieht von Balthasar darin, "daß in der Kirche die Lager sich immer mehr entfremden: hier die Progressiven mit dem Programm einer möglichst weiten Mitarbeit mit der Welt, dort die Integralen oder Konservativen, die der Welt bekenntnishaft das geschlossene Programm der Kirche, eindrucksvoll in seiner Unteilbarkeit, entgegenhalten"[2]. Mit diesen Tendenzen geht von Balthasar nicht scharf ins Gericht, er erkennt ihnen einen Notwendigkeitscharakter zu[3], vertritt aber die Meinung, daß sie nicht in gegensätzliche Positionen verteilt werden dürfen, denn dies würde bedeuten, an der "Bewältigung der jeweils konkreten Situation" vorbei diskutieren und womöglich auch handeln[4]. In beiden Positionen sind Teilwahrheiten, die Anerkennung verdienen. Dazu heißt es:

> "Das eine Lager hat darin Recht, daß der Christ nicht aufgerufen ist, der Welt geschlossene Programme entgegenzuhalten, sondern sich mit Gott in Jesus Christus zusammen für die Welt und in der Welt einzusetzen. Das andere Lager hat darin Recht, daß dieser Einsatz des Christen immer im Quellpunkt des Einsatzes Gottes verharren und jeweils aus diesem Ursprung verantwortet

---

1 GEL 98.

2 Ebd.

3 Ebd.

4 Ebd.

> werden muß... Aber ein Verharren beim Alpha, bei dem dieses zur bloßen Vergangenheit würde und kein loslassendes Ausschreiten auf die Freiheit des Omega erlaubte, der Mit-Einsatz mit Gott für die Welt fehlte, würde sich der Existenz in der Sendung, die die christliche Existenzform ist (Joh 18,18; 20,21), widersetzen"[1].

Dieser Punkt kann hier nicht vertieft werden. Dagegen muß aber die Frage gestellt werden, wie der Weg in einer bestimmten Situation aussehen soll und wie sowohl die Progression als auch das gesunde Verharren beim Quellpunkt garantiert werden können. Nach von Balthasars Auffassung muß der Weg "zwischen beiden Klippen hindurchführen"[2]. Dazu ist zu sagen, daß in der christlichen Existenz die menschlichen und gesellschaftlichen Unterschiede nicht zu Gegensätzen oder gar Feindschaften, Formen der Herrschaft oder Unterdrückung gesteigert werden dürfen. Was die zweite Frage betrifft, so gelangen wir zum Nächstliegenden, das vor allem an die Verheißung des Heiligen Geistes erinnert.

Die Zugehörigkeit zu Christus schafft Einheit, welche dem Einzelnen aber nicht eine Selbstaufgabe zur Auflage macht. Der Geist, der den Christen "treibt", ist, wie in diesem Teil der Arbeit schon aufgezeigt wurde, der Geist der Freiheit. Deshalb wird der Mensch erst dann Mensch, "wenn er sich in Freiheit gewählt und vollzogen hat, wenn alles, was an ihm 'Natur' ist, frei angeeignet und verantwortlich durchdrungen ist"[3]. In dieser Freiheit, die aus dem Geist stammt, vermag er "auch in zweideutige Situationen durch sein christliches Verhalten etwas Eindeutiges hineinzutragen"[4]. Das heißt, er wird in der

---

1 GEL 98 f.

2 Ebd., S. 99.

3 Ebd., S. 14.

4 Ebd., S. 100.

undurchsichtigen Lage, unter der er mit den übrigen Menschen leidet, durch seine christliche Entschiedenheit "klärend" wirken können. Er wird eine "authentische Fortführung des ursprünglichen Ja zum eschatologischen Einsatz Gottes für die Welt" bewirken können[1]. Weil Gott in Jesus Christus ein Ja zur Welt ist, deshalb ist das christliche Bekenntnis zu Gottes Ja "das Zeugnis der endgültigen Weltzuwendung Gottes, es ist deshalb selber nicht weltabgewandt, auch nicht religiös-fanatisch, sondern hält nur die Eindeutigkeit des Einsatzes durch, den der Christ als verantwortlicher Mitmensch für die gemeinsame Welt auf sicht genommen hat"[2].

Die Besinnung auf den Geist aber, aus dem der Christ so zu handeln vermag, muß ihm zugleich sagen, daß er kein "terrible simplificateur" sein darf, sondern die Komplexität einer Situation zur Kenntnis nehmen und sie als solche gelten lassen muß. Denn selbst der Heilige Geist handelt nicht von außen, seine aufklärende Aktion wird vielmehr von innen her geführt. Ist dem so, dann lautet die Frage für den Christen angesichts einer bestimmten Situation nicht einfach: Wie trage ich "Eindeutigkeit" hinein (wobei die Gefahr besteht, daß nur eine Scheineindeutigkeit, sei es mit dem Schwert eines theologischen Arguments oder dergleichen, angeboten wird), sondern wie sieht die Lage aus und was wird gebraucht? Diese Frage bekommt eine besondere Wendung und Dringlichkeit, wenn sie auf die Sinnfrage der Menschen und ihrer Geschichte bezogen wird. Darauf haben die Menschen auf verschiedenen Wegen immer eine Antwort gesucht. Doch die Antwort kam end-gültig erst mit Jesus Christus, der die Hoffnung der Menschheit in die von Gott "vorbestimmte" Richtung der Heils-Vollendung geführt hat. Dieser Gedanke sei nun in seiner Anwendung bei von Balthasar auf den Menschen und die Geschichte dargelegt.

---

1 GEL 100.

2 Ebd., S. 100 f.

B. Im Umkreis der Vermenschlichung des Menschen

Der erste Teil dieser Arbeit hat die Frage nach dem Menschen aus philosophischer und theologischer Perspektive entfaltet und die "Noch-Nicht-Struktur" bzw. die Verheißungsdimension von Mensch und Welt aufgezeigt. Der zweite Teil befaßte sich mit dem Christusereignis, das eine konkrete Vorausschau der Vollgestalt des Menschen ermöglicht und uns die Vorwegnahme der eschatologischen Vollendung der Liebe Gottes an uns vor Augen hält. Diese Vorwegnahme wurde zugleich als Eröffnung der Zukunft des Menschen dargestellt, der dieser unter der Führung des Geistes Jesu Christi entgegenschreitet. Im folgenden sollen die Dimensionen des progressiven Selbstvollzugs des Menschen und seiner Geschichte aus der Perspektive der Verheißung Gottes und der letzten Zukunft beschrieben werden. Auch wenn hier nicht wiederholt ausdrücklich auf den Heiligen Geist hingewiesen wird, so bleibt er als Gesamtbestimmung die "toile de fond" dieser Ausführungen, in denen es sich ja um den Selbstvollzug des Menschen als Träger des pneumatologischen Prozeßes in Welt und Geschichte handelt.

1. Erfülltes und Unerfülltes

Die Wahrheit will, wie bereits gesagt wurde, nicht nur geschaut, sondern gelebt, und das heißt geschichtlich durchkonjugiert sein. Wir gehen unserer endgültigen Zukunft entgegen, wohl wissend, daß in der realen Weltgeschichte - Vergangenheit, Gegenwart und Zukunft - die totale Erlösung erst "in spe" vollzogen ist[1]. Die schuld- und sündhafte Existenz wartet noch auf ihre letzte Eindeutigkeit.

1 GEL 92.

Zu dieser Existenz gehört - trotz ihrer Verhaftung in den innerweltlichen Strukturen - jene Transzendenz, die den Anknüpfungspunkt für die freie Gnade Gottes bietet, selber aber niemals eine absolute Garantie für die Vollendbarkeit des Menschen sein kann. Doch nur eine echt-menschliche Freiheit kann sich in Gott vollenden, und d.h. durch die Bewährung durch die Endlichkeit hindurch. Da der Christ in der Nachfolge Christi steht und seinen Geist hat, wird er seine Freiheit wirksamer und tiefer verstehen können, und zwar in dem Sinne, daß "Gott freie Selbsteröffnung in Jesus Christus die Einladung in einen absoluten, göttlichen Freiheitsraum ist, in dem allein die menschliche Freiheit sich vollkommen entfalten kann. Und nicht die Einladung nur, sondern, in der Menschwerdung Gottes in Jesus Christus, die für alle exemplarische Erfüllung, der Druchbruch und Einlaß in eine Sphäre von solcher Freiheit, wie sie von den Modernen fieberhaft gesucht wird, aber ohne die Eröffnung von Gott her nicht gefunden werden kann"[1]. Diese Freiheit ist im letzten Grund Gnade, die immer zugleich Anruf und Auftrag ist. Was aus uns in der absoluten Zukunft Gottes wird, steht noch aus und läßt sich nicht von uns erzwingen. Daher haben wir auch keine Möglichkeit, die absolute Zukunft zu "beweisen", sie ist ein Geschenk Gottes. Der Mangel an Beweisführung bedeutet nicht, daß es sich um eine Legende oder freie Erfindung handelt. Die Zuversicht des Christen gründet in jener Hoffnung, die nicht zuschanden werden läßt (Röm 5,5), und weil er im Heiligen Geist Gottes vorweg und in vollem Ernst ein ursprüngliches Einverständnis zu Gott bekundet, ist er auch antwortend in seiner Weise dem Willen Gottes im Werk der Befreiung der Welt koextensiv. In ihm treffen sich sozusagen Himmel und Erde, insofern ist der eigentliche Gegenstand seiner Hoffnung die Überwindung der Todesgrenze in ihren vielfältigen Formen und Abstufungen.

---

1 GEL 15.

Wer aber nun in die Zukunft blickt, kann es nur richtig tun, wenn er sich gleichzeitig auch auf die Vergangenheit und die Gegenwart besinnt. Die christliche Hoffnung setzt die Treue des Menschen zu seinem geschaffenen Wesen voraus, das er in Freiheit zu entfalten sucht. Das Proprium und Entscheidende der christlichen Hoffnung für die Welt und die Menschheit läßt sich besser verstehen, wenn sie vor dem Hintergrund des Gesamtgefüges der menschlichen Anstrengung, die nicht einfach abgelöst, sondern (wenn nötig) korrigiert und erhöht wird. Zur Verdeutlichung stellt von Balthasar die vorläufigen Wege der Menschheit zum Heil dar. Das "Ende" christologisch-eschatologisch, und d.h. trinitarisch-pneumatologisch zu denken, geht nicht bodenlos vor sich, sondern es wird geschichtlich vermittelt.

2. Weg und Wegbereitung[1]

a) Das Formale des Heilsentwurfs

Wo wird das Wesen Mensch in sich rund? Wo hört es auf, mit seiner Freiheit ein offenes Fragezeichen zu sein? Wie soll so etwas möglich sein? In diesen und ähnlichen Fragen drückt sich das allgemeine Unbehagen angesichts des Rätsels Mensch aus. Der Mensch wäre nicht er selbst, wenn er des Widerspruchs in ihm und um ihn nicht bewußt wäre. Erst das Bewußtsein dieser verhängnisvollen Situation verschärft in ihm die Sehnsucht nach Lösungen, nach der "Entknotung des Knotens Mensch"[2], nach Entfaltung seiner Erfindungs- und Herzenskraft. Das Gefühl der Unerfülltheit und der Fragmentarität drängt dazu, in einer Art Selbstrettungsaktion für das Heil- und Ganzsein-können zu sorgen. Humanisierung und Personalisierung

1 Zum folgenden vgl. GF 71 ff.

2 Ebd., S. 72.

stehen als Stichworte für das, was als das Heilwerden aufgefaßt wird.

Bei der Anstrengung, diese Aufgabe zu bewältigen, wird eine Grenze sichtbar, zumal dort, wo es sich um den Menschen in seiner Verfallenheit handelt. Dazu schreibt von Balthasar: "Der Heilsentwurf, den er von sich aus leisten kann, übersteigt nicht nur seine Natur, er widerspricht ihr. Wie immer er diesen Entwurf tätigen mag, immer bleibt ein Element unberücksichtigt, das unbedingt mithinein sollte, und darum, weil der Widerspruch unauflöslich im Kern des heilbegehrenden Menschen selber wurzelt"[1]. Dies wird in der nachfolgenden kurzen Übersicht des Weges des Scheins und des tragischen Kampfes deutlich. Der Mensch vermag es nicht, so müßte man von Balthasars Satz verstehen, aus eigener Kraft alle Sinnzusammenhänge zu setzen. Dieser absolute Lebenssinn übersteigt alles innerweltlich Vorstellbare[2]. Vom Menschen kann diese "eschatologische" Erfüllung höchstens formal, nie aber inhaltlich entworfen werden. Worin besteht dieser Unterschied? Grundlegend für von Balthasar ist der Begriff "Offenbarung" im engen bzw. christlichen Sinne. Alles, was vom Menschen nur rational entworfen wird, läßt sich aus der entwerfenden menschlichen Kraft hinreichend erklären und ermöglicht die Einsicht in das rätselhafte Schicksal des Menschen, löst aber den Knoten der Existenz nicht. Dies geschieht nur dort, wo die göttliche liebende Weisheit sich in Richtung des Menschen in Bewegung setzt. Der Weg, "der den Widerspruch versöhnt, kann mit Notwendigkeit nur von Gott her entworfen und dargeboten werden und trägt als solcher auch einzig zu Recht die Bezeichnung 'Offenbarung', sosehr die anderen Entwürfe diesen Titel für sich beanspruchen mögen"[3].

1 GF 72.

2 GEL 77.

3 GF 72.

Unleugbar ist dennoch, daß diese Entwürfe wirklich einen Aspekt des Heilwerdens aufzeigen. Sie sind nicht bloße "Gedachtheit", Anschauung, sondern in ihnen ist auch Gestalthaftes sichtbar. Man braucht nur an Mythen zu denken, die die Zukunft des Menschen vorweg mit konkreten Umrissen und Daseinsweisen verdeutlichen[1]. Daß es hier trotzdem um ein "Formales" geht, versteht sich nur in dem bestimmten Sinne, in dem von Balthasar diesen Begriff hier gebraucht. "Das Formale bedeutet hier ein Abstecken des Raumes, worin das Ereignis geschehen muß, wenn wirklich das Wesen Mensch Empfänger Gottes Heilsoffenbarung sein soll"[2]. Es geht also nicht um eine bloße Abwertung der "Vorentwürfe", sondern um den Weg, der über sie hinaus zum erhofften Ganz-sein-können führt. Doch zunächst geben wir eine Übersicht der Vorentwürfe, die von Balthasar auf zwei Hauptwege zurückführt.

b) Der Weg des Scheins

Es muß vorweg gesagt werden, daß mit dem Wort "Schein" keineswegs ein Trugbild gemeint ist. Es soll vielmehr die Fragmentarität des Weges unterstrichen werden, der von einzelnen Menschen und von Volksgemeinschaften mit dem Einsatz des ganzen Lebens durch die Geschichte beschritten wird. Der Weg bleibt nach von Balthasar deswegen fragmentarisch, weil er das ganze Heil, wie es in der christlichen Offenbarung aufscheint, nicht erfaßt und vermittelt. Doch was zeigt der Weg des Scheins?

H.U. von Balthasar setzt voraus, daß bei der Analyse und Bewertung der Wege, die er als die "kühnsten Entwürfe und höchsten Anstrengungen" des menschlichen Geistes be-

---

1 Beweise und Belege sind in der Religionsgeschichte reichlich vorhanden.

2 GF 73.

zeichnet[1], nicht um eine subjektive Einschätzung, sondern um die Art und Weise geht, "wie der objektive Weg sich zur objektiven Menschheitsfrage verhält"[2]. Es wird nicht danach gefragt, wieviel erlösende Gnade diese ernsten Anstrengungen in sich bergen und auch nicht danach, wie Gott das Herz des Einzelnen richten möge, sondern danach, wie die allgemeine Einstellung zur gesamten Lebenswirklichkeit aussieht. Was diesen Punkt angeht, so sieht von Balthasar in dem Weg des Scheins[3] eine "Aufschwungsbewegung des Herzens, das die gesamte widerspruchsschwangere irdische Existenz unter sich zurückläßt, um sich vorweg in der Region eines überweltlich verstandenen Göttlichen zu bergen"[4]. Diese Bewegung ergibt sich aus der Grundüberlegung, daß nur die Einheit das wahrhafte Seiende ist. Ihr gegenüber stellt die Vielheit die Verfallenheit des Seins dar. So entsteht der Gedanke einer Welt, die man nicht haben will. Die wahre Identität wird nicht in den Überbrückungsmöglichkeiten der Differenz zwischen Einheit und Vielheit, zwischen wahrem Sein und unwahrem Sein gesucht, sondern auf einem Fluchtweg, der praktisch der Negation des Wesens des Menschen und der Negation der ganzen weltlichen Wirklichkeit gleichkommt[5].

c) Der tragische Kampf

Die Tendenz zur Flucht ins Andere im Jenseits, das das Diesseits aber nicht beseitigt, zeigt, wie unvermeidbar der Widerspruch des Daseins ist. Der Ausgangspunkt des

1 GF 74.

2 Ebd.

3 Vgl. GF 75. Dabei bezieht sich von Balthasar ausdrücklich auf die asiatischen Religionen, insbesondere die Religionen Indiens, aber auch auf die Heilswege der Griechen: Gemeint sind vor allem der Monismus Parmenides", der Dualismus Platons, die Stoa mit ihrer Theorie des kosmischen Zentralfeuers, der Emanationsgedanke im Neoplatonismus. Alle diese Erlösungsformen haben miteinander gemeinsam, daß sie Wege der Seinsminderung sind. Die Theorie mag auch etwas Wahres enthalten, in der Praxis aber wird das Innerweltliche in seiner Eigentlichkeit nicht voll akzeptiert.

4 GF 75.

zweiten Hauptweges zum Heil, den von Balthasar der Welt der antiken und modernen Literatur entnimmt[1], ist die Einsicht, daß der Widerspruch "als solcher so viel Wirklichkeits- und damit Wahrheitsgewicht" hat, "daß die Heilsfrage davon gar nicht absehen kann"[2]. Darum wird eine "gute Verknüfung" gesucht[3]. Um dem Tragischen des Widerspruchs zu begegnen, wird nicht, wie im vorausgehenden Fall, ein Weg der Leugnung und der Flucht gewählt, sondern die tragische Situation selbst wird zur bleibenden Voraussetzung für die Reinigung des Herzens gemacht. Hier werden die "Zerrissenheit" und der "tragische Untergang" des Helden nicht als Zeichen der Schwäche und Unterlegenheit angesehen, sie gelten vielmehr als Ausdruck von "Größe", die ihn im Gedenken der Nachwelt überleben läßt. Der Mensch wird sozusagen erst durch den Schmerz, das Leiden und die Tragik zum Menschen geschmiedet[4]. Nur untergehend vermag der Mensch, sich der "Gnade" und Freiheit in die Arme zu stürzen: "Alle menschliche Größe verdichtet sich im Agôn des Durchstoßes selbst, in welchem Untergang und Aufgang eine unauflösliche Figur bilden"[5].

---

1 H.U. von Balthasar erinnert sowohl an die griechische Tragödie als auch an die germanische Heroenwelt, an Goethes "Faust" sowie an die Shakespearsche Tragödie.

2 GF 77.

3 Ebd.

4 Von dem französischen Poet der Romantik, Alfred de Musset, stammt das berühmte Wort: "L'homme est un apprenti, la douleur est son maître". Ähnlich faßt von Balthasar den Kerngedanken des tragischen Kampfes zusammen: "Was macht das Dasein tief und groß, wenn nicht der Schmerz, die Tragik? Was stählt den Menschen und schleift den verborgenen Edelstein, wenn nicht das Leid? Und zwar nicht irgendein äußerlich zufallender vermeidbarer Schmerz, sondern der wesentliche, der im Schicksal, Mensch zu sein, liegt" (GF 77). An die Weiterführung dieses Gedankens in der Neuzeit erinnert von Balthasar mit einem Zitat von Nietzsche, der seine Absage an jede eschatologische Ausschaltung des Schmerzes so ausdrückte: "Im Schmerz ist so viel Weisheit wie in der Lust: er gehört gleich dieser zu den arterhaltenden Kräften ersten Ranges. Unlust ist ein notwendiges Ingrediens aller Tätigkeit; es gibt einen Willen zum Leiden im Grunde alles organischen Lebens" (zit. bei von Balthasar, in: GF 79).

5 GF 79.

Selbst die Götter werden in anthropomorpher Weise in den Kampf einbezogen[1]. Ihre Präsenz und Beteiligung soll die Einsicht dokumentieren und bestätigen, daß die "agonale Durchbruchssituation die "Urlage des Menschen" schlechthin ist[2].

Diese Radikalität mag vielleicht nicht immer und überall stimmen. Sie zeigt aber, daß die Daseinsbewältigung alles andere als "billige Harmonisationen" erfordert. Der Weg des Kampfes hat (trotz diskutabler Aspekte) im Gegensatz zu dem vorher gezeichneten Erlösungsweg den Vorteil, daß die Fühlung mit der geschichtlichen Wirklichkeit nicht verlorengeht. "Er verspricht keine Schwebe im leeren Raum, sondern läßt den Fuß, der an den Stein stößt, immer versichert sein, an das wahrhaft Wirkliche zu stoßen und daran teilzunehmen"[3].

d) Verläufigkeitscharakter der beiden Wege

Sowohl die Bejahung des Einen als Urlicht und Urausstrahlung (erster Weg) wie der heroische Kampf um eine letzte Versöhntheit mit der Existenz vermitteln ein Selbstverständnis des Menschen, in dem ein göttlicher Sinngrund gleichsam zum Vorschein kommt. Aber welches Gottesbild wird hier vermittelt? Auf der einen Seite wird das jeder Emanation zugrundeliegende Göttliche als das "sich verstrahlende Gute" betrachtet, auf der anderen Seite offenbart "das Stehen der Götter im Schicksal" der Menschen "so etwas wie eine Verwundbarkeit, ein Sich-verantwort-

---

1 Vgl. GF 78. Dazu heißt es: "Auch das Reich der Ewigen ist zerklüftet in tödlichen Kämpfen und voll von Schlachten und Untergängen, die nicht von astronomischen Weltumschwüngen und philosophischen Lehren ewiger Wiederkehr zu besänftigen sind".

2 GF 79.

3 Ebd.

lich-wissen, ein Beteiligtsein des göttlichen Grundes der Dinge an allem Weltverhängnis"[1].

Wie immer diese Mischung aussehen mag, so läßt sie einen transzendenten Bezug auf ein geglaubtes, erhofftes Heil erkennen. Dennoch kann dieser Bezug nicht mit dem Gedanken eines persönlichen Gottes durchformt werden, insofern er noch wenig reflektiert in der Wirklichkeit wirkt. Um die Ganzheit des menschlichen Fragments verständlich zu machen, bedarf es mehr als des Vorstellungsbildes des Mythos und der Philosophie, die nur eine fragmentarische, vorläufige Antwort auf die Frage nach dem Ganz-Sein des Menschen geben können[2]. Die "ganze Antwort"[3] ist von "einer ganz anderen Qualität"[4], die nach von Balthasar nur auf dem Weg der Offenbarung erreicht werden kann.

3. Das echt Unterscheidende des Christlichen

Gewiß: der Gedanke und die Auslegung Gottes als des Einheitsgrundes im Gegensatz zu der Vielheit der innerweltlichen Wesen sind im Christenrum genauso gut bekannt wie die Interpretation des Kreuzestodes des Menschen Jesus von Nazareth als Mit-Offenbarung des Engagiertseins Gottes im Verhängnis seiner Schöpfung. Insofern kann von einer "Verwandtschaft" des Christentums mit den beiden Wegen gesprochen werden[5]. Das "echt Unterscheidende" des Christlichen[6] aber besteht nach von Balthasar in dem "unausdenkbaren Vorgang", der von keinem der beiden Wege angedeutet werden kann. Christus ist nicht ein Mitspieler der Tragödie, sondern jene bestimmte Person, in der Gott

---

1 GF 81.

2 Vgl. PnI 94 ff.

3 GF 82.

4 M. Albus, Die Wahrheit ist Liebe, a.a.O., S. 81.

5 GF 83.

6 Vgl. VC 172-194: Merkmale des Christlichen.

das Unausdenkbare wirkt. Für von Balthasar besteht das echte Unterscheidende darin, "daß das Heilsereignis, durch das der Mensch in die erlösende Beziehung zu Gott gelangt, sich innerhalb der Geschichte abspielt, daß Gott nicht ein Zeichen oder Wort auf den Menschen hin setzt oder spricht, sondern den Menschen in seiner seinshaften Fragwürdigkeit und Zerbrechlichkeit und Unvollendbarkeit als die Sprache benutzt, in der er das Wort der erlösenden Ganzheit ausdrückt. Daß Gott deshalb auch das zeithaft auseinanderstehende Dasein als die Lautschrift gebraucht, um das Zeichen einer überzeithaften Ewigkeit dem Menschen und der Welt einzuschreiben. Der Mensch Jesus, dessen Existenz dieses Zeichen und Wort Gottes an die Welt ist, muß deshalb gleichzeitig die zeitlich-tragische Diastasis und ihre Überwindung kraft erwählenden Anhängens an den Wahlwillen des Ewigen Vaters darleben, um so unfaßlicherweise im wesenhaft unschließbar Fragmentarischen das wesenhaft unzerbrechlich Ganzheitliche wirklichzusetzen"[1] (sic). Das Wesentliche zu diesem Punkt wurde bereits im zweiten Teil dieser Arbeit dargelegt. Es mag daher genügen, für unser Thema festzuhalten, daß mit Christus nicht eine Über-Philosophie oder Über-Religion in die Welt eingestiftet ist, sondern daß eine reine Gnadentat Gottes die Menschen erreicht. "Wenn nun aber so ist, daß der Mensch von Natur her zwar auf den Weg gesetzt ist, sich die Welt untertan zu machen und die zu humanisieren, aber ebenso alles Naturhafte einem aus eigenen Kräften unerreichbaren Ziel entgegen zu überschreiten, dann wird es der Christ sein, und er allein, der aus der Kenntnis des Einsatzes Gottes für die Welt in Christus die sowohl innerweltliche wie immer schon welt-transzendierende Anstrengung des Menschen in die rechte Richtung lenken kann"[2]. Das heißt aber nicht, daß der Christ als ein Visionär die Gott allein vorbehal-

---

1 GF 84.

2 GEL 76.

tene Synthese von Natur und Übernatur anbieten und so praktisch die eschatologische Zukunft voraussagen kann. Im Glauben weiß er aber, daß im Christusereignis die adäquate Antwort auf die Daseinsfrage gegeben ist. Christus hat die traurige Mauer der Sünde gesprengt und das Feuer der Liebe auf die Erde geworfen. In dieser Liebe verändert sich wesentlich der Ort des Menschen bei Gott und damit auch in der Welt. Diese selbst braucht nicht, um sich zu Gott hin zu wenden, aufgehoben zu werden, sie muß vielmehr in ihrer ursprünglichen Güte und Positvität bestätigt werden. Das ist in Christus als dem "lebendigen und persönlichen, freien Austausch"[1] zwischen Gott und Welt geschehen. Christus ist die Integration, die "Sammlung"[2], in der sichtbar wird, daß die endliche Freiheit nicht von der unendlichen Freiheit in Frage gestellt, sondern erhoben wird und daß sie in dieser Erhebung wirklich sein kann: "Endliches soll durch unendliche Freiheit sein, damit es die Freiheit zur unendlichen Freiheit hin habe"[3]. Hier gilt es zu beachten, daß die Kirche in der Nachfolge Christi dazu berufen ist, die konkrete Gestaltung dieser "zwischen-Gott-menschlichen" Freiheit in der Welt zu fördern. Bei diesem konkreten Bezug wird es auch darum gehen, die Unableitbarkeit des Reiches Gottes sichtbar werden zu lassen, indem der christliche Glaube gegenüber den innerweltlichen Entwürfen kritisch verantwortet wird.

---

1 PnI 417.

2 Vgl. GF 243-354: Sammlung im Wort. Vgl. Einfaltungen 105-127: Die Einheit unseres Lebens. Hierzu heißt es in dem Kommentar von M. Messier: "Si donc l'homme peut être mené à son achèvement, ce ne peut être que par un Autre et dans le clair-obscur de la foi, de l'espérance et de la charité qui cheminent vers un but encore invisible, c'est-à-dire ce ne peut être que dans l'abandon entier et fidèle à Celui qui est le chemin et le but, le fragment et la totalité", vgl. Théologie de l'histoire. Hans Urs von Balthasar, in: Mélanges de Sciences Religieuses 30 (1973) 145-152, hier 145. Vgl. GF 63-71; PnI 410-416.

3 PnI 418. Vgl. GF 107-114: Der Mensch in Freiheit und Erbschuld.

C. Zur Präsenz der Kirche in der Gesellschaft[1]

1. Kirche als in actu sich ereignende Gemeinschaft

Angesichts der Solidarität der Menschen in Not und Heilshoffnung, ihrer Suche nach Verwirklichung ist nicht nur die kirchliche Praxis, sondern auch die Theologie herausgefordert, die die Beziehung zwischen Wort und Existenz zu vermitteln sucht. Von Balthasar erinnert hier daran, daß es in der "biblischen Grundsubstanz nie um das einsame Ich, sondern um das Wir von Volk, Gemeinde, Kirche, nie um das Aufsichtbeziehen des Wortes, sondern immer um das Sich-auf-das-Wort-Beziehen geht"[2]. Außerdem gilt es für die Gottesoffenbarung, daß sie nicht "in erster Linie eine Lehre, sondern ein Tatereignis ist", das deshalb auch nicht zuerst mit einem Wissen, sondern mit "einem Leben im Heiligen Geist beantwortet sein will"[3]. Daraus ergibt sich ein Selbstverständnis von glaubender Gemeinschaft. Wer das Christentum glaubend empfängt, ist dazu aufgefordert, es in verantwortlicher Weise, d.h. unter der Inspiration des Heiligen Geistes in konkreten Dienst an der Kirche und an der Welt umzusetzen. "Weil das durch die Gaben des Heiligen Geistes lebendig und persönlich werdende innere Glaubensleben der Seele nicht die Kontemplation einer starren, abstrakten Wahrheit, sondern der Umgang mit der fleischgewordenen persönlichen Wahrheit Gottes in Christus ist, ein Lebensaustausch nicht nur im Gebiet der seinshaften Gnade, sondern auch der geisthaften

---

1 Im folgenden geht es nicht darum, kirchliche Verhaltensweisen im einzelnen zu definieren, sondern die theologische Basis eines solchen Verhaltens, so wie sie vom Glauben her bestimmt wird, darzulegen.

2 Einfaltungen 36.

3 Ebd., S. 37.

Akte, ein Geführtwerden durch den Geist bis in die innerlichsten und unmerklichsten Regungen und Anregungen hinein, ein Entgegennehmen göttlicher Wünsche, Befehle, Erleuchtungen persönlicher Art: darum wird dieses ganze geheimnisvolle Leben sich der eindeutigen Einreihung in die Kategorien des 'Mystischen' einerseits, des "Prophetischen' andererseits immer entziehen"[1]. Diesen "Entzug" begründet von Balthasar mit dem Hinweis darauf, daß ein immer persönlicher werdendes christliches Innenleben mit Gott auch ein Mehr an Deutlichkeit und personaler Hingabe im Hinblick auf die "Aufträge" und "Verwendungen" in der Kirche nach sich zieht. Damit ist auch ein sozialer, d.h. charismatischer Aspekt im weitesten Sinne verbunden[2]. Dieser Zusammenhang ergibt sich nach von Balthasar "zwingend" aus der Theologie der kirchlichen Existenz, wie sie im 1 Kor 12-14 vorliegt[3]. Es gibt zu der Konvergenz, von der hier die Rede ist, einen bedeutenden Text von Balthasars, der, wenn auch einer anderen Fragestellung zugeordnet, doch gut geeignet ist, den Gedanken weiter zu erhellen, der zuletzt angedeutet wurde.

2. Von der politischen Dimension des Glaubens und der Gnade

Die gegenseitige Durchdringung von personaler und sozialer Gnade in der kirchlich-christlichen Existenz ist bezeichnenderweise das, was von Balthasar unter "politischer Theologie" versteht, welche im Christusgeheimnis selbst begründet ist. Dazu heißt es in dem bereits angekündigten Text:

---

1 Kommentar 291.

2 Dieser Unterschied zwischen Charismatik im engeren Sinne und Charismatik im weiteren Sinne soll darauf aufmerksam machen, daß nicht jeder lebendige Christ hat Anspruch auf außerordentliche Gnaden von Visionen und dergleichen.

3 Vgl. Kommentar 292.

"Das Leiden (Jesu) war, obschon es der Zielpunkt seiner ganzen Existenz war, doch gleichzeitig der krönende Abschluß einer Anstrengung, die Polis Gottes auf Erden zu verwirklichen; das Leben Jesu ist in diesem Sinn als ganzes politische Theologie. Einer Generation, die dafür ein Sensorium hat und die Diastase zwischen Theologie und Spirutualität, Kontemplation und Aktion, Kirche und Welt nicht mehr erträgt, sollten die Flügel nicht von vornherein gebrochen werden, wohl aber muß sie verstehen lernen, daß Christi Aktion ihn tiefer engagiert als sonst irgendwen, daß Gott ihn ernster beim Wort nimmt, daß die Passion als Tragen der Weltstünde und Abfahrt zur Hölle der Gottverlassenheit die göttliche Weise ist, das an ihm wahr zu machen, was er immer gewollt und gesucht hat; daß des Vaters Wille geschehe wie im Himmel so auf Erden. Wer nicht von vornherein auf diesen totalen Gehorsam an die Wege des Vaters mit dem Sohn eingestellt ist, sollte als Christ die Finger von der politischen Theologie lassen"[1].

Wer seine Existenz so ausstreckt, daß er gleichzeitig in das letzte Ja des Sohnes hineingenommen wird und in den menschlichen "Teig" eingetaucht ist, der läßt sich gleichsam in jene göttliche Tiefe hineinnehmen, die allem christlichen Verwirklichen seinen Sinn und seine Fruchtbarkeit verleiht. Was nicht auf diesem Fundament gebaut ist, bleibt in der Kirche und in ihrer Beziehung zur Welt wirkungslos. Alle "politische Spiritualität" muß also aus einem "kirchlichen Glauben an Jesus Christus und an die Implikationen dieses Glaubens: Trinität und Ekklesiologie mit all ihren Teilen, theologische Schöpfungslehre und Eschatologie" herauswachsen[2].

Doch worum geht es von Balthasar bei dieser politischen Spiritualität? Ihm geht es um jene Lebendigkeit des aktiven Christentums, das "nicht nur durch einzelne, auch

1 Einfaltungen 39-40. Auf eine wünschenswerte Auseinandersetzung mit den verwandten Grundpositionen von J.B. Metz als dem bedeutendsten Repräsentanten der politischen Theologie muß hier verzichtet werden, da sonst der vorgegebene Rahmen dieser Ausführungen gesprengt würde. Nirgends nimmt von Balthasar ausdrücklich Stellung zu der politischen Theologie. Denkanstöße zu einer Auseinandersetzung gibt ein vor kurzem veröffentlichter Artikel, in dem von Balthasar u.a. auch auf die Theologie der Hoffnung von J. Moltmann eingeht. Vgl. H.U. von Balthasar, Zu einer christlichen Theologie der Hoffnung, in: MthZ 32 (1981) 81-102.

2 Einfaltungen 40.

nicht nur durch Minderheit, sondern durch den Einsatz der Kirche im ganzen in der Gesamtwelt getragen wird[1]. Nicht als ob die Kirche sich mit den innerweltlichen Entwürfen einfach identifizieren könnte oder sollte. Wohl aber hat die Kirche die Aufgabe, nicht nur den personalen Aspekt der Gnaden (Bewegung vom Heiligen Geist her als göttlicher Instinkt), sondern auch, wie bereits erwähnt, den sozialen Aspekt ins Auge zu fassen. "Dieser wesentlich soziale Aspekt aller christlichen Mystik ist in der theologischen und spirituellen Tradition seit der montanistischen Krise weitgehend verlorengegangen und muß unbedingt wieder hervorgeholt werden"[2]. Eine solche "soziale" Mystik, die von Balthasar mit der Bezeichnung "politische Theologie" ausdrückt, versteht sich aber weder in "den Dimensionen der konstantinischen Ära" noch in deren Variante der Neuzeit, mit der "christliche Nationen" ihre eigenen Expansionen in der übrigen Welt als Kolonialgebiet getrieben haben. Von Balthasar geht es vielmehr um ein stärkeres Zusammenrücken von dem "Bereich Kirche" und dem "Bereich Welt", wobei "das Zentrum christlicher Existenz erblickt wird"[3], und zwar an dem Kreuzpunkt von Sein und einem auf die Mittel des Evangeliums gestelltes Sollen, das sich der Machtinstrumente und Regierungsmethoden der Welt nicht bedient, wohl aber wirksamer das Innerste der Menschen gewinnt und befreit.

---

1 Einfaltungen 38. Vgl. Kommentar 431-464: Aktion und Kontemplation, insbesondere 448 ff.: Das tätige Leben.

2 Kommentar 290.

3 Einfaltungen 39. Vgl. dazu den Kommentar von M.-Michel Labourdette, Espérance et histoire, in: RThom 72 (1972) 455-474. Hier heißt es u.a.: "L'espérance théologale est d'une autre essence que tous les espoirs humains collectifs.Mais de même qu'au niveau de la personne elle sait assumer l'espoir qui anime le projet humain d'une vie, de même assume-t-elle, tout en les dépassant, les grands espoirs collectifs des groupes humains, dès lors qu'ils portent sur des réalisations qui, sans être le Royaume de Dieu et sans pourvoir l'inaugurer, sont néanmoins les conditions appréciables de sa venue et donnent un sens à notre travail terrestre" (ebd. S. 473 f.). Vgl. auch den Aufsatz von K. Lehmann , Heiliger Geist,

Die Synthese von prsonalem und sozialem Aspekt des christlichen tätigen Lebens, für die von Balthasar plädiert, läßt sich dreifach festlegen. Einmal im Kern: die Wesensbestimmung der "politischen Spiritualität" ist Christus selbst (und sein Geheimnis). Die Erhebung und die Ausrichtung des menschlichen Geistes durch den Heiligen Geist, damit der Mensch fähig sei, das sich Offenbarende zu erfassen, gehören zum Werk Christi als dessen Fruchtbarkeit. Im Umfang: die christliche Vermittlung des von Christus für die Welt Bewirkten erfordert den Einsatz nicht nur von einzelnen Personen oder Gruppen von Personen, sondern von der gesamten Kirche in der Gesamtwelt. Im Zielpunkt steht schließlich, daß die durch Kreuz und Auferstehung erlöste Welt zu einer größeren, ihr übersteigenden Synthese unterwegs ist, die im einzigen Blick und Besitz Gottes liegt[1].

3. Zur Transparenz der Kirchengestalt

Soweit die Kirche es vermag, etwas von dieser Synthese zu vermitteln, die der eigentliche Inhalt der christlichen Hoffnung ist, erscheint sie immer mehr als die "Nachbildung" der Gestalt Christi durch den Heiligen Geist in der Menschheit. Sie kann keine von Christus abgelöste Eigengestalt besitzen, die nicht die vom Sohn her erwirkte "Antwortgestalt" auf die in ihm "erfolgte Gestaltwerdung Gottes in der Welt" ist[2]. Das Erwirken der Antwort ist am Kreuz geschehen und geschieht weiterhin in der Geschichte in den Sakramenten, vor allem aber in der Eucharistie,

---

Befreiung zum Menschsein - Teilhabe am göttlichen Leben. Tendenzen gegenwärtiger Gnadenlehre, in: W. Kasper (Hrsg.), Gegenwart des Geistes, a.a.O., S. 181-204. Der Verfasser hebt darin u.a. die Bedeutung der Gnade als konkrete Freiheit hervor.

1 GEL 77.

2 GF 97; vgl. H I 535ff.: Gestalt und Transparenz.

wie wir bereits sahen. Kirche-sein ereignet sich ursprunghaft in der Anamnesis des Quellereignisses des Kreuzes[1].

Die Durchsichtigkeit der Kirche auf diesen Ursprung hin begründet die Positivität des Christlichen sowie die bleibende Bindung des menschlichen Selbstverständnisses an den freien setzenden Akt Gottes. Damit wird die Kirche in den Dienst der Selbstauslegung Gottes und der Mitauslegung des Menschen genommen. "Auslegung" ist hier nicht nur eine formale Kategorie, sondern konkrete Erfahrung, denn "Gott ist ja zuletzt nie das dem Menschen schlechthin Äußere und ihm gegenüber Andere, sondern als der Schöpfer und Urgrund je auch das 'Nicht-Andere', so daß Gott, sich dem Menschen auslegend, mit innerer Notwendigkeit auch den Menschen für den Menschen mitauslegt"[2]. Was diese Dialektik der inneren Notwendigkeit für das konkrete Leben im Glauben bedeutet, faßt von Balthasar in der bleibenden Dialektik von Glauben und Erfahrung zusammen: "Es gibt grundsätzlich ein gleichzeitiges Wachsen und Integrieren von Glaube und Erfahrung, aber so, daß nicht nur der Glaube durch das Gelebtwerden erfahrungshaft, sondern auch die im christlichen Leben gemachte Erfahrung glaubenshaft wird"[3]. Aus diesen beiden Momenten ergibt sich die theo-logische und anthropologische Tragweite des christlichen Faktums. In der Glaubenserfahrung vollzieht sich eine "Selbstübersteigerung". Der Glaubende bleibt nicht bei sich stehen, sondern er blickt in die Ferne, auf die über alle Erfahrung hinausliegende Liebe des dreieinigen Gottes"[4], zu deren Schau im ewigen Leben er berufen ist[5].

---

1 GF 98.

2 Ebd., S. 99.

3 ARA 246 f.

4 Ebd., S. 249.

5 So definiert von Balthasar den Glauben als ein Angeld der Schau Gottes: inchoatio visionis, vgl. H I, 148-164.

Wenn Glaubenserfahrung aber Gott erfahren bedeutet, dann drängt sich die Frage auf, wie eine solche Erfahrung möglich wird. Denn der Mensch muß über eine Basis von Erfahrung verfügen, wenn er auf die höheren Stufen der Glaubenserfahrung steigen soll. Die Frage stellt nur eine Variante der allgemeinen Frage nach der Möglichkeit der Begegnung zwischen Gott und Mensch dar, mit der wir uns im ersten Teil befaßt haben. Gott begegnen und in ihm Vollendung finden setzt nicht nur formal die Möglichkeit der Begegnung und der Vollendung, sondern auch die Gegebenheit, ja die Grundbefindlichkeit des zu Vollendenden voraus. Hierzu haben wir bei der Seinsanalyse festgestellt, daß die Selbsterschließung der Seinstiefe als Licht und Wahrheit, Güte und Schönheit dem Menschen sowohl die Freiheit der Antwort auf das anrufende Wort als auch die Möglichkeit der Ablehnung aufgehen läßt. Auf die Glaubenserfahrung bezogen bedeutet dies, daß die dem Menschen gegebene Fähigkeit, alles Seiende im Licht des Seins zu erkennen und zu verstehen, grundsätzlich mit jenem "von gnadenhaften Momenten" durchwirkten Raum zusammenfällt[1], ohne daß dies im einzelnen wissenschaftlich feststellbar sei.

So sind die Glaubens- bzw. Gotteserfahrung und die Voraussetzung dafür im Menschen einander nicht völlig fremd, sie liegen beieinander, nicht aber so, daß sie lückenlos ineinandergehen können. Das Entscheidende bleibt jedenfalls, daß der erfahrene Gott sich selber offenbart und zu erfahren gibt: "Nicht des Menschen Liebe zu Gott hat sich ein Bild von Gott hingestellt, um ihn daran und dahindurch besser lieben zu können: das Bild stellt sich selber als ein menschlich unerfindbares vor, als eines, das nur als Erfindung der Liebe Gottes gelesen und verstanden und darin geglaubt werden kann"[2]. Auf dieses Ziel

---

1 Vgl. H I, 160 ff.

2 Ebd., S. 166.

hin gibt es nach christlicher Auffassung von Glaube keine "feststellbare"Entwicklung vom Menschlichen her. Grundlegend bleibt, daß Glauben Gnade ist, d.h. die Verfügung des Menschen auf Gott hin ist nur von dem "Ort" her richtig zu verstehen, wo der sinnforschende Geist die letzte Fähigkeit zur dynamischen Öffnung auf die Fülle des Seins erhält.

Ausgegangen waren wir von der Transparenz der Kirchengestalt[1], wobei die geisterfüllte "Nachbildung" als Eigengestalt der Kirche durch das Versetztwerden von erlösten Menschen an den Ort des Sohnes entsteht[2]. So wird die Kirche selbst zu jenem Ort, "wo die Gleichgestaltung der Menschen an Person und Ereignis Christi eingeleitet ist: wo Menschen sich diesem personalen Ereignis (in horchend-gehorchendem Glauben) hingeben, von ihm (sakramental) angestaltet werden und ihm durch ihre Existenz Wirksamkeit in der Welt zu verleihen suchen"[3].

Hier soll wieder einmal kurz an das erinnert werden, was in Bezug auf die institutionellen Momente an der Kirche gesagt wurde. Insofern dem Christen die "Abbild-Gestalt" von der Urgestalt Christus her mittels der Sakramente verliehen wird, ist Christus selber der Formgebende. Das heißt, an dem Menschen geht ein Formungsprozeß vor sich, "dessen Form Christus selber ist"[4]. Der Vorgang hat aber seine äußerliche und somit sinnlich-symbolische Seite (z.B. das Wasser der Taufe). Aber die enge Verbundenheit dieser äußerlichen Seite mit der inhaltlichen weist offenbar darauf hin, daß die Gestalt des Christen nicht als eine abgetrennte, in sich geschlossene zu betrachten ist. Sie ist vielmehr im Sinne von Balthasars das sich sakra-

---

1 Vgl. H I, 535-549: Gestalt und Transparenz.

2 Vgl. H III, 2/2, 416 ff.

3 Ebd., S. 417.

4 H I, 561.

mental vollziehende Ereignis Christi. Man könnte sagen, der alte lateinische Spruch, nach dem der Christ "alter Christus" sei, erhält hier mutatis mutandis seine Berechtigung.
Auf das Institutionelle bezogen schreibt von Balthasar: "An der Ereignishaftigkeit der sakramentalen Gestalt wird die vermittelnde Ereignishaftigkeit alles Institutionellen in der Kirche deutlich ersehbar"[1]. Damit ist das Grundgesetz alles Sakramental-Gestalthaften in der Kirche angesprochen. Jede sichtbare Gestaltgebung von seiten der Kirche ist und muß in ihrem "Wie" und "Inwieweit" von dem Ereignis bestimmt werden, "das darin vergegenwärtigt werden soll und selber die Urgestalt aller Offenbarung und somit auch Ursakrament ist"[2]. So gesehen kann der Kirche und ihrer institutionellen Seite keine andere Gestalt als die relative, auf die Hauptgestalt der Offenbarung hinweisende zukommen[3]. Dementsprechend ist auch die glaubendhoffende Liebe des Christen zugleich eine vertikal einfallende und sich horizontal ausbreitende Liebe.

1 H I 557.

2 Ebd., S. 553-561: Die sakramentale Gestalt; zit. 554. Die Kirche ist nicht Christus. Darum kann das Gestaltprinzip der Kirche vor der Welt keinen absoluten Wert bekommen und somit für sich allein verständlich sein, denn das "Institutionelle in der Kirche ist nicht absolut, es ist relativ auf die Liebe, und die Liebe der Kirche wiederum ist nicht absolut, als wäre sie je vollendet, sondern progressiv auf eine erst werdende eschatologische Gestalt" (ebd. 537).

3 Auf diese Hauptgestalt reflektierend fordert von Balthasar für die sakramentalen Handlungen eine Schlichtheit der sinnhaften Verdeutlichung, denn je verständlicher der Vorgang ist, desto lesbarer wird die Figur: "Alle theologische Gestalthaftigkeit und aller Glanz der Gnade in den Sakramenten stammt von Christus, vom dreieinigen Gott in ihm. Nur so sind die Sakramente religiös plausibel und bedürfen keiner Entmythisierung und Entmagisierung. Ihr theologisches Verständnis und ihr liturgischer Vollzug werden dann am sachgemäßesten sein, wenn sie die auf den Menschen zukommende Gebärde Christi am eindringlichsten und schlichtesten verdeutlichen". Vgl. H I, 561. Was hier unter Schlichtheit zu verstehen ist, liegt für von Balthasar in der Mitte zwischen "paraliturgischem Schnörkel" und "hyperliturgischer Verkrampfung" (ebd. 553).

V. ZUR GESCHICHTSTHEOLOGISCHEN RELEVANZ DER PNEUMATOLOGIE

Einführung

Wie man auch immer zu dem Sachverhalt der göttlichen Offenbarung - und somit zur Kirche, die "ein Medium der Offenbarungsgestalt Gottes in Christus sein kann und sein will"[1] - stehen mag, es bleibt dabei, daß die Reflexion auf den Heiligen Geist, in dem das Offenbarungswort die Menschen erreicht, immer wieder auf das im Zentrum des Christlichen stehende Paradox zurückzukommen hat. Der Geist Gottes ist, wie schon vielfach hervorgehoben, ein Transzendenter Geist. Er ist aber zugleich geschichtsverbunden, ob in der Kirchengeschichte oder der Weltgeschichte im ganzen. Es ist derselbe Geist, der einerseits die Kirche und die Glaubenden inspiriert und ihnen Wachstum im Glauben schenkt und andererseits die Noch-nicht-Glaubenden zum Glauben öffnet. Wenn man die Kirche in ihrer Grundbedeutung als die Menschheit, die zu ihrer Vollgestalt unterwegs ist, betrachtet, dann drängt sich die Frage auf, wie der Heilige Geist sich zu der Geschichte dieser Kirche verhält. In ihrer Bemühung, eine Antwort auf diese Frage zu geben, wird die christliche Theologie versuchen müssen, wie wir es gelegentlich andeuteten, auch bestimmten Ereignissen Rechnung zu tragen, in denen Gott zu den Menschen gesprochen hat und spricht, so daß der unverwechselbar christliche Glaube seine Entstehung und seinen immer tieferen Vollzug in der Geschichte auch diesen Ereignissen zu verdanken hat.

Das heißt aber, das Bewußtsein für die Tatsache zu erwecken, daß der Geist Gottes und Jesu Christi, der diesen Glaubensvollzug ermöglicht, nicht an äußeren Strukturen der Kirche als notwendige Vermittlungsinstanzen gebunden

1 H I, 535.

ist[1]. Gottes Ja gilt allen Menschen. So ist auch der Geist Gottes frei in seinen Initiativen und in der Wahl der Wege für sein Heilshandeln. Er ruft in jeder Epoche und in jedem Ort Propheten, die sein Wirken vor der Welt bezeugen. Worauf läuft aber dieses Wirken? In der innertrinitarischen Bestimmung des Heiligen Geistes haben wir den Aspekt der Einheit und der Liebe hervorgehoben: der Heilige Geist als Enheitsband und als Liebe. Als ein solcher wirkt er auch in der Geschichte. Für die Kirche ist der Geist der Agens der "communio". Die Gaben, die er schenkt, sind darauf ausgerichtet, Gemeinschaft unter den Menschen zu bilden. Im Geist und nach dem Willen des Geistes handeln bedeutet, sich für die Einheit und die universale Versöhnung der Menschen einzusetzen. Die Bedeutung dieser Einsichten für die Aktion der Kirche sowohl dort, wo sie auf jahrhundertelange Tradition zurückblicken kann, als auch dort, wo sie sich erst noch konstituieren soll, braucht nicht eigens betont zu werden. Dasselbe gilt auch für die ökumenischen Bestrebungen.

Ist man sich der Tatsache bewußt, daß der missionarischen Arbeit der Kirche das Wirken des Geistes schon lange vorausgeht, dann wird man sowohl in den "alten" wie in den "jungen" Kirchen der Gefahr des Automatismus (z.B. Allenwirksamkeit der Strukturen) und des Egozentrismus (bzw. der Verkrampfung und konsequenten Engstirnigkeit) zu entgehen wissen. Die Kirche könnte sich dann als die Manifestation des ihr verliehenen Geistes besser präsentieren und größere Glaubwürdigkeit bekommen. Dafür muß die Kirche und ihre Theologie nicht nur auf den Geist

---

1 Freiheit des Geistes gegenüber den sichtbaren Grenzen der Kirche soll aber nicht in dem Sinne verstanden werden, als seien Geist und Kirche nur äußerlich miteinander verbunden. Dieser Punkt wurde bereits präzisiert und braucht nicht wiederholt zu werden. Vgl. die tiefsinnige Erhellung dieser Einsichten bei Y. Congar, Le Saint-Esprit et le corps apostolique, réalisateurs de l'oeuvre du Christ", in: Esquisses du mystère de l'Eglise, Paris 1953, S. 129-179.

horchen, um es in einer scheinbaren Antithese auszudrücken, der ihre Aktion begleitet, sondern auch auf den Geist, der lange und ungeahnte Vorbereitungen für ihre Aktion trifft.

Die folgenden Ausführungen, die der geschichtstheologischen Relevanz der Pneumatologie gewidmet sind, gehen davon aus, daß der eigentliche Ort der Beschreibung des Heilshandelns Gottes die besondere Offenbarungs- bzw. Heilsgeschichte ist, die uns im Zeugnis der Bibel begegnet. Es ist, um es mit A.M. Aagard zu sagen, "eine echte Geschichte, in der die Wahrheit als Geschichte sich ereignet, so daß die Wahrheit über die Wirklichkeit Gottes, der Menschen und der Welt in der Geschichte auf dem Spiel steht, christologisch korrigiert werden kann und endgültig am Ende der Geschichte im eschatologischen Reich Gottes verifiziert werden kann"[1]. Die "Geschichte Gottes" in Jesus Christus erzählend denkt der christliche Glaube trinitarisch, im Bewußtsein, daß diese Geschichte weitergeht, und zwar durch die Menschen, die im Geist Gottes wandeln und handeln.

Ist der Heilige Geist Gottes nicht nur der ontologische, sondern auch der ontische Grund von Geschichte, dann muß die Rahmenbestimmung für eine geschichtstheologische Betrachtung sich an der wirklichkeitsverändernden Gegenwart des Geistes orientieren. Dementsprechend geht im folgenden eine Erörterung der Balthasarschen Interpretation des Zusammenhangs von biblischer Protologie und Eschatologie voran, wobei die universale Dimension des alttestamentlichen Noebundes als proleptische Bestimmung von weiteren Momenten in der Geschichte Gottes mit der Menschheit zur Sprache gebracht wird. Daran schließt sich die Reflexion auf die theologische Frage nach dem Sinn der Kirchenge-

---

1 A.M. Aagard, Gottes Geist und Geschichte. Impulse aus der Theologie des Heiligen Geistes, in: LuMon 14(1975) 22-24, hier 23.

schichte, deren besonderer Charakter die Menschheitsgeschichte post Christum theologisch bestimmen und sich ihr einprägen soll. Ein weiterer Punkt referiert über das "Heimholungs"-prinzip, das von Balthasar als den Hauptgedanken der ersten geschichtstheologischen Ansätze herausstellt. Alles, was sich in der Mythologie, Dichtung und Philosophie niederschlägt, ist nach dieser Auffassung dem wahren Logos (in Jesus Christus erschienen) zugehörig und nur von ihm her verständlich zu machen. Mit dieser Einsicht verbindet sich für von Balthasar die Frage nach dem Verhältnis von Geschichtsphilosophie und -theologie heute, in dessen Rahmen die Verhältnisbestimmung über die Beziehung von Christentum und Weltgeschichte bedacht wird.

A. Weltgeschichtsbild im Licht der biblischen Protologie und Eschatologie[1]

1. Licht aus der Protologie

Eine erste geschichtstheologische Reflexion in der Bibel ist die der Priesterliteratur, die einen späten Versuch unternommen hat, die Geschichte vor der Berufung Abrahams bis zu Adam zurückzuverfolgen, in der Absicht, die Erwählung Israels hervorzuheben. H.U. von Balthasar unterstreicht die doppelte Charakteristik Israels im Sinne dieser Denkarbeit wie folgt: Israel "tritt aus dem Zustand der Völkerwelt hervor einerseits wie das Besondere aus dem Allgemeinen, andererseits wie das Seiende aus dem Nichtseienden"[2]. Was ist aber das Allgemeine und das Nichtseiende?

Das Allgemeine wird im "Verstoßensein" aus dem Paradies und in der daraus folgenden "Gottvergessenheit" bzw. Ferne von Gott gesehen. Diese Entfernung hat von Adam und Eva an eine immer tiefere und breitere Dimension angenommen. Die Masse der Sünder nahm zu. Dennoch von völliger Abwesenheit im Ganzen von Gottesfurcht kann nicht die Rede sein. Heilsverheißung und Heilsvorsehung lebte weiter und gewann an Umriß dort, wo aus der Masse einzelne "Lichtgestalten"[3] hervortraten, die sogenannten "Heiligen der Vorzeit"[4]. Die prominenteste unter ihnen ist die Gestalt

1 Es muß vorweg gesagt werden, daß von Balthasar sich hier nicht auf die ganze Bibel (AT und NT) bezieht, sondern nur auf das AT, insbesondere auf die Priesterliteratur (was die Protologie anbelangt) und auf die späten prophetischen und apokalyptischen Aussagen bezüglich der Eschatologie. Die gelegentliche Bezugnahme auf das Neue Testament dient hier vorerst nur dem Zweck der Hervorhebung von parallelen Auffassungen.

2 GF 179.

3 Ebd., S. 180.

4 Diese Auffassung teilt von Balthasar mit J. Daniélou, Les saints païens de l'Ancien Testament, Paris 1955.

Noe. Der Bund mit ihm stellt die Vor-form des Abrahamsbundes dar, mit dem er in Konkurrenz zu stehen scheint: "Denn in Noe (der weder Heide noch Jude ist, der Gegensatz existiert noch nicht) wird ein Gottesbund mit der gesamten Menschheit und Kreatur geschlossen, der sich zum Abrahamsbund wie das umgreifende Allgemeine zum Besonderen verhält, das selber auf Grund des Noebundes eine notwendige dynamische Öffnung zum Allgemeinen hin wird haben müssen"[1]. Daß die Segnung aller Völker nicht erst in Abraham, sondern schon in Noe und noch früher seit der Heilsverheißung an Adam geschehen ist, darin liegt nach von Balthasar ein Moment, das später von den jüdischen Priesterkreisen in die biblische Geschichtstheologie eingeführt wird[2].

1 GF 180; vgl. TG 48 f. Hier heißt es u.a. dazu: "Mit der Andeutung über Paradies und Sündenfall ist aber schon der Schritt über die Heilsgeschichte im engeren Sinn - von Abrahams Berufung bis auf Christus - in die Weltgeschichte überhaupt getan: zurück über Noe bis auf Adam, zurück aus dem Raum der postlapsarischen Geschichte in ihren paradiesischen Quellpunkt und hinaus aus der Verheißungsgeschichte des jüdischen Volkes in die Breite menschlicher und weltlicher Geschichte. Wenn die Heilsgeschichte im engeren Sinn zunächst die klaren feststellbaren Verheißungsbilder liefert, auf die die Erfüllung Christi sich bewußt und nachweisbar bezieht - er ist der wahre Sohn Abrahams und Davids, der Löwe Judas, der wahre Isaak und Salomon usw. - so ist diese Geschichte sowohl historisch wie im prophetischen Sinn unlöslich verquickt mit dem Schicksal der Heiden, Israel steht mit Ägypt und Assur, ja mit Sodoma (Ez 16, 55 f.) in einer eschatologischen Heilsgemeinschaft; der Heide Job ist vielleicht der tiefste und direkteste Prophetie des Kreuzes". Vgl. MP 278: "Indem Gott der Vater in seinem Wort einen Bund mit Israel (und schon im Neobund mit der Menschheit) schloß, verheißend in Abraham, gesetzgebend am Sinai, auf eine endgültige Bundesform hin richtend und ausrichtend in den Propheten, ging es in all dieser Geschichte um ein Sein Gottes für uns und mit uns". Auf diese Weise spannt von Balthasar mit großer Deutlichkeit und wunderbarer Bündigkeit einen großen Bogen von der biblischen Urgeschichte über ihre Überhöhung in Jesus Christus bis in die Kirchenzeit hinein, wobei die Kontinuität des biblischen Glaubens und die Treue Gottes über alle Untreue des Menschen hinaus klar erkennbar sind. Doch mehr darüber später unter § B.

2 H.U. von Balthasar sieht darin eine Spannung, deren Ausgleich auch

In dieser Hinsicht erscheint Noe als "Angelpunkt für eine typologische Soteriologie mit Bezug auf den Gesamtkosmos"[1]. Infolgedessen steht biblisch im Hintergrund eines durch Abraham kommenden Heils für alle Völker ein durch Noe besiegeltes Heil für den ganzen Kosmos. Von Balthasar hebt die doppelte Perspektive, die sich im Hinblick auf die Heilskonzeption daraus ergibt, hervor. Es ist einmal die Auffassung, daß - von Abraham aus betrachtet - es bei den "Heiden" nur "Nicht-Heil" gibt, insofern sie nicht zur Nachkommenschaft Abrahams zählen und auch nicht nach der Intention des Abrahamsbundes leben. Zum anderen aber, d.h. von Noe aus gesehen ist eine Öffnung zu den anderen Völkern vorhanden, die darin besteht, daß bei diesen Völkern ein "latentes Heil" sich an einzelnen Punkten anzeigt[2]. So wird zum Beispiel die "Weisheit der Ägypter" und der umliegenden Völker nicht einfach abgelehnt, sondern ihr Stoff wird sogar redaktionell verwendet.

Doch abgesehen von diesen volks- und kulturgeschichtlichen Zusammenhängen und der konsequenten Wechselbeziehung bleibt der Raum außerhalb Israels im Alten Testament - ähnliches gilt auch für den Raum außerhalb der Kirche im Neuen Testament - durch ein "Nicht" gekennzeichnet. Es erscheint allerdings nicht als ein absolutes "Nicht", sondern im Hinblick auf das eschatologische Heil als ein vorläufiges, das letztlich dem Machtanspruch Jahwes über alle Völker unterlegen sein wird. Dabei erinnert von Bal-

---

im Neuen Testament nicht vollendet ist, insofern einerseits die Abrahamtradition als das beherrschende Motiv bei den Synoptikern, Johannes und Paulus und andererseits das Noegeschehen als Typus der heilsgeschichtlichen Erwählung (vgl. Mt 24, 37 f,; 1 Petr 3, 20 f.; 2 Petr 2,5 sowie Hebr 11,7) nebeneinander stehen.

1 GF 180.

2 Ebd., S. 181.

thasar an den Gedanken der "eschatologischen Huldigung" der Völker vor dem messianischen Jerusalem und zieht eine Parallele zur geschichtstheologischen Sicht des Neuen Testaments: "Auch im Neuen Testament kann ein anderer geschichtstheologischer Sinn der Völker als das Näherrücken der bisher Entfernten, das Teilbekommen an der Verheißung und an ihrer Erfüllung in der Fülle Christi nicht einmal vermutet werden"[1]. Wir kommen später unter § B auf diesen Punkt zurück. Wenden wir uns zunächst kurz der alttestamentlichen Eschatologie zu.

2. Weltgeschichtsbild in der prophetischen und apokalyptischen Eschatologie

Hier verweist von Balthasar besonders auf die "Deutekraft" Daniels, dessen apokalyptischer Ansatz in der Auslegung von Ereignissen eine vorbildliche Geltung bekommt. So werden die Schicksale der Völker auf eine höhere Stufe gesetzt. Daraus folgt nach von Balthasar, daß die Weltgeschichte im ganzen zu einem theologischen Ereignis wird: "Die gesamte Zeit ist auf die Endzeit hin aufgewühlt, der gesamte Raum zwischen Erde und Himmel in die dorthin zielenden Entscheidungen einbezogen"[2]. Die Weltgeschichte, die hier noch nicht im modernen Sinn von Universalgeschichte verstanden wird, sondern sich auf die damalige Welt beschränkt, wird grundsätzlich theologisch interpretiert. Sie trägt daher einen Doppelzug: einen innergeschichtlichen und einen endgeschichtlichen. Das ist nach von Balthasar besonders an der Vision des "Menschensohnes" erkennbar. Er wird in der Geschichte der Menschen als Mensch

---

1 GF 182.

2 Ebd., S. 183.

erscheinen, gleichzeitig aber handelt es sich um ein endgeschichtliches Ereignis. Die Person Christi wird diese Spannung nicht auflösen, sondern eher bestätigen. Horizontalität und Vertikalität ordnen die unaufhebbare besondere Geschichte Israels in ein "Gesamt-Heilsgeschehen" ein[1] und erwecken das Bewußtsein für die heilsgeschichtliche Relevanz der Welthistorie. Hier wird das Pendant zu dem "protologischen Universalismus" der Priestertheologie hergestellt[2]. Demgemäß versteht von Balthasar das "gesamtgeschichtliche Gotteswalten", das hier sichtbar wird[3], als ein auf das Endheil hin laufendes Ereignis, das seine Mitte in Israel hat, aber die Welt im ganzen betrifft.

Damit tritt etwas Bedeutendes in Bezug auf die Thematik, die uns hier beschäftigt, ans Licht. Offenbarungsgeschichte, wie sie uns in diesem kurzen Überblick begegnet ist, gibt es christlich gesehen auf Christus hin, mit dessen Tod und Auferstehung das Ende grundsätzlich erreicht ist. Alles noch Folgende kann nur die Kundtat dieses Endes und sein Sichdurchsetzen in der geschichtlichen Zeit sein. So muß die Frage geklärt werden, wie diese Durchsetzung geschieht. Christus hat mit seinem Leben, Tod und Auferweckung den Prozeß ihrer Verwirklichung eingeleitet. Ihre gegenwärtige Wirklichkeit und künftige Verwirklichung hängt von der Einwohnung des Heiligen Geistes als des Prinzips der christlichen Annahme der Botschaft Christi ab. Den soteriologischen und ekklesiologischen Aspekten dieser Auswirkung im Geschichtsverlauf gilt es nun nachzugehen.

---

1 GF 184.

2 Ebd.

3 Ebd.

B. Die theologische Frage nach dem Sinn der Kirchengeschichte

1. Form und Gehalt der Kirchenzeit

Das Offenbarungswort Gottes hat die volle Durchschlagskraft in sich, aber das Empfangen- und Fruchtbarwerden in der Welt ist Werk des Heiligen Geistes[1]. Betrachtet man die Kirche, wie wir sahen, als das Subjekt des Offenbarungsempfangs[2], so hängt die Kirchenwerdung mit der Ausgiessung des Heiligen Geistes zusammen, ebenso wie die "quasi-personale Einheit" der Kirche[3], ihre Subjekthaftigkeit also, die nicht außerhalb und neben den die Kirche bildenden einzelnen Personen existiert, nur aus dem sich schöpferisch in das geschöpfliche Gegenüber ergießenden Heiligen Geist zu erklären ist. Die personale Einheit der Kirche ist die den einzelnen Kirchengliedern aus ihrer "Geisthaftigkeit" erwachsene Einheit.

Wenn aber "der Erguß des Heiligen Geistes und das Lebendigwerden der Kirche" eng verbunden sind[4], so müßte man auch annehmen, daß bei der Betrachtung der Kirche als Gesamtsubjekt nicht alles an ihr "mit den 'punktuellen' Bestimmungen Einzelner in den Augenblicken ihres Angesprochenseins durch Gottes Wort und ihres Antwortens darauf zusammenfallen kann"[5]. Insofern begreift von Balthasar

---

1 Vgl. WS 82 ff.

2 Siehe oben "Die Aporie der Gesamtsubjektivität der Kirche". Vgl. H III, 2/2, 162 ff.

3 Vgl. H I, 337.

4 GF 139.

5 H III, 2/2, 162. So läßt von Balthasar zum Beispiel für die Zeit der Kirche (über alle Koinzidenz mit der Zeit der einzelnen Christen hinaus) gelten: "Wenn das Wort aus innerster Logik kategorisch eine Antwort erfordert (Is 55, 10 f.), ja um ihretwillen ergeht, so will auch die Zeit Jesu sich der Kirche so einprägen, daß sich durch Gnade und doch in freier Antwort eine Kirchenzeit ergibt" (ebd. 162-174: Die Zeit der Kirche).

den Geisterguß als das "Angekommensein" des Sohnes beim Vater und die "charismatische Erfüllung des Apostelkollegs mit dem Geist" am Pfingsttag beinah als eine "demonstratio ad extra"[1].

Beiden christlichen Wirklichkeiten schreibt von Balthasar einen besonderen Charakter zu: "Sie sind geschichtsimmanente Faktoren, deren Wesen und Kern geschichtstranszendent bleibt"[2]. Nun was heißt das? Das soll uns von Balthasar noch einmal mit eigenen Worten sagen: es gilt, "Kirche und Geist als zwei-einige Wesen zu sehen, wie der erhöhte Christus, der für sich das geschichtliche Eschaton erreicht und dessen Grenze überschritten hat, sich seiner Verheißung gemäß mitten in der zeitlichen Geschichte gegenwärtigt" (sic)[3]. Insofern diese "Gegenwärtigsetzung" innerhalb der Geschichte in der Freiheit des Geistes geschieht, ist sie Geschichte und doch mehr als Geschichte. Sie ist "Gegenwart erfüllter Ewigkeit in der Zeit"[4], das heißt , die Auslegung und Einsenkung der Wirklichkeit Jesu in die Geschichte und in die Herzen der Menschen; eine Wirklichkeit, die für die Welt und die Christen ebenso "historisch-vergangen wie aktual-gegenwärtig wie eschatologisch-prophetisch" ist[5]. Die Auslegung der Wahrheit Christi erfolgt für die Kirche, aber sie geschieht gerade mit der Kirche in der Welt und für die Welt, die der Geist überführen soll in bezug auf Sünde, Gerechtigkeit und Gericht"[6]. Im Geist wird die frühere Konfrontierung von Christus und Welt in ihrer Allgeschichtlichkeit innergeschichtlich expliziert. Er bringt so ans Licht, was Sünde eigentlich ist, und zwar auch an der Kirche selbst,

---

1 GF 139.

2 Ebd.

3 Ebd., S. 140.

4 Ebd.

5 Ebd.

6 Joh 16,8 ff.

und so geht es einstweilen noch nicht um die Weltgeschichte als solche, sondern um die Kirchengeschichte. Hier erklärt von Balthasar das, was er unter Geschichtlichkeit der Kirche versteht. Geschichtlichkeit der Kirche, sagt von Balthasar, ist nicht vor allem an dem festzumachen, was die Kirche mit allen geschichtlichen Größen gemeinsam hat (institutionelle Strukturen und dergleichen, die gewissen Veränderungen und Entwicklung unterliegen), nicht die Tatsache, daß es eine Geschichte der Liturgie, eine Dogmengeschichte, eine Papst- und Konzliengeschichte usw. gibt, ist für die Geschichtlichkeit der Kirche entscheidend. Zur Geschichtlichkeit der Kirche gehört auch - wie paradox dies zunächst auch scheinen mag - die Gegenwart Christi und seines Heiligen Geistes, die die Grundlage jener übergeschichtlichen Beständigkeit, in der die Kirche die eine, allgemeine, apostolische und heilige Kirche ist[1].

Diese Grundverfaßtheit der Kirche ist nicht primär "geschichtlich", sie ist es nach den Worten von Balthasars "nur sekundär und akzidentell"[2]. Angesichts dieser Verfaßtheit ist die Kirchenstruktur als solche in ihrer Erscheinungshaftigkeit, Sakramente und Hierarchie, nur Mittel zum Aufbau der Kirche. Das wirklich Kirchengeschichtliche in und an der Kirche ist der Heilige Geist und sein Wirken: "Der Geist, welcher Glaube, Hoffnung und Liebe wirkt, erweist so in den Christen die lebendige Gegenwart des dreieinigen Gottes, und die Geschichte von Glaube, Hoffnung und Liebe in der Welt ist die echte und eigentliche Kirchengeschichte"[3].

---

1 Vgl. GF 141 ff.

2 Ebd., S. 143.

3 Ebd. Eine solche Geschichte läßt sich nach von Balthasar nicht schreiben, weil sie dann nur zur Hälfte geschrieben wird, sie tritt nur halb in die äußere geschichtliche Dimension heraus, die andere Hälfte bleibt in der "Inwendigkeit des Gottesreiches in den Seelen verhüllt" (ebd.). Um Mißverständnissen vorzubeugen, sagen wir noch einmal, daß die objektive Geschichtlichkeit der Kirche in ihrer Sichtbarkeit nicht negiert oder extrem relativiert wird; ebenso-

Was folgt daraus für die Kirchenzeit? Diese ist als Ära des Heiligen Geistes gemäß dem bisher Gesagten keine Zeit, die sich in Bezug auf die Offenbarung durch eine "Werdedimension" charakterisieren läßt, wenn man damit einen ähnlichen Ablauf wie im Alten Bund oder im Leben Jesu vor Tod und Auferstehung meint. Hier war noch echte Entwicklung und Ausfaltung im Gange. In der Kirchenzeit hingegen geht es darum, daß die "unüberbietbar gewordene Fülle der Offenbarung sich durchsetzt und ausdrückt"[1]. Infolgedessen scheinen die Fehldeutungen in der Suche nach einer Antwort auf die Frage nach dem theologischen Sinn der Kirchenzeit in der Sache selbst zu liegen. Die Transzendenz des Geistes, der die Kirchengeschichte erwirkt, ist so sehr die Ordnung göttlicher Freiheit und Unendlichkeit, daß die weltlichen und menschlichen Kategorien sie nicht erfassen können. Trotzdem muß die Frage gestellt und eine Antwort darauf gesucht werden. In Bezug auf letztere vertritt von Balthasar dieAnsicht, daß sie eng mit dem Glaubenbsverständnis der kirchlichen Menschen zusammenhängt. Wer sich darum bemüht, nicht nur eine "phänomenale", sondern "noumenale" theologische Geschichte der Kirchenzeit zu schreiben, wird sich nur an diese Sache annähern können, wenn er bereit ist, die Versuchung zu Fehldeutungen widerstrebend die Synthese zwischen Struktur und lebendigem Geist mitzuvollziehen. Das heißt, Kirchengeschichte kann bei allen erwähnten Vorbehalten nur von einem Glaubenden geschrieben werden. Denn

---

wenig versucht von Balthasar die Sündhaftigkeit der Kirchengeschichte zu verschönen. Ihm geht es vor allem darum, auch die andere Dimension der Kirchengeschichte und -zeit, die so oft vergessen wird oder zumindest nicht die angemessene Beachtung findet, zur Geltung zu bringen. Es geht also um die Betonung der inneren Überhöhung und um die Verinhaltlichung der Form der Kirchenzeit und -geschichte durch den Heiligen Geist.

1 GF 143.

nur von ihm kann erwartet werden, daß er den Sinngehalt und die besondere Form der Kirchenzeit sachgemäß lebendig bezeugt.

2. Charismatisch-existentielle Kenntnis

Die lebendige Bezeugung des Heiligen Geistes in der Kirche führt zu der "beharrend-beweglichen Mitte"[1] zurück, die dem geschichtlichen Zeitenlauf eine qualitative Bedeutung verleiht. Diese Mitte ist die innere Dynamik der Kirchengeschichte, aus der allein das "glaubende Erspüren der Zeichen der Zeit" stammt[2], das von Balthasar als charismatisch-existenzielle Kenntnis begreift, "weil dazu der absolut lebendige, entschlossene Glaubenseinsatz der Existenz als Voraussetzung für das Zeitgespür im Heiligen Geist gefordert ist"[3]. Von Balthasar nennt diese Kenntnis auch "prophetisch". Dabei hebt er die unterschiedliche Charakteristik einer solchen Kenntnis im Alten Bund und im Neuen Bund hervor: "Im Alten Bund war ein Einzelner mit dem Künden des göttlichen Stundenschlags beauftragt, die anderen mußten ihm glauben; glaubend konnten sie an der Offenbarkeit der göttlichen Gunstzeit teilgewinnen. Im Neuen Bund herrscht eine andere, kirchliche Art der Offenbarkeit, die zwar auch in bestimmten besonderen Sendungen ihre Auswortung finden kann, aber doch grundsätzlich durch die Ergießung des Geistes allen Glaubenden offengelegt ist"[4]. Das heißt aber nicht, daß jeder Glaubende im Neuen Bund zum Visionär gemacht wird. Es bleibt weiterhin "Raum für Nichterkennen, für Gespräch und Frage, sogar

1 GF 152.

2 Ebd., S. 168.

3 Ebd.

4 Ebd., S. 168 f.

für Zweifel"[1]. Dennoch macht der Hinweis auf die prophetische Dimension deutlich, daß eine betende, mit ihrem Herrn im Heiligen Geist verbundene Kirche echter Heiligkeit und Prophetie bedarf, wenn sie fruchtbar sein und bleiben will. Denn nicht die "programmierenden Menschen"[2], sondern der Heilige Geist, der in der Kirche und für die Kirche Propheten und Heiligen erweckt, weiß am besten, was die Kirche einer Zeit nötig hat.

Wäre es also möglich, eine theologische Geschichte der Herrschaft Christi und seines Geistes zu schreiben bzw. zu erzählen, so wäre der Glaubende der erste Angesprochene. Er könnte am besten in dieser Geschichte einerseits seine eigene Glaubenserfahrung ausgelegt und andererseits einen neuen Anruf des Wortes finden, "weil in der geschichtlichen Sachlage eine Lage des Wortes Gottes und Jesu Christi selber gegeben ist"[3]- Diese Ansicht kennzeichnet überwiegend die ersten theologiegeschichtlichen Ansätze, die von Balthasar zu charakterisieren versucht. Darauf soll nun kurz eingegangen werden.

---

1 H III, 2/2, 163.

2 WS 91.

3 GF 167.

C. Die Fragestellung der Logos-Geschichtstheologie

Im Vorwort zu der neuen Fassung seiner "Theologie der Geschichte" schreibt von Balthasar, daß es in dieser Schrift um nichts anderes geht "als um das Verhältnis Christi in seiner christologischen Zeitlichkeit zur allgemeinen Zeit menschlicher Geschichte, wobei die Zeit der Kirche als eine vom Heiligen Geist gewirkte Universalisierung der zeithaften und doch urbildlichen Existenz Christi vermittelnd dazwischentrat"[1]. Das so geschilderte Verhältnis geht natürlich davon aus, daß das Christusereignis die Menschheitsgeschichte mit neuen "Kategorien" durchformt hat - eben den christologischen Kategorien, auf die bereits ausführlich und an verschiedenen Stellen eingegangen wurde -, so daß eine Antwort auf die theologische Frage nach dem Sinn der Geschichte sowohl in der Schöpfungs- als auch in der Erlösungsordnung nur im Licht des Christusereignisses möglich zu sein scheint[2].

1. Die Heimholung der Weltweisheit

Die eigentliche theologische Problematik der alten Lehre vom Logos spermatikos sieht von Balthasar darin, daß diese sich als "eine erste christliche Philosophie (oder Theologie) der Geschichte" auszubauen versucht[3]. Das ist be-

1 TG 7.

2 Die nachstehenden Ausführungen haben nicht zum Ziel, die hier angemeldete Fragestellung in ihrer ganzen Breite zu bearbeiten, was ohnehin über die Intention von Balthasars selbst hinausgehen würde. Sie beschränken sich darauf, den Standpunkt der ersten Annäherungsversuche an die Problematik der Theologie der Weltgeschichte in Erinnerung zurückzurufen und ihre kurze Bewertung bei von Balthasar darzulegen. Sie sollen also nur dazu dienen, die Frage des Verhältnisses von christlichem Logos und weltlichem Logos in ihrer Dringlichkeit überhaupt zu stellen, bevor diese Frage im Rahmen einer modernen Geschichtskonzeption erörtert werden kann.

3 GF 184.

sonders deutlich erkennbar bei den christlichen Apologeten der ersten Jahrhunderte, die von der heilsgeschichtlichen Perspektive ausgehen. So bleibt der Grundriß ihrer Ausführungen biblisch trotz Anleihen von außerbiblischen Elementen (besonders der Stoa). Dies erklärt nach von Balthasar das "Nebeneinanderhergehen" zweier Motive: "eines Logos in den außerbiblischen Völkern, der Keime des Ganzen birgt und sie der Fülle des menschgewordenen Logos im Evangelium entgegenreifen läßt - und eines Logos bei den gleichen Völkern, der nur durch Entlehnungen, Anleihen, Diebstähle der heidnischen Weisen bei den chronologisch älteren Hebräern, durch eine abgesunkene Offenbarungswahrheit erklärt werden kann"[1]. Ein solches Schwanken, das von Balthasar auch bei bedeutenden Autoren wie Klemens, Origenes und Augustin feststellt, zeugt nicht von Naivität, sondern wohl von "theologischer Gewissenhaftigkeit, die keinen Entscheid darüber treffen will, wie Gott seine Offenbarung außerhalb des biblischen Raumes verwaltet"[2]. Doch was heißt das? Es fällt eigentlich auf, daß das Schillern der ersten geschichtstheologischen Ansätze eine Unsicherheit verrät, die in die Frage mündet, ob den Völkern ein eigner Logos zugesprochen werden kann und welche Art von Logos. Diese Unsicherheit bekommt bei von Balthasar eine positive Bewertung. Er sieht darin im Grunde den "Ausdruck eines echten Glaubensgehorsams" gegenüber dem in Christus fleischgewordenen göttlichen Logos[3].

Da diese ersten Versuche im Anschluß an die biblische Offenbarung gemacht werden, bleibt die Grundthese die, daß alles auf den göttlichen Logos hin geschaffen ist. So

---

1 GF 184.

2 Ebd. Im Grunde ist das Ausdruck des Respekts vor der Freiheit Gottes, allen Völkern einen Logos im Hinblick auf das Gesamtheil zuzuteilen.

3 Ebd., S. 185.

ist auch die Geschichte der Völker auf ihn hin gerichtet. Demnach scheint die Begegnung zwischen Weltweisheit und Gottesweisheit etwas Vorprogrammiertes zu sein, auch wenn die menschliche Freiheit ihr Ja dazu geben muß. Daß die Indienstnahme der Weltweisheit in Hinsicht auf diese Begegnung, ihre Verchristlichung also keine "Profanation" der Gottesweisheit bedeutet, scheint Origenes nach dem Zeugnis von Balthasar am stärksten betont zu haben. Nach ihm kann es nur um die "Heimholung des ursprünglich dem wahren Logos Gehörigen und nur von ihm her ganz Verständlichen in den heimatlichen Bereich" gehen[1]. Damit verbindet sich auch ein Selbstverständnis der christlichen Existenz und des christlichen Auftrags. Diese Schau der Geschichte, die nicht "an sich" gegeben ist, will ja die Überzeugung, daß die Wirklichkeit der Offenbarung für alle Welt Gültigkeit besitzt, dokumentieren.

2. Zur Frage der inneren heilsgeschichtlichen Notwendigkeit

Worauf läuft die Heimholungstendenz hinaus? Von Balthasar vertritt die Meinung, daß christlich gesehen der fruchtbare Keim für die Theologie der Weltgeschichte, wie sie hier angestrebt wird, erst in der missionarischen Ausbreitungstendenz liegt. Zum Stichwort "innere heilsgeschichtliche Notwendigkeit" wird erklärt, daß "die evangelische Botschaft, die der Apostel Christi hinausträgt ... die Ganzheit und Fülle dessen" ist, "was die Völker, in Splittern und Verdunkelungen, als Eigengut schon besitzen"[2]. Damit ist aber das Problem des Zusammenhangs zwischen Weltentwicklung und Heilserfüllung in Christus nicht beantwortet, sondern erst in schärferer Form gestellt.

1 GF 185.

2 Ebd.

Warum soll das Christusereignis "das innerlich Erfüllende in überlegener Necessität"[1] sein? Kann man sich nicht eine andere Erfüllungsform als das "Ärgernis" des Kreuzes vorstellen? Diese und ähnliche Fragen sind nach von Balthasar im Grund die Frage der Handhabung dessen, was er die "Theologie des Anknüpfungspunktes" nennt[2]. Gemeint ist eine Vorgehensweise, die allzu leicht glaubt, die Rede vom "unbekannten Gott" an jedes Vorhandene anknüpfen zu können. Die besondere "Diskretionsgabe", die eine Theologie des Anknüpfungspunktes erfordert, kann man sich aber nicht mit einem missionarischen Eifer aneignen, der "die Abstände geringer erscheinen läßt"[3]. Von Balthasar erwähnt besonders drei Motive, die im hohen und späten Mittelalter der gestellten Frage größere Dringlichkeit verleihen. Das ist einmal die Ein- und Unterordnung der Philosophie gegenüber dem Licht der Theologie; sodann der Gedanke jenes "Intellectus", der über die nackte Faktizität des Heilsereignisses in Christus hinaus eine "innere heilsgeschichtliche Notwendigkeit" plausibel macht. Schließlich ein "missionarisches Christengewissen", das "eine geistige Begegnung mit den Religionen" fordert[4].

Die Zielsetzung bei all diesen Motiven ist, wie von Balthasar es ausdrückt, die Aufklärung des Heiden über das, was er weiß, ohne zu wissen, daß er es weiß. Dabei soll es sich um die Erfassung des zentralen Gedankens jeder Religion und um die Sichtbarmachung jener Religionsfülle, die das Christentum ist und sein soll, handeln. Somit soll nicht nur der Versuch gemacht werden, die Wahrheit über Gott und Menschwerdung als die Tiefe der "höchsten Philo-

1 GF 185.

2 Ebd., S. 186.

3 Ebd.

4 Ebd.

sopheme"[1], sondern auch die positiv-kirchlichen Institution auf ihren geistigen Sinn hin durchsichtig zu machen. Dafür aber muß der Christ selber aufgeklärt sein, "das heißt zum Pneumatiker und Kontemplativen durchgeklärt sein"[2].

So richtig diese Einsichten auch sein mögen, so bleiben doch Fragen unbeantwortet, die damit zusammenhängen, daß alle Versuche in den geschilderten Bahnen sich immer noch mehr oder weniger im Innenraum der Theologie bewegen. Daher fordert von Balthasar als Voraussetzung für einen echten Dialog zwischen Geschichtstheologie und Geschichtsphilosophie, daß der eigene Logos der Völker als Gegenstand wissenschaftlicher Erforschung ernst genommen wird. Welche hier die Bedingungen sein sollen, deutet von Balthasar sich auf G.B. Vico beziehend so an: "Geschichte nicht mehr als Heilsgeschichte, sondern als Dimension des Menschen als Menschen, Geschichte geradezu als Produkt des Menschen (gewiß unter einer lenkenden Vorsehung Gottes) stellt sich nun entgegen einer Geschichte, deren Sinn primär von Gott in das Zeitenchaos hineingestiftet wird"[3]. Damit umreißt von Balthasar zugleich sein Anliegen, das nun im Folgenden verfolgt werden soll.

---

1 GF 187.

2 Ebd., S. 188.

3 Ebd.

D. Zum Verhältnis von Theologie und Philosophie der Geschichte heute - Ein Überblick

Bei der Reflexion auf Zeit und Geschichte geht der christliche Glaube von seinem Selbstverständnis aus, wonach Tod und Auferstehung Jesu Christi das Ereignis sind, worin "das (vertikale) Zeit-Maß für alle menschlichen vertikalen wie horizontalen Zeitverhältnisse und Zeitverständnisse gestiftet ist"[1]. Wie legitim die Annahme dieses unüberbietbaren Höhepunktes auch sein mag, der sich im weiteren Geschichtsverlauf nur noch auswirken und durchsetzen kann, so drängt sich doch die Frage auf, ob der Weltzeit und -geschichte nur die Bedeutung eines Raumes zuzusprechen ist, worin diese Durchsetzung geschieht (und vielleicht im wachsenden Maße), oder ob, wie in der Neuzeit, "dem Werden der Welt nicht doch ein eigener Sinnbereich, philosophisch, aber schließlich auch theologisch gesehen, zufällt"[2].

1. Thematik der Begegnung

In Bezug auf die moderne Geschichtsauffassung unterscheidet von Balthasar drei Betrachtungsweisen. Die erste nennt er "empirische Geschichtswissenschaft", die sich damit befaßt, Völker und ihre Kulturen zu beschreiben, sofern sie als der "Geschichte angehörig", also als abgeschlossen und überblickbar betrachtet werden. Dabei werden besonders die Endlichkeit und die Kreisbahnen dieser Gegebenheiten hervorgehoben. Als Beispiele führt von Balthasar u.a. die Theorie des "ricorso" G.B. Vicos und die tragische Vision Spenglers an.

1 GF 137.

2 Ebd., S. 138.

Das zweite Moment basiert nach von Balthasars Auffassung zunächst auf einer aus der Theologie stammenden Hypothese. Die Hauptfiguren sind hier Lessing und Mendelsohn. Man knüpft das umfassende Geschichtsschema an die messianische Erziehung Israels an und läßt sie in einer allgemeinen Erziehung des Menschengeschlechts aufgehen, so daß das Christliche entweder ein Schwergewicht bekommt, oder religionsphilosophisch geebnet wird.

Die dritte Feststellung von Balthasars in Bezug auf die moderne Geschichtsphilosophie betrifft die viel nuancierten Betrachtungsweisen, die sich mit dem Gedanken des "Fortschritts" verbinden. Von Balthasar subsumiert sie in einer m.E. ungenauen Weise unter dem Jasperschen Begriff "Achsenzeit". Das Gemeinte ist aber klar. Es geht um den Schritt der Menschheit vom Mythos zum Logos, der von Auguste Comte in seinem Dreischema (vom theologischen zum metaphysischen und wissenschaftlichen Zeitalter) besonders hervorgehoben wird. Zur "geradlinigen Aufhellung"[1] Comtes, der der Gedanke des Fortschritts zugrunde liegt, bemerkt von Balthasar: "Daß Comte das erkannte geschichtliche Phänomen mit einem so eindeutigen Wertindex versah, zeigt, wie tief auch er im Theologischen verankert blieb"[2]. Diese Beurteilung gerade in Bezug auf einen Mann, der positivistisch denken will und im allgemeinen als der Vater des Positivismus betrachtet wird, klingt schon etwas merkwürdig. Was veranlaßt von Balthasar aber zu seiner Annahme? Zur Begründung beruft er sich selber auf die Gegenthese der Romantik und der literarischen Richtung "Sturm und Drang" vom 18. Jahrhundert, nach der der gleiche Schritt "vom Mythos zum Logos" sich auch als der "Verlust der heiligen Ursprünge, der nährenden Wurzelbereiche" bewerten läßt[3]. Dies mag auch stimmen. Die Frage ist aber,

1 GF 190.

2 Ebd.

3 Ebd.

ob eine solche Gegenthese dazu berechtigt, bei Comte eine theologische Verankerung anzunehmen und somit im Grunde die in der Gegenposition der Romantik gemeinten Wurzelbereiche mit dem Theologischen zu identifizieren.

Es ist nicht zu leugnen, daß der Fort-Schritt bzw. der "Durchbruch zum Logos", in dessen Geist der Mensch "in nie erfahrener Einsamkeit mit sich selbst die Verantwortung für die Eine Welt übernimmt"[1], mit Hoffnung und Furcht begleitet wird. Wenn der Fortschritt ins Zwielicht geraten kann, so liegt das in der "Wertambivalenz der Sache"[2] selbst, die angestrebt wird. Der Hinweis von Balthasars auf den technischen Fortschritt spricht für sich. Dennoch darf man nicht auf überholte Auffassungen zurückgreifen, um der Ambivalenz zu entgehen. Um verhängnisvollen Folgen vorzubeugen oder zumindest in ertragbaren Grenzen zu halten, plädiert von Balthasar für eine stärkere Beachtung der "bleibenden Leib- und damit Bild- und Phantasiegebundenheit des Menschen und aller Kultur"[3]. Was verspricht sich von Balthasar davon? Welche Bedeutung kommt der "wesenhaften Bildgebundenheit der menschlichen Geistnatur"[4] in Zusammenhang der Thematik des Verhältnisses von Theologie und Philosophie der Geschichte zu? Die Verbindungslinie sieht von Balthasar darin, daß ein Schritt vom Mythos zum Logos, der der Bildgebundenheit Rechnung trägt, eher in der Lage ist, "in die Begegnung mit der Theologie der Geschichte" gebracht zu werden[5]. Aber inwiefern?

Begrifflich grenzt von Balthasar das, was er unter Bild-

---

1 GF 191.

2 Ebd. "Fort-schritt" bringt mit sich nicht nur Gutes, sondern auch Bedenkliches.

3 Ebd.

4 Ebd., S. 192.

5 Ebd.

gebundenheit versteht, von seinem Konträren ab. Dieses ist nach scinen Worten der "utopische Rationalismus"[1]. Es geht freilich nicht darum, jede rationale Bestrebung der Ausweglosigkeit zu verdächtigen, als könnte sie nur als eine "Sackgasse des Seins"[2] angesehen werden. Da aber nur Geist und Leib zusammen die Menschennatur ausmachen, so besteht auch eine Austauschbeziehung zwischen Bild und Begriff, die ein "Wurzeln des Geistes in den Bildgründen der Natur"[3] ermöglicht. Sofern diese Einwurzelung zugleich ein "Wurzeln im Unverfügbaren" bedeutet[4], ist sie "technisch" nicht beherrschbar. An diesem Vorgang versucht von Balthasar, die von ihm postulierte "echte Begegnung"[5] zwischen dem Christlichen und dem geschichtsphilosophischen Gedanken des Fortschritts zu verdeutlichen[6]. Diese Verdeutlichung erfolgt bei ihm in zwei Schritten: einmal in der Konfrontierung des biblischen Ausdrucks "Fülle der Zeit" (als Endphase des Alten Bundes) mit den innergeschichtlichen Voraussetzungen einer solchen Fülle. Zum anderen erörtert von Balthasar die Frage des Verhältnisses von Christentum und Weltgeschichte.

2. Die "Fülle der Zeit" in ihrer horizontalen und vertikalen Dimension - Nähe und Ferne zwischen theologischem und philosophischem Logos

Ist die biblische Vorstellung der "Fülle der Zeit" geschichtsphilosophisch errechenbar? Ist ein Entwicklungs-

---

1 GF 192.

2 Ebd., S. 191.

3 Ebd., S. 192.

4 Ebd.

5 Ebd.

6 Es ist vorweg anzumerken, daß die Darstellung der Problemlage bei von Balthasar an manchen Stellen konfus und unbefriedigend ist. Das Folgende versucht, die wichtigsten Aussagen zusammenzufassen und soweit wie möglich transparent zu machen.

gedanke dazu geeignet, ein einwandfreies Verständnis dieser Fülle zu liefern? Geschichtswissenschaft im modernen Sinne analysiert Fakten. Inwieweit kann die Fülle selbst oder mancher Aspekt von ihr als Faktum betrachtet werden? Hier muß eine Differenzierung vorgenommen werden. Die "Rückwendung der durch das Blut Christi versöhnten Welt zum Vater ist kein empirisches Faktum"[1]. Sie gehört in den Sinnbereich des Glaubens und seines geheimnisvollen Vollzuges hinein. Dennoch sind innergeschichtliche Gegebenheiten untrennbar damit verbunden. So kann nicht übersehen werden, daß "Jesus Christus mit seinem nicht nur göttlichen, sondern auch irdischen Auftrag als echter Mensch ein Mensch seiner Zeit und Umwelt auch durch das Koordinatennetz der geschichtlichen Räume und Zeiten bestimmt ist"[2]. Die "vertikale" Dimension kann daher nicht losgelöst von dem horizontalen menschlich-geschichtlichen Beziehungsnetz betrachtet werden. Diese horizontale Dimension umfaßt die ganze Heilsgeschichte im engeren Sinne, die Geschichte Israels (mit allen glücklichen und unglücklichen Ereignissen), die eine innerliche Reife aufweist. Die innergeschichtliche Konstellation des Messias, sei es die Personen wie die Mutter, die Verwandten und andere oder die völkische und politische Umwelt, steht also fest.

Hinter dieser Geschichte, gekennzeichnet durch Ja und Nein, Treue und Untreue, verbirgt sich etwas, was geschichtswissenschaftlich nicht feststellbar ist: die unsichtbare Seite des Durchbruchs zum "lebendigen Sohn des Vaters"[3], der der eigentliche Logos Israels ist. Dieser Logos ist die wahre Substanz der Geschichte Israels. Dementsprechend hält von Balthasar die Vorbereitung in Israel für nicht beliebig, sondern sie verdient zu Recht

---

1 GF 192.

2 Ebd.

3 Ebd., S. 195

die Bezeichnung "praeparatio evangelica"[1]. Von hier aus gesehen wird die Thematik der Begegnung so fomuliert: "Der theologische Logos, der Jesus Christus in Person ist, begegnet dem philosophischen Logos, der seine innere Aufnahme in die Gesamtmenschheit und Weltkultur mitermöglicht"[2]. Erinnern wir noch einmal daran, daß philosophisch hier im Sinne von geschichtswissenschaftlich feststellbar und somit der bereits angesprochenen Denkweise (im Hinblick auf den Prozeß des Durchbruchs vom Mythos zum Logos) zugänglich verstanden wird.

Vom Alten Bund her gesehen, läßt sich die Frage nach dem Verhältnis von Theologie und Philosophie der Geschichte heute nach von Balthasar weitgehend damit beantworten, daß der wichtigste Begriff in diesem Zusammenhang, die "Fülle der Zeit", nicht geschichtsphilosophisch, sondern geschichtstheologisch ausgelegt werden soll. Das bedeutet aber nicht völlige Beziehungslosigkeit zwischen den beiden Bereichen, sondern nur die sachgemäße Distanz, da das immer tiefere Verständnis der Präsenz des lebendigen Gottes in der Geschichte nicht zu rein "entwicklungstheoretischen" Folgerungen und Ableitungen von innergeschichtlichen hintereinander folgenden Phasen führen darf. In diesem Zusammenhang erwähnt von Balthasar kurz auch das Problem der Fortdauer des alttestamentlich-messianischen Glaubens Israels[3]. Dies betrifft die allgemeine biblischtheologische Sinnfrage, die mit der Tatsache zusammenhängt, daß der Neue Bund den Alten nicht einfach ersetzt, sondern ergänzt hat. Unter Hinweis auf Röm 11,17 und 11, 16 erinnert von Balthasar daran, daß Israel sich post Christum in einer "Zweideutigkeit" befindet. Einerseits

---

1 GF 195. Vgl. TG 47.

2 Ebd.

3 Auf eine ausführliche Erörterung dieser Frage (auf die hier nicht eingegangen werden kann) haben wir bereits hingewiesen. Vgl.dazu TD II/2, 331-424: Kirche aus Juden und Heiden, insbesondere S. 331-388.

ist es der "ausgehauene Zweig" neben der lebendigen Kirche; andererseits aber der "heilige Stamm", auf den die Kirche aufgepfropft ist[1]. In dieser Zweideutigkeit besteht nach von Balthasar die bleibende Bedeutung Israels. Denn die "letzte Fülle und Heimkehr aus der Fremde gewinnt auch die Kirche nicht, bevor ganz Israel gerettet ist"[2]. Das ist das eigentliche theo-logische Mysterium des Verhältnisses von Juden und Christen als das eine erwählte Volk Gottes.

Wenn das alttestamentliche Geschehen, das zum eigenen Logos in Jesus Christus durchdringt, sich nicht rein geschichtsphilosophisch erledigen läßt, in dem Sinne, daß die "Fülle der Zeit" als bloß logische Folge von innergeschichtlichen "Fortschritten" anzusehen ist, wie steht es dann mit dem Christentum, das die Auswirkung der "Fülle" im weiteren Geschichtsverlauf ist? Die "senkrechte Herabkunft des Messias"[3] als freies und geheimnisvolles Handeln Gottes mag sich jedem rationalen Zugriff und jeder wissenschaftlichen Berechnung entziehen. Aber wie sieht es bei der "Kirchenzeit in ihrer Stellung zu dem sich auswirkenden Selbstverstehen der Menschheit"[4] aus?

3. Verhältnis von Christentum und Weltgeschichte

Einige Aspekte dieser Problematik wurden bereits angesprochen[5]. Es mag daher genügen, hier ergänzend auf den Leitgedanken von Balthasars das Verhältnis von Theologie

---

1 GF 196.

2 Ebd. S. 197.

3 GF 194.

4 Ebd., S. 193

5 Vgl. oben Anfang dieses Kapitels, § I.

und Philosophie der Geschichte betreffend hinzuweisen und kurz zu erläutern. Die Grundthese lautet:

> "Kreuz heißt und wird immer heißen: Ohnmacht bis zum Tod in der Finsternis. Die Weise, wie sich Christi Allmacht in der Geschichte auswirken wird bis ans Ende der Welt, wird von dieser Ohnmacht nie trennbar sein und sie nie überholen"[1].

Auch hier ist die enge Verbundenheit zwischen Kreuz und Kirche die bestimmende Charakteristik. Da die Fülle des göttlichen Logos in Jesus Christus wesenhaft allzeitlich und keiner inneren Überbietung mehr fähig ist, kann sich die Kirche als Kirche nicht entwickeln[2]. Von Balthasar unterscheidet zwischen Entwicklung im Sinne von Grundsätzlichem und völlig neuem Zuwachs und Entwicklung als Auswirkung. Nur in diesem zweiten Sinne hält er eine Entwicklung der Kirche und der Kirchenzeit für möglich, das heißt die "Auswirkung der kirchlichen Präsenz Christi in der Weltgeschichte"[3]. So betrachtet er eine bloß geographische Ausdehnung der Kirche nicht als "Entwicklung" in dem von ihm postulierten eigentlichen Sinne. Diese Meinung kann man auch teilen, wenn von Balthasar damit meint, daß die Unüberholbarkeit des Kreuzes Christi dabei unberührt bleibt. Problematisch wird aber seine Annahme, wenn er in der Ausdehnung, die man durchaus auch im Sinne von der von ihm selbst aufgestellten These der "Auswirkung" verstehen kann, "kein theologisches Ereignis" sehen will. In einem früheren Kapitel[4] haben wir von dem Missionsauftrag der Kirche als konstitutivem Element gesprochen, insofern die kirchliche Sendung die Objektivierung einer wesentlichen Dimension des Heiligen Geistes ist. Die geographische Ausdehnung der Kirche ist m.E.

---

1 GF 199.

2 Ebd., S. 197.

3 Ebd.

4 Vgl. oben 3. Kapitel, § C,6,a: Missionsauftrag als Wesensbestimmung S. 403 ff.

kein Nebenprodukt der Erfüllung des Missionsauftrags, der selbst theologisch begründet ist, sondern sie hängt vielmehr damit zusammen. Demnach widerspricht von Balthasar sich selbst. Anders sieht es aber bei folgender Annahme aus. Wenn er die im Sendebefehl (Mt 28, 18-20) angezielte Universalität nicht im Sinne eines "quantitativen Übergewichts", sondern im Sinn einer "inneren Ausrichtung der Welt und ihrer Geschichte nach dem Magnetzentrum des Gottessohnes"[1] verstehen will, so kann diese Ausrichtung in ihrer Substanz grundsätzlich auch dort anzutreffen sein, wo es keine geographische Ausdehnung der Kirche gibt, wo aber eine positive sittliche Entscheidung nach dem Gewissen einen impliziten Offenbarungsglauben enthält. Freilich erkennt von Balthasar das an, auch wenn er für die gemeinte Sache den von K. Rahner geprägten Ausdruck "anonymes Christentum" nicht gelten lassen will.

Gewiß, das Realisieren dieses "anonymen Christentums" geschieht im Weltbereich und somit außerhalb des Kirchenbereichs. Es abstrahiert bewußt oder unbewußt von der Kirche und ihrem Ursprung Christus. Es bleibt aber unleugbar, so sagt von Balthasar, daß die Ausstrahlung von Werten wie Nächstenliebe, Brüderlichkeit usw. im außerkirchlichen Bereich von der Verinnerlichung und "Inkarnation" des Geistes Christi in weltlichen Zusammenhängen zeugt[2]. Aber damit diese Ausstrahlung besonders fruchtbar ist und bleibt, bedarf es Menschen, Christen, die an Christus glauben, von ihm beherrscht sind und so das "Strahlzentrum dauernd aktiv und lebendig" halten[3].

1 GF 197.

2 Ebd., S. 198.

3 Ebd., S. 199.

Beide Aspekte der Ausstrahlung, innerkirchlicher und außerkirchlicher, sind in einen geschichtlichen Prozeß eingebettet, ja sie vollziehen sich geschichtlich. Wenn man von hier aus auf die anfängliche Frage des Verhältnisses von Geschichtstheologie und Geschichtsphilosophie zurückkommt, so muß man feststellen, daß von Balthasar sich an dieser Stelle selbst nicht treu geblieben ist. Auf die gestellte Frage wird nur streifend eingegangen, um mit einem Wort festzustellen, daß dem "Wachstum" des Christlichen ein "göttlicher Fortschritt" innewohnt, der aber nicht der "Fortschritt ist, den die Menschen zu sehen begehren"[1]. Die eigentliche Erörterung der Frage der Konfrontierung, der Konvergenz und Divergenz zwischen Theologie und Philosophie der Geschichte heute bleibt in wennigen Andeutungen stecken. Der Leser erfährt nicht viel von dem, was mit Nachdruck im Aufriß der Problematik angekündigt worden ist. Vielleicht stehen wir an dieser Stelle vor einem Musterbeispiel, das die schon anfangs zitierte Meinung von Balthasars selbst bestätigt[2].

---

1 GF 199.

2 Vgl. oben S. 57, Anmerkung 1.

E. Zusammenfassung

Wir haben im vorausgegangenen Kapitel eine systematische Reflexion auf das Verhältnis des Geistes Gottes und Jesu Christi zur eschatologischen Vollendung durchgeführt. Was diese Bestimmung des Heiligen Geistes betrifft, so lassen die Aussagen von Balthasars sich nicht hauptsächlich um das ordnen, was gewöhnlich als die "letzten Dinge" genannt wird. Nach von Balthasar sind diese letzten Dinge besser als "letzte Ereignisse" zu betrachten, deren end-gültige "Form" nicht vorausgesagt werden kann. Das christliche Verständnis der Eschatologie macht aber deutlich, daß diese nicht nur ausstehendes Zukünftiges ist, sondern auch jene Heilswirklichkeiten, die jetzt schon erfahren werden, beinhaltet. Mit anderen Worten: Zur Eschatologie gehört auch die geschichtliche Gestalthaftigkeit der christlichen Hoffnung. Und diese steht im engen Zusammenhang mit der Art und Weise, wie der Geist Christi in der Geschichte wirkt, in besonderer Weise durch die Vermittlung der Kirche und der Christen. Die in Jesus Christus angebrochene Endzeit wird durch das Wirken des Heiligen Geistes Christi und der Glaubenden in Deutekraft der Gegenwart verwandelt, ohne daß dabei die reale, echte Zukunftsdimension der Vollendung verlorengeht. Dies deutlich zu machen, war die Absicht in diesem Kapitel, die wir in fünf Schritten verfolgt haben.

Zum ersten wurde auf den weltgeschichtlichen Anspruch der historischen Heilsgeschichte hingewiesen. Trotz der Besonderheit dieser Geschichte ist sie der allgemeinen Menschheitsgeschichte gegenüber keine Fremdbestimmung. Sie realisierte sich konkret in der Geschichte und setzt sich weiterhin in ihr als Heilserfahrung im Heiligen Geist durch.

Auf einer zweiten Reflexionsstufe haben wir uns auf den

Geist als die ökonomische Gesinntheit konzentriert. Der Geist ist die unmittelbare Einheit Gottes und Christi mit dem Glaubenden. Und es gilt zugleich, daß in ihm jenes Wachstum stufenweise in der Geschichte erreicht wird, das in johanneischer Sprache "Verherrlichung" Christi in seinen Jüngern heißt.

Der dritte Schritt befaßte sich mit dem arche- und prototypischen Vollzug dieser Verherrlichung an dem auferstandenen Herrn selbst. Die kommende "Ewigkeitsfülle" wird uns bereits in den vierzig Tagen des Auferstandenen nahe gebracht. Die Einführung einer neuen Intimität mit den Jüngern des Herrn soll dies deutlich machen und zugleich den Herrn in seiner neuen Existenzform als das wahre "universale in re" zeigen, das alles in Welt und Geschichte im Hinblick auf die endgültige Integration nunmehr in seinem Heiligen Geist bestimmt, auf den der Christ zu hören hat ("sentire cum Spiritu Sancto" und "sentire Spiritus Sancti").

Viertens haben wir gesehen, daß im Geist und durch das Wirken des Geistes als des theologischen Subjekts der Geschichte der Mitarbeit und Zeugnisgabe des Christen eine besondere Bedeutung zukommt. Der Christ setzt sich für die Welt ein, in dem Bewußtsein, daß seine Hoffnung für die Welt und ihre Geschichte vom Einsatz Gottes und Jesu Christi her gekennzeichnet ist. Er beschreitet seinen weltlichen Weg mit einer aus dem göttlichen Ursprung geschöpften Hoffnung. Auch das gehört zu dem echt Unterscheidenden des Christlichen, von dem gesprochen wurde. Und sofern der Christ "bei der Quelle verharrt und aus ihr trinkt, kann er auch anderen Durstigen den Zugang zur Quelle erschließen, ja durch sich selbst hindurch den anderen aus dem Ursprung zu trinken geben"[1]. Dabei bleibt

1 GEL 67.

die Transparenz der Kirchen- und Christengestalt das höchste Gebot.

Fünftens: geht in dieser Weise von der Kirche und den Christen ein Modell von Existenz aus, die personal und sozial über den Tod hinweg eine Vorahnung auferstandenen Lebens vermittelt, so zeigt sich darin nicht nur die wirklichkeitsverändernde Wirkkraft des tätigen Glaubens, sondern es folgt daraus eine ganze andere Geschichtsauffassung, welche dem allerfreiesten Heilshandeln Gottes Rechnung trägt. Sie ist eine theologische Betrachtungsweise der Geschichte, die sich konkret auf die Kirchengeschichte, aber auch darüber hinaus auf die Menschheitsgeschichte als den Ort der Auswirkung der pneumatischen Präsenz Christi bezieht. Daß nicht alles an diesem Ereignis sich in ein geschichtswissenschaftliches und geschichtsphilosophisches Schema im modernen Sinne als "feststellbar" einführen läßt, zeigt nicht nur von dem Unterschied zwischen Geschichtsphilosophie und Geschichtstheologie über jede Begegnung hinweg, sondern vor allem von der konkreten, absoluten und transzendenten Freiheit Gottes und seines Heiligen Geistes, die letztlich die Geschicke der Geschichte mit ihrer ereignishaften Gnade lenkt, ohne dabei die menschliche Freiheit zu überrumpeln.

SCHLUßBETRACHTUNG

Lang und langwierig ist der Weg, den wir durch das umfangreiche Werk Hans Urs von Balthasars beschritten haben. In diesem Abschlußkapitel kann es nicht darum gehen, eine "große" Synthese des Dargestellten zu bieten; das Wesentliche und Wichtigste dürfte auch so deutlich geworden sein. Noch können wir hier versuchen, eine ausführliche Konfrontierung der Ausführungen von Balthasars - oder Teile davon - mit zeitgenössischen Entwürfen im Bereich der Pneumatologie vorzulegen. Ein solcher Vergleich ist deshalb schon nicht möglich, weil zum einen von Balthasar selbst keine Monographie über die Pneumatologie vorgelegt hat und zum anderen erlaubt der für diese Untersuchung vorgegebene Rahmen eine solche Ausuferung nicht. Wir möchten im Folgenden nur noch von unserem Ausgangspunkt her im Anschluß an einen kurzen Rückblick eine kritische Würdigung der Balthasarschen Aussagen formulieren und von hier aus einen Ausblick auf weitere Aufgabenfelder der pneumatologischen Reflexion geben.

1. Ergebnisse

Welches sind die Ergebnisse der vorliegenden Arbeit? Fassen wir zunächst stichwortartig die drei Etappen zusammen, in denen der Gang dieser Untersuchung sich vollzogen hat. Ziel der Arbeit war es, den Heiligen Geist als Gesamtbestimmung zu erfassen (so wie sie sich aus der "Flüssigkeit" des Begriffs selbst ergibt), und zwar speziell unter dem Gesichtspunkt der Vollendung von Mensch, Welt und Geschichte als Vollendung der Liebe Gottes an seiner Schöpfung. Damit fällt sowohl die inhaltliche als auch die formale Hinsicht ins Blickfeld.

Ausgegangen waren wir von einer anthropologischen Voraus-Deutung auf den Heiligen Geist als den Vollender. Dabei haben wir zunächst die "Liebe" als das Primum und Ultimum thematisiert. Das "Prinzip Liebe" ist nach von Balthasar das alles Bestimmende, insofern die Liebe nicht nur als bloße Gesinnung, sondern als Seinsgrund und Wesenskern zu betrachten ist. Eine erste und unüberholbare Aussage des Evangelisten Johannes (der in der Theologie von Balthasars eine wichtige Rolle spielt) über das Wesen Gottes lautet: "Gott ist Liebe"[1]. So wahr das ist, so unüberholbar scheint es von Balthasar, daß Leben, zumal menschliches Leben, überhaupt nur dort entstehen kann, wo es durch Liebe erweckt wird. Das Angerufensein durch die Liebe bestimmt auch die Qualität der Antwort: auf Liebe kann wahrhaft nur mit Liebe geantwortet werden. An diesen methodischen Gesichtspunkt schloß sich die Problematik inhaltlicher Bestimmungen an.

An der Struktur des Menschen wird die Fragmentarität des endlichen Seins ersichtlich. Der Mensch und seine Geschichte stehen unter dem Anruf Gottes. Dies begründet von Balthasar mit dem Hinweis auf den Prolog des Epheserbriefes. Alle Dimensionen, die das menschliche Sein aufweist, Zeitlichkeit, Geschichtlichkeit, Einheit usw. bleiben fragmentarisch und unvollendet, solange der Mensch unterwegs ist und die erfüllende Begegnung mit Gott aussteht. Die Unvollendbarkeit des Menschen, die ihr Pendant in der Unvollendbarkeit der Geschichte (welche im dritten Teil der Arbeit thematisiert wurde) hat, weist darauf hin, daß das Verheißungswort Gottes bzw. seine Liebe noch nicht ganz beim Menschen angekommen ist, das heißt, noch nicht ganz zum Inhalt seines Lebens geworden ist. Da der Mensch von der Liebe, an die er glaubt, weil er ihr Zeichen verstanden hat, ins Offene des Liebenkönnens

1 Joh 4,8.16.

geführt worden ist, wird es im Hinblick auf seine Begegnung mit Gott davon abhängen, ob und inwieweit er dieser Liebe entspricht. Dabei ist er aber nicht sich selbst überlassen. Er hat ein Vorbild, auf das er blicken kann: Jesus Christus. In das "Vollmaß" Christi eingegliedert und somit in der Defizienz je überholt kann der Mensch auf das zuleben, was er in der Gnade Gottes immer schon sein darf: ein Sohn Gottes.

Im zweiten Teil haben wir unter dem Stichwort "Verbum caro" auf Christus als die Ausstrahlung der Mitte geschaut. Aus der Charakterisierung Christi als der Mitte der göttlichen Offenbarung und als Personhaftigkeit der Liebe ergab sich eine vertiefte inhaltliche Aufarbeitung dessen, was im ersten Teil formal von dem menschlichen Sein ausgesagt worden ist. Daß der Sohn Gottes Mensch ist und daß in ihm die Selbstmitteilung Gottes an die Menschen geht, ist nicht einfach eine formale Aussage, sondern die lebendige, personhafte Wahrheit jener Gottverbundenheit, zu der der Mensch im mitgeteilten Geist Gottes gelangen soll. Wir haben uns daher darum bemüht, in einer gedrängten Darstellung eine möglichst präzise Zusammenfassung der Christologie und auch der Trinitätslehre von Balthasars (letztere wurde noch mal im dritten Teil der Arbeit vertieft) zu bieten. Christus ist das endgültige Wort Gottes an die Menschen. Trotz aller Differenz zu den übrigen Menschen, die hauptsächlich darin besteht, daß Christus als Sohn Gottes, als Gottmensch, die einzigartige personale "Gott-zwischenmenschliche-Verbundenheit" ist. Doch es bleibt nicht bei dieser Erhabenheit des Sohnes. Christus redet und handelt nicht nur <u>vor</u> den Menschen und für die Menschen, sondern er geht <u>mit</u> ihnen. Er ist mit ihnen solidarisch bis in den Tod und in die Hölle.

Die Bedingung der Möglichkeit dieser Solidarität aber ist unweigerlich der Sohnesgehorsam als Sendungsgehorsam. Im Vollbegriff des Mysteriums heißt das: Selbsterniedrigung bis zum Kreuzestod. In der Form des absoluten Gehorsams zu Gott, dem Vater, tut der Sohn nicht seinen, sondern den Willen des Vaters und führt so seine menschliche Bereitschaft im Hinblick auf die Wege des dreieinigen Liebesmysteriums in Gottes Unendlichkeit hinüber. Gehorsam aus freier Liebe bis in die Gottverlassenheit, das ist genau die Lebensform des menschgewordenen Gottes, durch den auch der gewöhnliche Mensch den Zugang hat, am Leben Gottes teilzunehmen.

Da der Sohn Gottes ja nicht "geworfenerweise", sondern "gesendeterweise" ins Dasein tritt, verweist seine Sendungsexistenz auf das Mysterium der Dreifaltigkeit selbst, die die Wesensidentität der drei "Personen" in der Gottheit besagt, aber auch ihre Unterscheidung in der ökonomischen Hinsicht: der Vater ist der Sendende, der Sohn der Gesandte, und der Geist als der Gehauchte von Vater und Sohn bezeugt sowohl die Freiheit und Fruchtbarkeit als auch die mitgeteilte Inwendigkeit und personale Offenbarung der freien dreieinigen Liebe jenseits des Logos, wie dies nach Vollendung der irdischen Sendung Christi besonders deutlich wird. Kreuz und Auferstehung als das "νῦν" dieser Vollendung machen das Moment der Übergabe des Geistes von Seiten des Sohnes in die Hände des Vaters und zugleich seiner Aussendung in die Welt von Seiten des Vaters und des Sohnes als des gemeinsamen Hauchprinzips aus.

Der dritte Teil der Arbeit rückt somit unter dem Gesichtspunkt des Freiwerdens des Heiligen Geistes ins Blickfeld. Voraus-Setzung dieser Freigabe des Heiligen Geistes nicht nur als des Geistes Gottes, sondern auch Jesu Christi ist die primäre Präsenz und Tat des Geistes im Leben Christi selbst. In diesem Zusammenhang haben wir auf den Ausdruck "trinitarische Inversion" hingewiesen. Damit verweist von Balthasar einerseits auf den Gedanken, daß in der Trinität der Geist an dritter Stelle hinter dem Sohn steht[1] und andererseits, daß dieser Geist nun im Leben Jesu sich als das "Über-dem-Sohn" als die "Regel" und die Objektivierung des Sendungswillens des Vaters erweist. Dieses "In-über-dem-Sohn" haben wir in drei Etappen formalisiert: in Bezug auf die Menschwerdung des Sohnes, auf das öffentliche Leben Christi und auf Kreuz und Auferstehung. Auf der jeweiligen Stufe erscheint der Geist in einer neuen Konfiguration, d.h. als Schöpfergeist, als das innerliche Moment und die richtungsbestimmende Kraft Gottes und schließlich als der Geist der Verherrlichung. Die Fruchtbarkeit der Spannung des "In-über" ist, wie schon angedeutet, die Ausgießung des Geistes als des Geistes des Vaters und des erhöhten Herrn.

Die Personalität dieses Geistes haben wir näher zu präzisieren versucht, indem wir die wichtigsten Bezeichnungen im Werk von Balthasars einer eindringlichen Würdigung unterzogen. Hier stand nicht eine Metaphysik des Geistes im Vordergrund, sondern die vertiefte Besinnung auf jene Momente und Merkmale, die im vorhergehenden Kapitel aufgetaucht waren. Zugleich bietete uns dieser Punkt der Arbeit die Möglichkeit, die einerseits in der anthropologischen Voraus-Deutung und andererseits im zweiten Teil über die Christologie zusammengetragenen Bestimmungen sowohl formal als auch inhaltlich einzuholen.

Daran anschließend befaßten wir uns mit dem Verhältnis Geist-Kirche. Die Kirche als Ort der Erfahrung des Geistes verweist darauf, daß die Wirksamkeit des Geistes als des Heiligen Geistes Gottes und Jesu Christi eng damit verbunden ist, daß er gleichsam der Geist der Glaubenden ist. Inwiefern? Erst dort, wo der Geist nicht nur

---

1 Damit will von Balthasar aber keinen Subordinationismus verkünden, sondern auf das Hervorgehen des Geistes aus dem Vater und dem Sohn hinweisen, nach dem diesen eine gewisse "Priorität" gegenüber dem Geist eingeräumt wird. Selbst der Ausdruck "trinitarische Inversion"ist heilsökonomisch gemeint.

abstrakt in seiner Transzendenz aufgefaßt, sondern auch in seiner "Erniedrigung", in seiner Immanenz im Herzen des durch Christus aktiv erlösten Menschen als die ihm eigen gewordene Bestimmung erfahren wird, erwächst dem Glaubenden jene Antwortgestalt, die die Kirche im ganzen ist und sein soll, wie es die realsymbolischen Gestalten der Kirche, vor allem Maria, in ihrer archetypischen Geisterfahrung sind.

Schließlich zeigt das letzte Kapitel dieses dritten Teils, das sich mit dem sündigen Gang der Kirche durch die Zeit unter der Führung des Geistes als eschatologischer Kraft beschäftigt, daß die Erfahrung des Geistes Erfahrung von konkreter Freiheit im tätigen Leben bedeutet. Die konkrete, befreiende Freiheit des Geistes setzt vollends die Freiheit des Menschen frei, welche der Sünde verfallen ist. Im Geist wiederholt sich "aktuell" und "aktual" das, was in Bezug auf Christus in der Osterliturgie mit den Worten "captivam duxit captivitatem" umschrieben wird. Die Befreiung von der Sünde geschieht sakramental in der Kirche, sie ist aber ein Akt des Geistes Christi, und zwar hier und jetzt. Dieser Akt ist dadurch gekennzeichnet, daß in der Kirche die Welt der Sünde überführt wird (Joh 16,8) und zugleich gerechtfertigt wird. Die eschatologische Zielgerichtetheit nicht nur des Menschen, sondern auch der Geschichte (Kirchengeschichte und Weltgeschichte, beide noch erlösungsbedürftig) bleibt davon nicht unberührt. Die letzte Erlösung der Fragmentarität, die mit Christus definitiv in die Geschichte gekommen ist, vollzieht sich antizipatorisch in der Kraft des Geistes. Die "letzten Ereignisse" werden nicht die Herstellung von der Totalität sein, die Gott allein ist, sondern die Vollendung jener Verwandlung des Fragmentarischen, die durch das machtvolle Wirken des österlichen Heiligen Geistes jetzt schon stattfindet. Wie das absolute Ende bzw. die absolute Zukunft aussehen wird, bleibt offen. Doch bis zum endgültigen Sieg über die Sünde soll es mit der Verwandlung gehen!

Nur dies soll hier noch hinzugefügt werden. Gerade im Verständnis des Geistes als Gesamtbestimmung wird deutlich, wie der dreieinige Gott selbst in seiner Transzendenz immanent zu sein vermag. Gott ist nicht bloße Erhabenheit über die Welt, sondern er steht im Bund, im lebendigen Austausch mit ihr. Das Medium dazu, so könnte man sagen, ist die freiwillige Bindung Gottes an das begonnene und zu begleitende Schöpfungswerk[1]. Der dreieinige Gott vermag es, sich für die Welt zu engagieren, wobei "Gott von Gott verlassen"[2] wird, ohne daß Gott selbst dadurch erlösungsbedürftig wird[3]. Wie er es vermag, gleichzeitig in sich selber zu verbleiben und aus sich herauszutreten, gehört zu seinem Geheimnis. Dennoch, aus der Bestimmung des zwischen Vater und Sohn wie zwischen Himmel und Erde vermittelnden Heiligen Geistes, der selber das Innerlichste Gottes und doch zugleich das objektive Vereinende-Andere ist, ersehen wir, daß der alles umfassende Abgrund-Gott nicht ein abstraktes und negatives, sondern konkretes und positives Mysterium ist: ein alles durchformendes und vollendendes.

2. Kritische Würdigung der pneumatologischen Aussagen H.U. von Balthasars

Wer sich dem Werk H.U. von Balthasars mit möglichst ausgeglichener Stimmung nähert, der wird die Größe dieses noch nicht voll bekannten Oeuvres feststellen können, aber auch etwas daran auszusetzen haben, und dies um so leichter,

1 Vgl. TD II/2, 484.

2 Ebd.

3 Die unzureichende Betonung dieses Aspekts erklärt die unmißverständliche Absage von Balthasars an die "Prozeßtheologie" und seine heftige Kritik an den Ausführungen J. Moltmanns (vgl. "Der eschatologische Prozeß Jesu Christi", in: ders. Der gekreuzigte Gott, München 1972). Zu von Balthasars Kritik vgl. ders., Zu einer christlichen Theologie der Hoffnung, a.a.O., S. 95 ff. Die Frage darf allerdings erlaubt sein, ob der Ansatz der Prozeßtheologie und die Ansichten J. Moltmanns nicht weiterhin diskussionswürdig sind.

je oberflächlicher der Umgang mit dem Werk ist[1]. Was unsere abschließende Beurteilung angeht, so wollen wir weder ein überschwengliches Loblied auf von Balthasars Werk singen noch leichte Kritiken üben. Es ist keine Frage, daß die theologische Synthese von Balthasars, wie wir bereits in der Würdigung seines Werkes u.a. von seiten K. Rahners und H. de Lubacs sahen, zu den bedeutendsten unserer Zeit gehört. Obwohl die allgemeine Begeisterung noch unter dem Niveau seines Verdienstes steht, so wird dem Werk von seiten der Kenner mit kritischer Sympathie große Beachtung und leidenschaftliches Interesse entgegengebracht.

Es wäre im Grunde praesumptio und außerhalb des Rahmens der vorliegenden Arbeit, wenn wir von dem Standpunkt dieser Untersuchung aus ein allgemeines Urteil über das Werk von Balthasars geben wollten. Eine solche Aufgabe dürfte am ehesten und angemessensten einer Gesamtdarstellung der Theologie des Autors vorbehalten bleiben. Von uns aus sollen nur einige Merkmale und entsprechend auch die kritischen Anfragen an H.U. von Balthasar zum Ausdruck gebracht werden. Da dies aber zum Teil gelegentlich schon im Lauf der Arbeit geschehen ist, beschränken wir uns hier auf Ergänzung und weitere Präzisierung.

Es ist von Balthasars Verdienst, die Aussagen über den Heiligen Geist so einzubringen,daß der Geist nicht als isolierte Größe dasteht, aber auch nicht einfach als Anhang zu den anderen Größen erscheint, zu denen er in Verhältnis gebracht wird. Dort, wo er auftaucht, ist er zugleich subjektiv und objektiv aufgefaßt. Durch sachgemäße Einbettung öffnet sich dem Gedanken, auch dort, wo er höchst spekulativ wird, die Möglichkeit der Konkretisierung. Wir möchten versuchen, dies an einem Beispiel zu

1 Vgl. dazu M. Kehls Kritik an den "vordergründigen Etikettierungen" in deren Rahmen von Balthasar undifferenziert ein "Konservatismus" nachgesagt wird. M. Kehl/W. Löser, In der Fülle des Glaubens. Hans Urs von Balthasar-Lesebuch, Freiburg 1980, S. 13.

verdeutlichen. Erinnern wir uns kurz an die Charakterisierung der Einheit Kreuz-Auferstehung in Bezug auf die Ausgießung des Geistes. Dort wird johanneisch behauptet, diese Einheit sei die Offenbarung des Geistes. Was aber heißt das? Es wird im Grunde indirekt mit dieser Aussage vor allem auf eine hin und her schwingende Bewegung zwischen Christus und dem Geist hingewiesen. Inwiefern? Insofern einerseits Christus vom Geist als der Kraft Gottes (die zugleich die innerliche Kraft des Lebens Christi ist) her bestimmt wird, andererseits aber auch der Geist von Christus her gesehen wird. Das zeigt sich besonders darin, daß der Kreuzestod Christi sowohl als ein empirisches als auch ein spekulatives Moment enthält.

Wenn abrupt behauptet wird, der Todesschrei Christi sei der Siegesschrei, dann ist das für einen normalen Zuhörer und Leser, aber auch für eine Theologie, die die Fakten nicht vergewaltigen will, eine Mißachtung des Leidens und des Todes. Wenn der Todesschrei aber als das Auslaufen des Lebens (in "Gottverlassenheit") betrachtet wird, dann ist er der letzte Kampf des Lebens selbst und nicht schon das Offenbarwerden der Auferstehung. Denn erst, wenn das "proprium" des Todes ernstgenommen wird, kann der Tod auf einer anderen Ebene als "Auferstehungstod" angesehen werden. Aber der Tod, der nötig ist, um die Auferstehung verständlich zu machen, ist ein historisches Faktum. Nur der, sozusagen, "spekulative" Tod ist auf derselben Ebene wie die Auferstehung. In diesem Zusammenhang könnte man sagen, daß der "decensus ad inferos" dies offenbart, daß der Tote wirklich tot ist, aber auch daß er fähig ist - was auf das spekulative Moment hindeuten würde, ohne es schon zu sein -, sich den Tod anzueignen. Es ist noch gar keine Auferstehung, sondern nur der Tod wird offenbart.

Wenn vom spekulativen Tod - und nicht vom empirischen Tod - her gedeutet wird, dann ist es wirklich so, daß Christus am Kreuz den Geist wirklich nicht festhalten kann. Im

Gegenteil: vom Geist her wird er ermächtigt, sich ganz hinzugeben. Der spekulative Tod ist der Tod, insofern er gedacht wird, und zwar im Glauben. Darin wird nicht nur eine Realität, sondern ein Sinn von Realität offenbart. Man muß aber sagen, daß der empirische Tod als Bestimmungsvorgabe dazu gehört.

Man wird dieses Schema auch an anderen Beispielen im Werk von Balthasars aufweisen können. Aber wie stark die Tendenz zur Konkretisierung auch sein mag[1], so läßt sich dennoch an anderen Punkten eine noch stärkere Tendenz zur Spiritualisierung feststellen. Was die Pneuma-Ekklesiologie von Balthasars zum Beispiel anbetrifft, so kann auch die von ihm angenommene Möglichkeit der Kritik und der "Kontestation" nicht darüber hinwegtäuschen, daß durch die extreme Betonung des Geistprinzips des Institutionellen die Aufmerksamkeit des Lesers von manchem konkreten Leiden an der Kirche abgelenkt wird.

Wenn von Balthasars Theologie in einigen ihrer Züge als "elitär" erscheint, so hängt das nicht nur mit der enormen Kultur des Autors, sondern auch mit den Besonderheiten seiner Methode (darauf wurde bereits im Einführungskapitel hingewiesen), mit der unvergleichbaren, dichterisch-bildhaften Eleganz seiner Sprache (eine blendende Gewandtheit, die dem Leser nicht immer Schwerverständlichkeiten[2]

---

1 M. Kehl, in: M. Kehl/W. Löser, In der Fülle des Glaubens, a.a.O., S. 18 ff.

2 So etwa C. Marchesi, La Cristologia di Hans Urs von Balthasar, a.a.O., S. 402: "Più che uno speculativo in senso puro o un tecnico della teologia, Balthasar ha la mentalità del critico letterario. Egli costruisce e specifica il proprio pensiero analizzando ed elaborando il pensiero altrui ... Questo vale per gli autori a sfondo letterario, filosofico e teologico, come anche per la Scrittura. Si tenga presente poi che quest' Autore ha scritto moltissimo, forse troppo! Ma la sua intelligenza vertiginosa ed il suo spirito vulcanico ... si esprimono negli scritti; anzi Balthasar pensa scrivendo. L'animo poetico, contemplativo e quasi mistico, lo stile alquanto complesso e talvolta ermetico, la vastità dei problemi affrontati senza tecnicismo, la capacità espressiva a livello linguistico, la

erspart) sowie u.a. mit der Art und Weise zusammen, wie von Balthasar - manchmal schon "eigenwillig" - mit der Schrift umgeht. Die "Realsymbole" häufen sich! Allzu schnell wird der Leser m.E. gegen die "Wissenschaftlichkeit" der Exegese immunisiert[1]. Die überbetonte Vorliebe für eine "anschauende"[2] Exegese hat manchmal dazu geführt, daß einseitige Akzente gesetzt und einige Begriffe (wie z.B. Kenosis und Gehorsam) überstrapaziert werden. Wir haben dies oben im zweiten Teil an der starken Betonung der in der Diastase sich anzeigenden Opposition zwischen den göttlichen Personen aufgezeigt. Hier und besonders bei der Karsamstagstheologie ist der mystische Einfluß Adrienne von Speyrs unverkennbar.

H.U. von Balthasar ist bekanntlich Gegner eines "Systems". Diese Abneigung wird oft mißverstanden und vielfach als Mangel an Systematik interpretiert. Das Gegenteil ist wahr. Von Balthasar will kein System in dem Sinne aufbauen, daß die verschiedenen theologischen Gebiete säuberlich getrennt werden können. Die aus dieser Ablehnung resultierende Zirkelstruktur des Denkens zählt sicherlich zu den großen Schwierigkeiten bei der Aufarbeitung des Balthasarschen Werkes, weil man ständig überrascht und unerwartet mit Ausführungen in einem Zusammenhang überschüttet wird, die scheinbar zu der Sache nicht gehören. Erst eine tiefsinnige Betrachtung führt zu der zugrundeliegenden Logik, an der sich die Grundartikulationen des Gedankens orientieren. So findet sich bei von Balthasar sowohl "Konservatives" wie "Progressives", vor allem aber erstaunliche Weitsicht.

---

mancanza di precisazione terminologica in senso scolastico, tutto questo rende piuttosto difficile la lettura introspettiva del suo pensiero".

1 Vgl. VC 103.

2 VC 103. Als Beispiel von einer solchen Exegese, wobei der mystische Einfluß Adrienne von Speyrs kaum überhörbar ist, vgl. SC 503-513.

3. Ausblick

An der "theologischen Logik", die von Balthasar selbst für sein Werk gern in Anspruch nimmt[1], orientiert sich unsere Balthasar-immanente Darstellung. Dabei ergab sich die Pneumatologie als die eigentliche Dynamik der verschiedenen "Regionen", die zur Sprache kamen und an denen manifest wird, wie die Dynamik immer wieder aufscheint. Es würde von Balthasars Denken widersprechen, wenn aus dem Geist einfach eine der vielen Regionen gemacht würde. Allerdings bliebe die Pneumatologie abstrakte "Logik", zumal "Theo-Logik", wenn sie sich in dem Ganzen nicht ausfalten würde. Es muß manifest werden, daß die Konkretisierung zum Moment des Begriffs des Geistes selbst gehört.

Die Frage sei nun erlaubt: was darf von einer Theologie des Heiligen Geistes erwartet werden? Auf diese Frage hat die vorliegende Arbeit eine Antwort zu geben versucht. Die Folgerungen aus der Pneumatologie für alle Gebiete der theologischen Reflexion sind so reich und so ineinander verflochten, daß hier nicht der Ort ist, sie darzustellen. Eine kurze Aufzählung von einigen Aufgabenfeldern mag dieser Forderung Genüge tun. Nicht nur die theologische Gotteslehre, sondern auch, wie es hier zur Sprache kam, die Christologie und Soteriologie, die Ekklesiologie, die Schöpfungslehre sowie eine sachgerechte Mariologie usw. könnten hier frische Luft einatmen. Der dynamische Aspekt des Geistes könnte so den theologischen "Traktaten" mehr Lebendigkeit verleihen. Selbst den Fragen des Verhältnisses von Theologie und Philosophie[2] in

---

1 Vgl. Rechenschaft 33; von Balthasars Vorwort zu G. Marchesis Arbeit: La Cristologia di Hans Urs von Balthasar, a.a.O., S. X.

2 Vgl. hierzu die anregenden Ausführungen von W. Kern, Philosophische Pneumatologie. Zur theologischen Aktualität Hegels, in: W. Kasper (Hrsg.), Gegenwart des Geistes, a.a.O., S. 54-90.

Bezug auf eine Integration der verschiedenen Momente z.B. in der Anthropologie und Kosmologie würde sich eine neue Perspektive öffnen. Ferner wäre es Aufgabe einer pneumatologischen Theologie in diesem Gesamtrahmen nicht nur die "intellektuellen" Fragen des Glaubens und der Wissenschaften aufzugreifen und zu verarbeiten, sondern auch eine stärkere Dynamis für das praktische Leben zu fördern. Theologie will ja nicht nur rationale Wissenschaft sein, sondern auch Bezug zum Leben, zur konkreten Existenz herstellen. Dazu gehören ebenso der Umgang mit dem Wort Gottes wie Fragen des Zusammenlebens in der Gesellschaft. Eine pneumatologische Reflexion auf diese Fragen könnte dazu beitragen, unseren Ansichten über die säkulare Wirklichkeit neue Impulse zu geben und sie schöpferisch an dem Wesentlichen zu orientieren. Selbst die Rede vom Geist bliebe dabei nicht esoterisch und unverständlich.

Die Liste der Aufgaben- und Problemfelder ließe sich noch lange fortsetzen. Aber diese wenigen Beispiele dürften klargemacht haben, welche Aufgabe die Theologie hier zu lösen hat.

Wenn meine Bemühungen in dieser Arbeit ein wenig dazu beitragen könnten, Impulse für weiterführende Überlegungen und Anstoß zu einer kritischen Rezeption des Werks Hans Urs von Balthasars zu geben sowie ein wenig Bewußtsein für die "Sache" des Heiligen Geistes zu erwecken, um die es hier geht, so wäre ich vollauf belohnt.

Sicherlich haben wir nicht alles gesagt. Aber was heißt das schon: alles? Kann man "alles" sagen, wenn es um das Geheimnis Gottes geht? Von Balthasar denkt jedenfalls - zu Recht - anders darüber. Ihm sei noch einmal zum Schluß das Wort übergeben:

> "In Sachen Gottes und Jesu Christi gibt es nie fertiges Bescheidwissen; wer da meint, Bescheid zu wissen,

gibt zu, daß er in der Erkenntnisbemühung stehengeblieben ist, sich also mit einer endlichen Einsicht begnügt hat. Gerade in diesem bewußten Stehenbleiben bekundet er aber, daß er noch gar nicht verstanden hat. Alle Wahrheiten, die Jesus Christus von Gott her bringt und in Wort und Leben offenlegt, tragen den Charakter der Unendlichkeit und für uns des Je-mehr. Und nur die offene, immer neue geistige Bemühung, ihr in ihrem Je-größer-sein zu begegnen, wird ihnen in christlicher Weise gerecht"[1].

Es gehört sicherlich zu den glücklichsten Lebensaugenblicken eines Menschen, wenn beim ständigen Nachdenken über das rätselhafte Ganze sich hin und wieder einmal das unfaßliche Geheimnis im Licht der Erkenntnis offenbart, die man dankbar und ehrfürchtig in Empfang nehmen darf.

Solche Augenblicke verdanke ich dem Umgang mit dem bewundernswerten und reizvollen Werk Hans Urs von Balthasars.

Fortschreiten des Menschen zu Gott und damit zu sich selbst beinhaltet die progressive Erfüllung durch Gottes alles umfassende Liebe. Ihre Vollendung in der Freiheit des lebensspendenden und -bestimmenden Heiligen Geistes Gottes als "ultima forma" aber ist das Endgültig-Sinngebende für alle Vorstufen der theophanen Endform.

---

1 SC 161.

Abkürzungen der oft zitierten Werke Hans Urs von Balthasars. Die vollständigen Angaben zu den Werken befinden sich im nachfolgenden Literaturverzeichnis

ARA	Der antirömische Affekt
BG	Das betrachtende Gebet
CA	Der Christ und die Angst
Christ	Wer ist ein Christ?
Cordula	Cordula oder der Ernstfall
Diskussion	Diskussion über Hans Küngs "Christsein"
Einfaltungen	Einfaltungen
Erster Blick	Erster Blick auf Adrienne von Speyr
GEL	In Gottes Einsatz leben
GF	Das Ganze im Fragment
GHM	Die Gottesfrage des heutigen Menschen
GL	Glaubhaft ist nur Liebe
H I	Herrlichkeit, Bd. I
H II	Herrlichkeit, Bd. II
H III, 1/1	Herrlichkeit, Bd. III, 1. Teil, 1. Halbband: Altertum
H III, 1/2	Herrlichkeit, Bd. III, 1. Teil, 2. Halbband: Neuzeit
H III, 2/1	Herrlichkeit, Bd. III, 2. Teil, 1. Halbband: Alter Bund
H III, 2/2	Herrlichkeit, Bd. III, 2. Teil, 2. Halbband: Neuer Bund
HW	Das Herz der Welt
Kirche	Die Kirche als Gegenwart Christi
Kommentar	Kommentar zu S. Theol. II-II, 171-182
KPG	Klarstellungen. Zur Prüfung der Geister
KAM	Katholisch. Aspekte des Mysteriums
KB	Karl Barth. Darstellung und Deutung seiner Theologie
KL	Kosmische Liturgie
Lageplan	Kleiner Lageplan zu meinen Büchern
MP	Mysterium Paschale, in: MySal III/2
PnI	Pneuma und Institution
Rechenschaft	Rechenschaft

SC	Spiritus Creator
Schleifung	Schleifung der Bastionen
SV	Sponsa Verbi
TD I	Theodramatik, Bd. I
TD II/1	Theodramatik, Bd. II, 1. Teil
TD II/2	Theodramatik, Bd. II, 2. Teil
TD III	Theodramatik, Bd. III
TG	Theologie der Geschichte
VC	Verbum Caro
WS	Die Wahrheit ist symphonisch
WW	Wahrheit. Wahrheit der Welt
ZGR	Zuerst Gottes Reich

LITERATURVERZEICHNIS

1. Werke Hans Urs von Balthasars

Im folgenden werden nur die in dieser Arbeit zitierten Hauptwerke und Aufsätze sowie einige andere wichtige Schriften von Balthasars aufgeführt. Für einen größeren Überblick über das gesamte Werk von Balthasars sei auf die von B. Widmer erstellte Bibliographie in "Rechenschaft" (Einsiedeln 1965) und auf "Hans Urs von Balthasar-Bibliographie 1925 - 1975" (Einsiedeln 1975) verwiesen. Die Aufführung erfolgt nach chronologischer Ordnung.

Balthasar, H.U. von, Apokalypse der deutschen Seele. Studien zu einer Lehre von letzten Handlungen, 3 Bde., Salzburg 1937 - 1939.

-, Présence et pensée. Essai sur la Philosophie Religieuse de Grégoire de Nysse, Paris 1942.

-, Wahrheit. Wahrheit der Welt, Einsiedeln 1947.

-, Origenes. Geist und Feuer. Ein Aufbau aus seinen Werken, Salzburg 1952.

-, Schleifung der Bastionen. Von der Kirche in dieser Zeit, Einsiedeln 1952.

-, Der Christ und die Angst, Einsiedeln 1953.

-, Thomas von Aquin. Besondere Gnadengaben und zwei Wege menschlichen Lebens. Kommentar zu Summa Theologica II-II, 171-182, Deutsche Thomas-Ausgabe, Bd. 23, Heidelberg/Graz-Wien-Salzburg 1954, S. 252-464.

-, Das betrachtende Gebet, Einsiedeln 1955.

-, Kleiner Lageplan zu meinen Büchern, in: Schweizer Rundschau 55 (1955)S.212-225.

-, Die Gottesfrage des heutigen Menschen, Wien 1956.

-, Wort und Geschichte, in: Wissenschaft und Weisheit 20 (1957)S.3-14.

-, Einsame Zwiesprache. Martin Buber und das Christentum, Köln/Olten 1958.

-, Theologie der Geschichte. Neue Fassung, Einsiedeln 1959.

-, Das Herz der Welt, Zürich ^{3}1959.

-, Verbum Caro - Skizzen zur Theologie I, Einsiedeln 1960.

-, Sponsa Verbi - Skizzen zur Theologie II, Einsiedeln 1960.

-, Kosmische Liturgie. Das Weltbild Maximus des Bekenners, Einsiedeln ^{2}1961.

-, Das Ganze im Fragment. Aspekte der Geschichtstheologie, Einsiedeln 1963.

-, Warum wir Nikolaus Cusanus brauchen, in: Christliche Kultur, Beilage zu Neue Züricher Nachrichten 28 (1964)29.

-, Gott begegnen in der heutigen Welt, in: Concilium 1 (1965) 468-475.

-, Rechenschaft, Einsiedeln 1965.

-, Glaubhaft ist nur Liebe, Einsiedeln 1966.

-, Zuerst Gottes Reich, Einsiedeln 1966.

-, Cordula oder der Ernstfall, Einsiedeln 1966.

-, Herrlichkeit. Eine theologische Ästhetik, Bd. I: Schau der Gestalt, Einsiedeln [2]1967.

-, Spiritus Creator. Skizzen zur Theologie III, Einsiedeln 1967.

-, Herrlichkeit. Eine theologische Ästhetik, Bd. III, 2/1: Alter Bund, Einsiedeln 1966.

-, Herrlichkeit. Eine theologische Ästhetik, Bd. III, 2/2: Neuer Bund, Einsiedeln 1969.

-, Einfaltungen. Auf Wegen christlicher Einigung, München 1969.

-, Mysterium Paschale, in: Mysterium Salutis. Grundriß heilsgeschichtlicher Dogmatik, Bd. III/2, hrsg. von J. Feiner/ M. Löhrer, Einsiedeln - Köln - Zürich 1969.

-, Herrlichkeit. Eine theologische Ästhetik, Bd. II: Fächer der Stile, Einsiedeln [2]1969.

-, Gelebte Kirche. Bernanos, Einsiedeln 1971.

-, In Gottes Einsatz leben, Einsiedeln 1971.

-, Klarstellungen. Zur Prüfung der Geister, Freiburg 1971.

-, Warum ich noch ein Christ bin? in: Zwei Plädoyers (zusammen mit J. Ratzinger), München 1971.

-, Die Wahrheit ist symphonisch. Aspekte des christlichen Pluralismus, Einsiedeln 1972.

-, Theodramatik I. Prolegomena, Einsiedeln 1973.

-, Der antirömische Affekt. Wie läßt sich das Papsttum in der Gesamtkirche integrieren?, Freiburg 1974.

-, Pneuma und Institution. Skizzen zur Theologie IV, Einsiedeln 1974.

-, Erster Blick auf Adrienne von Speyr, Einsiedeln [3]1975.

-, Herrlichkeit. Eine theologische Ästhetik, Bd. III: Im Raum der Metaphysik; III/1: Altertum; III/2: Neuzeit, Einsiedeln [2]1975.

-, Katholisch. Aspekte des Mysteriums, Einsiedeln 1975.

-, Katholisch. Anmerkung zur Situation, in: IkaZ 4 (1975) 385-389.

-, Gekreuzigt für uns, in: Diskussion um Hans Küngs "Christsein", Mainz 1976, S. 83-94.

-, Karl Barth. Darstellung und Deutung seiner Theologie, Köln/Olten [3]1976.

-, Gotteserfahrung biblisch und patristisch, in: IkaZ 5 (1976) 497-509.

-, Henri de Lubac. Sein organisches Lebenswerk, Einsiedeln 1976.

-, Evangelium und Philosophie, in: Freiburger Zeitschrift für Philosophie und Theologie 23 (1976) 1-12.

-, Aktualität des Themas "Kirche aus Juden und Heiden", in: IkaZ 5 (1976) 239-245.

-, Exegese und Dogmatik, in: IkaZ 5 (1976) 385-392.

-, Theodramatik II. Die Personen des Spiels, 1. Teil: Der Mensch in Gott. Einsiedeln 1976.

-, Wo ist die Treue daheim?, in: IkaZ 5 (1976) 97-100.

-, Die Gabe des Rates, in: W. Sandfuchs (Hrsg.), Die Gaben des Geistes, Würzburg 1977, S. 49-61.

-, Heilsgeschichtliche Überlegungen zur Befreiung, in: K. Lehmann (Hrsg.), Theologie der Befreiung, Einsiedeln 1977.

-, "Gott von Gott, Licht vom Licht", in: IkaZ 6 (1977) 1-4.

-, Fragmente über Leiden und Heilen, in: IkaZ 6 (1977) 195-203.

-, Das Wort verdichtet sich, in: IkaZ 6 (1977) 397-400.

-, Christlicher Stand, Einsiedeln 1977.

-, Zugänge zu Christus, in: J. Sauer (Hrsg.), Wer ist Christus?, Freiburg 1977.

-, Die Kirche als Gegenwart Christi, in: W. Sandfuchs (Hrsg.), Die Kirche, Würzburg 1978, S. 37-47.

-, Leuchtet Jesus ein?, in: IkaZ 7 (1978) 319-322.

-, Theodramatik II. Die Personen des Spiels, 2. Teil: Die Personen in Christus, Einsiedeln 1978.

-, Neue Klarstellungen, Einsiedeln 1979.

-, Kennt uns Jesus - Kennen wir ihn?, Freiburg 1979.

-, Theodramatik III. Die Handlung, Einsiedeln 1980.

-, Zu einer christlichen Theologie der Hoffnung, in: MthZ 32 (1981) 81-102.

2. Sekundärliteratur zum Werk Hans Urs von Balthasars

2.1. Dissertationen und Lizenziatsarbeiten

Albus, M., Die Wahrheit ist Liebe. Zur Unterscheidung des Christlichen bei Hans Urs von Balthasar, Freiburg i.Br. 1976.

Babini, E., Il rapporto tra filosofia e teologia nel pensiero di Hans Urs von Balthasar (Diss. masch. Università degli Studi di Bologna 1977).

Bausenhart, G., Schau der Herrlichkeit. Die methodische Mitte in der Theologie Hans Urs von Balthasars (Liz. masch. Universität Münster i.W. 1981)

Beaudin, M., L'obéissance de Jésus-Christ comme lieu d'apparition de la vérité de Dieu et de la vérité de l'homme chez Hans Urs von Balthasar (Diss. masch. Université de Montréal 1978).

Bodson, M., La figure objective de la Révélation dans la théologie de Hans Urs von Balthasar (Liz. masch. Univ. Cath. de Louvain 1973).

Colombo, B., L'accesso alla realtà di Dio. Gli elementi filosofici nel discorso apologetico di Hans Urs von Balthasar (Diss. masch. Univ. Cattolica del Sacro Cuore Milano 1970).

Danet, H., Le concept de "figure" dans la Gloire et la Croix de Hans Urs von Balthasar (Liz. masch. Institut Cath. Paris 1974).

Escobar, P., Zeit und Sein Jesu Christi bei Hans Urs von Balthasar. Umriß einer Christologie (Diss. masch. Institut Cath. Paris 1973).

Fessio, J., The origin of the Church in Christ's Kenosis. The ontological structure of the Church in the ecclesiology of Hans Urs von Balthasar (Diss. masch. Univ. Regensburg 1974).

Heinz, H., Der Gott des Je-mehr. Der christologische Ansatz Hans Urs von Balthasars, Bern/Frankfurt a.M. 1975.

Henrici, P., Der theologische Naturbegriff nach Hans Urs von Balthasar (Liz. masch. Univ. Cath. Louvain 1959).

Kay, J.A., Theological Aesthetics. The role of aestetics in the theological method of Hans Urs von Balthasar, Bern/Frankfurt a.M. 1975.

Link, W., Gestalt und Gestaltlosigkeit der Kirche. Umrisse einer personal-geistlichen Kirchenlehre bei Hans Urs von Balthasar (Diss. masch. Päpstl. Univ. Gregoriana Roma 1970).

Lochbrunner, M., Analogia caritatis. Darstellung und Deutung der Theologie Hans Urs von Balthasars, Freiburg i.Br. 1980.

Löser, W., Im Geist des Origenes. Hans Urs von Balthasar als Interpret der Theologie der Kirchenväter, Frankfurt a.M. 1976.

Marchesi, G., La Cristologia di Hans Urs von Balthasar. La figura di Gesù Cristo espressione visibile di Dio, Roma 1977.

Moda, A., Hans Urs von Balthasar. Un'esposizione critica del suo pensioro, Bari 1976.

Peelman, A., Hans Urs von Balthasar et la théologie de l'histoire, Bern/Frankfurt a.M. 1978.

Romani, A., Il principio mariano in Hans Urs von Balthasar (Diss. masch. Päpstl. Univ. Lateranense Roma 1975).

Schrijver, G. de, Een God immanent in mens en wereld. Zijnsanalogie, schoonheid en kenosis in the theologie van Hans Urs von Balthasar (Diss. masch. Univ. Leuven 1976).

2.2. Aufsätze und Beiträge zu Sammelwerken

Albus, M., Geist und Feuer. Ein Gespräch mit Hans Urs von Balthasar, in: HK 30 (1976) 72-82.

Barsotti, D., Prefazione per il lettore italiano, in: Hans Urs von Balthasar, Verbum Caro, Brescia 1969, S. 9-14.

Béguin, A., Préface, in: Hans Urs von Balthasar, Théologie de l'histoire, Paris [2]1970, S. 1-14.

Biser, E., Hans Urs von Balthasar, in: Schultz H.J. (Hrsg.), Tendenzen der Theologie im 20. Jahrhundert, Stuttgart 1966, S. 524-529.

Bogetti, A., Estetica e teologia nell'opera di Hans Urs von Balthasar, in: Rivista di Estetica 16 (1971) 389-401.

Boros, L., Unerfreuliches und Ermutigendes, in: Orientierung 33 (1969) 244-248.

Citrini, T., Gesû Cristo Rivelazione di Dio. Il tema negli ultimi dicenni della teologia cattolica, Venegono Inferiore 1969, S. 181-223.

Dournes, J., Connaissance of Hans Urs von Balthasar, in: Spiritus. Cahiers de spiritualité missionnaire 39 (1969) 522-525.

Eicher, P., Offenbarung. Prinzip neuzeitlicher Theologie, München 1977, S. 293-343.

Escobar, P., Hans Urs von Balthasar: Christo-logian, in: Communio. International Catholic Review 2 (1975) 300-316.

-, Das universale Concretum Jesu Christi und die "eschatologische Reduktion" bei Hans Urs von Balthasar, in: ZKTh 100 (1978) 560-595.

Faux, J.M., Un théologien: Hans Urs von Balthasar, in: NRT 94 (1972) 1009-1030.

-, Gloire et Croix. Séminaire, Institut d'Etudes théologiques, Bruxelles 1972.

-, Retour au centre. La théologie de Hans Urs von Balthasar, in: Catechistes 97 (1974) 133-160.

-, Gloire et liberté. Sur quelques publications récentes de Hans Urs von Balthasar, in: NRT 97 (1975) 529-541.

Fischer, K., Der Mensch als Geheimnis. Die Anthropologie Karl Rahners, Freiburg 1974, S. 252-257, 325-328.

Giabbani, A., Azione e contemplazione in Hans Urs von Balthasar, in: Humanitas 26 (1971) 222-233.

Gutwenger, E., Natur und Übernatur. Gedanken zu Balthasars Werk über die Barthsche Theologie, in: ZKTh 75 (1953) 82-97, 461-464.

Kay, J.A., Aesthetics and a posteriori evidence in Balthasar's theological method, in: Communio. International Catholic Review 2 (1975) 289-299.

Keefe, D.J., A methodological critique of von Balthasar's theological aesthetics, in: Communio. International Catholic Review 5 (1978) 23-43.

Kehl, M., Kirche als Institution. Zur theologischen Begründung des institutionellen Charakters der Kirche in der neueren deutschsprachigen Katholischen Ekklesiologie, Frankfurt a.M. 1976, S. 239-311.

Kühn, U., Natur und Gnade. Untersuchungen zur deutschen Katholischen Theologie der Gegenwart, Berlin 1961, S. 127-143.

Labourdette, M.M., Espérance et histoire, in: Revue Thomiste 72 (1972) 455-474.

Laubach, J., Über Hans Urs von Balthasar, in: Reinisch, L. (Hrsg.), Theologen unserer Zeit, München 1960, S. 179-201.

Löser, W./Kehl, M. (Hrsg.), In der Fülle des Glaubens. Hans Urs von Balthasar-Lesebuch, Freiburg i.Br. 1980.

Löser, W., Das Sein - ausgelegt als Liebe. Überlegungen zur Theologie Hans Urs von Balthasars, in: IkaZ 4 (1975) 410-424.

Lubac, H. de, Un témoin du Christ: Hans Urs von Balthasar, in: Civitas 20 (1965) 587-600.

-, Hommage à Hans Urs von Balthasar pour ses 70 ans, in: Revue Catholique Internationale Communion 1 (1975) 86-89.

-, Ein Zeuge Christi in der Zeit: Hans Urs von Balthasar, in: IkaZ 4 (1975) 390-409.

Malevez, L., Présence de la théologie à Dieu et à l'homme, in: NRT 90 (1968) 785-800.

Marchesi, G., La teologia di Hans Urs von Balthasar, in: La Civiltà Cattolica 128 (1977) 9-24.

Mondin, B., Hans Urs von Balthasar e l'estetica teologica, in: Ders., I grandi teologi del secolo ventesimo, Torino 1969, S. 267-297.

Mühlen, H., Gnadenlehre, in: Vorgrimler, H./Gucht, R. von der (Hrsg.), Bilanz der Theologie im 20. Jahrhundert, Bd. III, Freiburg i.Br. 1970, S. 148-192.

Neufeld, K.H., Leben aus dem Wort. Zum Werk Hans Urs von Balthasars, in: Stimmen der Zeit 194 (1976) 209-211.

Nigro, C., Le ambiguità del cristianesimo contemporaneo in una recente opera di Hans Urs von Balthasar, in: Divinitas 12 (1968) 618-627.

-, Riflessioni sul concetto di verità in un libro di Hans Urs von Balthasar, in: Divinitas 14 (1970) 135-170.

Pannenberg, W., Zur Bedeutung des Analogiegedankens bei Karl Barth. Eine Auseinandersetzung mit Hans Urs von Balthasar, in: Theologische Literaturzeitung 78 (1953) 18-23.

Peelman, A., "L'esthétique théologique" de Hans Urs von Balthasar, in: Revue d'histoire et de philosophie religieuses 56 (1976) 559-566.

-, L'Esprit et Marie dans l'oeuvre théologique de Hans Urs von Balthasar, in: Science et Esprit 3 (1978) 279-294.

-, Une théologie pour la mission. Aperçu des préoccupations ecclésiologiques de Hans Urs von Balthasar, in: Kerygma 10 (1976) 123-149.

Perini, G., Cordula di Hans Urs von Balthasar: problemi che si pongono, in: Divus Thomas (Piacenza) 46 (1969) 332-339.

Rahner, K., Hans Urs von Balthasar, in: Civitas 20 (1965) 601-604.

Ratzinger, J., Christlicher Universalismus. Zum Aufsatzwerk Hans Urs von Balthasars, in: Hochland 54 (1961) 68-76.

Reinhard, U.C., Hans Urs von Balthasar zum 70. Geburtstag, in: Schweizer Rundschau 75 (1975) 226-233.

Schilson, A./Kasper, W., Christologie im Präsens. Kritische Sichtung neuer Entwürfe, Freiburg 1974, S. 63-70.

Schneider, R., Hans Urs von Balthasar. Zum 50. Geburtstag, in: Schweizer Rundschau 55 (1955) 208-211.

-, Hans Urs von Balthasar, in: Ders., Pfeiler im Strom, Wiesbaden 1958, S. 308-312.

Schrijver, G. de, Die Analogia Entis in der Theologie Hans Urs von Balthasars. Eine genetisch-historische Studie, in: Bijdragen 38 (1977) 241-281.

Stalder, R., Amour et vision. Hommage à Hans Urs von Balthasar, in: Civitas 20 (1965) 605-610.

Tilliette, X., L'exinanition du Christ: théologies de la kénose, in: Les quatre fleuves, n. 4, Paris 1975, S. 48-60.

Tossou, K.J., L'appel du Centre ou la présence irréductible du Christ. (Hans Urs von Balthasar zum 75. Geburtstag) in: NRT 103 (1981) 48-57.

Valentin, P., Kénose, amour et gloire. La mort du Christ dans l'esthétique de Hans Urs von Balthasar, in: Sesboüé, B. (Hrsg.), Annoncer la mort du Seigneur, Lyon-Fourvière 1971, S. 40-50.

Vignolo, R., Teologia e preghiera. In margine all'opera di Hans Urs von Balthasar, in: La rivista del clero italiano 55 (1974) 403-408.

Vorgrimler, H., Hans Urs von Balthasar, in: Vorgrimler, H./ Gucht, R. van der (Hrsg.), Bilanz der Theologie im 20. Jahrhundert, Bd. IV, Freiburg 1971, S. 122-142.

Wiederkehr, D., Bahnbrecher des Stromes - Hüter der Quelle. Hans Urs von Balthasar zum 70. Geburtstag, in: Theologie der Gegenwart 18 (1975) 201-209.

2.3. Einige wichtige Rezensionen zu H.U. von Balthasars Werk

Becker, J., H.U. von Balthasar, Herrlichkeit III/2-AB, in: Theologische Revue 66 (1970) 284-286.

Berbuir, Eu., H.U. von Balthasar, Theologie der Geschichte, in: Kairos 5 (1963) 164-165.

Biser, E., Verteidigung des Spirituellen (zu: H.U. von Balthasar, Spiritus Creator), in: Hochland 61 (1969) 366-368.

-, H.U. von Balthasar, Herrlichkeit III/2-NB/Spiritus Creator, in: Theologische Revue 66 (1970) 286-289.

-, Theologischer Kategorienwechsel. Zum Eingangsband von H. U. von Balthasars "Theodramatik", in: Theologische Revue 72 (1976) 441-450.

Bribois, Ed., H.U. von Balthasar, Wahrheit, in: Nouvelle revue théologique 79 (1947) 888.

Congar, Y., H.U. von Balthasar, Theologie der Geschichte, in: Revue des sciences philosophiques et théologiques 34 (1950) 655.

-, H.U. von Balthasar, Der antirömische Affekt, in: Revue des sciences philosophiques et théologiques 59 (1975) 504-505.

Dardel, E., H.U. von Balthasar, L'amour seul est digne de foi/Dieu et l'homme aujourd'hui, in: Revue d'histoire et de philosophie religieuse 47 (1967) 412-413.

Dejaifve, G., H.U. von Balthasar, Liturgie cosmique, in: Nouvelle revue théologique 85 (1953) 315-316.

Delp, A., H.U. von Balthasar, Apokalypse der deutschen Seele I-III, in: Scholastik 16 (1941) 79-82.

Duval, J.-M., H.U. von Balthasar, La théologie de l'histoire, in: Mélanges de sciences religieuses 15 (1958) 181.

Ehrlich, E.L., H.U. von Balthasar, Einsame Zwiesprache, in: Theologische Literaturzeitung 86 (1961) 517-521.

Endres, J., H.U. von Balthasar, Wahrheit, in: Divus Thomas (Fribourg) 26 (1948) 221-223.

Faux, J.M., H.U. von Balthasar, Herrlichkeit I/La gloire et la croix/Herrlichkeit III/2-AB/Qui est chrétien?, in: Nouvelle revue théologique 100 (1968) 704-705.

Fischer-Barnicol, H., H.U. von Balthasar, Herrlichkeit I und II, in: Kairos 7 (1965) 75-79.

-, H.U. von Balthasar, Herrlichkeit III/1, in: Kairos 9 (1967) 64-66.

Fries, H., Karl Barth und die katholische Theologie (bespricht: H.U. von Balthasar, Karl Barth), in: Hochland 45 (1952/53) 260-268.

-, H.U. von Balthasar, Karl Barth, in: Theologische Quartalschrift 132 (1952) 240-241.

-, H.U. von Balthasar, Die Schleifung der Bastionen, in: Theologische Quartalschrift 33(1953) 106.

-, H.U. von Balthasar, Bernanos, in: Theologische Quartalschrift 135 (1955) 481.

-, H.U. von Balthasar, Die Gottesfrage des heutigen Menschen, in: Theologische Quartalschrift 136 (1956) 242.

Geffré, C., H.U. von Balthasar, Théologie de l'histoire,in: Revue des sciences philosophiques et théologiques 47 (1963) 131.

Gerken, A., H.U. von Balthasar, Erster Blick auf Adrienne von Speyr, in: Wissenschaft und Weisheit 31 (1968) 230.

Greshake, G., H.U. von Balthasar, Herrlichkeit I, in: Una Sancta 19 (1964) 370-373.

Grosche, R., H.U. von Balthasar, Origenes. Geist und Feuer, in: Catholica 8 (1939) 168.

Gruber, W., Theologie des Einsammelns, in: Wort und Wahrheit 17 (1962) 396-398.

-, H.U. von Balthasar, Spiritus Creator, in: Linzer theologische Quartalschrift 116 (1968) 366-367.

Guillet, J., H.U. von Balthasar, La Gloire e la Croix III - L'Ancienne Alliance, in: Recherches de science religieuse 62 (1974) 394-396.

Haas, A., H.U. von Balthasar, Herrlichkeit I und II, in: Scholastik 38 (1963) 266-272.

-, H.U. von Balthasar, Herrlichkeit III/1, in: Scholastik 42 (1967) 259-261.

-, H.U. von Balthasar, Herrlichkeit III/2-AB, in: Scholastik 43 (1968) 252-256.

Hammans, H., H.U. von Balthasar, Herrlichkeit III/1 und III/2-AB, in: Wissenschaft und Weisheit 33 (1970) 191-194.

-, H.U. von Balthasar, Spiritus Creator, in: Wissenschaft und Weisheit 33 (1970) 194-195.

Hauser, R., H.U. von Balthasar, Der antirömische Affekt, in: Theologische Revue 72 (1976) 130-132.

Hayen, A., H.U. von Balthasar, Phénoménologie de la vérité, in: Nouvelle revue théologique 85 (1953) 319-320.

Holtz, G., H.U. von Balthasar, Theodramatik I, in: Theologische Literaturzeitung 99 (1974) 944-946.

-, H.U. von Balthasar, Theodramatik II/1, in: Theologische Literaturzeitung 103 (1978) 599-602.

Jorissen, J., H.U. von Balthasar, Gelebte Kirche: Bernanos, in: Zeitschrift für katholische Theologie 94 (1972) 361-362.

Kasper, W., H.U. von Balthasar, Glaubhaft ist nur Liebe, in: Theologische Quartalschrift 144 (1964) 368.

Labourdette, M.-M., H.U. von Balthasar, Le complexe antiromain/Points de repère, in: Revue thomiste 86 (1978) 137-141.

Lauter, H.-J., H.U. von Balthasar, Herrlichkeit III/2-AB, in: Hochland 60 (1967/68) 385-387.

Lavalette, H. de, H.U. von Balthasar, Herrlichkeit I, in: Recherches de science religieuse 50 (1962) 134-138.

-, H.U. von Balthasar, Glaubhaft ist nur Liebe/Das Ganze im Fragment, in: Recherches de science religieuse 52 (1964) 305-307 / 307-312.

-, H.U. von Balthasar, Rechenschaft 1965, in: Recherches de science religieuse 55 (1967) 596-597.

-, H.U. von Balthasar, Einfaltungen, in: Recherches de science religieuse 58 (1970) 311-314.

Loosen, J., H.U. von Balthasar, Kosmische Liturgie, in: Scholastik 17 (1947) 252-256.

Löser, W., H.U. von Balthasar, Einfaltungen, in: Theologie und Philosophie 45 (1970) 304.

-, H.U. von Balthasar, Herrlichkeit III/2-NB, in: Theologie und Philosophie 46 (1971) 119-122.

-, H.U. von Balthasar/J. Ratzinger, Zwei Plädoyers, in: Theologie und Philosophie 46 (1971) 587-588.

-, H.U. von Balthasar, Theodramatik I, in: Theologie und Philosophie 51 (1976) 138-140.

-, H.U. von Balthasar, Theodramatik II/1, in: Theologie und Philosophie 53 (1978) 309-310.

Lüthi, K., H.U. von Balthasar, Herrlichkeit I, in: Theologische Zeitschrift 18 (1962) 452-456.

-, H.U. von Balthasar, Herrlichkeit II, in: Theologische Zeitschrift 23 (1967) 152-156.

Malevez, L., H.U. von Balthasar, Apokalypse der deutschen Seele, in: Nouvelle revue théologique 72 (1940) 586-587.

-, H.U. von Balthasar, Karl Barth, in: Nouvelle revue théologique 85 (1953) 661.

-, H.U. von Balthasar, La théologie de l'histoire, in: Nouvelle revue théologique 87 (1955) 1107.

-, H.U. von Balthasar, Le chrêtien et l'angoisse, in: Nouvelle revue théologique 88 (1956) 325.

-, H.U. von Balthasar, L'amour seul est digne de foi, in: Nouvelle revue théologique 99 (1967) 320.

-, H.U. von Balthasar, Cordula oder der Ernstfall, in: Nouvelle revue théologique 99 (1967) 1106-1107.

-, H.U. von Balthasar, Spiritus Creator, in: Nouvelle revue théologique 100 (1968) 424.

-, H.U. von Balthasar, Cordula ou l'épreuve decisive, in: Nouvelle revue théologique 100 (1968) 712.

Martin, Ch., H.U. von Balthasar, Aurelius Augustinus: Das Antlitz der Kirche, in: Nouvelle revue théologique 79 (1947) 207 f.

-, H.U. von Balthasar, Die Gnostischen Centurien des Maximus Confessor, in: Nouvelle revue théologique 79 (1947) 768.

Messier, M., Théologie de l'histoire. H.U. von Balthasar: De l'intégration, in: Mélanges des sciences religieuses 30 (1973) 145-152.

Meyer, H.B., H.U. von Balthasar,Klarstellungen, in: Zeitschrift für katholische Theologie 93 (1971) 492.

Michels, T., H.U. von Balthasar, Kosmische Liturgie, in: Kairos 4 (1962) 140-142.

Moda, A., H.U. von Balthasar, Il tutto nel frammento, in: Humanitas 26 (1971) 493-494.

-, H.U. von Balthasar, Romano Guardini. Riforma dalle origini, in: Studia Patavina 19 (1972) 220-222.

-, H.U. von Balthasar, L'impegno del cristiano nel mondo, in: Studia Patavina 19 (1972) 244-245.

-, H.U. von Balthasar, Spiritus Creator, in: Humanitas 28 (1973) 220-222.

-, H.U. von Balthasar, La Gloire et la Croix III - L'Ancienne Alliance, in: Studia Patavina 22 (1975) 187-191.

Negri, L., H.U. von Balthasar, Liturgia cosmica, in: Scuola Cattolica 101 (1973) 331-361.

Nink, C., H.U. von Balthasar, Wahrheit, in: Theologische Revue 46 (1950) 158-159.

Newlands, G.M., H.U. von Balthasar, Theodramatik I und II/1, in: Erasmus 30 (1978) 209-212.

Ogiermann, H., H.U. von Balthasar, Prometheus, in: Scholastik 25 (1950) 466-467.

Petri, H., H.U. von Balthasar, Klarstellungen, in: Theologie und Glaube 62 (1972) 454-455.

Rahner, K., H.U. von Balthasar, Die Gnostischen Centurien des Maximus Confessor, in: Zeitschrift für katholische Theologie 66 (1942) 153-154.

-, H.U. von Balthasar, Kosmische Liturgie, in: Zeitschrift für katholische Theologie 66 (1942) 154-155.

Ratzinger, J., Christlicher Universalismus. Zum Aufsatzwerk H.U. von Balthasars, in: Hochland 54 (1961) 68-76.

Scheffczyk, L., H.U. von Balthasar, Das Ganze im Fragment, in: Theologische Quartalschrift 144 (1964) 488-490.

-, H.U. von Balthasar, Katholisch, in: Münchener theologische Zeitschrift 27 (1976) 203-205.

-, H.U. von Balthasar, Der antirömische Affekt, in: Münchener theologische Zeitschrift 27 (1976) 412-413.

Schlette, H.R., H.U. von Balthasar, Rechenschaft 1965 / Wer ist Christ?, in: Theologische Revue 63 (1967) 11-14.

Schmaus, M., H.U. von Balthasar, Einsame Zwiesprache, in: Münchener theologische Zeitschrift 9 (1958) 156-157.

Schultz, W., H.U. von Balthasar, Prometheus, in: Theologische Literaturzeitung 75 (1950) 669-670.

Seckler, M., H.U. von Balthasar, Das Ganze im Fragment, in: Münchener theologische Zeitschrift 15 (1964) 156-158.

Sesboüé, B., H.U. von Balthasar, La foi du Christ, in: Recherches de science religieuse 56 (1968) 663-666.

-, H.U. von Balthasar, Herrlichkeit III/2-NB, in: Recherches de science religieuse 59 (1971) 83-91.

-, H.U. von Balthasar, Point de repère, in: Recherches de science religieuse 64 (1976) 152-154.

Severus, E., H.U. von Balthasar, Das betrachtende Gebet, in: Archiv für Liturgiewissenschaft 7 (1962) 436-437.

-, H.U. von Balthasar, Verbum Caro/Sponsa Verbi, in: Archiv für Liturgiewissenschaft 8 (1964) 474-476.

-, H.U. von Balthasar, Spiritus Creator, in: Archiv für Liturgiewissenschaft 12 (1970) 590-592.

Simmel, O., H.U. von Balthasar, Die Gottesfrage des heutigen Menschen, in: Stimmen der Zeit 157 (1955/56) 473-474.

Smulders, P., H.U. von Balthasar, Die Gnostischen Centurien des Maximus Confessor/Kosmische Liturgie, in: Gregorianum 23 (1943) 422-429.

Sudbrack, J., H.U. von Balthasar, Kosmische Liturgie, in: Geist und Leben 36 (1963) 313-314.

-, H.U. von Balthasar, Glaubhaft ist nur Liebe, in: Geist und Leben 37 (1964) 72.

-, H.U. von Balthasar, Herrlichkeit I und II, in: Geist und Leben 37 (1964) 390-393.

-, H.U. von Balthasar, Herrlichkeit III/2-AB, in: Geist und Leben 41 (1968) 228-229.

-, H.U. von Balthasar, Herrlichkeit III/2-NB, in: Geist und Leben 43 (1970) 396-397.

-, H.U. von Balthasar, Klarstellungen, in: Geist und Leben 44 (1971) 472-473.

-, H.U. von Balthasar, Pneuma und Institution/Katholisch/ Der antirömische Affekt, in: Geist und Leben 49 (1976) 77-78.

Volk, H., H.U. von Balthasar, Karl Barth, in: Theologische Revue 50 (1954) 19-27.

Widmer, G., H.U. von Balthasar, La théologie de l'histoire, in: Revue de théologie et de philosophie 7 (1957) 148-149.

Wiedmann, F., H.U. von Balthasar, Herrlichkeit I und II, in: Philosophisches Jahrbuch der Görresgesellschaft 74 (1966/ 67) 210-216.

Wolter, H., Der Papst, das Papsttum und die Zeitgenossen (bespricht u.a. H.U. von Balthasar, Der antirömische Affekt), in: Geist und Leben 49 (1976) 226-232.

Zacherl, M., H.U. von Balthasar, Zuerst Gottes Reich, in: ZKTh 88 (1966) 388.

Zambon, G., H.U. von Balthasar, La verità è sinfonica, in: Studia Patavina 22 (1975) 230-231.

Zürich, A., H.U. von Balthasar, Gloria VII: Nuovo Patto, in: Divus Thomas 80 (1977) 427-430.

-, H.U. von Balthasar, Gloria VI: Nello spazio della metafisica: L'antichità, in: Divus Thomas 81 (1978) 201-202.

3. Sonstige Literatur (Auswahl)

Aagard, A.M., Gottes Geist und Geschichte. Impulse aus der Theologie des Heiligen Geistes, in: LuMon 14 (1975) 22-24.

-, The Holy Spirit in the World, III, Studia Theologica 28/ 1974.

Bailleux, E., L'Esprit du Père et du Fils selon Saint Augustin, in: RThom 77 (1977) 5-29.

-, Le Christ et son Esprit, in: RThom 73 (1973) 373-400.

Berkhof, H., Der Vorschuß des Geistes. Aktuelle Tendenzen in der Pneumatologie, in: EvKom 8 (1975) 658-662.

Bertetto, D., Lo Spirito Santo e Santificatore, Roma 1976.

Boada, J., El Pneuma en Orígenes, in: EE 46 (1971) 475-510.

Boismard, M.-E., La révélation de l'Esprit, in: RThom 55 (1955) 5-21.

Bourassa, F., Sur la propriété de l'Esprit, in: Science et Esprit 28 (1976) 243-264.

-, Sur la propriété de l'Esprit II, in: Science et Esprit 29 (1977) 23-43.

-, L'Esprit Saint, "Communion" du Père et du Fils, in: Science et Esprit 29 (1977) 251-258.

Brunner, A., Dreifaltigkeit. Personale Zugänge zum Geheimnis, Johannes Verlag, Einsiedeln 1976.

Campbell, Th.C., The doctrine of the Holy Spirit in the theology of Athanasius, in: SJTh 27 (1974) 408-440.

Charue, A.M., Le Saint Esprit dans "Lumen gentium", in: EThL 45 (1969) 359-379.

Chenu, M.-D., Réveil évangélique et présence de l'Esprit aux XII-XIII siècles, in: Le Point Théologique. Mélanges E. Schillebeeckx, Paris 1976, S. 167-172.

Congar, Y., La Pneumatologie dans la théologie catholique, in: RScPhTh 51 (1967) 250-258.

-, Pneumatologie ou "Christomonisme" dans la tradition latine, in: EThL 45 (1969) 394-416.

-, Actualité renouvelée du Saint Esprit, in: Lumen Vitae 27 (1972) 543-560.

-, Bulletin de théologie. Aperçus de Pneumatologie, in: RScPhTh 62 (1978) 421-442.

-, Le blasphème contre le Saint Esprit, in: Le Point Théologique. Mélanges E. Schillebeeckx, Paris 1976, S. 17-30.

-, Je erois en l'Esprit Saint. Tome I: L'Esprit Saint dans l'Economie. Révélation et expérience de l'Esprit. Tome II: "Il est Seigneur et il donne la vie" (Le Cerf, Paris 1979). Tome III: Le Fleuve de Vie coule en Orient et en Occident (1980).

Dacquino, P., Lo Spirito Santo e il cristiano secondo san Paolo, in: Analecta Biblica 17-18 (1961) 119-129.

Daecke, S.M., Neue Konjunktur für den Geist. Ungelöste Widersprüche in der Pneumatologie, in: EvKom 8 (1975) 520-523.

Dagens, Cl., L'Esprit Saint et l'Eglise, in: NRT 96 (1974) 225-245.

Dilschneider, O.A., Die Notwendigkeit neuer Antworten auf neue Fragen. Auf dem Weg zum dritten Glaubensartikel: Ich glaube an den Heiligen Geist, in: C. Heitmann - H. Mühlen, Erfahrung und Theologie des Heiligen Geistes, München 1974, S. 151-161.

-, Ich glaube an den Heiligen Geist (1969).

-, Geist als Vollender des Glaubens, Gütersloh 1978.

-, Der Geist führt in die Wahrheit. Zur ökumenischen Theologie des dritten Glaubensartikels, in: EvKom 6 (1973) 332-335.

Doignon, J., L'Esprit souffle où il veut (Jean 3,8) dans la plus ancienne tradition patristique latine, in: RScPhTh 62 (1978) 345-359.

Durand, M.-G. de, Pentecôte johannique et Pentecôte lucanienne chez certains Pères, in: BLE 79 (1978) 97-126.

Evdokimov, P., L'Esprit saint dans la tradition ortodoxe, Le Cerf, Paris 1969.

Ferlay, Ph., Prêcher la Trinité. Affirmation trinitaire et prédication du salut, Lyon 1973.

Ferraro, G., Lo Spirito Santo nel commento di san Bonaventura al quarto Vangelo, in: Antonianum 49 (1974) 448-470.

Halleux, A. de, Pour un accord oecuménique sur la procession de l'Esprit Saint et l'addition du "Filioque" au Symbole, in: Irenikon 51 (1978) 451-469.

Hanson, R.P.C., Basile et la doctrine de la Tradition en relation avec le Saint-Esprit, in: Verbum Caro 22 (1968) 56-71.

Häring, H., Der Geist und die Erneuerung der Kirche, in: Bibel und Kirche 1 (1976) 14-22.

Hauschild, W.-D., Gottes Geist und der Mensch. Studien zur frühchristlichen Pneumatologie, München 1972 (Lit.).

Heitmann, C./Mühlen, H. (Hrsg.), Erfahrung und Theologie des Heiligen Geistes, München 1974.

Hemmerle, K., Thesen zu einer trinitarischen Ontologie, Johannes Verlag, Einsiedeln 1976.

Hollenweger, W.J., Die Gaben des Geistes verstehen, in: EvKom 8 (1975) 494-496.

-, Geisterfahrung und charismatisches Weltverständnis. Vom Charismaverständnis des Paulus und der Pfingstler lernen, in: Diakonia 7 (1976) 381-390.

Hultsch, E., Unser aller Gottes-Geist. Spannungen in der gegenwärtigen Pneumatologie, in: LuMon 15 (1976) 89-90.

-, Aufbruch ohne neue Behausung. Von der zentrifugalen Kraft des Heiligen Geistes, in: LuMon 13 (1974) 343-354.

Isermann, G., Indizien für den Geist, in: LuMon 18 (1979) 326 f.

Jossua, J.-P., La théologie, charisme de l'Esprit?, in: Le Point Théologique, Mélanges E. Schillebeeckx, Paris 1976, S. 241 ff.

Kasper, W., Jesus der Christus, Mainz 1975, insbesondere S. 270-322.

-, Aufgaben der Christologie heute, in: A. Schilson/W. Kasper, Christologie im Präsens, Freiburg i.Br. 1974, S.133-151, insb. 146 ff.

-, (Hrsg.), Gegenwart des Geistes, QD 85, Freiburg i.Br.1979.

Kasper, W./Sauter, G., Kirche - Ort des Geistes, Freiburg i. Br. 1976.

Koch, H.G., Neue Perspektiven der Theologie des Heiligen Geistes?, in: HK 30 (1976) 456-462.

Koch, R., L'aspect eschatologique de l'Esprit du Seigneur d'après Saint Paul, in: Analecta Biblica 17-18 (1961) 131-141.

Küng, H., Christsein, Piper, München 1974, S. 459-468.

-, Charismatische Struktur der Kirche, in: Concilium 1 (1965) 282-290.

Laurentin, R. (Hrsg.), L'Esprit Saint, Bruxelles 1978.

-, Pentecôtisme chez les catholiques, Paris 1974 (Lit.).

Leenhardt, F.J. (Hrsg.), Le Saint-Esprit, Genève-Paris 1963.

Le Guillon, M.J., Les témoins sont parmi nous, Fayard, Paris 1975.

Locher, G.W., Der Geist als Paraklet, in: EvTh 26 (1966) 565-579.

Luini, E., Lo spirito di Cristo e dei cristiani, Napoli 1977.

Malevez, L., L'existence chrétienne dans sa relation à l'Esprit, in: EThL 45 (1969) 380-393.

Martelet, G., D'une définition de l'Esprit Saint à travers la génération multiforme du Christ, in: Lumen Vitae 27 (1972) 585-606.

Massabki, Ch., Qui est l'Esprit-Saint?, Paris 1977.

Moltmann, J., Kirche in der Kraft des Geistes, München 1975.

Mühlen, H., Una Mystica Persona. Die Kirche als das Mysterium der heilsgeschichtlichen Identität des Heiligen Geistes in Christus und den Christen: Eine Person in vielen Personen, Paderborn ^{3}1968 (Lit.).

-, Der Heilige Geist als Person in der Trinität, bei der Inkarnation und im Gnadenbund: Ich-Du-Wir, Münster/Westf. ^{3}1968 (Lit.).

-, Das Christusereignis als Tat des Heiligen Geistes, in: Mysterium Salutis III/2 (1969) 513-545.

-, Die Erneuerung des christlichen Glaubens. Charisma-Geist-Befreiung, München 1974.

-, Soziale Geisterfahrung als Antwort auf eine einseitige Gotteslehre, in: C. Heitmann - H. Mühlen, Erfahrung und Theologie des Heiligen Geistes, München 1974, S. 253-272.

O'Connor, E.D.; Charisme et Institution, in: NRT 96 (1974) 3-19.

Ott, H., Heiliger Geist und säkuläre Wirklichkeit. Ansätze zu einer Lehre vom Heiligen Geist in unserer Zeit, in: ThZ 33 (1977) 336-345.

Parent, R., L'Esprit et la liberté chrétienne, La Centurion, Paris 1976.

-, L'Esprit vous rendra libres, Le Centurion, Paris 1974.

Pedrini, A., Lo Spirito Santo nei Padri della Chiesa, Milano 1975.

Peters, A., Der dritte Glaubensartikel, in: NZSTh 13 (1973) 326-347.

Peyrot, L., Le Saint Esprit et le prochain retrouvé, Genève-Paris 1973.

Rahner, K., Expérience de l'Esprit et choix existentiel, in: Le Point Théologique, Mélanges E. Schillebeeckx, Paris 1976, S. 173-186.

-, Den Geist erfahren, in: EvKom 10 (1977) 299-301.

-, Das enthusiastisch-charismatische Erlebnis in Konfrontation mit der gnadenhaften Transzendenzerfahrung, in: C. Heitmann - H. Mühlen, Erfahrung und Theologie des Heiligen Geistes, München 1974, S. 64-80.

Ratzinger, J., Einführung in das Christentum, München 1968.

Rigaux, B., L'anticipation du salut eschatologique par l'Esprit, in: Analecta Biblica 42 (1970) 101-135.

Rüsch, Th., Die Entstehung der Lehre vom Heiligen Geist bei Ignatius von Antiochia, Theophilus von Antiochia und Irenäus von Lyon, Zürich 1952.

Saake, H., Beobachtungen zur athanasianischen Pneumatologie, in: NZSTh 15 (1973) 348-364.

Sandfuchs, W. (Hrsg.), Die Gaben des Geistes, Würzburg 1977.

- (Hrsg.), Die Kirche, Würzburg 1978.

Schilson, A., Perspektiven gegenwärtiger Christologie, in: Katechetische Blätter 6 (1976) 353-362.

Schmidt, H.W., Der Heilige Geist und das Problem der Geschichte, in: ZSTh 24 (1955) 194-206.

Sesboüé, B., Trinité et Pneumatologie, in: RSR 66 (1978) 432-458.

Spitz, R., La Révélation progressive de l'Esprit, Paris 1976.

Stock, K., Im Gespräch der Glaubenden. Schöpfung und Erneuerung im Geist, in: EvKom 11 (1978) 153-155.

Suenens, L.-J., Hoffen im Geist, Salzburg 1974.

Taylor, V.J., Puissance et patience de l'Esprit, Paris 1977.

Tillard, J.M.R., L'Eucharistie et l'Esprit, in: NRT 90 (1968) 363-387.

Vergés, S., Pneumatologia en san Augustin, in: EE 49 (1974) 305-324.

Verhees, J., Heiliger Geist und Gemeinschaft bei Augustinus von Hippo, in: Etudes Augustiniennes 23 (1977) 245-264.

Wagner, F., Die Wirklichkeit Gottes als Geist. Dogmatische Erwägungen zur Gotteslehre, in: EvKom 10 (1977) 81-84.